성경강해시리즈

# 열왕기상하

1,2 KINGS

유동근

IMC

# BIBLE EXPOSITION SERIES

## STUDY ON 1 & 2 KINGS

Yu Dong Keun (Th.D)

Korean Edition

420-867 | 123, Buil-ro, Wonmi Gu, Bucheon City, Gyeonggi Do, Korea

# 열왕기상하 강해

*1 & 2 Kings*

## 차례 · contents

## 서론 • 282

# 열왕기상
1 Kings

# 서론

열왕기는 이스라엘 왕들의 역사를 기록한 책으로 영어로는 'Kings'이다. 히브리어로 '왕들'은 '멜라킴'이다. 지금은 열왕기 상·하로 나눠져 있지만 원래 히브리어로 쓰여질 때 이 책은 한 권이었다. 그것이 70인 역으로 번역될 때 열왕기 상, 열왕기 하 두 권으로 나눈 것이다. 70인 역을 번역할 때 사무엘 상·하와 열왕기 상·하를 다 이스라엘 왕국 역사로 보아서 제 1 왕국기를 사무엘 상, 제 2 왕국기는 사무엘 하, 제 3 왕국기를 열왕기 상, 제 4 왕국기를 열왕기 하로 구분해서 왕국의 역사를 4권으로 본 적이 있다.

이 책의 저자에 대해서는 본문에 어떤 사람이 기록했다고 분명히 나와 있지 않다. 그래서 누구도 정확하게 열왕기 상·하를 기록한 저자를 말할 수 없다. 그렇지만 학자들은 두 사람 중 하나일 거라고 추측한다. 한 사람은 에스라이고 한 사람은 예레미야이다. 에스라라고 생각하는 사람보다는 예레미야라고 생각하는 사람이 더 많은데, 이는 예레미야라고 하는 관점이 더 설득력이 있기 때문이다. 열왕기 상의 기록에는 예레미야가 활동했을 때의 시점이 나온다. 열왕기 상 8장 8절에서 솔로몬이 건축한 성전을 말하다가 "그 채는 오늘까지 그곳에 있으며"라고 했다. 따라서 성전이 아직 완전히 훼파되지 않았을 때의 시점일 것이다. 또한 히브리어 학자들도 열왕기

상의 히브리어 문체가 예레미야서와 많이 비슷하다고 본다.

열왕기 상의 내용은 다윗 왕의 노년과 솔로몬 왕의 취임, 그리고 솔로몬의 성전 건축 및 솔로몬의 노년과 타락에 대해서 기록한 것이며, 솔로몬 왕 사후에 왕국이 북쪽 이스라엘과 남쪽 유다로 분열되는 상황과 유다의 왕들의 행위들, 치적들, 치세들을 기록한 것이다. 또한 르호보암부터 요람까지의 유다 왕들, 여로보암에서부터 아하시아까지의 이스라엘 왕들의 전기도 담고 있다. 특히 여기에는 엘리야 선지자의 전기가 들어 있다.

열왕기 상에 기록된 기간은 주전 1015년부터 897년까지 118년 정도이다. 유다 왕들의 기록은 다윗부터 시작되는데, 다윗 왕은 경건한 왕으로 묘사되어 있다. 그 다음 솔로몬 왕의 특징은 지혜로운 것이고, 르호보암은 검소한 것이며, 아비야는 용감한 것이고, 아사는 의로운 것이다. 또 여호사밧은 하나님을 경외하는 독실한 사람이었고, 여호람은 사악한 사람이었고, 아하시야는 불경스러운 사람이었고, 요아스는 처음에 좋았다가 나중엔 비틀어진 배교자였으며, 아마샤는 경솔한 사람이었고, 요담은 온순한 사람으로 나와 있다. 그리고 아하스라는 왕은 우상을 숭배하는 사람으로 기록되어 있고, 히스기야는 개혁의 왕으로, 므낫세는 죄를 지었지만 나중에 회개하는 왕으로, 아몬은 아주 애매모호한 왕으로, 요시야는 매우 다정다감한 왕으로, 여호아하스와 여호야김, 여호야긴, 시드기야는 모두 사악한 왕들로 나와 있다.

이러한 왕들의 기록을 읽어보면 참으로 흥미롭다. 우리는 지금 몇 마디로 한 사람 한 사람의 특징을 열거했는데, 이렇게 한 사람의 일생이 한 마디로 '그 사람은 이런 사람이야'라고 평가받을 수 있기 때문에 우리는 조심해서 잘 살아야 한다. 어떤 사람은 우유부단한 사람으로, 어떤 사람은 배교자로 낙인 찍혀 버리고, 어떤 사람은 경솔한 사람으로, 어떤 사람은 매우 경건한 사람으로, 어떤 사람은 매우 지혜로운 사람으로 그의 일생이 평가될 수 있기 때문이다.

이스라엘 나라가 분국이 되어서 북쪽은 이스라엘, 남쪽은 유다인데, 유다에는 다윗 왕의 계보가 있고, 이스라엘은 유다 지파가 아닌 각기 다른 지파의 사람들이 왕이 되었다. 그때 이스라엘 왕들 가운데는 좋은 사람이 많았겠는가, 나쁜 사람이 많았겠는가? 당연히 좋지 않은 왕들이 많았다. 사실 기록에 보면 이스라엘 나라에는 좋은 왕이 하나도 없었다. 유다 왕들 중에는 열왕기 상에서 둘은 좋았고 나머지 셋은 악했다. 좋은 왕과 나쁜 왕의 비율이 유다는 2 : 3이었고, 이스라엘은 0 : 8이었다. 좋은 왕은 하나도 없고 나쁜 왕들만 8명이었다는 것이다. 열왕기 하에서는 유다 왕들 중에 좋은 왕이 6명이고 나쁜 왕이 9명이었다. 이스라엘에는 11명의 왕이 있었는데 11명 모두가 다 악했다. 그 중에 예후라는 사람만 반은 좋고 반은 악했다고 할 수 있다. 결국 이러한 왕들로 인해 유다와 이스라엘 왕국은 멸망했다. 열왕기 상·하의 결론은 양국의 멸망이다. 우리는 열왕기 상·하를 통해 하나님의 왕국이 어떻게 해서 망하게 되었는가 하는 교훈을 얻게 된다. 하나님의 나라가 어떤 때에 흥하고 어떤 때에 쇠하는가를 볼 수 있다. 간단히 말해서, 하나님의 백성이 하나님을 경외할 때 하나님의 나라는 흥하고 하나님을 버릴 때 쇠패하게 된다.

열왕기 상에서 하나님은 그 나라가 왜 멸망했으며 어떻게 멸망의 길을 걸어갔는가를 보여주신다. 그것은 이스라엘 나라가 망하지 않으려면 적어도 이 정도는 되어야 한다는 어떤 표준을 제시하고 있다. 그 표준만 지키면 하나님께서 그 나라를 멸망시키지 않으시겠다는 것이다. 그 표준이 그렇게 높은 것이 아니었는데도 열왕 중에서 그 표준에 도달할 수 있는 왕은 몇 사람 되지 않았다.

열왕기 상 3장 14절, "네가 만일 네 아비 다윗의 행함같이 내 길로 행하며 내 법도와 명령을 지키면 내가 또 네 날을 길게 하리라". 하나님이 솔로몬에게 하신 말씀이다. "네가 만일 네 아비 다윗의 행함같이". 다윗의 수준까지만 되면 된다는 말이다. 이것이 이스라엘 왕국이 지녀야 할 하나님의 표준이었다. 사실 그 표준은 그렇게 높지 않은 것이다. 다윗도 전혀 문제가 없는 것이 아니었기 때문이다. 하나님은 왕들이 다윗 왕 정도의 표준만 지키면 그 나라를 멸망시키지 않겠다고 하셨다.

9장 4절, "네가 만일 네 아버지 다윗이 행함같이 마음을 온전히 하고 바르게 하여 내 앞에서 행하며 내가 네게 명령한 대로 온갖 일에 순종하여 내 법도와 율례를 지키면". 5절, "내가 네 아버지 다윗에게 말하기를 이스라엘의 왕위에 오를 사람이 네게서 끊어지지 아니하리라 한 대로 네 이스라엘의 왕위를 영원히 견고하게 하려니와". 다윗의 표준에만 이르렀다면 영원히 그 위가 끊어지지 않고 견고케 될 것이라고 했다. 11장 4절, "솔로몬의 나이가 많을 때에 그의 여인들이 그의 마음을 돌려 다른 신들을 따르게 하였으므로 왕의 마음이 그의 아버지 다윗의 마음과 같지 아니하여 그의 하나님 여호와 앞에 온전하지 못하였으니". 다윗 이후의 왕들이 잘못될 때마다 하나님은 그 표준을 다윗 왕에 견주어 말씀하셨다. 이스라엘은 다윗의 왕국이라고 해도 과언이 아니다.

33절, "이는 그들이 나를 버리고 시돈 사람의 여신 아스다롯과 모압의 신 그모스와 암몬 자손의 신 밀곰을 경배하며 그의 아버지 다윗이 행함 같지 아니하여 내 길로 행하지 아니하며 나 보기에 정직한 일과 내 법도와 내 율례를 행하지 아니함이니라". 솔로몬이 많은 이방 여인들을 거느리고 도덕적으로 타락할 때에도 하나님은 그를 다윗에게 비교하셨다. 그가 우상들을 섬기고 할 때도 하나님은 다윗을 염두에 두고 비교하셨다. 38절, "네가 만일 내가 명령한 모든 일에 순종하고 내 길로 행하며 내 눈에 합당한 일을 하며 내 종 다윗이 행함같이 내 율례와 명령을 지키면 내가 너와 함께 있어 내가 다윗을 위하여 세운 것같이 너를 위하여 견고한 집을 세우고 이스라엘을 네게 주리라". 하나님은 이스라엘에게 '너희는 다윗의 수준만 지켜다오'라는 말씀을 반복적으로 하고 계신다.

14장 8절, "나라를 다윗의 집에서 찢어내어 네게 주었거늘 너는 내 종 다윗이 내 명령을 지켜 전심으로 나를 따르며 나 보기에 정직한 일만 행하였음과 같지 아니하고". 이것은 여로보암에게 하시는 말씀이다. 여로보암은 분열된 이스라엘의 왕이었다. 그런데 하나님께서는 여로보암에게도 그가 잘못했을 때 다윗을 표준으로 하여 책망하셨다. 15장 11절, "아사가 그의 조상 다윗같이 여호와 보시기에 정직하게 행하여". 누가 좀 잘해도 다윗에 견주었다. 이렇게 하나님은 이스라엘 나라에 다윗이라는 하나의 표준을 세워놓으셨다. 다윗에게 역사하시고 그를 다루셔서 본보기가 되는 왕으로 세워놓으시고 누가 잘하든 잘못하든 다윗에 견주시는 것이다. 결국 이스라엘 나라가 멸망하게 된 것은 그들의 행위가 하나님의 표준에 미치지 못했기 때문이다.

열왕기 상에서 중요한 구절을 두세 군데 보겠다. 8장 23-26절, "가로되 이스라엘 하나님 여호와여 상천하지에 주와 같은 신이 없나이다 주께서는 온 마음으로 주의 앞에서 행하는 종들에게 언약을 지키시고 은혜를 베푸시나이다 24 주께서 주의 종 내 아비 다윗에게 허하신 말씀을 지키사 주의 입으로 말씀하신 것을 손으로 이루심이 오늘날과 같으니이다 25 이스라엘 하나님 여호와여 주께서 주의 종 내 아비 다윗에게 말씀하시기를 네 자손이 자기 길을 삼가서 네가 내 앞에서 행한 것같이 내 앞에서 행하기만 하면 네게로 좇아 나서 이스라엘 위에 앉을 사람이 내 앞에서 끊어지지 아니하리라 하셨사오니 이제 다윗을 위하여 그 허하신 말씀을 지키시옵소서 26 그런즉 이스라엘 하나님이여 원컨대 주는 주의 종 내 아비 다윗에게 하신 말씀이 확실하게 하옵소서". 이 말씀을 보면 이스라엘 나라와 하나님의 마음에 합한 한 왕인 다윗과의 관계성이 엄청나게 중요한 것이었음을 알 수 있다.

9장 4-7절, "네가 만일 네 아비 다윗의 행함같이 마음을 온전히 하고 바르게 하여 내 앞에서 행하며 내가 네게 명한 대로 온갖 것을 순종하여 나의 법도와 율례를 지키면 5 내가 네 아비 다윗에게 허하여 이르기를 이스라엘 위에 오를 사람이 네게서 끊어지지 아니하리라 한 대로 너의 이스라엘의 왕위를 영원히 견고하게 하려니와 6 만일 너희나 너희 자손이 아주 돌이켜 나를 좇지 아니하며 내가 너희 앞에 둔 나의 계명과 법도를 지키지 아니하고 가서 다른 신을 섬겨 그것을 숭배하면 7 내가 이스라엘을 나의 준 땅에서 끊어 버릴 것이요 내 이름을 위하여 내가 거룩하게 구별한 이 전이라도 내 앞에서 던져 버리리니 이스라엘은 모든 민족 가운데 속담거리와 이야기거리가 될 것이며".

18장 21절, "엘리야가 모든 백성에게 가까이 나아가 이르되 너희가 어느 때까지 두 사이에서 머뭇머뭇 하려느냐 여호와가 만일 하나님이면 그를 좇고 바알이 만일 하나님이면 그를 좇을지니라 하니 백성이 한 말도 대답지 아니하는지라". 왜 이스라엘 백성들이 좋게 시작했다가 결국 망했는지 그 이유를 보여준다. 다윗의 수준에 이르지 않았기 때문이다. 전체적인 이스라엘 백성들의 태도가 애매모호하게 변해버린 것이다. 그들은 하나님을 좇는 것도 아니고 바알을 우상숭배하는 것도 아니고 중간에서 머뭇거리고 있었다. 그런 상태를 보시고 하나님이 진노하신 것이다. 그래서 그들은 결국 망하게 되었다.

전체적인 내용을 보면, 열왕기 상 1—2장은 왕국이 견고하게 된 상황, 3—10장까지는 왕국의 영광스러움을 말하고 있다. 1—11장까지는 주로 이스라엘의 통일 왕국에 대해서 말하고 있다. 그리고 그 때 중요했던 한 가지 일은 성전이 건축된 것이다. 11—22장까지는 이스라엘과 유다로 분열되고 쇠퇴하는 역사이다. 전반부 열한 장은 주로 성전건축에 초점이 맞춰져 있고, 후반부 열한 장은 분열과 쇠퇴 속에서 엘리야 선지자가 나타나 예언을 하는, 선지자의 사역이 중심을 이루고 있다.

열왕기 상을 전체적으로 생각할 때, 하나님께서 다윗에게 약속하신 언약—"네 집과 네 나라가 내 앞에서 영원히 보존될 것이다"(삼하 7:16)—에 따라 그들이 하나님의 언약 안에 머물러서 그 율법을 지키고 다윗과 같이 경건한 생활을 하지 못하고 결국 실패했다는 것이다. 열왕기에서 우리에게 보여주고 있는 것은, 참 소망은 다윗의 후손이신 그리스도께만 있다는 것이다. 다윗에게 주신 언약은 결국 예수 그리스도에게서 성취되었으며, 이스라엘의 왕들로써는 결코 이룰 수 없었다. 그들의 역사는 실패의 역사였다. 그러므로 당연히 참된 다윗의 후손이 나타나고 그분에 의해서 영원히 변치 않는 언약이 이루어져야 한다. 하나님의 약속은 후회하심도 없고 변함도 없다. 반드시 이루어진다. 그런데 웬일인지 이스라엘은 다 망해버리고 말았다. 그렇다고 해서 한 번 하나님의 입에서 나온 약속이 무너지겠는가? 그러면 그 일을 이루실 분이 누구인가? 바로 예수 그리스도이시다. 그러므로 우리는 열왕기의 실패 역사를 통해서 자동적으로 그리스도 한 분을 소망삼고 그분을 목표로 하게 된다. 우리는 열왕기 상에 입문하기 전에 전반적인 내용을 파악하고 1장의 상세한 내용에 들어가도록 하겠다.

# 열왕기상 1장

**1절, 다윗 왕이 나이 많아 늙으니 이불을 덮어도 따뜻하지 아니한지라**

다윗이 이제 나이가 많이 들었다. 당시의 나이로 보아서는 그렇게 많지 않지만 전쟁을 많이 하고 고난도 많이 겪어서인지는 몰라도 빨리 늙은 것 같다. 다윗은 서른 살에 왕이 되어 40년 간을 왕위에 있었다. 나이가 들어 늙으면 몸에서 온기가 없어져서 이불을 덮어도 따뜻하지 않다.

**2절, 그 신복들이 왕께 고하되 우리 주 왕을 위하여 젊은 처녀 하나를 구하여 저로 왕을 모셔 봉양하고 왕의 품에 누워 우리 주 왕으로 따뜻하시게 하리이다 하고**

신복들은 나이 든 다윗 왕을 위해서 젊은 처녀 하나를 구해서 차가운 몸을 따뜻하게 해주려고 했다. 당시의 도덕상은 왕이 많은 여인을 자신의 처로 두어도 그렇게 죄악시하지 않았던 것 같다. 신약에서 이것은 옳지 않은 것이고 부도덕한 것이다. 그러므로 이것을 신약의 도덕 기준으로 볼 수는 없다.

**3절, 이스라엘 사방 경내에 아리따운 동녀를 구하다가 수넴 여자 아비삭을 얻어 왕께 데려왔으니**

수넴이라는 곳은 아름다운 여자들이 있었던 고장이라고 한다.

**4절, 이 동녀는 심히 아리따운 자라 저가 왕을 봉양하며 수종하였으나 왕이 더불어 동침하지 아니하였더라**

부하들은 다윗 왕을 위해서 이런 일을 했지만 다윗은 그 동녀와 동침하지 않았다. 다윗은 늙어서도 경건성을 잃지 않았다고 볼 수 있겠다.

**5절, 때에 학깃의 아들 아도니야가 스스로 높여서 이르기를 내가 왕이 되리라 하고 자기를 위하여 병거와 기병과 전배 오십 인을 예비하니**

다윗 왕 후에 누가 왕이 될 것인가에 대해서는 다윗이 마음속에 점을 찍어둔 사람이 있었던 것이 아니고 하나님께서 다윗에게 누가 왕이 될 것인지를 말씀하셨다. 그것은 역대 상 22장 9절과 28장 5절에서 알 수 있다. 역대 상 22장 8-9절, "여호와의 말씀이 내게 임하여 이르시되 너는 피를 심히 많이 흘렸고 크게 전쟁하였느니라 네가 내 앞에서 땅에 피를 많이 흘렸은즉 내 이름을 위하여 성전을 건축하지 못하리라 9 보라 한 아들이 네게서 나리니 그는 온순한 사람이라 내가 그로 주변 모든 대적에게서 평온을 얻게 하리라 그의 이름을 솔로몬이라 하리니 이는 내가 그의 생전에 평안과 안일함을 이스라엘에게 줄 것임이니라". 이것은 하나님이 다윗에게 하신 말씀이다. 10절, "그가 내 이름을 위하여 성전을 건축할지라 그는 내 아들이 되고 나는 그의 아버지가 되어 그 나라 왕위를 이스라엘 위에 굳게 세워 영원까지 이르게 하리라 하셨나니". 솔로몬이 다윗에 이어 왕위를 계승한 것은 하나님께서 다윗에게 지시하신 것이다. 역대 상 28장 5절, "여호와께서 내게 여러 아들을 주시고 그 모든 아들 중에서 내 아들 솔로몬을 택하사 여호와의 나라 왕 위에 앉혀 이스라엘을 다스리게 하려 하실새". 이렇게 다윗 이후에 왕이 될 사람은 하나님께서 다윗에게 지시하신 것이다. 결코 다윗 임의로 왕위를 계승해 줄 수 없었다.

그런데 다윗이 나이가 많아 몸이 쇠약해지고 더 이상 거동하기도 어렵게 되자 반역이 일어났다. 인도자가 약화되고 사태가 변할 때 반역이 일어나기가 쉽다. 지도자의 공백 시에, 지도자가 제대로 업무를 수행하지 못할 때에 쉽게 반역이 일어난다. 평상시에 속에 어떤 의도를 갖고 있는 사람들, 욕심이 있는 사람들이 그때 드러나는 것이다. 아도니야는 스스로 "내가 왕이 되리라"고 했다. 누구든지 '내가' 하겠다고 나서는 것은 상당히 위험한 일이다.

"내가 왕이 되리라 하고 자기를 위하여 병거와 기병과 전배 오십 인을 예비하니". 전배란 대통령이나 왕을 호위하는 사람들을 가리킨다.

**6절, 저는 압살롬의 다음에 난 자요 체용이 심히 준수한 자라 그 부친이 네가 어찌하여 그리 하였느냐 하는 말로 한 번도 저를 섭섭하게 한 일이 없었더라**

이 사람이 스스로 왕이 되어서 뭔가 해보려고 일어나게 된 동기에 대해서 설명하고 있다. 첫째는 체용이 심히 준수하다고 했다. 아주 그럴듯하게 생겼다는 것이다. 능력이 없고 못난 사람은 반역도 하지 않는다. 그런데 아도니야는 외모가 아주 뛰어났다. 그래서 스스로 뭔가 할 수 있다고 생각한 것이다. 나름 역량이 있다는 것이다. 역대로 반역하는 사람들은 거의 다 역량이 좀 있는 사람들이었다. 전혀 없는 사람들은 반역하러 일어나지 않는다. 아도니야는 나중에 솔로몬의 손에 죽게 되는데, 무능한 사람이고 잘난 것도 없고 왕이 될 만한 역량이 없었더라면 이런 일이 생기지 않았을 것이다. 그러나 자신도 왕이 될 수 있다고 생각했고 옆에 있었던 사람들도 왕이 되라고 부추겼기 때문에 이런 불상사가 일어난 것이다.

여기서 안타까운 점은 다윗이 한 번도 그를 섭섭하게 한 일이 없었다는 것이다. 왕자들 중에 압살롬이 제일 잘났는데 압살롬은 반역을 하다가 죽었다. 압살롬 다음에 그를 필적할 만한 사람이 아도니야였다. 그런데 아도니야도 지금 반역을 하려는 것이다. 왕자들이 제대로 된 사람이 없다. 솔로몬 하나 있고 나머지는 다 잘못되고 있는 상황이었다. 그런데 아도니야에 대해서 아버지인 다윗이 왜 강하게 책망하거나 섭섭하게 한 적이 없었을까? 압살롬의 영향이 아니었나 생각한다. 다윗은 압살롬을 조금 서운하게 했다. 사람을 조금 나무라고 서운하게 했을 때 반역을 하기가 쉽다. 압살롬이 몇 년 간 외지에 나가 있었을 때 요압에 의해서 다시 들어오게 되었지만 예루살렘에 들어와서도 다윗이 얼른 받아들이지 않고 여러 가지로 그를 서운하게 했다. 그러다보니 그가 이렇게 반역을 일으킨 것이다.

그때 다윗이 얼마나 마음고생을 했는지 '내가 아들들한테 너무 심하게 해서 이런 상황이 왔구나. 이제는 그렇게 심하게 하지 말아야겠다.'라고 생각했을 것이다. 그리고 이제 나이도 많이 들었다. 그래서 아도니야를 강하게 면책하거나 다루지 않았을 것이다. 그런데 도리어 그런 자녀에게 이런 반항심이 생겨날 수가 있다. 잠언에서도 읽을 수 있지만 자녀를 사랑하면 초달을 하고 징계를 하라고 했다. "초달을 차마 못 하는 자는 그 자식을 미워함이라 자식을 사랑하는 자는 근실히 징계하느니라" (잠 13:24). 자녀를 책망하지 않고 혼내지 않고 오냐오냐해서 기르는 것이 좋은 것 같지만 그렇지 않다.

한국의 어머니들이 자녀들을 다루는 것을 보면 그렇게 해서는 안 되겠다고 생각할 때가 많다. 무조건 자녀를 감싸주는 것이 자녀를 잘 기르는 것인양 생각하는데 그렇지 않다. 나는 주로 선교를 위해 30여 개국을 다녀보았는데, 각 나라 사람들의 자기 자녀들을 다루는 방식을 보았다. 미국인들은 아이들을 아무렇게나 다루지 않는다. 말을 안 들으면 음식도 주지 않는다. 언젠가 내가 한 미국인 성도 가정에 한국인 성도들과 함께 심방을 갔던 적이 있는데, 함께 갔던 한국인 성도의 자녀들이 그 집의 기물이나 살림살이들을 마구 다루는 바람에 아주 당혹스러웠던 적이 있다. 한국 아이들은 열 명 중에 7-8명은 그렇다. 가만히 앉아 있는 아이들이 거의 없다. 그렇게 하면 미국 사람들은 아주 놀라서 더 이상 한국 사람들을 초청하고 싶어하지 않는다.

미국의 어린아이들 중에도 그런 아이들이 있기는 하겠지만 부모가 일단 'No, No'라고 하면 더 이상 말썽을 부리지 않는다. 그 아이들은 부모가 '집 밖에 나가지 말아라.'고 하면 나가지 않는다. 그리고 나가서 놀고 싶으면 반드시 부모에게 '저, 나가서 놀아도 되요?'라고 묻고 부모가 허락해야 나간다. 이렇게 미국 사람들은 아이들을 엄격하게 다룬다. 서양 사람들이 대체적으로 그렇다. 나는 한국의 어머니들이 아이들 훈육법을 좀 바꾸어야 할 필요가 있다고 생각한다. 그저 아이들을 자유롭게 해주는 것이 잘 기르는 것인가? 아니다. 아이들을 규모있게 길러야 한다. 물론 아이들의 기를 꺾는 것은 좋지 않지만 너무 풀어놓아서도 안 된다.

나는 고등학교, 대학교에 잘 들어가는 아이들을 주시해서 본 적이 있다. 그런 아이들은 대체적으로 엄격한 부모를 두었다. 다 그렇다는 것은 아니지만 대체적으로 엄격한 부모 밑에서 자란 아이들이 공부를 잘한다. 아이들이 부모의 어떤 룰(rule) 안에서 자라날 때 공부를 잘 하게 되는 것이다. 어렸을 때부터 책상에 앉아서 공부하는 습관을 길러주고 책 읽는 습관을 길러줄 때 공부를 잘하게 되는 것이다. 자녀를 잘 기르고 싶으면 어릴 때부터 잡아 주어야 한다. 어릴 때부터 부모의 말을 잘 듣게 해야 한다. 함부로 행하지 못하게 해야 한다. 부모가 허락하지 않은 것은 하지 못하게 해야 한다. 아이들마다 기질과 성격의 차이가 다소 있긴 하지만 얼마든지 부모의 역량에 의해서 고칠 수 있고 바로잡을 수 있다. 안 된다고 하지 말라. 하면 된다. 여러분이 그렇게 안 하려고 하기 때문에 안 되는 것뿐이다. 아이들이 할머니처럼 다 받아주는 사람에게 가면 금방 태도가 바뀌는 것을 보지 않는가? 부모가 바뀌어야 아이들이 바뀌는 것이다.

이렇게 아이들에게는 유동적인 면이 있다. 그러므로 충분히 아이들을 교정할 수 있으니 내 아이는 성질이 안 좋아서 안 된다는 말을 하지 말라. 아이들을 함부로 방치하는 교회는 예외 없이 어지럽고 다루기 힘들다. 그러나 엄격하게 하는 교회는 아이들이 다 조용하다.

**7절, 아도니야가 스루야의 아들 요압과 제사장 아비아달과 모의하니 저희가 좇아 도우나**

배역하는 사람들은 다 모의를 한다. 모의는 영어로 'conspiracy'이다. 어떤 것이 그리스도 안의 합당한 교제(fellowship)이고 어떤 것이 모의(conspiracy)인 것을 모르는가? 모의란 배후에서 상황을 뒤집어엎으려고 상의하는 것을 말한다. 그것은 지하 교제(Underground fellowship)이다. 부를 만한 사람만 부르고 불러서는 안 될 사람은 경계하면서 문을 닫고 은밀하게 하는 대화이다. 여러분은 그런 종류의 회합이나 교제에 동참하지 말기 바란다. 그것은 여러분의 인생을 망치게 한다. 열어서 공개적으로 할 수 없는, 몇몇 사람만 무엇을 하겠다고 하는 그러한 일들은 축복받지 못하고 되지도 않는다.

여기 요압이라는 사람이 나온다. 요압이라고 하는 사람은 다윗 시대에 중요한 장군들 중 하나였다. 그런데 다윗이 이 스루야의 아들 요압을 제어하기가 너무 어렵다고 고백한 적이 있다. "내가 기름 부음을 받은 왕이 되었으나 오늘날 약하여서 스루야의 아들인 이 사람들을 제어하기가 너무 어려우니 여호와는 악행한 자에게 그 악한 대로 갚으실지로다 하니라"(삼하 3:39). 중요한 순간마다 이 요압이 나타나서 다윗 왕을 어렵게 했다. 사람이 간단하지가 않고 뭔가 치받는 성격이 있었다. 다윗도 어떻게 할 수가 없는 그런 사람이었다.

지금 다윗이 늙고 힘이 없어서 정치를 제대로 할 수 없게 되자 그 아들들 중에 아도니야가 일어나서 뭔가를 하려고 했다. 그는 여러 모로 왕이 될 만한 모습을 갖추고 있었고 스스로도 왕이 되겠다고 일어나고 있다. 이때 요압은 자기의 지위를 견고하게 하기 위해 기회를 잡아 뭔가 하려고 아도니야를 부추긴 것이다. 사람의 거역과 반역심은 속에 있다가 언젠가 드러나게 된다. 다윗이 힘있게 다스릴 때에는 아직 나타나지 않았다가 다윗이 힘이 없어지고 아무것도 할 수 없게 되자 요압의 거역심이 본색을 드러낸 것이다. 그들이 당시 솔로몬이 왕위를 계승하게 되어 있다는 것을 몰랐던 것이 아니다. 그러기에 반역이라고 하는 것이다. 아비아달이라는 제사장도 그의 아버지가 다윗을 좇다가 죽었고 그 자신도 다윗을 좇던 제사장이었다. 그런데 결국 그도 아도니야가 왕이 되려고 반역하는 일에 가담한 것이다. 그가 직접적으로 다윗을 반역한 것은 아니지만, 솔로몬이 왕이 될 것을 가로채서 아도니야가 스스로 왕이 되겠다고 하는 일에 가담한 것이다. 이럴 때 반역자들의 생각에는 다윗이 이미 안중에 없는 법이다. 늙고 힘이 없으니 죽은 거나 다름없다고 생각하는 것이다. 그러나 실상 다윗의 권위는 아직 살아 있었다. 다만 반역자들의 눈에 아무 것도 할 수 없는 무력한 자로 보인 것뿐이다. 거역이란 사람의 눈으로 착각하게 만든다. 위치를 떠나기 때문이다. 위치를 떠나면 욕심에 눈이 가려 사물을 제대로 보지 못한다.

**8절, 제사장 사독과 여호야다의 아들 브나야와 선지자 나단과 시므이와 레이와 다윗에게 속한 용사들은 아도니야와 같이 하지 아니하였더라**

아도니야의 반역의 일에 동참한 자들이 있는가 하면 여전히 다윗과 솔로몬의 노선에 서 있는 사람들도 있었다. 사독(Zadok)이란 정의를 뜻한다. 아비아달과 더불어 다윗 시대의 공동 대제사장이었다. 브나야는 다윗의 두 번째 세 용사조에 속한다. 요압이 죽은 후에는 군대 장관이 되었다. 나단은 갓과 더불어 다윗의 예언자이며 다윗이 범죄하였을 때 직언한 선지자이다. 시므이나 레이 등은 미지의 인물들이지만 다윗의 친구들이나 용사들 가운데 있던 사람들로 추측된다.

**9-10절, 아도니야가 에느로겔 근방 소헬렛 돌 곁에서 양과 소와 살찐 송아지를 잡고 왕자 곧 자기의 모든 동생과 왕의 신복 유다 모든 사람을 다 청하였으나 10 선지자 나단과 브나야와 용사들과 자기 동생 솔로몬은 청하지 아니하였더라**

이런 데에 초청을 받는 것은 그 자체가 별로 좋은 것이 아니다. 이런 모임은 모의를 하기 위한 것이기 때문이다. 그런데 이들이 어떤 사람들은 초청하였으나 어떤 사람들은 초청하지 않았다. 그들에게 유리한 자들만 초청한 것이다. 그렇지 않으면 그들의 거사만 탄로날 뿐 아무 소용이 없기 때문이다. 그런데 이렇게 초청되지 않은 사람들이 좋은 사람들이다. '저 사람은 한 번 흔들어 볼 수 있을 거야.'라고 여겨지는 사람은 좋은 사람이 아니다. 그런 사람들은 아마 이렇게 생각할 것이다. '나는 선택의 폭이 넓은 사람이고 매우 객관적인 사람이야. 여기도 갈 수 있고 저기도 갈 수 있어. 나는 솔로몬도 만날 수 있고 다윗도 만날 수 있고 아도니야도 만날 수 있어.' 이런 사람이 좋은 사람 같지만 사실은 좋은 사람이 아니다. 쉬운 말로 말하면 정체성이 불분명한 사람이다. 늘 분명한 입장을 드러내지 않는 사람이다. 입장이 모호하고 양다리를 걸치는 형이다. 형편 따라 이리 가서 붙고 저리 가서 붙는 그런 사람이다. 그런 사람은 사실상 반대편이다. 사람이 아무 편도 아니기는 어렵기 때문이다. 빛이면 빛이고 어둠이면 어둠이지 그 중간은 없는 법이다.

선지자 나단과 브나야 같은 사람들은 완전히 솔로몬 편에 서 있는 사람들이다. 그런데 반대편 사람들은 그런 사람들을 정죄한다. '저 사람들은 왜 저렇게 사람을 추종하는 거야. 우리는 어떤 사람에게도 열려있는데.' 그러면서 자기들의 넓음과 객관적임을 자랑한다. 그렇지만 그런 사람들은 사실상 솔로몬과 하나님 편에 굳게 서 있는 사람들이 아니다. 사실 그들은 솔로몬이 왕위를 계승하는 것을 반대하는 사람들이다. 그러나 솔로몬이 왕이 되는 것은 사람이 임의로 하는 것이 아니라 하나님께서 그렇게 정하신 것이다. 그러므로 솔로몬 편에 서지 않는다는 것은 그가 하나님의 역사를 받들며 적극적으로 밀어대는 사람이 아니라는 증거다. 즉 그들은 결국 하나님의 뜻을 반대하여 일어난 사람들이라는 것이다. 이런 사람들은 적극적이고 합당한 영을 가진 사람들이 누군지도 알고 있다. 그래서 선지자 나단, 브나야, 솔로몬 같은 사람들을 그들의 반역 모의에 청하지 않은 것이다.

**11-13절, 나단이 솔로몬의 모친 밧세바에게 고하여 가로되 학깃의**

**아들 아도니야가 왕이 됨을 듣지 못하였나이까 우리 주 다윗은 알지 못하시나이다 12 이제 나로 당신의 생명과 당신의 아들 솔로몬의 생명 구원할 계교 베풀기를 허락하소서 13 당신은 다윗 왕 앞에 들어가서 고하기를 내 주 왕이여 전에 왕이 계집종에게 맹세하여 이르시기를 네 아들 솔로몬이 정녕 나를 이어 왕이 되어 내 위에 앉으리라 하지 아니하셨나이까 그런데 아도니야가 무슨 연고로 왕이 되었나이까 하소서**

솔로몬이 왕으로 세워지는데 주동적인 역할을 한 사람은 나단이다. 나단은 아도니야가 왕이 되기 위해 거사를 꾸미고 있는 것을 알고 솔로몬의 어머니인 밧세바에게 전달해주고 있다. 다윗의 아들 솔로몬이 왕이 되어 성전을 건축하게 될 것은 이미 말씀하신 바가 있고 일반적으로도 알려진 것이 분명하다(삼하 7:12, 대상 22:9). 따라서 아도니야는 아비 다윗에게 이 사실을 고하지 않은 채 거사를 감행한 것이다. 나단은 밧세바에게 다윗 왕이 이 사실을 모르고 있으니 알려주어야 한다고 말한다. 만일 아도니야가 왕위에 오르면 솔로몬이나 어미 밧세바의 생명은 위험해질 것이다.

**14절, 당신이 거기서 왕과 말씀할 때에 나도 이어 들어가서 당신의 말씀을 증거하리이다**

밧세바가 다윗에게 나아가 말하면 나단 선지자 자신도 들어가서 돕겠다고 했다. 그렇게 하면 다윗이 더욱 신빙성 있게 들을 것이다.

**15-19절, 밧세바가 이에 침실에 들어가 왕에게 이르니 왕이 심히 늙었으므로 수넴 여자 아비삭이 시종하였더라 16 밧세바가 몸을 굽혀 왕께 절하니 왕이 이르되 어찜이냐 17 저가 왕께 대답하되 내 주여 왕이 전에 왕의 하나님 여호와를 가리켜 계집종에게 맹세하시기를 네 아들 솔로몬이 정녕 나를 이어 왕이 되어 내 위에 앉으리라 하셨거늘 18 이제 아도니야가 왕이 되었어도 내 주 왕은 알지 못하**

**시나이다 19 저가 수소와 살찐 송아지와 양을 많이 잡고 왕의 모든 아들과 제사장 아비아달과 군대장관 요압을 청하였으나 왕의 종 솔로몬은 청치 아니하였나이다**

밧세바는 나단 선지자가 말한 대로 다윗에게 말하기 위해 침실로 들어갔다. 왕은 너무 늙어 집무를 보지 못하고 침실에 누워 있었던 것이다. 밧세바가 몸을 굽혀 왕에게 절하자 다윗이 물었다. "어쩐 일이냐?" 밧세바는 전에 다윗 왕이 했던 말을 그대로 반복하면서 아도니야의 모반 사실을 알린다. "내 주여 왕이 전에 왕의 하나님 여호와를 가리켜 계집종에게 맹세하시기를 네 아들 솔로몬이 정녕 나를 이어 왕이 되어 내 위에 앉으리라 하셨거늘 이제 아도니야가 왕이 되었어도 내 주 왕은 알지 못하시나이다 저가 수소와 살찐 송아지와 양을 많이 잡고 왕의 모든 아들과 제사장 아비아달과 군대장관 요압을 청하였으나 왕의 종 솔로몬은 청치 아니하였나이다".

**20-21절, 내 주 왕이여 온 이스라엘이 왕에게 다 주목하고 누가 내 주 왕을 이어 그 위에 앉을 것을 반포하시기를 기다리나이다 21 그렇지 아니하면 내 주 왕께서 그 열조와 함께 잘 때에 나와 내 아들 솔로몬은 죄인이 되리이다**

이런 상황에서 다윗이 죽게 되면 솔로몬은 아도니야의 정적(政敵)이 되지 않겠는가? 그러니 분명 그를 죽이게 될 것이다. 우리나라 역사에도 이런 일이 비일비재했다. 앞의 나단의 말에는 이 말이 포함되어 있지 않지만 밧세바는 더욱 분명하게 왕이 후계자를 공식적으로 반포하도록 촉구하고 있다.

**22-24절, 밧세바가 왕과 말씀할 때에 선지자 나단이 들어온지라 23 혹이 왕께 고하여 가로되 선지자 나단이 여기 있나이다 하니 저가 왕 앞에 들어와서 얼굴을 땅에 대어 왕께 절하고 24 가로되 내 주 왕께서 이르시기를 아도니야가 나를 이어 왕이 되어 내 위에 앉**

**으리라 하셨나이까**

밧세바가 말할 때에 때를 맞추어 나단 선지자가 들어왔다. 나단은 다윗이 범죄했을 때 가서 하나님의 말씀으로 책망했던 선지자이다. 그러니 여기서 그가 이렇게 말할 때 다윗도 주의했을 것이다.

25-28절, **저가 오늘 내려가서 수소와 살찐 송아지와 양을 많이**
**잡고 왕의 모든 아들과 군대장관들과 제사장 아비아달을 청하였는**
**데 저희가 아도니야 앞에서 먹고 마시며 아도니야 왕 만세를 불렀나**
**이다** 26 **그러나 왕의 종 나와 제사장 사독과 여호야다의 아들 브나**
**야와 왕의 종 솔로몬은 청치 아니하였사오니** 27 **이것이 내 주 왕의**
**하신 일이니이까 그런데 왕께서 내 주 왕을 이어 그 위에 앉을 자를**
**종에게 알게 하지 아니하셨나이다** 28 **다윗 왕이 명하여 가로되 밧**
**세바를 내 앞으로 부르라 하매 저가 왕의 앞으로 들어와 그 앞에 서**
**는지라**

밧세바는 자기가 할 말을 다 하고 뒤로 물러났다. 그곳이 좀 넓었던 모양이다. 자기가 말할 것을 다 말하고 물러갔을 때 나단이 앞으로 나와서 말하니 왕은 다시 밧세바를 자기 앞으로 부르라고 했다.

29절, **왕이 가로되 내 생명을 모든 환난에서 구원하신 여호와의 사심을 가리켜 맹세하노라**

역시 다윗은 다윗이다. 나이가 들었어도 그의 말하는 어조가 경건하다. 그는 먼저 하나님을 찬양하고 하나님의 이름을 부르면서 시작한다.

30-32절, **내가 이전에 이스라엘 하나님 여호와를 가리켜 네게 맹**
**세하여 이르기를 네 아들 솔로몬이 정녕 나를 이어 왕이 되고 나를**
**대신하여 내 위에 앉으리라 하였으니 내가 오늘날 그대로 행하리라**
31 **밧세바가 얼굴을 땅에 대어 절하며 내 주 다윗 왕은 만세수를 하**
**옵소서 하니라** 32 **다윗 왕이 가로되 제사장 사독과 선지자 나단과**

**여호야다의 아들 브나야를 내 앞으로 부르라 하니 저희가 왕 앞에 이른지라**

왕은 그가 맹세한 대로 솔로몬이 정녕 왕이 될 것이고 내 위에 앉게 되리라고 하였다. 그러자 밧세바는 얼굴을 땅에 대어 절하며 "다윗 왕은 만세수를 하옵소서." 하였다. 다윗은 또한 배역에 가담하지 않은 장군과 제사장들을 다 불렀다. 하나님 편에 서 있고 다윗과 솔로몬 편에 서 있는 사람들을 다 부른 것이다.

33-37절, **왕이 저희에게 이르되 너희는 너희 주의 신복들을 데리고 내 아들 솔로몬을 나의 노새에 태우고 기혼으로 인도하여 내려가고 34 거기서 제사장 사독과 선지자 나단은 저에게 기름을 부어 이스라엘 왕을 삼고 너희는 양각을 불며 솔로몬 왕 만세를 부르고 35 저를 따라 올라오라 저가 와서 내 위에 앉아 나를 대신하여 왕이 되리라 내가 저를 세워 이스라엘과 유다의 주권자가 되게 하기로 작정하였느니라 36 여호야다의 아들 브나야가 왕께 대답하여 가로되 아멘 내 주 왕의 하나님 여호와께서도 이렇게 말씀하시기를 원하오며 37 또 여호와께서 내 주 왕과 함께 계심같이 솔로몬과 함께 계셔서 그 위를 내 주 다윗 왕의 위보다 더 크게 하시기를 원하나이다 하니라**

우리는 두 곳의 분위기를 구분할 수 있어야 한다. 먼저는 '지하 교제(underground fellowship)' 또는 '모의(conspiracy)'이고, 다윗과 함께하는 이곳은 여호와의 이름이 있고, 언약이 있으며, 기름부음이 있고, 양각 나팔이 있고, 열려져 있다. 이런 것이 좋은 것이다. 뒤에서 사사로이 일하기를 좋아하는 사람들이 있는데, 성도들은 마땅히 그런 습관을 버려야 한다. 그런 것은 다 어둠이다. 성도들의 모든 교제는 이렇게 밝게 열려 있어야 한다. 환하고 밝아야 한다. 누구 앞에서도 할 수 있는 그런 말을 해야 한다. 우리의 모든 말은 생명책에 기록된다. "야곱 족속아 오라 우리가 여호와의 빛에 행하자"(사 2:5). 모든 말들이 하나님의 빛 가운데 있어야 한다. "너희가 전에는 어두움이더니 이제는 주 안에서 빛이라

빛의 자녀들처럼 행하라"(엡 5:8).

**38-39절, 제사장 사독과 선지자 나단과 여호야다의 아들 브나야와 그렛 사람과 블렛 사람이 내려가서 솔로몬을 다윗 왕의 노새에 태우고 인도하여 기혼으로 가서 39 제사장 사독이 성막 가운데서 기름 뿔을 가져다가 솔로몬에게 기름을 부으니 이에 양각을 불고 모든 백성이 솔로몬 왕 만세를 부르니라**

왕의 명령을 따라 대제사장 사독과 선지자 나단과 브나야 등은 시위대원을 거느리고 솔로몬을 왕의 노새에 태우고 기혼에 내려가서 솔로몬 왕 즉위식을 거행했다. 이제 솔로몬이 정식으로 기름부음을 받고 왕이 된 것이다. 제사장 사독이 솔로몬에게 기름을 부으니 양각 나팔을 불고 모든 백성이 솔로몬 왕 만세를 불렀다.

**40-41절, 모든 백성이 왕을 따라 올라와서 피리를 불며 크게 즐거워하므로 땅이 저희 소리로 인하여 갈라질 듯하니 41 아도니야와 저와 함께 한 손들이 먹기를 마칠 때에 다 들은지라 요압이 양각 소리를 듣고 가로되 성중에서 소리가 어찌하여 요란하뇨**

아도니야와 아비아달과 요압, 이들은 다윗을 너무 작게 보았다. 다 죽어가는 사람이니 이제 끝난 거나 다름없다고 여긴 것이다. 우리나라에도 현직 대통령을 사살한 사람이 있는데, 그런 사람들 눈에는 대통령이 끝난 사람이다. 그렇지만 그가 죽었을 때 온 국민이 슬퍼하는 것이라든가 상황이 돌아가는 것을 보면 그들의 생각이 얼마나 착각이었는가를 알게 된다.

거역자들의 심리는 그렇게 객관적이지가 않다. 어두워지면 사람의 생각의 판단이 흐려져서 완전히 상황 판단을 잘못하게 된다. 다윗 왕이 드러누워 있어도 일어나서 한 마디 하면 전세가 다 뒤집히는데, 그런 사람이 있다는 것을 깜빡 잊은 것이다. 왜 그런가? 그가 조용하기 때문이다. 지금 다윗 왕은 몸을 제대로 추스르지 못하고 몸에 온기도 없고 힘이 없기 때문에 뒤집으려고 하는 사람들 생각 속에서는 사태가 제대로 파악이 안 되는 것이다.

여기서 우리가 또 하나 볼 수 있는 것은 솔로몬의 태도이다. 솔로몬은 아무 말이 없다. 아도니야가 왕이 되려고 한다는 소리를 듣고도, 자기를 초청하지 않았다는 것을 알고도 '아버지, 큰일 났어요.'라든가 '이게 어떻게 된 거야?' 하고 좇아갔다는 말이 없다. 그냥 가만히 있다. 자기가 하겠다고 나서는 사람이 가장 어리석은 사람이다. 하나님의 말씀은 "하나님의 능하신 손 아래서 겸손하라 때가 되면 너희를 높이시리라"고 하신다(벧전 5:6). 젊은 사람들은 반드시 이것을 배워야 한다. 그럼에도 젊은 사람들은 항상 자신이 할 수 있다고 생각한다. 그러면서 '왜 나에게 맡기지 않을까? 나같이 역량 있는 사람에게…'라고 생각한다. 그래서 불만이 쌓여가는 것이다. 자기를 알아주지 않는 것에 대해, 자기에게 어떤 일을 맡기지 않는 것에 대해, 자기를 몰라주는 것에 대해, 기회를 부여해 주지 않는 것에 대해 불만을 품는다. 그러한 불만스런 생각을 품고 있으면 그것이 점점 거역의 싹으로 올라오게 된다. 그 불만과 서운한 감정에서 뭔가가 올라오게 되어 있다. 그러나 솔로몬은 그렇게 하지 않았다. 그저 가만히 있었다.

여기 솔로몬을 보라! 이 사람은 이미 지혜가 있다. 왜 가만히 있겠는가? 지혜가 있기 때문이다. 물론 그는 왕이 된 후에 기도해서 주님께 지혜라는 선물을 받았다. 하지만 그는 이미 사려 깊은 사람이고 지혜가 있는 사람이었다. 그러므로 이런 때 주님의 손 아래서 다만 잠잠히 기다렸다. "젊은 자들아 이와 같이 장로들에게 순복하고 다 서로 겸손으로 허리를 동이라 하나님이 교만한 자를 대적하시되 겸손한 자들에게는 은혜를 주시느니라 그러므로 하나님의 능하신 손 아래서 겸손하라 때가 되면 너희를 높이시리라"(벧전 5:5-6). 때가 있는 것이다. 젊을 때에는 자신이 뭔지 모르고 그저 열심히 배우고 수고하는 것이 좋다.

**42절, 말할 때에 제사장 아비아달의 아들 요나단이 오는지라 아도니야가 가로되 들어오라 너는 용사라 아름다운 소식을 가져오는도다**

아버지가 반역하니까 아들도 따라서 반역하고 있다. 좋지 않은 일에 부자가 함께 참여한 것이다. "아도니야가 가로되 들어오라 너는 용사라 아름다운 소식을 가져오는도다". 이렇게 반역하는 사람의 눈은 어긋나 있기 때문에 제대로 보이는 것이 없다.

**43-45절, 요나단이 아도니야에게 대답하여 가로되 과연 우리 주 다윗 왕이 솔로몬으로 왕을 삼으셨나이다 44 왕께서 제사장 사독과 선지자 나단과 여호야다의 아들 브나야와 그렛 사람과 블렛 사람을 솔로몬과 함께 보내셨는데 저희 무리가 왕의 노새에 솔로몬을 태워다가 45 제사장 사독과 선지자 나단이 기혼에서 기름을 부어 왕을 삼고 무리가 그곳에서 올라오며 즐거워하므로 성중이 진동하였나니 당신들에게 들린 소리가 이것이라**

아도니야가 듣기를 기대했던 말이 아니다. 왜 아도니야는 좋은 소식이 올 것이라고 생각했는가? 이 사람은 자신이 이미 왕이 되었다고 생각했기 때문이다. 모든 것이 다 자신이 왕이 되는 상황으로 가고 있다고 착각하고 있었기 때문이다. 욕심으로 가득 찬 사람은 누가 자기에게 오면 '나에게 좋은 지위를 준다는 소식을 갖고 오는 사람이겠지.'라고 생각한다. '혹 아버지 다윗 왕이 무슨 축하 화환이라도 보내 주려는가'라는 기대를 하고 있는 것이다. 그렇게 엉뚱하게 생각한다. 욕심이 있는 사람들에게는 여러 말들이 자신이 원하는 쪽으로 들리게 된다. 그러나 안타깝게도 아도니야의 기대에 완전히 어긋나는 실망스런 말이 들려왔다.

**46-48절, 솔로몬이 나라 위에 앉았고 47 또 왕의 신복들이 와서 우리 주 다윗 왕에게 축복하여 이르기를 왕의 하나님이 솔로몬의 이름을 왕의 이름보다 아름답게 하시고 그 위를 왕의 위보다 크게 하시기를 원하나이다 하매 왕이 침상에서 몸을 굽히고 48 이르시기를**

**이스라엘의 하나님 여호와를 찬송하리로다 여호와께서 오늘날 내 위에 앉을 자를 주사 나로 목도하게 하셨도다 하셨나이다 하니**

솔로몬이 정식으로 왕위에 앉은 것이다. 왕의 신복들은 다윗에게도 축복의 말을 한다. "왕의 신복들이 와서 우리 주 다윗 왕에게 축복하여 이르기를 왕의 하나님이 솔로몬의 이름을 왕의 이름보다 아름답게 하시고 그 위를 왕의 위보다 크게 하시기를 원하나이다 하매". 다윗은 그 축복의 말에 경건하게 화답했다. "왕이 침상에서 몸을 굽히고…이스라엘의 하나님 여호와를 찬송하리로다 여호와께서 오늘날 내 위에 앉을 자를 주사 나로 목도하게 하셨도다".

**49절, 아도니야와 함께한 손들이 다 놀라 일어나 각기 갈 길로 간지라**

"아도니야와 함께 한 손들이 다 놀라 일어나 각기 갈 길로 간지라". '손들' 이란 손님들(guests)이다. 이들은 혹시 아도니야와 함께하면 뭔가 생길까 해서 왔는데 오히려 반역으로 몰려 죽게 될 상황이 되었으니 얼른 도망가 버린 것이다. 결국 아도니야는 홀로 남게 되었다.

**50절, 아도니야도 솔로몬을 두려워하여 일어나 가서 제단 뿔을 잡으니**

제단 뿔에는 피가 발라져 있다. 피는 죄 용서를 의미하는 것이다. 그러므로 아도니야가 제단 뿔을 잡았다는 것은 자신의 죄를 용서해달라는 뜻이다. 즉 도피성의 제도대로 아도니야는 자신이 반역한 것을 다윗이나 솔로몬이 용서해주기를 바라는 태도를 취한 것이다.

**51절, 혹이 솔로몬에게 고하여 가로되 아도니야가 솔로몬 왕을 두려워하여 지금 제단 뿔을 잡고 말하기를 솔로몬 왕이 오늘날 칼로 자기 종을 죽이지 않겠다고 내게 맹세하기를 원한다 하나이다**

좀 전에 왕이 되려 했던 사람이 이제 솔로몬에게 목숨을 구걸하는 신세가 되었다. 아도니야는 제단 뿔을 잡고 솔로몬을 왕이라고 하고 자신은 그의 종이라고 칭했다.

**52-53절, 솔로몬이 가로되 저가 만일 선한 사람이 될진대 그 머리카락 하나라도 땅에 떨어지지 아니하려니와 저의 가운데 악한 것이 보이면 죽으리라 하고 53 사람을 보내어 저를 제단에서 이끌어 내리니 저가 와서 솔로몬 왕께 절하매 솔로몬이 이르기를 네 집으로 가라 하였더라**

이것을 보라. 솔로몬은 이미 말하는 것이 지혜가 있다. 하나님은 지혜자에게 더욱 지혜를 주시는 것이다. 아도니야가 자기를 살려달라고 하자 살려주겠다고 하지도 않고 죽이겠다고 하지도 않는다. 이 말을 보라. "저가 만일 선한 사람이 될진대 그 머리카락 하나라도 땅에 떨어지지 아니하려니와 저의 가운데 악한 것이 보이면 죽으리라". 이것은 매우 신중한 대답이다. 네 말대로 지금 죽이지는 않겠지만 만일 다시 악한 것이 나타나면 죽을 것이라는 말이다. 아도니야가 솔로몬 왕에게 절을 하니 솔로몬이 "네 집으로 가라."고 하였다.

# 열왕기상 2장

**1-2절, 다윗이 죽을 날이 임박하매 그 아들 솔로몬에게 명하여 가로되 2 내가 이제 세상 모든 사람의 가는 길로 가게 되었노니 너는 힘써 대장부가 되고**

다윗은 자신의 죽음을 차분하게 받아들이면서 아들 솔로몬에게 유언을 하고 있다. 다윗의 죽음은 솔로몬이 즉위한 지 얼마 되지 않았을 때일 것이다. 이 때 솔로몬은 20세가 채 되지 않은 젊은이였을 것이다.

**3절, 네 하나님 여호와의 명을 지켜 그 길로 행하여 그 법률과 계명과 율례와 증거를 모세의 율법에 기록된 대로 지키라 그리하면 네가 무릇 무엇을 하든지 어디로 가든지 형통할지라**

아들에게 마지막으로 남긴 말은 주님의 명을 지키라는 것이다. 사람이 마지막에 하는 말이 가장 중요하다. 인생을 다 산 다음에 자기의 가장 사랑하는 아들에게 남겨주는 말은 가장 중요한 말이다. 그래서 유언을 중요하게 여기는 것이다. 일생을 살면서 많은 느낌이 있고 전해주고 싶은 말도 많겠지만 죽음을 앞두고 더 이상 말할 기회가 없는 상황에서 남기는 한 마디야말로 듣는 사람들에게 중요한 의미와 가치를 지니는 것이라 하겠다. 다윗은 참으로 하나님을 사랑하고 경건하게 생활했던 사람이고 또 많은 체험이 있었다. 그래서 그렇게 많은 시를 지은 것이다. 그리고 하나님과 많은 시간 동행하였다. 그런데 그의 입에서 나오는 말이 무엇인가? 가장 사랑하는 아들에게 남겨주고 싶은 것이 무엇인가? 하나님의 명령, 하나님의 말씀을 지키라는 것이다.

여기서 말씀에 대해 생각해 보겠다. 하나님의 말씀은 다 말씀이지만 성질에 따라서 어떤 것은 법률로 규정되고 어떤 것은 계명으로, 율례로, 또 증거로 규정된다. '이 모든 것들을 다 기록된 대로 지키는 것이 너에게 축복이다. 그러면 무엇을 하든지 어디로 가든지 형통할 것이다.' 이것이 체험 있는 다윗의 말이다. 오늘날도 똑같다. 오늘날 우리가 하나님의 축복을 받고 형통하게 되려면 길은 한 가지, 곧 하나님의 말씀대로 사는 것이다. 그 말씀을 지키며 행하는 것이다. 그럴 때 형통하게 된다. 자기에게 유리한 대로 임의로 하면 길이 열릴 것 같지만 결코 그렇지 않다. 하나님의 말씀의 법칙 아래서 그 계명대로 행하는 것이 당장은 손해를 보는 것 같아도 결국은 형통하게 된다.

**4절, 여호와께서 내 일에 대하여 말씀하시기를 만일 네 자손이 그 길을 삼가 마음을 다하고 성품을 다하여 진실히 내 앞에서 행하면 이스라엘 왕위에 오를 사람이 네게서 끊어지지 아니하리라 하신 말씀을 확실히 이루게 하시리라**

영적인 길을 가는 데 있어서 중요한 것은 범사를 삼가는 것이다. 즉 범사에 조심하고 주의 깊게 행하는 것이다. 하나님의 말씀에 따라 길을 잘 가려면 어떤 태도가 가장 필요한가? 조심하는 태도이다. 모든 것을 함부로 하지 않는 태도가 말씀을 지키는 자의 태도이다. 우리가 왜 빗나가는가? 조심하지 않고 대충 결정하여 나아가기 때문이다. 그럴 때마다 실패이다. 조심을 많이 하는 사람이 말씀을 따라 사는 사람이다. 이렇게 말하기는 쉽고 듣기도 쉬운데 막상 상황이 생기면 그렇게 되지 않는다. 실패를 크게 하고 난 다음에야 '아, 조심했어야 하는 건데.' 하게 된다. 그러나 걱정하지 말라. 그렇게 몇 번 실패하게 되면 저절로 조심하게 된다. 말씀대로 살아가는 사람들의 특징은 첫째가 그 길을 삼가는 것(careful of their way)이다.

두 번째는 마음을 다하고 성품을 다하여 진실히 행하는 것이다. 하나님을 섬기는 길에 있어서 첫째는 조심하는 것이고, 두 번째는 마음을 다하는 것이다. 지난 수요일 저녁에 나는 성도들을 좀 강하게 책망했다. 내가 좀 지나치게 한 것 같아서 하루 종일 마음이 어려웠고 그 이튿날 오전까지도 어려웠다. 시간이 지나서 주님이 좀 평안을 주셨다. 그래도 나는 같은 말을 하고 싶다. 왜냐면 마음을 다해야 하기 때문이다. 주님을 섬기는 일에 있어서 하나님은 온 마음으로 하는 것을 기뻐하신다. 어떤 성도들을 대하면 이 일 말고 다른 중요한 일들이 있는 것같이 주의 일을 하는 것으 보는데, 그렇게 해서는 안 된다. 주님을 섬기는 일보다 중요한 일은 이 세상에 없다.

나는 1977년도에 결혼했는데, 당시 아직 대학생이었다. 졸업을 하지 않은 상태에서 결혼을 한 것이다. 당시 많은 하객들이 왔는데, 그들에게 인사하라고 할 때 나는 '우리 가정을 주님과 교회를 위해 드리겠습니다.'라고 선포했다. 아직 나는 학생이었고 앞으로 무엇을 할지 몰랐지만 담대하게 말했다. 내 일생 주님을 위해 살겠다고.

나는 이왕 이 길을 가려면 마음을 다해 가고 싶었다. 사업에도 본업이 있고 부업이 있는데 나는 주님을 믿는 것을 부업처럼 하고 싶지 않았다. 진심이다. 그래서 나는 주님 믿을 때부터 계산해보았다. 내가 과연 이 길을 어떻게 갈 것인가? 주님을 믿고서 나는 엄청 많이 울었다. 그리고서 주님께 굴복했다. 주님께 굴복하고 나서 2년 후에 결혼했다. 나는 그야말로 세상적인 야망이 컸던 청년이었다. 당시 세상에 대한 야망을 내려놓기가 어려워서 많이 울었다. 그리고 결심했다. 내가 이 길을 어떻게 갈 것인가? 다 버리자. 이왕 따르려면 이 세상의 모든 것을 다 버리자. 그리고 전적으로 가자. 그렇게 생각을 했다. 그런 마음을 가졌기 때문에 결혼식 때 그렇게 선포할 수 있었다고 생각한다. 당시에 서울의 좋은 직장에 발령이 났었는데 그것도 포기했다. 그냥 작은 회사에 다니면서 신앙생활을 중심 삼았다. 모든 것을 주님 중심으로 했다. 처음부터 그렇게 시작했다.

나는 여러분에게 동일한 말씀을 드리고 싶다. 주님께 대한 우리의 마음과 헌신은 그분에게 걸맞아야 한다. 그분이 어떤 분인가? 어떤 일의 가치에 따라 그 태도가 나와야 하듯이 주님을 섬기는 자세는 그분에게 어울리는 것이어야 한다. 우리가 믿는 예수는 만왕의 왕이요 만주의 주이시지 않은가? 그분은 창조주이시며 우리의 구속주이시지 않은가? 우리 인생에서 주관적으로든 객관적으로든 그분보다 더 중요한 존재는 없다. 더 높은 분도 없다. 그런 분이기 때문에 우리의 섬김과 그분을 향한 태도는 그런 분에게 어울리는 것이어야 하는 것이다.

내가 과거에 이 나라 저 나라에 다니면서 여러 그리스도인들의 모임에 참석해보았는데, 이런 절대적이지 않고 전적이지 않은 모습을 대할 때면 항상 마음이 괴로웠다. 나는 대체적으로 좋은 활동이나 대체적으로 좋은 모임으로는 만족할 수 없었다. 그 태도나 중심이 하나님께 어울리지 않았기 때문이다. 그분에 대한 합당한 태도가 아니라는 생각이 들 때마다 '내가 아는 하나님은 그런 분이 아니다.'라고 속에서 외치고 싶었다. 죽은 우상이라면 그렇게 해도 된다. 우상은 아무것도 아니기 때문이다. 우상 앞에서는 뛰놀고 먹고 마시고 해도 된다. 그러나 그분이 하나님이라면 그렇게 해서는 안 된다. 우리가 만일 대통령 앞에 선다면 그에 대한 합당한 태도가 나와야 할 것이 아닌가?

기억하라! 우리 하나님은 유일하신 주시기 때문에 그분을 섬기는 사람은 마음을 다하여(with all your heart) 섬겨야 한다. 여러분의 모든 마음을 그분께 드려야지 중심은 다른 데 가 있고 작은 부분만 가지고 하나님을 섬기고자 하는 것은 안 된다. 그렇게 섬기는 자를 하나님이 기뻐하실 것 같은가? 우리의 전체를 드려도 부족한 것이 주님이시다.

나는 조금 전에 몽골 성도들과 통화를 했다. 몽골은 지금 참 좋다. 여기 몽골의 세 형제가 간 후에 몽골 상황이 변하고 있다. 흡스굴이라는 러시아 국경 지역에 사는 자매가 있는데, 아주 신실한 자매이다. 거기에 몇몇 가정이 새로 생겨났다고 한다. 또 수도 울란바토르에서 차로 10시간 정도 가는 도른노트라는 도시에도 새로운 가정들이 많이 생겨났다. 지금 몽골에서는 아주 활발하게 주님의 역사가 일어나고 있다. 한국에 와서 더 배우고 싶다는 사람도 생겨났다. 여기 와서 배우고 간 여러 몽골 성도들이 그곳에서 주님을 잘 섬기고 있다. 그들은 돌아간 후 나에게 "저희들이 이 땅에서 굳게 서서 섬기겠습니다."라고 했다. 그런 말을 들을 때 나는 너무 기뻤다.

주님 한 분 외에 우리 마음에 둘 것이 무언가? 없다. 그분이 기뻐하시는 일을 생각하는 것이 우리의 전부다. 이 세상의 많은 자질구레한 일들은 그리 중요한 것이 아니다. 주님이 관심하시는 일들이 있지 않은가? 그것이 조금이라도 이루어져서 주님께 기쁨이 된다면 더 바랄 게 없다. 나는 때로 그런 말을 들을 때 온 세상을 얻은 것 같다.

**5-6절, 스루야의 아들 요압이 내게 행한 일 곧 이스라엘 군대의 두 장관 넬의 아들 아브넬과 예델의 아들 아마사에게 행한 일을 네가 알거니와 저가 저희를 죽여 태평시대에 전쟁의 피를 흘리고 전쟁의 피로 자기의 허리에 띤 띠와 발에 신은 신에 묻혔으니 6 네 지혜대로 행하여 그 백발로 평안히 음부에 내려가지 못하게 하라**

요압에 대한 것이다. 요압은 다윗의 마음과 완전 일치하여 따른 장군이 아니다. 자신의 시기와 질투로 인하여 '아브넬'과 '아마사'를 죽였다. 당시 다윗은 이 일로 요압을 처리하지 않았다. 다윗은 아들 솔로몬에게 말씀을 지키라고 유언한 다음, 자기가 생전에 해결하지 못한 것들, 또 솔로몬이 왕위를 견고하게 하는 데 있어서 문제가 될 것들을 지적해주고 처리하도록 분부하고 있는데, 그 첫 번째가 요압의 문제였다. 요압은 다윗을 돕고 충성스럽게 부축했으며 많은 전공도 세웠지만, 반면에 자기 세력과 전과를 믿고 다윗에게 마음 아픈 일을 많이 저질렀다. 다윗은 스루야의 아들 요압을 어떻게 제어해야 할지 모르겠다고 실토한 적이 있다. 요압은 그런 사람이었다. 다윗의 허락도 받지 않은 채 이 사람 저 사람 죽인 것이다. 그에 대해 다윗은 솔로몬에게 "너는 네 지혜대로 행하여 그 백발로 평안히 음부에 내려가지 못하게 하라"고 했다. 그는 요압에 대해서 반드시 그 죄과를 물어야 한다고 했다. 다윗은 친히 그 일을 처리하지는 않았지만 그 아들에게 그의 죄과를 지적해 주면서 어떻게든 그를 처리하도록 당부했다. 그는 결정적으로 다윗이 늙어서 거동을 잘 못할 때 아도니야가 일어나서 스스로 왕이 되려고 하자 다윗의 뜻을 따르지 않고 그 반역의 일에 가담했다. 솔로몬이 왕위를 승계받는 일에 있어서 가장 거역적인 일을 한 사람이 요압이다. 그러므로 다윗은 그를 그냥 두지 말라고 했다. 여기서 다윗이 '네 지혜대로'라고 했는데, 다윗은 아들 솔로몬에게 지혜가 있다는 것을 알았다. 다윗이 이렇게 지시하면 솔로몬 스스로 어떻게 할 바를 알 것이라 여긴 것이다. 다윗은 아들의 지혜를 신뢰했다.

**7절, 마땅히 길르앗 바실래의 아들들에게 은총을 베풀어 저희로 네 상에서 먹는 자 중에 참예하게 하라 내가 네 형 압살롬의 낯을 피하여 도망할 때에 저희가 내게 나아왔었느니라**

압살롬의 난이 일어났을 때 다윗은 요단을 건너서 요단 동편 마하나임으로 도망갔었다. 그 때 바실래는 80세 된 노인이었지만 다윗을 공경하여 그를 접대했다. 다윗이 그 때 바실래에게 도움을 받은 것이다. 그리고서 다윗의 왕위가 복원되어 다윗이 예루살렘에 들어갈 때 바실래에게 함께 가자고 했다. 그때 바실래는 '나는 이미 늙었는데 가서 무엇을 하겠느냐'고 하면서 대신 김함이라는 사람을 보낸다. 다윗이 바실래를 위해 김함에게 잘해주었다(삼하 19:31-40). 그런데 다윗은 죽음을 앞에 두고 그것만으로는 부족하다고 느낀 것이다. 그래서 솔로몬에게 '너는 바실래 아들들에게 잘해주어라'고 했다. 죽음을 앞에 두고서도 자기에게 은덕을 베풀었던 사람을 기억한 것이다. 그는 솔로몬에게 '그 아들들을 데려다가 네 상에서 먹게 하라'고 했다. 다윗은 은혜를 아는 사람이었다.

**8-9절, 바후림 베냐민 사람 게라의 아들 시므이가 너와 함께 있나**

**니 저는 내가 마하나임으로 갈 때에 독한 말로 나를 저주하였느니라 그러나 저가 요단에 내려와서 나를 영접하기로 내가 여호와를 가리켜 맹세하여 이르기를 내가 칼로 너를 죽이지 아니하리라 하였노라**
**9 그러나 저를 무죄한 자로 여기지 말지어다 너는 지혜 있는 사람인즉 저에게 행할 일을 알지니 그 백발의 피를 흘려 저로 음부에 내려가게 하라**

이제 시므이에 대한 이야기이다. 시므이는 다윗이 압살롬의 난으로 인하여 도망할 때 그 언덕을 따라 내려가며 티끌을 날리면서 다윗을 저주한 사람이다. 그런데 다윗이 다시 환궁하자 맨 먼저 나와서 '저를 용서해 주십시오.' 하며 간청하는 바람에 그 좋은 일이 있을 때 죽일 수가 없어서 살려주었다. 그런데 다윗은 죽음 직전에 아들 솔로몬에게 이 사람을 인계하면서 그가 독한 말로 나를 저주하였으니 그를 무죄한 자로 여기지 말라고 했다. 다윗은 이 세 가지를 솔로몬에게 숙제로 남기고서 잠들었다. 다윗의 유언은 매우 인상적이고 깊이가 있게 느껴진다.

**10-11절, 다윗이 그 열조와 함께 누워 자서 다윗 성에 장사되니**
**11 다윗이 이스라엘 왕이 된 지 사십년이라 헤브론에서 칠 년을 치리하였고 예루살렘에서 삼십삼 년을 치리하였더라**

시편 101편을 읽어보자. 시편 101편 2-8절, "내가 완전한 길에 주의하오리니 주께서 언제나 내게 임하시겠나이까 내가 완전한 마음으로 내 집 안에서 행하리이다 3 나는 비루한 것을 내 눈 앞에서 두지 아니할 것이요 배도자들의 행위를 미워하니 이것이 내게 붙접지 아니하리이다 4 사특한 마음이 내게서 떠날 것이니 악한 일을 내가 알지 아니하리로다 5 그 이웃을 그윽히 허는 자를 내가 멸할 것이요 눈이 높고 마음이 교만한 자를 내가 용납지 아니하리로다 6 내 눈이 이 땅의 충성된 자를 살펴 나와 함께 거하게 하리니 완전한 길에 행하는 자가 나를 수종하리로다 7 거짓 행하는 자가 내 집 안에 거하지 못하며 거짓말하는 자가 내 목전에 서지 못하리로다 8 아침마다 내가 이 땅의 모든 악인을 멸하리니 죄악 행하는 자는 여호와의 성에서 다 끊어지리로다".

이것이 다윗의 영송이다. 다윗은 언제나 완전한 길을 주의했다. 그러면서 완전한 마음으로 하나님의 집 안에서 행했다. 그리고 배도자들의 행위를 미워했다. 사특한 사람들을 가까이 하지 않았다. 악한 길을 알지 않았다. 그는 항상 충성된 자들을 살펴서 함께 거하고자 했다. 완전한 길로 행하는 사람들을 가까이하고자 했다. 거짓말하는 자가 그의 목전에 서지 못하게 한다고 했다. 이러한 영성을 지닌 다윗은 이제 자신의 일생을 마쳤다.

사도행전의 한 구절을 보겠다. 13장 36절, "다윗은 당시에 하나님의 뜻을 좇아 섬기다가 잠들어 그 조상들과 함께 묻혀 썩음을 당하였으되". 다윗은 당시에 하나님의 뜻을 좇아 섬겼다고 했다. '당시'라는 말은 매우 중요하다. 베드로 후서 1장 12절에서는, "이러므로 너희가 이것을 알고 이미 있는 진리에 섰으나 내가 항상 너희로 생각하게 하려 하노라"고 한다. 여기서 '이미 있는 진리'라고 하는 말이 영어 성경에서는 '현재 있는 진리(present truth)'이다. 현재 있는 진리란 무엇인가? 시대마다 주님이 역사하시는 진리가 있다는 것이다. 다윗 시대에는 다윗 시대의 진리가 있었고 다윗 시대에 하나님께서 하시는 일이 있었다. 즉 하나님께서 당시에는 다윗과 함께 걸어가신 것이다. 하나님께는 성전 건축이 필요하셨다. 그러나 다윗 시대에는 성전을 짓지 않았고 그 일은 솔로몬 때에 가서 이루어졌다. 다윗 시대에는 다만 성전 건축을 위해 그 모든 것을 마련했다.

이렇게 자기 때를 알아서 섬기는 것은 매우 중요한 문제이다. 앞설 필요도 없고 지나칠 필요도 없다. 내가 성전 건축의 재료도 마련하고 성전도 짓겠다고 하면 하나님의 뜻을 지내쳐 일하는 것이다. 시편에서 다윗은 "내 시대가 주의 손에 있사오니 내 원수와 핍박하는 자의 손에서 나를 건지소서"(시 31:15)라고 했다. 다윗은 자기 시대를 알았던 사람이다.

하나님과 함께 나아가려면 우리의 시대를 알아야 한다. 이 시대에 하나님께서 무엇을 어떻게 하고 싶어하시는지 그 시대성을 알아야 한다.

우리는 루터 시대에 사는 사람들이 아니고 웨슬레 시대에 사는 사람들도 아니다. 우리는 지금 2000년대에 살고 있다. 그러므로 이 시대에 주님과 함께 걸어가는 것을 배워야 한다. 이 시대에 주님이 원하시는 일이 무엇인가를 알아야 한다. 과거 전통에 붙잡혀 있다면 종교인밖에 되지 못한다. 기묘하게도 시대성이 있는 말씀은 새롭다.

베드로가 당시 '현재에 있는 진리'를 말할 때(벧후 1:12), 그들이 전파했던 진리는 그 전 시대와 다른 것이었다. 뭔가 새로웠다. 그러므로 진리란 시대마다 파도처럼 밀려오며, 그렇게 해서 오늘날에 이른 것이다. 그러므로 진리는 과거의 것을 포함하면서 오늘날의 새로움이 있어야 한다. 결코 과거 100년, 200년 전의 진리에만 머물러 있어서는 안 된다. 그 모든 것들을 기초로 해서 이 시대에 뭔가 한 발 더 나아가는 것이 있어야 시대성이 있는 진리이며, 그로써 교회의 진보를 이루는 것이다.

다윗은 그 시대에 하나님의 뜻을 알았으며, 그 뜻을 좇아 섬기고서 잠들었다. 그럴 때 다윗은 하나님께 합격점을 받았다. 그리고 하나님은 사도행전에서 다윗의 역사를 이어 바울 시대에 역사할 수 있는 길을 얻으신 것이다. 다윗 시대의 역사는 모두 다음 시대에 도움이 되고 주춧돌이 되었다. 하나님은 그 징검다리를 통해서 솔로몬 시대에 한 발 더 나아가실 수 있었던 것이다. 다윗이 없었다면 솔로몬은 그 다음 역사를 할 수가 없었을 것이다. 솔로몬 때에 이루어진 성전 건축을 위한 금과 은과 여러 가지 많은 재료들은 다 아버지 다윗이 준비한 것이다.

다윗의 인생은 주님의 뜻에 합한 것이었다. 그는 그러한 일생을 살고 난 후에 잠들었다. "다윗은 당시에 하나님의 뜻을 좇아 섬기다가 잠들어"(행 13:36). 그렇게 그의 일생을 마감했다. 다윗은 가치 있는 인생을 살았던 것이다. 우리 또한 이 시대에 주님이 우리에게 맡기신 일을 해야 한다.

**12-13절, 솔로몬이 그 아비 다윗의 위에 앉으니 그 나라가 심히 견고하니라 13 학깃의 아들 아도니야가 솔로몬의 모친 밧세바에게**

**나아온지라 밧세바가 이르되 네가 화평한 목적으로 왔느뇨 대답하되 화평한 목적이니이다**

학깃의 아들 아도니야는 솔로몬을 대항해서 스스로 왕이 되려고 했던 사람이다. 그런데 결국 다윗이 솔로몬 왕권을 선포하는 바람에 그의 모의가 무산된 것이다. 그래서 이제 목숨만 겨우 부지하고 있는 중이다. 솔로몬이 왕이 된 뒤에 아도니야는 솔로몬의 어머니 밧세바에게 찾아왔다. 학깃은 다윗의 아내이지만 솔로몬의 어머니는 밧세바이다. 실권이 솔로몬에게 있기 때문에 따라서 그 어머니 밧세바도 실권자가 되었다. 밧세바가 아도니야에게 화평한 목적으로 왔느냐고 묻자 그는 화평한 목적으로 왔노라고 말한다.

**14-15절, 또 가로되 내가 말씀할 일이 있나이다 밧세바가 가로되 말하라 15 저가 가로되 당신도 아시는 바여니와 이 왕위는 내 것이었고 온 이스라엘은 다 얼굴을 내게로 향하여 왕을 삼으려 하였는데 그 왕위가 돌이켜 내 아우의 것이 되었음은 여호와께로 말미암음이니이다**

여기 아도니야의 말은 언뜻 듣기에 영적인 말 같다. "여호와께로 말미암음이니이다". 그런데 자세히 읽어보면 이것은 아주 교활하고 교만한 말이다. "원래 왕위는 내 것이었고". 지금 이 사람은 반역자로서 용서받고 살아남은 것만도 감지덕지해야 하는데 자신의 처지를 망각하고 엄청 위험한 발언을 하고 있다. "이 왕위는 내 것이었고 온 이스라엘은 다 얼굴을 내게로 향하여 왕을 삼으려 하였는데 그 왕위가 돌이켜 내 아우의 것이 되었음은 여호와께로 말미암음이니이다". 이게 무슨 말인가? 하여튼 거역과 교만은 쉽게 고쳐지지 않는다. 따라서 그러한 질병에는 걸리지 말아야 한다. 사람이 한 번 위치를 떠나면 다시 바른 위치로 돌이키기가 어려운 법이다.

**16-18절, 이제 내가 한 가지 소원을 당신에게 구하오니 내 얼굴을**

**괄시하지 마옵소서 밧세바가 가로되 말하라 17 가로되 청컨대 솔로
몬 왕에게 말씀하여 저로 수넴 여자 아비삭을 내게 주어 아내를 삼
게 하소서 왕이 당신의 얼굴을 괄시치 아니하리이다 18 밧세바가 가
로되 좋다 내가 너를 위하여 왕께 말하리라**

아비삭은 다윗이 늙었을 때에 다윗의 건강을 위해 신하들이 첩으로 구하여준 젊은 여자였다. 얼굴이 매우 아름다웠던 것 같다. 그런데 이 아도니야가 자기 아버지의 첩인 아비삭을 자기에게 달라는 것이다. 사실 아도니야가 아비삭을 자기 아내로 달라고 하는 말 속에는 아직도 솔로몬의 왕권을 인정하지 못하는 마음이 있다. 그의 말 속에는 자신에게 올 것이 동생에게로 갔다는 듯한 묘한 뉴앙스가 있다. 아도니야는 아직도 자기 주제를 잘 파악하지 못하고 있는 중이다. 이 사람은 죽어야 마땅한 죄인인데도 아직도 자기가 왕이 될 뻔하다가 이렇게 됐기 때문에 솔로몬이 어느 정도는 자기에게 해줘야 한다는 자세를 유지하고 있다. 정신을 못 차리는 인물이다. 사람은 자기 주제를 객관적으로 알고 인정하기가 그렇게 어렵다. 그런데 솔로몬의 어머니인 밧세바는 이런 말이 어떤 종류의 말인지를 잘 모르기 때문에(저의를 파악하지 못하니) 대충 나쁘지 않다고 생각한 것 같다.

**19절, 밧세바가 이에 아도니야를 위하여 말하려고 솔로몬 왕에게 이르니 왕이 일어나 영접하여 절한 후에 다시 위에 앉고 그 모친을 위하여 자리를 베풀게 하고 그 우편에 앉게 하는지라**

밧세바를 왕의 우편에 앉게 한 것은 존경의 표시이다. 우편은 언제나 최대의 존귀와 영광으로 높임 받는 자리이다. 그러므로 하나님께서도 예수 그리스도를 그분의 우편에 앉게 하셨다.

**20-22절, 밧세바가 이르되 내가 한 가지 작은 일로 왕께 구하오니 내 얼굴을 괄시하지 마소서 왕이 대답하되 내 어머니여 구하시옵소서 내가 어머니의 얼굴을 괄시하지 아니하리이다 21 가로되 청컨**

**대 수넴 여자 아비삭을 아도니야에게 주어 아내를 삼게 하소서 22**
**솔로몬 왕이 그 모친에게 대답하여 가로되 어찌하여 아도니야를 위하여 수넴 여자 아비삭을 구하시나이까 저는 나의 형이오니 저를 위하여 왕위도 구하옵소서 저뿐 아니라 제사장 아비아달과 스루야의 아들 요압도 위하여 구하옵소서 하고**

이것을 보면 솔로몬은 지혜가 있는 사람이다. 한 마디를 듣고 모든 것을 파악하고 있다. 솔로몬은 벌써 아도니야의 속을 꿰뚫고 있는 것이다. 아도니야가 지금 아비삭을 아내로 달라고 하는 것은 그 속에 아직도 왕에 대한 미련이 남아 있다는 것이다. 선왕의 후궁을 아내로 맞이하면 자신이 왕권 상속자인 것처럼 보이게 하는 효과가 있기 때문이다. 솔로몬은 그 말을 듣고 '이 사람이 아직도 정신을 못 차렸구나.' 하는 것을 금세 파악했다. 위치에 따라서 생각하는 것이 다르고, 보는 것이 다르고, 이해하는 것이 다른 법이다.

이 솔로몬은 다 안다. 그러나 어머니 밧세바는 마음이 좋으니 웬만하면 들어주고 싶었던 것이다. 솔로몬은 여기서 여러 말은 안 하지만 다 알고 있다. 고대에는 전 왕의 부인을 취하는 사람이 왕 대권을 잇는 전통이 있었다. 그러므로 아비삭을 취하여 왕위를 노리려고 하는 것이다. 솔로몬은 그 어미에게 말했다. '그럼 아예 아도니야를 위해 왕위를 구하지 그러십니까?' 그러면서 솔로몬은 어미에게 한 마디를 더하고 있다. '요압과 아비아달을 위해서는 왜 구하지 않으십니까?'

23-24절, **여호와를 가리켜 맹세하여 가로되 아도니야가 이런 말을 하였은즉 그 생명을 잃지 아니하면 하나님은 내게 벌 위에 벌을 내리심이 마땅하니이다 24 나를 세워 내 부친 다윗의 위에 오르게 하시고 허락하신 말씀대로 나를 위하여 집을 세우신 여호와의 사심을 가리켜 맹세하노니 아도니야는 오늘날 죽임을 당하리라 하고**

이 내용을 잘 알지 못하면 솔로몬이 너무 한 것 같다. 그런데 그 내막을 보면 이전부터 그 속에 흐르는 것이 있다. 그들은 죽어 마땅한 상황에서 살려주었는데 아직도 그 속에서 왕위에 대한 마음을 내려놓지 못하고 기회만 되면 언제든지 뒤집어엎고 왕이 되려고 하는 것이다. 그러한 와중에 어머니인 밧세바를 통해서 수작을 걸어온 것이다. 뱀이 동산에서 하와를 접촉한 것과 유사하다. 여자는 약하기 때문에 유혹에 넘어가기가 쉽다. 우리가 한 가지 기억할 것은, 사람이 한 번 거역자, 배신자가 되고 악한 일에 연루되면 다음에도 그런 일이 벌어질 때 또 가담하게 된다는 것이다.

25-26절, **여호야다의 아들 브나야를 보내매 저가 아도니야를 쳐서 죽였더라 26 왕이 제사장 아비아달에게 이르되 네 고향 아나돗으로 가라 너는 마땅히 죽을 자로되 네가 내 부친 다윗 앞에서 주 여호와의 궤를 메었고 또 내 부친이 모든 환난을 받을 때에 너도 환난을 받았은즉 내가 오늘날 너를 죽이지 아니하노라 하고**

이제 아비아달을 불렀다. 아도니야와 함께 작당한 사람을 부른 것이다. 이 아비아달은 제사장으로서 아도니야의 일에 참여했다. 그는 다윗이 사울을 피하여 도망 다닐 때 다윗에게 왔던 사람이다. 그리고 이 아비아달의 아버지는 아히멜렉인데 다윗을 영접하여 진설병도 주고 칼도 주고 했다가 사울에게 죽임을 당한 바 있다. 그리고 아비아달은 다윗을 따랐다. 그 공로를 인정해서 목숨만은 살려주겠다고 한 것이다. "네 고향 아나돗으로 가라". 삭탈관직해서 고향으로 보낸 것이다.

27절, **아비아달을 쫓아내어 여호와의 제사장 직분을 파면하니 여호와께서 실로에서 엘리의 집에 대하여 하신 말씀을 응하게 함이더라**

엘리 제사장 때에 엘리는 하나님께서 그의 집에 대하여 하신 말씀을 들었다. 그것은 그 집안에서 더 이상 제사장이 나오지 않으리라는 것인데 이때 와서 이루어진 것이다.

**28절, 그 소문이 요압에게 들리매 저가 여호와의 장막으로 도망하여 단 뿔을 잡으니 이는 저가 다윗을 떠나 압살롬을 좇지 아니하였으나 아도니야를 좇았음이더라**

솔로몬에게 아도니야의 상황이 접수되었을 때 왕은 아도니야를 죽이고 아비아달은 파면시켰다. 이 세 사람이 함께 반역의 일에 가담하지 않았던가? 두 사람이 처리되니 나머지 한 명의 공범자가 매우 불안해진 것이다. '나도 곧 죽겠구나.' 요압이 그 소문을 듣고 여호와의 장막으로 도망가서 단 뿔을 잡았다고 했다. 목숨만 살려달라는 뜻이다. 아도니야가 아비삭을 달라고 하는 요청도 요압이 그 배후에 있을 거라고 생각된다. 즉 다시 요압과 더불어 반역을 도모하였을 가능성이 짙은 것이다.

**29절, 혹이 솔로몬 왕에게 고하되 요압이 여호와의 장막으로 도망하여 단 곁에 있나이다 솔로몬이 여호야다의 아들 브나야를 보내며 가로되 너는 가서 저를 치라**

작당했던 세 사람이 다 끝났다. 아도니야가 밧세바를 통해서 수작을 걸어왔을 때 사건의 전모가 다 드러나 하나하나 처리되었다. 이로 보건대 이 아도니야의 무리는 계속 모의하고 작당을 하고 있었던 것이다.

**30절, 브나야가 여호와의 장막에 이르러 저에게 이르되 왕께서 나오라 하시느니라 저가 대답하되 아니라 내가 여기서 죽겠노라 브나야가 돌아가서 왕께 고하여 가로되 요압이 이리이리 내게 대답하더이다**

요압이라는 사람은 장군이다. 절대로 굽히면서 '잘못했으니까 목숨만은 살려달라.'고 애걸하지 않았다. "내가 여기서 죽겠노라." 절대 돌이키지 않겠다는 뜻이다. 솔로몬의 군장 브나야가 왕에게 가서 그대로 고했다.

**31-34절, 왕이 이르되 저의 말과 같이 하여 저를 죽여 묻으라 요압이 까닭 없이 흘린 피를 나와 내 부친의 집에서 네가 제하리라 32**

**여호와께서 요압의 피를 그 머리로 돌려보내실 것은 저가 자기보다 의롭고 선한 두 사람을 쳤음이니 곧 이스라엘 군대장관 넬의 아들 아브넬과 유다 군대장관 예델의 아들 아마사를 칼로 죽였음이라 이 일을 내 부친 다윗은 알지 못하셨나니 33 저희의 피는 영영히 요압의 머리와 그 자손의 머리로 돌아갈지라도 다윗과 그 자손과 그 집과 그 위에는 여호와께로 말미암은 평강이 영원히 있으리라 34 여호야다의 아들 브나야가 곧 올라가서 저를 쳐 죽이매 저가 거친 땅에 있는 자기의 집에 매장되니라**

악인의 종말은 이렇게 비참하다. 어찌하여 요압은 그렇게 어둠 속에서 하나님이 명하시지 않은 길을 가고 작당을 하고 문젯거리가 되었는가? 그는 사적인 감정과 자신의 지위가 위태롭게 될 것을 염려하여 정적을 임의로 죽였던 것이다.

35절, **왕이 이에 여호야다의 아들 브나야로 요압을 대신하여 군대장관을 삼고 또 제사장 사독으로 아비아달을 대신하게 하니라**

그렇게 거역에 연루되고 역모에 가담한 사람들은 다 죽고 끝나버렸다. 그런 사람들이 없으면 이스라엘이 세워지지 않을 것 같지만 천만의 말씀이다. 즉각 다른 사람들로 그 자리가 대치되었다. 브나야가 장군이 되고 사독이 제사장이 됨으로 솔로몬의 조각이 완성되었다.

36절, **왕이 보내어 시므이를 불러서 이르되 너는 예루살렘에서 너를 위하여 집을 짓고 거기서 살고 어디든지 나가지 말라**

아버지 다윗 왕을 독한 말로 저주했던 시므이를 오늘날로 말하면 연금조치를 한 것이다. 솔로몬은 한 번 역심을 품은 사람은 주의해야 한다는 생각을 가졌을 것이다. 따라서 예루살렘을 벗어나지 못하게 거주지 제한 조치를 내렸다.

37-40절, **너는 분명히 알라 네가 나가서 기드론 시내를 건너는 날**

**에는 정녕 죽임을 당하리니 네 피가 네 머리로 돌아가리라 38 시므
이가 왕께 대답하되 이 말씀이 좋사오니 내 주 왕의 말씀대로 종이
그리하겠나이다 하고 이에 날이 오래도록 예루살렘에 머무니라 39
삼 년 후에 시므이의 두 종이 가드 왕 마아가의 아들 아기스에게로
도망하여 간지라 혹이 시므이에게 고하여 가로되 당신의 종이 가드
에 있나이다 40 시므이가 그 종을 찾으려고 일어나 그 나귀에 안장
을 지우고 가드로 가서 아기스에게 나아가 그 종을 가드에서 데려왔
더니**

시므이의 두 종이 도망갔다. 그들을 잃어버리자 그 종들을 찾아야 된다는 일념에 기드론 시내를 건너가면 죽는다는 것을 망각한 것이다. 욕심이 많은 사람은 하나님의 말씀을 지키지 못한다. 그것을 너무 간절히 원하기 때문에 계명을 잊어버리는 것이다. 시므이가 그 종을 찾으려고 나귀에 안장을 지우고 가드로 가서 아기스에게 나아갔다. 그렇게 해서 종을 찾아오기는 했는데 그만 솔로몬의 어명을 어기게 된 것이다. 세월이 지나다보면 사람들의 원래 마음이 변하는 것을 보곤 한다. 사람은 정말 망각을 잘한다. 그리고 자기 욕심대로만 산다.

솔로몬 왕이 기드론 시내를 건너는 날에는 정녕 죽임을 당할 것이라고 했을 때, 그는 좋다고 했고 그리하겠다고 했다. 그런데 오랜 기간 예루살렘에 머무르다 보니 그 규칙이 희미해져서 '한번 슬쩍 갔다 온다고 해서 나를 죽이기까지 하겠는가?'라는 생각을 했을 수도 있다. 그의 안일한 생각이 그만 자신을 죽게 만든 것이다.

**41-42절, 시므이가 예루살렘에서부터 가드에 갔다가 돌아온 일을 혹이 솔로몬에게 고한지라 42 왕이 사람을 보내어 시므이를 불러서 이르되 내가 너로 여호와를 가리켜 맹세하게 하고 경계하여 이르기를 너는 분명히 알라 네가 밖으로 나가서 어디든지 가는 날에는 죽임을 당하리라 하지 아니하였느냐 너도 내게 말하기를 내가 들은 말씀이 좋으니이다 하였거늘**

수년이 지났지만 솔로몬은 다 기억하고 있다. "내가 기드론 시내를 건너지 말고 예루살렘에서만 살라고 말했을 때 네가 '왕의 말씀이 참 좋습니다. 반드시 지키겠습니다.'라고 하지 않았느냐? 그런데 왜 왕명을 어기고 기드론 시내를 건너서 갔다 왔느냐?" 하면서 그를 추궁하고 있다.

**43-44절, 네가 어찌하여 여호와를 가리켜 한 맹세와 내가 네게 이른 명령을 지키지 아니하였느냐 44 왕이 또 시므이에게 이르되 네가 무릇 네 마음의 아는 모든 악 곧 내 부친에게 행한 바를 네가 스스로 아나니 여호와께서 네 악을 네 머리로 돌려보내시리라**

시므이는 솔로몬의 아비 다윗에게 저주를 퍼부었던 사람이다. 그러고서 다윗이 환궁할 때 기회를 찾아 얼른 가서 비는 바람에 목숨은 건졌다. 무슨 일이든지 몇 번은 임기응변적으로 해결이 된다. 그러나 결국 시간이 지날 때 그러한 악이 되살아나고 드러난다. 조금만 건드려도 걸려들게 되어 있다. 거기에는 피하지 못하는 것이 있다. 솔로몬은 지혜가 있기 때문에 이 사람이 정말로 이제는 개과천선하고 마음을 돌이켜서 자중하고 과거 잘못을 뉘우치고 사는 사람인가를 시험해보았다. '기드론 시내를 건너지 말고 예루살렘에만 있으라고 했는데 건너는 것 보니까 아직도 네 속에 참되게 순종하는 마음이 없다. 그렇다면 과거에 회개한 것이 거짓이 아니냐?'고 한 것이다. 정말로 회개한 사람이라면 두려워 떨면서 '나는 절대로 갈 수 없어. 종을 두 명 아니라 열 명을 잃어버리는 한이 있어도 떠나서는 안 돼.' 했을 것이다. 벌써 '아차, 나도 모르게 시내를 건너버렸네.' 하는 것은 속에서부터 솔로몬의 왕권을 무시하는 것이다.

이 시므이가 누구인가? 사울 집안의 사람이다. 그러기에 속에 다윗 왕가를 무시하는 게 있는 것이다. 솔로몬은 참 대단한 지혜를 가진 사람이다. 어떻게 그것을 확인할 수 있었는가? 결국 다윗이 어려움에 빠졌을 때 그를 저주했다는 것은 시므이가 사울가의 사람으로서 그 속에 왕권에 대한 시기와 도전이 숨어 있었다는 것이다. 그러므로 솔로몬은 기드론 시내를 경계선으로 정해 놓고서 그를 시험한 것이다. 그렇게 큰 죄를 지었으면 그 명령을 결코 잊어버리지 말았어야 했다. 어떻게 해서라도 왕의 명령을 지키며 일생을 살았더라면 죽지는 않았을 것이다. 그랬더라면 진정으로 모든 것을 비우고 회개한 것으로 인정되었을 것이다. 그런데 벌써 그 규약을 무너뜨릴 수 있다는 것은 과거의 회개가 진정한 회개가 아님을 증명하는 것이다. 당시는 위급한 상황에서 목숨을 건지겠다고 회개하는 척했을 뿐이다. 그러나 그 속에는 여전히 왕권에 대한 도전의식과 시기와 거역심이 남아 있었던 것이다. 말하자면 다윗 가를 무시하는 심리가 남아 있었던 것이다. 그러므로 결국 시므이는 죽임을 당했다. 이렇게 상황을 깊이 이해하지 못하면 시므이가 왜 이런 식으로 죽어야만 했는가를 이해하지 못하게 된다.

**45-46절, 그러나 솔로몬 왕은 복을 받고 다윗의 위는 영원히 여호와 앞에서 견고히 서리라 하고 46 여호야다의 아들 브나야에게 명하매 저가 나가서 시므이를 쳐서 죽게 한지라 이에 나라가 솔로몬의 손에 견고하여지니라**

시므이에게 죽을 이유를 밝힌 뒤 솔로몬은 브나야를 보내서 시므이에 대한 사형을 집행하였다. 죄악을 범한 사람들에 대한 합당한 처리가 이루어질 때 하나님의 나라는 견고하게 서게 된다.

# 열왕기상 3장

**1-2절, 솔로몬이 애굽 왕 바로로 더불어 인연을 맺어 그 딸을 취하고 데려다가 다윗성에 두고 자기의 궁과 여호와의 전과 예루살렘 주위의 성이 필역되기를 기다리니라 2 그 때까지 여호와의 이름을 위하여 전을 아직 건축하지 아니하였으므로 백성들이 산당에서 제사하며**

솔로몬은 남방의 국방을 위해 애굽과 정략 결혼을 했다고 볼 수 있다. 애굽 왕 바로가 딸을 솔로몬에게 준 것은 이스라엘의 강함이 인정되었다는 증거이다. 당시 실로에 장막이 있었다. 이스라엘 백성들이 광야에 있을 때에는 회막이 있었는데, 가나안에 들어와서 그 회막을 실로에 세운 것이다. 그런데 그 실로의 장막이 소멸되었다. 사무엘 상에서 블레셋이 쳐들어왔을 때 언약궤를 거기서 내왔다. 그런데 결국 블레셋에게 언약궤를 뺏기게 되었다. 언약궤가 블레셋에 한 동안 있다가 나중에 다시 이스라엘에 들어와서 이 집 저 집 다니다가 다윗이 왕이 된 뒤에 예루살렘으로 언약궤를 모셔왔다. 실로에 있는 장막도 없어지니 이스라엘 백성들은 이곳저곳에 산당을 만들어 놓고 임의로 제사를 드렸던 것이다.

**3-4절, 솔로몬이 여호와를 사랑하고 그 부친 다윗의 법도를 행하되 오히려 산당에서 제사하며 분향하더라 4 이에 왕이 제사하러 기**

**브온으로 가니 거기는 산당이 큼이라 솔로몬이 그 단에 일천 번제를 드렸더니**

솔로몬이 여호와를 사랑하였다 함은 모세의 명한바 '쉐마', 즉 다윗의 법도를 행하였다는 것이다. 산당에서 제사하고 분향한 것은 솔로몬의 실수로 보여진다. 성전이 아직 건축되지 않았을 때이므로 겉으로는 이유가 되는 듯하나, 그것이 나중에 우상숭배의 형태로 유지되는 근거가 되었다. 하나님을 섬기는 일에 관한 한, 무엇이든지 당연시 하지 말고 주의하고 조심하는 것이 필요하다. 산당이란 원문에서 높은 곳(high place)을 뜻한다.

특히 당시 기브온에는 상당히 큰 산당이 있었다. 솔로몬이 왕으로서 제사를 드리는 데 있어서 선택한 것은 규모가 큰 것이었다. 그래서 그 중 가장 큰 산당으로 간 것이다. 솔로몬은 기브온 산당에 가서 일천 번제를 드렸다.

**5-6절, 기브온에서 밤에 여호와께서 솔로몬의 꿈에 나타나시니라 하나님이 이르시되 내가 네게 무엇을 줄꼬 너는 구하라 6 솔로몬이 가로되 주의 종 내 아비 다윗이 성실과 공의와 정직한 마음으로 주와 함께 주의 앞에서 행하므로 주께서 저에게 큰 은혜를 베푸셨고 주께서 또 저를 위하여 이 큰 은혜를 예비하시고 오늘날과 같이 저의 위에 앉을 아들을 저에게 주셨나이다**

솔로몬은 왕이 된 뒤에 하나님께 번제를 드렸다. 기브온 산당은 모세가 만든 회막과 브사렐이 만든 놋단이 있는 곳이었다. 솔로몬은 그 놋제단 위에서 일천 번제를 드린 것이다. 그곳에서 솔로몬은 꿈을 꾸었는데 구약시대에 꿈은 일종의 계시의 수단이었다. 그것은 주 예수님의 출생시에도 사용되었다. 그렇다고 해서 오늘날 성도들이 꿈을 함부로 믿고 해몽에 빠지는 것은 위험한 일이다. 오늘날은 말씀과 계시가 풍성하게 주어진 시대이니 무작정 꿈을 의지해서는 안 된다. 말씀이 최고의 권위이다.

**7절, 나의 하나님 여호와여 주께서 종으로 종의 아비 다윗을 대신하여 왕이 되게 하셨사오나 종은 작은 아이라 출입할 줄을 알지 못하고**

솔로몬이 꿈꿀 때에 하나님이 나타나셨다. 솔로몬은 꿈에서지만 하나님께 진실한 기도를 하고 있다. 이 기도는 솔로몬의 진심에서 나온 것이다. 어떤 꿈은 자기 마음을 그대로 표현하기도 하는데, 그럴 때 꿈은 생시나 다름없는 것이다. 여기서 솔로몬의 마음을 대변한 꿈이 가치가 있기에 성경에 그대로 기록한 것이다. 그러나 매우 특별한 경우가 아니라면 하나님은 꿈으로 계시하지 않으신다. 특히 신약에서는 모든 것을 성령으로 우리에게 알리신다(요일 2:27).

**8-9절, 주의 빼신 백성 가운데 있나이다 저희는 큰 백성이라 수효가 많아서 셀 수도 없고 기록할 수도 없사오니 9 누가 주의 이 많은 백성을 재판할 수 있사오리이까 지혜로운 마음을 종에게 주사 주의 백성을 재판하여 선악을 분별하게 하옵소서**

꿈에 솔로몬이 하나님께 지혜를 구했다. 하나님께서 "내가 네게 무엇을 줄꼬 너는 구하라"고 하니까 솔로몬이 "지혜를 주십시오." 하고 구했다.

여러분은 지혜를 얻으려고 솔로몬처럼 일천 번제를 드리는가? 나는 성도들이 주님께 많이 드리는 것은 언제든지 좋다고 생각한다. 그런데 오늘 이 시대에도 이렇게 번제를 드리면 똑같이 꿈꾸고 똑같이 지혜를 얻게 되는가? 하나님은 언제나 같은 방식으로 역사하시지는 않는다. 솔로몬은 "누가 주의 이 많은 백성을 재판할 수 있사오리이까 지혜로운 마음을 종에게 주시옵소서"라고 했다. 여기서 한번 생각해보라. 솔로몬은 원래 지혜가 있던 사람이다. 다윗이 그것을 인정했다. 그런데 7절에서 그는 "종은 작은 아이라 출입할 줄을 알지 못하고(how to go out, come in)"라고 했다.

솔로몬은 원래 지혜가 있는 사람이지만 자신이 작은 아이라고 하면서 자기를 믿지 않았다. 정말로 지혜가 있는 사람은 자기를 믿지 않는 사람이다. '나는 백성들 가운데 어떻게 들어가고 나올지를 모른다.' 이것이 솔로몬이다. 지금 보라. 여러 반역자들을 처리하는 과정을 볼 때 솔로몬은 절대 어리석은 사람이 아니다. 그럼에도 불구하고 솔로몬은 '나는 어떻게 해야 할지를 모른다.'는 태도이다. 아무리 구해도 끝이 없는 것이 지혜이다. 여전히 부족함을 느낀다. 나 또한 동일한 것을 체험한다. 이 정도면 되었는가 싶으면 또 실수가 나오고 다시 이 정도면 되었는가 싶으면 또 실수가 나온다. 그러므로 끊임없는 지혜가 필요하다.

야고보서에서도 누구든지 지혜가 필요하면 하나님께 구하라고 했다. 그러면 그가 주실 것이라고 했다. "너희 중에 누구든지 지혜가 부족하거든 모든 사람에게 후히 주시고 꾸짖지 아니하시는 하나님께 구하라 그리하면 주시리라"(약 1:5).

**10-12절, 솔로몬이 이것을 구하매 그 말씀이 주의 마음에 맞은지라 11 이에 하나님이 저에게 이르시되 네가 이것을 구하도다 자기를 위하여 수도 구하지 아니하며 부도 구하지 아니하며 자기의 원수의 생명 멸하기도 구하지 아니하고 오직 송사를 듣고 분별하는 지혜를 구하였은즉 12 내가 네 말대로 하여 네게 지혜롭고 총명한 마음을 주노니 너의 전에도 너와 같은 자가 없었거니와 너의 후에도 너와 같은 자가 일어남이 없으리라**

그러므로 하나님께서 솔로몬을 지혜의 왕이 되게 하신 것이다. 이 지혜는 다른 사람들을 위한 것이다. 오늘날로 하면 교회생활 가운데 어떻게 해야 성도들을 잘 돌볼 수 있느냐는 것이다. 이것이 지혜이다. 나는 여러분과 1년 정도 함께 시간을 보냈는데, 짧은 세월이지만 스스로 지혜가 부족함을 절감하고 있다. 하나님께서 솔로몬의 기도를 기뻐하신 이유가 무엇일까? 그것은 그가 개인적인 유익이나 건강이나 안전이나 재물의 부를 구하지 않고 하나님의 뜻을 행하기 위한 지혜를 구하고 그분의 백성들을 합당하게 재판하기 위한 지혜를 구했기 때문이다.

13-15절, 내가 또 너의 구하지 아니한 부와 영광도 네게 주노니 네 평생에 열왕 중에 너와 같은 자가 없을 것이라 14 네가 만일 네 아비 다윗의 행함같이 내 길로 행하며 내 법도와 명령을 지키면 내가 또 네 날을 길게 하리라 15 솔로몬이 깨어보니 꿈이더라 이에 예루살렘에 이르러 여호와의 언약궤 앞에 서서 번제와 수은제를 드리고 모든 신복을 위하여 잔치하였더라

우리가 주님이 기뻐하시는 기도를 드리면 우리의 구한 것 이상으로 주님이 주신다는 것을 알 수 있다. 솔로몬은 기도를 바르게 함으로 그가 구하지 않은 부와 영광까지 얻게 되었다. 솔로몬이 많은 축복을 받았는데, 그것을 계속 유지하는 비결은 하나님의 법도와 명령을 지키는 것이었다. 후에 솔로몬이 여호와의 법도와 명령을 잘 지키지 못함으로 그의 날이 길지 못하였다. "깨어보니 꿈이더라". 구약시대에는 하나님께서 종종 꿈을 계시의 수단으로 사용하셨다. 그때는 성경이 아직 완성되지 않은 시대였고, 내주하시는 성령이 임하지 않은 시대였으므로 이런 계시의 방식이 필요했던 것이다. 그러나 하나님의 역사는 늘 전진한다. 지금 시대에 성도들에게 하나님의 뜻을 나타내시는 것은 꿈이 아니라 성령임을 아는 것은 매우 중요하다(요 16:13-14, 고전 2:9-10, 12, 요일 2:27). 지금도 어떤 이단적인 가르침은 꿈을 매우 중시하여 미혹하는 것을 볼 수 있으니 성도들은 유의하여야 한다.

16-28절, 때에 창기 두 계집이 왕에게 와서 그 앞에 서며 17 한 계집은 말하되 내 주여 나와 이 계집이 한 집에서 사는데 내가 저와 함께 집에 있으며 아이를 낳았더니 18 나의 해산한 지 삼 일에 이 계집도 해산하고 우리가 함께 있었고 우리 둘 외에는 집에 다른 사람이 없었나이다 19 그런데 밤에 저 계집이 그 아들 위에 누우므로 그 아들이 죽으니 20 저가 밤중에 일어나서 계집종 나의 잠든 사이에 내 아들을 내 곁에서 가져다가 자기의 품에 누이고 자기의 죽은 아들을 내 품에 뉘었나이다 21 미명에 내가 내 아들을 젖 먹이려

고 일어나 본즉 죽었기로 내가 아침에 자세히 보니 내가 낳은 아들
이 아니더이다 하매 22 다른 계집은 이르되 아니라 산 것은 내 아들
이요 죽은 것은 네 아들이라 하고 이 계집은 이르되 아니라 죽은 것
이 네 아들이요 산 것이 내 아들이라 하며 왕 앞에서 그와 같이 쟁
론하는지라 23 왕이 가로되 이는 말하기를 산 것은 내 아들이요 죽
은 것은 네 아들이라 하고 저는 말하기를 아니라 죽은 것이 네 아들
이요 산 것이 내 아들이라 하는도다 하고 24 또 가로되 칼을 내게로
가져오라 하니 칼을 왕의 앞으로 가져온지라 25 왕이 이르되 산 아
들을 둘에 나눠 반은 이에게 주고 반은 저에게 주라 26 그 산 아들
의 어미 되는 계집이 그 아들을 위하여 마음이 불붙는 것 같아서 왕
께 아뢰어 가로되 청컨대 내 주여 산 아들을 저에게 주시고 아무쪼
록 죽이지 마옵소서 하되 한 계집은 말하기를 내 것도 되게 말고 네
것도 되게 말고 나누게 하라 하는지라 27 왕이 대답하여 가로되 산
아들을 저 계집에게 주고 결코 죽이지 말라 저가 그 어미니라 하매
28 온 이스라엘이 왕의 심리하여 판결함을 듣고 왕을 두려워하였으
니 이는 하나님의 지혜가 저의 속에 있어 판결함을 봄이더라

이 이야기는 유명하여 달리 설명을 가할 필요가 없을 정도이다. 창기인 두 여자가 삼일 간격으로 아이를 낳았다. 밤에 한 여인이 부주의하여 자다가 아이를 깔아 죽이고서 같이 사는 한 여인의 산 아기와 자기의 죽은 아기를 바꿔치기한 것이다. 그 두 여인 간에 살아남은 아기가 자기 것이라고 주장하는 싸움이 일어나자 솔로몬 왕은 칼을 가져오라고 했다. 아기를 둘로 나누어 양편에 주겠다는 것이다. 사실 그 판결은 누가 생모인지를 가려내려는 솔로몬의 계책(지혜)이었다. 모정은 사람의 욕심을 초월한다. 진정 누가 친모인가? 더 사랑하는 자이다. 고린도 교회에게 쓴 서신에서 바울은 "그리스도 안에서 일만 스승이 있으되 아비는 많지 아니하니"라고 하였다(고전 4:15). 왜 사람들이 이단에 빠지는가? 진리의 사랑을 받지 않아서이다(살후 2:10). 이단들에게 겉의 사랑이 없는 것이 아니다. 어쩌면 그들이 더 사랑하는 것처럼 느껴질 수도 있다. 그러나 전체

적으로 보면 이단적인 단체는 자신들의 목적을 위해 성도들을 이용하는 것이고 결과적으로 영혼을 사냥하는 것이다. 자신들에게 잘해주는 것만 보고 따라가다가는 간첩을 따라갈 수도 있다. 당시 고린도 성도들은 유대교 교사들, 거짓 교사들에게로 마음이 돌아갔다. 그리고서 자기들을 진정으로 사랑했던 바울을 의심하고 판단했다. 바울은 자신의 엄청난 수고와 사랑을 제시하면서 그들을 권면했다. 부모의 마음은 아무나 가질 수 있는 것이 아니다. 낳은 자만이 가질 수 있다. 바울은 고린도 교회에게 아비 같은 존재이다. 아비가 아니라면 그렇게 죽을 고생을 하며 섬길 수 없다. 바울 외에 또 누가 그렇게 죽을 고생을 하면서 섬겼는가? 성도들은 진정한 수고와 사랑을 보고 사역자를 분별해야 할 것이다. 진정한 사랑은 진리의 사랑이다. 사람을 그리스도께 중매하는 사역인 것이다(고후 11:2-4). 이단적인 자들은 성도들을 자기를 따르도록 사역한다. "양떼를 아끼지 아니하며"(행 20:29-30). 이단들로부터 많은 말을 들은 결과 성도들의 마음속에는 그리스도가 아닌 이단 교주가 들어앉게 된다. 나는 오늘 날 이 나라 저 나라에서 성도들이 수많은 이단들에 너무나 쉽게 빠져드는 것을 보면 마음이 안타깝다.

# 열왕기상 4장

**1-6절, 솔로몬 왕이 온 이스라엘의 왕이 되었고 2 그의 신하들은 이러하니라 사독의 아들 아사리아는 제사장이요 3 시사의 아들 엘리호렙과 아히야는 서기관이요 아힐룻의 아들 여호사밧은 사관이요 4 여호야다의 아들 브나야는 군대장관이요 사독과 아비아달은 제사장이요 5 나단의 아들 아사리아는 관리장이요 나단의 아들 사붓은 대신이니 왕의 벗이요 6 아히살은 궁내대신이요 압다의 아들 아도니람은 감역관이더라**

솔로몬이 다윗을 이어 온 이스라엘의 왕이 되었다. 솔로몬은 이스라엘의 건국 이래 제3대 왕이라 볼 수 있다. 첫 번째는 사울이고 그 다음은 아버지 다윗이고 이제 솔로몬이 세 번째 왕이 되었는데, 여기서 솔로몬이 온 이스라엘을 통치하는 왕이 되었다고 했다. 아버지 다윗은 처음 7년 동안 유다 지파만을 다스렸고 그 후로 33년 동안 온 이스라엘을 다스렸다. 이제 다윗 왕은 죽고 아들 솔로몬에게 모든 왕권이 이양되었다. 여기 1절부터 6절까지는 현대로 말하면 솔로몬 왕의 각료들(cabinet)이다. 어떤 정권이든지 왕을 중심으로 해서 함께 다스리는 사람들이 있게 되는데, 이것이 그들의 명단이다. 물론 왕이 첫 번째이고 두 번째는 제사장이다. 하나님을 중심 삼는 신정국가인 이스라엘에서는 당연히 왕과 제사장이 중요하다. 그렇지 않은 이방 나라들은 왕 다음에 제사장이 나오지 않는다. 우리나라 대통령 밑에는 국무총리가 있지 사제라든가 목사가 있지 않다. 그만큼 이스라엘 국가는 특별하다. 그리스도의 왕국에서는 하나님을 섬기는 사람들이 가장 중요한 위치에 있게 된다.

교회에서도 가장 중요한 사람들이 하나님을 섬기는 사람들이다. 오늘날은 교회가 하나님의 나라이다. 하나님의 나라 안에서는 섬기는 사람들, 제사장들이 가장 중요하다. 신약 성서에 의하면 오늘 이 시대에는 특별히 제사장이 따로 있는 것이 아니다. 모든 사람이 다 제사장이다. 특별한 사람들만이 거룩한 제사장들이고 나머지 사람들은 세속적인 평신도라는 것이 없다. 나는 오늘날 우리나라에 그리스도인들이 이렇게 많아진 것을 인해 하나님께 감사하지만, 이 기독교 속에 성경과 맞지 않은 실행들이 있는 상황을 보면 기쁘지 않다. 성경에는 특권 계급이나 고위계층이 없다. 모든 성도들이 형제이며 또 제사장들이다. 각각 다른 은사를 가진 사역자들이 존재할 뿐이지 그것으로 상위계층이나 특별한 계급을 이루는 것이 아니다. 오히려 교회 가운데 장성하여 직분을 맡은 사도 같은 사람들은 가정으로 말하면 아버지 같고 형님 같다. 가정에서 아버지를 군대의 상관이나 높은 계급의 사람으로 여기는가? 그렇지 않다. 오히려 그들은 섬기는 자들로 존재한다. 그럼에도 부모에게는 여전히 부모의 위치가 있다. 이는 생명 관계에서의 질서이다. 그렇기 때문에 교회에 아비 같은 사람이 있고 자녀 같은 사람들이 있지만 거기에 계급은 없다.

성경에 사도들이 있지만 그들은 어떤 특별한 계층을 형성하지 않았다. 다 함께 형제 된 자들이었다. 바울도 디모데도 다 같은 형제들이었고 어떤 특별한 계층이 아니었다. 제사장으로 말한다면 다 제사장들이다. 그렇다고 질서가 없는 것이 아니다. 외적인 계급의 질서가 아니라 유기적이고 생명으로 연결된 생명의 질서이다. 가정으로 생각하면 된다. 사랑과 생명으로 연결된 질서가 있는 것이다. 그래서 신약 성경은 교회를 그리스도의 몸이라고 했다. 우리의 몸을 생각해보라! 신약의 교회는 몸처럼 유기적이고 질서가 있으며 살아있는 유기체이다.

신약의 교회의 모든 성도는 제사장일 뿐 아니라 왕이다. 베드로 전서

2장 9절에서는 '너희는 왕 같은 제사장'이라고 했다. 여러분 모두가 왕이고 제사장이다. 장래 그리스도와 함께 왕이 되어 다스릴 사람들이다. 지금도 우리 모두의 신분은 왕이고 제사장이지만 그러한 신분에 맞게 행하지 않는 문제가 있을 뿐이다. 어떤 사람들은 무지하고 혹은 순종과 충성이 부족하고 혹은 세상을 사랑하기 때문에 그런 신분을 갖고 있는데도 그렇게 행하지 않는 것이다.

3절에는 서기관이 있고 사관이 있으며, 4절에는 군대장관이 있고 제사장이 있다. 또 5절에는 관리장이 있고 대신이 있으며 감역관도 있다. 이 모두가 각자 다른 기관에서 솔로몬 왕국을 위해 섬기는 사람들이었다. 오늘 그리스도의 몸 안에는 각각 다른 지체들이 있다. 여러분이 제사장은 제사장이지만 신약으로 말하면 다 똑같지 않고 맡은 직분들이 다른 것이다. 어떤 사람은 가르치는 은사, 어떤 사람은 섬기는 은사, 어떤 사람은 권위하는 은사, 어떤 사람은 예언하는 은사 등 각각 다른 것이다. 모든 지체가 같은 직분을 갖지 않았다. "우리가 한 몸에 많은 지체를 가졌으나 모든 지체가 같은 직분을 가진 것이 아니니"(롬 12:4). 여러분이 받은 은사대로 섬길 때 거기에 교회가 세워진다. 여기 솔로몬 왕국인 이스라엘 나라는 바로 이와 같이 각자 은사대로 직분을 맡아서 섬김으로 부강한 나라로 세워지는 것이다.

**7-19절, 솔로몬이 또 온 이스라엘 위에 열 두 관장을 두매 그 사**
**람들이 왕과 왕실을 위하여 식물을 예비하되 각기 일 년에 한 달씩**
**식물을 예비하였으니 8 그 이름은 이러하니라 에브라임 산지에는 벤**
**훌이요 9 마가스와 사알빔과 벧세메스와 엘론벧하난에는 벤데겔이**
**요 10 아룹봇에는 벤헤셋이니 소고와 헤벨 온 땅을 저가 주관하였**
**으며 11 돌 높은 땅 온 지방에는 벤아비나답이니 저는 솔로몬의 딸**
**다밧으로 아내를 삼았으며 12 다아낙과 므깃도와 이스르엘 아래 사**
**르단 가에 있는 벧스안 온 땅은 아힐룻의 아들 바아나가 맡았으니**
**벧스안에서부터 아벨므홀라에 이르고 욕느암 바깥까지 미쳤으며 13**

**길르앗 라못에는 벤게벨이니 저는 길르앗에 있는 므낫세의 아들 야일의 모든 촌을 주관하였고 또 바산 아르곱 땅의 성벽과 놋빗장 있는 큰 성읍 육십을 주관하였으며 14 마하나임에는 잇도의 아들 아히나답이요 15 납달리에는 아히마아스니 저는 솔로몬의 딸 바스맛으로 아내를 삼았으며 16 아셀과 아롯에는 후새의 아들 바아나요 17 잇사갈에는 바루아의 아들 여호사밧이요 18 베냐민에는 엘라의 아들 시므이요 19 아모리 사람의 왕 시혼과 바산 왕 옥의 나라 길르앗 땅에는 우리의 아들 게벨이니 그 땅에서는 저 한 사람만 관장이 되었더라**

7-19절까지는 솔로몬 왕실을 위해서 음식을 준비하도록 열두 관장을 두어 일 년에 한 달씩 맡게 한 것이다. 오늘날 교회로 말하자만 조를 나누어 식사당번을 정한 것이다. 그리고 그 열두 관장들은 왕실 식사도 담당하면서 동시에 그 지역을 다스렸다. 열두 관장을 열거한 순서는 예루살렘에서 가까운 지역과 부유한 지방을 앞에 둔 것 같다. 맨 먼저 나오는 에브라임은 예루살렘 북쪽이고 가나안 중앙의 산지였으며 가장 부유한 지방이었다. 19절의 아모리 왕 시혼과 바산 왕 옥의 영토는 요단 강 동편의 전 지역을 망라했는데 게벨이라는 사람 혼자서 넓은 땅을 다 관장하였다.

**20-21절, 유다와 이스라엘의 인구가 바닷가의 모래같이 많게 되매 먹고 마시며 즐거워하였으며 21 솔로몬이 하수에서부터 블레셋 사람의 땅에 이르기까지와 애굽 지경에 미치기까지의 모든 나라를 다스리므로 그 나라들이 공을 바쳐 솔로몬의 사는 동안에 섬겼더라**

4장에서는 주로 솔로몬 왕국의 번영과 풍성, 영광스러움을 말해준다. 20절에서는 백성의 수가 바닷가의 모래같이 많아졌다고 했다. 이 말씀은 창세기 22장 17절에 이미 예언되어 있다. "내가 네게 큰 복을 주고 네 씨로 크게 성하여 하늘의 별과 같고 바닷가의 모래와 같게 하리니 네 씨가 그 대적의 문을 얻으리라". 하나님은 당시 아브라함에게 한 아들을 주겠다고 약속하시면서 네 씨가 바닷가의 모래같이 될 것이라고 하셨다. 이 약속이 솔로몬 때에 이루어졌다. 솔로몬이 하수에서부터 블레셋 사람의 땅에 이르기까지와 애굽 지경에 미치기까지의 모든 나라를 다스렸다고 했다. 이것도 창세기 15장 18절에 있는 말씀의 성취이다.

창세기 15장 18절, "그 날에 여호와께서 아브람으로 더불어 언약을 세워 가라사대 내가 이 땅을 애굽 강에서부터 그 큰 강 유브라데까지 네 자손에게 주노니". 당시에 아브라함은 발붙일 만큼의 땅도 없었다. 그러한 아브라함에게 하나님은 언약을 세우사 단에서 브엘세바까지 가나안 땅을 기업으로 주겠다고 하신 것이다. 역사상 여호수아 시대에 그가 많은 땅을 점령했고 또 기드온이나 삼손 같은 사사들이 많은 땅을 점령했지만 그러나 그때까지도 그렇게 많은 땅을 얻지는 못했다. 약속된 땅 가운데 아직 못 얻은 땅들이 많이 남아 있었다. 그러면 하나님이 약속하신 땅을 언제 다 얻게 되었는가? 바로 솔로몬 때이다. 아브라함에게 하신 그 언약이 그때 비로소 이루어진 것이다. 그 영역도 블레셋 사람의 땅까지 이르고 애굽 지경에 미쳤다. 하나님은 어디서든지 이렇게 하나님의 예언의 말씀의 진실성을 증거하여 우리에게 믿음을 주신다(박윤선).

**22-23절, 솔로몬의 일일분 식물은 가는 밀가루가 삼십석이요 굵은 밀가루가 육십석이요 23 살찐 소가 열이요 초장의 소가 스물이요 양이 일백이며 그 외에 수사슴과 노루와 암사슴과 살찐 새들이었더라**

왕실에서 하루에만도 엄청난 양의 음식이 소비되었다. 이 역시 하나님께서 솔로몬에게 약속하신 것이다. 또한 이것은 그리스도의 상(床)의 풍성을 예표하는 것이기도 하다. 바울은 그리스도에 대하여 측량할 수 없이 풍성한 분이시라고 했다. 또한 아가서에는 술람미 여인이 왕의 상에 앉았을 때 자신의 나드 기름이 향을 토했다고 말했다. 가는 밀가루와 굵은 밀가루의 양은 일만 사천 명 정도의 하루 분 식량이고, 살찐 소, 초장의 소는 집에서 먹인 소와 목장의 소를 구분한 듯하다. 살찐 새는 기러기나 오리 고기 등을 말할 것이다.

**24절, 솔로몬이 하수 이편을 딥사에서부터 가사까지 모두 다스리므로 하수 이편의 모든 왕이 다 관할한 바 되매 저가 사방에 둘린 민족과 평화가 있었으니**

이스라엘 나라는 솔로몬 때에 가장 강성대국이 되었다. 이 시대에는 감히 다른 나라에서 이스라엘을 공격한 적이 없었다. 그래서 솔로몬 시대에는 사방에 둘린 다른 나라들과의 평화가 있었다. 딥사란 유브라데 강 서안의 한 성읍이다. 가사는 블레셋의 5대 성읍 중 가장 남단의 성읍이었다.

**25절, 솔로몬의 사는 동안에 유다와 이스라엘이 단에서부터 브엘세바에 이르기까지 각기 포도나무 아래와 무화과나무 아래서 안연히 살았더라**

"단에서부터 브엘세바에 이르기까지". 이것이 아브라함에게 하신 하나님의 약속의 성취이다. "포도나무 아래와 무화과나무 아래서 안연히 살았더라". 이것은 매우 의미 깊은 표현인데, 이것이 메시아 왕국의 상황을 묘사하기 때문이다. 즉 메시아 왕국을 조금 엿보게 한다. 그것이 솔로몬 때에 이루어졌고 그 완전한 성취는 주님의 재림시에 이루어진다. 말하자면, 솔로몬 왕국의 상황을 소개함으로써 성령께서는 은연중에 장차 올 그리스도의 왕국의 식탁이 엄청 풍부하다는 것을 암시하고 계시는 것이다. 그리고 그때 여러분이 그리스도와 함께 왕이 되고 또 제사장으로서 다스린다는 것 또한 보여주고 계신다. 이방 열국까지 다 이스라엘의 다스림 아래 들어가서 굴복하는 장면이야말로 장차 올 메시아 왕국, 그리스도의 재림시에 이 땅에 있게 될 천년왕국의 그림을 보여주고 있는 것이다.

포도나무 아래와 무화과나무 아래서 산다는 표현은 다른 곳에도 있다. 스가랴 3장 9절, "만군의 여호와가 말하노라 내가 너 여호수아 앞에 세운 돌을 보라 한 돌에 일곱 눈이 있느니라 내가 새길 것을 새기며 이 땅의 죄악을 하루에 제하리라". 이 땅의 죄악이 하루에 제해지는 날이 바로 주님의 재림시이다. 10절, "만군의 여호와가 말하노라 그 날에 너희가 각각 포도나무와 무화과나무 아래로 서로 초대하리라 하셨느니라". 이것은 무슨 말인가? 이것이 바로 주님의 왕국에서 있을 행복하고 즐거운 광경이다. 그들이 서로 초대할 것이라는 말이다.

미가서 4장 1절, "말일에 이르러는 여호와의 전의 산이 산들의 꼭대기에 굳게 서며 작은 산들 위에 뛰어나고 민족들이 그리로 몰려갈 것이라". 이것이 장래에 있을 천년왕국, 그리스도의 왕국, 메시아 왕국의 상황이다. 2-4절, "곧 많은 이방이 가며 이르기를 오라 우리가 여호와의 산에 올라가서 야곱의 하나님의 전에 이르자 그가 그 도로 우리에게 가르치실 것이라 우리가 그 길로 행하리라 하리니 이는 율법이 시온에서부터 나올 것이요 여호와의 말씀이 예루살렘에서부터 나올 것임이라 3 그가 많은 민족 중에 심판하시며 먼 곳 강한 이방을 판결하시리니 무리가 그 칼을 쳐서 보습을 만들고 창을 쳐서 낫을 만들 것이며 이 나라와 저 나라가 다시는 칼을 들고 서로 치지 아니하며 다시는 전쟁을 연습하지 아니하고 4 각 사람이 자기 포도나무 아래와 자기 무화과나무 아래 앉을 것이라 그들을 두렵게 할 자가 없으리니 이는 만군의 여호와의 입이 이같이 말씀하셨음이니라". 여기서도 각 사람이 자기 포도나무와 무화과나무 아래에 앉을 것이라고 한다. 이것은 장차 있을 왕국의 광경이다.

그 왕국의 상황이 솔로몬 때에 잠시 이루어졌지만 그것은 일시적인 것이고 온전한 광경은 그리스도의 재림으로 성취될 것이다. 그때는 집집마다 정원에 포도나무가 심겨져 있고 무화과나무가 심겨져 있어서 서로 그 나무 아래로 초대할 것이다. 4장에서 이루어진 솔로몬 왕국은 장래 올 그리스도의 왕국의 아름다운 모습을 조금 엿보게 하는 것이라고 생각하면 된다.

**26-27절, 솔로몬의 병거의 말의 외양간이 사만이요 마병이 일만 이천이며 27 그 관장들은 각각 자기 달에 솔로몬 왕과 왕의 상에 참예하는 모든 자를 위하여 먹을 것을 예비하여 부족함이 없게 하였으며**

솔로몬 왕 시대에 병거와 마병이 많았다. 즉 그 나라에 말이 많았다는 것이다. 신명기 17장 16절에서는 이스라엘 백성들에게 왕을 두되 말을 많이 두지 말라고 했다. "왕 된 자는 말을 많이 두지 말 것이요 말을 많이 얻으려고 그 백성을 애굽으로 돌아가게 말 것이니". 그런데 솔로몬 때에 그 말씀을 어겼다. 말씀을 어기고 말을 많이 둔 것이다. 반면에 이것을 적극적으로 해석한다면 솔로몬 왕 때 국력이 강했다는 것을 보여준다. 당시 국방력은 마병의 다과로 가늠했다.

**28절, 또 저희가 각기 직무를 따라 말과 준마에게 먹일 보리와 꼴을 그 말의 있는 곳으로 가져왔더라**

말과 준마도 아주 잘 먹었다는 이야기이다. 사람만 풍성하게 먹은 것이 아니라 솔로몬의 말들도 잘 먹었다.

**29절, 하나님이 솔로몬에게 지혜와 총명을 심히 많이 주시고 또 넓은 마음을 주시되 바닷가의 모래같이 하시니**

이 말씀도 사실은 먼저 주님께 적용해야 한다. 그날 왕국에서 왕 노릇하실 분은 주 예수님이시다. 참 솔로몬은 주님이시다. 솔로몬을 통해서 그날 예수 그리스도께서 왕이 되어 다스리시게 될 상황을 짐작해볼 수 있다. 그날 예수 그리스도께서 어떻게 다스리실 것인지를 한번 생각해보라. 측량할 수 없는 지혜와 총명으로, 바닷가의 모래 같은 넓은 마음으로 열국을 다스리실 것이다.

지혜가 있는 것은 마음이 넓은 것과 관계 있다. 헛된 총명이 좁은 것이다. 그것은 미련한 것과 같다. 스스로 지혜 있다는 것은 사실 어리석은 것이다. 속임당하는 것이다. 그리고 좁은 것이다. 그런 사람은 다른 사람의 생각을 용납할 수 없고 받아들일 수 없다. 또 자기의 생각을 열어 보여줄 수도 없다. 그러나 참된 지혜와 총명은 넓은 것이어서 다른 사람들을 다 받을 수 있다.

여기서 하나님이 솔로몬에게 넓은 마음을 주시되 바닷가의 모래 같게 하셨다고 했다. 이것은 아주 의미 있는 말씀이다. 바닷가의 모래란 다 포용하는 것을 의미한다. 위대해 보이는 것이 바닷가의 모래이다. 이 모래가 그 넓은 바다를 다 품고 감싸안고 있다. 모래가 온 바다를 다 수용하고 있는 것이다. 그 속에서 넘실대는 파도는 결코 모래를 넘어서지 못한다.

**30절, 솔로몬의 지혜가 동양 모든 사람의 지혜와 애굽의 모든 지혜보다 뛰어난지라**

기브온 산당에서 주신 약속대로 하나님은 솔로몬에게 큰 지혜를 주셨다. 그의 지혜가 동양 모든 사람의 지혜와 애굽의 모든 지혜보다 뛰어나다고 했다. 마태복음 12장 42절, "심판 때에 남방 여왕이 일어나 이 세대 사람을 정죄하리니 이는 그가 솔로몬의 지혜로운 말을 들으려고 땅 끝에서 왔음이어니와 솔로몬보다 더 큰 이가 여기 있느니라". 이 구절에서 우리는 장차 올 그리스도의 왕국에서 그분의 다스림이 어떠할 것인가를 미리 생각해볼 수 있다. 그리스도는 장차 왕이 되어 다스리실 때 이 세상의 어떤 왕보다 뛰어난 지혜와 넓은 마음을 가지고 온 세상을 다스리시는 평화의 왕이 되실 것이다. 그러한 왕국을 꿈꾸고 기대해도 좋다. 그런 분이 빨리 오셔야 되지 않겠는가? 이 세상의 모든 상황이 "주 예수여, 속히 오십시오."라는 한 마디를 하고 있다. 온 세상이 그밖에는 기대할 것이 없는 상황으로 가고 있는 것이다.

**31절, 저는 모든 사람보다 지혜로와서 예스라 사람 에단과 마홀의 아들 헤만과 갈골과 다르다보다 나으므로 그 이름이 사방 모든 나라에 들렸더라**

솔로몬은 동양의 모든 사람들보다 지혜롭더라고 했다. 에단과 헤만은 시편의 기자들일 것이다(시 88편, 89편).

**32절, 저가 잠언 삼천을 말하였고 그 노래는 일천 다섯이며**

솔로몬 왕은 지혜가 뛰어났다. 당시에 지혜로운 사람들의 이름이 31절에 소개되었다. 예스라 사람 에단도 지혜롭다고 소문이 났고, 마홀의 아들 헤만과 갈골과 다르다라는 사람들도 이름난 지혜로운 사람들인데, 솔로몬의 지혜는 이들보다 더 뛰어났다는 것이다. 도대체 솔로몬이 어디서 배웠기에 그렇게 지혜가 있겠는가? 솔로몬은 그의 책에서 여호와를 경외하는 것이 지혜의 근본이라고 했다.

이 시대에도 지혜로운 사람들이 많다. 그러나 정말 지혜롭고 싶으면 주님을 경외하고 사랑하라. 주님을 사랑함으로 그분에게서 지혜를 얻으면 가장 뛰어난 지혜의 사람이 될 것이다. 이 시대에도 우리가 그리스도로 말미암아 살고 주님이 주신 말씀에 의지해서 살면 지혜가 가장 뛰어나게 된다. 이 세상에 그리스도보다 뛰어난 지혜는 없다(골2:3).

솔로몬이 잠언 삼천을 말했다고 했다. 잠언서는 솔로몬이 지은 것인데 거기 기록되지 않은 잠언도 많은 것이다. 어떤 사람이 자기의 사상이나 체험을 글로 남긴다는 것은 남들이 하지 않은 생각이나 체험이 있기 때문이다. 그러므로 이 땅에 뭔가 남겨둘 필요가 있다고 생각해서 책을 쓰는 것이다. 그것이 삼천이나 된다면 이 사람이 갖고 있는 지혜는 대단히 큰 것이다. 그래서 오늘날까지도 지혜를 말하면 솔로몬을 떠올린다. 구약 잠언에 많은 지혜로운 말이 수록되어 있다. 하나님께서 다윗 다음에 얻으신 왕 솔로몬보다 지혜로운 사람이 없었다. 지금도 우리는 지혜를 얻으려면 솔로몬의 잠언서를 본다. 그는 그만큼 지혜로웠다.

그리고 노래 일천 다섯 개를 지었다. 다윗과 솔로몬 이 둘이 시편, 잠언, 전도서, 아가서까지 기록했다. 지혜서와 시가서가 다윗과 솔로몬 가문에서 나온 것이다. 솔로몬의 지혜는 뛰어난 것이었다. 그 중에 잠언이 성경이 되었고 노래 천 다섯 개 중에서 '노래 중의 노래'인 아가서가 성경이 되었다. 그만큼 솔로몬은 생각이 깊고 지혜롭고 감각이 뛰어난 사람이었다. 그러니 그런 사람이 다스릴 때에는 나라에 평화가 있었던 것이다. 사람들을 적재적소에 임명할 줄 알고 일도 서로 공평하게 나눠서 할 수 있게 하니까 모든 국민들이 다 잘살았다. 백성에게 포도나무와 무화과나무 아래 서로 초대하면서 살 수 있는 상황을 만들어준 왕이 솔로몬이다.

**33절, 저가 또 초목을 논하되 레바논 백향목으로부터 담에 나는 우슬초까지 하고 저가 또 짐승과 새와 기어 다니는 것과 물고기를 논한지라**

솔로몬은 여유도 있고 시간도 있고 지혜도 있었다. 그러기에 풀 한 포기를 보고도 시를 짓고 노래를 만들 수 있었던 것이다. 솔로몬은 짐승이나 새나 기어다니는 것이나 물고기도 보는 대로 논했다.

**34절, 모든 민족 중에서 솔로몬의 지혜의 소문을 들은 천하 모든 왕 중에서 그 지혜를 들으러 왔더라**

마태복음에서는 남방 여왕(스바)조차도 솔로몬의 지혜를 들으러 왔다고 했다. 그런데 "솔로몬보다 더 큰 이가 여기 있느니라". 예수님이 솔로몬보다 크신 분이다. "심판 때에 남방 여왕이 일어나 이 세대 사람을 정죄하리니 이는 그가 솔로몬의 지혜로운 말을 들으려고 땅 끝에서 왔음이어니와 솔로몬보다 더 큰 이가 여기 있느니라"(마 12:42). 솔로몬 당시 군력으로만 아니라 문화적으로도 이방 여러 나라보다 탁월했던 것이다.

# 열왕기상 5장

**1절, 솔로몬이 기름 부음을 받고 그 부친을 이어 왕이 되었다 함을 두로 왕 히람이 듣고 그 신복을 솔로몬에게 보내었으니 이는 히람이 평일에 다윗을 사랑하였음이라**

히람이라는 사람은 두로 왕으로서 아버지 다윗의 친한 친구였다. 다윗은 두로의 왕이었던 히람이 그의 친구가 된 것이 하나님의 인도와 감화에 의한 것으로 알고 신중하게 사귀어 온 것 같다(삼하 5:11-12). 이번에는 솔로몬이 왕이 되자 히람은 축하사절을 보내왔다. 솔로몬의 가장 중요한 임무는 역시 성전 건축이다. 두로 왕 히람은 솔로몬의 성전 건축에 큰 공헌을 하게 된다.

**2-6절, 이에 솔로몬이 히람에게 기별하여 가로되 3 당신도 알거니와 내 부친 다윗이 사방의 전쟁으로 인하여 그 하나님 여호와의 이름을 위하여 전을 건축하지 못하고 여호와께서 그 원수들을 그 발바닥 밑에 두시기를 기다렸나이다 4 이제 내 하나님 여호와께서 내게 사방의 태평을 주시매 대적도 없고 재앙도 없도다 5 여호와께서 내 부친 다윗에게 하신 말씀에 내가 너를 이어 네 위에 오르게 할 네 아들 그가 내 이름을 위하여 전을 건축하리라 하신 대로 내가 내 하나님 여호와의 이름을 위하여 전을 건축하려 하오니 6 당신은 영**

**을 내려 나를 위하여 레바논에서 백향목을 베어내게 하소서 나의 종과 당신의 종이 함께 할 것이요 또 내가 당신의 모든 말씀대로 당신의 종의 삯을 당신에게 붙이리이다 당신도 알거니와 우리 중에는 시돈 사람처럼 벌목을 잘하는 자가 없나이다**

3절에는 솔로몬이 히람이라는 두로 왕에게 '지금 나는 하나님을 위하여 성전을 건축해야 하는데 당신이 나를 도와줄 필요가 있소.' 하면서 그 사정을 얘기하는 장면이 나온다. 아버지 다윗은 그 전을 건축할 수 없었다. 그 때는 피를 흘리며 전쟁할 때였다. 이제 전쟁이 다 끝나고 평화로운 시대가 왔기 때문에 건축을 해야 한다고 말하고 있다. 그러면서 '하나님께서 바로 다윗에게 하신 말씀에 따라 이제 그 아들이 일어나서 건축을 할 것이다.'라고 말하고 있는 것이다.

여기서 우리가 한 가지 생각해볼 수 있는 것은 솔로몬은 성전 건축의 일을 자기 임의로 하지 않았다는 것이다. 우리는 중요한 것 한 가지를 배워야 하는데 하나님의 일을 하는 사람들은 반드시 자기 뜻대로, 자기의 임의대로 일해서는 안 된다는 것이다. 솔로몬은 자기의 생각으로, 자기의 임의로 뭔가를 일하려고 일어난 사람이 아니다. 성전 건축에 대하여는 벌써 아버지 때부터 계획해왔고, 하나님께서 다윗에게 '네 아들이 일어나 나를 위해 성전을 건축할 것이다.'라고 말씀하신 바 있다. 그는 그것이 자기의 일인 줄 알았고 그래서 '지금 나는 이 건축을 해야만 합니다.'라고 말하고 있다. 하나님의 역사에 있어서는 그분 자신이 친히 지명하시고 인도하시고 결정하시는 것이 있고 사람의 협력과 순종도 있다. 그럴 때 역사가 선하게 이루어지게 된다. 주의 일은 다 이렇게 해야 한다.

오늘날 얼마나 많은 사람들이 주님의 일을 하면 되는 줄 알고 나가서 하는가? 또 그냥 교회를 세우면 되는 줄 알고 가서 세우는가? 그것이 아니다. 마태복음 7장에서는 그날 많은 사람들이 주님께 와서 '주여, 주여, 우리가 주의 이름으로 귀신도 쫓아내고 병자도 고치고 선지자 노릇도 하고 많은 일을 했습니다.'라고 하자, 주님이 '내가 너희를 도무지 알지 못한다. 이 불법을 행하는 자들아 내게서 떠나가라.'라고 하셨다. 오늘날 수많은 사람들이 주님의 일을 한다고 하지만 주님 앞에서 과연 몇 명이나 인정받을 것인가? 이것이 하나의 큰 의문이다. 왜 그 사람들은 다 주님께 거절되었나? 열심히 하지 않았는가? 그들 모두 열심히 했을 것이다. 충성하지 않았는가? 충성했을 것이다. 왜 그럼 거절되었는가? 주님이 그 이유를 말씀하고 있는데, 아버지의 뜻대로 하지 않았다는 것이다. 하나님의 뜻에 따라 순종하여 일하면 좋은데 많은 이들이 자기가 하고 싶은 대로 일을 하기 때문에 결국 주님께 거절되는 것이다.

한 가지 예화를 들어 설명해보겠다. 어떤 주인이 그 하인에게 "나는 돼지고기 비개를 좋아하지 않으니 돼지고기 요리를 할 때 그것을 제하고 해라."고 했다. 그런데 그 하인은 계속 그 돼지고기 비개를 떼어내지 않고 요리를 하는 것이었다. 그러면서 하는 말이 "주인님, 이 기름은 참 영양도 많고 당신의 건강에도 좋은 것입니다."라고 하더라는 것이다. "아니다. 나 그거 안 먹는다." 해도 계속 자기 생각대로 요리를 한다면 결국 주인이 어떻게 하겠는가? 그만 두라고 해고시킬 수밖에 없다. 그러므로 우리는 주님의 일을 하고자 할 때 주님의 뜻을 구하기를 배워야 한다. 정말 주님이 원하시는 일인지, 인도하시는 일인지를 살펴야 한다. 마태복음 7장에서 많은 사람이 그날 주님 앞에서 거절당한 것은 바로 이 때문이다. 하나님의 뜻이 무엇인지 알아보지도 않고 무조건 귀신 쫓아내고 선지자 노릇 하고 많은 일을 행한 것이다.

6절에서 솔로몬은 히람 왕에게 "당신은 영을 내려 나를 위하여 레바논에서 백향목을 베어내게 하소서 나의 종과 당신의 종이 함께 할 것이요 또 내가 당신의 모든 말씀대로 당신의 종의 삯을 당신에게 붙이리이다 당신도 알거니와 우리 중에는 시돈 사람처럼 벌목을 잘하는 자가 없나이다" 하면서 레바논에서 백향목을 베어달라고 부탁했다. 솔로몬은 자기의 종들이 목재 일을 잘 못한다는 것을 인정했다. 그러므로 두로 사람들이 필요했던 것이다. 그들은 이방 사람들이지만 목재 일을 잘했다. 레바논 백향목은 이스라엘 경내에 있는 목재이지만 그 목재를 다뤄서 성전을 짓고 필요한 것들을 만들 때 솔로몬은 자기 나라 사람들만이 할 수 있다고 생각하지 않았다. 그는 아버지 때에 친분을 맺고 있었던 왕의 종들이 잘한다는 것을 알고 그 사람들에게 기별을 해서 도와달라고 요청한 것이다. 솔로몬은 자기의 부족함을 알고 인정하는 사람이었다.

**7절, 히람이 솔로몬의 말을 듣고 크게 기뻐하여 가로되 오늘날 여호와를 찬양할지로다 저가 다윗에게 지혜로운 아들을 주사 그 많은 백성을 다스리게 하셨도다 하고**

히람은 이방 두로의 왕인데 다윗의 영향을 받았는지 솔로몬의 말을 듣고 "여호와를 찬양할지로다" 하면서 매우 기뻐했다. 이 사람도 한 나라의 왕이기에 솔로몬의 이러한 몇 마디 말을 들어보고 그의 됨됨이를 알 수 있었던 것이다. "저가 다윗에게 지혜로운 아들을 주사 그 많은 백성을 다스리게 하셨도다". 또 그 이전에도 히람은 이미 그 명성을 들었을 것이다. 온 세계에 솔로몬의 소문이 퍼졌기 때문이다.

**8절, 이에 솔로몬에게 기별하여 가로되 당신의 기별하신 말씀을 내가 듣고 내 백향목 재목과 잣나무 재목에 대하여는 당신의 바라시는 대로 할지라**

여기 개역 한글판에서는 '내가 듣고'라고 했는데 흠정역에서는 '내가 깊이 생각하고'라고 했다. 히람 왕은 솔로몬 왕의 말을 듣고 즉각 반응한 것이 아니라 깊이 숙고를 한 뒤에 도와주겠다고 대답을 한 것이다. 이 사람은 이방 왕이지만 생각이 깊은 사람이라는 것을 알 수 있다.

**9절, 내 종이 레바논에서 바다로 수운하겠고 내가 그것을 바다에서 떼로 엮어 당신이 지정하는 곳으로 보내고 거기서 그것을 풀리니 당신은 받으시고 나의 원을 이루어서 나의 궁정을 위하여 식물을 주소서 하고**

히람 왕은 솔로몬의 말을 듣고 깊이 생각했다. 이 일을 어떻게 해나갈 것인가? 그의 종들을 어떻게 편성해서 그 일을 하게 할 것인가? 그리고 그 목재를 산에서 준비해서 어떻게 예루살렘으로 보낼 것인가? 수레에 실어서 육로로 보낼 것인가, 아니면 수로로 보낼 것인가? 깊이 생각한 끝에 바다를 통해 보내기로 한 것이다. 뗏목을 만들어서 하겠다는 것은 곧 수운하겠다는 것이다. 이 모든 방책이 다 깊은 생각에서 나온 것들이다. 그렇게 한 다음에 그는 솔로몬에게 무엇을 요청할 것인가도 깊이 생각했다. '당신이 지정하는 곳, 욥바 해변으로 보낼 테니 거기서 받으시고 받은 다음에 나도 원이 있는데 나의 궁정에 먹을 것을 좀 달라.'고 한 것이다. 이스라엘은 당시에 엄청나게 부강한 나라였으므로 자신들의 부족한 것을 좀 채워달라고 한 것이다.

**10-11절, 솔로몬의 모든 원대로 백향목 재목과 잣나무 재목을 주매 11 솔로몬이 히람에게 그 궁정의 식물로 밀 이만 석과 맑은 기름 이십 석을 주고 해마다 그와 같이 주었더라**

솔로몬은 백향목 재목과 잣나무 재목 등 성전을 짓는 데 필요한 재목들을 받고 아주 풍부하게 갚아주었다. 밀 이만 석과 맑은 기름 이십 석을 해마다 주었다고 했는데, 솔로몬은 성전과 그의 궁전의 건축 역사가 필역하기까지 20년 간 히람에게 보급하였다(6:38—7:1).

**12절, 여호와께서 그 말씀대로 솔로몬에게 지혜를 주신 고로 히람과 솔로몬이 친목하여 두 사람이 함께 약조를 맺었더라**

이 구절에서 우리가 한 번 생각해보자. 히람과 솔로몬이 친목하여 두 사람이 함께 약조를 맺었다는 것은 첫째로 무엇을 예표하고 있는가? 예수 그리스도의 왕국에 이방인들도 함께 있게 된다는 것이다. 그리고 성전 건축을 하는 데 기술이 좋은 사람들이 유대인 가운데만 있는 것이 아니라 이방인들에게서도 많이 나온다는 것이다. 성전 건축을 하려다 보니 유대인들만 가지고는 부족한 것이 있다. 성전은 신약에서 교회 곧 그리스도의 몸인데, 장래에 이방 나라들 가운데서 성전 건축을 위해 기술이 좋은 사람들이 나온다는 것이다. 사실 수많은 그리스도의 일꾼들이 이방에서 나왔다. 루터, 칼빈, 웨슬레, 존 낙스, 존 번연, 다비 등은 놀라운 이방의 기술자들이 아닌가? 이러한 이방 사람들이 성전 건축을 위해서 모여든다는 것이다. 그들이 없이 이스라엘만으로는 뭔가 부족하다. 이 구절은 이들이 추가됐을 때 놀라운 그리스도의 왕국이 이루어진다는 하나의 예표를 우리에게 보여주고 있다. 장차 이루어질 것을 그림으로 미리 보여주는 것이다. 지금 우리는 이런 광경을 보고 있으며 그 예표는 실제로 이루어져가고 있다.

또 한 가지는 역시 주님의 일을 하는 데에도 지혜가 필요하다는 것이다. 솔로몬만 지혜로운 사람이 아니라 히람도 지혜가 있는 사람이었다. 유대인의 지혜와 이방인의 지혜가 합해진 것이다. 이런 일을 할 때 같이 하지 않는가? 히람이 목재에 대한 기술을 갖고 있기 때문에 솔로몬은 자신의 부족한 것을 그를 통해서 보완하고 있다. 함께 돕고 동역하여 일을 하는 것이다. 그리고 솔로몬은 기꺼이 그에게 보상해주었다. 그러면서 둘의 사이가 더욱 돈독해졌다. "솔로몬이 친목하여 두 사람이 함께 약조를 맺었더라". 지혜가 있는 사람들끼리 함께 일을 하면 서로 사이가 좋아진다. 지혜가 없는 사람들, 꽉 막힌 사람들, 자기 욕심만 채우려는 사람들은 같이 일을 할 때 반드시 싸우게 되고 사이가 더 나빠진다. 자신이 지혜 있는 사람인가, 그렇지 않은 사람인가를 점검해보려면 어떤 사람들과 함께 일하고서 사이가 좋아지는가, 아니면 다투고 서로 갈라지는가를 보면 된다. 다툼이 있고 서로 반목이 있다면 둘 다 지혜가 없든지 아니면 둘 중 하나가 크게 문제가 있든지 할 것이다.

서로 지혜 있는 사람들끼리 일을 하면 친목이 더 돈독해진다. 주님을 경외하는 것이 지혜의 근본이라고 했는데, 다른 면에서 말하면 지혜가 없고 어리석은 사람은 욕심이 많은 사람이다. 자기 욕심을 채우고 자기가 뭔가를 꼭 소유하려고 하는 사람은 지혜가 없는 사람이다. 자신의 욕심이나 의도가 없을 때 사람이 객관적이게 된다. 그럴 때 모든 사물이 제대로 보인다. 욕심은 사람의 눈을 어둡게 한다. 지혜도 갖고 싶고 이 세상의 욕심도 버릴 수 없는가? 그러나 두 가지는 함께 가질 수 있는 게 아니다.

**13-14절, 이에 솔로몬 왕이 온 이스라엘에서 역군을 불러 일으키니 그 역군의 수가 삼만이라 14 솔로몬이 저희들을 한 달에 일만 인씩 번갈아 레바논으로 보내매 저희들이 한 달은 레바논에 있고 두 달은 집에 있으며 아도니람은 감독이 되었고**

솔로몬은 뭔가 경영을 할 줄 아는 사람이다. 삼만 명의 역군을 뽑아서 일만 명씩 번갈아 보내는 것이다. 일만 명이 레바논에 가서 한 달 간 일하고 나머지 이만 명은 두 달 동안 집에서 쉬었다. 솔로몬은 일꾼들을 산(레바논)에서 일하게 할 뿐 아니라 가정에 머물며 가사를 돌보고 쉬는 시간을 정해주었다. 그리고 감독으로는 아도니람을 세웠다. 일하는 데에 감독은 필수적이다. 오늘날 교회에 감독(장로)들이 필요한 것과 같다.

**15절, 솔로몬에게 또 담군이 칠만 인이요 산에서 돌을 뜨는 자가 팔만 인이며**

담군(transporters)은 운송하는 사람들이다. 성전 건축하는 일은 당시에 엄청나게 큰일이었다. 일생 솔로몬이 한 일이 이것이다. 지혜의 왕이신 주님이 오늘날 하시는 일도 바로 이 일이다.

**16절, 이 외에 그 역사를 동독하는 관리가 삼천삼백 인이라 저희가 일하는 백성을 거느렸더라**

성전 건축의 역사를 대리로 관리하는 사람들이 삼천삼백 명이었다. 이들은 아도니람 아래서 역군들을 감독하던 자들이었다. 담군과 돌을 뜨는 자와 감독까지 합하면 15,330명이었다.

**17절, 이에 왕이 영을 내려 크고 귀한 돌을 떠다가 다듬어서 전의 기초석으로 놓게 하매**

이것은 솔로몬 왕이 직접 영을 내렸다. 성전 건축에 있어서 가장 중요한 것이 기초석이다. 기초석은 크고 가장 귀한 돌을 떠서 다듬어 만든 것이다. 교회의 기초는 그리스도시다. 교회를 세운다고 할 적에 가장 중요한 작업이 기초 작업이다. 고린도 전서 3장 11절에서 바울은 이 기초는 오직 그리스도라고 했다. "이 닦아 둔 것 외에 능히 다른 터를 닦아 둘 자가 없으니 이 터는 곧 예수 그리스도라". 이 '터'가 곧 기초(foundation)이다. 건물을 지을 때 기초공사가 가장 중요하다.

오늘날 신약의 교회가 세워지고 있을 때에도 중요한 것이 기초이다. 기초가 견고해야 한다. 이 기초는 마태복음 16장에서 볼 때 각 성도들이 주 예수 그리스도를 믿는 믿음이다. 그리스도를 아는 지식이다. 이것이 교회의 기초가 된다. "시몬 베드로가 대답하여 가로되 주는 그리스도시요 살아계신 하나님의 아들이시니이다 예수께서 대답하여 가라사대 바요나 시몬아 네가 복이 있도다 이를 네게 알게 한 이는 혈육이 아니요 하늘에 계신 내 아버지시니라 또 내가 네게 이르노니 너는 베드로라 내가 이 반석 위에 내 교회를 세우리니 음부의 권세가 이기지 못하리라"(16-18절). 베드로가 계시를 통해 주님을 하나님의 아들로 알았을 때 주 예수님은 이 반석 위에 당신의 교회를 세우시겠다고 했다. 모든 성도가 그리스도를 계시로 알게 될 때, 그 계시가 교회의 기초인 것이다.

바울은 바로 이런 기초를 놓는 사도였다. "내가 지혜로운 건축자와 같이 터를 닦아두매"(고전 3:10). 어떻게 바울이 교회의 기초를 닦았을까? 그것은 그의 전파와 그의 가르침을 통해서였다. 그는 성도들이 예수 그리스도를 계시로 알 수 있도록, 그리스도와의 관계를 정상적으로 가질 수 있도록 함으로써 기초를 닦은 것이다. 그들의 신앙이 사람의 지혜에 있지 않고, 사람의 가르침에 있지 않고, 주님과의 생명의 연합에 있고, 그 말씀과의 관계에 있고, 주님과의 직접적인 연결에 있게 했다. 이런 것이 기초가 되어야만이 교회가 견고하다. 그럴 때 바울이 떠나도 교회는 그대로 있다. 그런 교회가 바로 반석 위에 세워진 교회다.

**18절, 솔로몬의 건축자와 히람의 건축자와 그발 사람이 그 돌을 다듬고 전을 건축하기 위하여 재목과 돌들을 갖추니라**

솔로몬만이 아니라 히람이 같이 동역한다. 이스라엘과 이방인들이 함께 돌을 다듬는 일을 한다. 히람의 건축자와 그발 사람이 돌을 다듬는다. 그발은 베이루트 북쪽에 있는 도시이다(수 13:5). 오늘 우리들도 이 귀하고 놀라운 성전 건축의 역사에 동참한 일꾼들이다. 그래서 우리는 지금 돌 다듬는 일을 하고 있는 것이다. 다듬어질 때 성전 건축의 재료들이 된다. 나는 우리 사랑하는 성도들이 이 건축의 역사에서 떨어지지 않고 끝까지 교회의 일부가 될 수 있기를 기도한다.

# 열왕기상 6장

6장은 솔로몬의 성전 건축을 다루고 있다.

**1절, 이스라엘 자손이 애굽 땅에서 나온 지 사백팔십 년이요 솔로몬이 이스라엘 왕이 된 지 사년 시브월 곧 이월에 솔로몬이 여호와를 위하여 전 건축하기를 시작하였더라**

출애굽하여 모세가 시내산에서 율법을 받고 40년 간 광야의 노정이 있은 다음 요단 강을 건너 가나안 땅에 들어온 이스라엘 백성들은 왕국을 형성하고 이제 사울, 다윗을 지나 3대 왕 솔로몬 때에 이르러 성전을 건축하게 되었는데, 성전을 건축하는 일이 얼마나 의미가 있는지를 보여주는 대목이다. 다른 데에서는 이렇게 말하지 않았다. "이스라엘 자손이 애굽 땅에서 나온 지 사백팔십 년이요" 하고 특별히 연대를 말하고 있다. 이것은 그 일이 얼마나 중요하고 하나님께서 얼마나 갈망하고 기뻐하시는 일이었는가를 나타내고 있다.

사백팔십 년이라 함은 모세의 광야에서의 40년, 여호수아의 17년에다 (모세의 후임으로서 가나안 전투를 한 모세의 시종 여호수아에 의해서 가나안 땅이 이스라엘 열두 지파에게 분배되었다. 그리고 여호수아가 죽은 후에 사사 시대가 되었는데 총 14명의 사사가 있었다.) 사사 시대의 299년이 흘렀다. 그리고 마지막 사사라고 볼 수 있는 엘리 시대가 40

년이고, 사무엘과 사울이 40년, 다윗이 40년, 그리고 솔로몬이 왕이 된 지 4년, 이 모든 햇수를 합하면 480년이 된다.

모세 시대를 지나 여호수아 시대, 사사시대, 엘리, 사무엘, 사울, 다윗 시대까지 지나서 솔로몬 시대에 와서 드디어 하나님의 마음속에 있던 성전이 건축되기 시작한 것이다. 그들이 애굽 땅에서 나온 지 480년이 된 때이자 솔로몬이 왕이 된 지 4년째이다. 시브월은 우리나라 달력으로는 4-5월이다. 날씨가 좋은 때이다. 이때에 솔로몬이 성전을 건축하기 시작한 것이다.

역대 하 3:1, "솔로몬이 예루살렘 모리아 산에 여호와의 전 건축하기를 시작하니 그곳은 전에 여호와께서 그 아비 다윗에게 나타나신 곳이요 여부스 사람 오르난의 타작마당에 다윗이 정한 곳이라". 열왕기 상에는 솔로몬이 성전을 건축한 장소에 대한 언급이 없지만 역대 하에서는 '예루살렘의 모리아 산', '오르난의 타작마당, 다윗이 정한 곳'에 건축을 시작했다고 말하고 있다.

성전을 건축함에 있어서 먼저 장소의 문제가 중요하다. 하나님이 지정하신 곳에 건축을 해야 하는 것이다. 성전은 솔로몬이 지었지만 그 식양을 계시받은 것은 아버지 다윗이다. 솔로몬이 성전을 건축할 때 자기 마음대로 지은 것이 아니라 하나님께서 지시하신 대로 지었다는 것을 기억해야 한다. 또한 아무 곳에나 지어서 되는 것이 아니다. 오늘날에도 교회는 하나님이 말씀하신 법도를 따라서 세워지는 것이지 아무나 자기가 원하는 데로 아무 곳에나 세울 수 있는 것이 아니다. 하나님이 지정하신, 아브라함이 아들 이삭을 제물로 드렸던 모리아 산이 성전을 건축할 장소이다. 그 중에서도 오르난의 타작마당은 다윗이 인구조사를 하여 하나님께 죄를 짓고 회개를 할 때 제단을 쌓고 제물을 드렸던 곳이다. 사무엘 하에서는 아라우나라고 했고 역대 하에서는 오르난이라고 했다. 아라우나나 오르난이나 같은 사람이다. 모리아 산의 그 타작마당에 성전을 건축한 것이다. 이것은 기초의 문제이다. 성전을 건축할 때는 기초가 중요하다.

구약의 성전은 모리아 산, 아라우나의 타작마당에 세워졌지만 신약의 교회는 반석이신 그리스도 위에 세워진다. 마태복음 16장 18절에서 주님은 "너는 베드로라 내가 이 반석 위에 내 교회를 세우리니"라고 말씀하셨다. 천주교에서는 이 반석이 베드로를 가리킨다고 생각한다. 왜냐하면 당시 예수님이 제자들에게 "너희는 나를 누구라 하느냐"라고 물으실 때 베드로가 예수님이 누구신가를 분명하게 답변했기 때문이다. "시몬 베드로가 대답하여 가로되 주는 그리스도시요 살아계신 하나님의 아들이시니이다". 그때 주님이 "너는 베드로라 내가 이 반석 위에 내 교회를 세우리니"라고 하셨기 때문이다. 그러나 '베드로'는 헬라어로 '페트로스', 즉 남성 명사이고, 주님이 말씀하신 '반석'은 헬라어로 '페트라'로서 여성 명사이다. '큰 돌'을 의미한다. 베드로를 반석삼아 그 위에 교회를 세우신다는 말씀이 아니다. 그리스도가 바로 반석이시다.

구약 시대에 세워졌던 성전은 몇 차례에 걸쳐 무너졌다. 솔로몬이 짓는 이 성전은 바벨론에 의해 완전히 무너지고, 그런 다음 에스라 때에 성전을 재건하였는데, 그 성전은 시리아 왕 안티오커스 에피파네스에 의해 다시 훼파되었다. 그리고서 세운 것이 헤롯 성전이다. 주 예수님 당시에 있었던 것은 세 번째 성전인 헤롯 성전이었다. 그러나 그것도 A. D. 70년에 로마 타이터스 장군에 의해 완전히 훼파되어 오늘날에 이르렀다. 그것이 구약의 성전이다.

주님이 이 땅에 오셔서 세우고자 하시는 성전—"내가 이 반석 위에 내 교회를 세우리니"—은 그 기초가 바로 그리스도이시다. 그리스도를 계시로 알 때 거기에 기초가 생겨난다. 이 기초 위에 세워진 교회는 음부의 권세가 이기지 못하리라고 하셨다. "또 내가 네게 이르노니 너는 베드로라 내가 이 반석 위에 내 교회를 세우리니 음부의 권세가 이기지 못하리라". 이 교회는 영원히 무너지지 않는다. 신약의 교회는 한 번 세워지면 무너지지 않는다. 참 성전이기 때문이다.

**2절, 솔로몬 왕이 여호와를 위하여 건축한 전은 장이 육십 규빗이**

**요 광이 이십 규빗이요 고가 삼십 규빗이며**

한 규빗은 팔꿈치에서 중지 끝까지의 길이로서 약 43cm~53cm이다. 따라서 장이 육십 규빗이라 함은 오늘날 미터법으로 하면 31.5m이다. 그리고 광이 이십 규빗, 10.5m이다. 고는 삼십 규빗, 15.8m이다. 건물 사이즈가 그렇게 큰 것은 아니다. 하나님이 이 땅에 거처하고자 하시는 성전은 사람의 눈으로 볼 때 결코 거대한 것이 아니라는 말이다. 고가 15m 정도니까 4층 정도 된다. 이 치수를 볼 때 광야의 성막은 이 성전의 절반의 규모였다. 성전이 성막보다 정확히 배가 크다. 그런데 이 솔로몬 성전은 후에 바벨론에 의해 무너졌고, 무너진 뒤에 제 2성전인 스룹바벨 성전(에스라, 느헤미야, 학개, 스가랴에 의해 새롭게 세워진 성전)을 재건했는데, 그 크기가 이 솔로몬 성전보다 작았다. 솔로몬 성전의 규모가 비교적 웅장했던 것이다. 그리고 그 다음에 재건된 제 3성전도 솔로몬 성전만 못하게 지어졌다. 그것은 두 번째 지은 성전을 약간 보완하는 식으로 지어진 것이다.

**성전의 도면** (by Carl Watzinger)

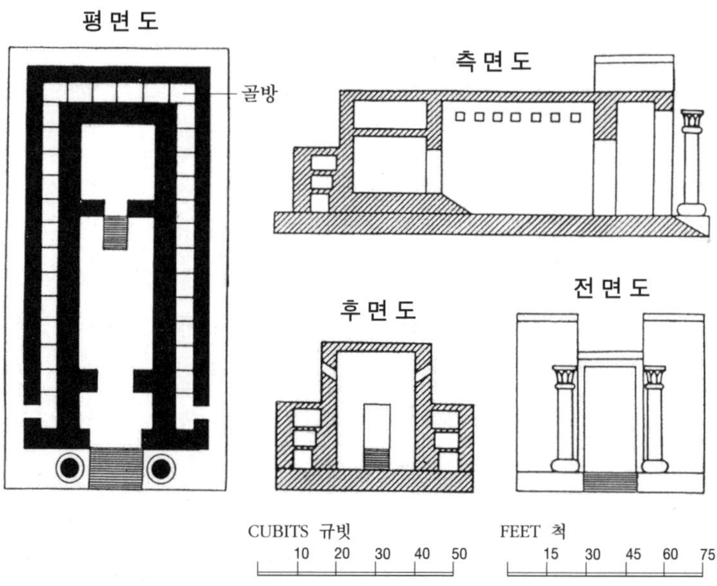

요한복음에서 유대인들이 예수님에게 “이 성전은 사십륙 년 동안에 지었거늘”(요 2:19)이라고 했던 성전이 바로 제 3성전, 헤롯 성전이다. 주 예수께서 지적하신 그 성전은 솔로몬 성전이 아니었지만 그것도 매우 잘 지어졌기에 제자들은 그것을 보고 감탄했었다(마 24:1).

**3절, 전의 성소 앞 낭실의 장은 전의 광과 같이 이십 규빗이요 그 광은 전 앞에서부터 십 규빗이며**

‘전의 성소 앞 낭실’이라고 했는데 ‘낭실’은 현관을 뜻한다. 성전이 동향이므로 성전의 전면인 동편에 현관이 있었다. 그 장은 성소의 광과 같이 20규빗이고 광은 10규빗이었다.

모세가 광야에서 건축했던 성막과 달리 솔로몬이 지은 성전은 붙박이 성전이었다. 모세가 지은 성막은 이동할 수 있는 것이지만, 솔로몬 성전은 한번 지으면 이 땅에 반영구적으로 서 있었다. 이 성전의 성소 앞에 현관이 있었는데, 이것이 성막과의 차이이다.

**4절, 전을 위하여 붙박이 교창을 내고**

성전에는 붙박이 교창이 있었다. 영어로 ‘artistic frames’이라고 하는데, 이것은 바깥은 좁고 안은 넓게 되어 있는 창이다. 그래서 전 안으로 들어오는 빛의 양이 적다. 우리는 언제나 우리 자신에게는 많은 빛을 비추어야 하고 다른 사람에게는 적게 비추어야 한다. 자신의 내면을 향하여는 많이 열려 있고 바깥의 다른 사람을 향하여는 적게 열려 있어야 한다는 것이다. 이것이 붙박이창의 영적 의미이다. 하나님의 성전을 중심삼고 사는 사람들은 자기 자신을 판단할 때는 철저하게 많이 하고 다른 사람에 대해서는 적게 해야 한다. 이것을 반대로 해서는 안 된다. 다른 사람들은 많이 판단하고 자신에 대해서는 별로 개의치 않는 식으로 하지 말라는 것이다. 성막은 영어로 ‘tabernacle’이고 성전은 영어로 ‘temple’인데, 성막과 성전의 차이는 낭실과 교창의 유무에 있다.

**5절, 또 전의 벽 곁 성소와 지성소의 벽에 연접하여 돌아가며 다락들을 건축하되 다락마다 돌아가며 골방들을 만들었으니**

또한 다락을 만들고 골방들을 만들었다. 에스겔 41장 6절을 보면 이 골방들이 30개나 된다. "골방은 삼층인데 골방 위에 골방이 있어 모두 삼십이라". 에스겔이 이상 중에 본 성전은 솔로몬 성전과 비슷하지만 사이즈는 훨씬 거대하다. 이상으로 본 것이기 때문이다. 그러나 그 모형 자체는 솔로몬 성전과 비슷하다.

성막보다 성전은 배가 큰 것이다. 이제 솔로몬 성전이 바벨론에 의해 무너지고 하나님이 에스겔 선지자를 통해 이상으로 보여주신 성전은 모양은 솔로몬 성전과 비슷한데 사이즈는 대단히 큰 것이었다. 그 이상은 사실 신약의 교회의 예표이다. 하나님의 집은 지속적으로 커지고 확장된다는 의미가 있다. 에스겔 42장에서는 골방들의 용도를 말하고 있는데, 이는 여호와를 가까이하는 제사장들이 지성물을 먹는 곳이라고 하였고 소제와 속죄제와 속건제의 제물들을 거기 둘 것이라고 하였다. 거룩한 곳이어서 제사장의 거룩한 의복들을 그곳에 보관해 두어야 하며 나갈 때는 평상복으로 갈아입고 나가게 되어 있었다. 거룩한 지성물을 먹는다는 것과 거룩한 의복을 보관한다는 것은 신약의 교회로 말하면 거룩한 봉사와 교통을 말하는 것이다. 성소와 지성소는 주님의 임재가 있는 곳이며 그곳 가까이 다락마다 골방이 있다는 것은 성도들의 거룩한 교통과 봉사를 말하는 것이다. 의복은 하나의 표현이며 음식은 교통을 의미하는 것이다.

성막에서 성전으로, 교회로, 새 예루살렘으로 하나님의 전은 확장되고 발전되어 간다. 원래는 가장 기본적인 항목들만 존재하였다. 그러나 성전에 올 때 많은 골방들이 생겼다. 이는 주님의 전의 확장을 의미한다. 무엇을 통해 확장되는가? 교통을 통해서 확장되는 것이다. 성도들의 교통과 봉사를 통해 주님의 전은 더욱더 확장되어가는 것이다.

**6절, 하층 다락의 광은 다섯 규빗이요 중층 다락의 광은 여섯 규**

**빗이요 제 삼층 다락의 광은 일곱 규빗이라 전의 벽 바깥으로 돌아 가며 턱을 내어 골방 들보들로 전의 벽에 박히지 않게 하였으며**

성소와 지성소 주위의 다락은 3층으로 되어 있었고 다락의 크기가 위로 갈수록 일 규빗씩 커졌다. 이는 성소와 지성소의 벽의 두께가 하층은 두껍고 올라가면서 조금씩 좁아졌기 때문에 생긴 현상이다. 에스겔서에 의하면 한 층에 골방이 30개인데 3층으로 되어 있으니까 골방이 90개가 된다. 대단히 많은 골방들이 있는 셈이다.

**7절, 이 전은 건축할 때에 돌을 뜨는 곳에서 치석하고 가져다가 건축하였으므로 건축하는 동안에 전 속에서는 방망이나 도끼나 모든 철 연장 소리가 들리지 아니하였으며**

경건하고 하나님의 사람이었던 다윗은 왜 성전을 건축할 수 없었는가? 군인으로서 피를 많이 흘렸기 때문이다. 그래서 그는 성전을 건축할 수 없었고 대신 다윗의 아들이 건축하게 되었는데 그는 평화의 사람이었기 때문이다. 성전 건축을 할 때 망치로 두들기는 소리, 방망이로 치는 소리, 도끼로 패는 소리, 철 연장 소리 곧 날카로운 금속성의 소리가 들리지 않았다는 것이다. 그러한 소리는 건축하는 소리가 아니다. 하나님의 집이 건축되는 분위기는 고요한 것이다. 모든 일을 조용히 해나가는 것은 의미가 깊다. 평화의 사람만이 주의 전을 건축할 수 있다. 싸우는 사람은 건축할 수 없다.

그리스도인들이 신약의 교회인 주님의 집을 건축하는 귀한 지체들이 되려면 성도들과 다투는 상황에 있으면 안 된다. 철 연장 소리가 나서는 안 된다. 하나님의 집은 평화롭고 조용한 가운데 지어지는 것이다. 신약의 교회를 건축하는 여러분은 건축하는 동안에 전 속에서 방망이 소리, 도끼 소리, 철 연장 소리를 내지 말아야 한다. 그러면 어디서 모난 것을 다듬어야 하는가? 돌을 뜰 때부터 다듬어서 와야 한다. "이 전은 건축할 때에 돌을 뜨는 곳에서 치석하고 가져다가 건축하였으므로". 전에서는 맞추는 것만 해야지 전에 가져와서 그제야 두들기고 깨뜨리고 패서는 안 된다.

**8절, 중층 골방의 문은 전 오른편에 있는데 나사모양 사닥다리로 말미암아 하층에서 중층에 오르고 중층에서 제 삼층에 오르게 하였더라**

나사모양으로 하층에서 상층으로 오르게 하였다는 것이다. 그러면 왜 나사모양 사닥다리를 만들었을까? 이 나사모양의 사닥다리는 새 예루살렘에도 적용이 되어야 한다. 계시록 21-22장에 보면 새 예루살렘의 중앙에 보좌가 있고 보좌로부터 생수가 흘러내리는데, 이것은 나사모양으로 흐르게 되어 있다. 그래야 새 예루살렘 사면으로 흐를 수 있기 때문이다. 생명수의 강물은 하나이기 때문에 보좌로부터 새 예루살렘 사면으로 흐르려면 나사모양이 아니면 안 된다.

제사장들의 골방은 이미 말한 대로 제사장들이 사용하는 방이다. 이곳에서 음식을 먹고 이곳에서 제사장복을 갈아입는다. 성전은 하나님의 거처 곧 하나님이 거하시는 집인데, 하나님은 그곳에서 누구와 함께 있기를 원하시는가? 제사장들이다. 우리는 그분의 나라이고 제사장들이다. 모세의 성막에서 솔로몬 성전으로 확장되는 모습을 볼 때 우리는 하나님께서 이 땅에 그분 홀로 거하고 싶으신 것이 아니라 그분의 제사장들과 함께 교제하는 가운데 거하고 싶어하신다는 것을 알 수 있다. 제사장들은 하나님을 섬기는 사람들이다. 제사장들은 늘 하나님을 섬기면서 하나님과 함께 먹는데, 제사장의 음식은 결국 하나님 자신이다. 하나님은 그리스도를 먹고 마시는 사람들을 늘 자신 곁에 두고 싶어하신다. 이것이 성막과는 다른 솔로몬 성전의 모습이다.

낭실도 하나님을 접견하기 위해 기다리는 사람들이 있는 곳이다. 하나님은 사람들에게 둘러싸여 있고 싶으신 것이다. 성전의 모형을 보고 우리는 그것을 알 수 있다. 성전은 왜 또 3층으로 지어졌겠는가? 올라갈수록 넓어지는 것은 무엇을 의미하는가? 이것은 우리가 이 땅에서 성도들과 나누는 교제는 교제할수록 더 높아지고 더 넓어지고 더 깊어지며 하늘과 가깝게 된다는 것이다. 그리고 오르내리는 계단이 나선형으로 되어 있다는 것은 사실 90개의 방들이 다 하나로 연결되어 있음을 의미한다. 오직 한 성령 안의 교통이요 한 몸 안의 교제이다. 이 방에 있는 성도의 교제나 저 방에 있는 성도의 교제나 다 같은 것이다. 만일 다른 교제를 한다면 그것은 몸의 암 같은 존재가 된다. 성전을 통해 보여주는 교제의 모습은 온전한 하나이다. 나선형의 계단은 겉으로 볼 때에는 따로 떨어진 방들을 하나로 연결시켜준다. 이 방에서는 마태복음 사경회를 하고 있고 저 방에서는 로마서 사경회를 하고 또 다른 방에서는 다른 말씀을 나누고 있지만 다 하나의 교통이라는 것이다. 생명수의 흐름이 보좌에서 사면으로 흘러내리기 때문이다. 이 흐름이 흐르고 흘러서 사방으로 흘러가게 된다. 지성소의 흐름에서 성소의 흐름으로, 나선형 사닥다리를 통해 각 방으로, 또 다른 층의 방으로 하나로 흘러가는 것이다.

**9-13절, 전의 건축이 마치니라 그 전은 백향목 서까래와 널판으로 덮었고 10 또 온 전으로 돌아가며 고가 다섯 규빗 되는 다락방을 건축하되 백향목 들보로 전에 연접하게 하였더라 11 여호와의 말씀이 솔로몬에게 임하여 가라사대 12 네가 이제 이 전을 건축하니 네가 만일 내 법도를 따르며 내 율례를 행하며 나의 모든 계명을 지켜 그대로 행하면 내가 네 아비 다윗에게 한 말을 네게 확실히 이룰 것이요 13 내가 또한 이스라엘 자손 가운데 거하며 내 백성 이스라엘을 버리지 아니하리라 하셨더라**

"네가 이제 이 전을 건축하니". 하나님께서 솔로몬의 전 건축 역사를 확증해 주시는 말씀이다. 우리가 어떤 일을 하고 있을 때 주님이 우리가 하고 있는 일이 얼마나 귀하고 중요한가를 확증해 주실 때가 있다. '너희들이 지금 하고 있는 일이 내 교회를 세우는 일이다.'라고 하시는 것이다. 그럴 때 우리 건축자들은 기쁘다. 나와 몇몇 동역자들이 외국에 나가서 선교할 때 때때로 이런 마음이 들었다. 하나님은 다윗에게 약속하신 것을 솔로몬에게 다시 한 번 확증해 주시는 것이다. "네가 만일 내 법도를 따르며 내 율례를 행하며 나의 모든 계명을 지켜 그대로 행하면 내가 네 아비 다윗에게 한 말을 네게 확실히 이룰 것이요 내가 또한 이스라엘 자손 가운데 거하며 내 백성 이스라엘을 버리지 아니하리라".

## 14절, 솔로몬이 전 건축하기를 마치고

시작할 때가 있으면 마칠 때가 있다. 고린도 전서 3장 10절, "내게 주신 하나님의 은혜를 따라 내가 지혜로운 건축자와 같이 터를 닦아 두매 다른이가 그 위에 세우나 그러나 각각 어떻게 그 위에 세우기를 조심할지니라". 이 건축은 지혜가 있어야 할 수 있다. 바울은 자신을 '지혜로운 건축자'라고 했다. 왜 하나님이 솔로몬에게 지혜를 주셨겠는가? 그것은 백성을 잘 다스릴 뿐 아니라 성전을 건축하기 위해서이다. 기초를 쌓는 일부터 지혜가 필요하다. 성막을 건축할 때에도 주님은 브살렐이나 오홀리압 같은 사람들에게 지혜의 영을 부어주셨다고 했다. "브살렐과 오홀리압과 및 마음이 지혜로운 사람 곧 여호와께서 지혜와 총명을 부으사 성소에 쓸 모든 일을 할 줄 알게 하심을 입은 자들은 여호와의 무릇 명하신 대로 할 것이니라"(출 36:1). 지혜가 없으면 전 건축의 일을 할 수 없다. 구약 시대에는 전의 건축을 위해 보석을 깎고 패에 보석을 물리는 등의 정교한 일들을 했었다. 그러나 신약에서 교회를 건축하기 위해서는 구약의 보석을 깎는 것, 고운 실로 세마포를 짜는 것보다 훨씬 어려운 일을 해야 한다. 이것은 실제로 사람을 다루는 일이기 때문이다. 여러분 자신이 성전 건축의 재료들이다. 신약의 교회는 여러분을 재료 삼아서 서로 조화를 이루도록 건축해야 하는 것이다. 이것은 결코 쉬운 일이 아니다.

따라서 교회는 아무나 건축할 수 있는 것이 아니다. 지혜가 필요하다. 사람을 아는 지혜가 필요하다. 그래서 솔로몬이 성전을 건축한 것이다. 그가 지혜의 왕이기 때문이다. 그가 쓴 잠언을 읽어보라. 그는 실로 지혜의 사람이다. 사도 바울이 어떻게 교회를 세울 수 있었는가? 지혜로운 건축자였기 때문이다. 오늘날 많은 재료들이 이리 왔다 저리 갔다 하는데, 건축자들의 손놀림을 보고 자기를 맡기는 것도 지혜이다. 연장을 좀 다루는 것을 보면 금방 알 수 있어야 한다.

**15-17절, 백향목 널판으로 전의 안벽 곧 전 마루에서 천장까지의 벽에 입히고 또 잣나무 널판으로 전 마루를 놓고 16 또 전 뒤편에서부터 이십 규빗 되는 곳에 마루에서 천장까지 백향목 널판으로 가로막아 전의 내소 곧 지성소를 만들었으며 17 내소 앞에 있는 외소 곧 성소의 장이 사십 규빗이며**

외소는 성소이다. 성소와 내소의 장이 60규빗인데 지성소가 20규빗이고 성소가 40규빗이라는 말이다.

**18절, 전 안에 입힌 백향목에는 박과 핀 꽃을 아로새겼고 모두 백향목이라 돌이 보이지 아니하며**

백향목 널판지에는 오이 비슷하게 생긴 박을 아로새겼다고 했는데 거기에 넓은 잎사귀와 꽃도 있다. 백향목 널판지를 밋밋하게 덧댄 것이 아니라 거기다 무늬를 새겨 아름답게 한 것이다.

**19-22절, 여호와의 언약궤를 두기 위하여 전 안에 내소를 예비하였는데 20 그 내소의 속이 장이 이십 규빗이요 광이 이십 규빗이요 고가 이십 규빗이라 정금으로 입혔고 백향목 단에도 입혔더라 21 솔로몬이 정금으로 외소 안에 입히고 내소 앞에 금사슬로 건너지르고 내소를 금으로 입히고 22 온 전을 금으로 입히기를 마치고 내소에 속한 단의 전부를 금으로 입혔더라**

내소는 지성소이고 외소는 성소이다. 지성소는 장과 광, 고가 똑같이 이십 규빗이다. 즉 이십 규빗의 정육면체이다. 지성소에는 언약궤가 있고, 하나님은 그곳에 임재하신다. 성막의 지성소는 그 절반, 즉 각각 십 규빗씩이었다. 그런데 이것이 성전에 와서 더 커지고, 새 예루살렘 성에서는 더욱 크다. 요한 계시록 21장 16절, "그 성은 네모가 반듯하여 장광이 같은지라 그 갈대로 그 성을 척량하니 일만 이천 스다디온이요 장과 광과 고가 같더라". 새 예루살렘은 장과 광과 고가 같은 정육면체이다. 지성소는 하나님이 임재하시는 곳이다. 하나님이 임재하시는 지성소는 성막이나 성전이나 새 예루살렘 성이나 장과 광과 고가 같은 것이 특징이다. 다만 점점 확장되는 것이다. 그리고 지성소 안은 다 금으로 입혔다.

**23절, 내소 안에 감람목으로 두 그룹을 만들었는데 그 고가 각각 십 규빗이라**

고가 십 규빗인 두 그룹, 곧 천사들을 만들었다. 이것은 대단히 크고 감람나무로 만들어졌으며 날개가 달린 젊은 사람의 모습이었다. 거기에 모두 금을 입혔다.

**24-26절, 한 그룹의 이 날개는 다섯 규빗이요 저 날개도 다섯 규빗이니 이 날개 끝으로부터 저 날개 끝까지 십 규빗이며 25 다른 그룹도 십 규빗이니 그 두 그룹은 한 척수, 한 모양이요 26 이 그룹의 고가 십 규빗이요 저 그룹도 일반이라**

그룹은 광도 십 규빗, 고도 십 규빗이었다.

**27절, 솔로몬이 내소 가운데 그룹을 두었으니 그룹들의 날개가 펴져 있는데 이 그룹의 날개는 이 벽에 닿았고 저 그룹의 날개는 저 벽에 닿았으며 두 날개는 전의 중앙에서 서로 닿았더라**

지성소 안에 두 그룹을 만들었는데 한 쪽 날개는 이 벽에서 전의 중앙으로, 또 한 쪽 날개는 저 벽에서 전의 중앙으로 해서 서로 맞닿았다. 십 규빗씩인 두 날개가 지성소 전체를 덮고 있는 형태이다.

**28절, 저가 금으로 그룹에 입혔더라**

그 그룹은 다 금으로 입혔다. 지성소 이십 규빗 정육면체가 다 금으로 싸여져 있는 것이다.

**29절, 내외소 사면 벽에는 모두 그룹들과 종려와 핀 꽃 형상을 아로새겼고**

종려는 승리를 상징한다. 지성소와 성소의 금벽에는 모두 그룹들과 종려와 핀 꽃의 형상을 조각한 것이다.

**30절, 내외 전 마루에는 금으로 입혔으며**

지성소와 성소의 마루는 잣나무 널판으로 되어 있는데(15절), 그 위를 금으로 덮은 것이다.

**31절, 내소에 들어가는 곳에는 감람목으로 문을 만들었는데 그 문 인방과 문설주는 벽의 오분지 일이요**

지성소에 들어가는 문이 있는데 그 문이 벽의 1/5이라는 것이다.

**32절, 감람목으로 만든 그 두 문짝에 그룹과 종려와 핀 꽃을 아로새기고 금으로 입히되 곧 그룹들과 종려에 금으로 입혔더라**

지성소 입구의 문은 두 짝으로 되어 있고 감람목으로 만들었으며 그 위를 금으로 입혔다. 그리고 벽과 동일하게 그룹과 종려나무와 핀 꽃을 조각했다. 결과적으로 성전의 내소와 외소는 온통 금으로 덧입혀 있었다.

**33절, 또 외소의 문을 위하여 감람목으로 문설주를 만들었으니 곧 벽의 사분지 일이며**

외소의 문은 벽의 사분지 일로서 내소 문보다 조금 넓다. 내 외소에 다 같이 문이 있다는 것은 사람들이 함부로 들어갈 수 없다는 것을 의미한다. 또한 외소는 내소보다 좀 더 자유롭게 들어가지만 내소는 외소보다 좀 더 제한적임을 암시한다. 예수님이 이 땅에 오셨을 때까지만 해도 지성소 문에 휘장이 있었다. 그러나 예수님이 십자가에서 돌아가셨을 때 그 휘장이 위에서부터 아래로 갈라졌다. 지금 이 성전에 휘장이 있다는 것은 아직 지성소, 곧 하나님께로 나아가는 길이 열리지 않았다는 것을 뜻한다. 특별한 경우에 특별한 사람만 들어갈 수 있었을 뿐 모든 사람에게 열려 있었던 것은 아니었다. 4절의 붙박이 교창도 밖은 좁고 안은 넓게 만들어졌는데 이것도 이 시대는 아직 빛이 밝게 비취는 시대가 아니라는 것을 암시한다. 성전의 구조를 통해 우리는 구약 시대에는 하나님이 그분의 백성들 가운데 계시고 임재하시지만 신약의 복음의 빛, 말씀의 빛과 같이 태양처럼 비추는 시대가 아니었다는 것을 알 수 있다. 그리고 하나님께 나아가는 것도 매우 제한된 방식이었지 항상 자유로이 나아갈 수 있는 게 아니었다.

**34-35절, 그 두 문짝은 잣나무라 이 문짝도 두 짝으로 접게 되었고 저 문짝도 두 짝으로 접게 되었으며 35 그 문짝에 그룹들과 종려와 핀 꽃을 아로새기고 금으로 입히되 그 새긴 데에 맞게 하였고**

문에는 다 그룹들을 새겼다. 이것은 우리가 하나님께 들어가고 나갈 때 우리를 지키고 감찰하는 것이 그룹들임을 의미한다. 종려와 핀 꽃은 다 승리와 영광의 찬송을 상징한다. 그리고 거기에 모두 금을 입혔다.

**36절, 또 다듬은 돌 세 켜와 백향목 두꺼운 판자 한 켜로 둘러 안뜰을 만들었더라**

안 뜰을 만들었는데 다듬은 돌 세 켜와 두꺼운 판자 한 켜를 둘러 만들었다는 것이다. 안에서 무엇을 하는지 사람들이 밖에서 다 볼 수 있는 높이였다. 제사장들이 안에서 무엇을 하는지를 밖에서 다 볼 수 있었다는 것이다. 이것은 하나님의 일을 사람들이 관심이 있으면 와서 볼 수 있다는 것이다. 오늘날도 사람들은 교회에서 하나님이 어떻게 역사하시는지를 보고자 하면 얼마든지 와서 볼 수 있다. 교회의 문턱이 높지 않기 때문이다. 누구든지 와서 하나님의 말씀을 들을 수 있다.

**37-38절, 제 사년 시브월에 여호와의 전 기초를 쌓았고 38 제 십일년 불월 곧 팔월에 그 설계와 식양대로 전이 다 필역되었으니 솔로몬이 전을 건축한 동안이 칠 년이었더라**

솔로몬은 7년에 걸쳐 전을 다 건축했다. 솔로몬의 성전은 겉으로 보기에는 그리 장황하지 않다. 그런데 그 내용을 보면 금이 많다. 그리고 백향목과 잣나무와 감람나무가 있었는데 이것은 다 인성을 의미한다. 그러나 이것은 사람의 원래의 인성을 말하는 것이 아니라 십자가를 거친 인성을 말한다. 특히 잣나무는 죽음을 거친 인성을 의미한다. 그것은 불을 통과할 수 있는 나무이다. 죽음을 거치고서도 여전히 살아 있을 수 있는 나무이다. 그러므로 십자가를 거친 인성을 나타내는 것이다. 백향목은 냄새가 아주 좋은 나무이다. 이름대로 향목(香木)이다. 십자가를 통과한 인성은 그 냄새가 좋다. 성도들 간의 대화와 교제의 내용, 그 관계성의 향기가 좋아야 한다. 이것은 인성의 문제이다.

성전을 건축하려면 재질의 문제가 있다. 금은 신성을 가리키는데, 금에는 문제가 없다. 성전 안에는 금이 많았다. 성전을 건축하려면 금이 많아야 하지만 인성은 더욱더 필요하다. 사람의 인성이 달콤해야 한다. 백향목같이 향기롭고 감람목같이 달콤하고 잣나무같이 죽음을 통과해서도 여전히 존재할 수 있는, 부활 안에 있는 나무 같은 인성이 되어야 한다. 그런 인성이 건축에 쓸 수 있는 인성이다. 아무 나무나 되는 것이 아니다. 밤나무 같은 것은 물속에 넣으면 썩어 버려서 쓸 수가 없다. 그러나 잣나무는 물속에 들어가면 더 단단해진다. 그래서 재목이 중요하다는 것이다.

에베소서 2장 22절, "너희도 성령 안에서 하나님의 거하실 처소가 되기 위하여 예수 안에서 함께 지어져 가느니라". 우리는 하나님의 거하실 처소가 되기 위해서 함께 지어져 가는데 '예수 안에서' 지어져 간다고 했다. 건축을 위해서는 예수 그리스도의 인성이 필요하다. 신성만이 아니라 인성이 필요한 것이다. 나무의 인성에 금의 신성이 입혀질 때 건축 재료가 되는 것이다.

구약의 성막에 비해 솔로몬 성전은 모든 것이 배로 커졌다. 그런데 변함없는 것이 하나 있다. 곧 언약궤이다. 언약궤는 원래 그대로 갖다 두어야 한다. 이것은 무엇을 의미하는가? 오늘날 교회가 아무리 확장되어도 예수 그리스도의 구속을 의미하는바 피가 뿌려진 언약궤의 덮개인 시은좌와 예수 그리스도의 부활 생명을 의미하는 아론의 싹난 지팡이는 그대로여야 한다는 것이다. 그것은 본질에 속한 것이므로 본질이 변해서는 안 되는 것이다. 성막에서 성전으로, 교회로, 새 예루살렘으로 확장되지만 한 가지 늘 그대로 옮겨가야 하는 것은 예수 그리스도 자신을 의미하는 언약궤이다. 우리가 사랑하는 십자가는 고대의 십자가, 갈보리의 십자가여야 한다. 시대가 변하고 교회가 확장되어도 그 고대의 주님이 못 박혀 죽으신 십자가, 그 냄새는 변하지 않는 것이다. 오늘날 그리스도인의 생활양식이 바뀌고 현대적이 되었다 하더라도 우리가 믿는 대상은 현대식으로 바뀔 수 없다. 갈보리에서 못 박히신 그 예수, 그 구속의 사랑을 그대로 전수해 나가야 한다. 처음부터 말해온 그 복음의 진리를 똑같이 전하면서 그 언약궤를 짊어지고 주님을 뵐 때까지 가는 것이다. 그때 우리가 뵙는 주 예수님은 여전히 변함없으신, 전에도 계시고 이제도 계시고 장차 오실 그분일 것이다.

이 성전의 식양을 통해 하나님이 우리에게 보여주시고자 하시는 성전의 이상을 인상 깊게 볼 수 있기를 바란다. 하나님은 우리 가운데 거하기를 원하시는데, 모세로부터 시작해서 480년 후에 솔로몬 때에 와서 성전 건축을 통해 그 갈망을 이루신다. 이 성전 건축을 통해 우리는 하나님께서 제사장들과 함께 거하시고 섬김을 받으시며 그들은 주님과 교제하면서 하나의 흐름 가운데서 건축되는 이상을 보았다.

# 열왕기상 7 장

열왕기 상 5-6장에는 성전을 건축하는 내용이 들어 있다. 지혜의 왕 솔로몬은 성전을 건축한 왕이다. 그런데 7장에 와서 솔로몬은 자기의 궁실을 짓는다. 성전은 7년에 걸쳐 지었고 자기의 궁은 13년 걸려서 건축했다. 7장 1-12절까지는 솔로몬 왕이 자기의 궁전을 건축한 내용을 기록하고 있다. 그리고 13절부터는 성전에 있는 기둥 둘과 놋바다, 성전의 각종 기구들, 기명들을 만든 이야기를 기록하고 있다.

**1-2절, 솔로몬이 자기의 궁을 십삼 년 동안 건축하여 그 전부를 준공하니라 2 저가 레바논 나무로 궁을 지었으니 장이 일백 규빗이요 광이 오십 규빗이요 고가 삼십 규빗이라 백향목 기둥이 네 줄이요 기둥 위에 백향목 들보가 있으며**

기둥 위에 백향목 들보가 있다. 솔로몬의 아가서를 잘 이해하려면 솔로몬 궁전을 생각해보아야 한다. 솔로몬은 하나님의 전을 7년에 걸쳐 지었고 자기가 살 궁전은 13년 걸려서 지었다. 그렇게 오래 걸려서 지은 것을 과연 좋게 해석해야 할지 잘 모르겠다. 하나님의 전 역사는 마음에 열심이 있어서 빨리 완공했을 수도 있고, 아니면 자기의 궁을 더 잘 지으려다보니까 시간이 더 많이 걸렸을 수도 있기 때문이다. 어쨌든 우리는 성령께서 이 부분에서 무엇을 가르치고자 하시는지를 생각해볼 필요가 있다.

"저가 레바논 나무로 궁을 지었으니". 이 구절은 이해하기가 쉽지 않다. '저가 레바논 나무로'라고 번역된 부분이 영어로는 'the house of the forest of Lebanon'로서 '레바논 숲속의 집'을 뜻한다. 이것은 레바논 숲에 궁전을 지었다는 말인데 그렇다면 솔로몬 궁전이 레바논에 있다는 말이므로 이것은 잘못된 표현인 것 같다. 레바논의 나무들을 가져와서 정원을 꾸미고 그 가운데 궁을 지었기 때문에 레바논 숲속에 있는 궁이라 표현했다고 이해하면 될 것이다.

"장이 일백 규빗이요 광이 오십 규빗이요 고가 삼십 규빗이라". 이것은 성전 크기의 거의 배가 된다. 성전은 장이 60규빗인데 궁전은 100규빗이다. 성전은 광이 20규빗인데 궁전은 50규빗이다. 고는 성전과 궁전이 다 30규빗으로 같다. 그러므로 규모로 보면 성전보다 궁전이 배가 크다고 할 수 있다. 거기에 백향목 기둥이 네 줄이 있고 백향목 들보가 있다. 아가서 1장 17절에는 "우리 집은 백향목 들보, 잣나무 석가래로구나"라고 했다. 자기의 궁전에서 보고 느낀 것들이 아가서에 그대로 나온 것이다. 그래서 궁전의 식양들을 살펴보면 아가서를 이해하는 데 도움이 된다.

**3절, 기둥 위에 있는 사십오 개 들보를 백향목으로 덮었는데 들보는 한 줄에 열 다섯이요**

들보가 한 줄에 열다섯이니 45개이면 세 줄인데, 2절에서 백향목 기둥이 네 줄이라고 했다. 아마도 양 옆에 두 기둥이 있고 그 사이에 간격을 두고 두 기둥이 있었을 것이다.

**4절, 또 창들이 세 줄로 있는데 창과 창이 세 층으로 서로 대하였고**

궁전에는 창들이 세 줄 있었다. 또 창이 세 층이었다. 이것은 성전과 비슷하다. 성전은 다락이 3층으로 이루어져 있다. 모습이나 재질이 성전과 비슷하다. 솔로몬이 궁전을 지을 때 먼저 지은 성전의 식양을 참고하여 지었다는 것을 알 수 있다. 결국 성전과 궁은 새 예루살렘에 와서 일치된다. 새 예루살렘은 성전이기도 하고 그 중심에는 보좌가 있으니 말이다.

**5절, 모든 문과 문설주를 다 큰 나무로 네모지게 만들었는데 창과 창이 세 층으로 서로 대하였으며**

창과 창이 세 층으로 서로 대하게 지어졌다. 창의 틀이 네모지게 되어 있어 규격 있고 질서 있고 조화롭게 만들었다.

**6절, 또 기둥을 세워 낭실을 지었으니 장이 오십 규빗이요 광이 삼십 규빗이며 또 기둥 앞에 한 낭실이 있고 또 그 앞에 기둥과 섬돌이 있으며**

5절까지가 하나의 자기의 궁전, 내전에 대한 설명이고, 6절부터는 기둥으로 만들어진 낭실을 묘사한다. 손님을 영접하거나 산책하거나 교제하는 공간일 것이다. 기둥을 세우고 가리개를 덮은 낭실을 또 하나 지은 것이다. 섬돌은 돌계단을 의미한다. 돌계단을 밟고 올라가면 현관이 나오는 공간을 만들었다는 것이다.

**7절, 또 심판하기 위하여 보좌의 낭실 곧 재판하는 낭실을 짓고 온 마루를 백향목으로 덮었고**

이것은 또 하나의 낭실로서 왕이 재판하기 위한 보좌가 있는 곳이다. 솔로몬은 그가 거처하는 궁에서 나와 곧장 재판하는 낭실로 갈 수 있게 지었을 것이다.

**8절, 솔로몬의 거처할 궁은 그 낭실 뒤 다른 뜰에 있으니 그 공작이 일반이며 솔로몬이 또 그 장가 든 바로의 딸을 위하여 집을 지었는데 이 낭실과 같더라**

솔로몬은 그가 거처할 궁실을 재판하는 낭실 바로 뒤편에 있게 하였다. '공작'은 일하는 방식을 말한다. 그는 또 그가 장가 든 바로의 딸을 위하여 별궁을 지었다. 역대 하 8장 11절, "솔로몬이 바로의 딸을 데리고 다윗 성에서부터 저를 위하여 건축한 궁에 이르러 가로되 내 아내가 이스라엘 왕 다윗의 궁에 거하지 못하리니 이는 여호와의 궤가 이른 곳은 다 거룩함이니라 하였더라". 바로의 딸을 위하여 지어준 궁전은 여호와의 궤가 있는 곳인 솔로몬이 거하는 왕궁에서 좀 떨어진 곳이다. 바로의 딸은 이방 여자이기 때문에 좀 떨어진 곳에 궁을 지어준 것이다.

**9절, 이 집들은 안팎을 모두 귀하고 다듬은 돌로 지었으니 척수대로 톱으로 켠 것이라 그 기초석에서 처마까지와 외면에서 큰 뜰에 이르기까지 다 그러하니**

기초부터 마무리까지, 외면에서 큰 뜰까지, 모든 궁전이 아주 값비싸고 귀한, 또 다듬어진 돌들로, 자로 재듯 톱으로 켜서 귀하게 지어졌다.

**10-11절, 그 기초석은 귀하고 큰 돌 곧 십 규빗 되는 돌과 여덟 규빗 되는 돌이라 11 그 위에는 척수대로 다듬은 귀한 돌도 있고 백향목도 있으며**

기초석도 아주 값비싼 귀한 돌로 만들었다. 솔로몬의 궁전의 재료들은 다 값비싸고 귀한 재료들이다.

**12절, 또 큰 뜰 주위에는 다듬은 돌 세 켜와 백향목 두꺼운 판자 한 켜를 놓았으니 마치 여호와의 전 안뜰과 낭실에 놓은 것 같더라**

12절 말씀에 하나의 힌트가 있다. "마치 여호와의 전 안뜰과 낭실에 놓은 것 같더라". 왕궁에도 성전처럼 두 개 이상의 뜰이 있었다. 왕궁의 뜰은 성전 뜰과 같게 만들었다(6:36 비교). 모습이나 재료에서 비슷하게 지었다. 이것은 하나님의 집을 사모하는 마음이 있고 그것을 공경하는 마음이 있으니 자기의 집도 어느덧 성전과 같게 지은 것이라 할 수 있다. 우리가 주님 자신을 계속 바라보고 사모하고 그 안에 살다보니 우리도 그분과 같게 되더라는 것이다. 우리의 본질과 형상이 다 주님과 같이 된다는 것이다. 궁전 또한 비밀스럽지 않고 밖에서 다 볼 수 있게 되어 있었다.

솔로몬은 성전을 지을 때 창과 낭실, 재료 등이 다 귀하게 느껴졌을 것이다. 그러므로 자기 집을 지을 때도 참고를 많이 한 것이다. 그러나 완전히 똑같지는 않다. 필요에 따라서 재판 자리도 있고, 어전도 있고, 아내를 위한 처소도 있다. 그 용도는 다르지만 그 형태와 재질이 매우 유사한 것이다. 이것은 마치 하나님의 독생자이신 예수 그리스도는 유일한 분이시지만 계속 그분을 바라보고 따르다 보니 우리 또한 용도는 다양하지만 본질적으로는 그분의 모습과 형상을 닮아가는 것과 같다.

1-12절의 내용을 대표하는 구절을 신약에서 찾아본다면 고린도 후서 3장 18절이다. "우리가 다 수건을 벗은 얼굴로 거울을 보는 것같이 주의 영광을 보매 저와 같은 형상으로 화하여 영광으로 영광에 이르니 곧 주의 영으로 말미암음이니라(beholding the glory of the Lord, being transformed into the same image from glory to glory, just as from the Lord, the Spirit)". 주님의 영광을 바라보니까 주님의 형상으로 변화된다는 것이다. 우리가 어떻게 주님의 영광을 바라보는가? 그분의 말씀을 읽는 것이다. 매일 말씀으로 감동을 받는 것이다. 왜냐하면 그분의 형상과 그분의 영광은 이 말씀 안에 녹아져 있기 때문이다. 이 말씀을 읽을 때 그분은 바로 이 말씀의 내용과 같은 분이시다. 그래서 이 말씀을 읽을 때 우리는 그 말씀과 같이 살고자 하는 열망이 생겨난다. 그것이 여기서 바라본다는 의미이다. 그럴 때 그와 같은 형상으로 변화되더라는 것이다.

**13절, 솔로몬 왕이 보내어 히람을 두로에서 데려오니**

솔로몬 왕이 히람이라고 하는 사람을 이방 땅 두로에서 데려왔다.

**14절, 저는 납달리 지파 과부의 아들이요 그 아비는 두로 사람이니 놋 점장이라 이 히람은 모든 놋 일에 지혜와 총명과 재능이 구비**

**한 자더니 솔로몬 왕에게 와서 그 모든 공작을 하니라**

히람이라는 사람의 인적사항이다. 반은 이스라엘 사람이고 반은 이방인이다. 놋 점장이란 우상과 관계된 사람이라는 뜻이다. 그러나 주의 일에 쓰임받았다. 성막과 달리 성전을 건축하는 일은 어느 정도 신약의 복음 역사를 반영하고 있다. 모세가 율법과 함께 식양을 받아서 지었던 성막과 가나안 땅에 들어와서 지은 성전은 차이가 있다. 성막은 율법 시대에 보여준 하나님의 집이고, 이 성전은 좀 더 복음으로 나아온 것이다. 그러므로 성막과 다른 점은 복음에 가까운 면들이 보인다는 것이다. 즉 그 역사에 이방 사람들도 참여할 수 있었다는 것이다. 이는 신약의 교회가 유대인과 이방인이 함께 참여하여 한 몸을 이루는 것임을 암시한다. 히람이라는 사람이 놋 일에 지혜와 총명과 재능이 있었으며 솔로몬 왕은 그를 귀하게 여겨 모셔왔다. 그리고 이 사람은 기꺼이 와서 모든 놋 일을 하였다.

**15-16절, 저가 놋기둥 둘을 만들었으니 그 고는 각각 십팔 규빗이라 각각 십이 규빗 되는 줄을 두를 만하며 16 또 놋을 녹여 부어서 기둥머리를 만들어 기둥 꼭대기에 두었으니 이 머리의 고도 다섯 규빗이요 저 머리의 고도 다섯 규빗이며**

놋기둥 둘을 각각 높이 18 규빗이 되게 만들었다. 그리고 그 둘레는 십이 규빗 정도 되었다. 6m이상이 되니까 굉장히 우람한 기둥을 만든 것이다. 또 기둥 꼭대기에 머리를 만들었는데 머리의 높이만 해도 다섯 규빗이다. 열왕기 하 25장 17절에 보면 기둥의 머리의 고가 삼 규빗이라고 했다. 어떤 것이 정확한지는 알기 어렵다. "그 한 기둥은 고가 십팔 규빗이요 그 꼭대기에 놋머리가 있어 고가 삼 규빗이요 그 머리에 둘린 그물과 석류가 다 놋이라 다른 기둥의 장식과 그물도 이와 같았더라".

**17-20절, 기둥 꼭대기에 있는 머리를 위하여 바둑판 모양으로 얽은 그물과 사슬 모양의 땋은 것을 만들었으니 이 머리에 일곱이요**

**저 머리에 일곱이라 18 기둥을 이렇게 만들었고 또 두 줄 석류를 한 그물 위에 둘러 만들어서 기둥 꼭대기에 있는 머리에 두르게 하였고 다른 기둥머리에도 그렇게 하였으며 19 낭실 기둥 꼭대기에 있는 머리의 네 규빗은 백합화 모양으로 만들었으며 20 이 두 기둥머리에 있는 그물 곁 곧 그 머리의 공같이 둥근 곳으로 돌아가며 각기 석류 이백이 줄을 지었더라**

20절까지 읽어봐도 기둥머리의 모양이 어떻게 생겼는지 그려보기는 쉽지 않다. 머리가 다섯 규빗인데 그 기둥 꼭대기에는 바둑판 모양으로 얽은 그물과 사슬 모양의 땋은 것을 만들었고 이 머리에 일곱이고 저 머리에 일곱이었다. 그리고 두 줄 석류를 한 그물 위에 둘러 만들어서 기둥 꼭대기에 있는 머리에 두르게 하였다고 했다. 이것을 그려보는 것은 쉽지 않다.

**21절, 이 두 기둥을 전의 낭실 앞에 세우되 우편의 기둥을 세우고 그 이름을 야긴이라 하고 좌편의 기둥을 세우고 그 이름을 보아스라 하였으며**

기둥에 대해서 자세하게 그려볼 수는 없더라도 야긴과 보아스라는 두 기둥이 성전 앞에 세워졌다는 것만 알아도 좋을 것 같다. 그런데 신약에 사는 우리는 이 기둥이 어떤 영적 의미를 갖는지를 알아야 한다. 갈라디아서 2장 9절, "또 내게 주신 은혜를 알므로 기둥같이 여기는 야고보와 게바와 요한도 나와 바나바에게 교제의 악수를 하였으니 이는 우리는 이방인에게로, 저희는 할례자에게로 가게 하려 함이라". 여기에 기둥같이 여겨지는 사람이 있다. 야고보와 게바와 요한이었다. 그들은 당시 예루살렘 교회에서 기둥같이 여겨지는 세 인물이었다. 오늘날도 어떤 성도가 교회에서 기둥같이 여겨지는 것은 하나님의 축복이다.

요한 계시록 3장 12절에도 빌라델비아 교회의 이기는 자는 성전의 기둥이 되게 하겠다는 주님의 말씀이 있다. "이기는 자는 내 하나님 성전에 기둥이 되게 하리니 그가 결코 다시 나가지 아니하리라 내가 하나님의 이름과 하나님의 성 곧 하늘에서 내 하나님께로부터 내려오는 새 예루살렘의 이름과 나의 새 이름을 그이 위에 기록하리라". 오늘날도 교회의 기둥이 되는 것은 축복이다.

이 솔로몬 성전의 기둥은 건물을 지탱하기 위한 기둥이 아니다. 성전 앞에 별도로 간증처럼 세워져 있는 기둥이다. 아가서에서 솔로몬은 연기기둥을 말했다. "연기기둥과도 같고 몰약과 유향과 장사의 여러 가지 향품으로 향기롭게도 하고 거친 들에서 오는 자가 누구인고 이는 솔로몬의 연이라 이스라엘 용사 중 육십 인이 옹위하였는데"(아 3:6-7). 솔로몬은 성전을 짓고 그 기둥을 인상 깊게 여겼을 것이다. 그러므로 그 여자가 거친 들에서 올라오는 연기기둥과 같다고 한 것이다. 따라서 믿는 이가 기둥 같이 되는 것은 매우 중요하다.

이 기둥은 엄청 우람한 것이어서 사람이 쉽게 껴안을 수 없고 또 높이도 굉장하다. 믿음이나 행실이나 모든 면에서 견고하고 흔들리지 않는 신앙을 가진 사람, 그들 때문에 하나님의 간증인 하나님의 교회가 중심이 잡혀져 있는 인상을 주는 인물들, 하나님 앞에 그러한 기둥 같은 인물이 된다는 것은 참으로 복된 것이다.

그리고 기둥 꼭대기 머리에는 '바둑판 모양의 얽은 그물'이 있었고 사슬 모양의 땋은 것이 있었다. 그리고 꼬인 것이 일곱 개씩 있었다. 이것은 어떤 성도가 교회에서 기둥같이 되려면 한편으로 튼튼한 믿음을 갖고 있는 견고한 신앙인이어야 하고, 다른 사람들이 그에게 지탱할 수 있어야 하며, 그들 때문에 다른 이들의 믿음이 붙잡아질 수 있어야 한다. 그리고 또 한 면으로 이들은 교회의 많은 문제들을 짊어지고 있는 사람이어야 한다. 얽히고설킨 많은 문제가 그 기둥머리에 얹혀져 있는 것이다. 어려운 일에서 빠져 나와 혼자 믿음생활 하려고 하는 사람은 기둥이 될 수 없다. 기둥이 되는 사람은 교회의 많은 문제를 짊어지고 있는 사람이다. 문제들 중에는 바둑판처럼 질서 있게 되어 있는 것도 있지만 어떤 문제는 사슬처럼 꼬여져 있어서 풀기 어려운 것들도 있다. 바둑판 모양의 문제는 정상적으로 처리될 수 있는 것들이지만, 꼬여져 있는 문제는 쉽게 처리할 수 있는 것이 아니다. 사역자나 장로나 집사들이 정상적인 방식으로 처리해 나가는 것은 바둑판 모양의 문제라고 할 수 있다. 그러나 사슬 모양의 꼬인 문제는 정상적인 방식으로 처리하기가 어렵다. 시간이 갈 때 하나씩 하나씩 해결되는 문제가 아니다. 어떻게 해결할 줄 모르는 문제이다. 그런 문제들을 피하거나 그런 문제들을 책임지고 싶어 하지 않거나 골치 아픈 것을 상관하지 않고 자신의 신앙만 잘 간직하고자 하는 독립적인 사람은 절대 기둥이 될 수 없다.

땋은 사슬이 이 머리에 일곱이고 저 머리에 일곱이다. 칠(7)은 완전 숫자이다. 하나님의 교회에는 항상 그물 모양의 문제만 아니라 땋은 사슬 모양의 문제도 존재한다는 것을 기억해야 한다. 교회의 기둥들이란 그런 문제들을 짊어지고 서 있는 사람들이다. 그들은 복잡하게 얽힌 문제들을 짊어지고서도 아주 견고하고 든든하게 서 있다. 여러분 주위에 이런 사람이 있는가? 어떤 사람은 일곱 개는 고사하고 한두 문제만 있어도 '나 쓰러질 것 같다.'면서 휘청거리는데 그런 사람은 기둥이 될 수 없다.

"기둥을 이렇게 만들었고 또 두 줄 석류를 한 그물 위에 둘러 만들어서 기둥 꼭대기에 있는 머리에 두르게 하였고 다른 기둥머리에도 그렇게 하였으며"(18절). 두 줄 석류를 한 그물 위에 둘러 만들었다고 했다. 그물과 석류가 연결되어 있다.

"낭실 기둥 꼭대기에 있는 머리의 네 규빗은 백합화 모양으로 만들었으며 이 두 기둥머리에 있는 그물 곁 곧 그 머리의 공같이 둥근 곳으로 돌아가며 각기 석류 이백이 줄을 지었더라"(19-20절). 석류 모양 이백 개가 그물 곁 머리의 공같이 둥근 곳으로 돌아가며 달려 있다고 했다. 그물 모양도 있고 석류도 있다. 석류는 속이 붉고 탐스러운 과일이다. 그 속의 작은 알갱이마다 붉은 즙으로 가득하다. 이것은 생명의 풍성함을 의미한다. 붉은 보석 같은 석류가 200개 달려 있다면 그 풍성함은 말할 것이 없다. 네팔에서 선교할 때 석류를 많이 먹었었다. 네팔 석류는 아주 싱싱하고 맛있다. 네팔 사람들은 석류가 혈액 순환에 좋다고 하면서 즐겨 먹는다. 성전 앞 기둥의 머리에 그런 생명의 풍성함이 있다는 것이다. 그래서 기둥의 세 번째 특징은 그물 모양의 많은 문제들을 짊어지고 있는 사람들은 생명의 풍성함을 나타낸다는 것이다. 그런 많은 문제들을 짊어지고 있는데 그 가운데서 자기 육신의 연약함이나 혈기가 나타나는 것이 아니라 그리스도의 생명의 성숙한 모습들이 나오더라는 것이다. 그 정도가 되어야 성전의 기둥들이라 할 수 있다.

"이 두 기둥을 전의 낭실 앞에 세우되 우편의 기둥을 세우고 그 이름을 야긴이라 하고 좌편의 기둥을 세우고 그 이름을 보아스라 하였으며"(21절). 이 두 기둥을 전의 낭실 앞에 세웠는데 그 이름이 야긴과 보아스이다. 야긴과 보아스는 구약에 한 번 이상은 나오는 이름들이다. 다윗의 이십사 반차를 따르는 제사장 중에 한 사람이 야긴이고 룻기에서 룻의 남편이 보아스이다.

'야긴'은 '그가 우리를 세우셨다'는 뜻이고, '보아스'는 '그 안에 능력이 있다'는 뜻이다. 이렇게 두 기둥의 뜻이 하나는 세우심이고 하나는 능력이다. 우리가 한 가지 기억해야 할 것은, 진실로 세우심을 받으려면 성전 안에, 교회 안에 있어야 한다는 것이다. 그리고 참된 능력을 얻는 비결도 성전인 교회 안에 있는 것이다.

오늘날 많은 사람들이 교회를 말하지만 진정으로 하나님의 성전을 대표하는 무리들이 어디 있는가? 성전의 모든 기구가 있고 언약궤가 있어야 하나님의 집이지 다만 그리스도인들이 모였다고 해서 교회가 되는 것은 아니다. 언약궤, 지성소, 떡상, 진설병, 촛대, 분향단, 제단, 물두멍 등이 다 놓여질 때 성전이 되고 하나님께서 그분의 임재를 거기에 두시게 된다. 그런데 어떤 곳에 가면 그 모든 항목들 중 하나도 없다. 그런 곳에서 성도들이 세우심을 얻을 수 있는가? 기둥이 나올 수 있는가? 그런 곳에서 능력을 얻을 수 있는가? 없다. 시편 기자들이 주의 집에서는 참새도 보금자리를 얻는다고 했다. 주의 집에 나아가는 자가 복이 있다고 했다. 그곳에 사는 자에게는 하나님이 해와 방패가 되신다고 했다. 그 집에 살 때 성도들은 보금자리를 얻는다. "나의 왕, 나의 하나님, 만군의 여호와여 주의 제단에서 참새도 제 집을 얻고 제비도 새끼 둘 보금자리를 얻었나이다 주의 집에 거하는 자가 복이 있나이다 저희가 항상 주를 찬송하리이다"(시 84:3-4). 우리 연약한 자들이 자기를 둘 수 있는 공간이 거기에 있다. 그럴 때 우리는 힘을 얻는다. 그리고 기둥으로, 침상으로, 연으로 변화될 수 있다(아 3장 참조).

**22절, 그 두 기둥 꼭대기에 백합화 형상이 있더라 두 기둥의 공역이 마치니라**

기둥 위에는 석류가 있고 백합화가 있다. 백합화는 두 가지 의미가 있는데, 첫째는 믿음이다. 주님이 백합화를 말씀하신 적이 있다. 누가복음 12장 27절, "백합화를 생각하여 보아라 실도 만들지 않고 짜지도 아니하느니라 그러나 내가 너희에게 말하노니 솔로몬의 모든 영광으로도 입은 것이 이 꽃 하나만 같지 못하였느니라". 들의 백합화를 하나님께서 입히신다는 것이다. 따라서 백합화는 믿음으로 사는 사람을 의미한다. 둘째로 이 백합화는 깨끗함과 순결함을 의미한다. 기둥이 되는 사람은 많은 문제를 짊어지고 있지만 그 많은 문제들에 눌려서 쓰러지는 것이 아니라 믿음으로 서 있다. 동시에 그들은 하나님 앞에서 순수하고 깨끗하다. 그래야 기둥이 될 수 있다. 솔로몬은 아가서 3장 6-7절에서, "연기 기둥과도 같고 몰약과 유향과 장사의 여러 가지 향품으로 향기롭게도 하고 거친 들에서 오는 자가 누구인고 이는 솔로몬의 연이라 이스라엘 용사 중 육십인이 옹위하였는데"라고 노래했다. 그 여인이 연기 기둥과도 같고 솔로몬의 침상과도 같다는 것이다. 솔로몬은 기둥에 대해서 많이 이해하고 있는 사람이었다. 그리스도인들은 많은 십자가를 거쳐야만 기둥이 될 수 있다. 거친 들이란 십자가를 의미한다. 광야를 거치고 십자가를 거쳐야만 그러한 기둥이 될 수 있는 것이다.

우리는 지금 영적인 길에 들어선 사람들을 본다. 참되게 그 길에 들어셨을 때부터 하나님은 여러분 앞에 십자가를 두신다. 그리고 그 길을 따라 걸어가게 하신다. 그렇게 많은 거친 들을 통과하여 나올 때 하나님은 기둥 같은 존재를 얻으신다. 이 시대에도 하나님의 성전에는 이러한 야긴과 보아스 같은 기둥들이 필요하다. 그러나 그 기둥이 되는 것은 그분의 능력에 달려 있으며 그분의 세우심에 달려 있다. 우리의 노력이나 갈망으로 되는 것이 아니라는 말이다. 그분이 세우실 능력이 있으시다(롬 14:4).

**23-24절, 또 바다를 부어 만들었으니 그 직경이 십 규빗이요 그 모양이 둥글며 그 고는 다섯 규빗이요 주위는 삼십 규빗 줄을 두를 만하며 24 그 가장자리 아래에는 돌아가며 박이 있는데 매 규빗에 열 개씩 있어서 바다 주위에 둘렸으니 그 박은 바다를 부어 만들 때에 두 줄로 부어 만들었으며**

박은 넝쿨도 있고 꽃도 피고 열매도 맺는 식물이다. 바가지를 만들 때 사용하는 그 박이다. 바다 둘레에 박을 만들었다고 했는데 물을 뜰 때 사용되는 바가지를 연상케 한다. 매 규빗에 열 개씩이이고 두 줄로 만들었으니 많은 양의 박을 바다 주위에 두른 것이다.

**25절, 그 바다를 열두 소가 받쳤으니 셋은 북을 향하였고 셋은 서를 향하였고 셋은 남을 향하였고 셋은 동을 향하였으며 바다를 그 위에 놓았고 소의 뒤는 다 안으로 두었으며**

그리고 소 열두 마리가 물두멍을 받치게 만들었다. 그리고 소의 전면은 사방의 밖을 향하게 되어 있고 소의 뒤는 안을 향하여 있게 했다.

**26절, 바다의 두께는 한 손 넓이만 하고 그 가는 백합화의 식양으로 잔 가와 같이 만들었으니 그 바다에는 이천 밧을 담겠더라**

바다는 성막으로 말하면 물두멍이다. 그런데 성전에 올 때 이 물두멍이 엄청 커져서 이천 밧 정도의 물을 담을 수 있는 용량이 되었다. 리터로 환산하면 42,000~46,000리터이다. 너무나 물이 많아서 물두멍의 이름을 바다라고 한 것이다. 성전은 성막보다 좀 더 복음 쪽으로 다가왔다. 더 많은 사람들을 수용할 수 있도록 한 것이다.

그리고 그 가는 잔 가와 같이 만들었다고 했는데, 물두멍의 가장자리는 꽃잎모양이나 잔과 같이 약간 굽어져 펴지게 만들었다는 것이다. 성막의 물두멍은 제사장들이 자기의 몸을 씻고 성소에 들어가기 위한 용도였다. 그런데 성전의 물두멍은 바다같이 크게 만들었으니 이것은 신약의 믿는 이들이 온 몸을 맑은 물로 깨끗이 씻고 온전한 마음과 참 믿음으로 하나님께 나아가는 것을 의미한다. 하나님께 나아가는 자들, 성전에 나아가는 자들은 반드시 씻어져야 한다. 깨끗하지 않고서는 하나님을 섬길 수 없다.

열두 마리의 소는 섬기는 것을 뜻한다. 소는 충성되게 섬기는 짐승을 대표한다. 그런데 씻는 것과 섬기는 것은 어떤 관계가 있는가? 씻어지지 않으면 섬길 수 없다. 히브리서 9장 14절, "하물며 영원하신 성령으로 말미암아 흠 없는 자기를 하나님께 드린 그리스도의 피가 어찌 너희 양심으로 죽은 행실에서 깨끗하게 하고 살아계신 하나님을 섬기게 못하겠느뇨". 여기서 우리의 양심이 깨끗하게 되는 것과 살아계신 하나님을 섬기는 것은 서로 관계가 있는 것임을 알 수 있다. 아무도 양심이 깨끗케 되지 않고서는 하나님을 섬길 수 없다. 바울은 사도행전에서 여러 번 그가 범사에 깨끗한 양심, 거리낌이 없는 양심으로 하나님을 섬겼다고 했다. 우리의 영과 마음이 깨끗해지는 것과 하나님을 섬기는 것은 관련이 있다. 주님을 위해 열심 내고 많은 일을 하려고 하는 것보다 더 중요한 것은 섬기는 자들이 깨끗케 되는 것이다. 바다에는 씻는 문제만이 아니라 소의 섬김이 있다. 소에서 인상받을 수 있는 것이 성실히 섬기는 것이기 때문이다. 우리는 씻어질 때 비로소 섬길 수 있다.

그런데 거기에 왜 또 백합화 문양이 들어가야 하는가? 씻음으로 섬기는 일을 가능하게 하는 것이 바로 백합화로 상징된 믿음이기 때문이다. 에베소서 5장 26절, "이는 곧 물로 씻어 말씀으로 깨끗하게 하사 거룩하게 하시고". 말씀의 물로 씻어지는 것은 믿음에 의한 것이다.

**27절, 또 놋으로 받침 열을 만들었으니 매 받침의 장이 네 규빗이요 광이 네 규빗이요 고가 세 규빗이라**

27-37절까지는 받침에 대해서 말하고 있다. 이 받침은 바다를 받치는 것이다. 기이한 것은 이 받침에 대한 설명이 열왕기 상 7장에 나오는 성전 기명 중에서 가장 많은 부분을 차지하고 있다는 것이다. 자세하게 설명하기는 어렵고 다만 바다와 받침에 대해서 많이 말했다는 것만 기억하기 바란다. 성경학자들도 이것을 분명히 말한 사람이 별로 없다. 그런데 왜 이렇게 물두멍과 받침에 대해서 길게 설명했는가? 히람이 와서 주로 만든 것은 놋 기구들인데, 놋이란 성경에서 심판을 상징한다. 우리가 씻음받는 것은 사실상 심판을 통해 이루어진다.

받침은 밑바탕을 이루는 것이다. 출애굽기에서 성막의 모형을 보면 받침 부분은 거의 다 놋으로 되어 있다. 우리가 구원을 받은 것은 심판의 기초 위에 서 있는 것이다. 오늘날 어떤 사람들은 우리가 은혜로 구원받은 것에 대해 하나님께서 심판하시지 않고 적당히 봐주셔서 된 줄로 여긴다. 그렇지 않다. 우리는 당당히 심판을 받고서 구원을 받은 것이다. 예를 들어, 어떤 사람이 죄를 지었는데 그 죄를 심판하지 않고 그냥 용서해 준다면 그것은 불의이다. 그렇게 하는 것은 봐주시는 식의 구원이다. 하나님은 우리를 봐주시는 식으로 구원하신 것이 아니다. 하나님은 우리를 그리스도 안에서 심판하셨다. 하나님은 그리스도를 심판하실 때 우리를 그 안에 포함시키셨다. 그래서 우리도 심판받은 것이다. 그분의 죽으심이 우리의 죽음이고 그분의 심판받으심이 우리의 심판받음이다. 그분과 우리는 하나 되었기 때문이다(고전 1:30). 우리가 죄를 짓고 10년 형을 선고받았다면, 10년의 형기를 다 마치는 날 자유롭게 된다. 우리는 죄를 짓고 아무런 형벌도 받지 않은 채 자유롭게 된 사람들이 아니다. 이것이 바로 우리의 믿음의 받침이다. 우리는 이런 정당한 심판에 근거하여 씻음받을 수 있는 것이다. 우리의 구속의 근거가 있기 때문에, 그리스도의 심판이 있기 때문에 그 위에서 씻음을 받고 하나님과 정당한 관계를 가질 수가 있는 것이다.

**28-37절, 그 받침의 제도는 이러하니 사면 옆 변죽 가운데 판이 있고 29 변죽 가운데 판에는 사자와 소와 그룹들이 있고 또 변죽 위에는 놓는 자리가 있고 사자와 소 아래에는 화환 모양이 있으며 30 그 받침에 각각 네 놋바퀴와 놋축이 있고 받침 네 발 밑에는 어깨 같은 것이 있으며 그 어깨 같은 것은 물두멍 밑편에 부어 만들었고 화환은 각각 그 옆에 있으며 31 그 받침 위로 들이켜 고가 한 규빗 되게 내민 것이 있고 그 면은 직경 한 규빗 반 되게 반원형으로 우묵하며 그 나머지 면에는 아로새긴 것이 있으며 그 내민 판들은 네모지고 둥글지 아니하며 32 네 바퀴는 옆판 밑에 있고 바퀴 축은 받침에 연하였는데 바퀴의 고는 각각 한 규빗 반이며 33 그 바퀴의 제도는 병거 바퀴의 제도 같은데 그 축과 테와 살과 통이 다 부어 만든 것이며 34 받침 네 모퉁이에 어깨 같은 것 넷이 있는데 그 어깨는 받침과 연하였고 35 받침 위에 둥근 테두리가 있는데 고가 반 규빗이요 또 받침 위의 버팀대와 옆판들이 받침과 연하였고 36 버팀대 판과 옆판에는 각각 빈 곳을 따라 그룹들과 사자와 종려나무를 아로새겼고 또 그 사면으로 화환 모양이 있더라 37 이와 같이 받침 열을 만들었는데 그 부어 만든 법과 척수와 식양을 다 동일하게 하였더라**

28-37절까지는 받침의 제도에 대하여 말한 것이다. 특별한 해석을 하지 않겠으니 여러분들이 자세히 읽어보기 바란다.

**38절, 또 물두멍 열을 놋으로 만들었는데 물두멍마다 각각 사십 밧을 담게 하였으며 매 물두멍의 직경이 네 규빗이라 열 받침 위에 각각 물두멍이 하나씩이더라**

23절의 바다와 여기의 물두멍은 또 무엇인가? 이것은 작은 바다이다.

성막의 물두멍에 해당되는 것은 23절의 바다이고 여기 38절의 물두멍은 제사장들이 제물들을 씻을 때 편리하도록 더 많이 만든 것이다. 따라서 물두멍의 확장이라고 생각하면 되겠다. 다시 말하지만 성전은 성막보다 뭔가 복음으로 더 가까이 갔다. 더 개방적인 것이다. 그래서 열 개의 물두멍을 더 만들었다.

**39절, 그 받침 다섯은 전 우편에 두었고 다섯은 전 좌편에 두었고 전 우편 동남에는 그 바다를 두었더라**

물두멍 10개는 바다의 확장과 발전이라고 할 수 있다. 어쨌든 열왕기상 7장은 씻는 것에 중점을 두었다.

**40절, 히람이 또 물두멍과 부삽과 대접들을 만들었더라 이와 같이 히람이 솔로몬 왕을 위하여 여호와의 전의 모든 일을 마쳤으니**

여기에 또 물두멍이 있다. 이 물두멍은 무엇인가? 대야 같은 물두멍이다. 더 작은 물두멍이다. 신약에 올 때 무엇보다도 필요한 것이 씻음이다. 주님은 이 땅을 떠나시기 전에 무엇보다도 먼저 제자들의 발을 씻기셨다. 온 몸은 이미 씻었으니 발만 씻으면 된다고 하시면서 발을 씻어 깨끗하게 하지 않으면 주님과 상관이 없다고 하셨다. 그리고 부삽과 대접들을 만들었다.

**41절, 곧 기둥 둘과 그 기둥꼭대기의 공 같은 머리 둘과 또 기둥꼭대기의 공 같은 머리를 가리우는 그물 둘과**

공 같은 머리는 둥글다는 것이다. 기둥이 되는 사람들은 모나지 않다. 모나거나 뾰죽하게 뿔이 달린 사람은 기둥이 될 수 없다. 그러나 둥글면서도 또 어려운 문제들을 짊어지고 있다. 얽히고설킨 많은 문제들이 그 위에 있는 것이다. 그런 문제들은 또한 그물로 가리워져 있다. 이런 것들은 의미하는 바가 깊다.

**42절, 또 그 그물들을 위하여 만든바 매 그물에 두 줄씩으로 기둥 위의 공 같은 두 머리를 가리우게 한 사백 석류와**

사백 개의 석류는 풍성한 열매들을 말한다. 타고난 둥글둥글한 인성이 아니고 그리스도의 생명의 분량이 풍성하게 되어 둥글어진 인성이다.

**43-44절, 또 열 받침과 받침 위의 열 물두멍과 44 한 바다와 그 바다 아래 열두 소와**

한 번 더 반복하여 말하고 있다.

**45절, 솥과 부삽과 대접들이라 히람이 솔로몬 왕을 위하여 여호와의 전에 이 모든 그릇을 빛난 놋으로 만드니라**

빛난 놋은 심판의 불을 통과한 놋이다. 놋 자체가 심판을 의미하는데 그것이 빛난다는 것은 아주 맹렬한 불을 잘 통과했다는 것이다.

요한 계시록 19장 8절, "그에게 허락하사 빛나고 깨끗한 세마포를 입게 하셨은즉 이 세마포는 성도들의 옳은 행실이로다 하더라". 마지막 시대에 이기는 자들로 구성된 신부는 세마포를 입었는데 그 옷이 깨끗하고 빛이 났다. 왜 깨끗할 뿐 아니라 빛이 나야 하는가? 빛은 고난, 핍박, 압력, 심판을 통과함으로써 생기는 것이다. 히람은 성전 안에 모든 그릇들을 빛난 놋으로 만들었다. 성전의 이 모든 기구들은 신약 교회의 성도들을 예표한다. 어떤 사람들이 성전의 유용한 기구들이 되는가? 심판을 거쳐 나오는 사람들이다. 깨끗할 뿐 아니라 빛이 나야 한다. 나는 사진으로 보았지만 과거에 주님으로 인해 투옥되었다가 나온 주님의 사역자들의 초췌한 모습에서 뭔가 빛나는 것을 볼 수 있었다. 그것은 극렬한 불을 거쳐 연단된 모습이었다.

**46절, 왕이 요단 평지에서 숙곳과 사르단 사이의 차진 흙에 그것들을 부어 내었더라**

차진 흙이란 말하자면 찰흙 같은 것이다. 차진 곳에서 그릇들이 나온다. 그리스도인들의 환경은 결코 쉽지 않다는 것을 의미한다. 끈적끈적하게 붙어서 떼어내려고 해도 잘 떼어지지 않는 수많은 어려움들이 차진 흙의 의미일 것이다. 많은 그릇들이 그런 차진 흙에다 부어 낸 것들이다.

**47절, 기구가 심히 많으므로 솔로몬이 다 달지 아니하고 두었으니 그 놋 중수를 능히 측량할 수 없었더라**

솔로몬은 많은 기구를 만들었는데, 너무 많아서 다 달지를 못했다. 오늘날로 말하면 수많은 주님의 일꾼을 배출한 것을 의미한다.

**48-49절, 솔로몬이 또 여호와의 전의 모든 기구를 만들었으니 곧 금단과 진설병의 금상과 49 내소 앞에 좌우로 다섯씩 둘 정금 등대며 또 금꽃과 등잔과 불집게며**

솔로몬이 많은 것을 만들었다는 이야기이다. 사도행전의 부흥 역사를 살펴보면 처음에는 삼천 명, 오천 명이라고 세었는데 그 후로는 수가 너무 많아져서 일일이 세지 않았다. 사도행전 21장쯤에 가서는 유대인 중 믿는 자가 수만이 있다고 했다. "저희가 듣고 하나님께 영광을 돌리고 바울더러 이르되 형제여 그대도 보는 바에 유대인 중에 믿는 자 수만 명이 있으니 다 율법에 열심 있는 자라"(행 21:20).

진설병의 금상이 성막에서는 성소 안에 하나가 있었다. 그런데 역대하에서는 등대 열과 상 열을 만들었다. 역대 하 4장 7-8절, "또 정식을 따라 금으로 등대 열을 만들어 외소 안에 두었으니 좌편에 다섯이요 우편에 다섯이며 또 상 열을 만들어 외소 안에 두었으니 좌편에 다섯이요 우편에 다섯이며 또 금으로 대접 일백을 만들었고". 좌우 다섯씩 열 개를 만든 것이다. 금꽃, 등잔, 불집게는 다 등대와 관련된 기구들이다. 이것들을 각각 열 개씩 만들었다. 여기서 강조하고 싶은 것은 성막을 만들 때에는 금상(떡상)을 한 개 만들었는데 솔로몬이 성전을 지을 때에는 금상을 열 개 만들었으며, 성막을 만들 때에는 금 등대를 한 개 만들었는데 성전을 지을 때에는 좌우에 다섯씩 열 개를 만들었다는 것이다. 성전은 성막의 배의 크기이다. 그러다 보니 열 개의 등대를 만들어서 성소 안을 비추게 한 것이다.

모세 시대를 거쳐 솔로몬 시대에 와서는 뭔가 분명 발전된 것이 있다. 복음을 위하여 보다 더 확장되고 열려진 것을 볼 수 있다.

**50절, 또 정금 대접과 불집게와 주발과 숟가락과 불을 옮기는 그릇이며 또 내소 곧 지성소 문의 금 돌쩌귀와 전 곧 외소 문의 금돌쩌귀더라**

돌쩌귀도 금으로 만들었다. 돌쩌귀는 문짝과 문설주를 연결하는 고리인데 지성소와 성소의 문의 돌쩌귀이다.

**51절, 솔로몬 왕이 여호와의 전을 위하여 만드는 모든 것을 마친지라 이에 솔로몬이 그 부친 다윗의 드린 물건 곧 은과 금과 기구들을 가져다가 여호와의 전 곳간에 두었더라**

솔로몬은 아버지 다윗이 준비해 둔 많은 기구들을 자기가 지은 성전에다 두었다. 이것은 구약의 성전에 관한 이야기인데 신약에 사는 우리에게 적용하여 하나님의 역사하는 원칙을 설명하고 싶다. 그것은 반드시 하나님은 그 시대마다 역사하시는 것이 있다는 것이다. 여기서 솔로몬은 모세 시대에 살고 있지 않았지만 그 본질과 역사는 모세시대의 그것과 같다. 그 본질이 맥맥이 이어지는 것이다. 그럼에도 똑같이 답습하는 것은 아니고 거기에 뭔가 발전이 있다. 본질은 같으면서 뭔가 더 하나님의 경륜을 향하여, 목적을 향하여 나아가고 있는 것이다. 솔로몬은 자기 아버지 때에 시작한 것들을 가지고 시작한다. 아버지가 보여준 식양을 가지고, 아버지가 사 놓은 성전 터 위에 건축한다. 그리고 아버지가 전쟁을 해서 가져온 많은 기구들을 다 성전에 갖다 놓는다. 그러므로 사역을 하는 사람들은 반드시 전 시대까지 하나님께서 사용하신 우리 조상 같은, 아비 같은 선진들의 역사들을 무시해서는 안 된다.

이단이란 역사성을 무시하고 자기만 혼자서 계시를 받았다고 하는 자들이다. 그들은 이어받은 것이 없이 스스로 특이하게 말씀을 해석하여 사람들을 미혹한다. 이것은 아주 위험한 일이다. 우리는 하나님께서 시대마다 점진적으로 말씀을 더 계시해주신다는 것을 알아야 한다. 그러므로 진리가 갈수록 더 밝게 빛나는 것이다. 우리는 그 위에서 한 발씩 더 나아가는 지혜를 얻어야 한다. 이것은 오늘 이 시대에도 우리가 주님의 역사를 앞으로 더 나아가게 하는 데에 귀한 원칙이 된다. 솔로몬을 보라. 아버지 시대에 머물지 않았다. 뭔가를 더 했다. 그러나 그 모든 발자국은 전 시대를 이어가는 것이었다. 이 시대에도 이런 원칙으로 일하는 사람들이 하나님과 함께 일할 수 있을 것이다.

# 열왕기상 8장

**1절, 이에 솔로몬이 여호와의 언약궤를 다윗 성 곧 시온에서 메어 올리고자 하여 이스라엘 장로와 모든 지파의 두목 곧 이스라엘 자손의 족장들을 예루살렘 자기에게로 소집하니**

6장에서는 성전을 건축했고, 7장에서는 궁전을 건축했고, 여기 8장에서는 다 지어진 성전에다 언약궤를 안치하고 있다. 언약궤는 임마누엘 곧 하나님께서 사람들과 함께 거하시는, 육신을 입고 이 땅에 오신 예수 그리스도의 예표이다. 이 언약궤를 다윗 성 시온에서 메어 올리고자 하여 이스라엘 인도자들을 자기에게 소집했다고 했다.

**2절, 이스라엘 모든 사람이 다 에다님월 곧 칠월 절기에 솔로몬 왕에게 모이고**

칠월에는 이스라엘 절기 중 속죄일이 있다. 유대인에게는 삼대 절기인 초막절, 유월절, 장막절이 있는데, 칠월 1일은 신년제인 나팔절이고, 10일은 속죄일이고, 15일부터 22일까지는 초막절이다. 그 칠월 절기에 즈음하여 언약궤를 메어오려고 계획하는 것이다.

**3절, 이스라엘 장로들이 다 이르매 제사장들이 궤를 메니라**

언약궤는 아무나 멜 수 없고 레위인들만이 멜 수 있었는데, 그 중에서도 특히 고핫 자손들이 메어야 했다(민 3:30-31). 다윗이 블레셋 사람들에게 빼앗겼던 법궤를 찾아올 때 처음에는 수레에 싣고 오다가 소가 뛰는 바람에 웃사가 손으로 잡다가 죽음을 당하였고(베레스 웃사), 두 번째는 법대로 레위 제사장들이 메게 하였다(삼하 6:13).

**4절, 여호와의 궤와 회막과 성막 안의 모든 거룩한 기구들을 메고 올라가되 제사장과 레위 사람이 그것들을 메고 올라가매**

그 동안 성막과 언약궤는 모세가 광야에서 만들어 사십 년 간 광야에 있다가 사사 시대로부터 사울과 다윗 시대까지의 500년 동안 성전에 안착하지 못했는데, 우리가 아는 대로 가나안 땅에 들어와서 엘리 제사장 때 블레셋과의 전쟁에서 언약궤를 빼앗겼고 그 후로 이리저리 옮겨 다니다 다윗 때에 오벳에돔 집에서 시온 산으로 옮겨 놓았었다. 이제 성전이 다 건축되어 이 언약궤를 성전 안의 지성소에 들여놓으려는 시점에 있다.

**5절, 솔로몬 왕과 그 앞에 모인 이스라엘 회중이 저와 함께 궤 앞에 있어 양과 소로 제사를 드렸으니 그 수가 많아 기록할 수도 없고 셀 수도 없었더라**

이 행사는 매우 의미 깊고 큰 행사였다. 성전을 건립한 것이나 언약궤를 500년 만에 원래 처소에 들여놓는 것이나 매우 의미 깊은 일이었다. 그렇기 때문에 이때 이스라엘 백성 전부가 제물을 드렸다. 얼마나 많은 제물을 드렸던지 기록할 수도 없고 셀 수도 없었다고 했다.

**6절, 제사장들이 여호와의 언약궤를 그 처소로 메어 들였으니 곧 내전 지성소 그룹들의 날개 아래라**

성전의 중심부는 지성소이며 지성소의 중심은 언약궤였다. 그 밖의 것들이 다 있어도 법궤가 없으면 지성소는 지성소답지 못하게 되고 성전도 껍데기만 있는 것이 된다. 언약궤가 있음으로 해서 성전이 성전답게 된다. 언약궤는 지성소 안 그룹들의 날개 아래 안치되도록 되어 있었다.

**7절, 그룹들이 궤 처소 위에서 날개를 펴서 궤와 그 채를 덮었는데**

채는 언약궤를 멜 수 있도록 언약궤에 끼워놓은 긴 막대이다.

**8절, 채가 긴 고로 채 끝이 내전 앞 성소에서 보이나 밖에서는 보이지 아니하며 그 채는 오늘까지 그곳에 있으며**

언약궤를 메기 위한 채가 길어서 지성소 밖의 성소에서도 보였는데 성소 밖에서는 보이지 않았다고 했다. 채가 길었다는 것을 말하려는 것이다.

**9절, 궤 안에는 두 돌판 외에 아무 것도 없으니 이것은 이스라엘 자손이 애굽 땅에서 나온 후 여호와께서 저희와 언약을 세우실 때에 모세가 호렙에서 그 안에 넣은 것이더라**

언약궤 속에는 하나님이 모세에게 주신 두 돌판이 들어 있었는데, 두 돌판에는 하나님께서 친히 기록하신 십계명이 새겨져 있었다. 이 돌판들 외에도 만나를 담은 금항아리와 아론의 싹난 지팡이가 있었지만, 모세 때부터 솔로몬 때까지 약 500년이 경과하는 동안 두 가지는 상실하고 두 돌판만 남았던 것이다.

**10-11절, 제사장이 성소에서 나올 때에 구름이 여호와의 전에 가득하매 11 제사장이 그 구름으로 인하여 능히 서서 섬기지 못하였으니 이는 여호와의 영광이 여호와의 전에 가득함이었더라**

성전에 언약궤가 안치되자 여호와의 영광이 전에 가득했다는 것이다. 언약궤는 하나님의 임재, 하나님의 체현이며 예수 그리스도를 나타낸다. 성전이 지어졌다는 것은 오늘날로 말하면 교회가 건축된 것이다. 고린도전서 3장 16절에서 "너희가 하나님의 성전인 것과 하나님의 성령이 너희 안에 거하시는 것을 알지 못하느뇨"라고 했다. 신약의 교회가 구약으로 말하면 성전이다. 성전에서 가장 중요한 것은 지성소이다. 지성소는 하나님의 임재가 거하는 곳이다. 언약궤는 예수 그리스도이신데 언약궤가 거처하는 곳이 성전이다. 성전을 하나님이 보여주신 식양대로 지었을 때 거기에 언약궤가 있게 되고 하나님의 영광이 가득하게 되었다.

오늘 우리가 여기서 찬송하고 기도하고 말씀도 들으며 교회가 되기를 힘쓰는데 우리의 마음에 있는 것은 무엇인가? 하나님의 말씀을 배우고 전도하고 서로 사랑하고 하나님의 말씀을 지킨 결과 이 시대에 이러한 교회가 되는 것이다. 곧 하나님의 성전이 되는 것이다. 솔로몬 시대에 성전을 잘 건축했을 때 거기에 언약궤가 안치되었다. 교회가 교회답게 이루어질 때 주님이 그 가운데 그분의 영광을 드리우시는 축복이 있게 된다. 오늘 우리의 사역과 주님을 위한 충성과 봉사는 다 여기에 초점이 맞추어져야 한다. 우리는 이 시대에 예수 그리스도를 우리 가운데 모시는 일을 하는 사람들이다. 우리는 이 땅에서 주님의 거처가 되고 하나님의 집이 되고 성전이 되기 위해 있다. 그래서 하나님께서 한 사람 한 사람을 불러 모으시는 것이다. 하나하나의 산돌이 모여서 하나님의 성전으로 건축되어 그 가운데 언약궤이신 예수 그리스도를 모시는 것이다. 이 목적을 잃어버리면 많은 일을 한다 해도 공허한 것이다. 교회의 궁극적인 목적은 바로 구약시대에 솔로몬과 이스라엘 백성들이 성전을 지어놓고 언약궤를 모셔들인 것처럼 언약궤이신 주님을 우리 가운데 모시는 것이다.

사실 사람의 목소리가 커지는 것, 사람의 활동이 많아지는 것은 그리 좋은 것이 아니다. 주님을 모시면 많은 일을 주님께서 하신다. 그러기 전에는 성전을 짓기 위해 다윗이 많은 일을 해야 하고 솔로몬과 다른 많은 사람들이 많은 일을 해야 했다. 그러나 건축의 일이 다 마쳐진 후에는 사역자들의 많은 말이 필요가 없게 된다.

1900년 초에 있었던 영국의 웨일즈 부흥 같은 역사가 있으면 사역자들의 말이 별로 필요가 없게 된다. 그 당시에는 그저 모이면 성령이 운행하시고 감동이 있었다고 한다. 성도들이 모이기만 하면 눈물을 흘리고 회개하며 자백하고 했다는 것이다. 웨일즈 부흥만 아니라 1907년 우리나라 평양에서의 부흥도 마찬가지였다. 그때의 상황을 말하면서 설교자가 꼭 설교하지 않아도 그저 모이면 기도하고 울면서 회개했다는 것이다. 교회의 축복은 여기에 있다. 주님의 뜻대로 교회가 온전하게 세워져야 한다. 사람의 가르침이나 그릇된 가르침으로는 결코 이런 일이 일어나지 않는다. 모든 사람들이 주님을 중심에 주로 모시고 그리스도를 터로 하여 세워지며 말씀을 중심삼고 모일 때만이 교회로서 축복을 얻을 수 있는 것이다. 신약의 모든 말씀이 다 교회를 위한 말씀이므로 교회가 말씀대로 세워진다면 하나님의 식양대로 성전이 지어진 같은 것이다. 그렇게 될 때 언약궤를 모실 수 있고, 주님으로 하여금 역사하시게 할 수 있다.

우리가 왜 매사에 모든 일을 주님으로 하여금 하시도록 하려고 애쓰는가? 아무렇게나 한다고 해서 주님이 우리 가운데 임하시는 것이 아니기 때문이다. 그래서 범사에 조심하고 말씀에 비추어서 잘못된 것을 버리려고 하는 것이다. 우리가 오늘 이러한 갈망을 갖는 것은 이 원리를 알기 때문이다. 우리는 모두 하나님의 집에서 어떻게 행할 것인지를 자세히 주의해야 한다. 그럴 때만이 이 집은 살아계신 하나님의 거처가 되고 성전이 된다. 그리고 주님이 역사하시게 되면 사역자가 많이 하지 않아도 된다. 어디에 모이든지 모이는 곳마다 주님이 역사하시고 성령께서 역사하셔서 기름을 부으시고 회개케 하시고 선한 일을 행하게 하시고 많은 일을 하게 하신다. 사도행전의 역사가 그러했다. 오순절 때 성령이 부어지자 누가 조직하지 않아도 성도들은 집집마다 모여서 기도하고 말씀을 나누며 주님을 기념했다. 그런 역사는 성령이 하시는 것이다. 주의 성령이 이렇게 살아 역사하시려면 솔로몬 시대에 성전을 지은 것처럼 하나님의 말씀에 입각한 교회가 세워지도록 우리 모두가 합심하고 협력해야 한다. 이것이 오늘 우리의 소원이다.

**12-13절, 그 때에 솔로몬이 가로되 여호와께서 캄캄한 데 계시겠**

**다 말씀하셨사오나 13 내가 참으로 주를 위하여 계실 전을 건축하였사오니 주께서 영원히 거하실 처소로소이다 하고**

여호와 하나님이 '캄캄한 데 계시겠다'고 말씀하셨다고 했다. 영문 성경에는 '두꺼운 구름 속에 계시겠다'로 되어 있다. 이것은 구약 시대의 그림이다. 신약 시대에는 주님이 빛이시며 빛 가운데 계신다. 이 당시는 아직 복음 시대가 아니기 때문에 이렇게 표현되어 있다. 어쨌든 구름 가운데서라도 가까이 계시는 것이 그들에게는 축복이었다.

**14절, 얼굴을 돌이켜 이스라엘의 온 회중을 위하여 축복하니 때에 이스라엘의 온 회중이 섰더라**

이 모든 일에서 솔로몬은 왕이지만 마치 사역자처럼 행했다. 왕이 온 회중을 축복한 것이다.

**15절, 왕이 가로되 이스라엘 하나님 여호와를 송축할지로다 여호와께서 그 입으로 나의 부친 다윗에게 말씀하신 것을 이제 그 손으로 이루셨도다 이르시기를**

성전을 지은 후 언약궤를 들여놓고 솔로몬은 하나님을 송축했다.

**16절, 내가 내 백성 이스라엘을 애굽에서 인도하여 낸 날부터 내 이름을 둘만한 집을 건축하기 위하여 이스라엘 모든 지파 가운데서 아무 성읍도 택하지 아니하고 다만 다윗을 택하여 내 백성 이스라엘을 다스리게 하였노라 하신지라**

이 말씀을 볼 때 하나님께서 다윗을 왕위에 오르게 하시고 다스리게 하신 목적이 결국은 성전을 건축하기 위한 것이었다. 하나님이 그 백성들 가운데 함께 거하시려는 목적이 있기 때문에 다윗 같은 왕을 주시고, 그 왕으로 하여금 이스라엘을 다스리게 하셨던 것이다. 다윗 왕은 예수 그리스도의 예표이다. 왜 하나님이 예수 그리스도로 하여금 만민을 다스리게 하시는가? 예수 그리스도께서 만민을 다스림으로 말미암아 하나님의 택하신 자들을 구원하기 위한 것이다.

여기서도 다윗을 택하여 이스라엘 백성들을 다스리게 하신 이유가 무엇인가? 자기의 이름을 둘만한 집을 건축하기 위해서이다. 하나님은 그분의 백성들 가운데 거하시기 원하신다. 그래서 다윗 같은 왕을 세우신 것이다. 여기서 솔로몬은 누가 성전을 건축했다고 했는가? 여호와께서 자기를 통해 건축하셨다고 했다.

17-19절, **내 부친 다윗이 이스라엘 하나님 여호와의 이름을 위하여 전을 건축할 마음이 있었더니 18 여호와께서 내 부친 다윗에게 이르시되 네가 내 이름을 위하여 전을 건축할 마음이 있으니 이 마음이 네게 있는 것이 좋도다 19 그러나 너는 그 전을 건축하지 못할 것이요 네 몸에서 낳을 네 아들 그가 내 이름을 위하여 전을 건축하리라 하시더니**

이것은 다 솔로몬의 송축 내용이다.

20-21절, **이제 여호와께서 말씀하신 대로 이루시도다 내가 여호와의 허하신 대로 내 부친 다윗을 대신하여 일어나서 이스라엘 위에 앉고 이스라엘 하나님 여호와의 이름을 위하여 전을 건축하고 21 내가 또 그곳에 우리 열조를 애굽 땅에서 인도하여 내실 때에 저희와 세우신바 여호와의 언약 넣은 궤를 위하여 한 처소를 설치하였노라**

여기까지 송축의 내용이다. 하나님이 자기를 통해서 성전을 건축하게 하시고 언약궤를 안치하게 하신 사실에 대하여 그것은 자기 부친 다윗에게 말씀하시고 약속하셨던 것을 이루신 것이라고 송축하고 있다.

22절, **솔로몬이 여호와의 단 앞에서 이스라엘의 온 회중을 마주서서 하늘을 향하여 손을 펴고**

22절부터는 기도이다. 솔로몬은 먼저 다윗에게 약속하신 것을 이루시게 하신 것에 대하여 송축하고 22절부터는 여호와의 단 앞에서 온 회중을 마주서서 하늘을 향하여 손을 펴고 기도하기 시작했다.

**23-25절, 가로되 이스라엘 하나님 여호와여 상천하지에 주와 같은 신이 없나이다 주께서는 온 마음으로 주의 앞에서 행하는 종들에게 언약을 지키시고 은혜를 베푸시나이다 24 주께서 주의 종 내 아비 다윗에게 허하신 말씀을 지키사 주의 입으로 말씀하신 것을 손으로 이루심이 오늘날과 같으니이다 25 이스라엘 하나님 여호와여 주께서 주의 종 내 아비 다윗에게 말씀하시기를 네 자손이 자기 길을 삼가서 네가 내 앞에서 행한 것같이 내 앞에서 행하기만 하면 네게로 좇아 나서 이스라엘 위에 앉을 사람이 내 앞에서 끊어지지 아니하리라 하셨사오니 이제 다윗을 위하여 그 허하신 말씀을 지키시옵소서**

'허하신 말씀'은 약속하신 말씀이라는 뜻이다. 첫 번째로 솔로몬의 기도는 아버지 다윗에게 약속하신 약속의 말씀을 지켜 달라는 간구이다. 솔로몬의 기도는 정말 감동적이다. 우리는 이 솔로몬의 기도를 통하여 이 시대에도 하나님께 드리는 기도의 원리를 발견할 수 있다. 첫 번째의 기도 원리는 하나님께서 약속하신 말씀을 붙잡고 기도하는 것이다. 이것이 기도하는 비결이다. 그래서 성경을 읽으면서 하나님께서 우리에게 약속하신 것을 잘 보아야 한다. 그리고 그것이 우리에게 필요한 것이라면 그 약속을 붙잡고 기도하는 것을 배워야 한다.

가령 우리에게 질병이 있다면 치료에 대한 하나님의 약속의 말씀이 있다. 그것을 붙잡고 기도하는 것을 배워야 한다. "하나님이 이렇게 말씀하시지 않으셨습니까?"라고 약속의 말씀을 붙잡고 기도해야 한다. 또한 우리 맘속에 근심과 염려가 끊이지 않을 때 빌립보서 4장 6-7절과 같은 "아무 것도 염려하지 말고 오직 모든 일에 기도와 간구로, 너희 구할 것을 감사함으로 하나님께 아뢰라 그리하면 모든 지각에 뛰어난 하나님의 평강이 그리스도 예수 안에서 너희 마음과 생각을 지키시리라"는 말씀을 붙잡고 기도해야 한다. "하나님, 아무것도 염려하지 말라고 하셨습니다. 모든 일에 기도하면 모든 지각에 뛰어난 하나님의 평강이 우리의 마음과 생각을 지키신다고 하셨습니다. 하나님, 내 마음을 주장해 주시고 평강 주시기 바랍니다."라고 기도하기를 배우라.

어떤 어려운 일이 우리 가운데 임할 때, 앞으로 살아나갈 일이 막막할 때, 마태복음 6장의 말씀을 기억하고 "하나님, 공중의 새를 보라고 하셨고 들의 백합화를 생각하여 보라고 하셨습니다. 그들은 심지고 않고 창고에 모으지도 않는데 하나님이 먹이시고 수고도 아니하고 길쌈도 아니하는데 하나님이 입히신다고 하셨습니다. 하나님, 저를 도와주십시오. 하나님은 저를 공급하시고 책임지시고 입히셔야 합니다. '너희는 이것들보다 더 귀하다'고 하지 않으셨습니까? 더 귀한 저희들을 지켜주시고 돌봐주십시오."라고 기도할 필요가 있다. 이렇게 말씀에 의지해서, 그분이 언약하시고 약속하신 말씀에 근거해서 기도할 때, 하나님은 우리를 책임지신다. 이렇게 기도의 첫 번째 비결은 하나님이 우리에게 언약하신 말씀을 근거로 해서 기도하는 것이다. 그럴 때 하나님은 그 약속을 지키지 않으실 수 없다. 하나님은 의의 하나님이시고 신실하신 하나님이시기 때문이다. 그분은 자신의 언약에 신실하신 분이다.

"주께서 주의 종 내 아비 다윗에게 허하신 말씀을 지키사". '허하신 말씀'이란 약속하신 말씀이라는 뜻이다. 솔로몬은 하나님께서 그 약속의 말씀을 지키셨다는 것도 기도했다. 하나님께서 그 약속을 지키셔서 성전을 건축하도록 해주셨다는 것이다. 25절에서도 솔로몬의 아비 다윗과 같이 그 자손이 삼가서 하나님의 말씀을 행하기만 하면 이스라엘 위에 앉을 사람이 다윗으로부터 좇아 나서 내 앞에서 끊어지지 않는다는 말씀을 지키시라고 기도한 것이다.

**26절, 그런즉 이스라엘 하나님이여 원컨대 주는 주의 종 내 아비 다윗에게 하신 말씀이 확실하게 하옵소서**

아비 다윗에게 하신 말씀을 확실하게 이루어 달라고 언약에 의거하여 기도한 것이다.

**27절, 하나님이 참으로 땅에 거하시리이까 하늘과 하늘들의 하늘이라도 주를 용납지 못하겠거든 하물며 내가 건축한 이 전이오리이까**

솔로몬은 왕이었지만 참으로 겸손하고 온전한 마음으로 하나님께 기도하고 있다. "하늘과 하늘들의 하늘이라도 주님을 감당하지 못하겠거늘 하물며 내가 건축한 이 전이오리이까?" 이것은 사도행전 7장 49절에서 인용되었다. "주께서 가라사대 하늘은 나의 보좌요 땅은 나의 발등상이니 너희가 나를 위하여 무슨 집을 짓겠으며 나의 안식할 처소가 어디뇨". 하나님께서는 사람의 손으로 지은 전에 거하실 분이 아니라는 것을 말하고 있다. 그러나 그분은 사람을 사랑하심으로 그들이 지은 전에 임재하기를 기뻐하신 것이다.

**28-30절, 그러나 나의 하나님 여호와여 종의 기도와 간구를 돌아보시며 종이 오늘날 주의 앞에서 부르짖음과 비는 기도를 들으시옵소서 29 주께서 전에 말씀하시기를 내 이름이 거기 있으리라 하신 곳 이 전을 향하여 주의 눈이 주야로 보옵시며 종이 이곳을 향하여 비는 기도를 들으시옵소서 30 종과 주의 백성 이스라엘이 이곳을 향하여 기도할 때에 주는 그 간구함을 들으시되 주의 계신 곳 하늘에서 들으시고 들으시사 사하여 주옵소서**

솔로몬은 여기에서 어찌 하늘의 하나님이 자기가 지은 성전에 거하실 수 있겠느냐고 말하면서 "자기가 지은 전에 계신, 지성소 안에 계신 하나님이 들으시고"라고 하지 않고 "주의 계신 곳 하늘에서 들으시고"라고 했다. 또 "이 전을 향하여 주의 눈이 주야로 보옵시며"라고 기도했는데, 이 전이 지어졌기 때문에 하나님은 주야로 이 전을 보실 수밖에 없다는 말이다. 솔로몬은 자기가 지은 성전에 하나님을 가둬놓으려고 한 것이 아니다. 자기가 지은 전 때문에 하나님이 그곳에 임재하시고 하나님의 영광을 채우시고 하지만 차마 하나님이 여기에 계시겠느냐고 말한 것이다. 다만 하늘에서 자기의 기도를 들어주시고 이 성전을 주야로 보아 달라고 기도했다.

요한복음 2장 19-21절, “예수께서 대답하여 가라사대 너희가 이 성전을 헐라 내가 사흘 동안에 일으키리라 유대인들이 가로되 이 성전은 사십육 년 동안에 지었거늘 네가 삼 일 동안에 일으키겠느뇨 하더라 그러나 예수는 성전 된 자기 육체를 가리켜 말씀하신 것이라”. 이 말씀에 의하면 신약의 성전은 첫 번째로 육신을 입고 이 땅에 오신 예수이시다. 그 다음 그분이 십자가에서 죽으시고 사흘 만에 부활하심으로 성전을 짓는다고 하셨는데 그것이 바로 교회이다. 신약의 계시에 의하면 주님이 계시는 곳은 교회이다. 우리가 이 땅에 교회가 세워지기를 원하는 이유가 여기에 있다. 이 땅에 교회가 세워지면 하나님은 당신의 교회를 주목하시게 된다. 그리고 하나님은 이 교회 때문에 우리의 기도를 듣지 않으실 수 없게 된다. 교회의 중요성이 여기에 있다.

마태복음 16장 18-19절, “또 내가 네게 이르노니 너는 베드로라 내가 이 반석 위에 내 교회를 세우리니 음부의 권세가 이기지 못하리라 내가 천국 열쇠를 네게 주리니 네가 땅에서 무엇이든지 매면 하늘에서도 매일 것이요 네가 땅에서 무엇이든지 풀면 하늘에서도 풀리리라 하시고”. 이 말씀을 보면 예수님이 이 반석 위에 교회를 세우신다고 했다. 그리고 천국 열쇠를 준다고 하시면서 무엇이든지 땅에서 매면 하늘에서도 매이고 땅에서 풀면 하늘에서도 풀린다고 하셨다. 매고 푸는 것이 무엇인가? 바로 교회의 기도이다. 교회의 기도에 따라 하나님은 하늘에서 매기도 하고 풀고 하신다. 교회가 이 땅에 세워질 때 하늘을 움직일 수 있다는 말이다.

마태복음 18장 18절, “진실로 너희에게 이르노니 무엇이든지 너희가 땅에서 매면 하늘에서도 매일 것이요 무엇이든지 땅에서 풀면 하늘에서도 풀리리라”. 이 말씀은 앞에 나온 마태복음 16장 말씀과 비슷하다. 그런데 바로 앞 구절(17절)에 교회가 나온다. “만일 그들의 말도 듣지 않거든 교회에 말하고 교회의 말도 듣지 않거든 이방인과 세리와 같이 여기라”. 교회가 나오면 반드시 묶고 푸는 권세가 나온다. 그러므로 이 땅에 교회가 있는 것과 없는 것의 차이는 너무나 큰 것이다. 20절, “두세 사람이 내 이름으로 모인 곳에는 나도 그들 중에 있느니라". 교회란 주의 이름으로 모이는 무리, 주님의 이름을 붙잡고 모이는 무리이다. 교회가 이 땅에 있게 되면 하나님은 교회를 주목하지 않을 수 없고 그들의 간구를 듣지 않으실 수 없다. 이런 무리가 이 땅에 있는 것과 없는 것의 차이는 너무나 큰 것이다.

당시 솔로몬이 그러한 근거가 되는 성전을 지어 놓았으니 얼마나 감개무량하겠는가! 이제는 하나님께 아뢸 수 있고 하나님이 듣지 않으실 수 없는 근거가 확립된 것이다. 이제 솔로몬은 당당히 하나님께 기도한다. "종이 이곳을 향하여 비는 기도를 들으시옵소서"(29절). 성전을 근거로 해서 하는 기도를 들으시라고 하나님께 간구하는 것이다.

**31-32절, 만일 어떤 사람이 그 이웃에게 범죄함으로 맹세시킴을 받고 저가 와서 이 전에 있는 주의 단 앞에서 맹세하거든 32 주는 하늘에서 들으시고 행하시되 주의 종들을 국문하사 악한 자의 죄를 정하여 그 행위대로 그 머리에 돌리시고 의로운 자를 의롭다 하사 그 의로운 대로 갚으시옵소서**

죄를 심판하는 일도, 의로운 사람들을 의로운 대로 갚아주시는 보상도 하나님의 성전이 있을 때 시행된다는 것이다. 오늘날도 교회가 있을 때 그런 다스림이 행사될 수 있다.

**33-34절, 만일 주의 백성 이스라엘이 주께 범죄하여 적국 앞에 패하게 되므로 주께로 돌아와서 주의 이름을 인정하고 이 전에서 주께 빌며 간구하거든 34 주는 하늘에서 들으시고 주의 백성 이스라엘의 죄를 사하시고 그 열조에게 주신 땅으로 돌아오게 하옵소서**

그 이전에 성전이 없을 때에도 이스라엘 백성들이 하나님께 간구하면 들으셨다. 그러나 성전이 지어졌으므로 하나님께서 기도를 들으시는 근거가 더 확고해진 것이다.

**35-36절, 만일 저희가 주께 범죄함을 인하여 하늘이 닫히고 비가 없어서 주의 벌을 받을 때에 이곳을 향하여 빌며 주의 이름을 인정하고 그 죄에서 떠나거든 36 주는 하늘에서 들으사 주의 종들과 주의 백성 이스라엘의 죄를 사하시고 그 마땅히 행할 선한 길을 가르쳐 주옵시며 주의 백성에게 기업으로 주신 주의 땅에 비를 내리시옵소서**

이스라엘 백성들이 범죄하여 가뭄이 들어서 벌을 받을 때 그들이 만일 성전을 향하여 기도하고 회개하면 용서해달라는 간구이다.

**37-39절, 만일 이 땅에 기근이나 온역이 있거나 곡식이 시들거나 깜부기가 나거나 메뚜기나 황충이 나거나 적국이 와서 성읍을 에워싸거나 무슨 재앙이나 무슨 질병이 있든지 무론하고 38 한 사람이나 혹 주의 온 백성 이스라엘이 다 각각 자기의 마음에 재앙을 깨닫고 이 전을 향하여 손을 펴고 무슨 기도나 무슨 간구를 하거든 39 주는 계신 곳 하늘에서 들으시고 사유하시며 각 사람의 마음을 아시오니 그 모든 행위대로 행하사 갚으시옵소서 주만 홀로 인생의 마음을 다 아심이니이다**

성전이 지어졌을 때 심판을 받고 벌을 받아도 하나님께 기도할 수 있다. 쉽게 죄를 깨닫고 기도할 수 있는 길이 열린 것이다. 다니엘은 바벨론에 잡혀갔을 때 그곳에서 하루에 세 번씩 성전을 향하여 기도했다. 오늘날 우리에게는 교회가 있다. 우리는 그리스도를 중심 삼을 뿐 아니라 교회를 중심 삼고 신앙생활을 해야 한다. 교회가 그만큼 중요하다는 것을 알아야 한다는 것이다.

**40-43절, 그리하시면 저희가 주께서 우리 열조에게 주신 땅에서 사는 동안에 항상 주를 경외하리이다 41 또 주의 백성 이스라엘에 속하지 아니한 자 곧 주의 이름을 위하여 먼 지방에서 온 이방인이라도 42 저희가 주의 광대한 이름과 주의 능한 손과 주의 펴신 팔**

**의 소문을 듣고 와서 이 전을 향하여 기도하거든 43 주는 계신 곳**
**하늘에서 들으시고 무릇 이방인이 주께 부르짖는 대로 이루사 땅의**
**만민으로 주의 이름을 알고 주의 백성 이스라엘처럼 경외하게 하옵**
**시며 또 내가 건축한 이 전을 주의 이름으로 일컫는 줄을 알게 하옵**
**소서**

그의 기도는 또한 이방인들에게로 향하고 있다. 성전을 건축한 솔로몬은 영성이 깊고 높았다. 그야말로 하나님의 역사의 정점에 이른 것이다. 그는 영감이 충만한 상태에서 자기 백성 이스라엘만 위하여 기도한 것이 아니다. 그는 온 세상 만민, 이방인들까지도 하나님을 경외하고 성전을 향하여 기도하면 들어달라고 간구했다. 우리도 오늘 너무나 좋은 상황을 대하면, 주님이 우리에게 진리와 생명으로 축복하시는 상황을 대하면 하나님의 이러한 말씀과 진리의 축복이 온 세상에 퍼지게 해달라는 간구를 하게 된다. 우리가 사랑하는 주님을 온 세상 사람들도 사랑할 수 있게 해달라는 마음을 갖게 된다. 이와 같이 솔로몬은 주님의 영광이 가장 찬란하게 꽃피우는 상황에서, 하나님이 가장 원하시는 일을 다 이룬 그때에 그 마음이 온 세계를 향하여 열려 있었다.

**44-50절, 주의 백성이 그 적국으로 더불어 싸우고자 하여 주의**
**보내신 길로 나갈 때에 저희가 주의 빼신 성과 내가 주의 이름을 위**
**하여 건축한 전 있는 편을 향하여 여호와께 기도하거든 45 주는 하**
**늘에서 저희의 기도와 간구를 들으시고 그 일을 돌아보옵소서 46**
**범죄치 아니하는 사람이 없사오니 저희가 주께 범죄함으로 주께서**
**저희에게 진노하사 저희를 적국에게 붙이시매 적국이 저희를 사로**
**잡아 원근을 물론하고 적국의 땅으로 끌어간 후에 47 저희가 사로**
**잡혀 간 땅에서 스스로 깨닫고 그 사로잡은 자의 땅에서 돌이켜 주**
**께 간구하기를 우리가 범죄하여 패역을 행하며 악을 지었나이다 하**
**며 48 자기를 사로잡아 간 적국의 땅에서 온 마음과 온 뜻으로 주께**
**돌아와서 주께서 그 열조에게 주신 땅 곧 주의 빼신 성과 내가 주의**

**이름을 위하여 건축한 전 있는 편을 향하여 주께 기도하거든** 49 **주는 계신 곳 하늘에서 저희 기도와 간구를 들으시고 저희의 일을 돌아보옵시며** 50 **주께 범죄한 백성을 용서하시며 주께 범한 그 모든 허물을 사하시고 저희를 사로잡아간 자의 앞에서 저희로 불쌍히 여김을 얻게 하사 그 사람들로 저희를 불쌍히 여기게 하옵소서**

이제 죄 지은 사람들을 위한 기도이다. 죄를 짓게 되면 하나님과 멀어지고 하나님의 축복을 받지 못하게 된다. 죄 짓는 사람들은 불쌍한 사람들이다. 하나님에게서 떨어지고 축복의 범위에서 떨어지게 되기 때문이다. 그러므로 솔로몬은 거룩한 성전을 지어놓고 하나님의 영광을 바라본 뒤에 이제 이방인들을 생각하고 죄를 짓고 물러간 사람들을 생각하면서 그들이 혹 회개하면 들어달라고 기도하고 있다.

"범죄치 아니하는 사람이 없사오니"(46절). 참 좋은 기도이다. 죄 지은 사람들에게는 아주 위로가 되는 말씀이다. 그러나 신약의 그리스도인들은 죄를 범해서는 안 된다. 요한 일서 3장 9절, "하나님께로서 난 자마다 죄를 짓지 아니하나니 이는 하나님의 씨가 그의 속에 거함이요 저도 범죄치 못하는 것은 하나님께로서 났음이라". 이 말씀을 보면 하나님께로서 난 자마다 죄를 짓지 아니한다고 했다. 그 앞 구절(8절)에서는 "죄를 짓는 자는 마귀에게 속하나니 마귀는 처음부터 범죄함이니라 하나님의 아들이 나타나신 것은 마귀의 일을 멸하려 하심이니라"고 했다. 정상적인 하나님의 자녀들은 죄를 짓지 않는 것이 마땅하다. 구약 시대에 솔로몬이 아주 인간적으로 기도한 것을 신약의 믿는 우리가 아주 당연하다는 듯이 우리에게 적용해서는 안 된다. 신약에서 믿는 우리는 죄를 지어서는 안 된다. 그러면 신자가 죄를 지으면 어떻게 되는가? 그것은 잠시 마귀에게 속은 것이다. 그리스도 안에 있는 자는 죄를 짓지 않는다(요일 3:9).

51-52절, **저희는 주께서 철 풀무 같은 애굽에서 인도하여 내신 주의 백성, 주의 산업이 됨이니이다** 52 **원컨대 주는 눈을 들어 종의**

**간구함과 주의 백성 이스라엘의 간구함을 보시고 무릇 주께 부르짖는 대로 들으시옵소서**

여기서 또 하나의 기도의 비결을 배울 수 있다. 솔로몬은 이스라엘 백성들의 가치를 알고 있다. 그들은 철 풀무 같은 애굽에서 인도해 낸 백성, 주의 산업이라고 했다. 이런 말을 하나님께 들려드릴 때에 하나님은 더욱 듣지 않으실 수 없다. 이것은 하나님의 권익을 위하는 기도이기 때문이다. 우리가 오늘날의 말로 표현한다면, "하나님, 저 형제를 긍휼히 여겨 주옵소서. 당신의 피로 구속한 형제입니다."라고 하는 것이다. 이러한 기도가 그분의 권익과 그분의 하신 일을 기억하면서 하는 기도이다.

**53절, 주 여호와여 주께서 우리 조상을 애굽에서 인도하여 내실 때에 주의 종 모세로 말씀하심같이 주께서 세상 만민 가운데서 저희를 구별하여 주의 산업을 삼으셨나이다**

이스라엘은 하나님께 그러한 귀한 존재가 아니냐고 하면서 그들에 대한 인식을 새롭게 가지시도록 기도하는 것이다. 그러니 그들의 기도를 들어주셔야 하지 않느냐는 것이다.

**54절, 솔로몬이 무릎을 꿇고 손을 펴서 하늘을 향하여 이 기도와 간구로 여호와께 아뢰기를 마치고 여호와의 단 앞에서 일어나**

22절에 보면 "솔로몬이 여호와의 단 앞에서 이스라엘의 온 회중을 마주서서 하늘을 향하여 손을 펴고"라고 했다. 기도를 시작할 때는 서서 했는데 어느 시점에 가서는 무릎을 꿇은 것이다. 그리고 기도가 마쳐질 즈음에는 무릎을 꿇고 손을 펴서 하늘을 향하여 간절히 기도했다. 그 자세가 매우 감동적이고 기도의 내용도 감동적이다.

**55절, 서서 큰 소리로 이스라엘의 온 회중을 위하여 축복하며 가로되**

기도를 할 때에는 지성소를 향했을 것이다. 이제 기도를 마치자 돌아서서 이스라엘 온 회중을 향해 큰 소리로 축복했다.

**56절, 여호와를 찬송할지로다 저가 무릇 허하신 대로 그 백성 이스라엘에게 태평을 주셨으니 그 종 모세를 빙자하여 무릇 허하신 그 선한 말씀이 하나도 이루지 않음이 없도다**

모든 약속하신 일들이 다 이루어진 것에 대하여 찬송한다.

**57-61절, 우리 하나님 여호와께서 우리 열조와 함께 계시던 것같이 우리와 함께 계시옵고 우리를 떠나지 마옵시며 버리지 마옵시고**
**58 우리의 마음을 자기에게로 향하여 그 모든 길로 행하게 하옵시며 우리 열조에게 명하신 계명과 법도와 율례를 지키게 하시기를 원하오며 59 여호와의 앞에서 나의 간구한 이 말씀을 주야로 우리 하나님 여호와께 가까이 있게 하옵시고 또 주의 종의 일과 주의 백성 이스라엘의 일을 날마다 당하는 대로 돌아보사 60 이에 세상 만민에게 여호와께서만 하나님이시고 그 외에는 없는 줄을 알게 하시기를 원하노라 61 그런즉 너희 마음을 우리 하나님 여호와와 화합하여 완전케 하여 오늘날과 같이 그 법도를 행하며 그 계명을 지킬지어다**

이것은 축복하는 말이다. 이스라엘 백성들이 여호와께 가까이 있고 또 하나님은 그들을 돌아보시며, 그들이 하나님과 완전히 화합하여서 그 모든 법도를 행하고 지킴으로 온 세상 만민들이 여호와께서만 하나님이시고 그 외에는 없는 줄 알기를 원한다는 내용이다. 마치 복음을 전하는 것 같다.

**62절, 이에 왕과 왕과 함께한 이스라엘이 다 여호와 앞에 희생을 드리니라**

솔로몬이 성전을 지은 후 언약궤를 들여놓고 길게 기도한 다음 백성들을 축복하고서 왕과 모든 백성들이 하나님 앞에 희생 제물을 드렸다.

**63-64절, 솔로몬이 화목제의 희생을 드렸으니 곧 여호와께 드린 소가 이만 이천이요 양이 십 이만이라 이와 같이 왕과 모든 이스라엘 자손이 여호와의 전의 낙성식을 행하였는데 64 그 날에 왕이 여호와의 전 앞뜰 가운데를 거룩히 구별하고 거기서 번제와 소제와 감사제의 기름을 드렸으니 이는 여호와의 앞 놋단이 작으므로 번제물과 소제물과 화목제의 기름을 다 용납할 수 없음이라**

많은 제물을 드렸기 때문에 성전의 놋단이 다 수용할 수가 없었다. 따라서 번제단 부근의 성전 앞까지 임시로 성화시켜서 사용하였다.

**65-66절, 그 때에 솔로몬이 칠 일 칠 일 합 십사 일을 우리 하나님 여호와 앞에서 절기로 지켰는데 하맛 어귀에서부터 애굽 하수까지의 온 이스라엘의 큰 회중이 모여 저와 함께 하였더니 66 제 팔일에 솔로몬이 백성을 돌려보내매 백성이 왕을 위하여 축복하고 자기 장막으로 돌아가는데 여호와께서 그 종 다윗과 그 백성 이스라엘에게 베푸신 모든 은혜를 인하여 기뻐하며 마음에 즐거워하였더라**

지금까지는 솔로몬이 백성을 축복했는데 여기서 온 이스라엘 백성이 왕을 위하여 축복했다. 찬양과 축복은 서로 주고받는 것이다. 이때가 하나님과 이스라엘 백성의 절정기였다. 그런데 가장 좋았던 그 시절은 너무 짧았고 곧이어 하락하기 시작했다. 이 황금 시절을 우리는 오늘 기다리고 있다. 그리스도의 왕국이다. 주님의 재림과 함께 오는 왕국, 영원히 쇠잔하지 않을 찬란한 그리스도의 왕국이 이 땅에 건설될 것이다. 그것을 꿈꾸기 바란다. 그날은 우리의 목전에 올 것이고 우리는 그리스도와 함께 그 왕국에서 왕 노릇 할 것이다.

# 열왕기상 9장

**1절, 솔로몬이 여호와의 전과 왕궁 건축하기를 마치며 자기의 무릇 이루기를 원하던 일이 마친 때에**

여기서 우리가 한 마디 주목해야 할 말은 '원하던 일이 마친 때에'이다. 사람이 일생을 살다보면 소원이 있게 된다. 빌립보서 2장 13절에 보면 하나님은 자기의 기쁘신 뜻을 위하여 우리로 소원을 두고 행하게 하신다고 했다. "너희 안에서 행하시는 이는 하나님이시니 자기의 기쁘신 뜻을 위하여 너희로 소원을 두고 행하게 하시나니". 솔로몬은 당시에 소원이 있었는데 그 원하는 일을 다 이루었다고 했다. 여호와의 전과 왕궁을 건축하는 일을 마친 것이다. 솔로몬의 소원은 바로 그것이었다. 한 사람이 자기의 일생 소원을 다 이루고 마친다는 것은 참으로 행복한 일이다. 그리고 누구나 다 그런 소원을 이루기를 바랄 것이다. 여러분에게도 마음의 소원이 있을 것이다. 내 인생에서 어떠어떠한 일이 이루어졌으면 좋겠다고 하는 그런 것이다. 그런데 그런 소원도 주님의 말씀과 진리와 계시가 더해갈수록 바뀌게 된다.

하나님의 자녀들은 하나님의 말씀을 배우면서, 하나님 안에 깊이 들어오면서 그 소원이 바뀌게 된다. 그런데 어떤 소원은 변하지 않고 항상 있다. 늘 마음에 묵상하는 바가 있는 것이다. 우리는 그러한 원함이 이루어지기를 바랄 것이다. 그러나 미처 이루지 못하고 세상을 떠나는 경우도 있을 것이다. 그러나 솔로몬은 그가 원했던 것이 다 이루어졌다. 주의 전을 건축하고 자기의 왕궁을 건축하는 일이 다 마쳐진 것이다. 솔로몬이 왕궁을 건축한 것도 하나님의 나라가 이 땅에 견고하게 세워지는 것과 관계가 있었다. 다만 왕궁을 호화롭게 지어서 이 땅에서 부귀영화를 누리며 호의호식하고자 하는 것이 아니었다. 솔로몬의 소원은 하나님의 나라가 이루어지는 것이었다. 나는 지금까지 신구약 강해서를 저술하고 출판해 왔는데, 열왕기와 역대기를 내면 이 모든 작업이 끝난다. 앞으로 한두 달이면 마쳐질 것이라 생각한다. 주님께서 선히 여기사 이루게 하시기를 바란다.

**2절, 여호와께서 전에 기브온에서 나타나심같이 다시 솔로몬에게 나타나사**

하나님은 한번 자신을 나타내신 사람에게는 또 다시 나타나곤 하신다. 주님이 우리에게 나타나시는 것은 얼마나 복되고 벅찬 일인가! 하나님이 기뻐하시고 하나님의 뜻대로 사는 사람, 하나님의 임재를 구하는 사람에게 하나님은 거듭거듭 나타나신다. 구약의 아브라함에게, 야곱에게 때때로 나타나서 말씀하시곤 했다. 하나님은 전능하시고 높은 데 계시고 두려우신 분이지만 사람에게 나타나시고 사람과 만나신다.

**3절, 저에게 이르시되 네가 내 앞에서 기도하며 간구함을 내가 들었은즉 내가 너의 건축한 이 전을 거룩하게 구별하여 나의 이름을 영영히 그곳에 두며 나의 눈과 나의 마음이 항상 거기 있으리니**

8장에서 솔로몬의 긴 기도를 보았다. 성전 봉헌식의 기도였다. 어떤 사람이 죄를 짓고 이 성전을 향하여 회개하면 하나님은 하늘에서 들어주시라고 했다. 죄를 지어 포로로 잡혀가게 되었을 때 이 전을 향하여 회개하고 기도를 하면 그들의 간구를 들으시고 돌아오게 해달라고 했다. 여기서 하나님은 그의 기도를 들으셨다고 하신다. 그리고 "내가 너의 건축한 이 전을 거룩하게 구별하여 나의 이름을 영영히 그곳에 두며 나의 눈과 나의 마음이 항상 거기 있으리니"라고 하신다. 이것은 기도의 응답으로서 성전을 건축한 목적을 하나님께서 열납하시고 그곳에 거하시겠다고 하신 것이다.

역대 상 28장 11-19절, "다윗이 전의 낭실과 그 집들과 그 곳간과 다락과 골방과 속죄소의 식양을 그 아들 솔로몬에게 주고 12 또 성신의 가르치신 모든 식양 곧 여호와의 전의 뜰과 사면의 모든 방과 하나님의 전 곳간과 성물 곳간의 식양을 주고 13 또 제사장과 레위 사람의 반열과 여호와의 전에 섬기는 모든 일과 섬기는 데 쓰는 모든 그릇의 식양을 설명하고 14 또 모든 섬기는 데 쓰는 금기명을 만들 금의 중량과 모든 섬기는 데 쓰는 은기명을 만들 은의 중량을 정하고 15 또 금등대들과 그 등잔 곧 각 등대와 그 등잔을 만들 금의 중량과 은등대와 그 등잔을 만들 은의 중량을 각기 적당하게 하고 16 또 진설병의 각 상을 만들 금의 중량을 정하고 은상을 만들 은도 그렇게 하고 17 고기 갈고리와 대접과 종자를 만들 정금과 금잔 곧 각 잔을 만들 금의 중량과 또 은잔 곧 각 잔을 만들 은의 중량을 정하고 18 또 향단에 쓸 정금과 또 타시는 처소 된 그룹들의 식양대로 만들 금의 중량을 정하여 주니 이 그룹들은 날개를 펴서 여호와의 언약궤를 덮는 것이더라 19 다윗이 가로되 이 위의 모든 것의 식양을 여호와의 손이 내게 임하여 그려 나로 알게 하셨느니라".

솔로몬이 건축한 성전은 아버지 다윗이 하나님께로부터 받은 식양대로 지은 것이다. 하나님이 그 성전에 거하시게 된 이유는 그 성전이 솔로몬 임의로 지어진 것이 아니라 하나님이 알려주신 식양대로 지어졌기 때문이다. 그러므로 하나님께서는 그 전을 거룩하게 구별하셨고 하나님의 눈과 마음이 항상 거기 있으리라는 약속을 주신 것이다. 이것은 출애굽기의 성막에 대해서도 동일하다. 모세가 성막을 지을 때 하나님이 보여주신 그대로 지었기 때문에 하나님이 그곳에 거하실 수 있었던 것이다.

오늘날 신약에서 우리는 하나님의 교회를 원한다. 이 시대에는 하나님의 교회가 곧 하나님의 성전이다. 이것은 물질적인 것이 아니라 영적인 것이다. 그러나 오늘날 교회 안에 하나님이 거하시려면 하나님이 성경에서 보여주신 식양대로 교회가 건축되어야 한다. 하나님의 말씀에 있는 대로 교회가 세워져야 하나님이 그들과 함께하시게 된다. 인간 마음대로 교회를 조직한다고 해서 그곳에 주님이 거하시는 것이 아니다. 모든 것이 주님이 말씀하신 대로 교회 생활이 이루어져야 주님이 그 안에 거하신다.

**4-5절, 네가 만일 네 아비 다윗의 행함같이 마음을 온전히 하고 바르게 하여 내 앞에서 행하며 내가 네게 명한 대로 온갖 것을 순종하여 나의 법도와 율례를 지키면 5 내가 네 아비 다윗에게 허하여 이르기를 이스라엘 위에 오를 사람이 네게서 끊어지지 아니하리라 한 대로 너의 이스라엘의 왕위를 영원히 견고하게 하려니와**

하나님이 솔로몬에게 말씀하시는 것인데 이것이 기도의 응답이다. 하나님은 다윗을 이스라엘 백성들 가운데 경건한 성도의 표준으로 정하셨다. 그 정도로 행하면 다윗에게 언약한 약속을 이루어주겠다고 하시는 것이다.

하나님께서는 다윗이 마음을 온전히 하고 바르게 했다고 했다. 우리가 하나님을 섬기려면 온전한 마음으로 해야 하고 바르게 길을 걸어가야 한다. 그리고 하나님 앞에서 행해야 한다. 오늘날 많은 사람들이 사람 앞에서 행한다.

**6-9절, 만일 너희나 너희 자손이 아주 돌이켜 나를 좇지 아니하며 내가 너희 앞에 둔 나의 계명과 법도를 지키지 아니하고 가서 다른 신을 섬겨 그것을 숭배하면 7 내가 이스라엘을 나의 준 땅에서 끊어 버릴 것이요 내 이름을 위하여 내가 거룩하게 구별한 이 전이라도 내 앞에서 던져 버리리니 이스라엘은 모든 민족 가운데 속담거리와 이야기거리가 될 것이며 8 이 전이 높을지라도 무릇 그리로 지나가는 자가 놀라며 비웃어 가로되 여호와께서 무슨 까닭으로 이 땅과 이 전에 이 같이 행하셨는고 하면 9 대답하기를 저희가 자기 열조를**

**애굽 땅에서 인도하여 내신 자기 하나님 여호와를 버리고 다른 신에게 부종하여 그를 숭배하여 섬기므로 여호와께서 이 모든 재앙을 저희에게 내리심이라 하리라 하셨더라**

하나님께서는 솔로몬의 기도를 들으시면서, 만일 그들이 하나님의 명령과 법도를 지키지 아니하고 우상을 섬기게 되면 비록 하나님의 명대로 지었고 하나님이 거룩하게 구별하신 성전일지라도 하나님은 그분 앞에서 던져 버리겠다고 하신다.

7절에서는 "내 앞에서 던져 버리리니 이스라엘은 모든 민족 가운데 속담거리와 이야기거리가 될 것이며"라고 했다. 하나님과의 관계는 그러한 물질적인 성전으로 이루어지는 것이 아니라는 말씀이다. '성전을 하나 지었으니까 이제 하나님은 우리 하나님이다.' 하면서 하나님을 붙잡을 수 있는 것이 아니다. 성전을 건축했다는 것만으로 그들이 어떻게 하든 하나님이 그들을 떠나실 수 없는 것이 아니다. 그들의 마음이 하나님을 떠나고 말씀과 율법과 계명을 떠나면 하나님도 그들을 버리신다.

**10절, 솔로몬이 두 집 곧 여호와의 전과 왕궁을 이십 년 만에 건축하기를 마치고**

성전은 7년, 왕궁은 13년에 걸쳐 건축하여 도합 20년이 걸린 것이다.

**11절, 갈릴리 땅의 성읍 이십을 히람에게 주었으니 이는 두로 왕 히람이 솔로몬에게 그 온갖 소원대로 백향목과 잣나무와 금을 지공하였음이라**

솔로몬이 히람에게 갈릴리 땅의 이십 성읍을 주었는데, 이는 히람이 솔로몬의 소원대로 백향목과 잣나무와 금을 제공해 주었기 때문이다.

**12-14절, 히람이 두로에서 와서 솔로몬이 자기에게 준 성읍들을 보고 눈에 들지 아니하여 13 이르기를 나의 형이여 내게 준 이 성읍들이 이러하뇨 하고 이름하여 가불 땅이라 하였더니 그 이름이 오늘**

**까지 있으니라 14 히람이 금 일백 이십 달란트를 왕에게 보내었더라**

갈릴리 20성읍을 주었는데 다 산기슭이었다. 그러므로 바닷가 도시 두로에 사는 히람의 눈에 들어오지 않았던 것이다. 그는 그 땅의 이름을 가불이라고 했는데, 가불이란 별로 마음에 들지 않는다는 뜻이 있고 또 하나는 국경, 변경이라는 뜻도 있다. 그래서 나중에 그 성읍들을 다시 솔로몬에게 반환한 듯하다(대하 8:2).

솔로몬은 어쨌든 좋은 성읍들을 히람에게 주었는데 히람의 눈에 좋게 보이지 않았을 뿐이다. 솔로몬의 가치관과 히람의 가치관이 다른 것이다. 어쨌든 그 성읍들을 다시 돌려받았고 솔로몬은 아마도 다른 것으로 히람에게 주었을 것이다. 그리고 히람은 금 일백 달란트를 왕에게 주었다. 솔로몬은 수고한 사람들에 대해서 서운하게 하지 않고 충분히 보상하는 인품을 가지고 있었다. 그래서 20성읍이나 준 것이었는데 다행히 이방 사람 히람이 그것을 원치 않았다. 주 예수께서 오셔서 복음 사역을 시작하셔야 할 그 갈릴리 땅은 이스라엘 땅이어야 하기 때문이다.

**15절, 솔로몬 왕이 역군을 일으킨 까닭은 여호와의 전과 자기 궁과 밀로와 예루살렘 성과 하솔과 므깃도와 게셀을 건축하려 하였음이라**

솔로몬에게 소원이 있다고 했는데, 소원을 성취하여 나가는 데도 순서가 있다. 가장 우선적으로 하는 일이 가장 큰 소원인데, 그것은 성전을 건축하는 것이었다. 다음이 자기 궁이고 그 다음이 밀로이다. 밀로는 백성들과의 회합장소이다. 그리고 예루살렘 성벽과 변방들을 건축했다. 솔로몬은 건축의 왕이다. 무엇이든 그의 손에 들어오면 견고하게 건축하는 사람이다. 솔로몬은 이 나라를 견고하게 건축해야겠다는 마음을 갖고 있었고 하나님께서는 그 소원을 솔로몬 시대에 다 이루어주셨다. 솔로몬은 지혜로운 사람이기 때문에 먼저 무엇을 해야 하는지를 알았다. 일을 하는 순서만 보아도 그 사람의 됨됨이를 알 수 있다.

**16-18절, 전에 애굽 왕 바로가 올라와서 게셀을 탈취하여 불사르고 그 성에 사는 가나안 사람을 죽이고 그 성읍을 자기 딸 솔로몬의 아내에게 예물로 주었더니 17 솔로몬이 게셀과 아래 벧호론을 건축하고 18 또 바알랏과 그 땅의 들에 있는 다드몰과**

게셀은 에브라임 지파에 분배된 성읍이었다(수 16:3). 에브라임 지파가 그 성읍을 정복하지 못한 관계로 애굽 왕 바로가 이를 정복하여 그의 딸이 솔로몬과 결혼할 때에 지참금 조로 준 것 같다(왕상 3:1). 솔로몬은 건축의 왕이다. 유독 건축했다는 말이 많다.

**19-21절, 자기에게 있는 모든 국고성과 병거성들과 마병의 성들을 건축하고 솔로몬이 또 예루살렘과 레바논과 그 다스리는 온 땅에 건축하고자 하던 것을 다 건축하였는데 20 무릇 이스라엘 자손이 아닌 아모리 사람과 헷 사람과 브리스 사람과 히위 사람과 여부스 사람의 남아 있는 자 21 곧 이스라엘 자손이 다 멸하지 못하므로 그 땅에 남아 있는 그 자손들을 솔로몬이 노예로 역군을 삼아 오늘까지 이르렀으되**

솔로몬이 한 일은 주로 건축하는 일이었다. 성전을 건축하고 왕궁과 밀로, 예루살렘 성 등을 차례로 건축했고 애굽 왕 바로가 탈취했던 게셀까지 얻어서 새로이 건축했다. 바로의 딸이 솔로몬의 아내였기 때문에 바로가 자기 딸에게 그 게셀을 주었는데 그 게셀이 결국 솔로몬의 것이 된 것이다. 이렇게 자기가 직접 정복하지 않은 도시도 얻게 되어 솔로몬 시대에는 주로 건축을 통해서 나라를 강화시키는 일을 했다. 그것이 솔로몬의 마음에 있던 것이었다. 그는 국고성, 병거성, 마병의 성도 건축했다. 레바논 온 땅에 건축하고자 했던 곳은 다 건축했다. 19절에는 '건축하고자 하던 것'이라는 말이 있다. 다른 성경에는 '하고자 하던 모든 것'이라고 했다. 솔로몬은 그 마음속에 하나님의 나라를 위해서 견고하게 건축하고자 하는 것이 있었는데 그 맘에 원하던 것을 다 건축했다는 것이다. 그리고 미처 멸하지 못한 남은 가나안 사람들을 노예로 삼아 부렸다.

**22절, 오직 이스라엘 자손은 솔로몬이 노예를 삼지 아니하였으니 저희는 군사와 그 신복과 방백과 대장이며 병거와 마병의 장관이 됨이었더라**

이스라엘 백성들은 좋은 신분의 일만 했다. 솔로몬은 하나님의 백성 이스라엘을 노예나 역군으로 부리지 않았다. 그들에게는 다 좋은 직급을 주었다. 이렇게 할 수 있는 사람이 제대로 사역하는 사람이다. 사도 바울 당시에도 그런 일이 있었다. 사도 바울은 자기를 낮추어서 성도들을 높였다. 성도들을 귀하게 여겨 준 것이다. 왜냐하면 그들은 하나님의 백성이기 때문이다. 그러나 남아 있는 가나안 사람들은 노예로 삼았다.

"오직 이스라엘 자손은 솔로몬이 노예를 삼지 아니하였으니 저희는 군사와 그 신복과 방백과 대장이며 병거와 마병의 장관이 됨이었더라". 이스라엘 백성들은 다 장관이 되었다. 다 다스리는 일을 한 것이다.

**23절, 솔로몬에게 역사를 감독하는 두목 오백오십 인이 있어 역사하는 백성을 다스렸더라**

역사를 감독하는 하급 감독관은 3.300명이었고(5:16), 그 위의 상급 감독관이 550명이었다.

**24절, 바로의 딸이 다윗 성에서부터 올라와 솔로몬이 저를 위하여 건축한 궁에 이를 때에 솔로몬이 밀로를 건축하였더라**

밀로에 대해서는 앞서 설명을 했다. 솔로몬은 바로의 딸을 아내로 취한 후에 그를 임시로 다윗 성에 있는 다윗의 궁전에 두었다가 밀로를 건축한 뒤 그리로 옮겼다. 그 이유는 역대 하 8장 11절에 기록되어 있는데, 이는 그녀가 이방인이었기 때문이다.

**25절, 솔로몬이 여호와를 위하여 쌓은 단 위에 해마다 세 번씩 번제와 감사제를 드리고 또 여호와 앞에 있는 단에 분향하니라 이에 전 역사가 마치니라**

단을 쌓은 목적은 하나님께 예배하고 경배하기 위함이다. 세 번의 절기란 무교절과 칠칠절과 초막절이다.

**26절, 솔로몬 왕이 에돔 땅 홍해 물 가 엘롯 근처 에시온게벨에서 배들을 지은지라**

솔로몬은 배도 만들었는데 그 만든 곳이 에시온게벨이라는 곳이다.

**27-28절, 히람이 자기 종 곧 바다에 익숙한 사공들을 솔로몬의 종과 함께 그 배로 보내매 28 저희가 오빌에 이르러 거기서 금 사백 이십 달란트를 얻고 솔로몬 왕에게로 가져왔더라**

당시에 히람은 솔로몬을 많이 도왔던 왕이다. 솔로몬은 배를 만들었고 히람은 바다에 익숙한 사공들을 보내주었다. 또 금 420달란트를 솔로몬에게 바쳤다. 이방의 왕이 솔로몬의 성전 건축과 왕궁 건축 사업에 협력한 것은 장차 메시아 왕국(가까이는 교회)에서 이방인들이 함께할 것을 예표한다고 볼 수 있다.

# 열왕기상 10장

**1절, 스바 여왕이 여호와의 이름으로 말미암은 솔로몬의 명예를 듣고 와서 어려운 문제로 저를 시험코자 하여**

시험하러 왔다는 것은 나쁜 뜻이 아니라 진정 배우려고 온 것이다. 스바 여왕이 어디 사람인가에 대하여는 여러 가지 설이 있으나 대체적으로 이디오피아 여왕이라고 한다(요셉푸스). 이디오피아 전설에는 그녀 이름이 '마퀴다'이다. 어쩌면 아가서의 술람미는 밀로에 살게 한 바로의 딸이나 이 여자를 배경으로 하여 쓴 것이 아닌가 한다. 이디오피아의 '하일레셀라시에'란 황제는 자신이 솔로몬의 자식이라고 하였고, 우리도 이디오피아 방문시 자신들의 나라와 이스라엘의 관계를 긍정적으로 하는 말을 들었다.

**2-3절, 예루살렘에 이르니 수원이 심히 많고 향품과 심히 많은 금과 보석을 약대에 실었더라 저가 솔로몬에게 나아와 자기 마음에 있는 것을 다 말하매 3 솔로몬이 그 묻는 말을 다 대답하였으니 왕이 은미하여 대답지 못한 것이 없었더라**

스바는 당시 이름난 부국이었는데 그녀는 많은 수행원들을 대동하고 향품과 심히 많은 금과 보석을 약대에 실어 가져왔다. 그때 가져온 금이 120달란트에 달하였다고 한다. '마음에 있는 것'이란 그녀가 미리 준비해

온 질문들이다. 예수님이 이 땅에 계실 때 이 일을 언급하신 적이 있는데, 남방 여왕이란 바로 이 스바 여왕이다. 아라비아 남부의 먼 나라에서 그 많은 보물을 가지고 솔로몬의 지혜를 배우려고 온 것이다. 예수님은 '솔로몬보다 큰 이가 여기 있는데 왜 너희들은 배우려고 오지 않느냐'고 하셨다.

오늘날도 사람들이 왜 주님께 나아오지 않는가? 지혜로운 주님의 말씀을 깨닫는 것은 너무 보배로운 것이고 이 세상 어떤 보화로도 살 수 없는 것인데 왜 오지 않는가? 사람들은 그저 단순한 대중행사나 오락프로그램이나 광장에는 부담 없이 가서 듣고 보고 하는데 왜 참된 주님의 말씀은 들으러 오지 않는가? 심판 때에 남방 여왕이 일어나서 이 시대 사람들을 정죄할 것이다.

여러분은 진정 주님의 지혜의 말씀을 하나라도 깨달으려는 마음이 있는가? 솔로몬은 잠언에서 금과 은, 보화를 팔아서 지혜를 사라고 했다. 여러분은 그 지혜를 얼마나 귀히 여기는가? 그것을 얻기 위해서 당신은 얼마나 많은 대가를 지불했는가? 남방의 이 스바 여왕만도 못하지 않는가? 심판 때에 이 남방 여왕에게 정죄를 당할 것이다.

또 심판 때에 니느웨 사람들이 일어나 회개하지 않는 이 시대 사람들을 정죄할 것이라고 하셨다. 그들이 또 하나의 표준이 되는데, 그들은 요나의 전도를 듣고 재에 앉아서 회개를 했기 때문이다. 그런데 당시 사람들은 주 예수님이 직접 말씀하시는데도 회개하지 않았다. 마태복음 12장 41-42절, "심판 때에 니느웨 사람들이 일어나 이 세대 사람을 정죄하리니 이는 그들이 요나의 전도를 듣고 회개하였음이어니와 요나보다 더 큰 이가 여기 있으며 심판 때에 남방 여왕이 일어나 이 세대 사람을 정죄하리니 이는 그가 솔로몬의 지혜로운 말을 들으려고 땅 끝에서 왔음이어니와 솔로몬보다 더 큰 이가 여기 있느니라".

여러분은 하나님의 말씀을 사랑하는가? 나는 매일 아침 말씀 한두 구절이라도 읽고 깊이 묵상한다. 그리고 그 깨달은 것을 인해 기뻐하고 감사한다. 이 땅의 어떤 보화보다도 한 말씀을 깨닫는 것을 보배로 여겨야 한다.

**4-7절, 스바 여왕이 솔로몬의 모든 지혜와 그 건축한 궁과 5 그**
**상의 식물과 그 신복들의 좌석과 그 신하들의 시립한 것과 그들의**
**공복과 술 관원들과 여호와의 전에 올라가는 층계를 보고 정신이 현**
**황하여 6 왕께 고하되 내가 내 나라에서 당신의 행위와 당신의 지혜**
**에 대하여 들은 소문이 진실하도다 7 내가 그 말들을 믿지 아니하였**
**더니 이제 와서 목도한즉 내게 말한 것은 절반도 못 되니 당신의 지**
**혜와 복이 나의 들은 소문에 지나도다**

이 스바 여왕은 솔로몬에게 와서 보고 감탄했다. 명불허전(名不虛傳)이라는 말이 있다. 들은 것보다 훨씬 나았던 것이다. 스바 여왕은 감상력이 있었다. 그만큼 겸손했던 것이다.

**8절, 복되도다 당신의 사람들이여 복되도다 당신의 이 신복들이여 항상 당신의 앞에 서서 당신의 지혜를 들음이로다**

스바 여왕은 솔로몬 옆에서 항상 듣는 그 신복들을 부러워했다. '어떻게 당신들은 옆에서 항상 그 지혜의 말씀을 들을 수 있는 복을 얻었는가?'라고 말한 것이다. 진정 하나님의 말씀을 사랑하는 태도이다.

**9절, 당신의 하나님 여호와를 송축할지로다 여호와께서 당신을 기뻐하사 이스라엘 위에 올리셨고 여호와께서 영영히 이스라엘을 사랑하시므로 당신을 세워 왕을 삼아 공과 의를 행하게 하셨도다 하고**

훌륭한 지도자, 훌륭한 왕, 좋은 사역자가 있는 것은 하나님의 축복이다. 그녀는 솔로몬에 대해 들었을 뿐 아니라 와서 보고 확신을 갖게 되었다. 이 방문은 스바 여왕으로 하여금 여호와께 대한 신앙에 크게 접근하게 했을 것이다. 이렇게 표현한 것으로 보아 그녀는 아마도 회개하고 주님께로 돌아왔을 것이다.

**10절, 이에 저가 금 일백이십 달란트와 심히 많은 향품과 보석을 왕께 드렸으니 스바 여왕이 솔로몬 왕께 드린 것처럼 많은 향품이 다시 오지 아니하였더라**

스바 여왕이 와서 엄청난 양의 향품과 보물을 솔로몬 왕에게 바쳤다. 이것은 신약 시대에 많은 이방인들이 주님께 돌아올 것을 예표한다.

**11절, (오빌에서부터 금을 실어온 히람의 배들이 오빌에서 많은 백단목과 보석을 운반하여 오매**

스바 여왕은 오빌에서 금만이 아니라 귀한 목재와 치장하는 보석들을 운반하여 왔다.

**12절, 왕이 백단목으로 여호와의 전과 왕궁의 난간을 만들고 또 노래하는 자를 위하여 수금과 비파를 만들었으니 이같은 백단목은 전에도 온 일이 없었고 오늘까지도 보지 못하였더라)**

백단목 같은 목재로는 전과 왕궁의 난간을 만들었고 또 수금과 비파 등의 악기를 만들었다. 매우 귀한 목재로서 전에도 후에도 그런 것은 본 적이 없다고 했다. 이방 나라에서 온 목재들이 하나님의 집의 건축에 도움이 되었는데, 이것은 다 후에 이방 사람들이 하나님 나라에 들어오는 것을 예표하는 것이라 할 수 있다.

**13절, 솔로몬 왕이 왕의 규례대로 스바 여왕에게 물건을 준 것 외에 또 저의 소원대로 무릇 구하는 것을 주니 이에 저가 그 신복들로 더불어 본국으로 돌아갔더라**

솔로몬 왕도 답례로 스바 여왕에게 많은 것을 주었다.

**14절, 솔로몬의 세입금의 중수가 육백육십륙 금 달란트요**

솔로몬이 매년 많은 나라들에서 금을 받아들였는데, 해마다 들어오는 금의 양이 666달란트였다. 이 666이라는 숫자는 좀 불길한 숫자이다. 돈이란 항상 마귀와 관련된다. 그것이 성전을 위해 쓰여질 때는 좋은 것이지만 해마다 풍부하게 들어오다 보면 타락의 요소가 되는 것이다. 해마다 이렇게 들어오니 얼마나 부요하겠는가? 해마다 연봉 일이십억을 받는다고 생각해보라. 그런데 그것이 바로 666, 곧 인간을 타락하게 하는 요소가 되는 것이다.

**15-16절, 그 외에 또 상고와 무역하는 객상과 아라비아 왕들과 나라의 방백들에게서도 가져온지라 16 솔로몬 왕이 쳐서 늘인 금으로 큰 방패 이백을 만들었으니 매 방패에 든 금이 육백 세겔이며**

솔로몬은 또한 금을 가지고 큰 방패 200개를 만들었다.

**17절, 또 쳐서 늘인 금으로 작은 방패 삼백을 만들었으니 매 방패에 든 금이 삼 마네라 왕이 이것들을 레바논 나무 궁에 두었더라**

왜 금으로 방패를 만들었는가? 그것은 국력을 과시하기 위한 것이었다. 방패는 방어용이다. 하나님을 경외하는 왕이었기 때문에 창이나 칼을 만들지 않고 많은 방패를 만든 것이다.

**18절, 왕이 또 상아로 큰 보좌를 만들고 정금으로 입혔으니**

상아는 코끼리 뿔인데 이것도 상당히 고가품이다. 상아는 고금을 통하여 고가품으로 알려져 있다. 그것으로 심판하는 보좌를 만들고 정금으로 입혔다.

**19-20절, 그 보좌에는 여섯 층계가 있고 보좌 뒤에 둥근 머리가 있고 앉는 자리 양편에는 팔걸이가 있고 팔걸이 곁에는 사자가 하나씩 섰으며 20 또 열두 사자가 있어 그 여섯 층계 좌우편에 섰으니 아무 나라에도 이같이 만든 것이 없었더라**

솔로몬의 보좌는 여섯 층계의 높이였고 보좌 뒤는 둥근 머리가 있었다. 이것은 아마도 후광을 상징하는 것이었을 것이다. 이는 다 왕의 권위를 나타낸다. 사자란 용맹스러운 짐승으로서 왕의 용기와 결단을 보여주는 것이다. 솔로몬의 보좌는 대단한 부귀와 권세와 영광을 표현하는 모양으로 만들어졌다. 장래 예루살렘에 그리스도의 보좌가 세워질 것이며 온 열국은 예루살렘의 통치 아래 있게 될 것이다. 만왕의 왕은 메시아 곧 그리스도이시다.

**21-22절, 솔로몬 왕의 마시는 그릇은 다 금이요 레바논 나무 궁의 그릇들도 다 정금이라 은 기물이 없으니 솔로몬의 시대에 은을 귀히 여기지 아니함은 22 왕이 바다에 다시스 배들을 두어 히람의 배와 함께 있게 하고 그 다시스 배로 삼 년에 일차씩 금과 은과 상아와 잔나비와 공작을 실어왔음이더라**

솔로몬 때는 무역을 통해 외국에서 많은 것을 들여왔다. 잔나비는 원숭이이다. 원숭이는 공작과 같이 당시에 애완용이었을 것이다.

**23-24절, 솔로몬 왕의 재산과 지혜가 천하 열왕보다 큰지라 24 천하가 다 하나님께서 솔로몬의 마음에 주신 지혜를 들으며 그 얼굴을 보기 원하여**

솔로몬의 지혜와 부에 대한 결론이다. 그의 지혜는 하나님이 주신 지혜이므로 그 지혜를 당할 자가 없었다. 따라서 솔로몬이 온 천하에 유명해진 것이다.

**25절, 각기 예물을 가지고 왔으니 곧 은 그릇과 금 그릇과 의복과 갑옷과 향품과 말과 노새라 해마다 정한 수가 있었더라**

각국 각 지방에서 솔로몬을 찾아오는 방문객이 줄을 이었다. 해마다 정한 수대로 많은 나라에서 온갖 예물을 가지고 왔다고 했는데, '해마다 정한 수'란 조공성의 예물을 가리킨다. 신명기 17장 17절은 왕 된 자는 금이나 은을 많이 쌓지 말라고 하였는데, 솔로몬은 금과 은을 엄청나게 쌓았다.

**26-27절, 솔로몬이 병거와 마병을 모으매 병거가 일천사백이요 마병이 일만이천이라 병거성에도 두고 예루살렘 왕에게도 두었으며 27 왕이 예루살렘에서 은을 돌같이 흔하게 하고 백향목을 평지의 뽕나무같이 많게 하였더라**

당시에는 모든 국민이 다 부요했다. 이것을 좋은 현상으로 해석해 볼 수도 있고 또 경고성으로도 해석해 볼 수 있다. 좋게 해석한다면 당시에 솔로몬 왕국이 하나님의 축복을 받아 상당히 부요하게 되었다는 것이다. 비단 왕만이 아니라 온 백성이 부요했다는 것이다. 재물이 많은 것 자체가 문제가 되는 것은 아닐 것이다. 많이 있으면 하나님께 많이 드리면 된다. 그런데 자기를 위해 쌓아두고 하늘에 쌓아두지 않는 것이 문제이다. 삭개오는 부자였지만 주님을 영접하자 재산을 다 팔아 가난한 자들에게 나누어주고자 했다. 이런 부자는 구원받은 부자이다.

나는 이런저런 가난한 나라들에 선교하기 위해 가보았다. 어떤 나라는 왕은 부요하고 왕궁도 아주 대단하게 지어놓았는데 백성들은 굶주리고 사는 형색이 말이 아니다. 그러나 솔로몬 시대에는 왕만 부요한 것이 아니라 온 나라가 다 부요했다. 이와 같이 그리스도의 나라는 사역자만 진리와 은혜가 풍성한 것이 아니라 모든 성도들이 다 은혜와 지혜로 가득하다. 이것이 부흥의 광경이고 축복의 광경이다.

그런데 여기서 경고성으로 해석해보면, 너무 풍성하고 부요할 때 위험이 있다. '병거가 일천사백이고 마병이 일만이천'이었는데, 말이 많아지는 것은 좋은 것이 아니다. 신명기 17장 16-17절, "왕 된 자는 말을 많이 두지 말 것이요 말을 많이 얻으려고 그 백성을 애굽으로 돌아가게 말 것이니 이는 여호와께서 너희에게 이르시기를 너희가 이 후에는 그 길로 다시 돌아가지 말 것이라 하셨음이며 아내를 많이 두어서 그 마음이 미혹되게 말 것이며 은금을 자기를 위하여 많이 쌓지 말 것이니라". 솔로몬이 부강해지다보니 율법을 조금씩 위반하게 되었다. 다른 나라들과 무역을 하다 보니 말을 많이 두게 되었고 금이 많아지니 금으로 방패까지 만들었다. 위엄 있게 보여야 한다고 생각한 것이다. 그러다보니 하나님의 말씀에서 조금씩 벗어나기 시작했다. 솔로몬은 나라의 부강을 위해서 그렇게 했다고 하겠지만, 엄격하게 말하면 하나님의 율법을 떠난 것이고 지키지 않은 것이다. 은금을 많이 두지 말라고 했고, 아내를 많이 두지 말라고 했는데, 이 말씀을 어겼다. 말씀에서 빗나가면 타락하게 된다. 축복이 저주가 되는 것이다. 우리는 여기서 한 가지 상황의 양면을 보게 된다.

하나님은 솔로몬에게 다음과 같이 약속하셨다. 열왕기 상 3장 13절, "내가 또 너의 구하지 아니한 부와 영광도 네게 주노니 네 평생에 열왕 중에 너와 같은 자가 없을 것이라". 하나님이 솔로몬에게 '네게 무엇을 줄꼬' 하니까 솔로몬은 하나님께 백성을 다스릴 지혜를 구했다. 그러자 하나님은 기뻐하시면서 솔로몬이 구하지 않은 부와 영광도 주시겠다고 했다. 주님은 우리에게 "너희는 먼저 그의 나라와 의를 구하라 그리하면 이 모든 것을 너희에게 더하시리라"고 하셨다. 우리가 만일 그의 나라를 구하고 그의 의를 구하면 반드시 모든 것을 더해주신다. 나는 하나님의 나라와 하나님의 뜻이 이루어지는 것이 여러분의 소원이 되기를 바란다. 추상적이 아니라 구체적으로 '나는 아직 믿지 않는 친척과 가족이 구원받기를 원합니다.'라든가, 또는 '우리와 함께하는 성도들이 진리와 생명 안에서 잘 성장하기를 바랍니다.'라는 소원이 있어야 한다. 그것보다 더 큰 소원이 어디 있는가? 솔로몬은 진정으로 하나님의 나라와 그분의 백성을 위해 구했다. 그리고 성전을 건축했다. 그럴 때 하나님은 약속을 지키사 부귀를 주셨다.

오늘 내가 말하고자 하는 중점은 여기에 있다. 하나님은 그 모든 것을 더해주시고 축복을 주셨다. 그런데 그때 그 축복이 저주의 뿌리가 될 수가 있다는 것을 경계로 삼아야 한다. 많은 축복을 받고서 어떻게 살 것인가가 문제이다. 돈을 많이 버는 것은 좋지만 그것을 어떻게 쓰느냐가 문제이다.

솔로몬은 축복을 얻고 많은 것이 더해지자 하나님의 말씀을 조금씩 어기기 시작했다. 그리고서 결국 하나님을 떠나게 되었다. 그러므로 하나님의 말씀을 조금씩 위반하는 것이 위험한 것이다. 조금 말씀을 위반한 것이 결국은 하나님을 떠나게 되는 요인이 된다는 것을 기억하기 바란다. 우리의 신앙은 끝까지 잘 가야 한다. 하나님은 솔로몬에게 네 아버지 다윗과 같이 행하라고 하셨다. 다윗은 실수가 있었지만 끝까지 주의 일을 완수했다. 신약에서 바울 같은 사도는 맡기신 일을 다 했고 달려갈 길을 마쳤다고 했다. 우리는 그런 본을 따라야 한다. 우리의 일생이 그렇게 되기를 바란다.

**28-29절, 솔로몬의 말들은 애굽에서 내어왔으니 왕의 상고들이 떼로 정가하여 산 것이며 29 애굽에서 내어올린 병거는 하나에 은 육백 세겔이요 말은 일백오십 세겔이라 이와 같이 헷 사람의 모든 왕과 아람 왕들을 위하여도 그 손으로 내어왔더라**

10장은 주로 말에 관한 이야기를 하다가 끝났다. 한 면으로는 당시 이스라엘의 영화와 부귀가 이 정도였다는 것을 보여 주고, 또 한 면으로는 그 속에 부패의 요소가 작용하고 있다는 것을 보여주고 있다. 말들은 오늘날의 원자력에 비할 만큼 가장 강력한 무기로 여겨졌다. 이렇게 말을 많이 준비한 것은 "왕 된 자는 말을 많이 두지 말 것이요"(신17:16)라는 말씀을 어긴 것이다.

다음 장인 11장 1-3절에 보면 솔로몬이 많은 아내를 둔 것을 볼 수 있다. 아내를 많이 둔 것도 신명기 17장 17절 말씀을 어긴 것이다. "솔로몬 왕이 바로의 딸 외에 이방의 많은 여인을 사랑하였으니 곧 모압과 암몬과 에돔과 시돈과 헷 여인이라 2 여호와께서 일찍이 이 여러 국민에게 대하여 이스라엘 자손에게 말씀하시기를 너희는 저희와 서로 통하지 말며 저희도 너희와 서로 통하게 말라 저희가 정녕코 너희의 마음을 돌이켜 저희의 신들을 좇게 하리라 하셨으나 솔로몬이 저희를 연애하였더라 3 왕은 후비가 칠백 인이요 빈장이 삼백 인이라 왕비들이 왕의 마음을 돌이켰더라". 이것이 다 하나님의 말씀을 떠난 결과이다. 너무나 부요했기 때문에 그러한 일이 발생한 것이다. 너무 부요하다 보니 부패에다가 문을 열어주게 된 것이다.

다시 한 번 요약하겠다. 먼저 하나님은 솔로몬에게 부와 명예를 주시겠다고 약속했고 또 주셨다. 그분의 말씀은 신실하다. 우리가 만일 그분의 나라와 의를 구했는데 하나님이 더해주시지 않을 것 같은가? 반드시 더해 주신다. 그런데 그것이 다시 한 번 우리에게 시험거리가 된다는 것을 잊어서는 안 된다. 그때 우리의 마음을 어떻게 쓸 것인가? 그때 주신 모든 것을 우리가 어떻게 쓸 것인가? 우리 자신을 위해 금 방패 만들 것인가? 그래서는 안 된다. 하나님께서 부어 주셔서 많은 받은 후에는 다시 내보낼 수가 있어야 한다. 그렇게 할 수 있다면 우리는 지속적인 하나님의 축복 아래에 있고 주님에게 칭찬받는 종들이 될 것이다.

그렇지 않고 만일 축복을 받은 후에 하나님의 말씀에서 빗나간 생활을 하게 되면 그 인생은 불쌍하게도 부패하게 되고 실패하게 된다. 9-10장에서 솔로몬의 소원 성취의 과정을 통해서 배워야 할 점도 있고 경계해야 할 점도 있다.

# 열왕기상 11장

솔로몬은 하나님을 위해서 성전을 건축하는 가장 귀한 일을 하고도 유감스럽게 결국 변질되고 부패하고 말았다.

**1절, 솔로몬 왕이 바로의 딸 외에 이방의 많은 여인을 사랑하였으니 곧 모압과 암몬과 에돔과 시돈과 헷 여인이라**

솔로몬이 나이 들어 부귀영화를 누리다 보니 결국 빠져들어 간 곳이 많은 여인들을 후궁으로 거느리는 것이었다. 그것도 이스라엘 여인들이 아닌 이방 여인들이었다. 원래 정비는 바로의 딸이었지만(3:1) 그 외에도 그는 많은 이방 여인들을 아내와 첩으로 두었다.

**2절, 여호와께서 일찌기 이 여러 국민에게 대하여 이스라엘 자손에게 말씀하시기를 너희는 저희와 서로 통하지 말며 저희도 너희와 서로 통하게 말라 저희가 정녕코 너희의 마음을 돌이켜 저희의 신들을 좇게 하리라 하셨으나 솔로몬이 저희를 연애하였더라**

이 말씀은 신명기 7장 3-4절에 있는 말씀이다. "또 그들과 혼인하지 말지니 네 딸을 그 아들에게 주지 말 것이요 그 딸로 네 며느리를 삼지 말 것은 그가 네 아들을 유혹하여 그로 여호와를 떠나고 다른 신들을 섬기게 하므로 여호와께서 너희에게 진노하사 갑자기 너희를 멸하실 것임이니라". 하나님이 모세를 통해서 왕뿐 아니라 이스라엘 모든 백성들에게 결코 이방의 여자들과 통혼하지 말라고 말씀하셨다. 여기서 '통하다'는 매우 중요한 단어이다. 영어로는 'associate'이다. 다비역은 'go in, come in'으로 표현했다. 우리 그리스도인에게는 어떤이들과 교류하는가가 매우 중요한 문제이다. 성결한 무리와 함께하면 성결을 본받게 되지만 부패한 무리와 섞이면 부패하게 되기 때문이다. 순수한 이스라엘이 혼잡케 되지 않도록 하기 위해서 하나님은 분별을 강조하신 것이다. 이방 여인들과 통혼하게 되면 남편들이 아내들의 말을 듣고 이방의 신들을 섬기게 되기 때문이다. 즉 남자들이 여자들의 말을 듣게 되는 것은 옛날이나 오늘이나 후세에나 빠지기 쉬운 함정일 것이다. 바울은 디모데에게 "네가 청년의 정욕을 피하고 주를 깨끗한 마음으로 부르는 자들과 함께…"라고 권했다. 좋은 그리스도인이 되기 위해 분별이란 매우 중요하다. 교회는 근본적으로 죄악과 세상에서 부르심을 받아 나온 무리이므로 분별된 간증을 지녀야 한다. 이것이 없이는 주님을 기쁘시게 하지 못한다.

**3절, 왕은 후비가 칠백 인이요 빈장이 삼백 인이라 왕비들이 왕의 마음을 돌이켰더라**

'후비'라면 결혼을 해서 아내로 맞아들인 사람을 가리키는데, 그 수가 칠백이었다. 몇 년 간은 며칠에 한 번씩 결혼을 한 셈이다. '빈장'이란 영어로 'concubine'으로서 첩이다. 거기다 첩들을 삼백 명을 두었으니 도합 아내가 천 명이었다. 천 명의 여인들을 두고 살았으니 그 타락의 정도가 어떠했겠는가? 어쨌든 그 왕비들이 왕의 마음을 돌이켰다. 그 많은 이방 여인들이 솔로몬 왕의 마음을 돌이키는 것은 간단한 일이었다. 아가서 6장에는 성도들의 주님과의 관계가 각각 다르다는 것을 표현하는 구절이 있다. 거기에는 시녀들도 있고 비빈도 있고 왕후도 있는데, 왕에게 가장 사랑받는 한 여인, 완전한 자가 나온다.

**4절, 솔로몬의 나이 늙을 때에 왕비들이 그 마음을 돌이켜 다른 신들을 좇게 하였으므로 왕의 마음이 그 부친 다윗의 마음과 같지 아니하여 그 하나님 여호와 앞에 온전치 못하였으니**

그렇게 경건하고 하나님을 경외함으로 성전을 지었던 솔로몬, 영성이 깊은 기도를 올렸던 왕이 이제 모든 일을 마친 뒤에 나이가 들어서 결국 이런 많은 이방 여인들과 사랑에 빠져 변질되었다는 것은 참 믿기가 어렵다. 그러나 애석하게도 솔로몬의 이야기는 결국 그의 변질됨으로 끝난다. 다윗은 비록 죄를 범했어도 끝까지 그 신앙이 변질되지는 않았다. 그러나 솔로몬의 경우는 잘 나가다가 결국 변질되어 버렸다.

**5절, 이는 시돈 사람의 여신 아스다롯을 좇고 암몬 사람의 가증한 밀곰을 좇음이라**

이 '아스다롯'이나 '밀곰'은 이방 사람들의 신이다. 아스다롯은 바알 신의 아내라고 할 수 있는 여신으로 풍요로움과 다산을 상징한다. 이는 시돈 사람들의 신이었는데 솔로몬이 이 아스다롯을 섬기고 밀곰을 좇게 되었다는 것이다. 하나님을 위해 성전을 지은 사람이, 다윗의 아들인 솔로몬이 결국 이런 이방 신을 섬기게 되었다는 것에 대해 우리는 놀라움을 금할 수가 없다.

**6-7절, 솔로몬이 여호와의 눈앞에서 악을 행하여 그 부친 다윗이 여호와를 온전히 좇음같이 좇지 아니하고 7 모압의 가증한 그모스를 위하여 예루살렘 앞 산에 산당을 지었고 또 암몬 자손의 가증한 몰록을 위하여 그와 같이 하였으며**

솔로몬이 여호와의 눈앞에서 악을 행하였다고 했다. 그는 더 이상 하나님의 존재는 그의 안중에 없는 듯 행했다. 그 부인들이 그의 마음을 돌이켜서 우상들을 섬기게 하였을 뿐 아니라 산당을 짓고 우상을 둘 신전까지 짓게 했다. 하나님의 성전을 지은 왕이 암몬 사람의 우상인 몰록을 위한 산당도 지었다는 것이다. 그는 자기 아내들의 주장에 대해 단호한 태도를 취하지 못하고 그저 밀리는 대로 밀렸다. 우리는 이런 신앙을 미워한다. 우리 찬송 중에 이런 가사가 있다. "뜻없이 무릎 꿇는 그 복종 아니요 운명에 맡겨 사는 그 생활 아니라 우리의 믿음 치솟아…독수리 날듯이 주 뜻 이뤄지이다 외치며 사나니"(통일찬송 515장). 우리가 믿음으로 치솟아 올라가지 않으면 부패의 세파에 떠밀려 뜻없이 무릎 꿇게 된다.

**8절, 저가 또 이족 후비들을 위하여 다 그와 같이 한지라 저희가 자기의 신들에게 분향하며 제사하였더라**

솔로몬은 나이가 들자 많은 아내들에게 적당히 자유를 주고 여러 가지를 허용해주면서 흘러가는 대로 산 것 같다. 많은 다른 이방 여인들로 구성된 아내들이 원하는 대로 해주었다. 산당들을 지어주고 우상을 섬기도록 허락했더니 그녀들이 자기의 신들에게 분향하며 제사하였다. 솔로몬은 예루살렘을 우상들로 가득하게 만들어 버린 셈이다.

**9절, 솔로몬이 마음을 돌이켜 이스라엘 하나님 여호와를 떠나므로 여호와께서 저에게 진노하시니라 여호와께서 일찌기 두 번이나 저에게 나타나시고**

처음에 솔로몬은 여호와를 떠나겠다고 한 것이 아니었을 것이다. 여인들을 사랑하다 보니, 그녀들의 말을 들어주다 보니 하나님에게서 떨어져버린 것이다. 성전을 짓기 전에 꿈에 기브온 산당에서 언약궤 앞에서 제물을 드릴 때 하나님이 솔로몬에게 나타나셨다. 그리고 성전을 건축한 뒤에 또 한 번 하나님이 솔로몬에게 나타나셨다. 이렇게 하나님은 그에게 분명하게 나타나셨다. 우리에게도 때로 하나님이 나타나신다. 하나님은 우리에게 분명한 임재로, 또 우리 속에 깊은 느낌으로 말씀하신다. 분명한 나타나심이 있는 것이다. 그럼에도 사람은 이런 실수에 빠질 수 있다는 것을 경계거리로 삼아야 한다. 그때는 분명히 주님의 나타나심을 알고 "하나님, 정말 감사합니다. 나에게 말씀하시고 이렇게 분명한 체험적 신앙을 주셔서 감사합니다. 인도해주셔서 감사합니다. 가르쳐주시고 경책해주셔서 감사합니다." 했는데, 그 뒤에 어려운 상황이 발생하고 견디기 어려운 일이 일어나면 언제 하나님이 나에게 나타나셨나 하면서 잊어버리고 배반하고 변질되는 것이다. 그러나 하나님은 그분이 솔로몬에게 나타나셨던 일을 기억하고 계신다.

**10절, 이 일에 대하여 명하사 다른 신을 좇지 말라 하셨으나 저가 여호와의 명령을 지키지 않았으므로**

하나님은 이미 솔로몬에게 다른 신을 좇지 말라고 분명하게 말씀하셨다. 그러나 솔로몬은 이 명령을 지키지 않았다. "만일 너희나 너희 자손이 아주 돌이켜 나를 좇지 아니하며 내가 너희 앞에 둔 나의 계명과 법도를 지키지 아니하고 가서 다른 신을 섬겨 그것을 숭배하면 내가 이스라엘을 나의 준 땅에서 끊어 버릴 것이요 내 이름을 위하여 내가 거룩하게 구별한 이 전이라도 내 앞에서 던져 버리리니 이스라엘은 모든 민족 가운데 속담거리와 이야기거리가 될 것이며 이 전이 높을지라도 무릇 그리로 지나가는 자가 놀라며 비웃어 가로되 여호와께서 무슨 까닭으로 이 땅과 이 전에 이 같이 행하셨는고 하면 대답하기를 저희가 자기 열조를 애굽 땅에서 인도하여 내신 자기 하나님 여호와를 버리고 다른 신에게 부종하여 그를 숭배하여 섬기므로 여호와께서 이 모든 재앙을 저희에게 내리심이라 하리라 하셨더라"(왕상 9:6-9).

**11절, 여호와께서 솔로몬에게 말씀하시되 네게 이러한 일이 있었고 또 네가 나의 언약과 내가 네게 명한 법도를 지키지 아니하였으니 내가 결단코 이 나라를 네게서 빼앗아 네 신복에게 주리라**

결국 솔로몬의 변질은 그 나라의 분열을 가져왔다. 솔로몬의 가문에서 나라 전체를 다스릴 수는 없게 되어버렸다. 결국 솔로몬의 아들 르호보암 때에 가서 이스라엘은 두 나라로 나뉘게 된다.

**12절, 그러나 네 아비 다윗을 위하여 네 세대에는 이 일을 행치 아니하고 네 아들의 손에서 빼앗으려니와**

하나님은 언제나 인내와 용납하심이 풍성하시고 사람보다는 참을성이 많으시다. 그래서 솔로몬이 이렇게 형편없이 변질되었는데도 불구하고 솔로몬 세대에는 그 일을 하지 않겠다고 말씀하신다. 여기서 우리는 솔로몬이 이렇게 변질된 이유를 잠시 생각해보고 넘어가겠다.

첫째로, 솔로몬은 하나님의 축복하심으로 지혜와 부귀와 영화를 넘치게 소유했다. 그리고 그가 소원하던 바를 다 이루게 되었다. 말하자면 성공한 것이다. 그러자 그 성공이 결국 저주의 뿌리가 되어 버렸다. 오늘날 많은 그리스도인들도 다들 성공을 원한다. 자신들의 일이 잘 되기를 바란다. 그런 소원이 어떤 사람 속에나 있다. 그리고 그것이 주의 일이니 잘되는 것이 좋다고 생각한다. 그러나 그 주님의 일 속에 자기 자신이 들어있다는 것은 간과하는 듯하다. 자기 자신이 하는 일이기 때문에 잘 되기를 바라는 것이지 다른 사람들이 하는 '주의 일'도 그렇게 자기 일처럼 잘 되기를 바라는가? 그러니 그 성공 속에는 자신의 성공도 들어있는 것이다. 그리고 그 일이 성공하게 되면 거의 예외 없이 자신을 신뢰하는 것이 있게 된다.

사도 바울을 생각해보자. 나는 우리가 따라야 할 사역자의 본이 바울이라고 생각한다. 그런데 바울 사도가 성공했는가? 여러분이 성경을 어떻게 읽었는지 모르지만 그가 성공했다고 말하기 어렵다. 그러면 바울 사도가 실패했는가? 실패했다면 오늘날까지 '바울'의 이름이 이렇게 존경받겠는가? 그러나 그의 개인적인 면을 놓고 본다면 바울은 성공한 흔적이 없다. 그는 사도행전 마지막까지 죄수의 몸으로 많은 제한 속에서 복음을 증거했다. 또한 그의 사역 마지막에 디모데 후서를 쓸 당시 그는 매우 외로웠다. 그리고 그의 옆에는 사람들이 별로 없었다.

왜 예수님이 마지막으로 예루살렘을 향하여 가실 때 제자들이 두려워하고 놀랐는가? 이 땅에서 삼 년 반 동안 사역하실 때에는 제자들을 사랑하고 돌보고 하셨는데 마지막으로 갈수록 예수님의 죽음을 향하는 발걸음이 빨라졌기 때문이다. 그 얼굴이 자애스러운 얼굴에서 굳세고 단호한 얼굴로 변한 것이다. 그렇게 되자 제자들이 주님을 따라가기 어렵게 되었다. 자, 바울을 한번 생각해보자. 왜 많은 사람들이 바울을 떠났는가? 갈수록 바울의 발걸음이 절대적이게 되었기 때문이다. 그러자 많은 사람이 그 발걸음을 따라갈 수가 없어서 돌아서버린 것이다. 그러므로 진정으로 성실한 사역자는 성공하지 못하게 되어 있다.

사도들이란 무엇인가? 사도들의 수중에는 자기의 일이 없고 자기의 교회가 없다. 초대 교회들 중에서 어느 교회가 바울의 교회였는가? 그가 고린도 교회, 빌립보 교회 등 많은 교회들을 세웠지만 어느 교회가 바울의 교회였는가? 바울의 교회는 없었다.

나중에 솔로몬은 깨달았다. 전도서 7장 25절부터 보겠다. 전도서 7장 25-26절, "내가 돌이켜 전심으로 지혜와 명철을 살피고 궁구하여 악한 것이 어리석은 것이요 어리석은 것이 미친 것인 줄을 알고자 하였더니 26 내가 깨달은즉 마음이 올무와 그물 같고 손이 포승 같은 여인은 사망보다 독한 자라 하나님을 기뻐하는 자는 저를 피하려니와 죄인은 저에게 잡히리로다". 사람이 사망을 피할 수 없다. 죽음 앞에서 누가 피하겠는가? 그런데 이런 여자는 사망보다 더 독하더라는 것이다. 27-28절, "전도자가 가로되 내가 낱낱이 살펴 그 이치를 궁구하여 이것을 깨달았노라 28 내 마음에 찾아도 아직 얻지 못한 것이 이것이라 일천 남자 중에서 하나를 얻었거니와 일천 여인 중에서는 하나도 얻지 못하였느니라". 일천 여자를 상대해 봤는데 하나도 얻을 것이 없는 게 여자라는 말이다. 나이가 들어 모든 것을 경험하고는 여자에게 당하지 말라는 교훈을 준 것이다. 4절에서 "솔로몬의 나이 늙을 때에"라고 했는데, 나이가 많이 들었다 해서, 원기가 떨어졌다 해서 이 유혹에서 완전히 벗어날 수 있는 것이 아니다. 그는 크게 성공하고 또 크게 실패함으로 이 모든 것이 헛되다는 것을 알았다.

**13-14절, 오직 내가 이 나라를 다 빼앗지 아니하고 나의 종 다윗**

과 나의 빼 예루살렘을 위하여 한 지파를 네 아들에게 주리라 하셨
더라 14 여호와께서 에돔 사람 하닷을 일으켜 솔로몬의 대적이 되게
하시니 저는 왕의 자손으로서 에돔에 거하였더라

하나님께서는 이 부패한 솔로몬일지라도 경고하고 깨어나게 하기 위해 대적들을 일으키셨다. 첫째는 에돔 사람 하닷이다. 이제 그 하닷이 어떻게 해서 대적이 되었는가 하는 이야기가 나온다. 23절에서는 또 르손이라는 사람이 솔로몬의 대적이 된다. 그리고 26절에서는 솔로몬의 신복 느밧의 아들 여로보암이 손을 들어 왕을 대적하였다고 했다. 15절부터 보기로 하자.

15-28절, 전에 다윗이 에돔에 있을 때에 군대장관 요압이 가서 죽
임을 당한 자들을 장사하고 에돔의 남자를 다 쳐서 죽였는데 16 요
압은 에돔의 남자를 다 없이하기까지 이스라엘 무리와 함께 여섯 달
을 그곳에 유하였었더라 17 그 때에 하닷은 작은 아이라 그 아비의
신복 중 두어 에돔 사람과 함께 도망하여 애굽으로 가려 하여 18 미
디안에서 발행하여 바란에 이르고 거기서 사람을 데리고 애굽으로
가서 애굽 왕 바로에게 나아가매 바로가 저에게 집을 주고 먹을 양
식을 정하며 또 토지를 주었더라 19 하닷이 바로의 눈 앞에 크게 은
총을 얻었으므로 바로가 자기의 처제 곧 왕비 다브네스의 아우로 저
의 아내를 삼으매 20 다브네스의 아우가 그로 말미암아 아들 그누
밧을 낳았더니 다브네스가 그 아이를 바로의 궁중에서 젖을 떼게 하
매 그누밧이 바로의 궁에서 바로의 아들 가운데 있었더라 21 하닷
이 애굽에 있어서 다윗이 그 열조와 함께 잔 것과 군대장관 요압의
죽은 것을 듣고 바로에게 고하되 나를 보내어 내 고국으로 가게 하
옵소서 22 바로가 저에게 이르되 네가 나와 함께 있어 무슨 부족함
이 있기에 네 고국으로 가기를 구하느뇨 대답하되 없나이다 그러나
아무쪼록 나를 보내옵소서 하였더라 23 하나님이 또 엘리아다의 아
들 르손을 일으켜 솔로몬의 대적이 되게 하시니 저는 그 주인 소바

왕 하닷에셀에게서 도망한 자라 24 다윗이 소바 사람을 죽일 때에 르손이 사람들을 모으고 그 떼의 괴수가 되며 다메섹으로 가서 웅거하고 거기서 왕이 되었더라 25 솔로몬의 일평생에 하닷의 끼친 환난 외에 르손이 수리아 왕이 되어 이스라엘을 대적하고 미워하였더라 26 솔로몬의 신복 느밧의 아들 여로보암이 또한 손을 들어 왕을 대적하였으니 저는 에브라임 족속인 스레다 사람이요 그 어미의 이름은 스루아니 과부더라 27 저가 손을 들어 왕을 대적하는 까닭은 이러하니라 솔로몬이 밀로를 건축하고 그 부친 다윗의 성의 무너진 것을 수축하였는데 28 이 사람 여로보암은 큰 용사라 솔로몬이 이 소년의 부지런함을 보고 세워 요셉 족속의 역사를 감독하게 하였더니

15-22절은 하닷이 어떻게 솔로몬의 대적이 되었는가를 말해주고 있다. 23-25절은 르손이 대적이 된 것을 말하고 25절부터는 여로보암이 대적으로 일으켜지는 것에 대한 역사이다. 여로보암이 요셉 족속의 역사를 감독하는 사람으로 세워졌다. 솔로몬의 눈에 좋게 보이고 부지런하게 보였던 것이다. 역대로 역량이 없고 장점이 없는 사람은 대적이 되지도 않고 분국의 왕이 되지도 않는다.

29-35절, 그 즈음에 여로보암이 예루살렘에서 나갈 때에 실로 사람 선지자 아히야가 길에서 저를 만나니 아히야가 새 의복을 입었고 그 두 사람만 들에 있었더라 30 아히야가 그 입은 새 옷을 잡아 열 두 조각에 찢고 31 여로보암에게 이르되 너는 열 조각을 취하라 이스라엘 하나님 여호와의 말씀이 내가 이 나라를 솔로몬의 손에서 찢어 빼앗아 열 지파를 네게 주고 32 오직 내 종 다윗을 위하고 이스라엘 모든 지파 중에서 뺀 성 예루살렘을 위하여 한 지파를 솔로몬에게 주리니 33 이는 저희가 나를 버리고 시돈 사람의 여신 아스다롯과 모압의 신 그모스와 암몬 자손의 신 밀곰을 숭배하며 그 아비 다윗의 행함 같지 아니하여 내 길로 행치 아니하며 나 보기에 정직한 일과 나의 법도와 나의 율례를 행치 아니함이니라 34 그러나

**내가 뺀 내 종 다윗이 내 명령과 내 법도를 지켰으므로 내가 저를 위하여 솔로몬의 생전에는 온 나라를 그 손에서 빼앗지 아니하고 주관하게 하려니와 35 내가 그 아들의 손에서 나라를 빼앗아 그 열 지파를 네게 줄 것이요**

여로보암의 이야기의 계속이다. 하나님은 솔로몬이 이렇게 부패하고 변질되었어도 다윗을 봐서 솔로몬 생전에는 그 나라를 빼앗지 않겠다고 하셨다. 그렇지만 솔로몬의 아들의 손에서 나라를 빼앗아 그 열 지파를 여로보암에게 주겠다고 하셨다.

**36-38절, 그 아들에게는 내가 한 지파를 주어서 내가 내 이름을 두고자 하여 택한 성 예루살렘에서 내 종 다윗에게 한 등불이 항상 내 앞에 있게 하리라 37 내가 너를 취하리니 너는 무릇 네 마음에 원하는 대로 다스려 이스라엘 위에 왕이 되되 38 네가 만일 내가 명한 모든 일에 순종하고 내 길로 행하며 내 눈에 합당한 일을 하며 내 종 다윗의 행함같이 내 율례와 명령을 지키면 내가 너와 함께 있어 내가 다윗을 위하여 세운 것같이 너를 위하여 견고한 집을 세우고 이스라엘을 네게 주리라**

여로보암에게도 솔로몬에게 주신 것 같은 약속을 주셨다(9:4-5). "내가 너를 취하리니"란 하나님이 여로보암을 열 지파의 왕으로 세우겠다는 뜻이다. '열 지파를 줄 테니 네가 다윗같이 잘 해보아라. 내가 너를 다윗의 집처럼 견고하게 세워주겠다.'고 말씀하시는 것이다.

**39절, 내가 이로 인하여 다윗의 자손을 괴롭게 할 터이나 영원히 하지는 아니하리라 하셨느니라 한지라**

분국을 통해 겪게 될 다윗 왕조의 괴로움을 말한다. 괴롭게 한다는 말은 다윗의 자손, 즉 솔로몬 후 르호보암으로부터 이어져가는 왕들로 하여금 분국될 뿐 아니라 고통을 겪게 한다는 것이다. 원문에는 겸손하게 한다는 뜻이 들어있다. 하나님의 뜻대로 살지 않고 길에서 떠날 때 하나님은 환경을 주시어 매우 괴롭게 하심으로 겸손하게 만드신다.

**40절, 이러므로 솔로몬이 여로보암을 죽이려 하매 여로보암이 일어나 애굽으로 도망하여 애굽 왕 시삭에게 이르러 솔로몬의 죽기까지 애굽에 있으니라**

솔로몬은 여로보암이 장차 왕이 될 것도 알았다. 솔로몬의 자식 대에 여로보암이 열 지파를 데리고 왕이 될 것을 알았기 때문에 여로보암을 죽이려 한 것이다. 솔로몬이 쓴 전도서나 잠언을 읽어보면 사람이 계획할지라도 뜻을 이루는 분은 여호와시라고 했다. 오늘날 사역자나 교사로서 하나님의 백성을 가르치는 사람들이 있는데, 가르치는 것과 행하는 것이 별개인 것을 볼 때가 많다. 우리 자신부터 매우 조심해야 할 일이다.

**41-43절, 솔로몬의 남은 사적과 무릇 저의 행한 일과 그 지혜는 솔로몬의 행장에 기록되지 아니하였느냐 42 솔로몬이 예루살렘에서 온 이스라엘을 다스린 날 수가 사십 년이라 43 솔로몬이 그 열조와 함께 자매 그 부친 다윗의 성에 장사되고 그 아들 르호보암이 대신하여 왕이 되니라**

솔로몬은 40년 간 재위했다. 확실한 나이는 추정할 수 없지만 성경학자들은 60세 정도에 솔로몬이 죽었다고 말한다. 그 당시로 말하면 단명한 것이다. 아버지 다윗은 80세까지 살았다. 죄를 많이 지으면 일찍 죽게 된다.

# 열왕기상 12장

**1절, 르호보암이 세겜으로 갔으니 이는 온 이스라엘이 저로 왕을 삼고자 하여 세겜에 이르렀음이더라**

르호보암은 솔로몬의 아들이다. 예루살렘에서 아버지가 왕 노릇을 했었는데 왜 새삼스럽게 그를 왕으로 삼고자 하여 온 이스라엘이 세겜에 모였는지 모르겠다. 어쩌면 이때에 이미 이스라엘의 많은 사람들의 마음이 그에게서 떠났을 수도 있다. 르호보암을 왕위에 등극시키고 싶지 않은 마음이 일고 있었던 것이다. 어쨌든 그 이유는 여기에 밝히지 않았다. 아마 세겜이 그리심 산 동북쪽에 있어서 르호보암이 그곳에서 추대를 받음으로 북쪽 이스라엘이 분리되는 것을 막으려는 심산이었는지도 모른다.

**2-3절, 느밧의 아들 여로보암이 전에 솔로몬 왕의 얼굴을 피하여 애굽으로 도망하여 있었더니 이제 그 소문을 듣고 오히려 애굽에 있는 중에 3 무리가 보내어 저를 불렀더라 여로보암과 이스라엘의 온 회중이 와서 르호보암에게 고하여 가로되**

여로보암이 솔로몬 때 애굽으로 피했는데 이제 솔로몬이 죽으니 이스라엘 백성들이 여로보암을 왕으로 삼고자 하여 애굽에서 부른 것이다. 백성들은 이 사람이 왕이 될 사람이라는 것을 알았다.

**4-5절, 왕의 부친이 우리의 멍에를 무겁게 하였으나 왕은 이제 왕의 부친이 우리에게 시킨 고역과 메운 무거운 멍에를 가볍게 하소서 그리하시면 우리가 왕을 섬기겠나이다 5 르호보암이 대답하되 갔다가 삼 일 후에 다시 내게로 오라 하매 백성이 가니라**

솔로몬은 무엇 때문에 그렇게 무거운 멍에를 백성들에게 지웠겠는가? 많은 건축의 일 때문이다. 그렇지만 금과 은이 풍부했고 포도나무, 무화과나무 아래에서 잘 살았다고 한 것으로 보아 당시는 그것이 그렇게 무겁게만 느껴지지 않았을 것이다. 그런데 이제 마음이 그에게서 떠나다보니 그 모든 일이 다 원망으로만 기억되는 것이다. '그때 우리 고생 참 많이 했다.'고 느껴지게 된 것이다.

사람들은 마음이 좋을 때는 힘든 일도 힘들게 느껴지지 않는 법이다. 그런데 이제 이스라엘 백성들은 솔로몬이 자기들에게 무거운 멍에를 메게 했다고 원망하는 것이다. 그러면서 그들은 르호보암 왕에게 '당신은 우리의 멍에를 좀 가볍게 해주십시오. 그러면 우리가 왕을 섬기겠습니다.'라고 했다. 그랬더니 그가 삼 일 후에 다시 오라고 한 것이다. 이렇게 불평과 원망이 있는 민중들에게 지도자는 매우 신중하게 대처해야 하는 법인데 르호보암은 매우 경솔하였다. 이런 것을 대처하는 것을 배우지 못하면 많은 사람을 인도할 자격이 없다. 주님을 섬기는 것도 마찬가지이다. 옳고그름만을 내세워서 어려움과 고통을 호소하는 성도들의 입을 막으려 하는 지도자는 결국 많은 사람들을 잃어버리고 만다.

**6절, 르호보암 왕이 그 부친 솔로몬의 생전에 그 앞에 모셨던 노인들과 의논하여 가로되 너희는 어떻게 교도하여 이 백성에게 대답하게 하겠느뇨**

르호보암이 솔로몬 왕을 모셨던 대신들인 노인들에게 물어본 것은 참 잘한 것이다.

**7절, 대답하여 가로되 왕이 만일 오늘날 이 백성의 종이 되어 저**

**회를 섬기고 좋은 말로 대답하여 이르시면 저희가 영영히 왕의 종이 되리이다 하나**

왕에게 자신을 낮추어 백성들을 겸손하게 섬기라는 말이다. 노인들은 르호보암에게 할 수 있는 대로 백성에게 좋은 말로 대답해주라고 했다. 그런데 르호보암은 그 말을 듣고 기분이 썩 좋지 않았다. '왜 내가 왕이 되어 낮아지고 섬기고 좋은 말로 해야 되는가? 멍에를 가볍게 해달라는 말 자체로 벌써 나는 기분이 안 좋은데.'라고 생각된 것이다. 지도자가 겸손하게 되기를 배운다는 것은 매우 어려운 과제이다. 그러나 더욱 겸손해질 수 있다면 더 많은 사람을 섬길 수 있을 것이다.

**8-11절, 왕이 노인의 교도하는 것을 버리고 그 앞에 모셔 있는 자기와 함께 자라난 소년들과 의논하여 9 가로되 너희는 어떻게 교도하여 이 백성에게 대답하게 하겠느뇨 백성이 내게 말하기를 왕의 부친이 우리에게 메운 멍에를 가볍게 하라 하였느니라 10 함께 자라난 소년들이 왕께 고하여 가로되 이 백성들이 왕께 고하기를 왕의 부친이 우리의 멍에를 무겁게 하였으나 왕은 우리를 위하여 가볍게 하라 하였은즉 왕은 대답하기를 나의 새끼손가락이 내 부친의 허리보다 굵으니 11 내 부친이 너희로 무거운 멍에를 메게 하였으나 이제 나는 너희의 멍에를 더욱 무겁게 할지라 내 부친은 채찍으로 너희를 징치하였으나 나는 전갈로 너희를 징치하리라 하소서**

르호보암은 이 젊은이들의 혈기방장한 말이 더 마음에 와 닿았을 것이다. 결국 르호보암은 자신의 왕의 권세와 힘으로 백성들을 굴복시키려 했다.

**12절, 삼 일 만에 여로보암과 모든 백성이 르호보암에게 나아왔으니 이는 왕이 명하여 이르기를 삼 일 만에 내게로 다시 오라 하였음이라**

르호보암의 말을 따라 백성들은 삼 일 후에 다시 세겜에 모였다. 삼

일 동안 이들도 계속 상의를 했다고 보아야 한다.

**13-15절, 왕이 포학한 말로 백성에게 대답할새 노인의 교도를 버리고 14 소년의 가르침을 좇아 저희에게 고하여 가로되 내 부친은 너희의 멍에를 무겁게 하였으나 나는 너희의 멍에를 더욱 무겁게 할지라 내 부친은 채찍으로 너희를 징치하였으나 나는 전갈로 너희를 징치하리라 하니라 15 왕이 이같이 백성의 말을 듣지 아니하였으니 이 일은 여호와께로 말미암아 난 것이라 여호와께서 전에 실로 사람 아히야로 느밧의 아들 여로보암에게 고한 말씀을 응하게 하심이더라**

여기서 르호보암의 착각은 무엇인가? 그는 자신이 왕이 되었다고 해서 백성들이 곧바로 그 지위를 인정해주고 따를 것으로 안 것이다. 어떤 사람이 지위가 있다 해서 금방 백성으로 그를 따르게 할 수 있는 것이 아니다. 이것이 르호보암의 어리석음이다. 그러나 솔로몬은 얼마나 지혜가 있었는가? 그는 백성들을 잘 살게 해주고 편안하게 해줌으로 백성들로 어느 정도 무거운 짐을 감당하도록 할 수 있었다.

르호보암은 그토록 지혜로운 솔로몬 왕의 아들인데도 지혜가 없었다. "나는 너희의 멍에를 더욱 무겁게 할지라 내 부친은 채찍으로 너희를 징치하였으나 나는 전갈로 너희를 징치하리라". 누가 이런 말을 듣고 따르겠는가? 그러지 않아도 이들은 잔뜩 마음이 상해 있는데 말이다. 시대가 바뀌었다. 백성들은 이미 솔로몬 때의 일을 힘겹게 생각하고 있는데 그것보다 더욱 무겁게 한다고 하니 그런 말을 듣겠는가? 이것이 결국 분열의 씨가 되어버렸다. 오늘 이러한 일은 교회 중에서도 많이 일어난다고 보아야 한다. 연약한 성도들이 때로 시험에 들어 힘들어할 때 원하는 것은 어쩌면 인도자의 작은 위로와 사랑의 말 한 마디일 것이다. 그러나 그것 대신 엄한 책망과 가르침으로 더 힘들게 하면 견딜 수 없어하면서 교회를 떠나는 것이다. 그러나 그렇게 쉽게 교회를 떠나는 것도 그들에게 축복이 되지는 못한다. 어떤 상황에서든지 십자가를 지고 순종함을 배우는 것이 축복된 것이다. 양면의 배움이 다 요긴한 것이라 생각한다.

**16절, 온 이스라엘이 자기들의 말을 왕이 듣지 아니함을 보고 왕에게 대답하여 가로되 우리가 다윗과 무슨 관계가 있느뇨 이새의 아들에게서 업이 없도다 이스라엘아 너희의 장막으로 돌아가라 다윗이여 이제 너는 네 집이나 돌아보라 하고 이스라엘이 그 장막으로 돌아가니라**

원래 이스라엘 백성들은 다윗과 솔로몬에 대하여 아주 존경하는 태도를 갖고 있었다. 그런데 이 솔로몬의 후계자가 엉뚱하게 정치를 하니 선정을 베풀었던 전임자까지 버리는 상황이 된 것이다. 다윗은 그들 마음속에 국부 정도로 인식되는 귀한 이스라엘 왕이었다. 다윗 이전에 사울이 있었지만 실상은 다윗이 그 나라를 건국한 것이나 마찬가지였다. 그런데 이 젊은 사람 르호보암이 크게 잘못해서 일을 그르치고 말았다.

이것은 교회 안에서도 마찬가지다. 후에 이어서 섬기는 사람들이 잘못하게 되면 그 전의 수고한 사람을 비난하게 된다. 르호보암이 젊은 사람들의 조언을 듣고서 포학한 말로 대답하니 "우리가 무슨 다윗과 관계가 있느냐? 우리는 이새의 아들에게서 업이 없다."하고 떠나지 않았는가? 다윗의 손자 대에 와서 많은 사람들이 다윗을 버리게 된 것이다.

**17절, 그러나 유다 성읍들에 사는 이스라엘 자손에게는 르호보암이 그 왕이 되었더라**

유다 지파 경내에는 베냐민 지파가 있었으므로 그들도 유다 왕국에 가세하였고 시므온 지파도 르호보암의 왕국에 속하였다는 학자도 있다.

**18절, 르호보암 왕이 역군의 감독 아도니람을 보내었더니 온 이스라엘이 저를 돌로 쳐 죽인지라 르호보암 왕이 급히 수레에 올라 예루살렘으로 도망하였더라**

르호보암이 자기를 떠난 이스라엘 백성들에게 역군의 감독 아도니람을 보냈다. 그들을 돌이키려는 것이다. 지금 백성들은 한 가지 마음으로 그에게서 떠나 있는데 민심을 읽지 못한 르호보암은 이스라엘 백성들을 돌이키려고 사람을 보낸 것이다. 그랬더니 백성들이 아도니람을 돌로 쳐 죽였다. 사람이 지위감에 빠지면 현실을 파악하기 어려운 법이다.

**19절, 이에 이스라엘이 다윗의 집을 배반하여 오늘날까지 이르렀더라**

이때부터 이스라엘은 다윗의 집을 배반하여 오늘날에 이르렀다. 결국 이러한 배반의 동기를 제공한 것은 르호보암 자신이다. 솔로몬 말기부터 부패하기 시작해서 그 아들 르호보암의 어리석음이 보태짐으로 결국 나라가 갈라지게 되었다.

**20절, 온 이스라엘이 여로보암의 돌아왔다 함을 듣고 보내어 저를 공회로 청하여다가 온 이스라엘의 왕을 삼았으니 유다 지파 외에는 다윗의 집을 좇는 자가 없으니라**

온 이스라엘이란 북방의 10개 지파를 말한다. 공회는 열 지파의 총회이다. 이와 같이 나라가 나뉜 것은 솔로몬의 우상숭배에서 비롯되었으며, 그 직접적인 원인 제공자는 르호보암이었다. 그의 어리석음과 오만함이 이런 결과를 초래한 것이다.

**21절, 르호보암이 예루살렘에 이르러 유다 온 족속과 베냐민 지파를 모으니 택한 용사가 십팔만이라 이스라엘 족속과 싸워 나라를 회복하여 솔로몬의 아들 르호보암에게 돌리려 하더니**

르호보암은 무력으로 북방 10개 지파를 자기에게 돌리려고 유다와 베냐민 용사 18만을 모았다. 그러나 하나님께서 예언자를 통해 전쟁을 중지하게 하셨다.

**22-24절, 하나님의 말씀이 하나님의 사람 스마야에게 임하여 가라사대 23 솔로몬의 아들 유다 왕 르호보암과 유다와 베냐민 온 족속과 또 그 남은 백성에게 고하여 이르기를 24 여호와의 말씀이 너**

**희는 올라가지 말라 너희 형제 이스라엘 자손과 싸우지 말고 각기 집으로 돌아가라 이 일이 내게로 말미암아 난 것이라 하셨다 하라 하신지라 저희가 여호와의 말씀을 듣고 그 말씀을 좇아 돌아갔더라**

하나님께서 선지자 스마야를 통해서 형제 된 이스라엘과 싸우지 말라고 르호보암에게 말씀하셨다. 그리고 그 일(여로보암이 돌아와서 이스라엘의 왕이 되는 일)이 여호와로 말미암은 것이라고 하셨다. 이 말씀을 듣고 그들은 순종을 하여 각기 자기 곳으로 돌아갔다. 그나마 순종을 해서 다행이다.

25-29절, **여로보암이 에브라임 산지에 세겜을 건축하고 거기서 살며 또 거기서 나가서 부느엘을 건축하고 26 그 마음에 스스로 이르기를 나라가 이제 다윗의 집으로 돌아가리로다 27 만일 이 백성이 예루살렘에 있는 여호와의 전에 제사를 드리고자 하여 올라가면 이 백성의 마음이 유다 왕 된 그 주 르호보암에게로 돌아가서 나를 죽이고 유다 왕 르호보암에게로 돌아가리로다 하고 28 이에 계획하고 두 금송아지를 만들고 무리에게 말하기를 너희가 다시는 예루살렘에 올라갈 것이 없도다 이스라엘아 이는 너희를 애굽 땅에서 인도하여 올린 너희 신이라 하고 29 하나는 벧엘에 두고 하나는 단에 둔지라**

여기서 여로보암을 한 번 보자. 여로보암은 다윗 왕가의 사람이 아닌 느밧이라는 사람의 아들이었다. 이 사람이 왕이 되자 세겜을 건축했다. 그리고서 스스로 생각했다. '비록 내가 열 지파를 다스리는 왕이 되었지만 르호보암이 왕으로 있는 유다 지파의 예루살렘 경내에 성전이 있는데, 하나님의 말씀에 따라 일 년에 세 번씩 예루살렘 성전에 예배 드리러 가면 온 백성의 마음이 그쪽으로 향하게 되어 결국 나는 왕권을 잃게 되지 않을까?' 그래서 이 여로보암은 나름대로 머리를 썼다. 이스라엘 땅의 가장 북쪽에 있는 단에다가 제단을 하나 만들고 가장 남쪽에 있는 벧엘에다 또 하나를 만들었다. 그리고 거기에 금송아지를 만들어 놓고 이제 백성들에게 예배하러 예루살렘에까지 갈 필요가 없다고 했다. 단 가까이에 사는 사람들은 단에서, 벧엘 가까이에 사는 사람들은 벧엘에서 제사를 드리면 된다는 것이다.

**30-33절, 이 일이 죄가 되었으니 이는 백성들이 단까지 가서 그 하나에게 숭배함이더라 31 저가 또 산당들을 짓고 레위 자손 아닌 보통 백성으로 제사장을 삼고 32 팔월 곧 그 달 십오일로 절기를 정하여 유다의 절기와 비슷하게 하고 단에 올라가되 벧엘에서 그와 같이 행하여 그 만든 송아지에게 제사를 드렸으며 그 지은 산당의 제사장은 벧엘에서 세웠더라 33 저가 자기 마음대로 정한 달 곧 팔월 십오일로 이스라엘 자손을 위하여 절기로 정하고 벧엘에 쌓은 단에 올라가서 분향하였더라**

여로보암은 왕으로서 나라만 잘 다스리고 종교에 대해서는 하나님의 말씀에 따라 예루살렘 성전에 올라가서 제사를 드리게 했더라면 좋았을 것이다. 왕의 지위도 자기가 얻은 것이 아니라 하나님이 주셨는데 왕위에 앉고 보니 자기의 지위를 공고하게 하고 싶은 인간적인 생각이 든 것이다. 그러다보니 종교적인 문제, 곧 하나님의 명령까지 자기 왕권을 위해 임의로 하게 되었다. 하나님께서는 왜 성전을 예루살렘에 하나만 짓도록 하셨는가? 그것은 이스라엘 백성들의 종교적 통일성을 위한 것이었다. 하나님은 이스라엘이 정치적으로는 분열될 수 있어도 신앙적으로는 분열되기를 원치 않으셨다. 12장 이후에서 계속 보겠지만 왕들의 죄를 언급할 때마다 '느밧의 아들 여로보암의 죄'를 그 근원으로 여기셨다. 이 죄가 그처럼 하나님을 노여우시게 한 것이다.

오늘날 우리는 어디서든지 예배 드릴 수 있는가? 여로보암은 솔로몬 때에 애굽으로 도피했다가 돌아온 바 있다. 거기서 그는 애굽의 신인 금송아지를 보았다. 여로보암은 하나님의 지시에 따른 것이 아니라 자기가 본 것에 따라 종교행사를 한 것이다. 이스라엘 백성들의 출애굽 시절에 아론과 더불어 만들었던 것도 금송아지였다. 그때도 애굽의 영향을 받았던 것이다. 이제 여로보암도 애굽에서 그것을 보고 와서 벧엘과 단에다 금송아지를 만들어 놓았다. 그리고 제사장 체계나 날짜 등을 이스라엘의 제사와 비슷하게 정했다. 이스라엘 백성들이 하나님을 섬기는 것과 비슷한 방식으로 섬기도록 한 것이다. 그러나 그것은 흉내 낸 것일 뿐 하나님이 명하신 바로 그것이 아니다. 모든 일에서 중요한 것은 그 동기이다. 동기란 사람 속에 있는 것이다. 그는 하나님의 명하신바 중앙 성소 예루살렘 성전 예배의 규례를 어긴 것이다. 33절의 '자기 마음대로'란 말을 주의하라. 우리가 하나님을 섬기는 일에서 가장 중요한 것은 계시에 따라 행하는 것이다(갈2:1). 주님이 명하시지 않은 일을 자기 마음대로 하는 것이 가장 큰 문제이다.

# 열왕기상 13장

열왕기 상 13장에서는 세 사람을 주의하기 바란다. 첫째는 여로보암이고, 둘째는 하나님의 사람이다. 이 사람의 이름은 나와 있지 않다. 그리고 또 한 사람은 늙은 선지자이다. 이 세 사람을 주의하면서 이 장의 말씀을 읽을 수 있기 바란다. 또 중요한 것은 이 장에서 많이 나오는 단어인 '여호와의 말씀'이다.

**1절, 때에 하나님의 사람이 여호와의 말씀으로 인하여 유다에서부터 벧엘에 이르니 마침 여로보암이 단 곁에 서서 분향하는지라**

여로보암이 자기의 정치적 입지를 굳히려다 보니 이스라엘 백성이 솔로몬의 아들 르호보암 왕의 영향권으로 들어가는 것을 싫어했다. 그래서 벧엘과 단에 제단을 세웠는데, 여기서 그는 벧엘에 세운 단에서 친히 예배를 드리고 있었다. 바로 그때 '하나님의 사람'이 여호와의 말씀으로 인하여 유다에서 벧엘에 이른 것이다. '하나님의 사람'이란 하나님께서 사용하시는 사람, 하나님의 말씀을 갖고 있는 사람이라는 뜻이다. '여호와의 말씀'이라는 단어가 여기 13장에서 13번 나오는데, 사역자란 하나님의 말씀을 맡은 사람이다.

사도 바울은 고린도 전서 4장 1절에서 "사람이 마땅히 우리를 그리스도의 일꾼이요 하나님의 비밀을 맡은 자로 여길지어다"라고 했다. 하나님은 그분의 백성 가운데 그분의 말씀을 맡은 사람을 세우신다. 이어서 2절에서는 "그리고 맡은 자들에게 구할 것은 충성이니라"고 했다. 고린도 성도들은 하나님의 종 바울을 여러 가지로 판단했다. 그러자 바울은 '여러분은 하나님의 종을 판단할 필요가 없다. 다만 하나님의 사람이 충성되도록 그를 위해 기도하라.'고 했다. 하나님의 사람은 하나님께 충성되면 되는 것이다. 성도들은 하나님의 종들을 판단하지 말고 그들을 위해 기도하기를 힘써야 한다. 그들은 하나님의 종(청지기)들이기 때문이다(고전 4:1). 하나님은 많은 사람에게 그분의 말씀을 맡기지 않으신다. 하나님께서는 그분의 말씀을 책임지는 사람을 세우시는데 그가 바로 하나님의 사람이요 하나님의 종이다.

당시에 여로보암은 벧엘에서 제사하고 있었다. 오늘날로 말하면 예배드리고 있었다. 주님을 경배하고 찬미하고 기도하고 감사하고 있었다. 그렇지만 그가 거기서 예배하는 목적이 무엇인가? 겉으로 볼 때는 예배이고 하나님을 섬기는 것 같지만, 그 속의 동기는 자기의 정치적인 입지를 세우기 위한 것이었다. 하나님은 그것을 기뻐하지 않으신다.

**2절, 하나님의 사람이 단을 향하여 여호와의 말씀으로 외쳐 가로되 단아 단아 여호와께서 말씀하시기를 다윗의 집에 요시야라 이름하는 아들을 낳으리니 저가 네 위에 분향하는 산당 제사장을 네 위에 제사할 것이요 또 사람의 뼈를 네 위에 사르리라 하셨느니라 하고**

여로보암이 제사하고 있던 그 단을 향해서 하나님의 사람이 예언한 것이다. 유다에서 요시야라는 왕이 일어나 산당 제사장들을 죽이고 또 사람의 뼈를 그 단에서 불사를 것이라는 예언이다. 이 예언은 이때로부터 300여 년 후에 이루어졌다. 열왕기 하 23장 16-20절, "요시야가 몸을 돌이켜 산에 있는 묘실들을 보고 보내어 그 묘실에서 해골을 취하여다가 단 위에 불살라 그 단을 더럽게 하니라 이 일을 하나님의 사람이 전하였더니 그 전한 여호와의 말씀대로 되었더라 17 요시야가 이르되 내게 보이는 저것은 무슨 비석이냐 성읍 사람들이 고하되 왕께서 벧엘의 단에 향하여 행하신 이 일을 전하러 유다에서 왔던 하나님의 사람의 묘실이니이다 18 가로되 그대로 두고 그 뼈를 옮기지 말라 하매 무리가 그 뼈와 사마리아에서 온 선지자의 뼈는 그대로 두었더라 19 전에 이스라엘 열왕이 사마리아 각 성읍에 지어서 여호와의 노를 격발한 산당을 요시야가 다 제하되 벧엘에서 행한 모든 일대로 행하고 20 또 거기 있는 산당의 제사장들을 다 단 위에서 죽이고 사람의 해골을 단 위에 불사르고 예루살렘으로 돌아왔더라". 이렇게 300여 년 후에 일어날 일에 대해서 지금 하나님의 사람이 여로보암에게 예언하고 있는 것이다.

**3절, 그 날에 저가 예조를 들어 가로되 이는 여호와의 말씀하신 예조라 단이 갈라지며 그 위에 있는 재가 쏟아지리라 하매**

'예조'란 예언이 이루어질 것임을 보여주는 징조(sign)이다. 장래 반드시 이루어질 일에 대하여 믿을 수 있도록 징조(sign)를 보여주는 것이다. 그것은 단이 갈라지고 그 위에 있는 재가 쏟아지는 것이었다.

**4-5절, 여로보암 왕이 하나님의 사람의 벧엘에 있는 단을 향하여 외쳐 말함을 들을 때에 단에서 손을 펴며 저를 잡으라 하더라 저를 향하여 편 손이 말라 다시 거두지 못하며 5 하나님의 사람의 여호와의 말씀으로 보인 예조대로 단이 갈라지며 재가 단에서 쏟아진지라**

이 예언을 들은 여로보암 왕이 손을 뻗치면서 하나님의 사람을 잡으라고 했다. 그런데 잡으라고 손을 뻗쳤을 그때에 그 말씀이 이루어졌다. 그 편 손이 말라 손을 다시 거두지 못하게 되었고 예조대로 단이 갈라지고 재가 단에서 쏟아졌다.

여로보암은 자기 권력을 믿고 '저를 잡으라'고 했지만 그 편 손이 그대로 말라 다시 거두지 못하게 되었고 예조대로 단이 갈라지고 재가 단에서 쏟아졌다. 여기서 기억해야 할 것은 하나님의 선지자의 말씀을 소홀히 여기지 말아야 한다는 것이다. 데살로니가 전서 5장 20절에는 예언을 멸시치 말라는 말씀이 있다. "예언을 멸시치 말고"의 원뜻은 "예언자의 말을 멸시치 말고"이다. 하나님의 말씀을 맡은 자들이 진리를 말할 때 성도들은 그 말을 멸시치 말아야 한다. 그런데 여로보암처럼 권력이 있고 힘이 있으면 함부로 하게 된다. 권력이 있고 힘이 있으면 하나님의 사람들이라 할지라도 함부로 다루게 된다. 그리고 영적인 활동을 저지하고, 영적인 가르침을 저지하고, 방해하는 일을 할 수 있다. 그럴 때 하나님은 그런 손을 마르게 하신다.

**6절, 왕이 하나님의 사람에게 말하여 가로되 청컨대 너는 나를 위하여 네 하나님 여호와께 은혜를 구하여 내 손으로 다시 성하게 기도하라 하나님의 사람이 여호와께 은혜를 구하니 왕의 손이 다시 성하여 전과 같이 되니라**

여로보암은 자신의 손이 말라버렸을 때 즉시 알았다. 하나님께 제사를 드린다고 했지만 자기 제사는 하나도 받아들여지지 않고 하나님의 사람이 말한 것은 그대로 이루어지는 것을 보고 두려움을 느꼈던 것이다. 그리고 자기가 뻗은 손이 잘못되었다는 것도 알았다. 그래서 여로보암은 하나님의 사람에게 그를 위해서 기도해 달라고 했다. 여기서 그는 '네 하나님'이라고 했는데, 자기도 예배하지만 그것이 하나님과 관계가 없다는 것을 시인하고 있는 것이다. 그 이전에는 자기가 누구를 향하여, 또 무엇을 위해서 예배하고 분향했는지 몰랐을 것이다. 그런데 이제 참되게 기도해 달라고 부탁하고 있다. 자기의 손에 문제가 생겼다는 것이다. 이것은 진실이다. 여로보암이 단에서 분향한 것은 거짓된 것이지만 지금 간청하는 말은 진실된 것이다.

"여호와께 은혜를 구하니 왕의 손이 다시 성하여 전과 같이 되니라". 여로보암이 기도해 달라고 할 때 하나님의 사람은 즉시 기도했고 여로보암의 손은 원래대로 회복되었다. 하나님의 사람은 속이 없는 사람 같다. 방금 전에 왕에게 잡혀 죽을 뻔했다. 그런데도 곧 왕을 위해 은혜를 구하는 것이다. 하나님의 사람은 지금 하나님이 쓰시고 있는 그분의 종이다. 왜 하나님께서 여로보암에게 이런 것들을 보여주셨을까? 여로보암을 회개케 하시려는 것이다. 예조를 보인 것도 회개케 하기 위함이다. 손을 내밀었을 때 마르게 한 것도 회개케 하기 위함이다. 그리고 손을 위해서 하나님의 사람에게 기도해달라고 부탁하여 그 간구대로 회복시켜 주신 것도 회개케 하기 위함이다. 하나님은 사람이 어찌하든지 회개하기를 원하신다. 이 모든 것이다 하나님의 말씀을 믿고 순종할 수 있도록 기회를 주는 것이다.

**7절, 왕이 하나님의 사람에게 이르되 나와 함께 집에 가서 몸을 쉬라 내가 네게 예물을 주리라**

여로보암 왕은 자기의 손이 즉시 나은 것을 보고 이제 그가 정말 하나님이 쓰시는 종이라는 것을 알았다. 그리고 자기의 잘못을 알았고 은혜를 입었다. 그래서 그 하나님의 사람에게 보답하고 싶은 마음이 생긴 것이다.

**8-9절, 하나님의 사람이 왕께 대답하되 왕께서 왕의 집 절반으로 내게 준다 할지라도 나는 왕과 함께 들어가지도 아니하고 이곳에서는 떡도 먹지 아니하고 물도 마시지 아니하리니 9 이는 곧 여호와의 말씀이 내게 명하여 이르시기를 떡도 먹지 말며 물도 마시지 말고 왔던 길로 도로 가지도 말라 하셨음이니이다 하고**

하나님의 사람은 왕과 함께 가지도 않겠고 떡도 먹지 아니하고 물도 마시지 않겠다고 했다. 이렇게 하나님의 사람은 하나님의 명령만 들어야 했다. '하나님의 사람'이 유다에서 벧엘로 온 목적은 여로보암과 그 분향하는 사람들(벧엘에서 금송아지를 놓고 제사하면서 소위 하나님을 경배한다고 하는 사람들)을 경고하기 위함이었다. 그 일을 위해 보내심을 받았던 것이다. 하나님의 사람은 충성되게 여로보암 왕이 분향할 때 경고했고, 왕이 손을 뻗어서 그를 잡으라고 말하다가 손이 말랐고, 그가 기도해달라고 하자 하나님의 사람은 또 간구하여 고쳐주었다. 그러므로 왕이 그 하나님의 사람을 접대하고 뭔가 보답하려는 것은 좋은 뜻이었을 것이다. 그렇지만 이 하나님의 사람은 그의 호의를 받아들이지 않았다. 왜냐면 하나님의 사람이 받은 위임은 다만 그가 전해준 여호와의 말씀을 왕이 두려워하고 순종하는 것이었기 때문이다. 그런데 자기가 그 접대를 받으면 하나님의 말씀을 약화시킬 가능성이 있었다. 그러므로 거기서 주는 것을 절대 먹지 않고 할 말만 하고 돌아간 것이다. 이것은 또한 하나님께서 하나님 사람에게 이르신 말씀이었다. "여호와의 말씀이 내게 명하여 이르시기를 떡도 먹지 말며 물도 마시지 말고 왔던 길로 도로 가지도 말라 하셨음이니이다".

**10절, 이에 다른 길로 가고 자기가 벧엘에 오던 길로 좇아 돌아가지 아니하니라**

하나님의 사람은 이렇게 철저히 하나님의 말씀을 전달하는 책임만을 감당했다. 하나님 말씀 외에 다른 것으로 그들과 좋은 관계를 맺고 화해하려 하지 않았다. 그렇게 함으로써 하나님이 주신 예언의 말씀을 약화시키려 하지 않았다. 만일 하나님의 사람이 왕의 접대를 받고 웃으면서 같이 이야기도 하고 뭔가 선물도 받고 했다면 왕은 하나님의 그 엄하신 말씀을 그대로 받지 않을 수 있다. 그러므로 하나님의 종들은 하라는 일만 하면 된다.

**11절, 벧엘에 한 늙은 선지자가 살더니 그 아들들이 와서 이 날에 하나님의 사람이 벧엘에서 행한 모든 일을 저에게 고하고 또 그가 왕에게 고한 말씀도 저희가 그 아비에게 고한지라**

여기에 '하나님의 사람'이 있고 '늙은 선지자'가 있다. 이제 하나님의 사람은 어떤 사람이고 늙은 선지자는 어떤 사람인지를 살펴보고자 한다. 늙은 선지자는 과거에 하나님이 그를 쓰셨어도 현재는 영감이 사라진 사람이다. 예전에는 하나님께서 그를 통해 역사하셨다. 그러나 시간이 지났을 때 그러한 경력과 이름만 갖고 있을 뿐 아무런 능력이 없다. 그런 사람들을 가리켜서 늙은 선지자라고 한다. 영적 신선함을 잃었을 때 그것을 늙었다고 한다. 10년 전에도 그에게 말씀하셨고 지금도 그에게 말씀하신다면 그것은 늙은 것이 아니다. 나이가 많다고 해서 늙은 것이 아니며 육신의 나이가 젊다고 해서 하나님의 사람인 것이 아니다. 나이가 젊어도 하나님과의 교제가 끊어지면, 하나님이 그에게 말씀하시지 않으면, 하나님에게서 멀어져버리면, 더 이상 하나님이 그를 사용하실 수 없는 상태가 되어버리면 늙은 선지자인 것이다.

하나님의 사람이란 어떤 사람인가? 현재 하나님과의 교제가 있고 하나님께서 그에게 말씀하시며 사용하시는 사람이다. 즉 하나님과 지속적인 교제 가운데 있는 사람이다. 온전히 하나님께 속한 사람이다. 하나님이 온전히 사용하실 수 있는 사람이다.

"벧엘에 한 늙은 선지자가 살더니". 벧엘은 금송아지를 두었던 곳이다. 당시에 하나님의 선지자라면 벧엘에 있어서는 안 되었다. 그곳에는 우상이 있기 때문이다. 여로보암은 자기의 정권을 지키기 위해서 사람들의 민심이 다윗 집으로 돌아가지 않도록, 유다 왕국으로 돌아가지 않도록 정책적으로 벧엘과 단에 우상을 세웠다. 그리고서 겉의 형식이나 절기를 예루살렘의 그것과 비슷하게 만들었다. 그렇게 한 다음 백성들에게 '예루살렘까지 갈 것이 없다. 여기서 경배해라.'고 했다. 그런 일이 행해지고 있는 장소에 하나님의 선지자가 있으면 안 된다. 당시에 많은 선지자들이 벧엘에 있다가 유다 예루살렘이 있는 남쪽으로 갔을 것이다. 그런데 이 늙은 선지자는 자기 생계 문제나 장래 문제가 막막하다 보니 그냥 벧엘에 머물러 있게 되었을 것이다. 그러다보니 늙게 되었고 하나님과 교제가 막힌 사람이 되었다. 이 늙은 선지자는 여로보암 왕이 분향할 때 그것을 막으러 가지도 않고 그냥 거기 있었다. 누가 갔는가? 이 늙은 선지자의 아들들이 갔다.

**12절, 그 아비가 저희에게 이르되 그가 어느 길로 가더냐 하니 그 아들들이 유다에서부터 온 하나님의 사람의 간 길을 보았음이라**

이 늙은 선지자의 아들들은 '하나님의 사람'이 여로보암 왕에게 전한 말씀을 거기서 들었다. 그리고 자기 아버지에게 가서 말해주었다. 이 아들들은 그것이 그렇게 심각한 일인지는 몰랐을 것이다. 그냥 "아버지, 우리가 벧엘에 갔었는데 유다에서 온 어떤 선지자가 여로보암 왕에게 감히, '큰 일이 일어날 것이다. 어느 날 유다에 한 왕이 일어나서 여기서 분향하는 제사장들을 다 태워 이 단에서 제사할 것이다. 그 뼈들을 불사를 것이다.'라고 무서운 말을 했어요. 그런데 그 때 여로보암 왕이 화가 나서 '저 놈 잡아라!' 하면서 손을 뻗치자 그 손이 말라버렸어요. 왕이 어쩔 줄 모르고 그 하나님의 사람에게 '나를 위해서 기도해 주시오.'라고 하니까 그 하나님의 사람이 위해서 기도해 주었는데 즉시 나았어요. 그리고 왕이 고마워서 보답할 테니까 먹고 가라고 했는데 이 하나님의 사람은 먹지도 않고 온 길로 가지 않고 다른 길로 갔어요." 하면서 그들이 보고 들은 대로 자기 아버지인 늙은 선지자에게 전해준 것이다.

**13-14절, 저가 그 아들들에게 이르되 나를 위하여 나귀에 안장을 지우라 저희가 나귀에 안장을 지우니 저가 타고 14 하나님의 사람의 뒤를 좇아가서 상수리나무 아래 앉은 것을 보고 이르되 그대가 유다에서 온 하나님의 사람이뇨 대답하되 그러하다**

이 늙은 선지자는 자기 아들들에게서 하나님의 현저한 역사에 관해 전해 듣고 그 하나님의 사람을 찾아갔다. 이 젊은 하나님의 사람은 상수리나무 아래에서 쉬고 있었다. 상수리나무는 오늘날로 말하면 휴게소와 같은 만남의 장소이다. 거기서 쉬고 있을 때 만난 것이다. 사실 하나님의 사람이 그런 곳에서 쉬지 말고 그냥 갔으면 좋았을 뻔했다.

여러분이 하나님이 정하신 길을 가는 데 있어서 기도해야 할 것이 한 가지 있는데, 그것은 "하나님, 만나지 말아야 할 사람은 만나지 않게 해 주십시오."라는 것이다. 이 젊은 선지자는 사람을 잘못 만났다가 망했다. 사람을 잘 만나려면 불필요한 일을 하지 않는 것이 좋다. 쉬는 곳이라고 해서 아무 생각 없이 가면 위험하다. 그런 곳에 갔다가 사람을 잘못 만나게 된다. 이 젊은 선지자는 거기서 만나지 말아야 할 사람인 늙은 선지자를 만났다. 그저 하나님의 말씀 비슷하게 한다고 해서 괜찮은 것이 아니다.

**15-16절, 저가 그 사람에게 이르되 나와 함께 집으로 가서 떡을 먹으라 16 대답하되 나는 그대와 함께 돌아가지도 못하겠고 그대와 함께 들어가지도 못하겠으며 내가 이곳에서 그대와 함께 떡도 먹지 아니하고 물도 마시지 아니하리니**

늙은 선지자는 유다의 선지자의 금지 항목을 정면으로 도전했다. 그러나 젊은 선지자는 결코 그럴 수 없다면서 여기까지는 옳게 말했다.

**17-18절, 이는 여호와의 말씀이 내게 이르시기를 네가 거기서 떡도 먹지 말고 물도 마시지 말며 또 네가 오던 길로 돌아가지도 말라 하셨음이로라 18 저가 그 사람에게 이르되 나도 그대와 같은 선지자라 천사가 여호와의 말씀으로 내게 이르기를 그를 네 집으로 데리고 돌아가서 그에게 떡을 먹이고 물을 마시우라 하였느니라 하니 이는 그 사람을 속임이라**

여기서 이 일을 잠시 생각해보자. 왜 이 늙은 선지자는 젊은 선지자를 좇아가면서까지 꼭 접대를 하고 싶어했을까? 왜 이 늙은 선지자는 젊은 하나님의 사람에게 거짓을 말하면서까지 자기 집으로 데리고 가려고 했는가? 사람은 그렇게 간단하지 않은 존재이다. 늙은 선지자는 이미 하나님과의 관계가 막혀 있다. 이전 경험 때문에 영적인 것은 좀 알지만 내적으로는 이미 타락한 것이다. 이러한 사람들에게 남아 있는 것이 시기와 욕심이다. 영적인 것에 대한 경험이 있기 때문에 욕심이 남아 있는 것이다. 그러므로 신선하게 역사하는 젊은 사람을 볼 때 한번 만나고 싶었던 것이다. 이것이 복잡한 사람의 내면이다. 한 면에서는 같은 선지자 입장에서 접대도 하고 싶고 먹여주고도 싶고 쉬게 해주고도 싶었을 것이다. 그런데 또 한 가지는 '너도 나처럼 그냥 적당히 타협하면서 타락 가운데 살자.'라는 것이 그 심리에 들어 있는 것이다. 과거에는 자기도 이 젊은이처럼 선지자 노릇을 했었다. 선지자의 대우도 받았다. 그런데 벧엘에 남아 있다 보니 영적인 세계가 막혀 버린 것이다.

그런데 사람이 어두침침해지는 것은 하루아침에 그렇게 되는 것이 아니다. 은혜가 막히는 것도 하루아침에 일어나는 일이 아니다. 그렇기 때문에 사람들이 주님을 쉽게 떠나는 것이다. 진리의 길을 벗어나 주님이 기뻐하시지 않는 길을 가도 영적인 은혜가 금방 떨어지지 않기 때문이다.

여기의 젊은 선지자는 결국 죽임을 당하게 된다. 하나님의 사람이 죽임을 당한 것은 바로 진리를 세우지 못했기 때문이다. 이 늙은 선지자가 젊은 선지자를 속인 것이다. 이 사람이 일부러 속이려고 했겠는가? 사람은 마귀에게 속고 또 사람에게 속는다. 늙은 선지자는 마귀에게 속고 젊은 선지자는 늙은 선지자에게 속았다.

**19절, 이에 그 사람이 저와 함께 돌아가서 그 집에서 떡을 먹으며 물을 마시니라**

젊은 선지자는 이 늙은 선지자가 '나도 선지자다'라고 하는 바람에 그 유혹에 넘어갔다. 이 열왕기 상 13장이 우리에게 주는 교훈은 엄청나게 크다. 사도 바울은 갈라디아서 1장 8-9절에서 "그러나 우리나 혹 하늘로부터 온 천사라도 우리가 너희에게 전한 복음 외에 다른 복음을 전하면 저주를 받을지어다 우리가 전에 말하였거니와 내가 지금 다시 말하노니 만일 누구든지 너희의 받은 것 외에 다른 복음을 전하면 저주를 받을지어다"라고 했다. 이것이 무슨 말인가? 진리란 변치 않는 것이다. 주님의 말씀인 진리는 변하지 않는다. 하나님이 이 젊은 선지자에게 하신 그 말씀은 변치 않는 말씀이다. 하나님은 식언하지 않으시고 변개하지 않는 분이시다. 그러므로 그것은 어디 가서도 반드시 지켰어야 했다. 그런데 이 사람은 '내가 너보다 경험이 많은 선지자다'라고 하는 늙은 선지자의 말에 넘어가버린 것이다.

사도 바울은 교회에게 뭐라고 말했는가? '내가 지금 전하는 은혜의 복음 진리 외에는 천사나 혹 내가 후에 와서 다른 것을 전하더라도 너희는 듣지 말아라. 소위 유명하다는 사람들, 경력 있다 하는 사람들, 체험 있다는 사람들이 와서 여러분에게 어떤 말을 할 때에 그 이름 때문에 넘어가지 말아라.'고 했다. 다시 말해서 '그 말씀이 우리가 지금까지 받은 성경 진리에 입각한 것인지 상고하고 대조한 다음에 받아야지, 그 사람이 나보다 더 오랫동안 섬긴 사람이니까 나보다 더 옳겠지.' 하고 받아서는 안 된다는 것이다. 그런 면에서는 베뢰아 사람들이 잘했다. 그들은 사도 바울의 가르침을 받고서도 그것이 그러한가 하여 성경을 대조하고 상고했다.

이 젊은 선지자는 결국 죽임당했다. 그러므로 이 이야기는 매우 엄중한 영적 가르침이다. 경험이 많은 것이 무슨 소용이 있는가? 현재 살아 있는 하나님의 말씀을 전해주는 사람이 아닌데 왜 그 사람에게 가서 듣고 망하느냐는 말이다. 그렇기 때문에 주 예수님도 말씀하셨다. "거짓 선지자들을 삼가라 양의 옷을 입고 너희에게 나아오나 속에는 노략질하는 이리라"(마 7:15). 여러분이 겉모습을 보고 그가 누구인지 알 것 같은가? 결코 모른다. 이 늙은 선지자는 사실 거짓 선지자이다. 왜냐하면 거짓말을 했기 때문이다. "나도 그대와 같은 선지자라 천사가 여호와의 말씀으로 내게 이르기를 그를 네 집으로 데리고 돌아가서 그에게 떡을 먹이고 물을 마시우라 하였느니라". 이 말은 거짓이다. 그런데 그가 거짓말만 했는가? 참말도 했다. 참말을 했다고 해서 그의 말이 다 맞는 것은 아니다. 이것도 있고 저것도 있기 때문이다. 100퍼센트 다 거짓말이라면 누가 그것을 듣겠는가? 그런데 거기에 옳은 말이 좀 있기 때문에 다른 말까지 받아버리게 되는 것이다. 이 한 그릇의 밥이 전부 다 푸르스름한 독약이라면 누가 이것을 먹겠는가? 그런데 밥이 다 하얗고 맛있게 보이고 그저 그 속에 두세 알 정도만 푸르스름하게 독이 들어있으니 괜찮겠지 하고 먹는 것이다. 그 결과는 죽음이다. 그러므로 주님은 조심하라고 하신다. "양의 옷을 입고 너희에게 나아오나". 거짓 선지자가 '나 거짓 선지자다'라고 이마에 써 붙이고 오겠는가? 그러므로 그 열매로 그를 알라고 하셨다. 열매로 알아야지 겉모습만 보고는 절대로 알 수 없다는 말씀이다.

**20절, 저희가 상 앞에 앉았을 때에 여호와의 말씀이 그 사람을 데려온 선지자에게 임하니**

젊은 선지자를 데려온 선지자, 곧 늙은 선지자이다.

**21-22절, 저가 유다에서부터 온 하나님의 사람을 향하여 외쳐 가로되 여호와의 말씀에 네가 여호와의 말씀을 어기며 네 하나님 여호와가 네게 명한 명령을 지키지 아니하고 22 돌아와서 여호와가 너더러 떡도 먹지 말고 물도 마시지 말라 한 곳에서 떡을 먹고 물을 마셨으니 네 시체가 네 열조의 묘실에 들어가지 못하리라 하셨느니라 하니라**

이 말씀을 보라! 늙은 선지자가 하나님의 말씀을 받아 젊은 하나님의 사람에게 예언을 하고 있다. "네가 여호와의 말씀을 어기며 네 하나님 여호와가 네게 명한 명령을 지키지 아니하고 돌아와서 여호와가 너더러 떡도 먹지 말고 물도 마시지 말라 한 곳에서 떡을 먹고 물을 마셨으니 네 시체가 네 열조의 묘실에 들어가지 못하리라". 늙은 선지자는 거짓말을 하여 젊은 선지자로 하여금 하나님의 말씀을 거역하게 만들었는데, 이제는 그에게 이런 예언을 하고 있다. 그가 앞에서 말한 것과 완전히 반대되는 말을 하고 있으면서도 늙은 선지자는 자기의 잘못을 시인하지 않았다. 그런데 놀라운 것은 하나님이 이 젊은 선지자에 대해 영적인 세계와 은혜를 닫아버리셨다는 것이다. 하나님의 명령을 불순종했을 때 하나님은 닫아버리신다. 하나님은 젊은 선지자에게 더 이상 말씀하지 않으셨다. 차라리 늙은 선지자를 통해서 말씀하셨다. 하나님은 필요할 때는 나귀를 통해서도 말씀하신다.

사도 바울은 젊은 동역자 디모데에게 "오직 너 하나님의 사람아 이것들을 피하고 의와 경건과 믿음과 사랑과 인내와 온유를 좇으며(딤전

6:11)", "악한 사람들과 속이는 자들은 더욱 악하여져서 속이기도 하고 속기도 하나니 그러나 너는 배우고 확신한 일에 거하라 네가 뉘게서 배운 것을 알며(딤후 3:13-14)"라고 권했다. 다른 사람들은 다 세상을 사랑하고 돈을 사랑하여 하나님의 진리를 거스르고 떠나도 너는 그렇게 하지 말라는 것이다. 그런데 이러한 하나님의 사람이 잘못했을 때는 하나님의 진노가 더 크게 임한다.

**23-24절, 자기가 데리고 온 선지자가 떡을 먹고 물을 마신 후에 그를 위하여 나귀에 안장을 지우니라 24 이에 그 사람이 가더니 사자가 길에서 저를 만나 죽이매 그 시체가 길에 버린 바 되니 나귀는 그 곁에 섰고 사자도 그 시체 곁에 섰더라**

결국 젊은 선지자는 죽었다. 젊은 하나님의 사람은 여로보암 왕 앞에 가서 죽음을 무릅쓰고 용감하게 예언을 했는데, 이제 늙은 선지자에게 미혹되어서 하나님의 명령을 어기고 결국 사자에게 찢겨 죽은 것이다. 그런데 24절은 이 젊은 선지자의 시체에 대해 사자가 찢어 죽이기는 했는데 그 시체를 먹지 않고 그냥 곁에 서 있었다고 했다. 하나님께서 그 시체만큼은 지켜주신 것이다.

**25절, 지나가는 사람들이 길에 버린 시체와 그 시체 곁에 선 사자를 보고 그 늙은 선지자가 사는 성읍에 와서 말한지라**

이 늙은 선지자도 그 근방에서는 유명한 사람이었다. 지나던 사람들이 젊은 선지자가 죽임당한 것을 보고 늙은 선지자에게 가서 알려준 것이다.

**26절, 그 사람을 길에서 데리고 돌아간 선지자가 듣고 말하되 이는 여호와의 말씀을 어긴 하나님의 사람이로다 여호와께서 그에게 하신 말씀과 같이 여호와께서 그를 사자에게 붙이시매 사자가 그를 찢어 죽였도다 하고**

결국 이 젊은 하나님의 사람은 '여호와의 말씀을 어긴 하나님의 사람'

으로 평가되어 버렸다. 한 때 하나님께 쓰임을 받았지만 죽을 때는 이런 평가를 받게 된 것이다. 이 늙은 선지자도 역시 한 때는 쓰임을 받았었다. 그러나 한 때 쓰임을 받았다는 것이 그 사람의 일생을 보장하지는 못한다. 하나님은 왜 이 젊은 사람을 죽지 않으면 안 되게 하셨는가? 하나님은 그분의 간증을 그분 스스로 짊어지셔야 하고 그분의 말씀의 권위를 세우셔야 하기 때문이다.

이 13장에서 반드시 유념해야 할 한 단어는 '여호와의 말씀'이다. 여호와의 말씀이 13장에서 13번 나온다. 하나님은 그분의 말씀을 세우셔야 한다. 이 젊은 선지자는 하나님의 명령을 세우는 방식으로 행동하지 못했다. 그것을 여로보암 왕에게 전달하기는 했지만 하나님의 명령을 세우는 방식으로 살지 못한 것이다. 자신은 늙은 선지자에게 속은 것이라고 하겠지만 하나님은 그분의 말씀을 어긴 것으로 인정하셨다. 하와처럼 먹지 말라고 한 것을 먹지 않았는가?

26절을 다시 보자. "이는 여호와의 말씀을 어긴 하나님의 사람이로다 여호와께서 그에게 하신 말씀과 같이 여호와께서 그를 사자에게 붙이시매 사자가 그를 찢어 죽였도다 하고". 이 늙은 선지자는 자기가 그를 죽게 해놓고서 중계방송 하듯이 말한다. 그런데 잘못의 경중으로 따지면 늙은 선지자가 더 잘못했는데 왜 하나님은 이 사람을 그냥 두시는가? 순진한 사람에게 거짓말을 해서 하나님의 말씀을 어기게 했는데 이 늙은 선지자의 잘못이 더 큰 게 아닌가? 그런데 하나님이 늙은 선지자는 그냥 두셨다.

**27-28절, 이에 그 아들들에게 말하여 가로되 나를 위하여 나귀에 안장을 지우라 저희가 안장을 지우매 28 저가 가서 본즉 그 시체가 길에 버린 바 되었고 나귀와 사자는 그 시체 곁에 섰는데 사자가 시체를 먹지도 아니하였고 나귀를 찢지도 아니하였더라**

이 모든 일이 하나님의 주권 아래 된 일임을 보여주는 것이다. 그냥 우연히 사자가 나타나서 이렇게 된 것이 아니라 하나님의 징계에 의해서,

하나님의 주권으로 심판이 임해서 된 일임을 알려주고 있는 것이다.

**29절, 늙은 선지자가 하나님의 사람의 시체를 떠들어 나귀에 실어 가지고 돌아와 자기 성읍으로 들어가서 슬피 울며 장사하되**

늙은 선지자가 슬피 운다는 것은 그에게 아직 인정이나 동정심이 남아 있다는 것이다. 거짓으로 슬피 운 것이 아니다. 거짓 선지자라고 해서 완전히 거짓된 것만은 아니다. 다만 결정적인 것에서 비뚤어진 것이다. 나머지는 거의 괜찮다. 떡도 주고 물도 주고 하는 것은 다 인정이 있어서가 아니겠는가? 죽은 것을 보고 안쓰러워서 슬피 우는 것도 다 좋은 것이다. 우리는 이 장을 읽으면서 사람이 참 복잡하다는 것을 알게 된다. 한 면이 좋다고 해서 다 좋은 것이 아니다. 모든 면이 다 좋아야 좋은 것이다. 바울은 성도들을 그리스도 안에서 완전한 자로 세우기 원했다. 늙은 선지자는 교활한 사람이고 젊은 사람은 너무 단순한 나머지 온전치 못하고 지혜가 부족했다.

**30절, 곧 그 시체를 자기의 묘실에 두고 그를 위하여 슬피 울며 가로되 오호라 나의 형제여 하니라**

늙은 선지자가 슬퍼한 것은 사실이다. 장례까지 다 잘 치러주었다. 이 젊은 선지자의 잘못은 하나님도 당신의 말씀을 바꾸실 수 있는 분으로 생각한 것이다. 하나님의 말씀도 경우에 따라서는 바뀔 수 있다고 여긴 것이다. 이것이 젊은 선지자의 가장 큰 잘못이다. 아무리 노련하고 이름 있는 대선배의 말이라 하더라도 하나님의 말씀과 대조할 필요가 없는 말은 하나도 없다.

**31절, 그 사람을 장사한 후에 저가 그 아들들에게 말하여 가로되 내가 죽거든 하나님의 사람을 장사한 묘실에 나를 장사하되 내 뼈를 그의 뼈 곁에 두라**

이 사람이 왜 이렇게 지시했는지 모르겠지만 어쨌든 그는 영적인 욕심이 큰 사람이다. 다르게 해석하기가 어렵다. 하나님이 쓰셨던 그 사람과 자기를 일치시키고 싶은 것이다.

**32절, 그가 여호와의 말씀으로 벧엘에 있는 단을 향하고 또 사마리아 성읍들에 있는 모든 산당을 향하여 외쳐 말한 것이 반드시 이룰 것임이니라**

이 늙은 선지자는 적어도 이 젊은 선지자의 말한 것이 다 참이라는 것을 알았다. 늙은 선지자가 영적인 일을 모르는 것은 아니다. 다만 그의 문제는 점점 어두워졌다는 것이고 자신의 삶에 안주하면서 길을 가지 않았다는 것이다. 그는 벧엘에 그냥 머물러 있었지만 알 것은 알았다. 그래서 결국 미혹하는 말을 해서 이 젊은 선지자를 거꾸러뜨리는 데 성공을 한 것이다.

이 이야기를 통해 우리는 이 길에서 매우 두려워하고 조심해야 한다는 것을 알 수 있다. 이 장에서 우리에게 주는 교훈이 바로 이것이다. 경력을 보고서 그의 말을 듣지 말라. 이름 때문에도 그의 말을 듣지 말라. 그렇지 않으면 사자한테 찢겨 죽는다. 중요한 것은 변함없는 말씀이다. 변치 않는 주님의 말씀에 뿌리를 박아야 한다. 경력이 대단한 어떤 사람들이 말하면 마치 하나님의 말씀도 바뀔 수 있는 것처럼 생각되지만 결코 그렇지 않다. 하나님의 말씀은 절대 바뀌지 않는다. 우리가 축복을 받으려면 어떻게 해야 하는가? 변치 않는 주님의 말씀, 반석 위에 굳게 서야 한다. 우리는 이 진리의 말씀을 세우는 방식으로 사역해야 한다. 그럴 때 하나님은 그 사람을 축복하신다.

**33절, 여로보암이 이 일 후에도 그 악한 길에서 떠나 돌이키지 아니하고 다시 보통 백성으로 산당의 제사장을 삼되 누구든지 자원하면 그 사람으로 산당의 제사장을 삼았으므로**

유다에서 하나님의 사람을 보내서 이 벧엘 단을 향해 예언한 것이 누구를 위한 것이었는가? 여로보암과 이스라엘을 위한 것이었다. 그런데 그 예언의 말이 효과가 있었는가? 전혀 없었다. 여로보암은 그 선지자의 말을 듣고 하나도 변한 것이 없었다.

**34절, 이 일이 여로보암 집에 죄가 되어 그 집이 지면에서 끊어져 멸망케 되니라**

결국 바아사라는 사람이 모반을 해서 여로보암 집안을 싹 쓸어버렸다. 하나님의 사람을 보내어 단을 향해서 예언하게 하셨고 그의 손이 마른 것도 회복해 주셨으며 하나님의 사람으로 떡도 안 먹고 물도 안 마시고 말씀만 남겨놓고 가게 하심으로 하나님 편에서는 하실 수 있는 최대한의 성의를 여로보암에게 보이셨는데 여로보암은 그 권고하시는 말씀을 귓등으로도 듣지 않았다. 아마도 그는 젊은 선지자가 사자에게 찢겨 죽은 것까지도 알았을 것이다. 하나님의 명령을 청종하지 않으면 그렇게 비참하게 된다는 것을 보여주신 것은 다 여로보암과 이스라엘을 위한 것이었다. 그들이 벧엘이나 단에서 악한 제사를 드리고 보통 백성으로 산당의 제사장을 삼는 것에 대해 하나님은 회개케 하고 바꾸고 싶으셨던 것이다. 그런데 젊은 선지자의 사역은 하나도 효력이 없었다.

이제 세 사람(여로보암, 하나님의 사람, 늙은 선지자)에 대해서 다 살펴보았다. 여기서 가장 참혹하게 끝난 사람이 하나님의 사람이다. 가장 하나님을 사랑했기 때문이다. 그리고 가장 강퍅한 사람은 여로보암이다. 여로보암은 자기의 권세를 지키려고 했던 사람이다. 이스라엘에서 권세를 잡으려는 욕심 때문에 회개하지 않았다. 그는 어떤 일이 있어도 회개하지 않고 전과 똑같이 행했다.

하나님의 사람은 단순해서 속았다. 늙은 선지자는 경력이 있었지만 거짓 선지자가 되고 교활하게 되어버렸다. 또 영적 시기가 속에 가득했다. 열왕기 상 13장 한 장 속에서 우리는 얼마나 큰 교훈을 받을 수 있는가! 이러한 이야기가 얼마나 우리에게 교훈이 되는지 모른다. 여러분은 이러한 교훈을 얻기를 사모하는가? 성경의 한 말씀이 인생을 바꾸기도 한다. 우리는 이 경주장에서 끝까지 잘 달려서 면류관을 얻어야 하지 않겠는가? 그러려면 길을 잘 가야 한다. 이 노정에 얼마나 많은 위험이 있는지! 갈라디아서 1장을 보라. 바울은 자기가 전한 은혜의 복음 외에 다른 복음을 가지고 오면 혹 자기 이름으로 온다고 해도 듣지 말라고 했다. 심지어 천사나 내가 와서 말해도 이 은혜의 복음 외에 다른 복음을 전하면 듣지 말라고 했다. 이러한 교훈을 엄중하게 받기 바란다.

### 기도

하나님 아버지, 감사합니다. 오늘 이 말씀을 통해서 저희는 큰 교훈을 얻었습니다. 하나님은 사람을 외모로 보지 않으시고 사람의 중심을 살피십니다. 하나님이 원하시는 것은 하나님의 진리가 굳건하게 서는 것입니다. 오, 사랑하는 주님! 영원히 변치 않는 주님의 진리의 말씀 위에 우리의 믿음이 세워지게 하옵소서. 우리의 사랑하는 성도들로 하여금 이 길을 변치 않고 끝까지 가게 하여 주시고 속지 않게 하여 주시고 진리를 붙들고 나아가게 하옵소서. 아멘.

# 열왕기상 14 장

**1절, 그 때에 여로보암의 아들 아비야가 병든지라**

여로보암이 이스라엘의 왕이니까 그 아들 아비야는 왕자인 셈이다. 그런데 왕자 아비야가 병이 들었다. 여로보암은 나쁜 왕이었지만 아들 아비야는 비교적 좋은 사람이었다.

**2절, 여로보암이 그 아내에게 이르되 청컨대 일어나 변장하여 사람으로 그대가 여로보암의 아내임을 알지 못하게 하고 실로로 가라 거기 선지자 아히야가 있나니 저는 이전에 내가 이 백성의 왕이 될 것을 내게 고한 사람이니라**

여로보암은 아들이 병들자 그가 어떻게 될지 알고자 하여 아내를 변장시켜 아히야 선지자에게 보냈다. 아히야 선지자는 여로보암을 만나 그 옷을 찢어가면서 하나님이 다윗의 나라를 찢어서 그에게 줄 것이라고 예언을 했던 사람이다. 11장 38절, "네가 만일 내가 명한 모든 일에 순종하고 내 길로 행하며 내 눈에 합당한 일을 하며 내 종 다윗의 행함같이 내 율례와 명령을 지키면 내가 너와 함께 있어 내가 다윗을 위하여 세운 것 같이 너를 위하여 견고한 집을 세우고 이스라엘을 네게 주리라". 왜 변장을 해서 보냈는가? 여로보암 자신이 선지자가 말한 예언의 말씀에서 벗어나게 행했기 때문이다. 여로보암은 왕이 된 뒤에 그 말씀대로 하지 않고 자기 맘대로 왕 노릇을 했다. 그러다가 아들이 병들었으므로 떳떳하게 가지 못하고 아내를 변장시켜 보낸 것이다.

당시에 여로보암은 세겜에서 왕이 되었다. 그 뒤에 세겜에서 사마리아로 수도를 옮겼는데 사마리아로 옮기기 바로 전의 수도가 디르사이다. 디르사는 아름다운 곳이다(아 6:4). 선지자는 당시 이스라엘 왕이 거하는 곳에 있지 않고 한 쪽 구석인 실로에 있었다. 말하자면 선지자가 소외를 당하고 있던 상황이다. 이스라엘 왕은 수도에 있으면서 자기의 인간적인 권세를 이용하여 선지자의 말에 청종하지 않았다. 그런데 막상 아들이 병들어 죽게 되니 자기의 아내를 변장시켜 시골에 보내어 어떻게 좀 도와달라고 요청하는 것이다.

**3절, 그대의 손에 떡 열과 과자와 꿀 한 병을 가지고 그에게로 가라 저가 그대에게 이 아이의 어떻게 될 것을 알게 하리라**

당시 선지자에게 가려면 선물을 가지고 가는 것이 상례였다. 여로보암은 아내에게 간단한 음식을 준비하여 선지자에게 가라고 했다. 그것은 왕후의 신분을 속이기 위한 것이었다. 그 아들에게 일어난 일을 다 알 수 있다고 생각했다면 그렇게 한다고 해서 선지자가 아내의 신분을 모르겠는가?

**4-5절, 여로보암의 아내가 그대로 하여 일어나 실로로 가서 아히야의 집에 이르니 아히야는 나이로 인하여 눈이 어두워 보지 못하더라 5 여호와께서 아히야에게 이르시되 여로보암의 아내가 그 아들이 병듦을 인하여 네게 물으러 오나니 너는 이리 이리 대답하라 저가 들어올 때에 다른 사람인 체함이니라**

아히야 선지자는 나이가 들어서 눈이 어두워졌어도 하나님의 음성을 들을 수 있었다. 눈은 어두워도 영안은 밝았던 것이다. 그에게 하나님은 여로보암의 아내가 변장하고 올 것이니 이리 이리 대답하라고 알려 주셨다.

**6절, 저가 문으로 들어올 때에 아히야가 그 발소리를 듣고 말하되 여로보암의 처여 들어오라 네가 어찌하여 다른 사람인 체하느뇨 내가 명령을 받아 흉한 일로 네게 고하리니**

선지자는 아주 참되게 말한다. 오늘날 많은 문제가 성도들이 참된 말을 하지 않음으로 인하여 생겨난다. 사도 바울은 에베소서에서 사랑 안에서 참된 말을 하라고 권했다. 우리가 서로 지체가 되었기 때문이다. 우리는 거짓되지 말아야 한다. 여로보암은 선지자에게 이런 말을 듣고 싶어서 아내를 보낸 것이 아니었을 것이다. 그러나 사역자 된 사람들은 충성스러워야 한다. 고린도 전서 4장 1절, "그리고 맡은 자들에게 구할 것은 충성이니라".

사도행전 20장 26-27절, "그러므로 오늘 너희에게 증거하노니 모든 사람의 피에 대하여 내가 깨끗하니 27 이는 내가 꺼리지 않고 하나님의 뜻을 다 너희에게 전하였음이라". 바울은 에베소 사람들에게 꺼리지 않고 하나님의 뜻을 다 전했다고 했다. 여기서 여로보암의 처는 변장하고서 떡과 과자와 꿀 한 병을 들고 갔다. 그때 선지자 아히야는 "네가 어찌하여 다른 사람인체 하느냐 내가 명령을 받아 흉한 일로 네게 고하리라"고 했다.

**7-8절, 가서 여로보암에게 고하라 이스라엘 하나님 여호와의 말씀이 내가 너를 백성 중에서 들어 내 백성 이스라엘의 주권자가 되게 하고 8 나라를 다윗의 집에서 찢어 내어 네게 주었거늘 너는 내 종 다윗이 나의 명령을 지켜 전심으로 나를 좇으며 나 보기에 정직한 일만 행하였음과 같지 아니하고**

하나님은 다윗을 이스라엘 집의 표준으로 삼으셨다. 이스라엘 왕들이 다윗 왕같이만 해주기를 바라신 것이다. 그러나 여로보암은 그렇게 다윗같이 전심으로 하나님을 좇지 않고 정직한 일을 행하지 않았다.

**9-10절, 너의 이전 사람들보다도 악을 행하고 가서 너를 위하여**

**다른 신을 만들며 우상을 부어 만들어 나의 노를 격발하고 나를 네 등 뒤에 버렸도다 10 그러므로 내가 여로보암의 집에 재앙을 내려 여로보암에게 속한 사내는 이스라엘 가운데 매인 자나 놓인 자나 다 끊어 버리되 거름을 쓸어버림같이 여로보암의 집을 말갛게 쓸어 버릴지라**

여로보암은 하나님의 눈에 어떤 존재로 보였는가? 거름이나 분뇨 같은 것으로 여겨졌다. 사람이 이 땅에서 하나님을 사랑하고, 주님을 위한 존재가 되고, 많은 사람들에게 진리와 생명을 나눠주고, 이웃들을 위해 살고, 빛을 나타내고, 소금이 되는 그런 삶을 살지 않으면 이렇게 썩은 거름이 되는 것이다. 하나님은 그 거름같이 더럽게 되어버린 여로보암의 집을 말갛게 쓸어버리겠다고 하셨다.

**11절, 여로보암에게 속한 자가 성에서 죽은즉 개가 먹고 들에서 죽은즉 공중의 새가 먹으리니 이는 여호와가 말하였음이니라 하셨나니**

여로보암의 자손들은 집에서 평안히 죽지 못하고 장례도 제대로 치르지 못할 것이라고 했다. 성내에서나 들에서 죽을 때 동물이나 조류의 밥이 된다는 것이다. 얼마 가지 않아서 이 말이 그대로 이루어졌다(15:25-29).

**12-13절, 너는 일어나 네 집으로 가라 네 발이 성에 들어갈 때에 그 아이가 죽을지라 13 온 이스라엘이 저를 위하여 슬퍼하며 장사하려니와 여로보암에게 속한 자는 오직 이 아이만 묘실에 들어가리니 이는 여로보암의 집 가운데서 저가 이스라엘 하나님 여호와를 향하여 선한 뜻을 품었음이니라**

여로보암 집에서 아비야라는 아들 하나만 하나님을 향하여 선한 뜻을 품었던 사람이라고 하신다. 하나님께서 보실 때 이 아이 하나만 좋은 것이다. 그래서 하나님이 그 아이를 데려가시는 것이다. 그 때에 온 이스라엘이 그를 위하여 슬퍼할 것이라고 했다. 백성들은 그의 됨됨이를 알았던 것이다. 온 이스라엘이 기대하며 사모하고 있었는데 그 아이가 그만 죽어버리자 너무 아까워하며 온 이스라엘이 슬퍼하는 것이다.

**14절, 여호와께서 이스라엘의 위에 한 왕을 일으키신즉 저가 그날에 여로보암의 집을 끊어 버리리라 어느 때냐 곧 이제라**

한 왕을 일으켜서 여로보암의 집을 끊어버린다고 했는데, 그가 바로 다음에 나오는 바아사이다. 여로보암이 죽고 나답이라는 아들이 2년 정도 왕위에 있었는데, 바아사라는 사람이 새로이 일어나 왕이 되어 여로보암 집을 모두 쓸어버리게 된다. 이 일이 곧 일어날 것이라고 예언한 것이다.

아비야라는 사람은 악한 여로보암 집에 태어났지만 하나님을 사랑하는 선한 사람이었다. 이 세상과 잘 맞는 그리스도인은 좋은 그리스도인이 아니다. 이 세상이 감당하지 못하는 그리스도인이 좋은 그리스도인이다. 어쨌든 이 아비야는 여로보암의 처가 성내에 들어가자마자 죽게 되어 있다.

**15절, 여호와께서 이스라엘을 쳐서 물에서 흔들리는 갈대같이 되게 하시고 이스라엘을 그 열조에게 주신 이 좋은 땅에서 뽑아 저희를 하수 밖으로 흩으시리니 저희가 아세라 목상을 만들어 여호와를 진노케 하였음이니라**

이스라엘이 결국 약해질 것이며 망하게 된다는 뜻이다. 여로보암의 죄가 심히 큰 것은 자기만 죄를 지은 것이 아니라 이스라엘 모든 백성을 범죄하도록 이끌었기 때문이다. 이것이 여로보암의 큰 죄이다. 그리스도인들도 약해질 때 자기 혼자만 죄를 짓는 것이 아니라 다른 사람까지 죄짓는 데 끌어들이는 일을 하면 하나님이 엄청나게 싫어하신다는 것을 알아야 한다.

**16-17절, 여호와께서 여로보암의 죄로 인하여 이스라엘을 버리시리니 이는 저도 범죄하고 이스라엘로 범죄케 하였음이니라 하니라 17 여로보암의 처가 일어나 디르사로 돌아가서 집 문지방에 이를 때에 아이가 죽은지라**

당시 왕궁이 디르사에 있었다. 디르사에 돌아가 자기 집 문지방에 도착할 바로 그때 아이가 죽었다. 이 여로보암의 아내는 선지자의 말을 듣고서 그 말을 마음에 두었는가? 자기가 집에 들어가면 아이가 죽게 된다는데 감히 들어가려고 했겠는가? 그녀는 그런 말을 엄중하게 받아들이지 않고 설마 하면서 들어갔을 것이다. 그런데 들어가자마자 아이가 죽은 것이다. 이것은 앞으로 그 집에 일어나게 될 모든 재앙의 전조였다.

**18-20절, 온 이스라엘이 저를 장사하고 저를 위하여 슬퍼하니 여호와께서 그 종 선지자 아히야로 하신 말씀과 같이 되었더라 19 여로보암의 그 남은 행적 곧 저가 어떻게 싸운 것과 어떻게 다스린 것은 이스라엘 왕 역대지략에 기록되니라 20 여로보암이 왕이 된 지 이십이 년이라 저가 그 열조와 함께 자매 그 아들 나답이 대신하여 왕이 되니라**

역대 하 13장에는 여로보암이 유다와 싸운 기록이 있다. 역대 하 13장 20절을 보자. "아비야 때에 여로보암이 다시 강성하지 못하고 여호와의 치심을 입어 죽었고". 여로보암은 그냥 자연스럽게 죽은 것이 아니라 여호와께서 치셔서 죽었다. 그는 22년 동안 왕위에 있었다.

**21절, 솔로몬의 아들 르호보암은 유다 왕이 되었으니 르호보암이 위에 나아갈 때에 나이 사십일 세라 여호와께서 자기 이름을 두시려고 이스라엘 모든 지파 가운데서 빼신 성 예루살렘에서 십칠 년을 치리하니라 그 모친의 이름은 나아마라 암몬 사람이더라**

솔로몬 다음 왕이 르호보암이다. 르호보암은 17년 간 재위했다. 이 르호보암의 모친은 나아마인데 그녀는 암몬 사람이었다. 솔로몬의 부인 중에 암몬 여자가 있었다는 말이다. 그 암몬 여자에게서 난 사람이 르호보암 왕이었다. 솔로몬이 쓴 잠언이나 전도서를 읽어보면 '내 아들아, 내 아들아' 하면서 많이 가르쳤는데, 아무리 가르쳤어도 이 르호보암은 형편없이 되어 버렸다. 르호보암이 그렇게 지혜로운 아버지 밑에서 교육을 받았는데도 별 수 없이 되어버린 것은 무엇 때문이겠는가? 이 암몬 여자 때문이 아니겠는가! 어머니의 영향이란 아들에게 이렇게 지대한 것이다. 솔로몬 다음 왕인 르호보암 때에 이스라엘은 남조 유다와 북조 이스라엘로 나뉘어졌다. 유다 왕의 계보는 다윗, 솔로몬, 르호보암 순이다.

**22-24절, 유다가 여호와 보시기에 악을 행하되 그 열조의 행한 모든 일보다 뛰어나게 하여 그 범한 죄로 여호와의 노를 격발하였으니 23 이는 저희도 산 위에와 모든 푸른 나무 아래 산당과 우상과 아세라 목상을 세웠음이라 24 그 땅에 또 남색하는 자가 있었고 여호와께서 이스라엘 자손 앞에서 쫓아내신 국민의 모든 가증한 일을 무리가 본받아 행하였더라**

악이란 주로 우상숭배를 말한다. 우상숭배의 죄로 여호와의 노를 격발했다고 했다. 당시 유다 백성의 상황을 말한다.

**25-28절, 르호보암 왕 제 오년에 애굽 왕 시삭이 올라와서 예루살렘을 치고 26 여호와의 전의 보물과 왕궁의 보물을 몰수히 빼앗고 또 솔로몬의 만든 금방패를 다 빼앗은지라 27 르호보암 왕이 그 대신 놋으로 방패를 만들어 왕궁 문을 지키는 시위대 장관의 손에 맡기매 28 왕이 여호와의 전에 들어갈 때마다 시위하는 자가 그 방패를 들고 갔다가 시위소로 도로 가져갔더라**

이 방패는 솔로몬 때에 다 금으로 만들었는데 애굽 왕 시삭이라고 하는 자가 예루살렘을 치고 이 금 방패를 다 빼앗아갔다. 그래서 르호보암이 대신 놋 방패를 만들어 두었다. 당시의 방패는 왕권을 상징하는 것인데 금에서 놋으로 강등되어 버린 것이다. 하나님을 제대로 섬기지 않으면 결국 그 영광을 다 빼앗기게 된다. 더 이상 영광스럽지 않다.

**29-30절, 르호보암의 남은 사적과 무릇 그 행한 일이 유다 왕 역대지략에 기록되지 아니하였느냐 30 르호보암과 여로보암 사이에 항상 전쟁이 있으니라**

르호보암은 41세에 왕위에 올라 17년 간 재위했다. 58세에 죽은 것이다. 그리 오래 살지 못했다.

**31절, 르호보암이 그 열조와 함께 자니 그 열조와 함께 다윗 성에 장사되니라 그 모친의 이름은 나아마라 암몬 사람이더라 그 아들 아비얌이 대신하여 왕이 되니라**

르호보암의 모친이 나아마이고 암몬 사람이라는 말을 이 한 장에 두 번이나 기록했다. 그리고 르호보암 다음에 그 아들 아비얌이 대신하여 왕이 되었다고 했다. 마태복음 1장 7절, "솔로몬은 르호보암을 낳고 르호보암은 아비야를 낳고 아비야는 아사를 낳고". 아비야와 아비얌은 같은 사람이다. 역대 하에는 아비야로 기록되어 있다. 아비야란 '여호와가 나의 아버지시다'라는 뜻이다.

# 열왕기상 15장

**1-2절, 느밧의 아들 여로보암 왕 제 십팔년에 아비얌이 유다 왕이 되고 2 예루살렘에서 삼 년을 치리하니라 그 모친의 이름은 마아가라 아비살롬의 딸이더라**

아비살롬은 압살롬이다. 다윗의 아들로서 반역을 했다가 상수리나무에 머리가 걸려서 죽은 자이다. 압살롬의 딸이라고 했는데 딸이 아니고 실제로는 손녀이다. 마아가라는 여자가 아비얌의 어머니인데, 이 압살롬의 손녀 마아가는 압살롬의 딸 다말과 기브아 사람 우리엘의 딸이다(대하 13:2).

**3-5절, 아비얌이 그 부친의 이미 행한 모든 죄를 행하고 그 마음이 그 조상 다윗의 마음 같지 아니하여 그 하나님 여호와 앞에 온전치 못하였으나 4 그 하나님 여호와께서 다윗을 위하여 예루살렘에서 저에게 등불을 주시되 그 아들을 세워 후사가 되게 하사 예루살렘을 견고케 하셨으니 5 이는 다윗이 헷 사람 우리아의 일 외에는 평생에 여호와 보시기에 정직히 행하고 자기에게 명하신 모든 일을 어기지 아니하였음이라**

아비얌의 부친의 죄는 우상숭배였는데(14:8), 아비얌도 그 부친처럼 우상숭배의 악을 행하였다. 아비얌이라는 사람은 형편없었지만 하나님께서는 그래도 다윗에게 하신 약속을 지키시기 위해 예루살렘에서 그에게 등불을 주시되 그 아들을 세워 후사가 되게 하여 예루살렘을 견고케 하셨다.

**6-7절, 르호보암과 여로보암 사이에 사는 날 동안 전쟁이 있었더니 7 아비얌과 여로보암 사이에도 전쟁이 있으니라 아비얌의 남은 사적과 무릇 행한 일이 유다 왕 역대지략에 기록되지 아니하였느냐**

아비얌과 여로보암 사이에 있었던 전쟁의 내용은 역대 하 13장에 기록되어 있다. 역대 하 13장 1절, "여로보암 왕 제 십팔년에 아비야가 유다 왕이 되고". 여기 아비야는 아비얌이다. 2절, "예루살렘에서 삼 년을 치리하니라 그 모친의 이름은 미가야라 기브아 사람 우리엘의 딸이더라 아비야가 여로보암으로 더불어 싸울새". 이 기브아 사람 우리엘의 딸이 마아가이다. 3-9절, "아비야는 택한바 싸움에 용맹한 군사 사십만으로 싸움을 예비하였고 여로보암은 택한바 큰 용사 팔십만으로 대진한지라 아비야가 에브라임 산 중 스마라임 산 위에 서서 가로되 여로보암과 이스라엘 무리들아 다 들으라 이스라엘 하나님 여호와께서 소금 언약으로 이스라엘 나라를 영원히 다윗과 그 자손에게 주신 것을 너희가 알 것이 아니냐 다윗의 아들 솔로몬의 신복 느밧의 아들 여로보암이 일어나 그 주를 배반하고 난봉과 비류가 모여 좇으므로 스스로 강하게 하여 솔로몬의 아들 르호보암을 대적하나 그 때에 르호보암이 어리고 마음이 연약하여 능히 막지 못하였었느니라 이제 너희가 또 다윗 자손의 손으로 다스리는 여호와의 나라를 대적하려 하는도다 너희는 큰 무리요 또 여로보암이 너희를 위하여 신으로 만든 금송아지가 너희와 함께 있도다 너희가 아론 자손 된 여호와의 제사장과 레위 사람을 쫓아내고 이방 백성의 풍속을 좇아 제사장을 삼지 아니하였느냐 무론 누구든지 수송아지 하나와 숫양 일곱을 끌고 와서 장립을 받고자 하는 자마다 허무한 신의 제사장이 될 수 있도다".

당시에 이스라엘의 여로보암 아래서는 그저 수양 몇 마리만 가지고 오면 다 제사장이 되도록 안수해주었던 것이다. "이방 풍속을 좇아 제사장을 삼지 아니하였느냐"고 아비야가 여로보암에게 말하였다. '너는 수송아지 하나와 숫양 일곱만 끌고 와서 장립을 받고자 하면 제사장을 시켜주지 않느냐?'고 하는 것이다.

10-22절, "우리에게는 여호와께서 우리 하나님이 되시니 그를 우리가 배반치 아니하였고 여호와를 섬기는 제사장들이 있으니 아론의 자손이요 또 레위 사람이 수종을 들어 조석으로 여호와 앞에 번제를 드리며 분향하며 또 깨끗한 상에 진설병을 놓고 또 금등대가 있어 그 등에 저녁마다 불을 켜나니 우리는 우리 하나님 여호와의 계명을 지키나 너희는 그를 배반하였느니라 하나님이 우리와 함께하사 우리의 머리가 되시고 그 제사장들도 우리와 함께하여 경고의 나팔을 불어 너희를 공격하느니라 이스라엘 자손들아 너희 열조의 하나님 여호와와 싸우지 말라 너희가 형통치 못하리라 여로보암이 유다의 뒤를 둘러 복병하였으므로 그 앞에는 이스라엘 사람이 있고 그 뒤에는 복병이 있는지라 유다 사람이 돌이켜 보고 자기 앞 뒤의 적병을 인하여 여호와께 부르짖고 제사장은 나팔을 부니라 유다 사람이 소리 지르매 유다 사람의 소리 지를 때에 하나님이 여로보암과 온 이스라엘을 아비야와 유다 앞에서 쳐서 패하게 하시니 이스라엘 자손이 유다 앞에서 도망하는지라 하나님이 그 손에 붙이신 고로 아비야와 그 백성이 크게 도륙하니 이스라엘의 택한 병정이 죽임을 입고 엎드러진 자가 오십만이었더라 그 때에 이스라엘 자손이 항복하고 유다 자손이 이기었으니 이는 저희가 그 열조의 하나님 여호와를 의지하였음이라 아비야가 여로보암을 쫓아가서 그 성읍들을 빼앗았으니 곧 벧엘과 그 동네와 여사나와 그 동네와 에브론과 그 동네라 아비야 때에 여로보암이 다시 강성하지 못하고 여호와의 치심을 입어 죽었고 아비야는 점점 강성하며 아내 열넷을 취하여 아들 스물둘과 딸 열여섯을 낳았더라 아비야의 남은 사적과 그 행위와 그 말은 선지자 잇도의 주석책에 기록되니라". 이렇게 역대 하에는 열왕기에 없는 얘기들이 자세하게 기록되어 있는 부분이 있다.

**8-9절, 아비얌이 그 열조와 함께 자니 다윗성에 장사되고 그 아들 아사가 대신하여 왕이 되니라 9 이스라엘 왕 여로보암 제 이십년에 아사가 유다 왕이 되어**

여로보암은 22년 동안 왕 노릇을 했는데, 여로보암 재위 기간에 유다의 왕이 세 번 바뀌었다. 이번에는 아사가 유다 왕이 되었다. 아사의 재위 기간은 41년이다.

**10절, 예루살렘에서 사십일 년을 치리하니라 그 모친의 이름은 마아가라 아비살롬의 딸이더라**

아사는 41년 간 왕 노릇을 했다. 남조 유다에는 왕 노릇을 오래 한 왕들이 꽤 있다. 다윗과 솔로몬도 오래했고, 웃시야는 52년, 므낫세는 55년 등이다. 마아가는 압살롬의 딸이요 아비얌의 모친이요 아사의 조모였다.

**11-14절, 아사가 그 조상 다윗같이 여호와 보시기에 정직하게 행하여 12 남색하는 자를 그 땅에서 쫓아내고 그 열조의 지은 모든 우상을 없이 하고 13 또 그 모친 마아가가 아세라의 가증한 우상을 만들었으므로 태후의 위를 폐하고 그 우상을 찍어서 기드론 시냇가에서 불살랐으나 14 오직 산당은 없이 하지 아니하니라 그러나 아사의 마음이 일평생 여호와 앞에 온전하였으며**

이 아사는 어떤 왕인가? 그래도 좋은 왕으로 분류된다. 이것도 역대하의 내용과 비교해서 보면 좋다. 역대 하 14장 2절, "아사가 그 하나님 여호와 보시기에 선과 정의를 행하여". 9절, "구스 사람 세라가 저희를 치려 하여 군사 백만과 병거 삼백 승을 거느리고 마레사에 이르매". 11절에 보면 아사의 기도가 있다. "그 하나님 여호와께 부르짖어 가로되 여호와여 강한 자와 약한 자 사이에는 주밖에 도와줄 이가 없사오니 우리 하나님 여호와여 우리를 도우소서 우리가 주를 의지하오며 주의 이름을 의탁하옵고 이 많은 무리를 치러 왔나이다 여호와여 주는 우리 하나님 이시오니 원컨대 사람으로 주를 이기지 못하게 하옵소서 하였더니". 주님을 의지해서 구스 사람을 물리치는 기도가 있다. 그리고 아사는 승리했다.

그 다음 15장에서는 아사랴라는 선지자가 아사에게 뭔가를 말했다. 아사 왕은 오뎃(8절, 아사랴의 아버지)의 예언을 듣고 마음을 강하게 하여 가증한 물건을 유다와 베냐민 온 땅에서 제하고 또 에브라임 산지에서 빼앗은 성읍들에서 제하고 또 여호와의 낭실 앞 여호와의 단을 중수했다. 또 그는 하나님께 제물을 드리고 마음을 다하고 성품을 다해서 하나님을 찾기로 언약도 하는 등 여호와께 대한 신앙에 있어서 여러 가지 좋은 일을 많이 한 왕이다. 또한 그는 모친 마아가가 아세라의 가증한 목상을 만들었기 때문에 태후의 위를 폐하고 그 우상을 찍어서 불살라버리는 등 그 땅에서 우상숭배를 제하는 일에 힘썼다. 그러나 아직 산당들은 없애지 않았다는 아쉬움이 기록되어 있다. 그럼에도 그 마음이 일평생 온전하였다고 했다.

그 다음에 16장에는 아사 왕이 실수한 것이 기록되어 있다. 바아사라는 이스라엘 왕이 유다를 치러 왔을 때 아사가 여호와의 전 곳간과 왕궁 곳간의 은금을 다메섹에 거한 아람 왕 벤하닷에게 보내서 이스라엘 왕 바아사를 좀 물러나게 달라고 한 것이다. 그가 여기서 하나님을 의지하지 않고 이방 왕을 의지한 것은 매우 잘못한 것이다. 그 외에도 16장에는 아사가 한두 가지 잘못을 했다고 기록되어 있다. 12절, "아사가 왕이 된 지 삼십구 년에 그 발이 병들어 심히 중하나 병이 있을 때에 저가 여호와께 구하지 아니하고 의원들에게 구하였더라". 그렇지만 15장 17절의 표현은 아사에 대하여 전체적으로 긍정적이다. "산당은 이스라엘 중에서 제하지 아니하였으나 아사의 마음이 일평생 온전하였더라". 그리고 열왕기 상 15장 11절에는, "아사가 그 조상 다윗같이 여호와 보시기에 정직하게 행하여"라고 했고, 14절에도 "아사의 마음이 일평생 여호와 앞에 온전하였으며"라고 기록되어 있다. 그러므로 사람이 어떤 부족함이 좀 있다 하더라도 전체적으로 그가 하나님을 따랐고 순종했고 하나님을 위한 사람이라면 하나님은 그가 온전히 그분을 따랐다고 인정해주신다.

유다 왕의 표준은 어디까지나 다윗이었다. 선과 악의 표준은 도덕적인 것보다는 여호와께 대한 신앙에서 어떠한가, 그 도를 따르는가에 달려 있다. 이스라엘이 쳐들어왔을 때 아사 왕이 이방 왕을 의지한 것, 병들었을 때 여호와께 구하지 않고 의원에게 구한 것 등이 벗어난 점이다. 그러나 그 외에는 대체로 여호와를 의지하였기에 선한 왕으로 분류된다.

15-19절, **저가 그 부친의 구별한 것과 자기의 구별한 것을 여호와의 전에 받들어 드렸으니 곧 은과 금과 기명들이더라 16 아사와 이스라엘 왕 바아사 사이에 일생 전쟁이 있으니라 17 이스라엘 왕 바아사가 유다를 치러 올라와서 라마를 건축하여 사람을 유다 왕 아사에게 왕래하지 못하게 하려 한지라 18 아사가 여호와의 전 곳간과 왕궁 곳간에 남은 은금을 몰수히 취하여 그 신복의 손에 붙여 다메섹에 거한 아람 왕 헤시온의 손자 다브림몬의 아들 벤하닷에게 보내며 가로되 19 나와 당신 사이에 약조가 있고 내 부친과 당신의 부친 사이에도 있었느니라 내가 당신에게 은금 예물을 보내었으니 와서 이스라엘 왕 바아사와 세운 약조를 깨뜨려서 저로 나를 떠나게 하라 하매**

이 부분의 내용은 앞에서 역대 하의 말씀을 통해 읽었다.

20-22절, **벤하닷이 아사 왕의 말을 듣고 그 군대장관들을 보내어 이스라엘 성들을 치되 이욘과 단과 아벨벧마아가와 긴네렛 온 땅과 납달리 온 땅을 쳤더니 21 바아사가 듣고 라마 건축하는 일을 그치고 디르사에 거하니라 22 이에 아사 왕이 온 유다에 영을 내려 한 사람도 모면하지 못하게 하여 바아사가 라마를 건축하던 돌과 재목을 가져오게 하고 그것으로 베냐민의 게바와 미스바를 건축하였더라**

아사 왕은 전체적으로 좋은데 자기의 대적 이스라엘 왕 바아사가 유다를 치러 와서 라마를 건축할 때(사람들이 유다 왕 아사에게 왕래하지 못하게 하려고) 하나님께 기도하지 않고 여호와의 전 곳간과 왕궁 곳간에 있는 은금을 취하여 다메섹의 벤하닷에게 보내며 부탁하기를, 바아사와의 약조를 깨뜨리고 바아사로 하여금 라마에서 떠나게 해달라고 했다. 그러자 벤하닷은 아사의 청을 듣고 바아사 왕을 그곳에서 떠나게 만들었다. 아사 왕은 겉으로 볼 때 그의 작전이 성공한 것이다. 그러나 하나님이 보시기에 그것은 하나님 앞에 잘못한 것이다. 아사 왕은 벤하닷을 끌어들여서 이스라엘 왕 바아사를 쫓아내고 바아사가 라마를 건축하려 했던 돌과 재목을 가져다가 베냐민의 게바와 미스바를 건축했다. 자기의 뜻대로 한 것이다. 외적으로 일이 잘 된다고 해서 그것이 다 하나님의 뜻에 따른 것은 아니다.

**23-24절, 아사의 남은 사적과 모든 권세와 무릇 그 행한 일과 성읍을 건축한 것이 유다 왕 역대지략에 기록되지 아니하였느냐 그러나 저가 늙을 때에 발에 병이 있었더라 24 아사가 그 열조와 함께 자매 그 열조와 함께 그 조상 다윗의 성에 장사되고 그 아들 여호사밧이 대신하여 왕이 되니라**

아사 다음에는 여호사밧이 왕이 되었다. 르호보암, 아비얌, 아사, 그리고 여호사밧이다. 여호사밧도 좋은 왕이다. 유다에는 비교적 좋은 왕이 많았다. 절반 정도는 좋았다. 그러나 이스라엘 왕들은 거의 다 악했다.

**25절, 유다 왕 아사 제 이년에 여로보암의 아들 나답이 이스라엘 왕이 되어 이년을 이스라엘을 다스리니라**

25절부터 북왕국 이스라엘의 이야기를 한다. 이스라엘은 여로보암 다음에 나답이 왕이 되어서 2년 간을 다스렸다. 여로보암이 22년 간 왕위에 있었고 나답은 겨우 2년 간 다스렸다. 나답, 바아사, 엘라, 시므리, 오므리 등으로 이어진다.

**26-27절, 저가 여호와 보시기에 악을 행하되 그 아비의 길로 행하며 그가 이스라엘로 범하게 한 그 죄중에 행한지라 27 이에 잇사갈**

**족속 아히야의 아들 바아사가 저를 모반하여 블레셋 사람에게 속한 깁브돈에서 저를 죽였으니 이는 나답과 온 이스라엘이 깁브돈을 에워싸고 있었음이더라**

나답 다음에 바아사라는 사람이 나타난다. 이 바아사는 잇사갈 지파 사람이다. 여로보암의 아들 나답이 깁브돈이라는 곳을 에워싸고 전쟁을 하고 있던 때인데 그 때 이 바아사라는 사람이 나답을 죽이고 대신하여 왕이 되었다.

**28-33절, 유다 왕 아사 제 삼년에 바아사가 나답을 죽이고 대신하여 왕이 되고 29 왕이 될 때에 여로보암의 온 집을 쳐서 생명 있는 자를 하나도 남기지 아니하고 다 멸하였는데 여호와께서 그 종 실로 사람 아히야로 하신 말씀과 같이 되었으니 30 이는 여로보암이 범죄하고 또 이스라엘로 범하게 한 죄로 인함이며 또 저가 이스라엘 하나님 여호와의 노를 격동시킨 일을 인함이었더라 31 나답의 남은 사적과 무릇 행한 일이 이스라엘 왕 역대지략에 기록되지 아니하였느냐 32 아사와 이스라엘 왕 바아사 사이에 일생 전쟁이 있으니라 33 유다 왕 아사 제 삼년에 아히야의 아들 바아사가 디르사에서 온 이스라엘의 왕이 되어 이십 사 년을 치리하니라**

바아사는 반역을 일으켜 나답을 죽였다. 나답은 여로보암의 아들이고 여로보암 집은 2대에 걸쳐 24년 간 이스라엘을 치리했다. 나답을 죽이고 왕이 된 바아사도 24년 간을 왕위에 있었다.

**34절, 바아사가 여호와 보시기에 악을 행하되 여로보암의 길로 행하며 그가 이스라엘로 범하게 한 그 죄 중에 행하였더라**

여기까지 이스라엘 왕의 계보는 여로보암, 나답, 바아사로 3대가 이어졌는데, 좋은 왕이 하나도 없다. 그 악의 표준은 여로보암이다.

# 열왕기상 16장

**1절, 여호와의 말씀이 하나니의 아들 예후에게 임하여 바아사를 꾸짖어 가라사대**

이제 예후라는 선지자가 나타났다. 하나니라는 예후의 아버지도 선지자로서 아사 왕을 경책하다가 투옥된 적이 있다(대하 16:7-10). 그 하나니의 아들 예후가 일어나서 이스라엘 왕 바아사를 꾸짖었다. 하나님은 형편없는 이스라엘의 상태에도 불구하고 선지자를 일으켜 소망을 두고 꾸짖으신다.

**2절, 내가 너를 진토에서 들어 나의 백성 이스라엘 위에 주권자가 되게 하였거늘 네가 여로보암의 길로 행하며 내 백성 이스라엘로 범죄케 하여 저희 죄로 나의 노를 격동하였은즉**

아직도 하나님은 이스라엘을 '나의 백성'이라고 하신다. 여기서 한 번 생각해보자. 당시 하나님의 백성 이스라엘은 분열되어 유다 왕국과 이스라엘 왕국으로 되어 있었다. 하나님께서는 유다에 대하여 기대가 많으셨고, 유다 왕조는 하나님의 마음에 합한 자 다윗의 계보를 따른 솔로몬, 르호보암으로 이어졌다. 그러나 이스라엘은 다윗 집을 배반하여 세운 나라였다. 오늘날 신약의 교회로 말하자면 유다는 정통 노선에 있는 교회이고 이스라엘은 야심으로 세워진 분파에 비할 수 있다. 유다에서는 비교적 좋은 왕들(사역자들)이 많이 나왔다. 그러나 이스라엘에서는 좋은 왕들(사역자들)이 하나도 나오지 않았다. 그리고 유다에는 예루살렘 성전이 존재하고 있었지만, 이스라엘에는 금송아지가 단에 하나, 벧엘에 하나 있었다. 이스라엘의 초대 왕은 여로보암이다. 그는 세겜에서 왕이 되었다. 그 다음은 나답이다. 여로보암 때에 수도를 디르사로 옮겼고 후에 다시 사마리아로 옮겼다. 이스라엘은 왕조가 계속 바뀌었다. 배반, 배신, 암살이 잇따라 일어났기 때문이다. 그러한 이스라엘에 대하여 하나님은 여전히 기대를 가지고 선지자를 세워 말씀하신다.

**3-6절, 내가 너 바아사와 네 집을 쓸어버려 네 집으로 느밧의 아들 여로보암의 집같이 되게 하리니 4 바아사에게 속한 자가 성읍에서 죽은즉 개가 먹고 들에서 죽은즉 공중의 새가 먹으리라 하셨더라 5 바아사의 남은 사적과 무릇 행한 일과 권세는 이스라엘 왕 역대 지략에 기록되지 아니하였느냐 6 바아사가 그 열조와 함께 자매 디르사에 장사되고 그 아들 엘라가 대신하여 왕이 되니라**

이스라엘은 여로보암 다음이 나답이고 그 다음이 바아사인데, 그가 24년을 왕위에 있었다. 그 바아사가 지금 예후라는 선지자에 의해 책망을 당하고 있는 것이다. 바아사가 왕이 된 것은 하나님의 주권 아래 이루어진 일이었다. 하나님께서는 여로보암 집을 심판하기 위해서 바아사를 일으키셨던 것이다. 그런데 그도 역시 이스라엘로 범죄케 하고 하나님의 노를 격동케 했기 때문에 그 집을 여로보암의 집처럼 쓸어버리겠다고 하셨다. 이제 바아사는 죽고 그 아들 엘라가 왕이 된다.

**7-8절, 여호와의 말씀이 하나니의 아들 선지자 예후에게 임하사 바아사와 그 집을 꾸짖으심은 저가 여로보암의 집을 본받아 여호와 보시기에 모든 악을 행하며 그 손의 소위로 여호와의 노를 격동하였음이며 또 그 집을 쳤음이더라 8 유다 왕 아사 제 이십륙년에 바아사의 아들 엘라가 디르사에서 이스라엘 왕이 되어 이 년을 위에 있**

**으니라**

엘라는 재위한 지 2년 만에 시므리에게 모반을 당한다.

**9절, 엘라가 디르사에 있어 궁내대신 아르사의 집에서 마시고 취할 때에 그 신복 곧 병거 절반을 통솔한 장관 시므리가 왕을 모반하여**

시므리라는 사람이 엘라를 죽인 것이다. 여로보암의 아들 나답 때에 바아사가 이스라엘 제 1대 왕조 여로보암 가문을 다 죽였다. 마찬가지로 시므리가 일어나서 엘라와 함께 바아사 집안 사람들을 다 죽였다.

**10-15절, 들어가서 저를 쳐 죽이고 대신하여 왕이 되니 곧 유다 왕 아사 제 이십칠년이라 11 시므리가 왕이 되어 그 위에 오를 때에 바아사의 온 집을 죽이되 남자는 그 족속이든지 그 친구든지 하나도 남기지 아니하고 12 바아사의 온 집을 멸하였는데 여호와께서 선지자 예후로 바아사를 꾸짖어 하신 말씀같이 되었으니 13 이는 바아사의 모든 죄와 그 아들 엘라의 죄를 인함이라 저희가 범죄하고 또 이스라엘로 범죄케 하여 그 헛된 것으로 이스라엘 하나님 여호와의 노를 격발하였더라 14 엘라의 남은 사적과 무릇 행한 일이 이스라엘 왕 역대지략에 기록되지 아니하였느냐 15 유다 왕 아사 제 이십칠년에 시므리가 디르사에서 칠 일 동안 왕이 되니라 때에 백성들이 블레셋 사람에게 속한 깁브돈을 향하여 진을 치고 있더니**

시므리라는 자가 술에 취한 엘라를 죽이고 대신 왕이 되었다. 시므리는 바아사 집 사람들을 다 죽이고 권좌에 올랐다. 그렇지만 그는 겨우 칠일 간 왕위에 있었을 뿐이다.

**16절, 진중 백성들이 시므리가 모반하여 왕을 죽였다는 말을 들은지라 그 날에 이스라엘의 무리가 진에서 군대장관 오므리로 이스라엘 왕을 삼으매**

시므리에서 오므리로 계속 왕이 바뀌는 것이다. 시므리는 오므리의 공격을 받고 자살하여 죽는다.

**17-18절, 오므리가 이에 이스라엘 무리를 거느리고 깁브돈에서부터 올라와서 디르사를 에워쌌더라 18 시므리가 성이 함락됨을 보고 왕궁 위소에 들어가서 왕궁에 불을 놓고 그 가운데서 죽었으니**

시므리는 칠 일간 왕 노릇 하고서 성이 함락되자 왕궁에 불을 놓고 그 속에서 자살했다. 스스로 불에 타 죽은 것이다.

**19-20절, 이는 저가 여호와 보시기에 악을 행하여 범죄함을 인함이라 저가 여로보암의 길로 행하며 그가 이스라엘로 죄를 범하게 한 그 죄중에 행하였더라 20 시므리의 남은 행위와 그 모반한 일이 이스라엘 왕 역대지략에 기록되지 아니하였느냐**

시므리가 한 유일한 일은 모반이다. 시므리의 '남은 행위'란 모반한 일이다. 7일 동안 다른 무슨 일을 할 수 있었겠는가! 반역이란 아주 좋지 않은 일이다.

**21절, 그 때에 이스라엘 백성이 둘에 나뉘어 그 절반은 기낫의 아들 디브니를 좇아 저로 왕을 삼으려 하고 그 절반은 오므리를 좇았더니**

시므리가 죽은 후 디브니라는 사람을 좇는 자들과 오므리라는 사람을 좇는 자들로 나뉘어졌다. 결국 디브니는 실패하고 오므리가 왕이 되었다.

**22절, 오므리를 좇은 백성이 기낫의 아들 디브니를 좇은 백성을 이긴지라 디브니가 죽으매 오므리가 왕이 되니라**

디브니는 절반의 사람들이 그를 따르니 자신이 왕이 될 줄 알고 좋아했다가 결국 죽임을 당했다. 오므리가 디브니를 이기고 왕이 된 것이다.

**23-24절, 유다 왕 아사 제 삼십일년에 오므리가 이스라엘 왕이 되어 십이 년을 위에 있으며 디르사에서 육 년 동안 치리하니라 24 저가 은 두 달란트로 세멜에게서 사마리아 산을 사고 그 산 위에 성을 건축하고 그 건축한 성 이름을 그 산 주인이 되었던 세멜의 이름을 좇아 사마리아라 일컬었더라**

이 오므리라는 사람은 디르사에서 즉위를 했다. 그리고 12년을 통치했다. 그는 6년은 디르사에서, 남은 6년은 사마리아에서 통치했다. 이 사람은 겨우 은 두 달란트를 주고 세멜에게서 사마리아 산을 샀다. 오므리는 누구인가? 그 유명한 아합의 아버지이다. 여러분은 아합과 이세벨을 알 것이다. 이 아합의 아버지가 오므리이다. 오므리의 치적은 사마리아 성을 건축한 것인데, 그는 사마리아 성을 건축해서 예루살렘과 계속 대치하게 했다. 사마리아인가 예루살렘인가를 가지고 경쟁하게 만든 장본인이라는 것이다. 그는 아주 싼 값에 산을 사서 사람들을 혼란에 빠뜨린, 하나의 악한 종교 센터를 만들어 놓은 인물이다.

**25-29절, 오므리가 여호와 보시기에 악을 행하되 그 전의 모든 사람보다 더욱 악하게 행하여 26 느밧의 아들 여로보암의 모든 길로 행하며 그가 이스라엘로 죄를 범하게 한 그 죄 중에 행하여 그 헛된 것으로 이스라엘 하나님 여호와의 노를 격발케 하였더라 27 오므리의 행한 그 남은 사적과 그 베푼 권세가 이스라엘 왕 역대 지략에 기록되지 아니하였느냐 28 오므리가 그 열조와 함께 자매 사마리아에 장사되고 그 아들 아합이 대신하여 왕이 되니라 29 유다 왕 아사 제 삼십팔년에 오므리의 아들 아합이 이스라엘 왕이 되니라 오므리의 아들 아합이 사마리아에서 이십이년을 이스라엘을 다스리니라**

오므리 다음에는 아합이 왕이 되었다. 아합은 북왕국 제 4왕조의 둘째 왕이며, 통산으로는 7대 왕이다. 그는 시돈의 왕녀 이세벨을 왕비로 맞고 바알 신을 숭배하며 나봇을 죽이는 등 많은 악행을 저지른 왕이다. 이 때 하나님께서 일으키신 선지자가 엘리야이다. 가장 악한 왕이 일어난 때에 하나님은 가장 훌륭한 선지자를 일으키셨다.

**30-34절, 오므리의 아들 아합이 그 전의 모든 사람보다 여호와 보시기에 악을 더욱 행하여 31 느밧의 아들 여로보암의 죄를 따라 행하는 것을 오히려 가볍게 여기며 시돈 사람의 왕 엣바알의 딸 이세벨로 아내를 삼고 가서 바알을 섬겨 숭배하고 32 사마리아에 건축한 바알의 사당 속에 바알을 위하여 단을 쌓으며 33 또 아세라 목상을 만들었으니 저는 그 전의 모든 이스라엘 왕보다 심히 이스라엘 하나님 여호와의 노를 격발하였더라 34 그 시대에 벧엘 사람 히엘이 여리고를 건축하였는데 저가 그 터를 쌓을 때에 맏아들 아비람을 잃었고 그 문을 세울 때에 말째 아들 스굽을 잃었으니 여호와께서 눈의 아들 여호수아로 하신 말씀과 같이 되었더라**

당시는 아주 악한 시대였다. 벧엘 사람 히엘이 여리고를 건축하였다고 했는데, 여호수아 6장 26절에서는 누구든지 여리고를 다시 건축하면 죽을 것이라고 했다. "여호수아가 그 때에 맹세로 무리를 경계하여 가로되 이 여리고 성을 누구든지 일어나서 건축하는 자는 여호와 앞에서 저주를 받을 것이라 그 기초를 쌓을 때에 장자를 잃을 것이요 문을 세울 때에 계자를 잃으리라 하였더라". 이 때 와서는 이 말씀을 무시하는 지경에 이른 것이다. 시대가 아무리 악하고 타락하고 어두워졌어도 하나님의 말씀은 여전히 살아있고 그 말씀대로 모든 것이 이루어지게 되어 있다.

그래도 유다는 예루살렘을 수도로 계속 유지하고 있었고, 유다에서는 선한 왕들이 비교적 많이 나왔다. 이스라엘은 수도를 세겜으로, 디르사로, 사마리아로 계속 이동했다. 그리고 왕들도 계속 배반하고 죽이고 했다. 유다가 좋은 점이 무엇인가? 신앙의 정통성을 지니고 있는 것이다. 교회의 합당한 위치란 이렇게 중요하다. 세월이 오래 지나고 시대가 아무리 타락해도 하나님의 말씀은 그대로 이루어진다. 이때는 여호수아 시대로부터 500년이나 지났다. 세월이 오래 지나고 이스라엘의 상태가 타락하고 변질되다 보니 사람들은 시대에 따라 하나님의 명령과 말씀도 변했을 줄로 생각한 것이다. 그러나 모든 것은 말씀대로 된다. “그 기초를 쌓을 때에 장자를 잃을 것이요 문을 세울 때에 계자를 잃으리라”는 말씀대로 된 것이다. 하나님의 말씀은 영원히 변치 않는다.

마지막으로 시편 48편 말씀을 읽고 마치겠다. 시편 48편 1-2절, “여호와는 광대하시니 우리 하나님의 성, 거룩한 산에서 극진히 찬송하리로다 터가 높고 아름다워 온 세계가 즐거워함이여 큰 왕의 성 곧 북방에 있는 시온 산이 그러하도다”. 그 성만 요동치 않는다. 거룩한 산, 터가 높고 아름다운 그곳, 큰 왕의 성, 북방에 있는 시온 산이 바로 교회가 세워져야 할 터이다. 이 터 위에 세워진 교회, 반석 위에 세워진 교회를 흔들 자가 누구인가? 우리는 이러한 교회 안에서 하나님을 섬기기 원한다.

# 열왕기상 17장

**1절, 길르앗에 우거하는 자 중에 디셉 사람 엘리야가 아합에게 고하되 나의 섬기는 이스라엘 하나님 여호와의 사심을 가리켜 맹세하노니 내 말이 없으면 수년 동안 우로가 있지 아니하리라 하니라**

엘리야 선지자는 구약 성경에서 몇 안 되는 별처럼 빛나는 선지자이다. 주 예수님이 변화산상에서 변화되셨을 때에도 모세와 엘리야 두 사람이 주님과 함께 나타났었다. 구약에서 엘리야는 상당히 두드러진 인물이다. 세례 요한에 대해서도 엘리야의 영으로 나타난 선지자라고 말한다. 그리고 주 예수님도 누가복음 4장에서 엘리야에 대해 말씀하신 바 있고 야고보 사도도 엘리야의 기도에 대해서 말한 적이 있다. 이렇게 훌륭한 선지자가 어느 때에 나타났는지를 주목할 필요가 있다. 그는 가장 극악하고 어둠이 깊은 아합왕 시대에 선지자로 활동했다. 그는 길르앗에 우거했는데 길르앗은 요단 동편 갓 지파와 므낫세 반 지파, 르우벤 지파가 살고 있던 곳이다. 그는 어쩌면 그들 지파 중 한 사람이었는지도 모른다. 우리는 성경 전체에서 엘리야가 어느 지파 사람인지, 조상이 누구인지에 대한 기록을 볼 수 없다. 그는 열왕기 상 17장에서 갑자기 나타난 인물이다. 다만 그가 디셉 사람이라고 되어 있는데, 디셉이라는 지방은 정확히 어디인지 알기가 어렵다.

어쨌든 엘리야는 기도의 사람이고 주님을 매우 경외하는 사람임에 틀림없다. 엘리야 선지자가 하나님의 보내심을 받아 아합 왕 앞에 나타나서 "내 말이 없으면 수년 동안 우로가 있지 아니하리라"고 했다. 엘리야 선지자는 당시 하나님의 백성들의 상황을 보면서 마음이 고통스러웠을 것이다. 하나님의 말씀을 소홀히 여기고 순종치 않으며, 도리어 이방 신을 섬기고 바알을 섬기는 이스라엘의 상태를 보고 탄식하며 기도를 많이 했을 것이다. 그가 주로 어떤 기도를 했겠는가? 비를 내리지 말아 달라는 기도를 했을 것이다. 여기에는 자세히 나와 있지 않지만 야고보서를 읽어보면 알 수 있다. 야고보서 5장 17절, "엘리야는 우리와 성정이 같은 사람이로되 저가 비 오지 않기를 간절히 기도한즉 삼 년 육 개월 동안 땅에 비가 아니 오고 다시 기도한즉 하늘이 비를 주고 땅이 열매를 내었느니라". 엘리야가 비 오지 않기를 간절히 기도했다고 말한다. 그는 하나님을 위해 그러한 기도를 드린 것이다.

"내 말이 없으면 수년 동안 우로가 있지 아니하리라". 그럼 아합 왕 앞에 나타나기 전에 엘리야는 이러한 기도를 했다는 말인가? 그렇다. 그리고 하나님으로부터 비를 내리시지 않겠다는 응답을 받은 것이다. 그런 확신을 가지고 아합 왕 앞에 나타나서 그의 말이 없으면 수년 동안 비가 오지 않을 것이라고 말한 것이다. 그 후로 정확하게 3년 반 동안 비가 오지 않았다.

**2절, 여호와의 말씀이 엘리야에게 임하여 가라사대**

이스라엘 온 나라가 하나님의 말씀을 듣지 않을 때이지만, 하나님께서는 엘리야라는 충성된 선지자와 그분의 뜻을 통하고 계셨다.

**3절, 너는 여기서 떠나 동으로 가서 요단 앞 그릿 시냇가에 숨고**

하나님은 엘리야에게 가뭄이 시작되면 요단 앞 그릿 시냇가에 가서 숨으라고 하셨다.

**4-7절, 그 시냇물을 마시라 내가 까마귀들을 명하여 거기서 너를**

**먹이게 하리라 5 저가 여호와의 말씀과 같이 하여 곧 가서 요단 앞 그릿 시냇가에 머물매 6 까마귀들이 아침에도 떡과 고기를, 저녁에도 떡과 고기를 가져왔고 저가 시내를 마셨더니 7 땅에 비가 내리지 아니하므로 얼마 후에 그 시내가 마르니라**

먼저 하나님은 엘리야에게 요단 앞 그릿 시냇가에 가서 숨으라고 하셨다. 왜 숨으라고 하셨겠는가? 이때 아합이 엘리야를 찾아 죽이려 했기 때문이겠는가? 그것보다는 아직 물이 마르지 않았기 때문일 것이다. 그렇지만 가서 숨으라고 하시는 것은 엘리야에게 사람들 가운데 있지 말라고 하시는 것이다. 하나님이 선지자들을 숨겨놓으시는 것은 하나님의 말씀을 그분의 백성들에게 열어주지 않으시려는 것이다. 하나님께서 그분의 말씀을 하나님의 백성들에게 열어주신다는 것 자체가 축복이다. 암흑시대란 하나님의 말씀이 없는 시대이다. 하나님의 말씀이 풍성하게 열리는 시대는 하나님께서 백성들을 축복하시는 시대이다. 따라서 선지자를 숨기신다는 것은 하나님께서 당시 그분의 백성을 기뻐하지 않으셨다는 말이다.

그럴 때 하나님께서는 이 선지자를 특별한 방식으로 돌보셨다. 까마귀를 시켜서 아침저녁으로 떡과 고기를 가져다주게 하신 것이다. 그리고 그 시냇물을 마시라고 하셨다. 까마귀는 죽은 시체를 먹는 새로서 정결한 짐승에 속하지 않는다. 그런데 그러한 새를 사용해서라도 하나님은 그릿 시냇가에 있는 그분의 선지자를 먹이셨다. 하나님은 어떤 피조물을 사용해서라도 그분의 사랑하는 자들을 공급하고 양육하실 수 있다는 것을 보여주신다.

**8-9절, 여호와의 말씀이 엘리야에게 임하여 가라사대 9 너는 일어나 시돈에 속한 사르밧으로 가서 거기 유하라 내가 그곳 과부에게 명하여 너를 공궤하게 하였느니라**

그릿 시내가 마르자 하나님은 그를 시돈에 속한 사르밧 땅의 과부에게로 보내셨다. 시돈은 이스라엘 북쪽의 이방 나라, 아합의 처 이세벨의 고향이다. 이세벨이 바로 시돈 여자이다. 그곳에 한 과부가 살고 있었는데 하나님은 엘리야에게 그 과부에게 가라고 하셨다.

**10절, 저가 일어나 사르밧으로 가서 성문에 이를 때에 한 과부가 그곳에서 나무가지를 줍는지라 이에 불러 가로되 청컨대 그릇에 물을 조금 가져다가 나로 마시게 하라**

하나님께서 엘리야 선지자를 사르밧 지방의 한 과부에게 보내셨는데, 그가 사르밧으로 가서 성문에 이르렀을 때 나뭇가지를 줍고 있는 한 과부를 만났다. 엘리야는 그 여자에게 그릇에 물을 가져다가 그로 마시게 하라고 했다.

**11절, 저가 가지러 갈 때에 엘리야가 저를 불러 가로되 청컨대 네 손에 떡 한 조각을 내게로 가져오라**

이때 엘리야는 마실 것만 아니라 먹을 것도 가져오라고 했다. 마실 것도 귀하고 먹을 것도 귀할 때인데 엘리야는 사르밧의 과부에게 무조건 가져오라고 청한 것이다.

**12절, 저가 가로되 당신의 하나님 여호와의 사심을 가리켜 맹세하노니 나는 떡이 없고 다만 통에 가루 한 움큼과 병에 기름 조금 뿐이라 내가 나무가지 두엇을 주워다가 나와 내 아들을 위하여 음식을 만들어 먹고 그 후에는 죽으리라**

하나님은 아무 것도 없는 과부에게 엘리야를 보내신 것이다. 사르밧 과부는 선지자가 이것저것 가져오라고 하니까 자기의 곤란한 사정을 이야기했다.

**13절, 엘리야가 저에게 이르되 두려워 말고 가서 네 말대로 하려니와 먼저 그것으로 나를 위하여 작은 떡 하나를 만들어 내게로 가져오고 그 후에 너와 네 아들을 위하여 만들라**

엘리야는 그녀의 사정을 듣고도 남은 것을 가지고 먼저 그를 위해 작은 떡을 하나 만들어 가져오고 그 후에 그녀와 그 아들을 위해서 떡을 만들라고 했다. 이것은 그 여인에 대한 하나의 시험이었다. 그나마 남은 것을 먹고 죽으려 하는데 다 가져오라고 하니 선지자의 말이 얼마나 잔인하게 들렸겠는가? 그래도 이 사르밧 과부의 귀한 점은 하나님의 말씀에 순종했다는 것이다.

**14절, 이스라엘 하나님 여호와의 말씀이 나 여호와가 비를 지면에 내리는 날까지 그 통의 가루는 다하지 아니하고 그 병의 기름은 없어지지 아니하리라 하셨느니라**

여기 17장에서 주의해야 할 것은 여호와의 말씀이다. 당시 이스라엘의 상황은 여호와의 말씀을 소홀히하고 지키지 않은 것이었다. 선지자란 여호와의 말씀을 세우는 사람이다. 여호와의 말씀이 능력 있고 엄중함을 사람들에게 증거하고, 강조하고, 인식시켜주는 사람들이 바로 선지자들이다. 지금 엘리야는 사르밧 과부에게 복음을 전하고 있다. 당시 이스라엘 사람들은 말씀을 전해도 듣지 않았다. 그런데 이방 땅 사르밧의 과부는 말씀에 순종하는 것이다. 주 예수님은 이 일을 말씀하시며 칭찬하셨다.

누가복음 4장 24절, "또 가라사대 내가 진실로 너희에게 이르노니 선지자가 고향에서 환영을 받는 자가 없느니라". 예수님이 이 땅에 오셔서 자기가 자라나신 곳에서 말씀을 전하실 때 사람들이 듣지 않자 엘리야의 얘기를 하셨다. 25-26절, "내가 참으로 너희에게 이르노니 엘리야 시대에 하늘이 세 해 여섯 달을 닫히어 온 땅에 큰 흉년이 들었을 때에 이스라엘에 많은 과부가 있었으되 엘리야가 그 중 한 사람에게도 보내심을 받지 않고 오직 시돈 땅에 있는 사렙다의 한 과부에게뿐이었으며". 열왕기 상 17장을 읽으면 엘리야가 마치 과부에게 얻어먹으러 간 것 같다. 그러나 하나님께서는 말씀으로 축복하시려고 사렙다 과부에게 엘리야를 보내신 것이다. 이 여인은 선지자의 말대로 함으로써 죽지 않을 뿐 아니라 그 가뭄이 그치기까지 통에 가루가 다하지 않고 기름도 마르지 않았다. 거기다가 더 깊은 축복, 곧 하나님의 말씀을 믿을 수 있는 축복을 얻었다. 결국 사르밧의 과부는 하나님을 사랑했기 때문에 이 선지자를 영접할 수 있었던 것이다. 누가 하나님을 사랑하는가를 보려면 다른 것이 아니라 하나님의 말씀을 사랑하는가를 보면 된다.

마태복음 10장 40절, "너희를 영접하는 자는 나를 영접하는 것이요 나를 영접하는 자는 나 보내신 자를 영접하는 것이니라". 여기서 '너희'란 누구인가? 제자들이다. 당시 아합 왕 시대에 하나님의 선지자를 영접할 수 있는 자들은 많지 않았다. 그러므로 엘리야가 이방 땅 시돈에 있는 사렙다 과부에게 외에는 보내심을 받지 않았다고 한 것이다. 얼마나 기이한 일인가? 이 이방 여자가 하나님의 선지자를 영접한 것이다. 이것은 주님이 보내신 자를 영접한 것이자 주님의 말씀을 받은 것이다. 41절, "선지자의 이름으로 선지자를 영접하는 자는 선지자의 상을 받을 것이요 의인의 이름으로 의인을 영접하는 자는 의인의 상을 받을 것이라".

**15-16절, 저가 가서 엘리야의 말대로 하였더니 저와 엘리야와 식구가 여러 날 먹었으나 16 여호와께서 엘리야로 하신 말씀같이 통의 가루가 다하지 아니하고 병의 기름이 없어지지 아니하니라**

여호와의 말씀대로 된 것이다. 17장에서 가장 중요한 것은 여호와의 말씀이다. 모든 것은 하나님의 말씀대로 이루어진다. 당시에 여호와의 말씀, 곧 선지자의 말이 통용되는 범위가 너무 제한되어 있었다. 이 말씀을 예수님은 당신의 고향에서 하셨다. 엘리야 시대에 삼 년 반 동안 비가 안 오는 징계의 상황에서도 하나님의 말씀을 받을 만한 사람이 많지 않았던 것이다. 사실상 사르밧의 과부 외에는 없었다고 보아야 한다. 그 당시 이스라엘이 얼마나 하나님의 말씀을 소홀히 여겼는가를 알 수 있다.

**17절, 이 일 후에 그 집 주모 되는 여인의 아들이 병들어 증세가 심히 위중하다가 숨이 끊어진지라**

주모는 그 집의 여주인인 과부를 말한다. 과부의 아들이 병이 들어 죽었다.

**18절, 여인이 엘리야에게 이르되 하나님의 사람이여 당신이 나로 더불어 무슨 상관이 있기로 내 죄를 생각나게 하고 또 내 아들을 죽게 하려고 내게 오셨나이까**

사르밧의 과부는 엘리야가 온 후로 그 아들이 죽었을 때 자신의 죄가 생각났다. 우리가 여기서 생각해 볼 수 있는 한 가지는, 하나님의 역사가 현저하게 있는 사람들, 진리를 받아들인 사람들, 말씀에 순종하는 사람들, 하나님의 은총과 축복을 받은 사람들, 하나님께 기쁨을 드린 사람들이라 하더라도 이런 황당한 불상사가 생길 수 있다는 것이다. 사람들은 이럴 때 가장 낙심을 하게 된다. 다른 사람들은 하나님의 말씀을 소홀히하고 순종치 않고 거스르지만 자신은 충성스럽게 주님을 따르는데 왜 자기 아들이 죽는가? 이럴 때 사람들은 혼돈된다.

그런데 이 과부가 가만히 생각해보니까 자기가 지은 죄 때문에 자기 아들이 죽은 것이다. 자기의 죄가 생각난 것이다. 이것이 또 하나의 성령의 역사이다. 이상하게도 말씀이 사역 되는 곳에서는 사람의 본질이 다 드러난다. 이전보다 상태가 악화된 것처럼 나타날 때가 있다. 빛이 임할 때에 어두움이 드러나기 때문이다. 이 여인이 믿음으로 말씀에 순종할 때에는 다 좋은 것 같았다. 그런데 이 상황에서 막상 아들이 죽으니까 엘리야 선지자에 대한 원망 같은 것이 생겨난 것이다. 그래도 그녀는 엘리야를 '하나님의 사람이여'라고 부른다. 은연중에 이 여인은 엘리야가 자기 집에 왔기 때문에 이런 일이 일어났다고 생각하고 있다. 그리고 자기의 죄가 생각난 것이다. 하나님의 말씀과 빛이 임하면 사람들의 양심이 깨어난다. 이 여인이 좋은 여인이고 믿음이 있는 여인이지만 그 속에 죄가 감춰어져 있었다. 그런데 아들이 죽음으로써 그 죄가 드러난 것이다. 겉으로 좋다고 해서 다 좋은 것이 아니다.

**19절, 엘리야가 저에게 그 아들을 달라 하여 그를 그 여인의 품에서**

**취하여 안고 자기의 거처하는 다락에 올라가서 자기 침상에 누이고**

엘리야가 그 상황을 보고 과부의 말에 대답도 하지 않고 아들을 달라고 해서 아들을 데리고 자기가 거처하는 다락에 올라갔다.

**20절, 여호와께 부르짖어 가로되 나의 하나님 여호와여 주께서 또 내가 우거하는 집 과부에게 재앙을 내리사 그 아들로 죽게 하셨나이까 하고**

엘리야는 우리와 같은 성정을 가졌다고 야고보서 5장에 기록되어 있다. 나는 이런 기도가 너무나 좋다. 여기서 엘리야는 추상적인 기도를 하지 않고 솔직한 기도를 했다. "나의 하나님 여호와여 주께서 또 내가 우거하는 집 과부에게 재앙을 내리사 그 아들로 죽게 하셨나이까".

**21절, 그 아이 위에 몸을 세 번 펴서 엎드리고 여호와께 부르짖어 가로되 나의 하나님 여호와여 원컨대 이 아이의 혼으로 그 몸에 돌아오게 하옵소서 하니**

그 아이 위에 몸을 세 번 펴서 엎드렸다는 것은 그만큼 엘리야가 그 아이를 사랑했고 이 상황에서 간절하게 뜻을 표현한 것이다. 병을 치유하는 은사도 결국은 사랑임을 알 수 있다. 사랑이 없는 은사는 가치가 없다. 엘리야는 자신의 호흡이라도 주어서 아이를 살렸으면 좋겠다는 마음으로 세 번이나 몸을 그 아이 위에 펴서 엎드리고 여호와께 부르짖었다. 그러면서 그 혼이 그 몸에 돌아오게 해달라고 간구했다. 성경에서 흔치 않은 표현인데 사람이 죽으면 혼이 사람의 몸에서 떠난다는 것을 암시한다.

**22절, 여호와께서 엘리야의 소리를 들으시므로 그 아이의 혼이 몸으로 돌아오고 살아난지라**

여호와께서는 엘리야의 이 기도를 들으셨고 그 아이의 혼은 몸으로 돌아오고 살아났다.

**23절, 엘리야가 그 아이를 안고 다락에서 방으로 내려가서 그 어미에게 주며 이르되 보라 네 아들이 살았느니라**

이것이 엘리야의 사역이다. 누구에게 사역했는가? 수천수만 명을 향해 사역했는가? 이 위대한 하나님의 선지자는 오직 한 과부의 가정에 가서 하나님의 말씀이 살아있음을 증거한 것이다. 그렇게 훌륭한 선지자이므로 많은 사람들에게 증거해야 할 것 같은데 그렇게 되지 않았다. 오늘날도 몇몇 사람이 그리스도 안에 세워지면 참으로 기적이라는 생각이 든다. 많은 사람들이 하나님의 말씀에 붙잡힐 것 같지만 그렇게 되지 않는다.

**24절, 여인이 엘리야에게 이르되 내가 이제야 당신은 하나님의 사람이시요 당신의 입에 있는 여호와의 말씀이 진실한 줄 아노라 하니라**

한 가정이 이제야 하나님의 종을 신뢰하고 그 말씀을 살아있는 하나님의 말씀으로 받은 것이다. 한 사람이 말씀에 순종하고 생명이 성장해서 정말 주님의 제자가 되는 것은 쉬운 일이 아니다. 따라서 우리는 한두 사람이 하나님의 말씀을 받았어도 기뻐해야 한다. 당시에 엘리야가 여러 사람에게 보내심 받지 않고 사렙다 과부 한 사람에게 보내심을 받았다고 주님은 말씀하신다. 사단의 좌절시키는 역사가 얼마나 큰지 아는가? 한 사람이라도 말씀을 받는다면 그것은 기적이다.

17장을 읽으면서 나는 많은 느낌이 있다. 엘리야가 사르밧에 가서 한 과부를 처음 만났을 때 얼마나 좋았겠는가? 그 과부는 선지자의 말씀에 순종하면서 오랜 시간 동안 얼마나 많은 기적을 보았겠는가? 그런 기적을 체험하고도 아들이 죽으니 모든 믿음과 신뢰가 다 깨지고 사라진 것이다. 그런데 이제 엘리야가 그 아이를 간절한 기도로 살렸다. 그럴 때 과부가 이제야 진실로 그가 하나님의 사람이요 그의 입에 있는 주님의 말씀이 진실한 줄을 알았다는 것이다. 이렇게 하나님의 종으로서, 선지자로서 그 사명을 다하려면 엘리야처럼 죽었다 깨어나야 할 만큼 뒤집히고 또 뒤집히는 아픔을 겪어야 한다.

# 열왕기상 18장

18장에는 갈멜 산에서 엘리야가 바알의 선지자 450명과 대결한 이야기가 있으며, 엘리야의 행적에서 가장 빛나는 부분이다.

**1절, 많은 날을 지내고 제 삼년에 여호와의 말씀이 엘리야에게 임하여 가라사대 너는 가서 아합에게 보이라 내가 비를 지면에 내리리라**

엘리야 선지자는 사르밧의 과부 집에서 삼 년 가까이 머물러 있었을 것이다. 삼 년이 되었을 때 하나님은 비를 주시기로 했다. 고난의 기간이 있지만 언젠가는 끝이 있다.

**2절, 엘리야가 아합에게 보이려고 가니 그 때에 사마리아에 기근이 심하였더라**

한 달만 비가 오지 않아도 가뭄이 드는데 3년 6개월이나 비가 오지 않았으니 이것은 이스라엘에게 극심한 재난이었다. 당시 사마리아는 이스라엘의 수도였다.

**3절, 아합이 궁내 대신 오바댜를 불렀으니 이 오바댜는 크게 여호와를 경외하는 자라**

당시 악한 왕인 아합의 궁에도 하나님은 기묘한 방식으로 하나님을 경외하는 한 사람을 두셨는데, 그 이름이 오바댜였다. 그는 아합이 신임하는 그의 측근이었다.

**4절, 이세벨이 여호와의 선지자들을 멸할 때에 오바댜가 선지자 일백 인을 가져 오십 인씩 굴에 숨기고 떡과 물을 먹였었더라**

오바댜라는 인물은 궁내 대신이었는데 하나님을 경외했다. 이세벨은 아합의 부인이고 매우 악한 여자이다. 이 여자가 하나님의 선지자들을 많이 죽였다. 그때 오바댜가 선지자 백 명을 데려다가 오십 명씩 굴에 숨기고 떡과 물을 먹였다. 선지자들 백 명 정도가 오바댜라는 궁내 대신 한 사람 때문에 산 것이다.

**5절, 아합이 오바댜에게 이르되 이 땅의 모든 물 근원과 모든 내로 가자 혹시 꼴을 얻으리라 그러면 말과 노새를 살리리니 짐승을 다 잃지 않게 되리라 하고**

기근의 상황이 삼 년이나 지속되자 궁에도 아무것도 없게 되었다. 그래서 아합은 물 근원을 찾아 나서기로 한 것이다.

**6절, 두 사람이 두루 다닐 땅을 나누어 아합은 홀로 이 길로 가고 오바댜는 홀로 저 길로 가니라**

오바댜와 왕이 친히 두루 다니며 물을 찾아야 할 지경이 되었다. 극심하게 가뭄이 들다보니 이제 왕도 물 찾으러 답사를 다니는 것이다. 아합과 오바댜는 각기 나누어져 물을 찾기로 했다.

**7절, 오바댜가 길에 있을 때에 엘리야가 저를 만난지라 저가 알아보고 엎드려 말하되 내 주 엘리야여 당신이시니이까**

오바댜는 엘리야를 보자마자 그가 엘리야라는 것을 알았다. 오바댜는 엘리야를 주라고 존경하여 불렀다.

**8절, 대답하되 그러하다 가서 네 주에게 고하기를 엘리야가 여기 있다 하라**

엘리야는 오바댜에게 가서 아합에게 엘리야가 여기 있다고 전해주라고 했다. 오바댜는 악한 자들의 경내에 있으면서 그들과 적절한 관계를 가지고 자기가 할 수 있는 모든 일을 주님을 위해 하고 있었다. 하나님은 그런 사람 또한 귀하게 보신다.

**9-12절, 가로되 내가 무슨 죄를 범하였기에 당신이 당신의 종을 아합의 손에 붙여 죽이게 하려 하시나이까 10 당신의 하나님 여호와의 사심을 가리켜 맹세하노니 내 주께서 사람을 보내어 당신을 찾지 아니한 족속이나 나라가 없었는데 저희가 말하기를 엘리야가 없다 하면 그 나라와 그 족속으로 당신을 보지 못하였다는 맹세를 하게 하였거늘 11 이제 당신의 말씀이 가서 네 주에게 고하기를 엘리야가 여기 있다 하라 하시나 12 내가 당신을 떠나간 후에 여호와의 신이 나의 알지 못하는 곳으로 당신을 이끌어 가시리니 내가 가서 아합에게 고하였다가 저가 당신을 찾지 못하면 내가 죽임을 당하리이다 당신의 종은 어려서부터 여호와를 경외하는 자라**

오바댜가 이렇게 길게 말하는 이유는 아합에게 가서 엘리야가 여기 있다고 말하면 자기는 죽게 되기 때문이다. 지금까지 아합이 많은 사람들을 보내어 엘리야를 찾으라 하던 터에 그를 보고도 잡지 못하고 다만 아합 왕에게 가서 엘리야를 보았다고 하면 자기는 그 손에 죽임당하게 된다는 것이다. "내가 당신을 떠나간 후에 여호와의 신이 나의 알지 못하는 곳으로 당신을 이끌어 가시리니". 오바댜는 하나님께서 얼마든지 엘리야 선지자를 피신시키실 수 있다고 여긴 것이다. 그러면서 자기는 어려서부터 하나님을 경외하는 사람이라고 말했다.

**13-14절, 이세벨이 여호와의 선지자들을 죽일 때에 내가 여호와의 선지자 중에 일백 인을 오십 인씩 굴에 숨기고 떡과 물로 먹인 일이**

**내 주께 들리지 아니하였나이까 14 이제 당신의 말씀이 가서 네 주에게 고하기를 엘리야가 여기 있다 하라 하시니 그리하면 저가 나를 죽이리이다**

오바댜는 자기가 지금까지 아합 왕과 함께 있긴 했지만 선지자들을 살리는 선한 일을 했는데 왜 이제 자기를 죽게 하려느냐고 말한다.

**15-16절, 엘리야가 이르되 내가 모시는 만군의 여호와의 사심을 가리켜 맹세하노니 내가 오늘날 아합에게 보이리라 16 오바댜가 가서 아합을 만나 고하매 아합이 엘리야를 만나려 하여 가다가**

'내가 반드시 아합을 만날 것이다.' 하고 확실하게 말하자 오바댜는 순종했고, 아합은 오바댜의 말을 듣고 엘리야를 만나러 왔다.

**17절, 엘리야를 볼 때에 저에게 이르되 이스라엘을 괴롭게 하는 자여 네냐**

아합 왕의 눈에 엘리야는 이스라엘을 괴롭게 하는 사람이었다. 아합의 생각에는 이스라엘에 가뭄이 들고 흉년이 든 이유가 이 엘리야 때문이다. 엘리야의 맹세 후에 이스라엘 땅에 3년 6개월 간 가뭄과 기근이 왔기 때문이다.

**18절, 저가 대답하되 내가 이스라엘을 괴롭게 한 것이 아니라 당신과 당신의 아비의 집이 괴롭게 하였으니 이는 여호와의 명령을 버렸고 당신이 바알들을 좇았음이라**

엘리야는 직설적으로 '네가 이스라엘을 괴롭게 하는 사람이지 내가 아니다.'라고 했다. 둘 중의 하나는 거짓이고 하나는 참이다. 선지자는 사람들이 듣든지 안 듣든지 참 말을 하는 사람이다. 여기 엘리야는 선지자의 영이 있다. "내가 이스라엘을 괴롭게 한 것이 아니라 당신과 당신의 아비의 집이 괴롭게 하였으니 이는 여호와의 명령을 버렸고 당신이 바알들을 좇았음이라".

**19절, 그런즉 보내어 온 이스라엘과 이세벨의 상에서 먹는 바알의 선지자 사백오십 인과 아세라의 선지자 사백 인을 갈멜산으로 모아 내게로 나오게 하소서**

엘리야가 아합에게 제의하고 있다. '과연 어떤 신이 참 신인지 시험해 보자'고 한 것이다. 온 이스라엘과 이세벨의 상에서 먹는 바알의 선지자 사백오십 인과 아세라의 선지자 사백 인, 도합 850인을 갈멜 산으로 모으라고 했다. 1:850으로 결전을 벌리자고 제의한 것이다.

**20-21절, 아합이 이에 이스라엘 모든 자손에게로 보내어 선지자들을 갈멜산으로 모으니라 21 엘리야가 모든 백성에게 가까이 나아가 이르되 너희가 어느 때까지 두 사이에서 머뭇머뭇 하려느냐 여호와가 만일 하나님이면 그를 좇고 바알이 만일 하나님이면 그를 좇을지니라 하니 백성이 한 말도 대답지 아니하는지라**

아합은 선지자들을 갈멜산으로 모았다. 여기에 세 팀이 있다. 한 팀은 이스라엘 백성들, 한 팀은 바알의 선지자들, 한 팀은 하나님의 종 엘리야이다. 당시 이스라엘은 종교가 혼잡되어 있었다. 사람이란 머뭇거릴 때 가장 위험하고 악하게 되는 법이다. 진실한 선지자는 현재 엘리야 한 사람밖에 없다. 백 명의 선지자는 여전히 오십 명씩 굴에 있었을 것이다. 엘리야 한 사람과 바알의 선지자 사백오십 명이 대결을 하는데, 아세라 선지자 사백 명은 나타나지 않은 것 같다. 바알의 선지자 사백오십 명만 기록되어 있다. 이들은 다 이세벨 편으로서 이세벨의 상에서 매일 호의호식하는 사람들이다.

"너희가 어느 때까지 두 사이에서 머뭇머뭇 하려느냐 여호와가 만일 하나님이면 그를 좇고 바알이 만일 하나님이면 그를 좇을지니라 하니". 백성들은 이 둘 사이에서 머뭇거렸다. 여호와 하나님이 참 신이신 것 같기는 한데 바알이 대세이다 보니 그 둘 사이에서 왔다갔다하고 있었던 것이다. 이 때 엘리야가 이스라엘 백성들에게 "너희가 어느 때까지 두 사이에서 머뭇머뭇 하려느냐 여호와가 만일 하나님이면 그를 좇고 바알이 만일 하나님이면 그를 좇을지니라" 하고 책망하니까 백성들이 아무 말도 못하더라는 것이다. 대체로 사람들은 진리를 따르는 것이 아니라 힘이 있는 쪽으로 끌려간다. 참된 말을 들으면 아무 말도 못하고 가만히 있다가 그저 대세를 따라가는 자들이 오늘날에도 많다.

**22-23절, 엘리야가 백성에게 이르되 여호와의 선지자는 나만 홀로 남았으나 바알의 선지자는 사백오십 인이로다 23 그런즉 두 송아지를 우리에게 가져오게 하고 저희는 한 송아지를 택하여 각을 떠서 나무 위에 놓고 불은 놓지 말며 나도 한 송아지를 잡아 나무 위에 놓고 불은 놓지 말고**

엘리야는 혼자이고 바알의 선지자는 450명이었다. 아마도 엘리야가 제의한 아세라 선지자 400명은 오지 않은 듯하다. 엘리야 편과 바알 선지자 편이 똑같이 송아지 하나씩을 잡아 각을 떠서 나무 위에 놓되 불은 지피지 말라고 했다.

**24절, 너희는 너희 신의 이름을 부르라 나는 여호와의 이름을 부르리니 이에 불로 응답하는 신 그가 하나님이니라 백성이 다 대답하되 그 말이 옳도다**

백성들은 그 제의에 대하여 옳다 하면서 각자 신들의 이름을 불러 불로 응답하는 신이 참 하나님이라고 하는 그 제안을 받아들이며 찬성한 것이다.

**25-27절, 엘리야가 바알의 선지자들에게 이르되 너희는 많으니 먼저 한 송아지를 택하여 잡고 너희 신의 이름을 부르라 그러나 불을 놓지 말라 26 저희가 그 받은 송아지를 취하여 잡고 아침부터 낮까지 바알의 이름을 불러 가로되 바알이여 우리에게 응답하소서 하나 아무 소리도 없고 아무 응답하는 자도 없으므로 저희가 그 쌓은 단 주위에서 뛰놀더라 27 오정에 이르러는 엘리야가 저희를 조롱하**

**여 가로되 큰 소리로 부르라 저는 신인즉 묵상하고 있는지 혹 잠간 나갔는지 혹 길을 행하는지 혹 잠이 들어서 깨워야 할 것인지 하매**

엘리야는 선행권을 바알 선지자들에게 양보했다. 그들은 엘리야의 말대로 아침부터 낮까지 바알의 이름을 부르며 "바알이여 우리에게 응답하소서"라고 부르짖었다. 그리고 아무 응답이 없자 바알 추종자들은 쌓은 단 주위에서 뛰놀았다. 이것은 매우 재미있는 표현이지만 사실이다. 미신적인 종교나 이단들은 내용이 없으면서 무언가 사람들에게 있는 것처럼 보여야 하기 때문에 열을 내며 퍼포먼스를 하는 것이다. 사람들은 이런 일에 미혹되기도 한다. 또 그렇게 뛰노는 자들은 그 행위 자체에 열광하고 의미를 부여하고 자신을 속이고 본지를 호도하며 남을 속인다. 이 때 엘리야가 그들을 조롱하면서 말했다. '바알 신이 잠드셨나? 묵상하고 계시나?'

28-29절, **이에 저희가 큰 소리로 부르고 그 규례를 따라 피가 흐르기까지 칼과 창으로 그 몸을 상하게 하더라 29 이같이 하여 오정이 지났으나 저희가 오히려 진언을 하여 저녁 소제 드릴 때까지 이를지라도 아무 소리도 없고 아무 응답하는 자도 없고 아무 돌아보는 자도 없더라**

바알을 추종하는 자들은 그들이 신이라고 떠받드는 바알이 아무 의미도 없는 존재라는 것에 대하여 생각조차 해본 적이 없었을 것이다. 많은 사람들이 따르니까 그저 맹목적으로 소리지르면서 불러보는 것이다. 더 크게 소리지르면 혹시 효험이 있을까 하면서 말이다. 대개 신앙에 확신이 없는 자들이 오히려 자기 확신을 가지려고 소리를 높임으로 자기 최면을 거는 수가 있다. 아침부터 낮까지 계속 소리 지른다고 해서 좋은 것이 아니다. 사람들은 그렇게 큰 소리로 부르고 피가 흐르기까지 칼과 창으로 몸을 상하게 하는 식으로 열심을 내는 그 자체에 의미를 부여하며 또 즐기기도 한다. 내심 냉랭한 신앙이 불타오르게 되었다고 여긴다.

이사야 8장 6절에는 유다에 대한 책망이 있다. "이 백성이 천천히 흐르는 실로아 물을 버리고 르신과 르말리야의 아들을 기뻐하나니 그러므로 주 내가 흉용하고 창일한 큰 하수 곧 앗수르 왕과 그의 모든 위력으로 그들 위에 덮을 것이라". 주님이 예루살렘을 공급하시는 물은 천천히 흐르는 실로아의 물이다. 불의 혀같이 갈라지며 예언과 방언이 나오는 오순절의 큰 역사가 있었지만 그런 현상은 늘 있는 것이 아니다. 우리는 성령의 체험이 큰 능력과 함께 있음을 감사한다. 그러나 동시에 성령은 우리의 일상생활 가운데서 우리와 늘 함께하시며 우리를 가르치시고 고요한 가운데 인도하신다. 성도들은 늘 열광하거나 외적인 현상과 능력을 바라는 식으로 신앙생활 하는 것을 조심해야 한다. 거기에 속임수와 기만이 있을 수 있다. 어떤 사람들은 능력을 행하는 집회에 참석해서 자신이 쓰러지는 체험을 했다고 하면서 그것을 귀하게 여긴다. 또 어떤 사람은 기적을 행하는 집회에서 치아가 금니로 변했다고 간증하는 것을 들었다고 했다. 나는 하나님께서 사람의 치아를 금이 아니라 다이아몬드로도 만들 능력이 있는 분임을 믿는다. 그러나 나는 왜 존귀한 성도들이 말씀을 믿고 순종하기보다 그러한 보이는 세계의 허황된 일을 믿고 신뢰하는지 알 수가 없다. 거기에 속임수가 없겠는가? 분명 거짓이 있을 수 있다. 신유집회에도 동일한 위험이 따른다. 나는 하나님의 능력으로 병이 치유됨을 확실히 믿는다. 그러나 많은 경우 질병이 치유받았다는 간증은 그렇게 믿을 만하지 못하다는 사실을 간과해서는 안 된다. 나는 그런 외적인 역사를 일괄 부정하지는 않는다. 하나님은 치유의 하나님이요 능력의 하나님이시기 때문이다. 그러나 한 편으로 치우친 신앙을 조심해야 한다고 일깨워주고 싶은 것이다. 그저 말씀 한 구절을 소중히 여기고 믿고 순종하는 것이 귀하다. 말씀이 바로 성령이시다. 매일매일 그 말씀과 함께 말씀에 순종하며 생활하는 것이 성령으로 사는 비결임을 믿으라!

조금 있다가 보겠지만 엘리야 선지자는 그렇게 소리 지르지도 않고 한두 마디 기도하니까 불이 내려와 제물을 살라 버렸다. 큰 소리를 지르고 자해하면서까지 고행과 열의를 보인다고 되는 것이 아니다. 26절은 아무 소리도 없고 응답하는 자가 없어도 상관없이 단 주위에서 뛰놀았다고 말한다. 그들은 응답이 있든 없든 상관하지 않는다. 그저 소리 지르고 뛰노는 것 자체에 의미를 둔다. 오정에 이르러 엘리야가 조롱하면서 '혹 너희 신이 묵상을 하는지…잠을 자는지 모르니까 더 큰 소리로 부르라'고 하니까 그들은 더 열을 내면서 자기 몸을 상하게 하면서까지 큰 소리로 불렀다. 오정이 지났는데 그들이 오히려 진언을 했다. 진언이란 '미친 듯이 헛소리로 예언하는 것'을 뜻한다. 저녁 소제를 드리는 때는 오후 3시경이라고 한다. 그들은 그때까지 하루 종일 소리 지르고 뛰놀며 진언하기도 했지만 아무 소리도 없고 아무 응답하는 자도 없고 아무 돌아보는 자도 없었다.

**30-31절, 엘리야가 모든 백성을 향하여 이르되 내게로 가까이 오라 백성이 다 저에게 가까이 오매 저가 무너진 여호와의 단을 수축하되 31 야곱의 아들들의 지파의 수효를 따라 열두 돌을 취하니 이 야곱은 여호와께서 옛적에 저에게 임하여 이르시기를 네 이름을 이스라엘이라 하리라 하신 자더라**

이제는 엘리야가 기도할 차례이다. 바알 선지자가 실패한 연후에 엘리야는 백성에게 가까이 오라고 하였다. 엘리야는 무너진 여호와의 단을 수축하고 야곱의 아들들의 지파의 수효를 따라 열두 돌을 취하였다. 이때에 이스라엘 백성들은 조상 야곱이고 열두 지파고 다 잊어버리고 있었다. 바알 신앙에 의해 모든 것이 혼돈되고 근본적인 신앙, 여호와 신앙은 오래된 이야기가 되어버린 것이다. 엘리야 선지자는 이제 자기 차례가 되니 이들의 잊어버렸던 원래 신앙을 되찾도록 하기 위해 먼저 무너진 여호와의 단을 수축하며 야곱의 아들들의 수효를 따라 열두 돌을 취하였다.

이스라엘 사람들은 당시 바알 숭배에 미혹되어 새로 신앙을 개발했다. 바알을 부르다 보니 이스라엘 백성들은 자신들의 신앙의 근본도 잊어버리고 조상도 다 잊어버린 것이다. 여기서 엘리야는 자기 차례가 되어 기도하기 전에 야곱 아들들의 숫자에 따라 열두 돌을 취했다. 그들의 신앙의 근본을 일깨워주기 위해 이 일을 행하고 있는 것이다.

**32-35절, 저가 여호와의 이름을 의지하여 그 돌로 단을 쌓고 단으로 돌아가며 곡식 종자 두 세아를 용납할 만한 도랑을 만들고 33 또 나무를 벌이고 송아지의 각을 떠서 나무 위에 놓고 이르되 통 넷에 물을 채워다가 번제물과 나무 위에 부으라 하고 34 또 이르되 다시 그리하라 하여 다시 그리하니 또 이르되 세 번 그리하라 하여 세 번 그리하니 35 물이 단으로 두루 흐르고 도랑에도 물이 가득하게 되었더라**

엘리야는 여호와의 이름을 의지하여 12돌로 제단을 수축하였고 두 세아(15 리터 가량)를 용납할만한 도랑을 만들고 거기에 물을 가득 채웠다.

**36절, 저녁 소제 드릴 때에 이르러 선지자 엘리야가 나아가서 말하되 아브라함과 이삭과 이스라엘의 하나님 여호와여 주께서 이스라엘 중에서 하나님이 되심과 내가 주의 종이 됨과 내가 주의 말씀대로 이 모든 일을 행하는 것을 오늘날 알게 하옵소서**

여기서 엘리야가 하는 일을 자세히 보라. 이스라엘에게 그들이 잃어버린 하나님을 되찾아 주는 일을 하는 것이다. 여기서 그가 단을 만들 때 열두 돌을 사용했는데 이 열두 돌은 이스라엘의 열두 지파다. 지금 이스라엘은 나뉘어져 있다. 유다와 나머지 열한 지파로 나뉘어져 있는 것이다. 그러나 지금 엘리야는 단을 쌓고 여호와께 경배하면서 비록 그들이 분열되었어도 그들의 신앙에서는 열두 지파가 하나라는 것을 나타내 보여주고 있는 것이다. 열두 돌로 단을 만들었다는 것이 그것을 보여준다.

우리는 교회의 보편성 문제를 항상 주의해야 한다. 교회가 언제나 하나임을 기억해야 한다. 우리는 언제나 동서고금의 모든 그리스도인들을 포함하는 위치에 서서 하나님께 경배를 드려야 그것이 바로 하나님의 기뻐하시는 바이다. 여기서 이스라엘의 돌 열한 개만을 취하거나 유다는 베냐민을 포함해 두 개만 취해서 예배하면 안 되는 것이다. 하나님의 눈에는 분열이 없다. 여전히 이스라엘 열두 지파는 하나님의 백성이다. 그것을 근거로 해서 하나님께 나아가는 것이다. 우리가 떼는 떡이 하나인 것은 그리스도의 몸이 하나라는 것을 나타내는 것이다. 현재 모이는 이 사람들만을 대표하는 떡이 아니라는 것이다. 우리만 생각하고 주님의 상을 대한다면 분열의 위치에 있는 것이다. 엘리야는 하나님을 아브라함과 이삭과 야곱의 하나님이라 부르면서 주께서 이스라엘 중에서 하나님 되심을 증거해 주시고 내가 주의 종이 된 것도 증명해 주시고 주의 말씀대로 이 모든 일을 행하는 것을 알게 해 달라고 기도했다.

**37절, 여호와여 내게 응답하옵소서 내게 응답하옵소서 이 백성으로 주 여호와는 하나님이신 것과 주는 저희의 마음으로 돌이키게 하시는 것을 알게 하옵소서 하매**

엘리야의 기도는 짧지만 얼마나 진실된가! 이스라엘 중에서 여호와가 하나님이신 것을 알게 해 주시고 주님은 저희 마음으로 돌이키게 하시는 것을 알게 해달라고 기도하는 것이다. 당시 아합과 이스라엘 백성들은 나라에 3년 반이나 가뭄이 들고 기근으로 고생하는 것이 다 엘리야 때문이라고 보고 있었다. 그런데 엘리야는 그것이 아니고 이스라엘 백성이 하나님을 떠나 바알을 숭배했기 때문이고 말씀을 지키지 않았기 때문이라고 말하고 있다. 그는 이 백성이 자기의 말을 믿지 않으니 각각 제단을 쌓고 바알 숭배자 사백오십 명의 제물과 자기의 제물 중 누구의 제물을 불로 사르는지 보자고 한 것이다. 여기서 엘리야의 기도는 참으로 간절하다.

**38-40절, 이에 여호와의 불이 내려서 번제물과 나무와 돌과 흙을 태우고 또 도랑의 물을 핥은지라 39 모든 백성이 보고 엎드려 말하되 여호와 그는 하나님이시로다 여호와 그는 하나님이시로다 하니 40 엘리야가 저희에게 이르되 바알의 선지자를 잡되 하나도 도망하**

**지 못하게 하라 하매 곧 잡은지라 엘리야가 저희를 기손 시내로 내려다가 거기서 죽이니라**

엘리야의 사역의 전성기이다. '여호와의 불'은 하늘로부터 내려온 불이다. 그 불이 번제물과 나무와 돌과 흙을 다 태우고 물을 다 핥았다. 이는 그리스도의 부활의 예시로 볼 수 있다. 로마 병정들은 주 예수를 십자가에 못 박고 창으로 옆구리를 찌르고 완전히 죽음을 확인하였으며 그 시신을 무덤에 넣고 인봉까지 하였다. 그러나 주 예수님은 사흘 만에 사망을 뚫고 부활하셨다. 엘리야는 갈멜산에서 승리한 직후에 사백오십 명의 바알 선지자들을 기손 시내로 데려다가 다 죽여 버렸다.

**41절, 엘리야가 아합에게 이르되 올라가서 먹고 마시소서 큰 비의 소리가 있나이다**

아합과 백성들은 그 광경을 다 보았을 것이다. 엘리야는 왕에게 먹으라고 권하면서 큰 비가 올 것이라는 좋은 소식을 알려주었다. 삼 년 육개월 만에 된 일이다. 이제 갈멜 산에서 승리하고 난 뒤 이스라엘 백성의 상황은 엘리야의 사역을 통해 회복되었다. 이들은 엎드려 과연 여호와가 하나님이시라고 했다. 그 불신의 원인이 제거되자 하나님께서 다시 축복하시는 것을 본다.

**42절, 아합이 먹고 마시러 올라가니라 엘리야가 갈멜산 꼭대기로 올라가서 땅에 꿇어 엎드려 그 얼굴을 무릎 사이에 넣고**

아합은 자기의 장막이 있는 곳으로 먹으러 올라갔고 엘리야는 땅에 꿇어 엎드려서 얼굴을 무릎 사이에 넣고 기도했다. 지극히 겸손하고 간곡한 자세로 기도한 것이다.

**43-46절, 그 사환에게 이르되 올라가 바다 편을 바라보라 저가 올라가 바라보고 고하되 아무 것도 없나이다 가로되 일곱 번까지 다시 가라 44 일곱 번째 이르러서는 저가 고하되 바다에서 사람의 손**

**만한 작은 구름이 일어나나이다 가로되 올라가 아합에게 고하기를
비에 막히지 아니하도록 마차를 갖추고 내려가소서 하라 하니라 45
조금 후에 구름과 바람이 일어나서 하늘이 캄캄하여지며 큰 비가 내
리는지라 아합이 마차를 타고 이스르엘로 가니 46 여호와의 능력이
엘리야에게 임하매 저가 허리를 동이고 이스르엘로 들어가는 곳까지
아합 앞에서 달려갔더라**

엘리야는 엎드려서 얼굴을 무릎 사이에 넣은 채 사환을 시켜 올라가서 바다를 바라보라고 명한다. 비를 내릴 구름이 떠오르는지 확인하라는 것이다. 비가 오지 않게 한 것도, 이제 비가 오게 하는 것도 엘리야의 기도이다. 엘리야의 기도에서 우리가 배울 것은 간절한 기도, 끊임없는 기도, 확신 있는 기도를 해야 한다는 것이다. 엘리야는 아무 것도 보이지 않는 상황에서 사환에게 바다 편을 바라보라고 했다. 아무것도 없다고 하니 일곱 번을 보라고 했다. 일곱 번째 가서야 사환은 바다에서 손만한 작은 구름이 일어난다고 알려주었다.

여기서 우리에게 시사해주는 바는 기도의 응답이 없는 것 같아도 지속적으로 기도하고 또 믿음을 갖고 그 응답을 확인해 나가라는 것이다. 이제 엘리야는 기도를 마치고 왕 아합에게 비에 막히지 않게 마차를 갖추고 먼저 내려가라고 한다. 엘리야는 뒤에 출발했어도 여호와의 능력이 임함으로 이스르엘로 들어가는 곳까지 아합 앞에서 달려갔다. 이 모든 것이 아합 왕과 백성들에게 하나님을 알게 해주는 엘리야의 사역이다. 갈멜산에서 이스르엘까지는 20km가 넘는다.

# 열왕기상 19장

**1절, 아합이 엘리야의 무릇 행한 일과 그가 어떻게 모든 선지자를 칼로 죽인 것을 이세벨에게 고하니**

아합이라는 이스라엘 왕은 이방 여인 하나를 데려다 아내로 앉혀놓고 쩔쩔매는 형국이다. 이세벨은 왕궁에 앉아 있고 아합은 갈멜산에서 되어진 모든 일 곧 엘리야가 어떻게 바알의 선지자들을 칼로 죽였는가를 그녀에게 보고했다.

**2절, 이세벨이 사자를 엘리야에게 보내어 이르되 내가 내일 이맘 때에는 정녕 네 생명으로 저 사람들 중 한 사람의 생명 같게 하리라 아니하면 신들이 내게 벌 위에 벌을 내림이 마땅하니라 한지라**

화가 잔뜩 난 이세벨은 엘리야에게 사자를 보내어 그를 죽이겠다고 했다.

**3절, 저가 이 형편을 보고 일어나 그 생명을 위하여 도망하여 유다에 속한 브엘세바에 이르러 자기의 사환을 그곳에 머물게 하고**

'이 형편'이란 이세벨이 자기를 죽이겠다는 위협의 상황이다. 엘리야는 이세벨의 이 위협에 엄청 두려워했다. 갈멜산에서의 선지자의 그 용감함은 어디로 가고 이세벨의 죽이겠다는 말에 두려워진 것이다. 그는 생명을 구하고자 브엘세바라는 곳으로 도망을 갔는데, 어쩌면 밤중이었을 것이다(매튜 헨리). 그는 사환으로 보초를 서게 하고 자기는 광야로 들어갔다.

**4절, 스스로 광야로 들어가 하룻길쯤 행하고 한 로뎀나무 아래 앉아서 죽기를 구하여 가로되 여호와여 넉넉하오니 지금 내 생명을 취하옵소서 나는 내 열조보다 낫지 못하니이다 하고**

위기를 맞은 엘리야의 심정은 낙심과 회의로 가득했다. 위대한 선지자가 한 교만하고 악독한 여인의 협박을 받고 심히 떨고 있는 처량한 모습이다. 광야에서 하룻길 쯤 행하고 로뎀나무 아래 앉은 하나님의 위대한 선지자는 얼마 전의 엘리야와 전혀 다른 사람처럼 말하고 있다. '이 정도 했으면 주님의 일을 다 한 것 같으니 이제 나를 좀 데려가 달라'고 하면서 사표를 내는 것이다. "여호와여 넉넉하오니 지금 내 생명을 취하옵소서". 엘리야는 사는 것이 싫어질 정도로 약해졌다. 또 자기는 살 만큼 살았다고 말하고 있다. '나는 내 열조보다 나은 것도 없고 이 정도 했으면 족하다'고 말한다. 자신에 대한 심한 열등감에 빠진 것이다. 이것은 어떤 용감한 주의 종이라도 이렇게 될 수 있다는 경고로 받아야 한다. 종교 개혁자 루터도 한 번은 이렇게 죽을 것만 같은 두려움에 빠진 적이 있다고 한다. 그 때 상복을 입고 나타난 아내의 도움을 받았다는 일화가 있다. 위대한 신앙자라고 해서 한결같이 강인한 것만은 아니라는 것을 이해하고 주의 종들을 함부로 판단해서는 안 되겠다.

**5절, 로뎀나무 아래 누워 자더니 천사가 어루만지며 이르되 일어나서 먹으라 하는지라**

엘리야는 죽기를 기다리며 로뎀나무 아래서 탄식하며 기도하다가 누워 잠이 들었다. 그때 천사가 어루만지며 '일어나서 먹으라'고 했다. 주님은 당신의 종인 선지자가 연약해졌을 때 이렇게 일으키면서 도와주신다.

**6절, 본즉 머리맡에 숯불에 구운 떡과 한 병 물이 있더라 이에 먹고 마시고 다시 누웠더니**

이러한 여호와 하나님은 마치 디베랴 바닷가에서 제자들에게 나타나신 예수님 같다. 요한복음 21:3, "시몬 베드로가 나는 물고기 잡으러 가노라 하매 저희가 우리도 함께 가겠다 하고 나가서 배에 올랐으나 이 밤에 아무 것도 잡지 못하였더니". 9절, "육지에 올라보니 숯불이 있는데 그 위에 생선이 놓였고 떡도 있더라". 13절, "예수께서 가셔서 떡을 가져다가 저희에게 주시고 생선도 그와 같이 하시니라". 그리스도께서는 구약에서부터 부족한 당신의 종들을 돌보아 오셨으므로 신약에서도 제자들의 약함을 아시고 베드로를 그렇게 인자함으로 대하신 것 같다.

**7절, 여호와의 사자가 또 다시 와서 어루만지며 이르되 일어나서 먹으라 네가 길을 이기지 못할까 하노라 하는지라**

여기서 여호와의 사자를 그리스도라고 해석하지 못할 이유가 없다(Keil, Lange, Steir, Wordsworth 등). 그리스도는 신약에서 변화산에 나타나셨을 때 엘리야와 모세로 더불어 대화하셨다. 엘리야는 적당한 휴식을 취하였고 두 번이나 식물을 먹었기에 상당히 회복이 되었다. 주님은 엘리야의 갈 길을 아시고 적절한 공급을 주신 것이다. 주님은 이렇게 당신의 종들을 인자로 대하신다.

**8절, 이에 일어나 먹고 마시고 그 식물의 힘을 의지하여 사십 주 사십 야를 행하여 하나님의 산 호렙에 이르니라**

그 광야 로뎀나무 아래서부터 엘리야는 천사의 부축을 받아 떡과 여러 가지를 얻어먹고 힘을 차린 다음, 사십 주야를 걸어서 호렙 산으로 갔다. 이는 큰 이적이다. 모세도 처음에 호렙산 가시덤불 불꽃 가운데서 하나님의 음성을 들었다. 이 호렙 곧 시내 산에서 모세는 40일이나 금식하면서 하나님으로부터 언약의 돌비를 받았다.

**9절, 엘리야가 그곳 굴에 들어가 거기서 유하더니 여호와의 말씀이 저에게 임하여 이르시되 엘리야야 네가 어찌하여 여기 있느냐**

엘리야는 깊은 굴로 도망을 갔다. 물론 하나님은 엘리야가 무서워서 도망간 것을 모르시는 것이 아니었다. 그럼에도 주님은 굴에 숨어 들어와 있는 엘리야에게 "네가 어찌하여 여기 있느냐?"라고 물으셨다. 주님은 신약에서도 때로 두려워 떠는 제자들을 꾸짖은 적이 있으시다. 같은 어조라고 생각된다.

**10절, 저가 대답하되 내가 만군의 하나님 여호와를 위하여 열심이 특심하오니 이는 이스라엘 자손이 주의 언약을 버리고 주의 단을 헐며 칼로 주의 선지자들을 죽였음이오며 오직 나만 남았거늘 저희가 내 생명을 찾아 취하려 하나이다**

이 구절은 매우 재미있는 구절이다. "내가 여호와를 위하여 열심이 특심하오니". 이 구절을 읽으면 우리 인간이 얼마나 나약하며 또 반면에 자기 신뢰가 얼마나 큰지를 알 수 있다. 우리는 주님을 위하여 조금 헌신하고 일을 하면 자신밖에 없는 줄로 착각한다. 베드로가 주님 앞에서 장담할 때의 어조와 비슷하다. "이스라엘 자손이 주의 언약을 버리고 주의 단을 헐며 칼로 주의 선지자들을 죽였음이오며 오직 나만 남았거늘". 이 말에 대하여 사도 바울은 담대하게 엘리야가 이렇게 말한 것은 이스라엘을 송사한 것이라고 했다(롬 11:2-3). 하나님은 당신 자신을 위하여 바알에게 무릎 꿇지 않은 칠천을 남겨두셨다고 했다. 이는 오늘날도 우리에게 동일한 교훈을 준다. 오늘날에도 얼마나 많은 그리스도인 단체들이나 이단적 단체들이 엘리야의 잘못된 송사를 계속하고 있는가? 엘리야는 물론 훌륭한 선지자이지만 그의 이러한 말투를 본받아서는 안 된다. 그것은 주님이 송사하는 말이라고 판단하신 말이다. 오늘날도 자신들만이(only we) 그 무엇이라고, 주를 위해 무엇을 하는 단체라고 하는 사람들이 많다. 그리고 그들 단체들은 그런 말로 사람들을 선동한다. 물론 그들의 열심이 특심인 것은 맞다. 그러나 그들만이라는 말(오직 자신들만이 주와 교회를 위하고, 모든 민족에게 천국 복음을 전하며, 주님의 재림을 기다린다는 등)은 맞지 않다. 하나님께서는 그들 말고도 수많은 충성된 종들을 지구상에 예비하고 계시고 보내고 계시다. 아마도 엘리야는 속으로 말했을 것이다. '칠 천이라니! 단 일곱 명도 못 보았는데…'

고린도 후서 4장 5절에서 바울은 "우리가 우리를 전파하는 것이 아니라 오직 그리스도 예수의 주 되심을 전파한다"고 하였다. 이단적 단체들은 다 성경을 대입하여 교주를 전하고 그 단체를 전하곤 한다. 자신들만이 성경에 있는 바로 그 교회라든가, 십사만 사천이라든가, 감람나무라든가, 일곱 영의 말씀이라든가 기기묘묘한 방식으로 자신들을 전하는 단체들이 많다. 우리는 우리 자신을 전해서는 안 되고, 그리스도의 주되심을 전하고 말씀 자체를 가르치는 방식으로 사역을 해야 한다. 바울은 자신이 떠난 후 사람들이 자기를 따르게 하려고 어그러진 말을 하는 자들이 일어날 것이라고 했다. 왜 사람들이 그럴듯한 말을 지어낼까? 사람들을 교회에서 떼어내어 자신들을 따르게 하려는 것이다.

**11-12절, 여호와께서 가라사대 너는 나가서 여호와의 앞에서 산에 섰으라 하시더니 여호와께서 지나가시는데 여호와의 앞에 크고 강한 바람이 산을 가르고 바위를 부수나 바람 가운데 여호와께서 계시지 아니하며 바람 후에 지진이 있으나 지진 가운데도 여호와께서 계시지 아니하며 12 또 지진 후에 불이 있으나 불 가운데도 여호와께서 계시지 아니하더니 불 후에 세미한 소리가 있는지라**

호렙은 하나님의 산이다. 하나님이 엘리야 선지자에게 호렙 산에서 말씀하시는 것이다. 첫 번째는 크고 강한 바람이 바위를 부수며 지나가는데 여호와께서 그 바람 가운데 계시지 않고, 다음 지진이 있으나 지진 가운데도 계시지 않고, 불이 있는데 불 가운데 계시지도 않고, 불 후에 세미한 음성이 있었다고 했다.

**13절, 엘리야가 듣고 겉옷으로 얼굴을 가리우고 나가 굴 어귀에**

**세미한 소리가 있어 저에게 임하여 가라사대 엘리야야 네가 어찌하여 여기 있느냐**

세미한 소리는 매우 신약적이다. 주님은 오늘날도 성도들에게 기름부음을 통해 세미한 음성으로 속에서 속삭이듯이 말씀하신다. 우리가 주의 음성을 듣기를 사모한다면 조용히 우리 속에서 말씀하시는 음성을 들을 수 있다. 주님은 엘리야에게 세미한 음성으로 말씀하신다. "엘리야야 네가 어찌하여 여기 있느냐".

히브리서 12장에는 구약과 신약의 대비가 있다. 구약에서 말씀하시는 하나님의 배경은 뭔가 두려운 것이었다. 모세가 하나님을 만난 광경에 대해 모세 자신도 '내가 심히 두렵고 떨린다'고 하였다. 그리고 히브리서 기자는 '너희가 이른 곳은 시온 산과 살아계신 하나님의 도성과…'라고 하면서 율법이 주어지는 두려운 광경이 아님을 말하고 있다. 히브리서 12장 18-24절, "너희의 이른 곳은 만질 만한 불 붙는 산과 흑운과 흑암과 폭풍과 19 나팔 소리와 말하는 소리가 아니라 그 소리를 듣는 자들은 더 말씀하지 아니하시기를 구하였으니 20 이는 짐승이라도 산에 이르거든 돌로 침을 당하리라 하신 명을 저희가 견디지 못함이라 21 그 보이는 바가 이렇듯이 무섭기로 모세도 이르되 내가 심히 두렵고 떨린다 하였으나 22 그러나 너희가 이른 곳은 시온산과 살아계신 하나님의 도성인 하늘의 예루살렘과 천만 천사와 23 하늘에 기록한 장자들의 총회와 교회와 만민의 심판자이신 하나님과 및 온전케 된 의인의 영들과 24 새 언약의 중보이신 예수와 및 아벨의 피보다 더 낫게 말하는 뿌린 피니라".

엘리야는 처음 강한 바람과 지진과 불이 지나갈 때 얼굴을 겉옷으로 가린 것이 아니라 세미한 음성이 있을 때 얼굴을 가렸다. 우리는 여호와께서 강한 바람과 지진과 불 가운데 계시지 않았었다는 기록을 대하게 된다(11, 12절). 왜 엘리야는 얼굴을 가렸을까? 바람이나 지진이나 불이 얼굴을 가리게 한 것이 아니라 조용한 목소리가 가리게 한 것이다. 은혜에 찬 사람은 여호와의 두려우심보다는 그분의 애정에 찬 자비로움에 더욱 큰 감동을 받게 된다(매튜 헨리). 엘리야는 능력을 행하였던 선지자이다. 그러나 지금 그는 비겁자가 되어 이세벨의 위협을 두려워하여 도피했다. 그는 조용한 목소리의 하나님을 대할 때 매우 수치스러웠을 것이다. 외적으로 큰 능력을 행하는 것이 그 사람을 능력의 사람으로 만드는 것이 아니라는 것을 알 수 있다. 신약에서 우리는 약할 때 강하게 되는 비결을 바울에게서 배운다. 또한 속사람이 능력으로 강건케 되라는 말씀도 배운다. 문제는 우리의 속이 강건케 되는 데 있다. 신약의 성령은 보다 내적인 것이다. 엘리야는 겉옷으로 예표된 성령의 외적인 능력을 은사로 행한 선지자이다. 그는 큰 능력을 행하였고 바알의 선지자 450명에 맞서 승리하였다. 그러나 막상 이세벨의 위협이 있자 속수무책으로 무너지는 것을 보게 된다.

우리는 엘리야에게서 내적인 십자가의 역사를 보지 못한다. 겉사람이 파쇄되고 속이 날마다 새롭게 되는 바울의 체험을 보지 못한다. 문제는 우리의 겉사람이다. 그것이 헐어지지 않는 한 우리의 속은 강해지지 않는다. 외적으로 한때 능력을 행할지라도 우리의 속이 강해지려면 우리의 겉사람이 파쇄되어야 한다. 신약의 중요한 체험은 십자가이다. 십자가는 우리의 겉사람을 헐어내고 성령은 우리를 새롭게 충만케 한다. 구약에서 주님은 흑운과 번개 속에서 두려움으로 나타나셨지만 신약의 주님은 인자와 자비로 우리에게 오셔서 조용히 말씀하신다. 베드로나 요한은 그러한 은혜의 주님 앞에서 배우고 또 배웠다. 그러나 그들의 겉사람은 오순절 이전까지는 아직 충분히 깨어지지 않았다. 그들은 그리스도의 십자가의 사건 앞에서 철저히 무너졌으며, 오순절의 성령으로 완전히 새롭게 되었다.

이 구절에서 엘리야는 주님의 세미한 음성을 들었다. 부드러운 음성이다. 엘리야는 죽기를 간구하였으나 주님은 아니라고 하신다. 오히려 살아남아서 더욱 할 일을 해야 한다고 말씀하신다. 이 어떠한 은혜인가!

**14절, 저가 대답하되 내가 만군의 하나님 여호와를 위하여 열심이 특심하오니 이는 이스라엘 자손이 주의 언약을 버리고 주의 단을 헐**

**며 칼로 주의 선지자들을 죽였음이오며 오직 나만 남았거늘 저희가 내 생명을 찾아 취하려 하나이다**

지금 엘리야는 같은 대답을 반복하고 있다.

**15절, 여호와께서 저에게 이르시되 너는 네 길을 돌이켜 광야로 말미암아 다메섹에 가서 이르거든 하사엘에게 기름을 부어 아람 왕이 되게 하고**

하나님은 여전히 엘리야의 선지자 직분을 제쳐놓지 않으신다. 오히려 엘리야를 재기시켜 다시 일하게 하신다. 엘리야는 "저 이제 그만하겠습니다. 이제 선지자 직분 사표 내겠습니다."라고 고했다. 그런데 하나님은 먹이시고 말씀하신 다음에 할 일이 더 남아 있다고 하신다. 다메섹에 가서 하사엘이라는 사람에게 기름을 부어 아람 왕이 되게 하라고 하신다.

**16절, 너는 또 님시의 아들 예후에게 기름을 부어 이스라엘 왕이 되게 하고 또 아벨므홀라 사밧의 아들 엘리사에게 기름을 부어 너를 대신하여 선지자가 되게 하라**

또 다른 위임이다. 님시의 아들 예후에게 기름을 부어 이스라엘 왕이 되게 하고, 또 아벨므홀라 사밧의 아들 엘리사에게 기름을 부어 그를 대신하여 선지자가 되게 하라고 하신다. 이제 이 몇 가지 일을 한 다음에는 '네 일을 대신할 사람을 세우겠다'고 하시는 것이다. 그가 바로 엘리사이다. 하나님은 엘리야에게 가장 훌륭한 후계자를 지명해주셨다. 엘리사를 새로 임명해주시고 그가 땅 위에 살아 있는 동안 큰 힘이 되게 하셨다. 그리고 엘리야가 승천하게 되면 그가 땅에 남아서 그의 일을 계승하여 변절한 이스라엘의 상황에 대하여 충실히 사역을 이행해 나갈 것이라고 하신다.

**17-18절, 하사엘의 칼을 피하는 자를 예후가 죽일 것이요 예후의 칼을 피하는 자를 엘리사가 죽이리라 18 그러나 내가 이스라엘 가**

**운데 칠천 인을 남기리니 다 무릎을 바알에게 꿇지 아니하고 다 그 입을 바알에게 맞추지 아니한 자니라**

이 구절에서 하나님은 엘리야에게 예언의 말씀을 주신다. 이는 우상숭배로 범죄한 이스라엘을 치시는 일에 대한 것이다. "하사엘의 칼을 피하는 자를 예후가 죽일 것이요 예후의 칼을 피하는 자를 엘리사가 죽이리라". 그리고 바알에게 무릎 꿇지 않은 칠천 인을 남겼다고 하신다.

**19-20절, 엘리야가 거기서 떠나 사밧의 아들 엘리사를 만나니 저가 열두 겨리 소를 앞세우고 밭을 가는데 자기는 열둘째 겨리와 함께 있더라 엘리야가 그리로 건너가서 겉옷을 그의 위에 던졌더니 20 저가 소를 버리고 엘리야에게로 달려가서 이르되 청컨대 나로 내 부모와 입맞추게 하소서 그리한 후에 내가 당신을 따르리이다 엘리야가 저에게 이르되 돌아가라 내가 네게 어떻게 행하였느냐 하니라**

엘리야가 엘리사를 만나는 역사적인 장면이다. 엘리사는 농사를 짓는 사람으로 열두 겨리 소를 앞세우고 밭을 갈고 있었다. 그런데 엘리야는 엘리사를 보자마자 그의 겉옷을 던져 주었다. 그러자 엘리사는 바로 소를 버리고 엘리야에게 달려갔다. 한두 마리도 아닌 소들을 뒤로 하고 엘리야를 따르고자 한 것이다. 구약 때부터도 주님을 따르려면 자기의 모든 것을 버려야 했다. 여기서 엘리사가 부모에게 입 맞추고 헤어지게 해 달라고 청하자 엘리야가 허락했다.

**21절, 엘리사가 저를 떠나 돌아가서 소 한 겨리를 취하여 잡고 소의 기구를 불살라 그 고기를 삶아 백성에게 주어 먹게 하고 일어나 가서 엘리야를 좇으며 수종들었더라**

엘리사는 이전에 자기의 일하던 도구들을 확실하게 정리했다. 소 한 마리를 잡고 소의 기구를 불살라 그 고기를 삶아 동네 사람들과 같이 먹은 다음 엘리야를 좇으며 수종 들었다고 했다. 선지자의 후계자들은 먼저 선지자 된 사람들을 좇으며 수종 들면서 배우는 것이다. 한동안 좇으면서 배우는 기간이 필요하다. 여호수아가 모세를 수종 들었고, 엘리사도 엘리야를 좇으면서 한동안 수종 들었다. 가르치는 사람이 되려면 한동안 배움이 필요하다.

17장부터 19장까지에서 아합과 엘리야에 대해 보았다. 하나님은 이스라엘의 여로보암처럼 악한 왕에게도 하나님의 사람을 보내서 말씀하시고, 여로보암의 아들 아비야가 병이 들었을 때도 아히야라는 선지자를 통해 말씀하셨다. 또 바아사라는 왕에게도 예후라는 사람을 보내어 그 일을 꾸짖게 하시고, 아합이라는 그 악한 왕에게도 엘리야라는 선지자를 일으켜서 말씀하시며 경계하셨다. 하나님은 결코 그분의 백성을 버리지 않으심을 볼 수 있다.

# 열왕기상 20장

열왕기 상 19장에서는 엘리야가 이세벨을 피해 광야로 가서 로뎀나무 아래 있다가 또 다른 곳으로 가서 여호와의 말씀을 듣는 것을 보았다. 엘리야 선지자가 이세벨을 피해 도망다니던 상황이었다. 그리고 엘리사를 일으키는 장면을 보았다.

20장은 아합과 벤하닷 사이의 전투 역사를 기록하였다.

**1절, 아람 왕 벤하닷이 그 군대를 다 모으니 왕 삼십이 인이 저와 함께 있고 또 말과 병거들이 있더라 이에 올라가서 사마리아를 에워싸고 치며**

아람은 다윗 시대에 다윗에게 조공을 바치고 다윗은 아람의 말들의 힘줄을 끊고 다윗에게 꼼짝도 못했던 나라였는데 이제 이스라엘이 하나님의 말씀을 순종치 않고 하나님을 멀리 떠나며 우상을 섬기다 보니 아람이 강성하게 되어 이스라엘을 치려 하는 것이다. 당시에 아람 왕 벤하닷이 왕 삼십 이인과 함께 있었다고 하는 것으로 보아 주변국들과 연합전선을 구축한 것을 알 수 있다. 여기서 아람 왕 벤하닷은 이스라엘 수도 사마리아를 에워싸고 이스라엘을 공격하려 하고 있다.

**2-3절, 사자들을 성중 이스라엘 왕 아합에게 보내어 이르기를 벤**

**하닷은 이르노니 3 네 은금은 내 것이요 네 처들과 네 자녀들의 아름다운 자도 내 것이니라 하매**

여기의 벤하닷은 벤하닷 2세로서 앞서 유다 왕 아사와 동맹을 맺고 이스라엘을 친 벤하닷 1세의 아들이다. 아합 왕은 이세벨의 남편이고 오므리의 아들이다. 아합이라는 악한 왕이 있을 때 이스라엘이 바알을 많이 섬겼고 그의 처 이세벨은 주의 선지자들을 많이 죽였다. 이 일은 엘리야 선지자가 갈멜산에서 바알 선지자들과 대결을 벌이고 나서 얼마 후에 있었다. 그때 아람 왕 벤하닷이 이스라엘을 치러 와서 "네 은금은 내 것이요 네 처들과 네 자녀들의 아름다운 자도 다 내 것이니라" 하고 협박하는 말을 했다.

**4절, 이스라엘 왕이 대답하여 말하기를 내 주 왕이여 왕의 말씀같이 나와 나의 것은 다 왕의 것이니이다 하였더니**

이때에 아합 왕은 벤하닷의 말에 강하게 저항하지 못하고 그 모든 수모를 받을 수밖에 없는 약한 상태에 있었다. 아합은 '나와 나의 것은 다 왕의 것이니이다'라는 말로 회답했다.

**5-6절, 사자가 다시 와서 이르기를 벤하닷은 이르노라 내가 이미 네게 보내어 말하기를 너는 네 은금과 처들과 자녀들을 내게 붙이라 하였거니와 6 내일 이맘때에 내가 내 신복을 네게 보내리니 저희가 네 집과 네 신복의 집을 수탐하여 무릇 네 눈이 기뻐하는 것을 그 손으로 잡아 가져가리라 한지라**

이제 벤하닷은 두 번째 사자를 보내서 첫 번째보다 좀 더 세게 말하고 있다. 첫 번째보다 추가된 부분은 네 집뿐 아니라 네 신복의 집들도 다 수색하겠고, 그래서 너희 눈이 좋아하고 기뻐하는 모든 것들을 다 가져가겠다는 것이다.

**7-9절, 이에 이스라엘 왕이 나라의 장로를 다 불러 이르되 너희는**

**이 사람이 잔해하려고 구하는 줄을 자세히 알라 저가 나의 처들과 자녀들과 은금을 취하려고 사람을 내게 보내었으나 내가 거절치 못하였노라 8 모든 장로와 백성들이 다 왕께 고하되 왕은 듣지도 말고 허락지도 마옵소서 한지라 9 그러므로 왕이 벤하닷의 사자에게 이르되 너희는 내 주 왕께 고하기를 왕이 처음에 보내어 종에게 구하신 것은 내가 다 그대로 하려니와 이것은 내가 할 수 없나이다 하라 사자들이 돌아가서 고하니라**

왕이 장로들의 말을 듣고 조금 용기와 담력이 생겼다. 그래서 벤하닷 왕에게 처음 약속한 것은 지킬 수 있겠는데 그 다음 추가한 부분에 대해서는 좀 곤란하다는 식으로, 강력하게 거절하는 말을 하지는 못하고 은근하게 거절한 것이다. 아합은 분명 악한 왕이었지만 그러면서도 좀 타협적이고 나약하며, 강한 상대에게는 강경하게 나가지 못하는 그런 사람이었다.

**10절, 벤하닷이 다시 저에게 보내어 이르되 사마리아의 부스러진 것이 나를 좇는 백성의 무리의 손에 채우기에 족할 것 같으면 신들이 내게 벌 위에 벌을 내림이 마땅하니라 하매**

벤하닷은 이스라엘 왕 아합이 자기의 청을 거절하는 것을 알았다. 말은 완곡하게 표현했을지라도 결국 거절하겠다는 뜻으로 알고 '사마리아를 초토화시키면 먼지만 남을 것인데 그 부스러진 것이 나를 좇는 백성의 무리의 손에 채우기에 족하겠느냐'면서 사마리아를 완전히 멸망시키겠다고 위협을 가했다.

**11절, 이스라엘 왕이 대답하여 가로되 갑옷 입는 자가 갑옷 벗는 자같이 자랑치 못할 것이라 하라 하니라**

10절에서 벤하닷이 '너희 나라를 완전히 재로 만들어 우리 군사들이 재 한 움큼씩 쥐고 돌아올 정도로 만들어 주겠다'고 하니까, 아합 왕이 "갑옷 입는 자가 갑옷 벗는 자같이 자랑치 못할 것이라"는 회답을 보냈다. 이것은 무슨 말인가? 승리를 하든 패배를 하든 전쟁이 끝났을 때 그런 말을 할 수 있다는 것이다. 이제 갑옷을 입고 싸우려는 사람이 마치 다 싸우고 이긴 것처럼 자랑하지 말라는 것이다. 지금 당신은 우리와 싸워보지도 않고 장담을 하는데 너무 앞서 그렇게 말하지 말라면서 그를 다시 한 번 분기시켰다.

**12절, 벤하닷이 왕들과 장막에서 마시다가 이 말을 듣고 그 신복에게 이르되 너희는 진을 베풀라 하매 곧 성을 향하여 진을 베푸니라**

지금 벤하닷은 이스라엘 수도 사마리아를 포위하고서 아합이 독 안에 든 쥐라고 생각하는데 그가 말하는 소리를 듣고 곧 분노가 치민 것이다. 이긴 것이나 다름없다고 생각한 아람 왕 벤하닷은 아주 여유로이 장막에서 왕들과 술을 마시고 있었다. 그런데 자기가 업신여기는 이스라엘 아합 왕이 도리어 자기를 업신여기는 말을 하자 술을 마시다 혈기가 난 것이다. 그는 즉시 사마리아 성을 향하여 진을 베풀라고 전투 개시 명령을 내렸다.

**13절, 한 선지자가 이스라엘 왕 아합에게 나아가서 가로되 여호와의 말씀이 네가 이 큰 무리를 보느냐 내가 오늘 저희를 네 손에 붙이리니 너는 내가 여호와인 줄 알리라 하셨나이다**

이 한 선지자의 이름은 나와 있지 않지만 학자들은 이 선지자가 미가야가 아닐까 생각한다. 22장에 보면 미가야라는 선지자가 나온다. 분명 엘리야는 아니다. 아합이 매우 악한 왕이었음에도 불구하고 하나님은 여전히 이스라엘을 보호하고 계셨다. 그 선지자는 아합에게 하나님께서 그 큰 아람 군대를 그의 손에 붙이실 것이라고 했다.

여기서 한번 생각해볼 게 있다. 당시 이스라엘에서는 여로보암으로 시작해서 왕이 몇 번 바뀌었지만 좋은 왕은 없고 전부 악한 왕만 나왔다. 여로보암, 나답, 바아사, 엘라, 시므리, 오므리, 아합으로 이어지는데, 전부 좋지 않은 왕들이다. 특히 아합의 처 이세벨은 바알과 아세라상을 섬기는 여자였으며 자기 남편 아합을 꾀어서 우상숭배를 하게 했다. 따라서 아합 또한 악한 왕이었는데 아람 나라가 쳐들어왔을 때 이스라엘 손에 대적을 붙여 이스라엘로 승리케 하겠다고 하시는 것이다.

당시에 엘리야 선지자의 사역으로 말미암아 갈멜산에서 승리함으로 바알 선지자들은 다 죽였다. 450명 가량이 엘리야의 손에 죽은 것이다. 바알과 하나님 사이에서 머뭇거리던 백성들은 그때 비로소 '하나님이 참 신이시다' 하면서 하나님께로 돌아오게 되었다. 그렇지만 아합이나 이세벨이 정신을 차린 것은 아니다. 조금이라도 전보다 상태가 나아지면 하나님은 자기 백성의 그런 상황을 기쁘게 보신다. 그리고 교만한 아람의 왕이 자기 백성들에 대해 교만하고 악한 말을 할 때 하나님은 이스라엘 나라 편에 서서 그들을 승리로 이끌어주신다.

**14절, 아합이 가로되 누구로 하시리이까 대답하되 여호와의 말씀이 각 도의 방백의 소년들로 하리라 하셨나이다 아합이 가로되 누가 싸움을 시작하리이까 대답하되 왕이니이다**

아합이 선지자의 말을 경청하고 있다. 왕이 적극적으로 선지자와 상의도 하고 교제도 하는 것이다. 예전 같으면 어림도 없다. 어쨌든 엘리야의 갈멜산에서의 승리가 상당한 변화를 가져온 것만은 사실이다.

**15절, 아합이 이에 각 도의 방백의 소년들을 계수하니 이백삼십이 인이요 그 외에 모든 백성 곧 이스라엘의 모든 자손을 계수하니 칠천 인이더라**

각도의 232인, 이들은 각도의 지휘관들이다. 거기다가 칠천 명을 더해서 전쟁을 시작하라고 했다.

**16-18절, 저희가 오정에 나가니 벤하닷은 장막에서 돕는 왕 삼십이 인으로 더불어 마시고 취한 중이라 17 각 도의 방백의 소년들이 먼저 나갔더라 벤하닷이 탐지군을 보내었더니 저희가 회보하여 가로**

**되 사마리아에서 사람들이 나오더이다 하매 18 저가 이르되 화친하러 나올지라도 사로잡고 싸우러 나올지라도 사로잡으라 하니라**

아직도 벤하닷은 정신을 못 차리고 술을 마시고 있었다. 벤하닷이 술을 마시고서 사람들을 몇 명 보내어 봤더니 사마리아에서 이스라엘 사람들이 나오더라는 것이다. 화친하러 나오더라도 사로잡고 싸우러 나와도 사로잡으라고 했다. 벤하닷은 자신을 너무 과신하고 있었다.

**19-21절, 각 도의 방백의 소년들과 저희를 좇는 군대들이 성에서 나가서 20 각각 적군을 쳐 죽이매 아람 사람이 도망하는지라 이스라엘이 쫓으니 아람 왕 벤하닷이 말을 타고 마병으로 더불어 도망하여 면하니라 21 이스라엘 왕이 나가서 말과 병거를 치고 또 아람 사람을 쳐서 크게 도륙하였더라**

아람 군대는 별로 싸워보지도 못하고 패해서 도망하고 있다. 이것이 첫 번째 이야기다.

**22절, 그 선지자가 이스라엘 왕에게 나아와 가로되 왕은 가서 힘을 기르고 왕의 행할 일을 알고 준비하소서 해가 돌아오면 아람 왕이 왕을 치러 오리이다 하니라**

1차 전쟁이 끝나고 선지자가 다시 왔다. 다시 아람 왕이 올 것을 알려주고 있다.

**23절, 아람 왕의 신복들이 왕께 고하되 저희의 신은 산의 신이므로 저희가 우리보다 강하였거니와 우리가 만일 평지에서 저희와 싸우면 정녕 저희보다 강할지라**

아람 왕의 부하들이 벤하닷 왕에게 이스라엘의 신은 산의 신이라고 했다. 왜냐하면 출애굽기에 보면 모세가 항상 산에 가서 하나님의 음성을 들었기 때문이다. 이스라엘 사람들은 주로 산을 향했다. 그렇게 하니까 이방 사람들은 이스라엘의 하나님은 산의 신이니 평지에서 싸우면 자기들이 이길 것이라고 생각한 것이다. 아람 사람들의 상식이다.

24-25절, **왕은 이 일을 행하실지니 곧 왕들을 제하여 각각 그곳에서 떠나게 하고 저희 대신에 장관들을 두시고 25 또 왕의 잃어버린 군대와 같은 군대를 왕을 위하여 충수하고 말도 말대로, 병거도 병거대로 충수하고 우리가 평지에서 저희와 싸우면 정녕 저희보다 강하리이다 왕이 그 말을 듣고 그리하니라**

아람 왕 벤하닷은 신복들이 나름대로 제시하는 전략을 받아들였다.

26절, **해가 돌아오매 벤하닷이 아람 사람을 점고하고 아벡으로 올라와서 이스라엘과 싸우려 하매**

선지자의 예언대로 벤하닷은 이듬해 봄에 군력을 재정비하여 다시 이스라엘을 침공하였다.

27절, **이스라엘 자손도 점고함을 입고 군량을 받고 마주 나가서 저희 앞에 진을 치니 이스라엘은 염소새끼의 두 적은 떼와 같고 아람 사람은 그 땅에 가득하였더라**

이스라엘 군도 군량을 받고 전투에 임하였다. '군량을 받고'란 군량을 배급받아 전투에 나선 모습을 말한다. 허나 숫자 면에서 아람과 비할 수가 없었다. 이스라엘은 염소새끼의 두 적은 떼와 같이 너무 적고 아람 사람들은 땅에 가득했다.

28절, **때에 하나님의 사람이 이스라엘 왕에게 나아와 고하여 가로되 여호와의 말씀이 아람 사람이 말하기를 여호와는 산의 신이요 골짜기의 신은 아니라 하도다 그러므로 내가 이 큰 군대를 다 네 손에 붙이리니 너희는 내가 여호와인 줄 알리라 하셨나이다 하니라**

'하나님의 사람'은 그 선지자를 말한다. 하나님이 산의 하나님만이 아니라 평지의 하나님이시고 만유의 하나님이심을 보여주려 하신다는 것이다. 하나님은 이런 상황을 통해서도 이스라엘 백성들에게 여호와께서 전능한 하나님이시라는 것을 알려주고 어쨌든 그들이 하나님께 돌아올 수 있는 여건을 만들어 주고 계신다.

**29절, 진이 서로 대한 지 칠 일이라 제 칠일에 접전하여 이스라엘 자손이 하루에 아람 보병 십만을 죽이매**

7일 간 양군이 대치하였는데 제 7일 만에 전투가 붙었다. 아람이 지난번 패하였으므로 이번에는 매우 신중하게 공격한 것이다. 그러나 이스라엘 군이 하루에 아람 대군 십만 명을 죽였다.

**30절, 그 남은 자는 아벡으로 도망하여 성읍으로 들어갔더니 그 성이 그 남은 자 이만 칠천 위에 무너지고 벤하닷은 도망하여 성읍에 이르러 골방으로 들어가니라**

이만 칠천 명은 아벡으로 도망갔는데 성읍이 무너져서 이만 칠천 명이 또 죽었다. 왕만 가까스로 살고 12만 7천 대군은 다 죽은 것이다.

**31절, 그 신복들이 저에게 고하되 우리가 들은즉 이스라엘 집의 왕들은 인자한 왕이라 하니 만일 우리가 굵은 베로 허리를 묶고 테두리를 머리에 이고 이스라엘 왕에게로 나아가면 저가 혹시 왕의 생명을 살리리이다 하고**

아람 왕의 신복들이 벤하닷에게 왕의 생명을 구하는 방법을 말해주고 있다. 이스라엘 왕들이 인자하니 애처러운 모습을 하고 나타나서 빌라는 것이다. 아직도 벤하닷에게 소수의 남아있는 신복들이 있었는데 그들이 이스라엘 왕 아합의 약점을 교묘히 파고든 것이다.

**32절, 저희가 굵은 베로 허리를 묶고 테두리를 머리에 이고 이스라엘 왕에게 이르러 가로되 왕의 종 벤하닷이 청하기를 나의 생명을 살려주옵소서 하더이다 아합이 가로되 저가 오히려 살았느냐 저는**

**나의 형제니라**

아합은 나약하고 비겁한 사람이다. 비겁할 때는 엄청 비겁하고 상대편에서 패배를 인정하고 무릎을 꿇고서 살려달라고 하니 그 사람을 냉철하고 엄하게 대하지 못하는 것이다. 벤하닷이 굵은 베로 허리를 묶고 테두리를 머리에 쓰고 아합 왕에게 부복하고 목숨만 살려달라고 한다 하니까 "저가 오히려 살았느냐 저는 나의 형제니라" 하면서 용서해준다는 뜻을 표시했다. 혼적인 사람의 대표이다.

**33-34절, 그 사람들이 징조로 여기고 그 말을 얼른 받아 대답하여 가로되 벤하닷은 왕의 형제니이다 왕이 가로되 너희는 가서 저를 인도하여 오라 벤하닷이 이에 왕에게 나아오니 왕이 저를 병거에 올린지라 34 벤하닷이 왕께 고하되 내 부친이 당신의 부친에게서 빼앗은 모든 성읍을 내가 돌려 보내리이다 또 나의 부친이 사마리아에서 만든 것같이 당신도 다메섹에서 당신을 위하여 거리를 만드소서 아합이 가로되 내가 이 약조로 당신을 놓으리라 하고 이에 더불어 약조하고 저를 놓았더라**

아람 왕 벤하닷이 '부친이 빼앗은 성을 도로 돌려주겠다'는 것과 '당신의 거리를 다메섹에 만들라'는 별것 아닌 조건을 제시하자 그것을 약조로 하여 적장을 놓아주었다. 아합은 그런 무능한 외교를 하고 협약을 맺고 적국의 왕을 살려 보내는 어처구니없는 잘못을 하였다. 하나님과 강하게 동역할 수 없는 사람은 강해야 할 때는 유하고, 부드럽게 순종해야 할 때는 오히려 강퍅하게 나오는 특징이 있다. 아합은 대적을 확실하게 처리해야 할 때 도리어 그를 동정하고 놓아주었다. 죄악과 야합하는 아합 왕의 무용한 됨됨이를 볼 수 있다. 전쟁은 전쟁이다. 그리고 자기 실력이 아닌 하나님이 이기게 하신 전쟁이다. 하나님께서 자기를 돌보아주셔서 이겼다면 왜 하나님께 기도해서 어떻게 할 것인가를 묻지 않았는가? 왜 뺏긴 성읍을 찾는 것으로 그 전쟁을 마무리짓는가? 아합의 신중하지 못한 처사였다.

**35절, 선지자의 무리 중 한 사람이 여호와의 말씀으로 그 동무에게 이르되 너는 나를 치라 하였더니 그 사람이 치기를 싫어하는지라**

선지자 한 사람이 나타나서 예시를 통해 아합에게 뭔가를 보여주려 하고 있다. "나를 치라 하였더니 그 사람이 치기를 싫어하는지라".

**36절, 저가 그 사람에게 이르되 네가 여호와의 말씀을 듣지 아니하였으니 네가 나를 떠나갈 때에 사자가 너를 죽이리라 그 사람이 저의 곁을 떠나가더니 사자가 그를 만나 죽였더라**

하나님의 명령(나를 치라고 하는 명령)을 어긴 선지자가 길을 가다가 사자에게 죽임을 당했다.

**37절, 저가 또 다른 사람을 만나 가로되 너는 나를 치라 하매 그 사람이 저를 치되 상하도록 친지라**

'또 다른 사람'은 선지자 학교의 다른 생도였다. 그에게 '나를 치라' 하자 한 사람이 죽은 것을 안 선지자 생도는 아주 세게 쳐서 상하게 하였다.

**38-40절, 선지자가 가서 수건으로 그 눈을 가리워 변형하고 길 가에서 왕을 기다리다가 39 왕이 지나갈 때에 소리 질러 왕을 불러 가로되 종이 전장 가운데 나갔더니 한 사람이 돌이켜 어떤 사람을 끌고 내게로 와서 말하기를 이 사람을 지키라 만일 저를 잃어버리면 네 생명으로 저의 생명을 대신하거나 그렇지 아니하면 네가 은 한 달란트를 내어야 하리라 하였거늘 40 종이 이리 저리 일 볼 동안에 저가 없어졌나이다 이스라엘 왕이 저에게 이르되 네가 스스로 결정하였으니 그대로 당하여야 하리라**

이것은 선지자 한 사람이 아합 왕과 대화하고 있는 내용이다. 그가 어떤 사람에게 자기를 치라고 해서 세게 한 대를 맞았는데 눈 부위가 부었던 것 같다. 그래서 눈을 가리고 변장하고 와서 얘기를 하는 것이다. 그가 전장에 나갔는데 한 사람이 어떤 사람을 끌고 와서 그를 지키라고 했는데 소홀히 하다가 그 사람을 잃어버렸다는 이야기다. "만약 저를 잃어버리면 네 생명으로 저의 생명을 대신하거나 그렇지 아니하면 은 한 달란트를 내어야 하리라"고 했는데 자기가 이리저리 일 볼 동안에 그가 없어졌으니 어쩌면 좋으냐고 아합에게 묻는 것이다. 은 한 달란트(34.27kg)는 막대한 금액이었다. 그러자 아합 왕이 말하기를, "네가 스스로 결정했으니 그대로 당하여야 하리라"고 했다.

**41절, 저가 급히 그 눈에 가리운 수건을 벗으니 이스라엘 왕이 저는 선지자 중 한 사람인 줄 알아본지라**

거기까지 말하고 선지자가 수건을 벗자 왕은 그가 예언자인 것을 알아보았다. 당시 선지자가 여럿 있었는데 그 중 한 사람이라는 것을 안 것이다.

**42절, 저가 왕께 고하되 여호와의 말씀이 내가 멸하기로 작정한 사람을 네 손으로 놓았은즉 네 목숨은 저의 목숨을 대신하고 네 백성은 저의 백성을 대신하리라 하셨나이다**

하나님께서 멸하기로 작정한 사람을 아합 왕이 왜 살려주었느냐는 것이다. 하나님은 벤하닷을 멸하기로 작정하셨는데 아합은 그러한 자를 자기 임의로 놓아준 것이다. 따라서 하나님은 아합의 생명으로 벤하닷의 생명을 대신하겠다고 하신다. 하나의 상황을 시청각을 동원해서 아합 왕에게 알려준 것이다. 마땅히 세게 때려야 할 사람은 세게 때려야 한다. 세게 때려야 할 자를 세게 때리지 않으면 그 모든 수욕을 그가 받게 된다.

**43절, 이스라엘 왕이 근심하고 답답하여 그 궁으로 돌아가려고 사마리아에 이르니라**

아합은 그 말을 듣고 회개한 것이 아니라 근심하고 답답해했다. 하나님의 말씀에 대하여는 답답해하고 근심할 것이 아니라 진정으로 받아 회개해야 한다.

# 열왕기상 21장

**1절, 그 후에 이 일이 있으니라 이스르엘 사람 나봇이 이스르엘에 포도원이 있어 사마리아 왕 아합의 궁에서 가깝더니**

아합에게 일어났던 또 하나의 사건을 말해 주고 있다. 이스르엘은 갈멜산 동편, 나사렛까지 이르는 비옥한 평원 도시 이름이다. 그런데 이스르엘에 나봇의 포도원이 있어서 사마리아 왕 아합의 궁에서 가까웠다. 이 나봇은 뒤에 보겠지만 좋은 사람이다.

**2절, 아합이 나봇에게 일러 가로되 네 포도원이 내 궁 곁에 가까이 있으니 내게 주어 나물 밭을 삼게 하라 내가 그 대신에 그보다 더 아름다운 포도원을 네게 줄 것이요 만일 합의하면 그 값을 돈으로 네게 주리라**

아합은 나봇의 포도원이 별궁 가까이에 있으니 그곳을 야채밭으로 만들면 좋겠다고 생각했던 것 같다. 궁에 앉아 이런저런 생각을 하면서 밭을 쳐다보니 아주 마음에 들었던 모양이다. 원래 이스라엘 백성들에게 토지는 하나님이 분배하신 것이라서 함부로 매매하지 못하도록 금지되어 있었다(레 25:23-26). 그런데 아합은 그러한 규례를 아랑곳하지 않고 나봇에게 그 땅을 팔라고 한 것이다. 그러자 나봇은 이렇게 대답했다.

**3절, 나봇이 아합에게 말하되 내 열조의 유업을 왕에게 주기를 여호와께서 금하실지로다 하니**

나봇은 왜 이것을 아합에게 주지 않았는가? 하나님께서 여호수아 때 토지를 분배하게 하시면서 이쪽 지파 것이 저쪽 지파로 넘어가지 못하도록 정하셨기 때문이다. 하나님이 분배하신 대로 땅을 유업으로 얻고 혹 가난하여 다른 사람에게 팔았더라도 희년이 될 때 다시 그 유업의 땅으로 돌아가도록 되어 있었다. 즉 토지 관리는 완전히 하나님의 명에 속한 것이기 때문에 이 나봇이라는 사람은 하나님의 말씀을 지키기 위해서는 왕이라 할지라도 절대로 팔 수 없다고 한 것이다. 20장과 21장에서 많이 나오는 단어는 '여호와의 말씀'이다. 이스라엘 백성이나 오늘날의 교회나 여호와의 말씀과 관계가 멀어지는 것이 타락이다. 아합이 지금 하고 있는 말은 점잖게 타협을 하는 것 같아도 사실은 하나님의 말씀을 지키는 것이 아니라 하나님의 말씀을 저버리고 잃어가고 있는 것이다.

**4절, 이스르엘 사람 나봇이 아합에게 대답하여 이르기를 내 조상의 유업을 왕께 줄 수 없다 함을 인하여 아합이 근심하고 답답하여 궁으로 돌아와서 침상에 누워 얼굴을 돌이키고 식사를 아니하니**

아합 왕은 나봇이 포도원을 자기에게 줄 수 없다 하자 근심하고 답답해서 궁으로 돌아와 침상에 누워 얼굴을 돌이키고 식사를 하지 않았다.

**5절, 그 아내 이세벨이 저에게 나아와 가로되 왕의 마음에 무엇을 근심하여 식사를 아니하나이까**

이세벨은 아합의 아내로서 아주 사악한 여자이다. 식사도 하지 않고 근심하는 남편에게 물었다. "왕의 마음에 무엇을 근심하여 식사를 아니하나이까".

**6절, 왕이 이르되 내가 이스르엘 사람 나봇에게 말하여 이르기를 네 포도원을 내게 주되 돈으로 바꾸거나 만일 네가 좋아하면 내가**

**그 대신에 포도원을 네게 주리라 한즉 저가 대답하기를 내가 내 포도원을 네게 주지 않겠노라 함을 인함이로라**

아합은 나봇이 팔지 않겠다고 한 이유, 즉 하나님의 정하심 때문이라는 나봇의 말은 빼고 말한다. 나봇은 "내 열조의 유업을 왕에게 주기를 여호와께서 금하실지로다"라고 했는데 아합은 자기 아내에게 나봇이라는 자가 그의 포도원을 자기에게 주지 않겠다고 했다는 것이다.

**7절, 그 아내 이세벨이 저에게 이르되 왕이 이제 이스라엘 나라를 다스리시나이까 일어나 식사를 하시고 마음을 즐겁게 하소서 내가 이스르엘 사람 나봇의 포도원을 왕께 드리리이다 하고**

악한 아내 이세벨이 남편을 위해서 하는 일을 보라! 당신이 이스라엘 왕이 아니냐고 하면서 자기가 빼앗아 주겠다고 말하고 있다.

**8절, 아합의 이름으로 편지들을 쓰고 그 인을 쳐서 그 성에서 나봇과 함께 사는 장로와 귀인들에게 보내니**

이스르엘 성의 나봇과 함께하는 장로들과 귀인들에게 아합 왕의 이름으로 편지를 써서 보냈다. 누가 이렇게 했는가? 아합의 아내 이세벨이다.

**9절, 그 편지 사연에 이르기를 금식을 선포하고 나봇을 백성 가운데 높이 앉힌 후에**

금식을 선포한 후에 나봇을 백성 가운데 높이 앉혔다.

**10절, 비류 두 사람을 그 앞에 마주 앉히고 저에게 대하여 증거하기를 네가 하나님과 왕을 저주하였다 하게 하고 곧 저를 끌고 나가서 돌로 쳐 죽이라 하였더라**

여기까지 읽은 다음에 계시록으로 가보자. 계시록 2장 20절, "그러나 네게 책망할 일이 있노라 자칭 선지자라 하는 여자 이세벨을 네가 용납함이니 그가 내 종들을 가르쳐 꾀어 행음하게 하고 우상의 제물을 먹게 하는도다". 이 말씀을 보니 신약에도 이세벨이 나온다. 두아디라 교회가 자칭 선지자라 하는 여자 이세벨을 용납하였다는 것이다. 주님은 그가 내 종들을 가르쳐 꾀어 행음하게 했다고 하신다. 그리고 우상의 제물을 먹게 했다고 하신다. 여기 이세벨과 신약 계시록에서 말하고 있는 이세벨은 같은 여자이다. 그러면 이세벨은 어떤 종류의 일을 하는 여자인가?

이세벨의 악한 행위는 여기 21장부터 나오는데 그녀 속에는 악한 것이 들어있다. 남편보다 더 악하다. 남편이 나봇의 포도원을 뺏지 못해 마음이 답답하여 한숨을 쉬면서 드러누워 있으니까 '그런 걸 가지고 뭘 걱정하느냐? 마음 편하게 식사해라.' 하면서 그 땅을 빼앗을 방법을 강구했다. 이 여자는 방법이 많은 여자이다. 남편 아합 왕의 인을 찍어서 장로들에게 편지를 보냈다. 자칭 선지자란 하나님의 이름을 빙자해서 자기가 원하는 일을 하는 것이다. 하나님의 말씀을 말하지만 실제로는 자기 야심을 채우려고, 자기의 뜻을 펼치려고 하나님의 도장을 찍어가면서 사용하는 것이다. 이세벨은 금식을 선포했다. 금식이란 영적인 것이 아닌가? 그러한 영적인 활동을 한 사람을 죽이는 데 사용하는 것이다. 그리고 남의 것을 탈취하는 것이다. 자기의 야심과 사욕을 채우기 위해 모든 것을 다하는 여자, 그가 바로 이세벨이다. 겉의 형식은 다 영적으로 그럴듯하게 보이도록 했다. 두 증인을 세우고 금식을 하는 등 모든 것을 법대로 하는 것처럼 보이게 했다.

**11-16절, 그 성 사람 곧 그 성에 사는 장로와 귀인들이 이세벨의 분부 곧 저가 자기들에게 보낸 편지에 쓴 대로 하여 12 금식을 선포하고 나봇을 백성 가운데 높이 앉히매 13 때에 비류 두 사람이 들어와서 그 앞에 앉고 백성 앞에서 나봇에게 대하여 증거를 지어 이르기를 나봇이 하나님과 왕을 저주하였다 하매 무리가 저를 성 밖으로 끌고 나가서 돌로 쳐 죽이고 14 이세벨에게 통보하기를 나봇이 돌에 맞아 죽었나이다 하니 15 이세벨이 나봇이 돌에 맞아 죽었다 함을 듣고 아합에게 이르되 일어나서 그 이스르엘 사람 나봇이 돈으로 바**

**꾸어 주기를 싫어하던 포도원을 취하소서 나봇이 살아 있지 아니하고 죽었나이다 16 아합이 나봇의 죽었다 함을 듣고 곧 일어나 이스르엘 사람 나봇의 포도원을 취하러 그리로 내려갔더라**

아내가 계략을 써서 일을 다 처리해 주니 남편은 이제 취하러 가는 것이다. 내가 나봇이 좋은 사람이라고 한 이유가 여기 있다. 그는 아합과 이세벨이 그렇게 악한 사람이라는 것을 알았을 것이고 자기가 그 청을 거절하면 죽게 된다는 것도 알았을 것이다. 그런데 여기에 감추인 한 단어 '하나님 말씀'이 있다. 나봇은 그 포도원을 주고 또 다른 포도원을 가꾸며 잘 살면 되지만 하나님의 말씀 때문에 그 유업의 땅을 지키다가 죽은 것이다. 오늘날 자기가 죽더라도 하나님의 말씀을 지키려는 성도가 몇이나 되겠는가? 이세벨의 분부는 그대로 시행되었다. 먼저는 금식을 선포하고 나봇을 백성 가운데 높이 앉혔다. 다음은 비류 두 사람을 증인으로 세웠다. 그들로 백성 앞에서 나봇에 대하여 거짓증거를 하게 한 것이다. 그 내용은 '나봇이 하나님과 왕을 저주하였다'는 것이다. 그 말을 들은 무리가 저를 성 밖으로 끌고 나가서 돌로 쳐 죽였다. 그리고 이세벨에게 통보하였다. '나봇이 돌에 맞아 죽었나이다'. 그 말을 들은 이세벨이 아합에게 가서 말했다. "…포도원을 취하소서 그 이스르엘 사람 나봇이 살아 있지 아니하고 죽었나이다". 아합은 나봇의 죽었다 함을 듣고 곧 일어나 이스르엘 사람 나봇의 포도원을 취하러 내려갔다.

**17-19절, 여호와의 말씀이 디셉 사람 엘리야에게 임하여 가라사대 18 너는 일어나 내려가서 사마리아에 거하는 이스라엘 왕 아합을 만나라 저가 나봇의 포도원을 취하러 그리로 내려갔나니 19 너는 저에게 말하여 이르기를 여호와의 말씀이 네가 죽이고 또 빼앗았느냐 하셨다 하고 또 저에게 이르기를 여호와의 말씀이 개들이 나봇의 피를 핥은 곳에서 개들이 네 피 곧 네 몸의 피도 핥으리라 하셨다 하라**

나봇의 포도원을 취하러 내려가는 아합에게 하나님은 그분의 선지자 엘리야를 보내고 계신다. 하나님은 아합의 죄목을 그대로 말씀하신다.

'너는 죽이고 또 빼앗았다!' 성도들은 결코 자기가 범한 죄에 좋은 이름을 붙여서는 안 된다. 죄는 죄이다. 나봇의 포도원 이야기가 왜 기록되어 있는가? 그것은 이스라엘의 악한 왕 아합이 어떻게 해서 죽게 되었는지 설명하기 위함이다. 20장에서는 전투에서 승리를 거두게 하신 하나님께서 무엇 때문에 아합을 죽게 하셨는가? 자기 백성 가운데 한 사람이 포도원을 갖고 있는데 그것을 자기 나물 밭으로 만들려고 모략하여 죽였기 때문이다. 그래서 아합은 하나님께 심판받을 수밖에 없게 된 것이다. 당시에 하나님의 말씀은 땅에 떨어질 대로 떨어지고 이세벨의 간교한 술수와 농간만이 세력을 떨치고 있었다.

**20절, 아합이 엘리야에게 이르되 나의 대적이여 네가 나를 찾았느냐 대답하되 내가 찾았노라 네가 스스로 팔려 여호와 보시기에 악을 행하였으므로**

이때 엘리야가 아합에게 왔다. 벤하닷과의 전쟁에 대해서는 아합 왕이 전쟁에서 이길 것이라는 선지자의 말을 적극적으로 잘 들었다. 자기에게 유리한 말이기 때문이다. 그런데 나봇의 포도원을 취하러 가는 길에 엘리야가 나타나자 뭔가 심상치 않은 일이 일어날 것을 직감적으로 느낀 것이다. 하나님께서는 이런 엄중한 말씀을 하실 때에는 그 당시 선지자들 중 가장 큰 선지자를 보내셨다. 엘리야는 당시 아합이나 이세벨에게 '너는 이스라엘의 대적이다. 너는 이스라엘을 괴롭게 하는 자다.'라는 말을 들어왔다.

**21-25절, 여호와의 말씀이 내가 재앙을 네게 내려 너를 쓸어버리되 네게 속한 남자는 이스라엘 가운데 매인 자나 놓인 자를 다 멸할 것이요 22 또 네 집으로 느밧의 아들 여로보암의 집처럼 되게 하고 아히야의 아들 바아사의 집처럼 되게 하리니 이는 네가 나의 노를 격동하고 이스라엘로 범죄케 한 까닭이니라 하셨고 23 이세벨에게 대하여도 여호와께서 말씀하여 가라사대 개들이 이스르엘 성 곁**

**에서 이세벨을 먹을지라 24 아합에게 속한 자로서 성읍에서 죽은 자는 개들이 먹고 들에서 죽은 자는 공중의 새가 먹으리라 하셨느니라 하니 25 예로부터 아합과 같이 스스로 팔려 여호와 보시기에 악을 행한 자가 없음은 저가 그 아내 이세벨에게 충동되었음이라**

하나님의 심판이 예고되고 있다. 먼저는 아합에 대한 것이다. "여호와의 말씀이 내가 재앙을 네게 내려 너를 쓸어버리되 네게 속한 남자는 이스라엘 가운데 매인 자나 놓인 자를 다 멸할 것이요 또 네 집으로 느밧의 아들 여로보암의 집처럼 되게 하고 아히야의 아들 바아사의 집처럼 되게 하리니 이는 네가 나의 노를 격동하고 이스라엘로 범죄케 한 까닭이니라". 다음은 이세벨에 대한 것이다. "개들이 이스르엘 성 곁에서 이세벨을 먹을지라 아합에게 속한 자로서 성읍에서 죽은 자는 개들이 먹고 들에서 죽은 자는 공중의 새가 먹으리라 하셨느니라". 하나님은 아합에 대하여 스스로 팔려 여호와 앞에 악을 행했다고 말씀하신다. 다른 사람 때문에 어쩔 수 없이 악을 행한 것이 아니라 자기가 스스로를 악에게 헐값으로 판 것이다. "예로부터 아합과 같이 스스로 팔려 악을 행한 자가 없음은". 자고이래로 아합과 같은 자는 처음 보았다는 말씀이다. 그는 매사에 그 아내 이세벨에게 충동되어 행했다. 그래서 거짓과 사악한 의도에 자기를 넘겨버린 것이다.

26-27절, **저가 여호와께서 이스라엘 자손 앞에서 쫓아내신 아모리 사람의 모든 행한 것같이 우상에게 복종하여 심히 가증하게 행하였더라 27 아합이 이 모든 말씀을 들을 때에 그 옷을 찢고 굵은 베로 몸을 동이고 금식하고 굵은 베에 누우며 행보도 천천히 한지라**

아모리 사람이란 가나안 원주민을 말한다. 그들은 극도로 우상숭배에 빠진 족속들이었다. 아합은 하나님의 백성 이스라엘의 왕이었으면서도 아모리 사람같이 우상에게 복종하고 심히 가증하게 행하였다. 아합은 아주 희한한 인물이다. 엘리야를 만나자마자 '너는 내 대적이다'라고 해놓고서는 그의 말을 다 들은 다음에는 그 옷을 찢고 굵은 베로 몸을 동이고 금식하면서 굵은 베에 눕고 천천히 걸으면서 회개의 표시를 내었다. 이것이 그가 악한 왕이라 하더라도 그 동안 하나님께서 엘리야를 통해 이스라엘을 위해 역사하신 결과가 아니겠는가? 어쨌든 아합 왕은 갈멜산에서 하나님의 놀라운 기적의 역사도 보았고, 하나님으로 말미암아 이길 수 없는 전쟁을 이긴 경험도 있다. 이 모든 것을 경험한 자로서 감히 선지자의 말을 무시하지 못하고 있는 것이다. 한 면으로는 듣기 어렵겠지만 또 한 면으로는 회개할 마음이 없는 것도 아니었다. 그렇다고 해서 말씀을 듣고 단 마음으로 온전히 회개한 것은 아니다. 22장 8절에서 아합 왕의 선지자에 대한태도를 볼 수 있다. "이스라엘 왕이 여호사밧에게 이르되 오히려 이믈라의 아들 미가야 한 사람이 있으니 저로 말미암아 여호와께 물을 수 있으나 저는 내게 대하여 길한 일은 예언하지 아니하고 흉한 일만 예언하기로 내가 저를 미워하나이다"(22:8).

**28-29절, 여호와의 말씀이 디셉 사람 엘리야에게 임하여 가라사대 29 아합이 내 앞에서 겸비함을 네가 보느냐 저가 내 앞에서 겸비함을 인하여 내가 재앙을 저의 시대에 내리지 아니하고 그 아들의 시대에야 그 집에 재앙을 내리리라 하셨더라**

아합이 겨우 이 정도로 회개했는데도 하나님은 그것을 보시고 용서해 주신다. 이렇게 한 다음에도 그의 좋지 않은 행동이 나오지만 회개한 그 자체만 보시고 하나님은 그를 불쌍히 여기시며 그분의 심판을 지연하신다. 하나님은 진정으로 긍휼의 하나님이시다.

# 열왕기상 22장

**1절, 아람과 이스라엘 사이에 전쟁이 없이 삼 년을 지내었더라**

삼 년이 별 탈이 없이 지나갔다. 아합 왕의 회개의 결과인지는 모르지만 하나님께서는 이스라엘에게 삼 년간의 평화 기간을 주셨다.

**2-3절, 제 삼년에 유다 왕 여호사밧이 이스라엘 왕에게 내려가매**
**3 이스라엘 왕이 그 신복에게 이르되 길르앗 라못은 본래 우리의 것인 줄을 너희가 알지 못하느냐 우리가 어찌 아람 왕의 손에서 취하지 아니하고 잠잠히 있으리요 하고**

길르앗 라못은 원래 이스라엘 영지이다. 다윗 시대에 이스라엘의 땅이 되었는데 벤하닷이 이것을 빼앗아 간 것이다. 벤하닷 2세는 아버지가 뺏은 것을 돌려주기도 했지만 길르앗 라못은 돌려주지 않은 것이다. 이제 아합 왕이 길르앗 라못을 빼앗으려고 전투를 벌이려는 것이다. 아합이 앞 전투에서 이겼을 때 철저히 처리했더라면 이런 일이 없었을 것이다. 벤하닷이 불쌍하게 보이기에 동정하여 살려 보내 주었더니 약속을 지키지 않은 것이다. 그러니 다시 전쟁을 해서 빼앗아야 하는 번거로움이 생긴 것이다. 아합이라는 인물이 나약한 고로 일을 해야 할 때 철저하게 하지 않아 일을 만든 것이다. 그런데 이때 유다 왕 여호사밧이 아합에게 왔다. 여호사밧이 얼마나 좋은 왕인지는 역대 하에 자세히 기록되어 있다(17장). 이 여호사밧이 왜 그렇게 악한 아합 왕에게 왔는가? 사돈 간이기 때문이다. 여호사밧의 아들 여호람이 아합의 딸과 결혼한 것이다. 그 바람에 여호사밧이 걸려드는 내용이 22장에 나온다.

**4절, 여호사밧에게 이르되 당신은 나와 함께 길르앗 라못으로 가서 싸우시겠느냐 여호사밧이 이스라엘 왕에게 이르되 나는 당신과 일반이요 내 백성은 당신의 백성과 일반이요 내 말들도 당신의 말들과 일반이니이다**

여기서 여호사밧과 아합의 이야기가 나온다. 여호사밧의 문제는 어두움과의 연합에 있었다. 함부로 연합하면 이렇게 큰 불상사가 생겨난다. 사돈의 요청에 응하게 된 것이다. 아합이 "당신은 나와 함께 길르앗 라못으로 가서 싸우시겠느냐" 하자, 여호사밧이 "나는 당신과 일반이요 내 백성은 당신의 백성과 일반이요 내 말들도 당신의 말들과 일반이니이다"라고 대답했다.

**5절, 여호사밧이 또 이스라엘 왕에게 이르되 청컨대 먼저 여호와의 말씀이 어떠하신지 물어 보소서**

이 여호사밧은 경건하고 좋은 왕이었다. 아합 왕이 길르앗 라못으로 가서 싸우자고 하니 하나님의 지시를 받았느냐고 묻는다. 즉 선지자에게 물어보았느냐는 말이다.

**6절, 이스라엘 왕이 이에 선지자 사백 인쯤 모으고 저희에게 이르되 내가 길르앗 라못에 가서 싸우랴 말랴 저희가 가로되 올라가소서 주께서 그 성을 왕의 손에 붙이시리이다**

선지자들이 400명 정도 있었다. 우리가 여기서 한번 생각해볼 필요가 있다. 과거에 이세벨에게 바알 선지자 450명이 있었다. 이세벨은 바알을 숭배하는 여자였고, 남편으로 바알을 숭배하도록 충동했다. 그런데 엘리야의 사역을 통해서 이 바알이 완전히 패했고, 따라서 그 바알의 선지자들이 다 죽었다. 그때는 엘리야의 사역이 컸다. 그런데 지금 이세벨은 어떤 사람들을 모아놓았는가? 분명 바알의 선지자들은 아니고 사백 명의 삯군들이다. 이들이 지금 예언을 하기 위해 모인 것이다. 아합이 그들에게 길르앗 라못에 가서 싸우랴 말랴 물으니 이 사백 명이 일치단결하여 올라가 싸우라고 하면서 "주께서 그 성을 왕의 손에 붙이시리이다"라고 했다.

**7절, 여호사밧이 가로되 이 외에 우리가 물을만한 여호와의 선지자가 여기 있지 아니하니이까**

그래도 여호사밧은 그들의 일치하여 하는 말을 들을 때 뭔가 석연치 않음을 느끼고 그 외에 다른 여호와의 선지자가 없느냐고 물었다.

**8절, 이스라엘 왕이 여호사밧에게 이르되 오히려 이믈라의 아들 미가야 한 사람이 있으니 저로 말미암아 여호와께 물을 수 있으나 저는 내게 대하여 길한 일은 예언하지 아니하고 흉한 일만 예언하기로 내가 저를 미워하나이다 여호사밧이 가로되 왕은 그런 말씀을 마소서**

아합은 한 사람이 있긴 한데 재수없는 말만해서 자기가 그를 미워한다고 했다. 그 이름이 미가야이다. 여호사밧과 아합의 대화를 보면 아합은 하나님을 모르는 육적인 사람이고 여호사밧은 그래도 하나님을 좀 아는 사람이다. 그런데 아합 왕이 이때에 엘리야에 대해서는 왜 말하지 않았는지 이해할 수 없다. 엘리야는 이름도 말하지 않고 미가야 선지자만 거론했다. 그러자 여호사밧 왕은 그러한 선지자의 말을 들어야 한다고 주장했다. 좋은 말만 하는 것은 거짓 선지자이다. 이사야, 예레미야 등 구약의 선지자들의 선지서를 읽어보라! 좋은 말만 있는 것은 결코 아니다. 아합은 자기의 귀에 듣기 좋은 말을 하는 선지자들을 선호했다. 바울은 말세에 듣기 좋은 말을 하는 자들이 많이 일어날 것이라고 했다. 사람들이 가려운 귀를 긁어줄 사람들을 찾기 때문이다.

**9-11절, 이스라엘 왕이 한 내시를 불러 이르되 이믈라의 아들 미가야로 속히 오게 하라 하니라 10 이스라엘 왕과 유다 왕 여호사밧이 왕복을 입고 사마리아 문어귀 광장에서 각기 보좌에 앉았고 모든 선지자가 그 앞에서 예언을 하는데 11 그나아나의 아들 시드기야는 철로 뿔들을 만들어 가지고 말하되 여호와의 말씀이 왕이 이것들로 아람 사람을 찔러 진멸하리라 하셨다 하고**

이스라엘 왕이 한 내시를 불러 미가야를 속히 데려오라 했다. 그리고 이스라엘 왕과 유다 왕이 다 왕복을 갖춰 입고 사마리아 문어귀 광장에서 각기 보좌에 앉았다. 그 앞에서 선지자들이 예언을 하는 것이다. 그 중에 시드기야라는 사람은 사백 명 중 한 사람으로서 대표격으로 말하고 있다. 그럴듯하게 철로 뿔을 만들어서 왕이 이것들로 아람 사람들을 진멸할 것이라고 하면서 '여호와께서 그렇게 말씀하셨다'고 했다. 이세벨의 바알 숭배가 끝나니 이제 그 부부 주변에 거짓 선지자들이 모이게 된 것이다.

**12절, 모든 선지자도 그와 같이 예언하여 이르기를 길르앗 라못으로 올라가 승리를 얻으소서 여호와께서 그 성을 왕의 손에 붙이시리이다 하더라**

시드기야의 거짓 예언에 모두 찬동하면서 길르앗 라못으로 가서 승리를 얻으라고 간언하고 있다.

**13절, 미가야를 부르러 간 사자가 일러 가로되 선지자들의 말이 여출일구하여 왕에게 길하게 하니 청컨대 당신의 말도 저희 중 한 사람의 말처럼 길하게 하소서**

미가야를 부르러 간 사자는 미가야에게 다들 이구동성으로 길하게 예언하는 분위기이니 제발 분위기 깨는 말은 하지 말라고 권한다.

**14절, 미가야가 가로되 여호와의 사심을 가리켜 맹세하노니 여호**

**와께서 내게 말씀하시는 것 곧 그것을 내가 말하리라 하고**

거짓 선지자 400명은 아합의 원함과 그 분위기에 맞추어 말했다. 그러나 참 선지자들의 특징은 무엇인가? 하나님이 말씀하신 것만 말한다는 것이다. 어떤 사람이 거짓 선지자인지는 구분하기가 쉽지 않다. 거짓 선지자를 어떻게 구분할 수 있는가? 언제나 적당히 그 분위기를 맞추는 사람, 사람들의 귀를 즐겁게 해주고 가려운 귀를 긁어주는 사람은 위험한 사람이다. 앞에서는 아합이 왜 미가야를 부르지 않았는가? 언제나 참된 말을 하여 기분을 상하게 하기 때문이다. 사람은 참된 말을 들을 때 기분이 나쁠 수도 있고 마음이 상할 수도 있다.

사도행전 20장에서 바울은 자신이 모든 사람의 피에 대하여 깨끗하다고 하면서 자신은 하나님의 뜻을 꺼리지 않고 다 전했다고 말했다. '너희 영혼을 위해서 내가 할 말을 다 했다'는 것이다. 바울은 사람의 기분을 맞춰주는 사람이 아니었다. 벨릭스는 바울에게 성경을 배우고 싶다면서 자주 그를 불러 그 아내와 함께 바울의 말을 들었다. 바울은 거기서 절대로 그들의 기분을 맞추는 식으로 말씀을 가르치지 않았다. 그는 의와 심판과 절제에 대해 말했다. 그것은 그들의 부도덕한 상태에 대한 직설적인 말이었다. 그때 벨릭스는 두려워하며 "시방은 가라 내가 틈이 있으면 너를 부르리라"고 하였다(행 24:24-26).

**15절, 이에 왕에게 이르니 왕이 저에게 이르되 미가야야 우리가 길르앗 라못으로 싸우러 가랴 말랴 저가 왕께 이르되 올라가서 승리를 얻으소서 여호와께서 그 성을 왕의 손에 붙이시리이다**

미가야의 처음 답변은 다른 예언자들의 것과 같았다. 반어적인 책망이었을 것이다.

**16절, 왕이 저에게 이르되 내가 몇 번이나 너로 맹세케 하여야 네가 여호와의 이름으로 진실한 것으로만 내게 고하겠느냐**

이번에는 아합 왕이 더 영적인 것 같다. 그는 미가야가 자기에게 하는 말이 진실된 말이 아니라는 것을 알고 있는 것이다.

**17절, 저가 가로되 내가 보니 온 이스라엘이 목자 없는 양같이 산에 흩어졌는데 여호와의 말씀이 이 무리가 주인이 없으니 각각 평안히 그 집으로 돌아갈 것이니라 하셨나이다**

'내가 보니'란 미가야가 선지자가 하나님의 계시를 본 것을 말한다. 온 이스라엘이 목자 없는 양같이 산에 흩어진다는 말은 아합이 이 전장에 나가면 죽을 것이고 백성이 다 흩어질 것이라는 뜻이다.

**18절, 이스라엘 왕이 여호사밧에게 이르되 저 사람이 내게 대하여 길한 것을 예언하지 아니하고 흉한 것을 예언하겠다고 당신에게 말씀하지 아니하였나이까**

아합이 여호사밧에게 미가야가 내게 대하여 길한 것을 예언하지 않고 흉한 것만 예언한다고 내가 이미 말했듯이 지금 그렇게 하고 있지 않느냐는 것이다. 즉 미가야는 흉한 말만하는 버릇이 있다는 것이다.

**19절, 미가야가 가로되 그런즉 왕은 여호와의 말씀을 들으소서 내가 보니 여호와께서 그 보좌에 앉으셨고 하늘의 만군이 그 좌우편에 모시고 서 있는데**

미가야가 예언의 본론을 계속 말하고 있다. 그가 본 것을 그대로 말하는 것이다. "여호와께서 그 보좌에 앉으셨고 하늘의 만군이 그 좌우편에 모시고 서 있는데".

**20-23절, 여호와께서 말씀하시기를 누가 아합을 꾀어 저로 길르앗 라못에 올라가서 죽게 할꼬 하시니 하나는 이렇게 하겠다 하고 하나는 저렇게 하겠다 하였는데 21 한 영이 나아와 여호와 앞에 서서 말하되 내가 저를 꾀이겠나이다 22 여호와께서 저에게 이르시되 어떻게 하겠느냐 가로되 내가 나가서 거짓말하는 영이 되어 그 모든**

**선지자의 입에 있겠나이다 여호와께서 가라사대 너는 꾀이겠고 또 이루리라 나가서 그리하라 하셨은즉 23 이제 여호와께서 거짓말하는 영을 왕의 이 모든 선지자의 입에 넣으셨고 또 여호와께서 왕에게 대하여 화를 말씀하셨나이다**

여호와께서 그렇게 말씀하셨다는 것이다. "누가 아합을 꾀어 저로 길르앗 라못에 올라가서 죽게 할꼬". 그러자 한 영이 나아와 말하기를, "내가 저를 꾀이겠나이다" 하면서 거짓말하는 영이 되어 모든 선지자의 입에 있겠다고 했다는 것이다. 미가야는 두 왕 앞에서 이것을 말하고 있다.

**24-26절, 그나아나의 아들 시드기야가 가까이 와서 미가야의 뺨을 치며 이르되 여호와의 영이 나를 떠나 어디로 말미암아 가서 네게 말씀하더냐 25 미가야가 가로되 네가 골방에 들어가서 숨는 그 날에 보리라 26 이스라엘 왕이 가로되 미가야를 잡아 부윤 아몬과 왕자 요아스에게로 끌고 돌아가서**

시드기야는 4백명의 대표격으로 분을 내며 참 예언을 하고 있는 미가야의 뺨을 치면서 말했다. "여호와의 영이 나를 떠나 어디로 말미암아 가서 네게 말씀 하더냐". 미가야는 시드기야가 어느 날 골방에 들어가서 숨을 것이라고 말한다. "네가 골방에 들어가서 숨는 그 날에 보리라". 아합은 미가야를 잡아 부윤 아몬과 왕자 요아스에게로 끌어갔다. 부윤이란 한 도시의 시장 정도 될 것이다.

**27절, 말하기를 왕의 말씀이 이놈을 옥에 가두고 내가 평안히 돌아올 때까지 고생의 떡과 고생의 물로 먹이라 하라**

아합은 미가야를 옥에 가두고 먹고 죽지 않을 만큼의 떡과 물만 주라고 하였다. 그것이 고생의 떡과 고생의 물의 의미이다.

**28절, 미가야가 가로되 왕이 참으로 평안히 돌아오시게 될진대 여**

**호와께서 나로 말씀하지 아니하셨으리이다 또 가로되 너희 백성들아 다 들을지어다 하니라**

미가야 선지자는 할 수 있는 대로 참된 여호와의 말씀을 많은 사람들에게 들려주려고 노력했다. 왜냐하면 하나님의 말씀은 그 말씀하신 대로 될 것이기 때문이다. "가로되 너희 백성들아 다 들을지어다 하니라". 미가야는 이 기회를 잡아 백성이 여호와께 돌아설까 하여 이러한 사역을 하고 있는 것이다.

29-30절, **이스라엘 왕과 유다 왕 여호사밧이 길르앗 라못으로 올라가니라 30 이스라엘 왕이 여호사밧에게 이르되 나는 변장하고 군중으로 들어가려 하노니 당신은 왕복을 입으소서 하고 이스라엘 왕이 변장하고 군중으로 들어가니라**

미가야의 예언을 무시한 이스라엘 왕 아합과 유다 왕 여호사밧은 길르앗 전투에 나선다. 아합은 미가야의 말을 듣고 마음이 좀 찜찜했을 것이다. 그래서 왕복을 벗고 일반 복장으로 변장하고서 군중 속으로 들어간 것이다. 그리고서는 도리어 여호사밧에게는 왕복을 입으라고 했다. 아주 비열한 행위이다.

31-33절, **아람 왕이 그 병거의 장관 삼십이 인에게 명하여 이르기를 너희는 작은 자나 큰 자나 더불어 싸우지 말고 오직 이스라엘 왕과 싸우라 한지라 32 병거의 장관들이 여호사밧을 보고 이르되 이가 필연 이스라엘 왕이라 하고 돌이켜 저와 싸우려 한즉 여호사밧이 소리 지르는지라 33 병거의 장관들이 저가 이스라엘 왕이 아님을 보고 쫓기를 그치고 돌이켰더라**

벤하닷은 아벡 전투에서 대패한 후 군대를 재편하였을 것이다. 그리고 새로 32명의 지휘관을 세웠다. 32명의 아람 장관들은 왕복을 입은 여호사밧을 죽일 뻔했다. 여호사밧이 소리를 지른 것은 집중공격을 받자 기겁을 하였기 때문이다. 그 소리 지르는 것을 듣고 아람 군은 그가 이스라엘 왕이 아님을 알고 쫓기를 그쳤다. 역대 하에는 하나님께서 그렇게 되도록 하셨다고 기록되어 있다. 여호사밧은 성실하고 착한 왕이다 보니 하나님께서 보호해 주신 것이다.

**34절, 한 사람이 우연히 활을 당기어 이스라엘 왕의 갑옷 솔기를 쏜지라 왕이 그 병거 모는 자에게 이르되 내가 부상하였으니 네 손을 돌이켜 나로 군중에서 나가게 하라 하였으나**

아람 병사 한 사람이 아합 왕을 죽이려고 쏜 것이 아니라 우연히 활을 당겼는데 아합의 갑옷 솔기를 쏜 것이다. 이 화살이 갑옷 사이(갑옷 솔기)를 뚫고 복부에 그대로 박혔다.

**35절, 이 날에 전쟁이 맹렬하였으므로 왕이 병거 가운데 붙들려 서서 아람 사람을 막다가 저녁에 이르러 죽었는데 상처의 피가 흘러 병거 바닥에 고였더라**

왕은 병거를 타고 있었는데 그 날 전쟁이 맹렬하여 군중에서 빠져나가지 못하고 계속 피를 흘리다가 죽은 것이다.

**36절, 해가 질 즈음에 군중에서 외치는 소리 있어 가로되 각기 성읍으로, 각기 본향으로 하더라**

해가 질 즈음에 아합이 죽었다. 그러므로 이스라엘은 목자 없는 양같이 흩어진 것이다. 미가야의 예언대로 되었다.

**37-38절, 왕이 이미 죽으매 그 시체를 메어 사마리아에 이르러 거기 장사하니라 38 그 병거를 사마리아 못에 씻으매 개들이 그 피를 핥았으니 여호와의 하신 말씀과 같이 되었더라 거기는 창기들의 목욕하는 곳이었더라**

아합은 이렇게 해서 죽었고 그 시체는 사마리아 성에 장사되었다. 그 타고 온 병거를 사마리아 못에 씻었더니 개들이 그 피를 핥았다. 그곳은 창기들이 목욕하는 곳이었다. 거기서 아합이 흘린 피를 씻은 것은 그 죽음이 치욕적인 것을 나타낸다. 이는 엘리야의 예언의 성취였다(21:19).

**39-40절, 아합의 남은 행적과 무릇 그 행한 일과 그 건축한 상아궁과 그 건축한 모든 성은 이스라엘 왕 역대지략에 기록되지 아니하였느냐 40 아합이 그 열조와 함께 자매 그 아들 아하시야가 대신하여 왕이 되니라**

아합 왕의 운명은 여기서 마쳐진다. 이 구절들에서 강조되는 단어는 '여호와의 말씀'이다. 이스라엘이 타락한 것은 하나님의 말씀에서 멀어졌기 때문이다.

**41-44절, 이스라엘 왕 아합 제 사년에 아사의 아들 여호사밧이 유다 왕이 되니 42 여호사밧이 왕이 될 때에 나이 삼십오 세라 예루살렘에서 이십오 년을 치리하니라 그 모친의 이름은 아수바라 실히의 딸이더라 43 여호사밧이 그 부친 아사의 모든 길로 행하며 돌이켜 떠나지 아니하고 여호와 보시기에 정직히 행하였으나 산당은 폐하지 아니하였으므로 백성이 오히려 산당에서 제사를 드리며 분향하였더라 44 여호사밧이 이스라엘 왕으로 더불어 평화하니라**

여호사밧은 유다의 제 4대 왕이며 41년 간 재위에 있었다. 그는 아사의 아들이고 좋은 왕으로 간주된다. 그럼에도 그의 잘못은 악한 왕과 결탁된 것이었다. "여호사밧이 이스라엘 왕으로 더불어 평화하니라". 이 말씀이 겉으로 보기에는 좋은 것 같지만 사실은 그렇지 않다. 잘못된 연합은 사람을 죄로 이끌게 된다. 여호사밧의 이러한 연합이 그 이후 유다국에 있었던 많은 문제의 씨앗이 된 것을 볼 수 있다.

**45-50절, 여호사밧의 남은 사적과 그 베푼 권세와 그 어떻게 전쟁한 것은 다 유다 왕 역대지략에 기록되지 아니하였느냐 46 저가 그 부친 아사의 시대에 남아 있던 남색하는 자를 그 땅에서 쫓아내었더**

**라 47 그 때에 에돔에는 왕이 없고 섭정왕이 있었더라 48 여호사밧**
**이 다시스의 선척을 제조하고 오빌로 금을 취하러 보내려 하였더니**
**그 배가 에시온게벨에서 파선하였으므로 가지 못하게 되매 49 아합**
**의 아들 아하시야가 여호사밧에게 이르되 나의 종으로 당신의 종과**
**함께 배에 가게 하라 하나 여호사밧이 허락지 아니하였더라 50 여호**
**사밧이 그 열조와 함께 자매 그 조상 다윗 성에 그 열조와 함께 장**
**사되고 그 아들 여호람이 대신하여 왕이 되니라**

여호사밧 시대에 권세 있게 다스린 것은 사실이다. 그 통치 세력이 강하였다. 그는 엔게디에서 모압과 암몬 연합군을 격파하였고(대하 20장), 아라비아와 무역하여 나라를 부하게 만들었다. 여호사밧은 부왕 아사 시대에 남아 있던 남색자를 쫓아내었다. 많은 좋은 일을 했지만 '산당은 제하지 않았다'. 이스라엘은 부득이 한 시대를 제외하고는 산당 제사를 금하였다(삼상 9:12-14, 왕상 3:2). 그는 또 다시스에서 배를 만들어 오빌의 금을 취하려 하였으나 배가 파선하여 실패하였다. 아합의 아들 아하시야가 배를 만들어 금 장사를 하려는 여호사밧에게 자기의 종과 함께 하자고 제의하였으나 거절하였다. 마침내 여호사밧은 죽고 그 아들 여호람이 대신 왕이 되었다.

## 신약에서 산당은 무엇을 말하는가

어떤 그리스도인들은 그저 두세 사람이 모여서 예배하면 된다고 생각한다. 그러나 거기에 '내 이름으로'란 말이 있음을 기억해야 한다. 신명기 12장에서는 성전 터를 언급하시면서 자주 '내 이름을 둘 곳'이라고 말씀하셨다. 성도들은 그분의 이름을 둔 곳에서 모여야 한다. 공장이나 가게는 사람이 임의로 세울 수 있다. 그러나 교회는 주님이 세우시도록 해야 한다. 교회는 그분의 집이요 그분의 건축물이기 때문이다. 따라서 교회를 세우고자 하는 사역자들은 많은 기도와 하나님의 인도를 구해야 한다. 평강(살렘)과 하나(그리스도)의 터 위에 교회가 세워져야 하는 것이다. 교회는 개인의 야심과 정욕으로 너도 나도 세우는 것이 되어서는 안 된다. 반드시 모임의 기초에 주님의 기뻐하심을 얻는 것이 있어야 한다. 그 시작에는 성령의 인도가 있으며, 결과적으로 그 기초는 의와 평강이다.

51-53절, **유다 왕 여호사밧 제 십칠년에 아합의 아들 아하시야가**
**사마리아에서 이스라엘 왕이 되어 이 년을 이스라엘을 다스리니라**
52 **저가 여호와 보시기에 악을 행하여 그 아비의 길과 그 어미의 길**
**과 이스라엘로 범죄케 한 느밧의 아들 여로보암의 길로 행하며** 53
**바알을 섬겨 숭배하여 이스라엘 하나님 여호와의 노를 격동하기를**
**그 아비의 온갖 행위같이 하였더라**

아합이 죽은 후 이스라엘은 제 8대 왕 아하시야가 등극하였다. 그의 재위 기간은 2년으로 매우 짧았다. 그는 난간에서 떨어져 그 병으로 죽었다. 열왕기 하는 이 아하시야의 이야기로 시작된다(왕하 1:1-4). 아하시야의 아비는 아합이고 어미는 이세벨이었다. 부모의 영향으로 아들 아하시야도 악한 왕이 되었고 여로보암의 길을 갔다고 기록되어 있다(52절). 그는 아비와 어미를 이어 바알 숭배 사상을 답습하여 하나님의 노를 격발하였다.

## 열왕기 상 강해를 마치면서

열왕기 상의 중점은 성전 건축과 다윗 왕 이후 왕국의 분열이다. 이 책에서 뛰어난 인물은 솔로몬이다. 솔로몬은 1차적으로 그리스도를 예표한다. 먼저는 그의 지혜가 참 지혜의 근원이신 그리스도를 연상케 하며(잠 8장), 솔로몬의 명성과 영화와 부귀는 부활 승천하시고 다시 오셔서 이루신 메시야 왕국을 예표한다고 볼 수 있다. 그리고 이스라엘의 태평성대는 그리스도께서 왕 노릇 하시는 천년왕국의 예표이다.

다음에는 성전 건축의 이상이다. 우리는 열왕기 상을 통해서 성전 건축이 이루어지는 과정을 보는데, 이는 오늘날 교회 건축의 조감도를 우리에게 제공한다. 첫째로, 성전 건축은 물론 사람 편에서의 원함이 필요하지만 그렇다고 인간 마음대로 할 수 있는 일이 아니다. 다윗은 성전 건축에 대하여 자기가 원했고 소원도 있고 역량도 있고 재료도 있었지만 하나님께서는 그가 할 수 있는 일이 아님을 계시하셨다. 성전 건축의 주된 목적은 '여호와 하나님의 이름'을 위한 것이다. 나는 오늘날 우리에게 많은 나라에 사역하여 교회를 세우도록 위임을 주신 하나님께 감사한다. 그 목적은 진실로 '주의 이름'을 위한 것이라고 간증할 수 있다. 우리의 기도는 늘 "주여, 이 나라에 주의 이름을 위한 진실된 무리를 얻어 주시옵소서."였다. 이것은 그 누가 하고자 하여 할 수 있는 일이 아니다. 신약의 사도들은 보내심을 받은 자들이다. 복음을 전하러 보내심을 받는 것도 마찬가지이다. "보내심을 받지 아니하였으며 어찌 전파하리요"(롬 10:15). 사도라는 말의 뜻이 보내심을 받은 자이다. 하나님의 일에는 자원병이 없다. 모두가 징집병임을 인해 하나님께 감사한다. 아브라함이나 모세나 베드로, 요한, 바울 모두가 주님이 부르시어 사용하셨다. 그분이 부르시는 분이고 보내시는 분이다. "내가 누구를 보내며 누가 우리를 위하여 갈꼬?"(사 6:8) 나는 주님께서 이 시대에도 그분의 교회를 세우기 위해, 또 그분의 이름을 위한 백성들을 세우기 위해 많은 사람을 보내시기를 바란다.

성전의 터는 오르난의 타작마당이었는데, 이는 그 땅이 아브라함이 아들 이삭을 제물로 드린 곳이며, 다윗이 인구조사의 죄를 지은 후 자신의 죄악을 심판한, 회개와 자백과 속죄와 공의가 만족된 십자가의 장소이기 때문이다. 바울은 자신이 하나님의 은혜를 따라 지혜로운 건축자로서 그리스도를 터로 하여 고린도 교회를 세웠다고 말했다. 교회를 재산이나 성도들 수나 예배 의식이나 특정한 인물의 교리나 어떤 제도 위에 세운다면, 그것은 기초가 잘못된 것이다. 5장 17절에서는 "이에 왕이 영을 내려 크고 귀한 돌을 떠다가 다듬어서 전의 기초석으로 놓게 하매"라고 한다. 이는 성전의 기초석을 말한다. 그리스도는 시험을 거치신 돌이고 기초석이시며 모퉁이 돌이시다. 그분만이 성전의 기초돌이시고, 기타 기초석들은 사도와 선지자들이다(엡 2:20-22, 계 21:14, 시 118:22-23, 사 28:16, 그러므로 주 여호와께서 가라사대 보라 내가 한 돌을 시온에 두어 기초를 삼았노니 곧 시험한 돌이요 귀하고 견고한 기초 돌이라 그것을 믿는 자는 급절하게 되지 아니하리로다).

성전을 건축하는 재료는 금, 은, 동, 철, 나무 등이다. 그것들은 본래 흙에서 나온 것들로 추하고 오염되었던 것들이다. 다 대가를 지불하고 사온 것들이며 원수의 수중에서 노략해돈 것들이다. 이는 다 신약에서 적용될 수 있다. 신약의 교회의 재료들도 원래는 타락한 죄인들이고 육체로 가득하였으나 십자가의 피와 죽음, 성령의 새롭게 하심으로 새롭게 된 자들이다. 그 재료는 금과 은과 보석이어야 하며, 나무와 풀과 짚, 즉 태워질 것들은 거절되어야 한다. 따라서 신약의 교회의 건축은 불을 통과한 재료들이어야 하고 죽음을 거친 것들이어야 하며 부활 안에 있는 것들이어야 한다.

성경에서 볼 때 신약 교회의 건축은 바울 같은 사도들의 터를 닦는 수고를 필요로 하며 아볼로 같은 사도들의 그 위에 건축하는 수고를 필요로 한다. 구약에서는 성전 건축에 수많은 이방의 일꾼들이 동원되었는데, 교회 건축을 위해서는 수많은 성도들이 동참해야 함을 의미한다. 그 교회의 식양은 하늘에서 보이신 것이다.

열왕기 상에는 '느밧의 아들 여로보암의 지은 죄'라는 말이 20여 번 언급되는데, 그 죄가 무엇이기에 그렇게 반복적으로 언급되었는가? 그 죄는 결국 이스라엘을 멸망으로 이끈 죄이다. 그의 죄는 종교적인 죄이며 영성상의 죄이다. 가장 문제가 되는 것은 산당을 지은 것이며, 레위 사람 아닌 보통 사람으로 제사장을 삼은 것이며, 자기 임의로 8월 15일을 절기로 정하고 스스로 단에 올라가 제사를 드린 것이다(12:25-33). 하나님이 부르시지 않은 일꾼들이 나가서 함부로 주의 일을 하며 분쟁적인 동기로 교회를 세우는 것은 산당을 세우는 일과 유사하니 주의해야 한다. 13장의 하나님의 사람, 즉 젊은 선지자의 이야기 또한 주의 일을 하는 사람들에게 매우 엄중한 경고가 된다. 왜 그는 훌륭한 일을 하고도 사자에게 물려죽었는가? 하나님의 인도보다 사람의 말을 더 주의한 탓이다. 우리가 하나님의 인도나 계시나 말씀을 받았다면 어떤 사람이나 교사도 그것을 고쳐서는 안 된다.

17장부터 엘리야의 사역이 나온다. 그는 기도의 사람이다. 비 오지 않기를 기도하였고, 과부의 아들을 살리고, 불을 하늘에서 내려 제물을 살랐고, 하늘에서 불이 내려와 아하시야 왕이 보낸 군사를 불사르는 일 등을 하였다. 그의 기도는 하나님의 뜻에 따른 것이고, 전적인 것이며, 간절한 것이었다. 그는 또한 경건하고 겸비하였으며, 믿음의 사람이었다.

## 열왕기 상의 유다국과 이스라엘 왕 도표

| 유다 왕 | | | |
|---|---|---|---|
| 유다 국왕 | 기간 | 현/악 | 관련성구 |
| 르호보암 | 17 | 악 | 왕상 12:1 - 14:31 ; 대하 10:1 - 12:16 |
| 아비얌 | 3 | 악 | 왕상 15:1 - 8 ; 대하 13:1 - 22 |
| 아사 | 41 | 현 | 왕상 15:9 - 24 ; 대하 14:1 - 16:14 |
| 여호사밧 | 25 | 현 | 왕상 22:41 - 50 ; 대하 17:1 - 20:37 |
| 여호람 | 8 | 악 | 왕하 8:16 - 24 ; 대하 21:1 - 20 |

| 이스라엘 왕 | | | |
|---|---|---|---|
| 이스라엘 | 기간 | 현/악 | 관련성구 |
| 여로보암 | 22 | 악 | 왕상 11:26 - 14: 20 ; 대하 9:29 - 13:22 |
| 나답 | 2 | 악 | 왕상 15:25 - 28 |
| 바아사 | 24 | 악 | 왕상 15:27 - 16:7 ; 대하 16:1 - 6 |
| 엘라 | 2 | 악 | 왕상 16:6 - 14 |
| 시므리 | 7일 | 악 | 왕상 16:9 - 20 |
| 오므리 | 12 | 악 | 왕상 16:15 - 28 |
| 아합 | 22 | 악 | 왕상 16:28 - 22:40 ; 대하 18:1 - 34 |
| 아하시야 | 2 | 악 | 왕상 22:40 - 왕하 1:18 ; 대하 20:35 - 37 |

# 분열 시대의 남북 왕국 열왕 연대표

## 통일 왕국

| | | |
|---|---|---|
| 사 울 | B.C. | 1050-1010 |
| 다 윗 | | 1010-970 |
| 솔로몬 | | 970-930 |

## 분열왕국

| 남 왕 국 유 다 (B.C. 930-586) | | 연대 | | 북 왕 국 이스라엘 (B.C. 930-722) |
|---|---|---|---|---|
| 르호보암 930-913 | 930 | 930 | 930 | 여로보암 1세 930-910 |
| | | 920 | | |
| 아비얌(아비야) 913-910 | 913 | | | |
| 아사 910-869 | 910 | 910 | 910 | 나답 910-909 |
| | | | 909 | 바아사 909-886 |
| | | 900 | | |
| | | 890 | 886 | 엘라 886-885 |
| | | | 885 | 시므리 885 |
| | | 880 | | § 디브니 885-880 |
| | | | | § 오므리 885-874 |
| * 여호사밧 871-847 | 871 | 870 | 874 | 아합 874-854 |
| | | 860 | | |
| * 여호람(요람) 853-841 | 853 | | 853 | 아하시야 853-852 |
| | | 850 | 852 | 요람(여호람) 852-841 |
| 아하시야 841 | 841 | | | |
| 아달랴 841-835 | 841 | 840 | 841 | 예후 841-814 |
| 요아스(여호아스) 835-796 | 835 | 830 | | |
| | | 820 | 814 | 여호아하스 814-798 |
| | | 810 | | |
| | | 800 | 798 | *여호아스(요아스) 798-782 |
| 아마샤 796-767 | 796 | | 793 | *여로보암 2세 793-753 |
| *아사랴(웃시야) 791-739 | 791 | 790 | | |

선지자 (유다 쪽): 오바댜 855-840(?), 요엘 835-796(?)

선지자 (이스라엘 쪽): 엘리야 875-848, 엘리사 848-797

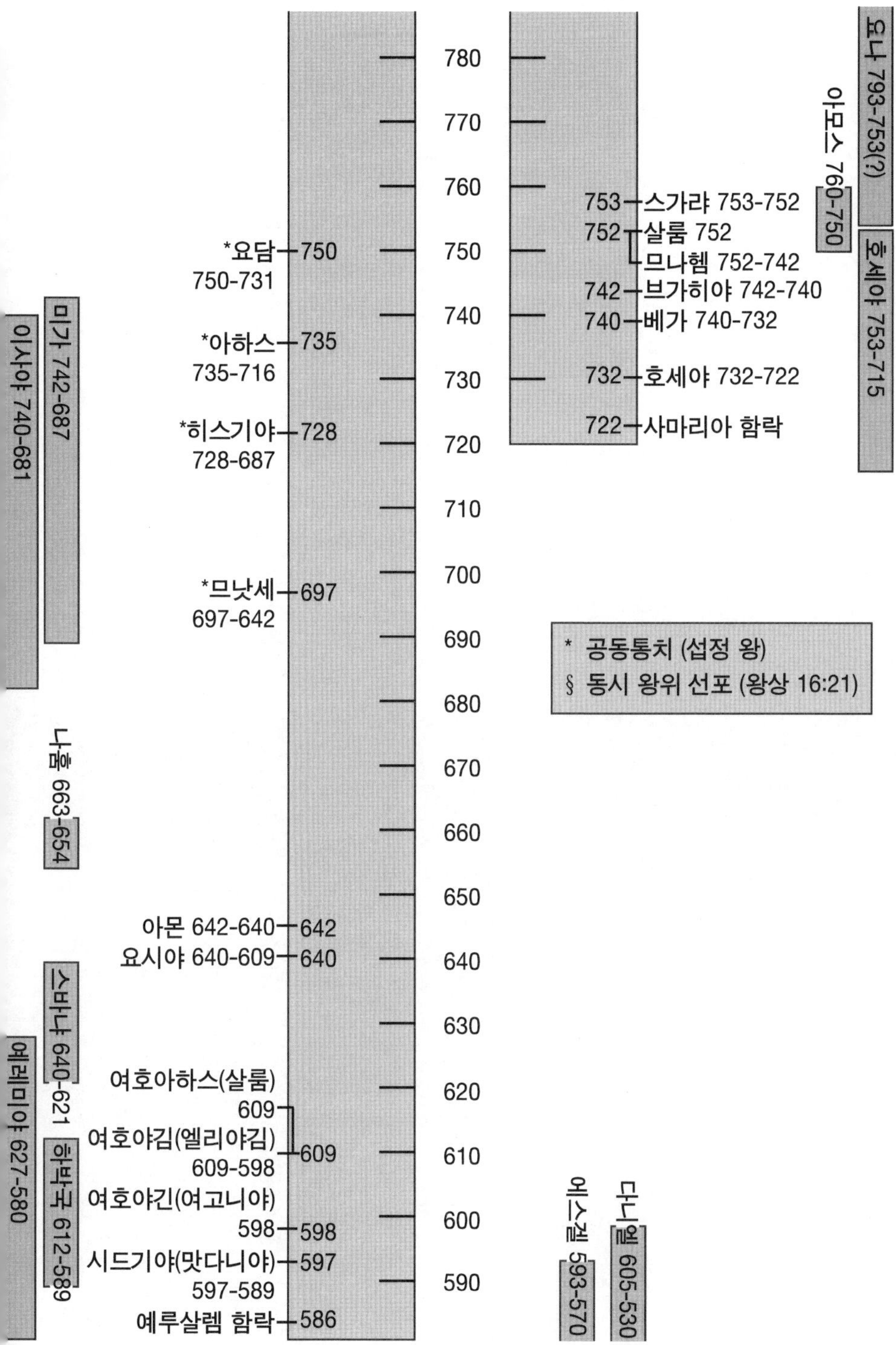
요나 793-753(?)
아모스 760-750
호세아 753-715
780
770
760
750
740
730
720
710
700
690
680
670
660
650
640
630
620
610
600
590
753—스가랴 753-752
752—살룸 752
므나헴 752-742
742—브가히야 742-740
740—베가 740-732
732—호세아 732-722
722—사마리아 함락
*요담—750
750-731
*아하스—735
735-716
*히스기야—728
728-687
*므낫세—697
697-642
아몬 642-640—642
요시야 640-609—640
여호아하스(살룸)
609
여호야김(엘리야김)—609
609-598
여호야긴(여고니야)
598—598
시드기야(맛다니야)—597
597-589
예루살렘 함락—586
미가 742-687
이사야 740-681
나훔 663-654
스바냐 640-621
예레미야 627-580
하박국 612-589
에스겔 593-570
다니엘 605-530
* 공동통치 (섭정 왕)
§ 동시 왕위 선포 (왕상 16:21)

# 열왕기하
2 Kings

# 서론

오래 전에 서울 봉천동에서 사경회 때 전한 내용을 기초로 한 것입니다. 구술한 것을 문어체로 바꾸어 편집한 것이므로 다소 거친 부분이 있더라도 독자들께서 양해해주시기 바랍니다. 열왕기를 공부하지 않고는 구약의 뼈대를 이해하기 어렵습니다. 신약으로 말하면 사도행전과 같다고 할까요? 뒤에 나오는 지혜서, 시가서, 선지서 등은 이 때를 근간으로 하여 기록된 것들입니다.

열왕기는 그리스도의 오심에 역점을 두고 기록된 것처럼 느껴집니다. 다윗은 경건한 사람이고 예수 그리스도는 그의 씨에서 나오실 것이며, 솔로몬은 지혜로운 사람이고, 르호보암은 겸소하지만 경솔한 사람이며, 아비야는 용감한 사람이고, 아사는 의로운 사람이고, 여호사밧은 독실한 사람이며, 여호람은 사악한 자이며, 아하시야는 불경스러운 자이고, 요아스는 배교자이며, 아마샤는 경솔한 자이며, 요담은 온순한 자이고, 아하스는 우상숭배자이며, 히스기야는 개혁자이고, 므낫세는 가장 악하지만 또 참회자이며, 아몬은 모호한 자이고, 요시야는 다정한 자이며, 여호아하스, 여호야김, 시드기야 등은 모두가 사악하고 배반하기를 잘 한 자들입니다(매튜 헨리). 이러한 자들은 한결같이 하나님의 노를 격발하고 왕국의 조속한 멸망을 초래하였습니다. 이러한 역사는 우리에게 증거가 됩니다. 아브라함에서 다윗까지 14대, 다윗부터 바벨론으로 이거한 때까지 14대, 바벨론에서 이거한 후부터 그리스도까지 14대입니다. 이렇게 구약의 역사는 한 분 그리스도의 오심에 초점이 맞추어져 있음을 생각나게 합니다. 따라서 모든 것이 귀한 역사이고 주님을 이 땅에 모셔오는 수고였던 것입니다. 하나님께 감사합니다. 중간에는 좀 어지러웠지만 끝은 영광스럽게 되었습니다. 왜냐면 오실 분이 다윗의 씨에서 오셨기 때문입니다.

나는 이 말씀을 통해 역사를 잘 이해하기 바랍니다. 어쩌면 구약의 많은 문제점과 의문들이 이 역사서를 봄으로써 많이 해소될 것으로 믿습니다. 하나님께서 독자 여러분을 축복하시기 바랍니다.

# 열왕기하 1장

역사서인 사무엘 상하, 열왕기 상하, 역대 상하가 히브리어 원문에서는 상권과 하권으로 나뉘어져 있지 않고 한 권으로 되어 있다. 사무엘 상하가 한 권, 열왕기 상하가 한 권, 역대 상하가 한 권으로 되어 있다. 그런데 70인 역과 라틴어 벌게이트역에서 헬라어가 히브리어보다 길어서 내용이 길어지므로 종이(두루마리)가 너무 두꺼우면 한 권으로 만들기 힘들므로 불가피하게 상·하로 나눈 것이다.

**1절, 아합이 죽은 후에 모압이 이스라엘을 배반하였더라**

아합은 이스라엘 왕 중에서 가장 좋지 않은 왕으로 바알을 숭배한 왕이다. 그리고 그 유명한 이세벨이라는 악한 왕비를 둔 왕이다. 그 아합왕이 죽고 그 아들 아하시야가 왕이 되었다. 이스라엘은 유다 왕의 적통에서 벗어난 나라로서 많은 지파들이 있어서도 분열된 나라인데 그 중에서 아합 때가 가장 전성기였다. 그렇지만 그가 죽은 후에는 이스라엘의 국권이 약화되었고 속국으로서 이스라엘에게 조공을 바치던 모압은 이스라엘을 배반했다.

**2절, 아하시야가 사마리아에 있는 그 다락 난간에서 떨어져 병들매 사자를 보내며 저희더러 이르되 가서 에그론의 신 바알세붑에게**

**이 병이 낫겠나 물어 보라 하니라**

아합의 아들 아하시야의 문제점은 두 가지이다. 첫째는 아버지가 죽고 나서 모압에게 배신당한 것이고, 둘째는 난간에서 왔다갔다하다가 떨어져 병이 든 것이다. 그렇게 병이 들어 시름시름 앓게 되자 그는 우상을 의지했다. 떨어져 심각한 부상을 당한 아하시야는 아버지 때부터 우상 숭배하는 것만 보았으니 하나님은 까맣게 잊어버리고 당시에 편만하게 퍼져 있던 바알세붑에게 가서 물어 보라고 한 것이다.

신약에서 바리새인들이 우상에 대해 이야기할 때 우상의 대표를 바알세불이라고 했다. "바리새인들은 듣고 가로되 이가 귀신의 왕 바알세불을 힘입지 않고는 귀신을 쫓아내지 못하느니라 하거늘"(마 12:24). 이것은 당시 우상 중에서 특별히 뛰어난 우상으로서 헬라어 원문에서는 '베엘제불'로서 '주거의 주(lord of mansion)'이며 귀신의 두목이라는 뜻이다. 보통은 이교의 에그론 신 바알세붑('파리의 왕' 또는 '파리의 신')이라고 했다. -붑이 -불로 바뀌면서 똥, 오물을 뜻하게 된다. '왕 파리'라는 것이다. 이 구절에서는 '집의 주인'이라는 해석이 자연스러울 것 같다. 아하시야가 당시 난간에서 떨어져 많이 아프다보니 그 바알세붑에게 물어 보라고 한 것이다. 아하시야는 아주 멀리 하나님을 떠났고 하나님에 대한 인식이 조금도 없었다. 그저 자신의 병이 나을 것인지 낫지 않을 것인지를 점을 치듯 물어 보라고 한 것이다.

**3절, 여호와의 사자가 디셉 사람 엘리야에게 이르시되 너는 일어나 올라가서 사마리아 왕의 사자를 만나서 저에게 이르기를 이스라엘에 하나님이 없어서 너희가 에그론의 신 바알세붑에게 물으러 가느냐**

여기서 다시 엘리야가 등장한다. 엘리야는 이스라엘의 선지자로서 아합 왕 때도 있었고 그 아들 아하시야 때도 있었다. 하나님은 유다가 아닌 그분을 멀리 떠난 이스라엘을 위하여도 엘리야라는 훌륭한 선지자를 두셨다. 이것은 매우 감동적인 이야기이다. 엘리야는 이스라엘 중에도 선한 왕이 아닌 악한 왕들이 나타났을 때 그에게 나타나서 옳지 않은 것을 지적하며 강하게 말했던 선지자였다. '여호와의 사자'는 신약 시대의 예수 그리스도이시다. 여호와의 보내신 자, 하나님의 아들이시다. 그 여호와의 사자가 엘리야를 통해서 사마리아 왕의 사자에게 "이스라엘에 하나님이 없어서 너희가 바알세붑에게 물으러 가느냐"라고 책망한 것이다.

**4절, 그러므로 여호와의 말씀이 네가 올라간 침상에서 내려오지 못할지라 네가 반드시 죽으리라 하셨다 하라 엘리야가 이에 가니라**

아하시야 왕의 사자들이 바알세붑에게 가는 도중에 엘리야를 만났던 것이다. 엘리야가 그들에게 그대로 말했다. '아하시야 왕이 올라간 침상에서 내려오지 못하고 반드시 죽으리라'. 그들은 길에서 엘리야의 예언을 듣게 된 것이다.

**5절, 사자들이 왕에게 돌아오니 왕이 이르되 너희는 어찌하여 돌아왔느냐**

사자들이 왕에게 돌아오니 왕이 그들에게 물으러 갔다가 왜 그냥 돌아왔느냐고 하는 것이다.

**6절, 저희가 고하되 한 사람이 올라와서 우리를 만나 이르되 너희는 너희를 보낸 왕에게로 돌아가서 저에게 고하기를 여호와의 말씀이 이스라엘에 하나님이 없어서 네가 에그론의 신 바알세붑에게 물으려고 보내느냐 그러므로 네가 올라간 침상에서 내려오지 못할지라 네가 반드시 죽으리라 하셨다 하라 하더이다**

사자들은 바알세붑에게 가지도 못하고 엘리야를 만나 불길한 예언을 듣고 와서 왕에게 보고한 것이다.

**7-8절, 왕이 저희에게 이르되 올라와서 너희를 만나 이 말을 너희**

**에게 고한 그 사람의 모양이 어떠하더냐 8 저희가 대답하되 그는 털이 많은 사람인데 허리에 가죽 띠를 띠었더이다 왕이 가로되 그는 디셉 사람 엘리야로다**

왕은 엘리야를 알고 있었다. 엘리야는 당시에 선지자로 사역을 하고 있었다. 아하시야 왕도 이런저런 하나님의 말씀을 들었다고 보아야 한다. 그러나 아하시야는 아버지인 아합을 본받아 엘리야를 무시했고 그의 말을 듣지 않고 우상숭배를 했다. 엘리야의 겉모습에 대해 털이 많은 사람이라고 했는데, 털이 많이 난 사람이라는 말인지 털옷을 입어서 그렇게 보이는지는 알 수 없다. 엘리야는 요한과 비슷한 선지자로서 세례 요한의 전조이다. 엘리야는 아마도 세례 요한과 같이 약대 털옷을 입었을 것이다. 가죽 띠를 띤 것까지 세례 요한과 너무나 흡사하다. 구약에서 오리라고 예언된 엘리야가 신약의 세례 요한이다. 그가 메시야가 오기 전에 올 것이라고 했다. "보라 여호와의 크고 두려운 날이 이르기 전에 내가 선지 엘리야를 너희에게 보내리니"(말 4:5). 털가죽은 아주 간편한 복장으로 당시에 비싸지 않은 옷이었다. 구약의 선지자의 모습은 그렇게 사치스러운 것이 아니었다.

**9절, 이에 오십부장과 그 오십 인을 엘리야에게로 보내매 저가 엘리야에게로 올라가서 본즉 산 꼭대기에 앉았는지라 저가 엘리야에게 이르되 하나님의 사람이여 왕의 말씀이 내려오라 하셨나이다**

오십부장은 오늘날 우리나라 군대로 말하면 소대장 정도이다. 그가 부하 50명을 거느리고 가서 산에 앉아 있는 엘리야를 불렀다. '하나님의 사람이여'라고 부른 것은 엘리야를 존경하는 식으로 불렀다기보다 그냥 체포하기 위해 부른 것이다. '내려오라(Come down)'는 말은 사뭇 명령조다.

**10절, 엘리야가 오십부장에게 대답하여 가로되 내가 만일 하나님의 사람이면 불이 하늘에서 내려와서 너와 너의 오십 인을 사를지로**

**다 하매 불이 곧 하늘에서 내려와서 저와 그 오십 인을 살랐더라**

엘리야가 '내가 만일 하나님의 사람이면'이라고 한 것으로 보아 그들이 비아냥거리는 조로 말한 것임을 알 수 있다. '만일 내가 하나님의 사람이면 불이 하늘에서 내려와서 사를지로다' 하니 즉시 하늘에서 불이 내려와서 그 오십 인을 살라버렸다.

**11절, 왕이 다시 다른 오십부장과 그 오십 인을 엘리야에게로 보내니 저가 엘리야에게 일러 가로되 하나님의 사람이여 왕의 말씀이 속히 내려오라 하셨나이다**

왕이 다시 오십부장과 오십 명을 엘리야에게 보냈다. 그들이 가서 또 다시 엘리야에게 내려오라고 했다. 그런데 이번에는 한 마디 더 붙여서 말했다. '속히' 내려오라(Come down quickly).

**12절, 엘리야가 저희에게 대답하여 가로되 내가 만일 하나님의 사람이면 불이 하늘에서 내려와서 너와 너의 오십 인을 사를지로다 하매 하나님의 불이 곧 하늘에서 내려와서 저와 그 오십 인을 살랐더라**

이번에도 하늘에서 불이 내려와 오십부장과 오십 인을 불로 살라버렸다. 그리하여 도합 백 명이 죽은 것이다. 어디까지나 엘리야의 사역은 외적이고 기적적인 능력의 성령을 대표하는 사역임에 분명하다.

**13절, 왕이 세번째 오십부장과 그 오십 인을 보낸지라 셋째 오십부장이 올라가서 엘리야의 앞에 이르러 꿇어 엎드려 간구하여 가로되 하나님의 사람이여 원컨대 나의 생명과 당신의 종인 이 오십 인의 생명을 당신은 귀히 보소서**

왕은 세 번째로 오십부장과 오십 인을 엘리야에게로 보냈다. 이 오십부장은 엘리야 앞에서 무릎을 꿇고 간절히 구했다. 이제는 제대로 선지자를 부른 것이다. "하나님의 사람이여 원컨대 나의 생명과 당신의 종인

이 오십 인의 생명을 당신은 귀히 보소서".

**14절, 불이 하늘에서 내려와서 전번의 오십부장 둘과 그 오십 인들을 살랐거니와 나의 생명을 당신은 귀히 보소서 하매**

이 오십부장은 그 이전의 오십부장들이 죽은 일을 다 알고 자기 목숨을 귀히 여겨 살려 달라고 간청하는 것이다. 두 번째 오십부장은 첫 번째 사건이 우연히 일어났다고 여겼는지 모른다. 아하시야 왕도 그랬을 것이다. 다시 오십 명을 그대로 보낸 것을 보면 그 전에 일어난 일을 무시한 것이다. 그런데 세 번째 오십부장은 먼저 두 팀이 다 죽은 일을 알고 두려워하며 바짝 엎드렸다.

**15절, 여호와의 사자가 엘리야에게 이르되 너는 저를 두려워 말고 함께 내려가라 하신지라 엘리야가 곧 일어나 저와 함께 내려와서 왕에게 이르러**

첫 번째와 두 번째 사건이 없이 곧바로 엘리야가 왕에게 갔더라면 엘리야는 많은 어려움을 당했을 것이다. 그러나 백 명이 죽고 나자 왕은 그를 두려워하지 않을 수 없었다. 하나님은 그런 상황을 만들어 놓고 그의 종더라 가라고 하신 것이다. 주의 종들은 하나님이 가라고 하시면 가는 것이다. 이것이 주님의 종들이 하나님을 섬기는 비결이다. 하나님을 섬기는 사람들은 반드시 하나님의 격을 알아야 한다. 사람들이 오라고 한다고 해서 아무 때나 생각 없이 가볍게 가서는 안 된다. 이것은 하나의 품격이다. 하나님의 종만이 아니라 아버지는 아버지로서, 학생은 학생으로서, 선생님은 선생님으로서, 사장은 사장으로서의 품격이 있다. 하나님의 종의 격을 유지하는 비결은 하나님이 내려가라고 하실 때 내려가는 것이다. 사람이 내려오라고 한다고 급히 내려가는 것이 아니다. 우리가 가장 주의해야 할 것은 주님의 명령이 있는가이다. 주님의 명령이 있다면 어떤 어려움이 있어도 가야 한다.

**16절, 고하되 여호와의 말씀이 네가 사자를 보내어 에그론의 신 바알세붑에게 물으려 하니 이스라엘에 그 말을 물을만한 하나님이 없음이냐 그러므로 네가 그 올라간 침상에서 내려오지 못할지라 네가 반드시 죽으리라 하셨다 하니라**

아하시야 왕이 죽게 된 원인은 하나님을 멸시했기 때문이다. 그의 마음속에 하나님이 없었다. 여러분도 병이 들거나 어려움이 있을 때 하나님이 안중에 없을 수 있다. 먼저 무엇부터 생각나는가? 병원, 약, 건강식품인가? 이렇게 하는 것은 다 하나님이 기뻐하시지 않는 것이다. 이미 조공을 바치던 속국 모압이 배반을 했고 또 왕은 난간에서 떨어져 병에 걸렸다. 먼저 모압의 배반 사건을 통해 하나님은 아하시야 왕에게 경고를 보내셨다. 그런데 왕이 회개하기는커녕 바알세붑에게 자기의 병이 나을 것인지 아닌지를 물으라고 사람을 보냈던 것이다. 그러므로 그가 그 올라간 침상에서 내려오지 못하고 죽을 것이라고 하셨다. 그는 회개는 고사하고 참되게 하나님의 진리를 말하는 선지자 엘리야를 죽이려고 했다. 그렇지 않으면 오십 명이나 되는 군대를 보낼 필요가 없었다. 위협하지 않을 것이면 그저 몇몇을 보내어 '왕께서 오시라고 합니다.' 하면 되었다. 아하시야는 이렇게 악독한 왕이었다. 엘리야는 왕에게 와서도 동일한 말씀을 전달했다. 결국 아하시야는 엘리야의 말을 직접 듣게 되었고 더 이상 말이 없었다.

**17-18절, 왕이 엘리야의 전한 여호와의 말씀대로 죽고 저가 아들이 없으므로 여호람이 대신하여 왕이 되니 유다 왕 여호사밧의 아들 여호람의 제 이년이었더라 18 아하시야의 남은 사적은 모두 이스라엘 왕 역대지략에 기록되지 아니하였느냐**

아하시야는 엘리야의 예언대로 침상에서 내려오지 못하고 죽었다. 아하시야에게 아들이 없으므로 형제인 여호람이 왕이 되었다.

# 열왕기하 2장

**1절, 여호와께서 회리바람으로 엘리야를 하늘에 올리고자 하실 때에 엘리야가 엘리사로 더불어 길갈에서 나가더니**

2장은 엘리야의 승천에 관해 기록된 장이다. 엘리야는 구약에서 가장 유명한 선지자이다. 그리고 엘리야의 후계자는 엘리사이다. 엘리야라는 이름은 '하나님은 나의 하나님'이란 뜻이다. 엘리사는 '여호와는 나의 구주'라는 뜻이다. 그런데 하나님은 지금 이 엘리야를 하늘로 들어올리려고 하신다. 무엇으로 올리시는가? 회리바람으로이다. 그래서 엘리야와 엘리사가 만난 첫 번째 장소가 길갈이다.

**2절, 엘리야가 엘리사에게 이르되 청컨대 너는 여기 머물라 여호와께서 나를 벧엘로 보내시느니라 엘리사가 가로되 여호와의 사심과 당신의 혼의 삶을 가리켜 맹세하노니 내가 당신을 떠나지 아니하겠나이다 이에 두 사람이 벧엘로 내려가니**

이 두 사람이 길갈에서 만났는데 엘리야가 엘리사를 떼어 놓으려고 하는 것 같다. "청컨대 너는 여기 머물라 여호와께서 나를 벧엘로 보내시느니라". 그런데 엘리사는 "혼의 삶을 가리켜 맹세하노니"라고 하면서 엘리야를 떠나지 않겠다고 했다. 영혼 불멸의 신앙을 갖고 있었던 것이다. 그래서 엘리야는 엘리사를 데리고 벧엘로 내려갔다.

**3절, 벧엘에 있는 선지자의 생도들이 엘리사에게로 나아와 이르되 여호와께서 오늘날 당신의 선생을 당신의 머리 위로 취하실 줄을 아나이까 가로되 나도 아노니 너희는 잠잠하라**

여기서 우리는 두 가지를 생각해 볼 수 있다. 첫째, 당시 유다와 이스라엘 중에서 유다는 다윗 왕의 적통을 이은 나라였다. 왕위가 다윗의 아들 솔로몬으로, 그 아들 르호보암으로 이어졌다. 그러나 이스라엘은 느밧의 아들 여로보암을 통해서 이루어진 나라이다. 열 지파로 이루어졌기 때문에 백성의 수는 많아도 비주류인 것이다. 이 나라는 주로 우상숭배를 했고 좋은 왕이 없이 계속 나쁜 왕만 나왔다. 그런데 엘리야나 엘리사는 이스라엘의 선지자였다. 우리 생각에는 하나님이 유다를 위해서 훌륭한 선지자들을 세우셔야 할 것 같은데 이스라엘을 위해 이렇게 귀한 선지자들을 세우신 것이다. 여기서 우리는 이렇게 생각해본다. 하나님께서 그렇게 형편없고 완고하고 우상숭배하고 하나님을 멀리 떠난, 악한 상태에 떨어진 백성들을 회개케 하고 돌보시는 것은 하나님의 극진한 사랑이라는 것이다. 그래서 이렇게 귀한 선지자들을 보내어 말씀하시는 것이다.

둘째, 하나님은 사역을 잘한 엘리야 선지자를 죽음을 맛보지 않도록 데려가려고 하신다. 구약에는 이러한 사람들 중에 에녹이 있고 여기 엘리야가 있다. 신약 시대에는 앞으로 이런 일이 많이 일어날 것인데, 그것이 휴거이다. 여러분은 사람이 하늘로 올리우는 것에 대하여 너무 놀랄 것이 없다. 왜냐하면 우리는 이 휴거의 일이 매우 가능한 시대에 살고 있기 때문이다. 그 일에서 엘리야는 우리의 좋은 본이 되며, 2장을 잘 읽어보면 엘리야가 어떻게 해서 하늘로 올리우게 되었는지, 엘리사는 또 어떻게 해서 엘리야의 능력을 이어받아 후계자가 되었는지를 볼 수 있다.

먼저 지명을 보자. 길갈, 벧엘, 여리고, 그 다음 요단을 건너서 엘리야는 하늘로 올라갔다. 여기에 첫 번째 비밀이 있다. 두 번째는 이 엘리사가 절대로 엘리야에게서 떨어지려고 하지 않은 것이다. 엘리야는 엘리사를 떼어놓으려고 하는데, 엘리사는 먼저 된 선지자를 끝까지 따라 붙었다. 이것이 갑절의 성령을 얻는 비결이다. 사실 영적인 길은 가자고 권유해서 갈 수 있는 길이 아니다. 엘리야는 그것을 알기 때문에 엘리사에게 거기 있으라고 한 것이다. 그러나 엘리사가 '나는 죽어도 가겠다' 면서 따라 붙은 것이다. 이것이 엘리사의 귀한 점이다. '나는 맹세코 따라가겠다'면서 따라간 것이다.

그 다음 벧엘에 있는 선지자의 생도들이 있다. 벧엘은 여로보암이 금송아지를 만들어 둔 곳이다. 말하자면 우상숭배의 중심지이다. 그런데 놀랍게도 거기에 선지자 학교가 있었다. 이것을 누가 관리했는가? 학자들은 이 학교를 엘리야가 관리했다고 본다. 선지자 학교는 사무엘 때부터 시작되었다. 사무엘, 엘리야, 엘리사로 이어져오면서 그 학교를 운영한 것이다. 그런데 이 학교가 벧엘에 있었다. 벧엘에는 우상이 득실거리는데 또 선지자 학교도 있었던 것이다. 추측하건대 이 엘리사도 선지자 학교를 나왔을 수 있고 또는 엘리야에 의해서 일으켜진 후에 선지자 학교를 맡아 가면서 함께했을 수도 있다. (열왕기 상 19장에 보면 엘리사가 나온다. 엘리야가 그에게 겉옷을 던져준다.)

"벧엘에 있는 선지자의 생도들이 엘리사에게로 나아와 이르되 여호와께서 오늘날 당신의 선생을 당신의 머리 위로 취하실 줄을 아나이까". 선지자 생도들도 엘리야가 승천할 것을 알고 있다. 선지자 학교에서 배운 생도들도 영감이 있었던 것이다. 오늘 어떤 사람들은 선지자 학교가 필요 없다고 한다. 구약에서 볼 때 선지자 학교에서 선지자가 하나밖에 배출되지 않았다는 것이다. 엘리사는 밭을 갈다가 엘리야를 만났으므로 선지자 학교 출신이 아니라고 하는데, 선지자 생도들이라고 밭을 갈지 말라는 법이 없지 않은가? 우리가 생각하건대 엘리사도 선지자 생도들 가운데 있었을 가능성이 있다. 그렇지 않다 하더라도 수제자이니까 엘리야에 의해 일을 맡아 함께 선지자 학교를 운영했을 수도 있다. 거기서 부교장처럼 선지자들을 관리했을 수도 있고 여러 학교들의 총 책임자였을 수도 있다. 선지자 학교가 벧엘에만 있는 것이 아니라 당시 이곳저곳에 있었다. 그것들을 운영한 사람들이 첫째는 사무엘이고 다음은 엘리야이고 그 다음은 엘리사가 한 것으로 보인다. 당시에 왜 이런 것들을 세웠겠는가? 우리가 생각하기에 혼자서는 너무 어려웠을 것이기 때문이다. 선지자의 기능이 더 많아지게 해서 나라 전체를 개혁하고 나라 전체를 하나님께 돌리고 싶은 마음이 있어서 선지자 생도들을 두었을 것이다. '생도들'은 히브리어로 '아독'인데, 선지자의 제자라는 뜻이다.

"오늘날 당신의 선생을 당신의 머리 위로 취하실 줄을 아나이까"라고 하자 엘리사가 "나도 아노니 너희는 잠잠하라"고 했다. 엘리사도 다 알고 있었다. 엘리사는 엘리야 선지자와 함께 있을 시간이 얼마 남지 않았다는 것을 알고 이때는 조금이라도 더 배워야 하므로 절대 떨어지면 안 된다고 생각한 것이다. 엘리사도 알고 생도들도 알고 있다. 서로 말을 많이 하지 않더라도 영감이 있어서 아는 것이다. 이들이 선지자 학교에 있었던 것이 도움이 된 것이다. 그러면서 엘리사는 이런 일을 화제로 삼지 말라고 했다.

**4절, 엘리야가 저에게 이르되 엘리사야 청컨대 너는 여기 머물라 여호와께서 나를 여리고로 보내시느니라 엘리사가 가로되 여호와의 사심과 당신의 혼의 삶을 가리켜 맹세하노니 내가 당신을 떠나지 아니하겠나이다 하니라 저희가 여리고에 이르매**

엘리야는 길갈에서 엘리사에게 이렇게 말했는데, 벧엘에서 다시 '엘리사야 너는 여기 머물라'고 했다. 그러나 엘리사가 "여호와의 사심과 당신의 혼의 삶을 가리켜 맹세하노니 내가 당신을 떠나지 아니하겠나이다"고 했다. 그리고 또 여리고에 이른 것이다.

**5절, 여리고에 있는 선지자의 생도들이 엘리사에게 나아와 이르되 여호와께서 오늘날 당신의 선생을 당신의 머리 위로 취하실 줄을 아나이까 엘리사가 가로되 나도 아노니 너희는 잠잠하라**

여리고에 오니까 여기에도 선지자 생도들이 있다. 벧엘에도 선지자 학교가 있고 여리고에도 선지자 학교가 있었던 것이다. 여기 여리고에 있는 생도들도 엘리사에게 같은 말을 했다. 그리고 엘리사도 같은 말로 그들에게 잠잠하라고 했다. 여기서 우리가 주목할 것은 당시 여기저기에 선지자 학교들이 있어서 선지자들을 양성하고 있었다는 것이다. 왜 그런가? 이스라엘이 너무나 형편없게 되었기 때문이다. 한두 명 가지고는 그 상황을 바꿀 수 없어서 많은 사람들을 교육시킬 필요가 있었던 것이다. 이들은 최소한 영감을 통해서 엘리야의 승천을 알고 있지 않은가? 우리는 그 외에도 이스라엘 가운데 그들의 어떤 기능이 있었을 것임을 생각해볼 수 있다. 아는 만큼 길이 있다.

여러분은 초대 교회가 왜 점점 타락하게 되었는지 아는가? 초대 교회 이후에 교회는 교부시대로, 교부시대를 지나서 천주교로, 로마 카톨릭으로 타락해갔다. 초대교회 이후에 교회가 타락한 이유가 여러 가지가 있겠지만 주된 이유는 모든 성도들이 각각 하나님께 나아가 직접 계시를 받지 못하게 되었기 때문이다. 초대 교회 때는 모든 성도들이 각각 하나님께 나아가 계시를 받을 수 있었다. 그런데 점점 가면서 특정한 사람들만 하나님의 계시를 받고 다른 사람들은 이 특정한 사람들에게 배우게 되었다. 그러다 보니까 교회가 점점 어두워진 것이다. 그리고 그 특정한 사람들이 계급을 형성하다 보니 카톨릭의 사제 제도가 나온 것이다. 나중에 평신도는 성경도 읽지 못하게 되어버렸다. '우리가 다 알아서 가르쳐줄 테니 너희들은 성경을 읽는다고 하면서 엉뚱한 말을 하지 말아라.' 고 한 것이다. 이렇게 해서 교회는 극도로 타락하게 되었다. 그러므로 역사에서는 카톨릭의 중세 시대 천 년을 암흑시대라고 한다. 완전히 어두운 시대였던 것이다. 왜 어두운가? 성경이 닫혀졌기 때문이다. 아무나 성경을 읽고 깨달을 수가 없는 것이다.

여기 엘리야는 왜 선지자 학교를 세웠겠는가? 나라 전체에 우상이 많아지니 하나님의 음성을 듣는 사람들이 많아지게 할 필요가 있었던 것이다. 그는 그 일을 위해 학교를 세웠을 것이다. 오늘날도 많은 사람들이 말씀을 배우고 깨닫고 또 온전케 되어서 다른 사람들을 가르칠 필요가 있다. 그렇게 되지 않으면 점점 어두워지게 된다. 말씀이 특정한 사람에게만 있을 때 그 사람이 죽으면 길이 없게 되는 것이다. 지금 유럽에 가보면 믿는 사람들이 점점 줄어들고 예배당 자리에 술집이 들어서는 것을 보게 된다.

**6절, 엘리야가 또 엘리사에게 이르되 청컨대 너는 여기 머물라 여호와께서 나를 요단으로 보내시느니라 저가 가로되 여호와의 사심과 당신의 혼의 삶을 가리켜 맹세하노니 내가 당신을 떠나지 아니하겠나이다 이에 두 사람이 행하니라**

엘리사는 여리고에서 요단까지 따라왔다. 길갈에서부터 엘리야는 엘리사와 함께 가다가 그에게 '여기 있으라' 했고 엘리사는 '절대로 당신을 떠나지 않겠습니다,' 하면서 여기까지 온 것이다.

**7-8절, 선지자의 생도 오십 인이 가서 멀리 서서 바라보매 그 두 사람이 요단 가에 섰더니 8 엘리야가 겉옷을 취하여 말아 물을 치매 물이 이리 저리 갈라지고 두 사람이 육지 위로 건너더라**

엘리야의 겉옷은 능력을 상징한다. 겉옷이란 신약에서 성령이 능력의 옷으로 입혀지는 것을 뜻한다. 성령은 한 면으로 우리 속에 내주하시면서 우리를 살리는 생명이시며, 또 한 면으로는 우리에게 능력의 겉옷이 되신다. 그래서 예수님이 승천하시기 전에 '너희는 예루살렘을 떠나지 말라. 그러면 하나님께서 너희에게 약속하신 성령을 부어 주실 것이다.' 라고 하신 것이다. 이 약속의 성령이 곧 능력의 성령이시다.

엘리야가 겉옷을 가지고 물을 치니 물이 이리저리 갈라져서 그들은 육지 위로 걸었다. 이들의 행진은 길갈에서 시작하여 요단에 이르렀고, 이제 요단강을 가르고 통과함으로 승천이 있게 된다. 승천이 이루어지기 전에 엘리야는 엘리사에게 그가 어떻게 해주기를 바라는지 구하라고 했다.

**9-10절, 건너매 엘리야가 엘리사에게 이르되 나를 네게서 취하시기 전에 내가 네게 어떻게 할 것을 구하라 엘리사가 가로되 당신의 영감이 갑절이나 내게 있기를 구하나이다 10 가로되 네가 어려운 일을 구하는도다 그러나 나를 네게서 취하시는 것을 네가 보면 그 일이 네게 이루려니와 그렇지 않으면 이루지 아니하리라 하고**

요단강을 건넌 후에 엘리야가 엘리사에게 하나님이 나를 취하시기 전에 내가 너에게 어떻게 해 줄 것을 구하라고 했다. 그때 엘리사는 엘리야의 영감이 갑절이나 자기에게 있기를 구했다. 그랬더니 엘리야는 그것은 참으로 어려운 일이라고 했다. 어려운 일이란 그가 해줄 수 있는 일이 아니라는 뜻이다. 즉 그것은 하나님이 하시는 일이지 자기가 할 수 있는 일이 아니라는 것이다. 자신이 해줄 수 없는 어려운 일을 구한다고 말한 것이다. 그런데 여기 단서가 있다. "나를 네게서 취하시는 것을 보면 그 일이 네게 이루려니와". 네가 요단강까지 좇아왔으니까 하나님이 나를 들어올리는 것까지 보면 이 일이 이루어진다는 것이다. 결국 엘리사가 갑절의 영을 받을 수 있게 된 비결은 무엇인가? 끝까지 따라붙은 것이다. 그럴 때 그 말이 이루어지게 된다.

**11절, 두 사람이 행하며 말하더니 홀연히 불수레와 불말들이 두 사람을 격하고 엘리야가 회리바람을 타고 승천하더라**

"두 사람이 행하며 말하더니". 이것은 엘리야와 엘리사가 '걸어가고 또 걸어가며 말하고 또 말하더니'라는 뜻이다. 엘리야와 엘리사는 요단을 건너가서도 계속 걸어가며 대화한 것이다. 이것 또한 매우 중요한 의미가 있다. 그들이 많은 대화를 한 것이다. 전임자와 후임자 사이에 대화를 많이 한 것이다. 같이 다니면서 사사로운 문제가 아닌 이스라엘의 장래를 놓고 이야기하지 않았겠는가? 엘리야는 자기 때에 있었던 일들과 여러 경험을 이야기하고 엘리사는 또 물어보지 않았겠는가? 또 이런 일 저런 일이 일어나면 어떻게 해야 하는지도 물었을 것이다.

주 예수님이 변화산상에서 변형된 모습으로 나타나실 때 엘리야와 모세로 더불어 말씀하셨다. 그때 이들은 예수 그리스도께서 별세하실 것, 골고다에서 고난받으실 것을 놓고 이야기했다. 이들의 대화는 하나님의 크신 역사에 대한 것이지 자신들의 사사로운 이야기가 아니었다. 이와 같이 선지자로서 대를 이어 하나님을 참되게 섬기고자 하는 사람들에게는 반드시 전임자, 즉 먼저 세워진 하나님의 종에 대해 끝까지 배우고 따르겠다는 영이 필요하다. 이것이 가장 중요한 비결이다. 사실 많은 영적인 인물들이 이러한 방식으로 생겨났다.

많은 영적인 사람들의 경험과 성경을 통해서 우리는 훌륭한 주의 종들이 세워지는 길을 본다. 첫째는 끝까지 좇는 것이고 둘째는 순종이다. 주님의 종은 좇음과 순종에 의해서 세워지는 것이지 학교에서 배운다고 되는 것이 아니다. 그렇다고 해서 학교가 필요 없다는 뜻은 아니지만 진정한 선지자로 세워진 사람들을 보면 좇음과 순종을 통해 양성된 것이다. 여호수아를 보라! 모세의 수종자로서 끝까지 모세를 붙좇았다. 그 다음에는 신약의 디모데와 디도이다. 디모데가 어떻게 해서 주의 종이 될 수 있었는가? 이고니온과 루스드라에서부터 바울의 사역 끝까지 따라붙었기 때문이다. 그래서 주의 종이 된 것이다.

여기서 엘리사는 엘리야를 어느 정도로 따랐는가? 길갈에서 벧엘로, 벧엘에서 여리고로, 여리고에서 요단까지 따랐다. 엘리야는 가족과 이별식을 하는 것도 없이 후임자와 말하다가 홀연히 불수레와 불말이 나타나서 회리바람으로 하늘로 올리워갔다. 하늘로부터 그만 올라오라는 부름을 받은 것이다. 이 사건은 참으로 놀랍다. 이것은 하나님의 능력이 사람을 하나님께로 들어올릴 수 있다는 것을 증명한다.

마지막 시대에 휴거 사건은 얼마든지 있을 수 있는 일이다. 엘리야는 우리와 같은 사람이다. 야고보서에 보면 그는 우리와 성정이 같다고 했다. "엘리야는 우리와 성정이 같은 사람이로되"(약 5:17). 그리고 열왕기상 19장에서는 낙심하여 더 이상 살고 싶지 않다고 했다. 이세벨이 무서워 도망도 다니고 두려워 떨기도 했다. 그렇지만 자기의 역량껏 최선을 다한 종이다. 하나님께서는 죽는 게 낫다고 한 종을 아예 죽음을 맛보지 않도록 들어올리셨다.

2장의 내용은 중요하므로 좀더 자세히 볼 필요가 있다. 길갈이라는 땅은 이스라엘 백성들이 요단을 건너서 첫 번째로 도착한 곳이다. 여기서 이스라엘 백성들은 할례를 받았다. 여호수아서를 보면 길갈은 전진기지이다. 항상 전쟁을 치른 다음에는 길갈로 돌아와 거기서 재충전의 시간을 가졌다. 영적으로 말하면 십자가의 죽음의 자리이다. 그들이 길갈을 들르지 않음으로 전쟁에서 한 번 패한 적이 있다. 아이 성 전쟁 때이다. 우리는 매일 아침 하나님과 경건의 시간, 교제의 시간을 갖지 않고 하루를 시작하면 승리의 삶을 살 수 없다. 이 '길갈' 이라는 곳은 이스라엘 열두 지파를 대표하는 열두 돌을 세웠던 곳이다. 요단에도 돌 열두 개를 묻어 놓았다. 우리가 예수님과 함께 십자가에서 죽고 부활한 것을 증명한 곳이 '길갈'이다. 길갈은 '구르다'라는 뜻이다. 애굽의 수치가 굴러갔다는 것이다. 이곳은 또한 이스라엘 백성들이 할례를 받은 곳이다. 이스라엘 백성들은 사십 년 동안 광야 생활을 했기 때문에 광야에서 태어난 새로운 세대는 할례를 받지 못했다. 그런데 이 사람들이 할례를 받지 않고서는 가나안 전투를 할 수 없었던 것이다. 그러므로 그들에게 할례를 행한 곳이 '길갈'이다. 애굽의 수치가 물러간 곳이다. 이것은 여호수아서에 자세히 나온다.

이와 같이 엘리야가 하늘로 승천할 수 있고 엘리사가 성령의 능력을 갑절이나 받을 수 있는 비결은 이 네 지점을 거치는 것이다. 할례는 육체에 해당된다. 인간의 육체는 반드시 할례받아야 한다. 이것은 골로새서 2장에 자세히 나온다. 그러면 육체란 무엇인가? 그것은 우리 인간의 재능, 열심, 지혜, 능력 등이다. 심지어 인간적인 겸손, 자의적 경배 등도 다 육체이다. 우리 인간이 할 수 있다고 하는 것이 육체이다. 육신적으로 좋다고 하는 것이 육체이고, 인간적으로 뭔가 시도하고 계획하고 작정하는 것이 육체이다. 정당하게 진리를 순종함으로 행하면 어렵다고 느끼기에 교묘하게 겉으로만 해보려는 것들이 다 감추인 육체이다. 이런 육체를 참되게 베어 버리지 않으면 하늘로 올라가는 것은 기대할 수 없다. 그리고 성령 충만도 기대할 수 없다. 그러기 위해서는 첫째로 우리가 들러야 할 지점이 길갈이다. 육체를 베어버리는 길갈을 체험하기 위해 십자가의 고난은 필수이다. 고난과 압력이 없이는 우리의 육체가 떨어져나가지 않는다. 우리의 영은 순수하지만 육체와 자아와 혼생명이 긴밀하게 들러붙어 있어서 웬만한 압력과 고난이 없이는 그것들이 영에서 분리되지 않는다. 말씀에서는 쉽게 "구습을 좇는 옛 사람을 벗어버리고 심령으로 새롭게 되어 하나님을 따라 의와 진리의 거룩함으로 지으심을 받은 새 사람을 입으라"고 말한다. 그러나 우리의 체험에서는 옛 사람이 쉽게 벗어지지 않는다. 그러므로 길갈이 필요한 것이다. 그러한 분리의 역사를 통해 애굽의 수치(옛 구습의 습관들)가 떨어져 나가는 것이다.

두 번째는 벧엘인데, 벧엘은 '하나님의 집'이라는 뜻이다. 하나님을 경배하는 곳이다. 창세기 12장 8절에 이 지명이 나온다. "거기서 벧엘 동편 산으로 옮겨 장막을 치니 서는 벧엘이요 동은 아이라 그가 그곳에서 여호와를 위하여 단을 쌓고 여호와의 이름을 부르더니". 아브라함이 가나안에 들어와서 처음으로 단을 쌓고 경배한 장소이다. 그리고 창세기 13장 전반부에서 애굽에 내려갔다가 다시 돌아온 곳이 벧엘이다. 애굽에 있을 때는 단을 쌓지 못한다. 주 여호와의 이름을 부르지도 않는다. 그런데 그들이 벧엘에 올라 왔을 때 비로소 단을 쌓고 여호와를 부른 것이다.

애굽은 세상을 대표한다. 아브라함이 왜 애굽에 내려갔는가? 흉년이 들어 배가 고파서이다. 왜 사람들이 애굽을 떨치지 못하느냐면 배가 고프기 때문이다. 뭔가 인간의 욕구를 충족시키기 위해 세상에 있는데, 벧엘에 가야 단을 쌓고 하나님을 경배할 수 있다. 그러므로 애굽을 떠나야 하는 것이다. 세상적인 출세, 야망, 이생의 자랑, 안목의 정욕, 육신의 정욕 등이 다 세상이다. 요한 일서 2장에서 세상을 세 가지로 정의했다. 첫째로는 육신의 정욕이다. 이 육신의 정욕이 세상의 구성요소이다. 여러분이 육신의 정욕을 추구하면서 동시에 기도해보라! 기도가 되지 않는다. 다음은 안목의 정욕이다. 여러분이 타고 있는 자동차보다 더 좋은 차를 보면 '나도 저 차를 타면 좋겠는데.' 하는 것이 안목의 정욕이다. 여러분이 좋은 차를 타고 있으면서 사람들이 자신의 좋은 차량을 알아보기를 원하는 것도 안목의 정욕이다. 그것이 바로 세상이다. 세상 것들에 마음이 빼앗겨 있는 것이 세상이다. 세 번째는 이생의 자랑이다. 명예를 얻고 출세해서 자신을 자랑하고 싶은 것이다.

사도 요한은 이런 것들이 세상이라고 말한다. 요한 일서 2장 15-17절, "이 세상이나 세상에 있는 것들을 사랑치 말라 누구든지 세상을 사랑하면 아버지의 사랑이 그 속에 있지 아니하니 이는 세상에 있는 모든 것이 육신의 정욕과 안목의 정욕과 이생의 자랑이니 다 아버지께로 좇아온 것이 아니요 세상으로 좇아온 것이라 이 세상도, 그 정욕도 지나가되 오직 하나님의 뜻을 행하는 이는 영원히 거하느니라". 이 세상은 지나가는 것이라고 했다. 벧엘에 이르려면 애굽(세상)을 버려야 한다. 세상은 밖에 있는 것이 아니라 우리 속에 있는 것이다. 이생의 자랑, 안목의 정욕, 육신의 정욕은 다 우리 속에 있는 것이다. 따라서 세상을 버리는 것은 우리 속에 있는 세상적인 요소들을 처리하는 것이다. 사람들이 나를 높여주기를 기대하는 것, 칭찬해 주기를 기대하는 것, 세상의 물질이나 사물이나 지위를 은근히 사모하는 것을 처리하지 않고는 하나님을 경배하기가 어렵다. 그래서 벧엘에 이르기가 어려운 것이다. 길갈에서 벧엘에 이른다는 것이 바로 이런 뜻이다. 벧엘은 하나님의 집이며 오늘날의 용어로 교회이다. 개인적인 사람, 단독적인 사람은 아직 벧엘에 이르지 못한 사람이다. 반드시 십자가를 거치고 애굽의 수치인 옛 사람을 벗은 후에야 하나님의 집인 교회에 이르게 된다.

여리고는 무엇인가? 여호수아 6장 26절을 보면 "여호수아가 그 때에 맹세로 무리를 경계하여 가로되 이 여리고 성을 누구든지 일어나서 건축하는 자는 여호와 앞에서 저주를 받을 것이라 그 기초를 쌓을 때에 장자를 잃을 것이요 문을 세울 때에 계자를 잃으리라 하였더라". 여리고란 이스라엘 백성들이 가나안 땅에 들어와서 맨 처음으로 전쟁을 치렀던 도시이다. 그때 여리고를 몇 바퀴 돌았는가? 열세 바퀴 돌았다. 마지막 날에 일곱 바퀴를 돌고서 '무너져라!' 외치니까 무너졌다. 당시 여리고에 살고 있던 것은 대적 마귀 사탄이다, 길갈은 육체를 벗은 곳이고, 벧엘은 세상에 맞선 곳이고, 여리고는 사탄을 패배시킨 곳이다. 여리고에 이른다는 것은 마귀를 대적할 정도가 되었다는 것이다. 벧엘에서 여리고까지 도달하게 되면 성도들은 대적을 물리칠 수 있어야 한다. 자아와 육체를 십자가에 못 박았다고 해서 다 된 것이 아니라 그 다음 영적 전쟁이 있다. 이 전투에서 이기지 못하면 쓰러지고 만다.

그럼 마귀를 이기는 비결은 무엇인가? 말씀이다. 요한 일서 2장 14절 후반부에서 "청년들아 내가 너희에게 쓴 것은 너희가 강하고 하나님의 말씀이 너희 속에 거하시고 너희가 흉악한 자를 이기었음이라"고 했다. 하나님의 말씀이 마귀를 이기는 비결이다. 이스라엘 백성이 여호수아와 함께 여리고 전투에서 이길 수 있었던 것은 말씀에 순종했기 때문이다. 그들은 다만 말씀과 믿음으로 나아갔다. 믿음이 없다면 마귀와의 전투는 할 수 없다. 하나님의 말씀을 순종하는 것이 사단을 물리치는 비결이다. 그리고 전쟁에서는 위치가 중요하다. 우리는 예수님과 함께 죽고 부활하고 승천했다. 우리에게는 이 위치가 있다. 그런 위치를 믿음으로 굳게 잡아야 한다. 그럴 때 우리는 마귀를 이긴다. 이것이 바로 여리고의 단계이다.

단계마다 어려운 것이 있다. 그래서 엘리야는 그때마다 엘리사에게 '여기까지만 따라오라'고 한 것이다. 그러나 엘리사는 '아닙니다. 저는 더 따라 가겠습니다.'라고 했고, 엘리야는 '그러면 따라오라'고 하여 여리고에 이른 것이다. 이 지점에서 엘리야가 그에게 '또 따라오겠느냐' 하여 보니 요단이었다. 요단은 죽음(사망)이다. 여리고는 사탄을 이기는 것인데, 고린도 전서 15장을 보면 마지막 원수는 사망이다. 사망을 이기는 체험이 없으면 성령 충만을 얻지 못하고 좋은 제자가 될 수 없다. 마귀는 최종적으로 사망으로 성도를 공격한다. 사망을 이기지 않으면 온전한 승리자가 될 수 없고 주님의 축복을 받을 수도 없다.

가령 몸이 약하거나 질병에 걸린 것은 사망의 공격이다. 그럼에도 불구하고 여전히 기쁨을 유지하고 생명으로 사망을 삼키는 믿음을 갖고 있느냐는 것이다. 사망의 공격에 져서 두려워 떠는 사람은 사망에게 공격을 당한 것이다. 그것은 실패이다. 오늘날 마귀는 사망으로 공격하고 질병으로 약화시키고 지력도 마비시킨다. '나이를 먹으니 기억력이 떨어진다'는 것도 사단에게 속는 것이다. 집중력도 마찬가지이다. 앞선 영적 인물들은 80-90세가 되어도 기억력이 좋고 아주 총명했다. 조지 뮬러는 70세부터 세계 100여 나라를 다니며 사역을 했다. 그리고서 구십 몇 세에 돌아가셨다. 우리의 연약함과 질병에 속지 말아야 한다. 그런 것을 받아들이지 말아야 하다. 주님이 채찍에 맞으심으로 우리의 질병이 다 치료되었다고 말씀하신다. 연약함을 인정할 필요가 없다. 이 요단이 마지막 과정이다. 이 과정을 거치기까지 엘리사는 엘리야를 따라붙었다.

그리고서 그는 엘리야의 승천까지 보았다. 엘리사는 이 땅에서 엘리야를 더 이상 좇을 수 없는 지점까지 좇았다. 그때 주님은 그가 원하는 것을 주셨다. 이것은 시사하는 바가 매우 크다.

원칙상 이 일은 오늘 우리에게도 동일하게 적용된다. 왜 많은 사람들이 실패하는가? 이런 전 과정을 10이라고 볼 때 대개 7-8까지는 잘 간다. 그런데 8-9를 넘어 가기가 힘들어지면 거기서 미끄러진다. 나는 그런 사람을 많이 보았다. 2-3에서 넘어지는 사람은 아주 많고, 5-6까지 가는 사람도 꽤 된다. 그런데 가장 안타까운 사람은 7-8까지 왔는데 손 드는 사람이다. 나는 이런 일을 많이 보았다.

**12절, 엘리사가 보고 소리 지르되 내 아버지여 내 아버지여 이스라엘의 병거와 그 마병이여 하더니 다시 보이지 아니하는지라 이에 엘리사가 자기의 옷을 잡아 둘에 찢고**

엘리사는 엘리야를 '내 아버지'라고 불렀다. 그만큼 선임자에 대한 신뢰와 순종하는 마음이 있었다. 종교개혁 당시에 루터는 칼빈보다 열두 살 위였다. 오늘날 칼빈이 훌륭한 사람이라는 것은 만인이 다 안다. 그런데 칼빈은 루터를 아버지라고 불렀다. 그만큼 존경심이 있었던 것이다.

그런 사람들의 흐름에서 영적인 능력의 전수가 이루어지는 것 같다. 물론 그 능력을 엘리야 자신이 주는 것은 아니다. 하나님이 주시는 것이다. 그렇지만 그러한 사람들의 합당하고 좋은 관계성 안에서 그러한 능력은 이어져가는 것이다. 엘리사는 엘리야를 "이스라엘 병거와 마병이여"라고 했다. 그 동안 이스라엘 나라를 지켜준 보호자가 떠났다는 것이다. 엘리사 생각에는 엘리야 한 사람이 죽은 것이 아니라 이스라엘의 수호자가 떠난 것이다. 그러나 이스라엘 왕궁의 사람들이나 수도 사마리아의 사람들이 다 그렇게 생각하겠는가? 아합과 이세벨은 엘리야를 이스라엘을 괴롭히는 자라고 했다. 혹 이스라엘 많은 사람들은 어쩌면 자신들의 양심을 찌르는 사람이 사라졌다고 시원해했을지도 모른다. 그렇지만 엘리사는 자기의 옷을 둘에 찢었다. 슬픔의 표시이다. 이렇게 끝까지 모시고 있다가 그의 떠남을 슬퍼하는 것이 합당한 것이고 주님의 긍휼을 얻는 행동이다.

**13절, 엘리야의 몸에서 떨어진 겉옷을 주워가지고 돌아와서 요단 언덕에 서서**

엘리야가 엘리사에게 준 것은 딱 하나, 겉옷이다. 열왕기 상 19장에서도 엘리야가 엘리사에게 겉옷을 던진 적이 있다. 엘리사가 소를 앞세워 밭을 갈고 있을 때 하나님께서 엘리야더러 엘리사에게 그의 일을 위임하라고 하셨다. 당시 엘리야는 이세벨을 피해서 도망다니며 '아, 하나님, 저 너무 힘듭니다.'라고 낙심해 있었는데, 하나님이 그에게 '네 후계자는 엘리사다'라고 하셨다. 그래서 그에게 겉옷을 던져준 것이다. 그때는 후계자로 정해졌다는 표시로 준 것이고 지금은 실지로 위임한 것이다.

**14절, 엘리야의 몸에서 떨어진 그 겉옷을 가지고 물을 치며 가로되 엘리야의 하나님 여호와는 어디 계시니이까 하고 저도 물을 치매 물이 이리 저리 갈라지고 엘리사가 건너니라**

엘리사는 요단을 건너가서 엘리야를 보냈기 때문에 이제 혼자 다시 요단을 건너서 돌아와야 한다. 건너갈 때는 엘리야가 다 해주어서 따라 건너갔는데 돌아올 때는 엘리사 혼자 그 강을 건너야 하는 것이다. 그는 엘리야의 겉옷 하나만 믿고 건너자니 걱정이 되었을 것이다. '과연 이 겉옷에 효력이 있을까?'라는 생각도 했을 것이다. 그러므로 "엘리야의 하나님 여호와는 어디 계시니이까"라고 한 것이다. 이때는 엘리사의 믿음이 충분하지 않았던 것 같다. 그렇지만 그 옷을 가지고 물을 치니 물이 이리저리 갈라졌고 엘리사는 무사히 요단을 건널 수 있었다. 그 때 엘리사는 겉옷의 능력이 대단함을 알았을 것이다.

여기서 우리가 배워야 할 것은, 뒤따라서 사역하는 사람들은 자기 방법대로 하지 말고 앞선 선임자에게 배워가면서 해야 한다는 것이다. 많은 이들이 엘리사처럼 하지 않고 선임자와 자신을 차별화하려고 자신의 특별한 점을 사람들 앞에 내세운다. 만일 엘리사가 '나는 그 사람(엘리야)과 다르다' 하면서 겉옷을 하늘로 날렸다면 물이 갈라졌겠는가? 갈라지지 않았을 것이다. 엘리사는 엘리야가 했던 그대로 했다. 여기서 우리가 알 수 있는 것은 엘리사는 엘리야에게 잘 배웠다는 것이다. 전임자에 대한 합당한 존경심도 좋고 절대 사람을 배신하거나 뒤집어엎는 일을 하지 않는 그런 사람에게 영성이 흘러가는 것이다. 성령은 기름같이 흘러내린다. 자신이 따랐던 앞선 선지자에 대해 여전히 존경심을 잃지 않고 그의 떠남을 슬퍼하는 마음속에 성령의 능력은 부어진다. 하나님은 그런 사람을 기뻐하신다.

**15절, 맞은편 여리고에 있는 선지자의 생도들이 저를 보며 말하기를 엘리야의 영감이 엘리사의 위에 머물렀다 하고 가서 저를 영접하여 그 앞에서 땅에 엎드리고**

여리고에 있는 선지자 생도들은 알았다. 엘리사가 엘리야와 동일한 방법으로 요단을 건너오는 것을 보고 그에게 엘리야의 능력이 임한 것을 안 것이다. 그러므로 그들은 가서 그를 영접하고 그 앞에서 땅에 엎드렸다. 엘리야를 대하는 것처럼 그를 대한 것이다.

**16절, 가로되 당신의 종들에게 용사 오십 인이 있으니 청컨대 저희로 가서 당신의 주를 찾게 하소서 염려컨대 여호와의 신이 저를 들어 가다가 어느 산에나 어느 골짜기에 던지셨을까 하나이다 엘리사가 가로되 보내지 말라 하나**

선지자 생도들은 하나님의 영이 엘리야를 들어 올려가다가 어느 산에나 어느 골짜기에 내려놓고 가셨을지도 모르니 용사 50인을 보내어 찾아오게 하자고 했다. 그러나 엘리사는 보내지 말라고 했다.

**17-18절, 무리가 저로 부끄러워하도록 강청하매 보내라 한지라 저희가 오십 인을 보내었더니 사흘을 찾되 발견하지 못하고 18 엘리사가 여리고에 머무는 중에 무리가 저에게 돌아오니 엘리사가 저희에게 이르되 내가 가지 말라고 너희에게 이르지 아니하였느냐 하였더라**

엘리사는 보내지 말라고 했으나 생도들이 너무나 강청하므로 하는 수 없이 보내도록 허락해 주었다. 이 부분에서 우리는 두 가지를 주의해야 한다. 하나는 하나님이 귀히 쓰시는 종이라도 어느 정도로 족하다는 것이다. 엘리사가 그렇게 슬퍼하면서 보내주었으면 되었지 너무 지나치게 할 필요는 없다는 말이다. 무엇이든지 합당하게 하고 지나치지 말아야 한다. 그 정도면 되었다. 하나님이 받으셨기 때문에 찾지 않아도 된다. 그런데 그들은 엘리야에 대한 애착심 때문에 좀 지나친 것이다. 이들은 엘리사만큼 순종하지 못했다. 생도는 생도이고 엘리사는 엘리사였다. 생도의 아는 것과 엘리사의 아는 것은 차이가 있다.

또 하나는 엘리사는 지도자로서 강압적이지 않았다는 것이다. 그들이 너무 강청하니까 어느 정도 선에서 막지 않고 보냈다. 그리고서는 그들이 사흘 동안 찾다가 찾지 못하고 돌아오니까 다만 '내가 가지 말라고 하지 않았느냐'고 했을 뿐이다. 엘리사는 지도자로서 덕목이 갖추어진 사람이다. 어떤 일을 무리하게 하지 않는다.

**19절, 그 성 사람들이 엘리사에게 고하되 우리 주께서 보시는 바와 같이 이 성읍의 터는 아름다우나 물이 좋지 못하므로 토산이 익지 못하고 떨어지나이다**

이 여리고라는 땅은 종려나무가 많아 종려성이라고 불리웠다(신 34:3). 그러나 물이 좋지 않아 토산물이 완숙하지 못하고 미리 떨어지는 문제가 있었다.

**20-21절, 엘리사가 가로되 새 그릇에 소금을 담아 내게로 가져오라 하매 곧 가져온지라 21 엘리사가 물 근원으로 나아가서 소금을 그 가운데 던지며 가로되 여호와의 말씀이 내가 이 물을 고쳤으니 이로 좇아 다시는 죽음이나 토산이 익지 못하고 떨어짐이 없을지니라 하셨느니라 하니**

엘리사의 첫 번째 사역이다. 여리고라는 땅의 근본적인 문제를 치료하였다. '새 그릇'이란 회개한 마음을 상징할 것이다. 어떤 교회나 단체도 새롭게 되기 위해서 근본적인 질병을 치료하려면 새 그릇이 필요하다. 소금은 하나니님의 말씀, 곧 성령의 역사를 상징한다. 회개가 있는 곳에 성령의 역사가 있다. 소금은 방부제이기도 하고 맛을 내는 것이기도 하다. 회개한 영혼에게 성령은 부패치 않는 역사를 주신다. 엘리사의 사역은 근본적인 문제(물 근원)를 해결하여 그 땅을 생산력이 있는 땅으로 바꾸었다.

**22절, 그 물이 엘리사의 말과 같이 고쳐져서 오늘날에 이르렀더라**

엘리사에 대해 다시 한 번 보기로 하자. 엘리사라는 이름은 '여호와는 나의 구주시다'라는 뜻이다. 엘리야의 사역에는 심판의 요소가 많았다. 많은 사람이 엘리야의 사역으로 인하여 죽었다. 아합 시대에 바알 선지자 450인이 죽었고, 잡으러온 아하시야의 군사들 백 명이 죽었다. 반면에 엘리사의 사역에는 도와주고 고쳐주고 살려주는 은혜의 면이 많다. 엘리사는 누구를 많이 닮았는가? 주 예수님을 많이 닮았다. 엘리야는 세례 요한 같고 엘리사는 주 예수님 같다.

19절에서 그 성 사람들이 토산이 익지 못하고 떨어진다고 하니까 엘리사가 새 그릇에 소금을 담아 오라고 했다. 소금은 하나님의 말씀을 의미하는데, 고치려면 소금만 있어서는 안 되고 반드시 새 그릇이 있어야 한다.

오늘날 그리스도인들이 주님의 진리의 말씀을 듣고 뭔가 역사해보려고 하지만 옛날 그릇에 담으면 고쳐지지 않는다. 기독교의 낡은 습관, 낡은 형식으로는 되지 않는 것이다. 안의 내용과 밖의 그릇이 맞아야 한다. 내용이 중요하므로 내용을 바꾸면 된다고 하지만 그렇게 되지 않는다. 성령의 새롭게 하심을 정말 맛보려면 겉의 것도 바뀌어야 한다. 담는 그릇도 바뀌어야 하는 것이다. 그릇은 하나의 체계가 아니겠는가?

다시 말하지만 내용은 소금이다. 소금은 좋은 것이다. 주님이 너희는 이 세상의 소금이라고 하지 않으셨는가? 그리스도인의 본성이 소금이다. 또 주님은 우리에게 소금을 두고 화목하라고 하셨다. 주님 자신이 소금이시다. 우리가 짠맛이 없다는 것은 속에 주님(성령)이 계시지 않기 때문이다. 세상으로 가득한 것이다. 우리의 내용은 반드시 주님 자신이셔야 한다. 그뿐 아니라 그릇도 새 그릇이어야 한다. 조직과 체계도 새로워야 하는 것이다.

마태복음 9:17, "새 포도주를 낡은 가죽 부대에 넣지 아니하나니 그렇게 하면 부대가 터져 포도주도 쏟아지고 부대도 버리게 됨이라 새 포도주는 새 부대에 넣어야 둘이 다 보전되느니라". 포도주도 새 포도주이어야 하지만 부대도 새 부대이어야 한다. 그렇지 않으면 부대가 터져 포도주도 쏟아져 버리고 부대도 버리게 된다.

"엘리사가 물 근원으로 나아가서 소금을 그 가운데 던지며"(21절). 치료를 하려면 근원부터 치료해야 한다. 어제 나는 수지에 가서 말씀을 전했는데, 교회에 대한 말씀을 전하려다가 먼저 사역자에 대한 말씀을 전했다. 교회는 사도들이 세우는 것이기 때문이다. 교회라는 작품은 사도들의 손에 달렸다. 그리고 장로가 세워지면 장로들이 교회를 돌보고 감독하게 되는 것이다. 사도는 돌아다니며 복음 전하고 교회를 세우는 사람이고 장로는 한 곳에 머무르면서 교회를 돌보고 다스리는 사람이다. 성경적으로 말하면 장로는 사도가 있어야 세워지게 되는 것이다. 주님께 위임을 받고 보내심을 받아서 이곳저곳 다니면서 교회를 세우기 위해 사역하는 무리가 있고 또 각 교회에서 수고하는 장로들이 있다. 이 장로들 중에는 가르치는 장로도 있는데, 말씀을 잘 가르치는 장로는 배나 존경할 자로 알라고 했다. "잘 다스리는 장로들을 배나 존경할 자로 알되 말씀과 가르침에 수고하는 이들을 더할 것이니라"(딤전 5:17).

성경의 본을 따라 사역한다면 이 그릇이 새로워지지 않겠는가? 우리는 지금까지 계속 소금을 뿌리는 일은 하고 있는데 이 그릇은 지금 어떤 단계에 있는지 생각하고 있다. 소금을 성령에 대입하여 생각해보자. 우리가 성령으로 충만케 되고 변화되는 것은 이 그릇과 함께하지 않으면 현실적으로 제한이 있다. 포도주와 포도주 부대가 걸맞아야 하듯이 소금과 그릇도 맞아야 하는 것이다. 따라서 그릇이 새것이어야 내용과 밖의 것이 일치되는 것이다. 그럴 때 교회 전체가 성령의 변화를 체험하고 새롭게 된다. 이것이 근원적인 치료이다. 오늘 이 시대에 참으로 주님의 길을 순종하여 가는 무리가 있다면 이러한 역사를 체험할 수 있으리라 생각한다.

**23절, 엘리사가 거기서 벧엘로 올라가더니 길에 행할 때에 젊은 아이들이 성에서 나와서 저를 조롱하여 가로되 대머리여 올라가라 대머리여 올라가라 하는지라**

엘리야는 털이 많은 사람이었는데 엘리사는 대머리였다. 그런데 젊은 아이들이 이 엘리사를 대머리라고 조롱한 것이다. 여기서 젊은 아이들이란 어린 아이가 아니라 청년들일 것이다. 영어로는 'young men'이다. 이 청년들이 "대머리여 올라가라 대머리여 올라가라" 하면서 엘리사를 조롱했는데, 어쩌면 엘리야처럼 너도 하늘로 올라가라는 말이었을지도 모른다. 어쨌든 놀리는 말이었다.

**24절, 엘리사가 돌이켜 저희를 보고 여호와의 이름으로 저주하매 곧 수풀에서 암콤 둘이 나와서 아이들 중에 사십이 명을 찢었더라**

이 일을 두고 학자들 간에 논란이 많다. 아이들이 조롱한다고 해서 저주해서 죽일 필요까지 있느냐는 것이다. 그러나 나는 엘리사가 심했는지 그렇지 않은지는 하나님이 아실 것이라고 생각한다. 어쨌든 중요한 한 가지는 이 땅이 벧엘이라는 것이다. 벧엘은 어떠한 곳인가? 벧엘에는 무엇이 있었는가? 금송아지가 있고 시기와 우상숭배가 있는 곳이었다. 어떻게 하든지 선지자의 역사를 뒤집어엎으려는 세력이 강한 곳이다. 엘리사가 여리고에서 토양을 고치고 이제 막 사역을 시작하려고 하는데 그곳에 하나님의 새로운 사역이 일어나는 것에 대한 시기가 가득한 것이다. 그래서 아주 유치한 방법까지 동원해서 그를 몰아내려 하고 있다. 여기서 일종의 기 싸움이 벌어진 것이라고 보아야 한다.

하나님은 때로 상당히 엄하게 사람들을 다루신다. 지금 하나님은 그의 선지자를 일으키고 계신다. 하나님의 권익을 위해 이스라엘 백성 가운데 역사할 엘리사를 일으키고 계시는 것이다. 그런데 반면에 이것을 멸시하고 거꾸러뜨리려는 역사가 있다. 그럴 때 조심해야 한다. 주님의 역사를 정면으로 대적하는 것이기 때문이다. 이것은 상당히 위험한 일이다. 이 심판적인 사건 외에 엘리사의 전반적인 사역은 사람들을 구원해 주고 살려주고 고쳐주는 사역이다. 수넴 여인의 아들을 살린 일이라든가 나아만 장군의 문둥병을 치료한 일 등이 다 그런 일들이다. 어쨌든 성도들이 알아야 할 일은 사역자들에게는 두 가지 역사가 나타난다는 것이다. 어떤 사람에게는 그들의 전파가 생명으로 좇아 생명에 이르게 되고, 어떤 사람에게는 그들의 전파가 사망으로 좇아 사망에 이르게 된다. "이 사람에게는 사망으로 좇아 사망에 이르는 냄새요 저 사람에게는 생명으로 좇아 생명에 이르는 냄새라 누가 이것을 감당하리요"(고후 2:16). 그 사역의 말씀을 믿음으로 순종하여 받아들임으로 생명을 얻어야지 만일 반대하고 저항하고 불순종하고 거역하면 사망을 자초하게 된다. 지금 여기서 엘리사의 사역이 세워지고 있는 중인데 그를 비난하고 멸시하고 조롱하는 것을 그냥 두겠는가? 그래서 42명의 생명이 두 암콤에게 찢겨져 죽은 것이다.

**25절, 엘리사가 거기서부터 갈멜산으로 가고 거기서 사마리아로 돌아왔더라**

왜 갈멜산으로 갔겠는가? 기도하러 갔을 것이다. 전에 자기의 선생이 가장 많이 가서 기도했던 장소, 제단을 쌓았던 곳이기 때문이다. 엘리야는 많은 때 들에도 있었고 산에도 있었다. 이것이 뜻하는 바는 엘리야가 기도를 많이 한 사람이라는 것이다. 혼자서 기도를 많이 한 것이다. 왕이 엘리야를 잡으러 갔을 때도 그는 어디 있었는가? 산에 있었다. 도망가서도 그는 기도하고 있었다. 로뎀나무 밑에 있었던지, 광야에 있었던지 그는 기도를 하고 있었다. 엘리야는 기도하는 사람이었다. 야고보서 5장에서 "의인의 간구는 역사하는 힘이 많으니라"고 했다. 성경은 엘리야 같은 사람은 '의인' 이라고 한다. 여러분이 엘리야 같은 영성을 갖기 원한다면 엘리야에게서 기도를 배우기 바란다. 그가 하나님의 손에서 유용하게 쓰임받은 것은 틀림없는 사실이다. 우리는 열왕기 하 1장과 2장에서 이제 엘리야의 사역이 마쳐지고 엘리사의 사역으로 옮겨가는 것을 볼 수 있다. 우리는 이 모든 과정을 통해서 어떻게 전진하며 어떻게 하나님께 쓰임받게 되는지를 말씀을 통해 보게 되었음을 감사드린다.

# 열왕기하 3장

**1절, 유다 왕 여호사밧의 십팔년에 아합의 아들 여호람이 사마리아에서 이스라엘 왕이 되어 십이 년을 치리하니라**

이스라엘이 솔로몬 이후에 남 유다(르호보암)와 북 이스라엘(여로보암)으로 나라가 나뉘어졌다. 솔로몬의 아들 르호보암 뒤에 유다는 다윗의 자손들로 왕위가 계승되는데, 이스라엘은 느밧의 아들 여로보암 이래 계속 반역으로 다른 가문에서 왕들이 일어났다. 그러한 가운데 오므리라는 사람도 반역으로 왕이 되었고 그가 아들을 낳았는데 바로 아합이다. 아합과 그의 아내 이세벨은 바알 숭배를 함으로 온 이스라엘을 엄청난 죄악에 빠지게 했다. 여로보암은 분국된 이스라엘의 초대 왕으로서 우상숭배의 원조이다. 그는 벧엘과 단에 금송아지를 만들어 놓고 백성들로 하여금 예루살렘에 가지 못하게 하고 그곳에서 경배하게 하는, 매우 악한 죄를 저지른 왕이었다.

왕위는 원래 세습으로 이어지는데, 이스라엘은 세습으로 가다가 반역이 일어나서 왕을 죽이고 다른 계보에서 왕이 나오곤 했다. 열왕기 하 1장 2절에서 아합이 죽은 후에 그 아들 아하시야가 왕이 된다. "아합이 죽은 후에 모압이 이스라엘을 배반하였더라 아하시야가…"(왕하 1:1-2). 아하시야는 아합의 아들로서 왕이 되었지만 그에게는 왕위를 물려줄 아들이 없어서 그의 동생 여호람이 왕이 되어 사마리아에서 12년을 다스렸다. 말하자면 아하시야와 여호람은 형제지간이다. 열왕기 하 8장 16절에서는 여호람을 요람이라고도 칭한다. "이스라엘 왕 아합의 아들 요람 제 오년에 유다 왕 여호사밧이 오히려 위에 있을 때에 그 아들 여호람이 왕이 되니라".

**2절, 저가 여호와 보시기에 악을 행하였으나 그 부모와 같이 하지는 아니하였으니 이는 저가 그 아비의 만든 바알의 주상을 제하였음이라**

여호람의 아버지는 아합인데 그 전에 아버지 아합이 만든 바알 주상을 제하였다는 것이다. 그렇지만 여호람도 선한 왕은 아니다. 한 가지 잘한 일이 바알의 주상을 제한 것이다. 그의 형은 아하시야였다.

**3절, 그러나 저가 느밧의 아들 여로보암이 이스라엘로 범하게 한 그 죄를 따라 행하고 떠나지 아니하였더라**

부모와 같지 않게 바알의 주상을 제하는 일을 했으나 여로보암이 열어놓은 죄(벧엘과 단에 금송아지를 만들어 놓고 섬겼던)의 길에서 여전히 행했다는 것이다. 바알의 신상만 없앴지 벧엘에 세우고 단에 세웠던 금송아지는 없애지 않은 것이다. 여기서 우리는 느밧의 아들 여로보암이 이스라엘로 범하게 한 죄의 본질을 한번 생각해 보고 오늘날도 이런 죄를 지을 수 있나 없나를 살펴볼 필요가 있다.

열왕기 상을 통해서 배웠지만 하나님은 이스라엘이 남과 북으로 나누이는 것을 허락하셨다. 솔로몬이 말년에 가서 부패하게 되었기 때문이다. 그리고 르호보암은 어리석게 행동함으로 그 빌미를 제공했다. 그 결과 나라가 나누인 것이다. 그래서 북쪽은 이스라엘, 남쪽은 유다가 되었다. 다윗 집에게는 작은 부분만을 통치하도록 맡기고 나머지 10지파로는 이스라엘 나라가 되게 한 것이다. 따라서 대다수의 이스라엘 백성이 여로보암 왕에게로 넘어갔다. 그런데 이 여로보암이 지은 죄란 무엇인가? 이스라엘 모든 남자들은 일 년에 세 번씩 예루살렘에 올라가 제사를 지

내게 되어 있었다. 그런데 이스라엘 왕 여로보암은 일 년에 세 번씩이나 예루살렘에 가다 보면 백성들의 마음이 다윗 집으로 향해서 나라를 빼앗길지 모른다고 생각했다. 그는 하나님을 신뢰하지 않고 자기 생각으로 북쪽에 있는 단과 벧엘에 금송아지를 각각 만들어 놓고 이스라엘 백성들에게 말했다. '예루살렘까지 갈 것 없다. 여기서 예배를 드려라.' 먼 곳까지 갈 필요 없이 가까운 곳에서 예배를 드리라는 것이다. 그것은 이스라엘 백성들의 마음이 다윗 집을 향하게 되어 자기의 왕권이 약화될까봐 그렇게 한 것이다. 이것이 여로보암의 죄이다.

하나님이 이스라엘 나라가 정치적으로 나누어지는 것까지는 허락하셨지만 신앙만큼은 하나로 나아가기를 원하셨다. 그러나 여로보암은 자기 왕권을 위해 다른 경배지들을 세웠다. 결국 이것은 여로보암의 사역이고 야심인 것이다. 여로보암은 금송아지를 만들어 놓고 이스라엘의 전통적인 절기와 비슷하게 날짜를 잡아 제사를 드리게 했다. 예를 들어, 속죄일이 7월 15일이면 똑같은 날짜에 그곳에서도 제사를 드리게 하면서 '예루살렘에 갈 필요 없다. 여기서 제사를 드리면 된다.'고 한 것이다. 그렇게 한 것이 여로보암의 죄이다. 그러자 이스라엘의 신앙의 통일성이 깨어졌다. 이것이 문제이다. 한분 여호와 하나님을 섬기는 신앙에서 분열이 온 것이다. 오늘날로 말하면 여로보암이 교회를 분열시킨 것이다. 왜 분열시켰는가? 자기의 야심 때문이다. 자기의 권력이 약화될까봐 그렇게 한 것이다.

여기서 여러분에게 질문을 하겠다. 지금도 여로보암 같은 죄를 짓는 사람이 없겠는가? 교회의 시초가 되는 초대교회가 있다. 그때도 이미 약간의 분열적인 양상이 있었지만 오늘날같이 분열되지는 않았다. 고린도전서 1장을 보면 고린도 교회 가운데 "나는 바울에게, 나는 아볼로에게, 나는 게바에게, 나는 그리스도에게 속한 자라" 하는 분열적인 양상이 있었지만, 바울의 편지를 받고 회개하자 곧 그 양상이 사라졌다. 분열적인 양상이 커져서 교회가 완전히 갈라진 적은 없었다. 그런데 시간이 지나면서 순수했던 초대교회가 천주교가 되었다. 천주교는 교회가 분열되어서는 안 된다는 것을 아주 강하게 붙잡고 있다. 지금도 천주교에서는 교회의 유일성을 매우 강조하고 있다. 1500년대까지는 이 땅에 교회는 하나밖에 없다고 생각해 왔다. 그때까지는 또 다른 교회를 세울 수 있다는 생각 자체를 하지 않았다.

여러분이 알다시피 1500년대에 천주교 신부인 마틴 루터가 일어났다. 이 사람은 천주교에서 가르치는 것들 가운데 성경에 맞지 않은 것들이 있음을 지적하고 성경의 바른 진리를 제시했다. 그것이 종교개혁을 촉발한 것이다. 이것이 1520년대의 일이다. 그러나 루터는 천주교로부터 분리되어 개신교를 따로 세우려고 한 것이 아니었다. 루터는 그런 생각이 없었다. 원래 교회를 나누려고 한 것이 아니었는데 신부였던 루터가 파면되고 교황의 핍박으로 독일로 도망가면서 정치적인 문제와 결부되어 교회가 분열되는 결과가 온 것이다. 이것은 넓게 보았을 때 교회가 개혁되어야 하기 때문에 하나님께서 역사하신 것으로 볼 수 있다. 어쨌든 루터의 의도와 관계없이 교회는 분열되어 버렸다. 루터 이후에 칼빈, 웨슬레 등 많은 개혁자들이 일어났고 교회는 수없이 분열되었다. 지금은 주후 2000 년이 넘었다. 교회가 천주교의 비 진리에서 나온 것은 좋았는데 수많은 분열이 일어나게 된 것은 유감스러운 일이다. 그리고 교회가 분열되는 것이 죄라는 느낌이 약화된 것도 매우 유감스러운 일이다. 지금 사람들은 점포 하나 내는 것보다 더 쉽게 교회를 세울 수 있는 것으로 생각한다. 교회가 나누어지는 것에 대하여 두려움이 없는 것이다.

성경에는 교회의 통일성 문제가 언급되고 있다. 교회는 언제나 하나이다. 교회의 통일성 문제는 현재도 적용되어야 한다. “많은 우리가 한 몸이니”(고전 10:17). 하나인데 어떻게 하나님의 백성 가운데 분열이 있을 수 있는가? 이것이 분명한 성경의 사상이다.

이 통일성의 문제는 성경 말씀 가운데 매우 신중하고도 중요한 문제이다(요 17장 참조). 교회의 보편성과 통일성, 이것은 성령과 어떤 관계가 있는가? 당연히 그 둘은 불가분의 관계이다. 왜냐하면 교회는 성령이기 때문이다. “몸이 하나이요 성령이 하나이니”(엡 4:4) 고대의 사도 신조에도 ‘우리는 하나의 교회를 믿습니다’라는 내용이 들어있다. 갈라디아서 5장 19절에서 “육체의 일은 현저하니”라고 하면서 육체의 일의 종류들을 나열했다. “육체의 일은 현저하니 곧 음행과 더러운 것과 호색과 우상 숭배와 술수와 원수를 맺는 것과 분쟁과 시기와 분냄과 당 짓는 것과 분리함과 이단과 투기와 술 취함과 방탕함과 또 그와 같은 것들이라 전에 너희에게 경계한 것같이 경계하노니 이런 일을 하는 자들은 하나님의 나라를 유업으로 받지 못할 것이요”(19-21절). 분리하는 것이나 당 짓는 것, 분쟁, 이단(파당) 모두가 다 육체의 일에 포함된다.

1500년대 이전에는 이 땅에 있는 교회가 분열되지 않았다. 당시에는 분열을 두려운 죄로 여겼다. 그런데 그 뒤로 소위 교회라는 단체가 백 개, 천 개가 분열적으로 일어나다보니 이제 분열은 죄도 아닌 것처럼 되어 버리고 말았다. 1500년대까지는 다른 교회를 세운다는 것을 감히 상상도 못했다. 오늘날 수많은 분열이 있다고 해서 결코 분열을 정당화할 수 있는 것이 아니다. 교회는 주님께서 세우시도록 주권을 드려야 마땅하다. 오늘날의 교회는 ‘몸의 하나’를 향하여 나아가야 할 발걸음이 시급하고 절박하다.

### 교회의 위치에 대하여

우리는 구약에서 성전이 지어진 터(기초)에 대해 하나님이 하신 말씀을 통하여 배울 수 있다(대하 3:1). 그 터는 하나님이 정하셨다(신 12장 참조). 신약의 교회는 어떠한가? 교회는 그 터가 있다(고전 3:10). 바울은 자신이 지혜로운 건축자와 같이 터를 닦았다고 하면서 그 터는 곧 그리스도라고 했다. 어떤 이들은 그리스도인들이 모여서 예배하면 교회가 된다고 말할 것이다. 그러나 교회는 그 터가 있다. 터가 닦이지 않고 세워진 집은 제대로 된 집이라고 볼 수 없다. 그리스도를 터로 하여 세워진 교회만이 참 교회라고 말할 수 있다. 벧엘과 단은 하나님께서 경배의 중심지로 정하신 곳이 아니다. 그 벧엘과 단은 인간의 야심과 교만이 자리 잡은 곳이다. 여로보암은 자기의 왕권을 굳건히 하기 위해 두 곳을 경배의 장소로 만든 것이다. 하나님은 그러한 곳에서 당신께 경배 드리는 것을 금하셨다. 오직 하나님은 예루살렘의 성전 터, 아브라함이 독자를 드린 곳만이 하나님께 경배를 드릴 수 있는 합법적인 예배 처소라고 하셨다. 하나님은 경배 드리는 행위 자체보다도 과연 어떤 터(기초)에서 경배를 드리는가를 주의하신다.

교회는 그 기초가 그리스도이시다. 그리스도는 진리이시며 의와 평강이시다. 그 위에 세워진 교회는 반석 위에 세워진 교회이며 음부의 권세가 이기지 못한다. 사람들은 아무 데서나 그리스도인들이 모여 경배하면 교회라고 말하겠지만, 우리는 과연 그 터이신 그리스도가 합당하게 놓여졌는지를 물어야 한다. 교회는 사람들이 무엇을 하는 것보다 먼저 어디에 세워졌는가를 중요시해야 한다. 이것은 영적으로라야 분별할 수 있을 것이다. 교회는 신령한 집이므로 그 터를 알아보는 것도 신령한 지혜에 속한 것이다. 그 터가 합당한 교회는 얼마나 든든하겠는가? 교회는 성도들 스스로의 힘으로 지탱할 수 있는 것이 아니라 그 반석이신 그리스도 위에 세워짐으로 든든하게 지지된다는 것을 알아야 한다. 다윗은 마지막으로 인구조사의 죄를 범한 후에 아라우나에게서 타작마당을 사서 그곳에서 회개의 제물을 드렸다. 그곳이 바로 성전 터가 되었다. 아브라함의 독자 이삭이 드려진 곳이며, 다윗의 모든 의지와 힘이 무너진 곳이다. 사람의 공로가 없고 사람의 야심이 없으며 사람의 뜻이 없는, 오직 그리스도께서 의와 평강의 기초가 되신 곳, 모든 성도들이 그리스도 안에서 하나 된 그 위치가 거룩하고 영광스러운 교회의 터인 것이다.

### 교회의 터 문제

교회는 터가 있다. 바울은 그 터는 오직 그리스도라고 하였다. 바울은 자신이 지혜로운 건축자와 같이 터를 닦았다고 하였다(고전 3:10). 이것을 보면 교회의 터는 자연히 놓여지는 것이 아니라 사역자의 수고에 의해 닦여진다고 본다.

십자가에 의한 사역이 전제되지 않고는 인간의 육체가 제해지지 않는다. 오직 그리스도만이 교회의 기초이다. 다른 어떤 것도 기초가 될 수 없다고 하는 것이 바울의 말이다. 어떤 사람도 그리스도 외에 다른 기초를 놓을 수 없다. 시편 48:2, "터가 높고 아름다워 온 세계가 즐거워함이여 큰 왕의 성 곧 북방에 있는 시온산이 그러하도다" 시편 87:1, "그 기지(터)가 성산에 있음이여".

시편 기자는 성전의 터가 매우 아름답다고 찬미하였다. 이는 모두 신약의 교회의 기초를 말한 것이라고 본다. 교회는 새 예루살렘의 축소판이라고 할 수 있다. 새 예루살렘 성의 기초석은 각색 보석으로 되어 있다. 그리고 거기에 열두 사도들의 이름이 있다. 히브리서에서는 아브라함, 이삭, 야곱 등의 열조들이 "하나님이 경영하시고 건축하시는 터가 있는 성을 바랐다"고 말한다(히 11:10). 우리는 신약의 교회로서 교회의 기초를 중시하지 않을 수 없다. 기초가 없는 건축은 건축이라 할 수 없다. 터가 없는 교회는 교회라 말할 수 없다. 교회의 기초를 위해 우리의 육체의 지혜는 십자가로 가지 않으면 안 된다. 그리고 모든 성도들의 신앙은 오직 그리스도를 아는 계시를 기초로 하여야 한다(마 16:18).

고린도 전서 1—3장은 교회의 분쟁을 다루는 말씀이다. 분열을 다룸에 있어서 바울은 교회의 터의 문제를 제기하고 그 위에 조심하여 건축할 것을 말했다. 다른 터를 닦을 때 분열이 올 것이고 그 위에 잘못 건축해도 분열의 가능성이 있다.

바울은 이를 위해 자기부터 제거하였다. '너희는 바울에게 속했는가? 그리스도가 어찌 나뉘었는가? 너희가 바울의 이름으로 침례를 받았는가?' 하면서 자기는 말의 지혜로 복음을 전하지 않았다고 했다. 그는 미련한 전도의 말로 복음을 전했고 자기의 말과 전도함이 지혜의 권하는 말이 아니라 성령의 나타남과 능력에 있게 하여 그들의 믿음이 사람의 지혜에 있지 않고 하나님의 능력에 있게 하였다고 말한다. 사역자들은 아무 것도 아니며 다만 하나님의 동역자들이라고 하였다. 교회의 터가 바르지 않다면 그 위에 세워진 교회가 바르게 자랄 수 있겠는가?

## 산당의 문제

열왕기에는 산당에 대한 언급이 많다. 산당을 제한 것이 큰일이고 산당을 그대로 둔 것은 커다란 죄였다. 오늘날 이것은 신약에 적용될 수 있는 문제인가? 합당한 교회의 터가 아닌 임의의 장소가 산당이라고 볼 수 있다. 즉 하나님이 지정하지 않으신 곳에서 예배하는 것이 산당인 것이다. 그러면 그곳은 과연 어디인가? 분쟁과 분열의 영으로 모이는 곳이다. 하나님께서 허락하신 것은 왕국이 나누이는 것이었지 산당을 세우라고 하신 것은 아니었다. 하나님은 나라가 분열되는 것을 허락하셨지만 종교의 중심지를 예루살렘에서 다른 곳으로 옮기는 것은 허락지 않으셨다. 온 이스라엘 남자들은 일 년에 세 번씩 예루살렘에 모여야 했다. 그것은 이스라엘로 하여금 정권은 분리되더라도 신앙에 있어서는 하나가 유지되기를 바라신 것이다. 그러나 여로보암은 그것을 깨뜨렸다.

오늘날도 이러한 여로보암의 원칙으로 산당을 세우는 사람들이 왜 없겠는가? 교회는 주님이 세우시는 것이다. 그 터는 평강이요 하나요 진리요 그리스도이다. 하나의 터 위에 그리스도의 교회는 세워지는 것이다. 우리는 오늘날 한국 땅에서 어떤 곳에는 한 골목에 대여섯 개의 예배당이 있는 것을 본다. 과연 이런 모습이 하나님 보시기에 아름다운 것일까? 서로 다른 교파, 서로 다른 양상의 종교 예식이 행하여지고 있다. 이 많은 소위 교회들이 하나님이 보내신 종들을 통해 하나님이 세우신 것인가? 혹 하나님께서 이 많은 모임들을 산당으로 보신다면 어떻게 할 것인가? 왜 바로 옆에 있는 모임과 하나 될 수 없단 말인가? 한 피 받아 한 몸을 이루었다면 왜 교제하지 못하고 하나로 모이지 못하는가?

나는 과거 다른 교회의 바로 옆 건물로 예배당을 옮긴 적이 있다. 그 때 참 마음이 어렵고 부끄러웠다. 그래서 그 옆 교회의 목사님을 찾아가서 한 교회처럼 가급적 함께하자고 말씀을 드렸더니 나보다 연로하신 목사님인데 부드럽게 거절하셨다. 하나님께서 우리의 모습을 보시고 무어라고 하시겠는가? 가게나 공장을 세우는 것보다 더 쉽게 교회를 세울 수 있는 것이 오늘의 현실이다. 몸의 하나에 대한 의식이 너무나 결여되어 있다(엡 4:4). 이 가공할만한 분열적인 모습에 대하여 우리의 태도는 과연 어떠해야 하는가? 느밧의 아들 여로보암의 죄, 곧 산당을 지은 죄를 스무 번도 더 언급하신 하나님의 말씀에 대하여 우리의 태도는 어떠해야 하는가? 갈라디아서 5장에서는 분열이나 당파의 일이 육체의 일이며 이런 일을 하는 자들은 하나님의 나라를 유업으로 얻지 못한다고 하셨다. 우리는 반드시 사도의 신조에 있는 '우리는 보편의 하나의 교회를 믿는다(Credo catholicam ecclesiam)'는 말을 되새겨 보아야 한다.

**4절, 모압 왕 메사는 양을 치는 자라 새끼 양 십만의 털과 수양 십만의 털을 이스라엘 왕에게 바치더니**

모압 왕 메사가 대체 어느 시대 사람인가? 1868년 8월 19일에 클라인이라는 사람이 이 메사 왕의 비를 발견했다고 한다. 이 모든 성경의 역사가 사실인 것이다. 모압은 이스라엘에게 조공을 바쳤던 나라이다.

**5절, 아합이 죽은 후에 모압 왕이 이스라엘 왕을 배반한지라**

아합 왕 때는 이스라엘의 전성기였다. 그런데 아합이 죽은 후에 모압 왕이 이스라엘을 배반했다. 이것은 1장 1절에도 나온다.

**6절, 그 때에 여호람 왕이 사마리아에서 나가서 온 이스라엘을 점고하고**

모압 왕이 배신한 것을 보고 여호람 왕이 전쟁할 마음이 생겼다.

**7절, 또 가서 유다 왕 여호사밧에게 보내어 이르되 모압 왕이 나를 배반하였으니 당신은 나와 함께 가서 모압을 치시겠느뇨 저가 가로되 내가 올라가리이다 나는 당신과 일반이요 내 백성은 당신의 백성과 일반이요 내 말들도 당신의 말들과 일반이니이다**

"내가 올라가리이다 나는 당신과 일반이요 내 백성은 당신의 백성과 일반이요 내 말들도 당신의 말들과 일반이니이다". 유다 왕 여호사밧이 한 말이다. 유다 왕 여호사밧은 여호람의 아버지 아합과도 함께 전투에 나간 적이 있다. 열왕기 상 22장 1-3절을 읽어 보면 "아람과 이스라엘 사이에 전쟁이 없이 삼 년을 지내었더라 제 삼년에 유다 왕 여호사밧이 이스라엘 왕에게 내려가매 이스라엘 왕이 그 신복에게 이르되 길르앗 라못은 본래 우리의 것인 줄을 너희가 알지 못하느냐 우리가 어찌 아람 왕의 손에서 취하지 아니하고 잠잠히 있으리요" 했다. 당시 이스라엘 왕이 아합이었는데 이 길르앗 라못 때문에 여호사밧에게 같이 싸우자고 하는 것이다. 4절, "여호사밧에게 이르되 당신은 나와 함께 길르앗 라못으로 가서 싸우시겠느뇨 여호사밧이 이스라엘 왕에게 이르되 나는 당신과 일반이요 내 백성은 당신의 백성과 일반이요 내 말들도 당신의 말들과 일반이니이다". 여호사밧이 그 청을 허락한 것이다. 여호사밧은 유다 왕인데 오래 왕위에 있다 보니 이스라엘 왕 아합과 그 아들 아하시야와 그 다음 왕인 그의 동생 여호람까지 다 겪게 된다. 여호람 왕 때에 와서 모압이 배신하니 그 여호람이 여호사밧에게 사신을 보내서 모압이 나를 배신했으니 나하고 모압을 치러 가자고 했다. 그때 여호사밧이 "내 백성은 당신의 백성과 일반이요…" 하면서 열왕기 상 22장에서 한 말과 똑같은 말을 했다. 여호람의 아버지 아합에게 했던 말과 동일한 말을 한 것이다.

열왕기 상 22장에서 여호사밧은 아합 왕 편에서 함께 싸우다가 죽을 뻔했는데 겨우 살았다. 그때 잘못하더니 또 잘못하는 것이다. 사람이 잘못하고 또 잘못하는 것은 문제이다. 여호사밧은 좋은 사람이었지만 분별력이 부족했다. 분별력이 없으면 좋은 사람이라 하더라도 길이 없다. 역대 하 19장 1절, "유다 왕 여호사밧이 평안히 예루살렘에 돌아와서 그 궁으로 들어가니라 하나니의 아들 선견자 예후가 나가서 여호사밧 왕을 맞아 가로되 왕이 악한 자를 돕고 여호와를 미워하는 자를 사랑하는 것이 가하니이까 그러므로 여호와께로서 진노하심이 왕에게 임하리이다 그러나 왕에게 선한 일도 있으니 이는 왕이 아세라 목상들을 이 땅에서 없이하고 마음을 오로지하여 하나님을 찾음이니이다 하였더라". 여호사밧은 좋은 왕인데 악한 왕을 도운 것이다. 사람이 한 가지가 좋다 해서 모든 것이 다 좋은 것은 아니다. 선지자는 여호사밧이 악한 자를 돕고 여호와를 미워하는 자를 사랑했다고 책망했다.

다시 열왕기 하 3장으로 와서, 당시 여호람은 바알 신상을 없애는 일을 했지만 나머지는 다 아버지를 따라 악한 짓을 하던 왕이었는데 여호사밧에게 같이 싸우자고 하는 것이다. 유다의 여호사밧은 그 전에도 아버지 아합과 연합하여 싸우다가 죽을 뻔해서 이제는 경고를 받았어야 했는데 아합의 아들 여호람의 청을 거절하지 못하고 또 함께 싸우러 간 것이다. 여호사밧의 말을 들어보면 조금도 배운 것이 없다. 오늘날도 어떤 것에 대해 배우지 못한 사람은 아무리 큰 환난을 당해도 배우지 못한다. 여호사밧은 자신이 죽을 일을 알지 못하고 합력하고 있는 것이다. 무엇이든지 동정하고 도와준다고 해서 좋은 것이 아니다. 이 모든 일에 영적인 분별력이 있어야 한다.

**8절, 여호람이 가로되 우리가 어느 길로 올라가리이까 저가 대답하되 에돔 광야 길로니이다**

여호람이 어느 길로 올라가야 하느냐고 물으니 여호사밧은 에돔 광야 길로 가자고 했다. 악한 여호람 왕에게 친절하고 우호적으로 대하고 있는 것이다.

**9절, 이스라엘 왕이 유다 왕과 에돔 왕으로 더불어 행하더니 길을 둘러 행한 지 칠일에 군사와 따라가는 생축을 먹일 물이 없는지라**

이제 세 왕이 함께하게 되었다. 이스라엘 왕 여호람, 유다 왕 여호사밧, 에돔 왕이다. 에돔은 유다에게 조공을 바치는 나라이다. 그러므로 유다의 말을 들을 수밖에 없다.

**10절, 이스라엘 왕이 가로되 슬프다 여호와께서 이 세 왕을 불러 모아 모압의 손에 붙이려 하시는도다**

이스라엘 왕도 종교적이다. 하나님의 이름을 언급한다. "하나님이 세 왕을 불러 모아 모압의 손에 붙이려 하시는도다". 사실 하나님은 세 왕을 불러 모으신 적이 없다. 그것은 이스라엘 왕 여호람이 한 일이다. 이 세 왕이 일 주일을 돌아다니다 물이 없어 죽게 되자 하는 말이다.

**11절, 여호사밧이 가로되 우리가 여호와께 물을만한 여호와의 선지자가 여기 없느냐 이스라엘 왕의 신복 중에 한 사람이 대답하여 가로되 전에 엘리야의 손에 물을 붓던 사밧의 아들 엘리사가 여기 있나이다**

유다 왕 여호사밧은 그래도 좀 나은 사람이다. 분별력은 없어도 하나님을 찾고 사랑하는 사람이다. 이스라엘 왕 여호람에게 "여호와께 물을 만한 여호와의 선지자가 없느냐"고 했다. 그랬더니 신복 중에 한 사람이 "전에 엘리야의 손에 물을 붓던 사밧의 아들 엘리사가 여기 있나이다"라고 했다. 엘리사는 엘리야의 수종을 들면서 일으켜진 것이다. '물을 붓던'이란 표현을 주의해야 한다. 젊은 사역자들은 너무 빨리 연장한 사역자의 일을 하려 하지 말고 잔일이라고 여겨지는 것부터 돕고 따르는 것을 훈련하는 것이 필요하다.

여기서 기묘한 것은 악한 왕들 아래서 이스라엘이 형편없을 때 훌륭한 선지자들인 엘리야와 엘리사가 있었다는 것이다. 하나님께서는 다윗의 적통인 유다를 위해서가 아니라 유다를 배신하고 우상을 섬기는 이스라엘을 위해서 엘리야 같은 대선지자를 일으키셨고 또 엘리사를 일으키셨다. 이때 엘리야는 승천했고 엘리사는 남아 있었다.

**12절, 여호사밧이 가로되 여호와의 말씀이 저에게 있도다 이에 이스라엘 왕이 여호사밧과 에돔 왕으로 더불어 그에게로 내려가니라**

왕 세 명이 다 선지자 엘리사에게 가고 있다.

**13절, 엘리사가 이스라엘 왕에게 이르되 내가 당신과 무슨 상관이 있나이까 당신의 부친의 선지자들과 당신의 모친의 선지자들에게로 가소서 이스라엘 왕이 저에게 이르되 그렇지 아니하니이다 여호와께서 이 세 왕을 불러 모아 모압의 손에 붙이려 하시나이다**

그 세 왕이 완전히 죽게 된 상태에서 선지자 엘리사에게 찾아간 것이다. 그런데 엘리사는 그들에게 "내가 당신과 무슨 상관이 있나이까? 당신의 부친의 선지자들과 당신의 모친의 선지자들에게로 가소서."라고 했다. 엘리사는 왕들에게 매우 대담하게 말했다. '내가 당신과 무슨 상관이 있느냐? 당신의 부친 아합에게 거짓 선지자들이 많은데 그 사람들에게 가지 왜 나에게 왔느냐?'고 한 것이다. 그러자 이스라엘 왕이 겸손하게 대답했다. "그렇지 아니하니이다 여호와께서 이 세 왕을 불러 모아 모압의 손에 붙이려 하시나이다"라고 했다.

**14절, 엘리사가 가로되 내가 섬기는 만군의 여호와의 사심을 가리켜 맹세하노니 내가 만일 유다 왕 여호사밧의 낯을 봄이 아니면 당신을 향하지도 아니하고 보지도 아니하였으리이다**

엘리사는 매우 직선적으로 말하는 선지자이다. '내가 유다 왕 여호사밧의 얼굴을 봐서 몇 마디 하는 것이지 너 같은 사람이면 얼굴도 보지 않았을 것이다.'라고 하는 것이다.

**15절, 이제 내게로 거문고 탈 자를 불러 오소서 하니라 거문고 타는 자가 거문고를 탈 때에 여호와께서 엘리사를 감동하시니**

엘리사는 거문고 탈 자를 불러 오라고 했다. 음악을 들으면서 고요하고 깊은 심정 가운데 영감을 얻고자 했을 것이다. 거문고를 탈 때에 여호와께서 엘리사를 감동하셨다.

**16절, 저가 가로되 여호와의 말씀이 이 골짜기에 개천을 많이 파라 하셨나이다**

여기 '여호와의 말씀'은 매우 중요하다.

**17-20절, 여호와께서 이르시기를 너희가 바람도 보지 못하고 비도 보지 못하되 이 골짜기에 물이 가득하여 너희와 너희 육축과 짐승이 마시리라 하셨나이다 18 이것은 여호와 보시기에 오히려 작은 일이라 여호와께서 모압 사람도 당신의 손에 붙이시리니 19 당신들이 모든 견고한 성과 모든 아름다운 성을 치고 모든 좋은 나무를 베고 모든 샘을 메우고 돌로 모든 좋은 밭을 헐리이다 하더니 20 아침에 미쳐 소제 드릴 때에 물이 에돔 편에서부터 흘러와서 그 땅에 가득하였더라**

"이 골짜기에 물이 가득하여 너희와 너희 육축과 짐승이 마시리라 하셨나이다 이것은 여호와 보시기에 오히려 작은 일이라"고 한 엘리사의 예언이 이루어졌다. 물이 땅에 가득하게 흘러온 것이다. 이렇게 선지자의 역할이란 돌봄과 기적을 통해서 이스라엘 사람들의 마음을 하나님께로 돌리는 것이다. 여기서 중요한 것은 '여호와의 말씀'이다. 모든 것은 하나님의 말씀대로 되는 것이다. 말씀대로 되는 것이 선지자의 사역이다.

**21-25절, 모압 모든 사람이 왕들이 올라와서 자기를 치려 한다 함을 듣고 갑옷 입을 만한 자로부터 그 이상이 다 모여 그 경계에 섰더라 22 아침에 모압 사람이 일찍이 일어나서 해가 물에 비취므로 맞은편 물이 붉어 피와 같음을 보고 23 가로되 이는 피라 필연 저 왕들이 싸워 서로 죽인 것이로다 모압 사람들아 이제 노략하러 가자 하고 24 이스라엘 진에 이르니 이스라엘 사람이 일어나 모압 사람을**

**쳐서 그 앞에서 도망하게 하고 그 지경에 들어가며 모압 사람을 치고 25 그 성읍을 쳐서 헐고 각기 돌을 던져 모든 좋은 밭에 가득하게 하고 모든 샘을 메우고 모든 좋은 나무를 베고 길하라셋의 돌들은 남기고 물맷군이 두루 다니며 치니라**

하나님께서는 이 물을 보내서 골짜기에 가득 채워 이스라엘을 마시게 하셨다. 그런데 바로 그 물에 해가 비취어 모압 사람들에게는 그 물이 피 빛으로 보이게 하신 것이다. 그래서 모압 사람들은 이스라엘 편의 왕들이 서로 싸워 피가 물에 흐르는 것인 줄로 알았다. 결국 함정에 걸려든 모압은 패전하게 되었다. 하나님은 이렇게 일석이조로 일하신다. 이스라엘 사람들은 왜 엘리사를 불렀는가? 마실 물이 없어서 군사들과 짐승들이 다 죽게 되었기 때문이다. 엘리사는 도랑을 파면 하나님이 물을 채워 주실 것이라고 했다. 그리고 아침에 소제 드릴 때에 물이 에돔 편에서 흘러와 도랑에 가득하게 되었다. 그런데 모압 편에서는 그들이 일어나서 싸우려고 보니 물이 핏빛이었다. 그 물에 아침 해가 반사되어 핏빛으로 보인 것이다. 그것은 하나님께서 그들에게 그렇게 보이게 하신 것이다. 한 면으로는 이스라엘을 먹이시고, 또 한 면으로는 대적에게 그 물이 핏빛으로 보이게 하여 싸우러 가는 것이 아니라 아예 노략하러 가게 하실 것이다. 이렇게 해서 연합군은 모압 사람들을 칠 수 있었고 그들은 모압군을 추격하여 모압 경내까지 진입했다(24절). 모압군을 제압한 연합군(유다, 이스라엘, 에돔)은 엘리사의 예언대로 성읍을 헐고 밭들에 돌을 던져 황폐하게 하고 샘들을 메우고 과실목들을 베었다. 즉 좋은 밭에 돌을 던져 못 쓰게 하고 모든 샘을 메우고 모든 좋은 나무를 베고 길하라셋의 돌들은 남기고 돌 던지는 사람들이 두루 다니며 쳐서 이겼다는 것이다.

**26절, 모압 왕이 전세가 극렬하여 당하기 어려움을 보고 칼 찬 군사 칠백을 거느리고 충돌하여 지나서 에돔 왕에게로 가고자 하되 능히 못하고**

모압 왕은 자기의 전세가 기울어 패배의 기색이 역력하자 군사 700명만 데리고 에돔 왕에게 가고자 하였지만 갈 수 없었다. 에돔 왕은 지금 유다와 이스라엘과 함께 동맹하여 모압과 전쟁을 하고 있는 데 왜 모압 왕이 에돔 왕에게 가려고 했겠는가? 그쪽으로 도망가려고 한 것이다. 에돔 군대는 이스라엘의 용병이었기 때문에 혹 허점이 있지 않을까 생각한 것이다. 그 쪽으로 가면 진을 뚫을 수 있거나 적어도 뭔가 통할 것이라고 생각한 것이다. 그러나 에돔도 뚫지 못하였다.

**27절, 이에 자기 위를 이어 왕이 될 맏아들을 취하여 성 위에서 번제를 드린지라 이스라엘에게 크게 통분함이 임하매 저희가 떠나 각기 고국으로 돌아갔더라**

이 모압 왕은 에돔으로 나아가려는 최후의 시도가 실패하자 자기의 맏아들, 세자를 취하여 성 위에서 번제를 드렸다. 불살라 죽인 것이다. 이렇게 하자 이스라엘은 크게 통분히 여기면서 각기 고국으로 돌아갔다. 모압 왕은 아주 극악한 이방적인 제사를 드렸다. 궁지에 몰리자 그렇게 끔직한 일을 행한 것이다. 그렇게 아주 극악한 행위를 보고서 적이지만 너무 한다고 생각하여 싸움을 그만두고 되돌아간 것 같다. 어쨌든 그런 어처구니없는 일이 전쟁종식에는 효과가 있어 각기 고국으로 돌아 가버린 것이다.

# 열왕기하 4장

**1절, 선지자의 생도의 아내 중에 한 여인이 엘리사에게 부르짖어 가로되 당신의 종 나의 남편이 이미 죽었는데 당신의 종이 여호와를 경외한 줄은 당신이 아시는 바니이다 이제 채주가 이르러 나의 두 아이를 취하여 그 종을 삼고자 하나이다**

열왕기 하 4장 내용은 성경의 예화로 많이 사용되는 말씀이니 주의 깊게 읽기 바란다. 선지자 생도라면 당시 선지자 학교의 학생이다. 오늘날로 말하면 신학교 학생이다. 당시에 선지자의 생도들은 결혼을 했다. 당시 한 선지자 학교 생도의 아내가 그 학교 학장인 엘리사에게 와서 사정을 이야기하는데, 그 내용인즉 그 남편은 이미 죽었는데 채주가 빚 대신에 그 생도의 두 아이를 종으로 삼고자 한다는 것이다. 아마도 그녀는 너무 가난해서 채주에게 빚을 지게 된 것 같다.

**2절, 엘리사가 저에게 이르되 내가 너를 위하여 어떻게 하랴 네 집에 무엇이 있는지 내게 고하라 저가 가로되 계집종의 집에 한 병 기름 외에는 아무 것도 없나이다**

엘리사는 '내가 어떻게 하랴'고 말하지 않고 "내가 너를 위하여 어떻게 하랴"라고 말했다. 엘리사는 이렇게 인정이 있는 선지자였다. 인도자란 이렇게 늘 사랑의 관심과 돌보려는 마음을 가져야 한다. 선지자는 "네 집에 무엇이 있는지 내게 고하라"고 하였다. 선지자는 그녀가 궁핍한 것을 알지만 그렇게 물었다. 그녀는 기름 한 병밖에는 아무것도 없다고 대답했다.

**3-4절, 가로되 너는 밖에 나가서 모든 이웃에게 그릇을 빌라 빈 그릇을 빌되 조금 빌지 말고 4 너는 네 두 아들과 함께 들어가서 문을 닫고 그 모든 그릇에 기름을 부어서 차는 대로 옮겨 놓으라**

엘리사는 그 여인에게 밖에 나가 이웃에게 가서 빈 그릇을 빌릴 수 있을 만큼 빌려 와서 두 아들과 함께 문을 닫고 빌려 온 그 모든 그릇에 기름을 붓고 차는 대로 옮겨 놓으라고 했다.

**5절, 여인이 물러가서 그 두 아들과 함께 문을 닫은 후에 저희는 그릇을 그에게로 가져오고 그는 부었더니**

이 여인이 엘리사의 말대로 이웃집에 가서 빈 그릇을 빌려다가 문을 닫고 그 모든 그릇에 기름을 붓기 시작했다. 두 아들은 어머니와 함께 동역을 한 것이다. 두 아들은 빈 그릇을 가져오고 그 과부는 계속 기름을 부었다. 여기서 이 과부의 귀한 점은 선지자의 말을 그대로 순종했다는 것이다.

**6-7절, 그릇에 다 찬지라 여인이 아들에게 이르되 또 그릇을 내게로 가져오라 아들이 가로되 다른 그릇이 없나이다 하니 기름이 곧 그쳤더라 7 그 여인이 하나님의 사람에게 나아가서 고한대 저가 가로되 너는 가서 기름을 팔아 빚을 갚고 남은 것으로 너와 네 두 아들이 생활하라 하였더라**

엘리사가 가난한 생도의 아내(과부)를 돌본 이야기이다. 여기에 빈 그릇이 나오고 기름이 나온다. 이 빈 그릇은 무엇인가? 그것의 상징하는 바가 있다. 구약에서 기름은 언제나 성령을 의미한다. 여기서 성령 충만의 비결을 가르쳐 주는데, 언제나 그릇이 비워져야 한다는 것이다. 우리 자신이 빈 그릇처럼 비워져 있으면 언제나 기름으로, 성령으로 채워지게 된다. 여러분은 언제나 비워질 수 있으면 좋다. 더 이상 빈 그릇이 없으면 기름이 그치게 된다. 우리의 경험으로 우리 자신을 비우는 가장 좋은 비결은 성도들을 섬기는 것이다. 사람들에게 하나님의 말씀을 가르치고 자신을 쏟을 때 비워지게 된다. 또 실제로 사람들에게 복음을 전해보고 성도들을 하나하나 섬겨보는 것이다. 그럴 때 우리의 자본이 다 드러나고 비워지게 된다. 다음 주에 이탈리아를 가게 되는데, 그 때가 또 비우는 기회이다. 나는 가면 또 새로운 환경을 맞닥뜨리게 될 것이고, 그러면 또 내 용량이 부족하다는 것을 느끼게 될 것이다. 그럴 때 내 그릇에는 채울 것이 많게 된다. 여러분도 양육을 해보고 전도를 해 보면 여러 면에서 여러분이 부족하다는 것을 알게 될 것이다. 여러분 자신을 알게 되는 것이 바로 빈 그릇을 준비하는 것이다. 듣기만 하고 가만히 있으면 자신의 부족함을 알지 못한다. 따라서 자신을 비우는 가장 좋은 비결은 다른 사람을 향해서 나아가는 것이고 복음을 전하고 섬기고 가르쳐 보는 것이다. 그럴 때 부족함이 느껴지는 것이다.

두 번째는 환경이 왔을 때 비우게 된다. 고난도 일종의 비움이다. 십자가의 환경도 자신을 비우게 하는 하나님의 역사이다. 그럴 때 중요한 것은 '문을 닫고'이다. 기름을 채울 때 문을 닫아야 하는데, 어떤 문을 닫는가? 바로 입을 닫는 것이다. 환경, 고난, 고통, 어려움이 올 때 입의 문이 열리면 기름이 채워지지 않는다. 원칙상 문을 닫고 기도를 해야 한다. 복음을 전하는 일도 동일하다. 자신이 한 일을 과시하고 드러내면 비워지기 어렵다. 그런 때에 서로 통하는 사람을 찾아 가서 말하고 어려움을 하소연하는 것은 고난과 십자가를 가볍게 만들어 버리는 것이다. 그 십자가의 무게를 그대로 지고 배워야 그만큼 비워지고 기름이 채워질 텐데 그 압력을 견디기 힘드니 가볍게 만들어 버리는 것이다. 그렇게 하면 기름은 채워지지 않는다. 주님이 환경을 통해 우리를 비우게 하시려 해도 그렇게 커다란 유익을 얻지 못하는 것이다. 그러므로 한 가지 기억해야 할 것은 문을 닫는 것이다. "빈 그릇이 더 이상 없나이다"라고 하지 말라는 것이다. 우리는 일생토록 비우고 또 비워야 무한하게 성령을 채울 수 있다.

"저가 가로되 너는 가서 기름을 팔아 빚을 갚고 남은 것으로 너와 네 두 아들이 생활하라 하였더라"(7절). 기름을 팔아서 먼저는 빚을 갚아야 한다. 그리고 나머지로는 생활해야 한다. 이것이 성실한 그리스도인 삶의 원칙이다. 먼저 빚을 갚지 않고 먼저 생활비부터 쓰는 것은 그리스도인의 양심에 맞지 않다. 열왕기 하 3장과 4장에서 중요한 것은 여호와의 말씀이다. 여기서 하나님이 강조하고자 하시는 것은 선지자를 통해서 하신 여호와의 말씀을 순종할 때 무엇이든지 이루어진다는 것이다. 하나님의 존재를 알리고 사람들의 마음을 하나님께 이끌리도록 하는 것이 선지자들의 사역이다.

**8절, 하루는 엘리사가 수넴에 이르렀더니 거기 한 귀한 여인이 저를 간권하여 음식을 먹게 한 고로 엘리사가 그곳을 지날 때마다 음식을 먹으러 그리로 들어갔더라**

수넴 여인은 귀한 여인이다. 귀하다는 말은 유복하고 부유하다는 것이다. 그런데 이 여인이 엘리사를 간권하여 음식을 접대하였다. 갈멜 산은 엘리사가 항상 머무르는 곳인데 왔다갔다 하다가 수넴 여인 집 앞으로 지나가는데 이 여인이 엘리사를 하나님의 사람으로 여겨 음식을 접대하고자 한 것이다. 엘리사가 처음에는 사양한 듯하다. 그러나 그녀가 간권함으로 그곳을 지날 때마다 음식을 먹으러 그리로 들어갔다.

**9절, 여인이 그 남편에게 이르되 항상 우리에게로 지나는 이 사람은 하나님의 거룩한 사람인 줄을 내가 아노니**

하나님의 사람은 아무 말 안 해도 다른 사람들이 하나님의 종임을 알아본다. 수넴 여인의 눈에 엘리사가 그렇게 보인 것이다. 누가 진정 하나님의 사람이라면 지나가기만 해도 사람들이 알아본다는 말이다. 바울은 자신이 그리스도의 향기라고 했다.

**10절, 우리가 저를 위하여 작은 방을 담 위에 짓고 침상과 책상과 의자와 촛대를 진설하사이다 저가 우리에게 이르면 거기 유하리이다 하였더라**

수넴 여인은 하나님의 선지자에게 꼭 음식 접대를 하고 싶었고 그가 유할 곳도 마련해주고 싶었다. 그래서 남편에게 부탁하여 담 위에 작은 방을 만들고 침상과 책상과 의자와 촛대를 갖춰놓았다.

**11절, 하루는 엘리사가 거기 이르러 그 방에 들어가서 누웠더니**

엘리사는 그 청을 받아들였고 그 방은 선지자의 방이 되었다. 엘리사는 그곳을 지날 때면 그 방에 들어가 침상에서 쉬곤 하였는데, 선지자는 그녀의 정성스런 대접에 고마움을 느껴 뭔가 보답하고 싶었다.

**12절, 자기 사환 게하시에게 이르되 이 수넴 여인을 불러오라 곧 부르매 여인이 그 앞에 선지라**

엘리사는 이 여인의 집에 거할 때 반드시 게하시라는 사환을 데리고 다녔다. 그것이 그의 보호가 되었을 것이다. 오늘날 남자 사역자들은 자신의 아내가 없는 상황에서 여인들을 접하는 것을 조심해야 한다.

**13절, 엘리사가 자기 사환에게 이르되 너는 저에게 이르라 네가 이같이 우리를 위하여 생각이 주밀하도다 내가 너를 위하여 어떻게 하랴 왕에게나 군대장관에게 무슨 구할 것이 있느냐 여인이 가로되 나는 내 백성 중에 거하나이다 하니라**

엘리사는 수넴 여인에게 직접 말하지 않고 게하시를 통해서 했다. 엘리사는 자기를 위해서 식사를 준비해주고 방을 만들어 주고 모든 가재도구를 마련해준 여인을 주밀하다고 칭찬하면서 그녀가 원하는 것이 무엇이냐고 물었다. 그러나 이 여인은 무엇을 바라서 그렇게 한 것이 아니라 다만 순수한 마음으로 기꺼이 한 것이기에 다른 무엇을 구하지 않았다.

**14절, 엘리사가 가로되 그러면 저를 위하여 무엇을 하여야 할고 게하시가 대답하되 참으로 이 여인은 아들이 없고 그 남편은 늙었나이다**

주님의 종들은 대접받은 것에 대해 감사를 잊어버려서는 안 된다. 주의 종이라고 해서 받는 것을 당연시하면 안 된다. 아무 감사함도 없이 돌아서 가는 것은 보기가 좋지 않다. 엘리사는 자기를 후하게 대접해 준 이 여인에게 뭔가를 해 주고 싶었지만 수넴 여인은 아무 것도 구하지 않는 것이다. 사환 게하시에게 이 일을 상의하자 게하시는 그 여인에게 아들이 없고 그 남편은 늙었다고 했다. 주의 종들은 접대를 받고 나서 그들의 필요를 위해 기도해주기를 배워야 한다.

**15절, 가로되 다시 부르라 부르매 여인이 문에 서니라**

엘리사는 여전히 직접 여인을 상대하지 않고 게하시를 통해 이야기하고 있다. 이것이 하나님의 종으로서 여인을 상대하는 합당한 모습이다. 그녀는 다시 부름을 받고 엘리사의 방문 앞에 섰다. 주의 종에 대한 경외심으로 인하여 감히 방 안까지 들어가지 못했다(Lange, Rawlinson).

**16-17절, 엘리사가 가로되 돌이 되면 네가 아들을 안으리라 여인이 가로되 아니로소이다 내 주 하나님의 사람이여 당신의 계집종을 속이지 마옵소서 하니라 17 여인이 과연 잉태하여 돌이 돌아오매 엘리사의 말한 대로 아들을 낳았더라**

엘리사의 사역은 다만 도움을 주는 것이 아니라 사람들로 하여금 하나님의 말씀이 그대로 이루어지는 것을 보고 믿게 하는 것이다. 수넴 여인은 처음에 "돌이 되면 네가 아들을 안으리라"는 예언을 믿지 못했다. "내 주 하나님의 사람이여 당신의 계집종을 속이지 마옵소서." 그러나 돌이 돌아오자 그녀는 엘리사의 말대로 아들을 낳게 되었다.

**18-19절, 그 아이가 저으기 자라매 하루는 곡식 베는 자에게 나가서 그 아비에게 이르렀더니 19 그 아비에게 이르되 내 머리야 내 머리야**

**하는지라 그 아비가 사환에게 명하여 그 어미에게로 데려가라 하매**

느즈막하게 난 아들이 밭에 나가서 아비에게 갔는데 "내 머리야 내 머리야" 하며 머리가 아프다고 했다. 그래서 그 아이의 아버지는 자기 사환에게 시켜서 아이를 어미에게 데려가라고 했다.

**20절, 곧 어미에게로 데려갔더니 낮까지 어미의 무릎에 앉았다가 죽은지라**

그런데 아이가 낮까지 엄마의 무릎에 앉았다가 죽은 것이다. 늦게 얻은 귀한 자식이 죽었으니 여인은 얼마나 슬펐겠는가!

**21절, 그 어미가 올라가서 아들을 하나님의 사람의 침상 위에 두고 문을 닫고 나와서**

그 어미가 죽은 아들을 엘리사의 침상에 두고 문을 닫고 나왔다. 수넴 여인은 엘리사의 침상에 죽은 아이를 눕혀두고 남편에게는 죽은 아들에 대해 아무 말 하지 않았고 남편 또한 아이에 대해 묻지 않았다. 열왕기하 4장에는 문을 닫는다는 말이 두 번이나 나온다.

**22-23절, 그 남편을 불러 이르되 청컨대 한 사환과 한 나귀를 내게로 보내소서 내가 하나님의 사람에게 달려갔다가 돌아오리이다 23 그 남편이 가로되 초하루도 아니요 안식일도 아니어늘 그대가 오늘날 어찌하여 저에게 나아가고자 하느뇨 여인이 가로되 평안이니이다**

남편은 아들이 죽은 것을 꿈에도 모르고 있다. 겁이 나서 물어보지 않은 것인지 무관심해서인지 알 수 없다. 초하루나 안식일에는 종교적 행사나 모임이 있었던 모양이다. 그래서 초하루도 아니고 안식일도 아닌데 왜 하나님의 사람에게 달려가느냐고 물은 것이다. 그랬더니 그 여인은 "평안이니이다"라고 했다. 모든 것이 잘 될 것이라는 말이다. 괜히 남편까지 걱정하지 않게 하겠다는 심산이다. 이 모든 말과 행동에는 믿음이 묻어 있다.

**24절, 이에 나귀에 안장을 지우고 자기 사환에게 이르되 몰아 앞으로 나아가라 내가 말하지 아니하거든 나의 달려가기를 천천하게 하지 말라 하고**

자기 사환에게 빨리 달리라고 했다. 갈멜산까지 가서 엘리사를 모셔와야 했던 것이다.

**25절, 드디어 갈멜산으로 가서 하나님의 사람에게로 나아가니라 하나님의 사람이 멀리서 저를 보고 자기 사환 게하시에게 이르되 저기 수넴 여인이 있도다**

갈멜산에 있던 엘리사는 수넴 여인이 급히 오는 것을 보고 게하시에게 "저기 수넴 여인이 있도다"라고 했다.

**26절, 너는 달려가서 저를 맞아 이르기를 너는 평안하냐 네 남편이 평안하냐 아이가 평안하냐 하라 하였더니 여인이 대답하되 평안하다 하고**

엘리사는 게하시에게 달려가 그녀를 맞으라 하였다. 그리고 그 여인에게 이르러 너와 네 남편과 네 아이가 평안하냐고 물어보라고 했다. 그런데 이 여인은 엘리사 앞에 가기 전에 사환에게는 평안하다고 말했다. 이 수넴 여인은 덕성이 있는 여인이었다. 함부로 말을 쏟아놓는 여인이 아니었다. 여기서 그녀의 문을 닫는 모습을 볼 수 있다. 보통 사람 같으면 "아이고, 내 아이가 죽었어요." 하면서 이 사람 저 사람에게 말하겠지만 이 여인은 그렇게 하지 않았다. 남편에게도 그냥 평안하다고 하고 사환 게하시에게도 그렇게 답했다.

**27절, 산에 이르러 하나님의 사람에게 나아가서 그 발을 안은지라 게하시가 가까이 와서 저를 물리치고자 하매 하나님의 사람이 가로**

**되 가만 두라 그 중심에 괴로움이 있다마는 여호와께서 내게 숨기시고 이르지 아니하셨도다**

마침내 갈멜산에 도착하여 이 여인이 엘리사를 만나서 그 발을 끌어안은 것이다. 그러자 게하시는 그게 무슨 짓이냐면서 그녀를 선지자에게서 물리치려 했다. 영적인 감각에 있어서 사환과 선지자는 이렇게 차이가 있다. 엘리사는 가만 두라고 하면서 그 중심에 괴로움이 있는데 여호와께서 내게 숨기시고 이르지 아니하셨다고 했다. 하나님께서 선지자에게 모든 것을 알려 주시는 것은 아니다. 그러나 그는 직감적으로 이 여인이 상당히 괴로워한다는 것을 알았다. 교회 안에서도 오랫동안 섬겨온 자와 배우는 자는 인식의 차이가 있게 마련이다.

**28절, 여인이 가로되 내가 내 주께 아들을 구하더이까 나를 속이지 말라고 내가 말하지 아니하더이까**

이제야 본론을 말한다. 이 여인은 엘리사에게 "언제 내가 아들을 달라고 했습니까?"라고 말했다. 즉 '왜 달라지 않은 아들을 주어서 나를 어렵게 만듭니까?'라는 뜻이다.

**29절, 엘리사가 게하시에게 이르되 네 허리를 묶고 내 지팡이를 손에 들고 가라 사람을 만나거든 인사하지 말며 사람이 네게 인사할지라도 대답하지 말고 내 지팡이를 그 아이 얼굴에 놓으라**

엘리사는 게하시에게 "네 허리를 묶고 내 지팡이를 손에 들고 가라 사람을 만나거든 인사하지 말며 사람이 네게 인사할지라도 대답하지 말라"고 했다. 주님의 일꾼은 모름지기 심부름을 할 때 시키는 일만 해야지 다니면서 사람들에게 인사하거나 다른 것을 하지 말아야 한다. 엘리사는 게하시에게 "가서 내 지팡이를 그 아이 얼굴에 놓으라"고 했다.

**30절, 아이의 어미가 가로되 여호와의 사심과 당신의 혼의 사심을 가리켜 맹세하노니 내가 당신을 떠나지 아니하리이다 엘리사가 이에**

**일어나 여인을 좇아가니라**

엘리사는 사환을 먼저 보내면서 "아이 얼굴에 내 지팡이를 갖다 놓으라"고 했다. 그러나 이 여인은 엘리사를 놓지 않았다. 당신하고 함께 가지 않으면 안 된다고 주장했다. 이것은 매우 잘한 것이다. 이 여인에게는 하나님의 대한 사랑과 하나님이 쓰시는 선지자에 대한 간절한 사모함이 있었다.

**31절, 게하시가 저희의 앞서 가서 지팡이를 그 아이의 얼굴에 놓았으나 소리도 없고 듣는 모양도 없는지라 돌아와서 엘리사를 맞아 가로되 아이가 깨지 아니하였나이다**

게하시가 선지자가 하라는 대로 했지만(지팡이를 그 얼굴에 놓았다) 아이는 깨어나지 않았다.

**32-33절, 엘리사가 집에 들어가 보니 아이가 죽었는데 자기의 침상에 눕혔는지라 33 들어가서는 문을 닫으니 두 사람뿐이라 엘리사가 여호와께 기도하고**

엘리사가 집에 들어가보니 자기 침상에 죽은 아이가 눕혀져 있었다. 그는 수넴 여인도 게하시도 들어오지 못하게 하고 죽은 아이와 자기 둘만 그 방에 있었다.

**34-35절, 아이의 위에 올라 엎드려 자기 입을 그 입에, 자기 눈을 그 눈에, 자기 손을 그 손에 대고 그 몸에 엎드리니 아이의 살이 차차 따뜻하더라 35 엘리사가 내려서 집 안에서 한번 이리 저리 다니고 다시 아이 위에 올라 엎드리니 아이가 일곱 번 재채기하고 눈을 뜨는지라**

아이를 살리는 방법에서 사환 게하시가 한 것과 엘리사가 한 것에는 많은 차이가 있다. 게하시는 시키는 대로 지팡이를 얼굴에 올려놓고 깨어나는지를 보자는 식으로 했을 것이다. 그리고서 '이거, 안 되네.' 하고

만 것이다. 그런데 엘리사는 그 아이 위에 올라가서 입을 그 입에 대고, 눈을 아이의 눈에, 손을 아이의 손에 대고서 기도했다. 이것이 죽은 자를 살리는, 병을 낫게 하는 기도이다. 기도에 있어서 중요한 것은 사랑이다. 엘리사와 게하시의 차이가 무엇인가? 엘리사는 수넴 여인의 괴로운 심정과 하나였다. 그러므로 발을 안고서 인사할 때 이미 그 마음의 고통을 알았던 것이다. 그러므로 죽은 아이만 살아난다면 무슨 일이든지 하겠다는 마음이었다. 과거에 어떤 사람들은 아무 병자든지 '나사렛 예수의 이름으로 일어나라!' 하면 일어난다고 생각했다. 그러나 그러한 시늉을 한다고 해서 고쳐지는 것이 아니다. 능력은 다른 데서 오는 것이 아니라 죄인과 병자와 사람에 대한 근본적인 사랑에서 온다는 것을 알아야 한다.

이것이 여기서 우리가 배워야 할 공과이다. 여러분도 병자를 위해 기도할 텐데 건성으로 하는 기도는 소용이 없다. 정말 그들을 위한 간절한 사랑과 관심어린 기도가 있어야 한다. 엘리사는 그녀의 마음과 하나가 되었다. 내 생명이라도 주어서 그 아이를 살리겠다는 마음이다. 여간해서 죽은 사람의 입에 자기 입을 대겠는가? 그리고 방에서 이리저리 다닌 것은 정신이 없는 모습이다. 모든 생각과 관심의 초점을 살려야 할 아이에게 맞춘 것이다. 그리고 동일하게 한 번 더 했다. 그랬더니 아이가 재채기를 일곱 번 하면서 눈을 떴다. 죽은 아이가 살아난 것이다. 서양에는 재채기를 하면 하나님이 그를 축복하신다는 말이 있다. 그래서 어떤 사람은 하나님이 흙으로 아담을 만들어서 생기를 불어 넣으실 때 그가 재채기를 했다고도 말한다. 물론 그것은 확인할 수 있는 말은 아니다. 어쨌든 이 아이가 살아났다.

**36-37절, 엘리사가 게하시를 불러서 저 수넴 여인을 불러오라 하니 곧 부르매 여인이 들어가니 엘리사가 가로되 네 아들을 취하라 37 여인이 들어가서 엘리사의 발 앞에서 땅에 엎드려 절하고 아들을 안고 나가니라**

수넴 여인은 얼마나 기뻤겠는가? 당시에 이스라엘 백성들 가운데 엘리사의 사역을 받아들인 사람은 희귀했다. 그런데 이 수넴 여인은 엘리사를 간절한 마음으로 받아들였고 귀한 선지자로 존중했다. 그래서 아들이 죽었어도 아들을 다시 살려 줄 것을 믿은 것이다. 이러한 믿음을 가진 여인이므로 그의 행적이 이렇게 기록된 것이다. 불신의 시대에 별 같은 여인이었다.

**38절, 엘리사가 다시 길갈에 이르니 그 땅에 흉년이 들었는데 선지자의 생도가 엘리사의 앞에 앉은지라 엘리사가 자기 사환에게 이르되 큰 솥을 걸고 선지자의 생도들을 위하여 국을 끓이라 하매**

엘리사가 길갈에 갔는데 그 땅에 흉년이 들었다. 엘리사 선지자는 어떤 일이 있을 때에는 그 일을 돌봐주고서 다시 선지자 학교로 돌아가곤 했던 것 같다. 학교에 가서 생도들을 가르치기 위해서다.

**39절, 한 사람이 채소를 캐러 들에 나가서 야등덩굴을 만나 그것에서 들외를 따서 옷자락에 채워가지고 돌아와서 썰어 국 끓이는 솥에 넣되 저희는 무엇인지 알지 못한지라**

그 당시 선지자와 생도들은 그렇게 잘 먹지 못했다. 고기가 아닌 채소를 먹고 있었다.

**40-41절, 이에 퍼다가 무리에게 주어 먹게 하였더니 무리가 국을 먹다가 외쳐 가로되 하나님의 사람이여 솥에 사망의 독이 있나이다 하고 능히 먹지 못하는지라 41 엘리사가 가로되 그러면 가루를 가져오라 하여 솥에 던지고 가로되 퍼다가 무리에게 주어 먹게 하라 하매 이에 솥 가운데 해독이 없어지니라**

이것은 선지자 엘리사가 행한 기적이다. 야등덩굴에서 들외를 따다가 솥에 끓여 먹으려 하니 독이 있었던 것이다. 엘리사는 가루를 솥에 던진 후 먹으라고 하였다. 그러자 독이 없어져 사람들이 먹을 수 있게 되었다.

**42절, 한 사람이 바알 살리사에서부터 와서 처음 익은 식물 곧 보리떡 이십과 또 자루에 담은 채소를 하나님의 사람에게 드린지라 저가 가로되 무리에게 주어 먹게 하라**

바알 살리사는 길갈에서 멀지 않은 지역이다. 그곳에서 한 사람이 와서 엘리사에게 음식을 가져다준 것이다. 엘리사는 그것을 무리에게 주어 먹게 하라고 했다.

**43-44절, 그 사환이 가로되 어찌이니이까 이것을 일백 명에게 베풀겠나이까 하나 엘리사는 또 가로되 무리에게 주어 먹게 하라 여호와의 말씀이 무리가 먹고 남으리라 하셨느니라 44 저가 드디어 무리 앞에 베풀었더니 여호와의 말씀과 같이 다 먹고 남았더라**

여기서도 중요한 것은 '여호와의 말씀'이다. 순종하면 다 이루어진다는 것을 알려주는 것이다. 이들은 엘리사와 있으면서 중요한 기적을 체험했다. 주 예수님 때에 오천 명, 사천 명을 먹이신 것과는 비교할 수 없지만, 엘리사 당시에도 이미 이러한 놀라운 기적의 역사가 있었다. 적은 양의 음식(보리떡 스무 개와 자루에 담은 채소 이십 인분)으로 많은 사람들(100명)을 먹이고 남은 역사가 있었던 것이다. 20개의 떡으로 100명을 먹이고 남은 이 역사는 주님이 보리떡 다섯 개와 물고기 두 마리로 여자와 아이 외에 남자만도 오천 명 이상이 되는 사람들을 먹이시고 열두 바구니를 거둔 역사의 그림자로 볼 수 있다. 엘리사에게 왜 이런 기적이 있었겠는가? 하나님의 성령과 사랑이 그 마음에 가득하였기 때문이다. 어찌하든 살리려 하고 먹이려 하는 마음이 성령의 마음이다. 이런 면에서 엘리사의 사역은 보다 주 예수님의 사역을 상징한다.

# 열왕기하 5장

**1절, 아람 왕의 군대장관 나아만은 그 주인 앞에서 크고 존귀한 자니 이는 여호와께서 전에 저로 아람을 구원하게 하셨음이라 저는 큰 용사나 문둥병자더라**

이제 아람 나라의 나아만 장군에 관한 이야기이다. 하나님께서는 비록 이방 나라이긴 하지만 나아만 장군을 통해 그 나라를 위험에서 건져주신 적이 있다. 나아만 장군을 사용하여 아람 나라를 구원하신 것을 보면 하나님께서 나아만 장군을 사랑하셨다는 것을 알 수 있다. 하나님은 이스라엘의 하나님만이 아니시고 모든 나라의 하나님이시다. 물론 하나님께서 이스라엘을 선택하셨지만 다른 나라들도 동일하게 관리하시고 돌보시며 관심을 갖고 계신다. 비록 아람이 이스라엘과 대적 관계에 있었지만 하나님은 여전히 그 나라를 돌보셨다. 우리 생각에는 하나님께서 이스라엘 외에는 망하든지 흥하든지 관계치 않으시고 내버려두실 것 같은데 그렇지 않다. 그런 의미에서 신약의 나라들은 모두 하나님의 다스림 안에 있다고 할 수 있다. 하나님은 이스라엘의 귀환을 위해서 바사 왕 고레스를 사용하기도 하셨고, 그 이전 바벨론의 느부갓네살에 대해서도 여러 가지 상황을 통해 교훈하시고 당신의 권위를 알게 하신 적이 있다.

우리나라의 정권이나 흥망성쇠도 하나님의 주관 하에 있다. 내가 태어난 해는 1950년, 곧 전쟁이 일어나던 해였다. 8월생이기 때문에 6.25가 발발한 지 얼마 안 되어서 태어난 것이다. 그 전쟁은 북괴가 우리 남한을 침략한 것이었다. 만일 당시에 UN이 결성되지 않았고 UN이 이 나라를 지키기로 하지 않았다면 우리나라는 공산화되고 적화통일이 되었을 것이다. 그럼 나와 여러분은 예수님을 믿을 가능성이 없었을 것이다. 그런데 그때 UN이 결성되어 있었고, 최초로 안전보장 이사회에서 평화군을 만들어 평화를 깨는 북한의 불법 남침과 도발을 응징하자는 결의를 한 것이다. 그래서 6.25 전쟁 때 많은 나라의 젊은이들이 연합군이 되어 이 나라에 와서 피를 흘리고 죽었다. 그렇게 해서 이 나라의 자유가 지켜졌고 그나마 38선이라도 그어서 남쪽은 자유의 나라가 되었으며 자유로이 기독교가 들어오고 복음이 들어와서 우리 모두가 예수 그리스도를 믿는 상황이 된 것이다. 이 모든 것을 생각할 때 이 일이 하나님의 주권적인 역사 안에서 이루어진 것이라고 믿는다. 어떻게 이런 일들이 다 우연이라고 할 수 있겠는가?

우리나라는 우방 여러 나라들에게 빚을 진 나라가 되었고, 우리는 이 모든 일을 알고 있어야 한다. 우리는 도움을 입은 사람으로서 은혜를 모르는 사람이 되어서는 안 된다. 우리가 이디오피아에 가서 선교를 하지만 그 나라는 우리나라 전쟁에 참전한 나라이다. 그런 모든 상황을 생각할 때 우리가 조금이나마 그런 나라를 돕는 것, 복음으로, 물질로 조금씩 돕는 것은 정말로 해야 되는 일이 아닌가 생각한다. 물론 이탈리아도 선교하러 가는데 그 나라도 우리나라 전쟁에 참전한 나라이다. 물론 이제 우리는 불쌍한 북한을 위해서도 기도해야 한다. 하나님께서 복음의 문을 열어주시도록…

"여호와께서 저로 아람을 구원하게 하였음이라". 하나님은 대적으로부터 아람을 구하실 때 나아만 장군을 사용하셨다. 아직 나아만 장군이 하나님을 믿기 전인데도 하나님은 그 사람을 기억하고 계셨다. 여기서 우리는 이방 나라도 하나님이 관심을 하고 계신다는 힌트를 얻을 수 있다. 구약시대에 하나님께서는 선지자를 통해서 이방인인 나아만을 구원하기를 기뻐하셨다. 그리고 이 이야기는 누가복음 4장 25-27절에서 주 예수님이 친히 말씀하셨다. "내가 참으로 너희에게 이르노니 엘리야 시대에 하늘이 세 해 여섯 달을 닫히어 온 땅에 큰 흉년이 들었을 때에 이스라엘에 많은 과부가 있었으되 엘리야가 그 중 한 사람에게도 보내심을 받지 않고 오직 시돈 땅에 있는 사렙다의 한 과부에게 뿐이었으며 선지자 엘리사 때에 이스라엘에 많은 문둥이가 있었으되 그 중에 한 사람도 깨끗함을 얻지 못하고 오직 수리아 사람 나아만뿐이니라".

이 나아만은 신약으로 말한다면 하나님께서 택하신 사람이다. 하나님은 그를 관심하고 계셨던 것이다. 그는 큰 용사였지만 문둥병자였다. 역량 있는 장군인데 핸디캡이 있었던 것이다. 만일 문둥병이 없었다면 이 사람은 하나님을 찾지 않았을 것이다. 부족함이 없기 때문이다. 우리 가운데도 하나님을 사랑하는 사람들을 보면 한 가지나 그 이상의 부족함이 있다. 만약 그러한 부족함이나 연약함이 없었다면 이 자리에 없을 것이고 다른 곳에서 다른 일에 종사하는 사람들이 되었을 것이다. 그 누구도 만만하게 주님께 굴복할 사람은 없다. 집안 사정으로 학교를 못 가서 인생에 날개를 달지 못하여 주님께 무릎 꿇은 사람들도 있을 것이고 사업에 실패하다보니 온 사람들도 있을 것이다. 각각 다른 결점에서 느낌이 있는 것이다. 여기 나아만이 그런 사람이었다. "저는 큰 용사나 문둥병자더라".

**2절, 전에 아람 사람이 떼를 지어 나가서 이스라엘 땅에서 작은 계집아이 하나를 사로잡으매 저가 나아만의 아내에게 수종들더니**

전에 아람 사람들이 이스라엘을 공격한 적이 있는데 그때 이스라엘 소녀 하나를 사로잡아 나아만의 아내에게 수종들게 했다.

**3절, 그 주모에게 이르되 우리 주인이 사마리아에 계신 선지자 앞에 계셨으면 좋겠나이다 저가 그 문둥병을 고치리이다**

이스라엘에서 잡혀와 나아만 장군의 집에서 하녀로 일하는 소녀인데 자기 나라의 선지자 엘리사의 영적 능력에 대해 잘 알고 있었다. 이 소녀는 자기의 주인인 나아만 장군이 엘리사 앞에 서기만 하면 그 문둥병을 고칠 수 있다는 믿음을 갖고 있었다. 하나님은 이렇게 작은 한 소녀라도 그분이 기뻐하시면 사용하실 수 있다. 겉으로 볼 때는 아람 사람들이 이스라엘을 공격해서 소녀 하나를 잡아다가 그들의 하녀가 되게 했으므로 이스라엘에게 해를 준 것이다. 그렇지만 하나님의 크신 주권 안에서는 나아만 장군을 구원하기 위해 이 소녀를 그 집에 파송한 것이었다. 이것은 하나님의 주권적인 역사였다. 이 소녀가 어느 날 주모에게 말했다. '우리 주인이 사마리아에 계신 선지자 앞에 계셨으면 좋겠습니다. 그분이 능히 문둥병을 고칠 수 있습니다.'

**4절, 나아만이 들어가서 그 주인에게 고하여 가로되 이스라엘 땅에서 온 계집아이의 말이 이러이러하더이다**

여기서 '그 주인'은 아람 왕이다. 때로 이렇게 작은 소녀의 말도 큰 효력을 발생하게 한다. 오늘날 교회 안에서도 작은 지체의 말이라고 해서 무시해서는 안 된다. 어떤 말은 큰 복음 역사의 시발이 되는 수가 있기 때문이다. 91년대에 몽골 복음 전파의 시작이 젊은 한 형제의 말에서 비롯되었다. 그는 한국 유학생으로서 처음으로 몽골에 가서 그곳의 상황을 나에게 말해주었다. 그 소식을 듣자마자 내 속에서는 그곳에 들어가고자 하는 갈망이 일어났고, 그 해 처음으로 홍콩, 북경을 거쳐 울란바토르에 들어갔던 것이다. 그것이 나의 20여 개 나라를 향한 선교의 시작이 될 줄은 아무도 몰랐다.

**5절, 아람 왕이 가로되 갈지어다 이제 내가 이스라엘 왕에게 글을 보내리라 나아만이 곧 떠날새 은 십 달란트와 금 육천 개와 의복 열 벌을 가지고 가서**

나아만 장군은 아람 왕에게 아주 소중한 존재였다. 자기의 신복으로 가장 요직에 있는 장군이 문둥병에 걸린 것을 아주 안타까워하고 있었을 것이다. 그러니까 이스라엘 나라에 가면 고칠 수 있다는 말을 하자 당장에 허락한 것이다. 그뿐 아니라 은 열 달란트(400-500kg)와 금 육천 개, 의복 열 벌 등의 상당한 선물을 가지고 가도록 했다. 그만큼 예를 갖춘 것이다. 이러한 큰 선물은 자기의 부하 장군 나아만이 왕에게 아주 중요한 사람임을 입증하는 것이다.

**6절, 이스라엘 왕에게 그 글을 전하니 일렀으되 내가 내 신하 나아만을 당신에게 보내오니 이 글이 당신에게 이르거든 당신은 그 문둥병을 고쳐주소서 하였더라**

아람 왕은 이스라엘 왕에게 자기 부하 장수를 선물과 함께 보내면서 정중하게 부탁하는 서신을 쓴 것이다. "내가 내 신하 나아만을 당신에게 보내오니 이 글이 당신에게 이르거든 당신은 그 문둥병을 고쳐주소서". 아람 왕은 엘리사가 어디에 있는지 잘 모르기 때문에 일단은 왕에게 서신을 보낸 것이다.

**7절, 이스라엘 왕이 그 글을 읽고 자기 옷을 찢으며 가로되 내가 어찌 하나님이관대 능히 사람을 죽이며 살릴 수 있으랴 저가 어찌하여 사람을 내게 보내어 그 문둥병을 고치라 하느냐 너희는 깊이 생각하고 저 왕이 틈을 타서 나로 더불어 시비하려 함인 줄 알라 하니라**

이스라엘 왕은 아람 왕의 편지를 읽고 매우 당황하였다. 이것은 한 면에서는 당연한 것이지만 또 다른 면에서는 불신의 표시다. 아람의 나아만 장군 집에 한 소녀가 잡혀 있다는 것을 알았고 엘리사의 능력도 믿었겠지만 여기서 그가 하나님을 의지하여 문둥병을 치료할 수 있다는 것은 믿지 못한 것이다. 4장에는 엘리사가 행한 많은 기적이 기록되어 있다. 그러나 왕은 그런 것을 생각지 않고 다만 아람 왕이 자기 부하의 문둥병을 고치라고 생떼를 부려 그것을 빌미로 이스라엘 나라를 치려는 것인 줄 알고 당혹스러워한 것이다.

**8절, 하나님의 사람 엘리사가 이스라엘 왕이 자기 옷을 찢었다 함을 듣고 왕에게 보내어 가로되 왕이 어찌하여 옷을 찢었나이까 그 사람을 내게로 오게 하소서 저가 이스라엘 중에 선지자가 있는 줄을 알리이다**

엘리사는 이미 상황을 들어서 다 알고 있었다. 엘리사는 왕이 옷을 찢었다 함을 듣고 사람을 보내서 "왕이 어찌하여 옷을 찢었나이까 그 사람을 내게로 오게 하소서."라고 했다. 어떤 상황이 닥쳤을 때 그저 슬퍼하고 안타까워하고 괴로워하기만 하는 것은 불신의 표시일 수 있다. 바로 옆에 있는 하나님의 사람인 선지자에게 구하면 되는데 그를 두고서도 의뢰하지 않고 괴로워하고 있는 것이다. 오늘 날도 교회 안에서 지체들이 서로 돌아보는 것이 필요하다. 질병이나 다른 문제로 당황스러워하는 성도들에게 은사 있는 형제나 자매가 몇 마디 해줌으로써 그들이 큰 위로와 격려를 받을 수 있다.

**9-10절, 나아만이 이에 말들과 병거들을 거느리고 이르러 엘리사의 집 문에 서니 10 엘리사가 사자를 저에게 보내어 가로되 너는 가서 요단강에 몸을 일곱 번 씻으라 네 살이 여전하여 깨끗하리라**

나아만이 말들과 병거들을 거느리고 엘리사가 있는 곳으로 가서 그의 집 문 앞에 섰다. 그런데 엘리사는 집에서 나오지 않고 사자를 보내어서 "요단강에 몸을 일곱 번 씻으라 네 살이 여전하여 깨끗하리라"고만 말했다.

**11절, 나아만이 노하여 물러가며 가로되 내 생각에는 저가 내게로 나아와 서서 그 하나님 여호와의 이름을 부르고 당처 위에 손을 흔들어 문둥병을 고칠까 하였도다**

나아만은 선지자가 나와 '어디가 아프십니까?' 하면서 상태를 살핀 후 환부에 손을 얹고 하나님의 이름을 부르며 기도를 해줄 것이라 기대했는데 엘리사는 나오지도 않고 사자를 보내서 그저 요단강에 가서 일곱 번 씻으라고만 하니 매우 화가 난 것이다. 이방인이라도 이렇게 나름대로 종교성과 신앙에 대한 선입견이 있다.

**12절, 다메섹 강 아마나와 바르발은 이스라엘 모든 강물보다 낫지 아니하냐 내가 거기서 몸을 씻으면 깨끗하게 되지 아니하랴 하고 몸을 돌이켜 분한 모양으로 떠나니**

나아만의 위험하고 단순한 생각이 여기에 표현되어 있다. 자기 나라의 강이 이스라엘의 모든 강보다 깨끗하다는 것이다. 나아만 장군 생각에 요단강은 그렇게 깨끗해 보이지 않은 것이다. 나아만의 생각에 자신의 병이 강에 씻기만 하면 치료되는 것이라면 다메섹 강 아마나와 바르발에서 씻으면 되지 왜 하필이면 깨끗하지도 않은 요단강에 가서 씻으라고 하는가 하는 것이다. 그는 자기 나름의 관념 때문에 속이 상했다. 사람이란 이렇게 복잡하다. 문둥병을 치료하러 온 처지에 시키는 대로 할 것이지 거기에 의견이 많은 것이다.

이번에 이탈리아의 나폴리라는 도시를 갔는데, 어떤 사람이 우리에게 자기 딸을 위해 기도해달라고 부탁했다. '딸의 어떤 상태인데 기도를 원하는가?' 하고 물었더니, 딸이 한 달에 한 번씩 300g의 피를 빼지 않으면 밥을 못 먹는다고 했다. 몇 년 전 영국에 갔었는데 그때 뭘 잘못 먹었는지 줄곧 그런 증세가 있다는 것이다. 그 요청에 따라 우리 몇 명이 가서 그 머리에 손을 얹고 기도를 하는데 이 딸의 고개가 가만히 있지 않고 자꾸만 돌아갔다. 왜 그런가 하고 그 눈을 바라보니 귀신이 들린 것이다. 그 딸은 기도를 받지 않으려고 몸부림을 쳤다. 부모는 그 딸이 귀신 들린 것인지는 모르고 다만 밥을 못 먹고 시름시름 앓으면서 죽어가는 상황인 줄로만 알았다. 우리도 처음에는 단순한 병인 줄 알고 안수 기도하려고 하는데 자꾸만 자기 방으로 가야 한다는 것이었다. 그래서 방에 따라가보니 온갖 귀신의 그림이 다 붙어 있었다. 그리고 그 딸의 손목과 팔뚝에도 뱀의 문신이 있었다. 그래서 부모에게 그런 그림을 다 떼어내 버리고 뱀은 사단의 상징이니 그 문신을 지워 버려야 한다고 했다. 그러자 그 어머니와 아버지는 나에게 뱀 문신은 아무 뜻이 없는 것이고 요즘 젊은 아이들 사이에 그런 문신을 하는 것이 유행이라고 했다. 그러면서 그들은 우리에게 그냥 기도만 하면 되지 않느냐고 따지는 것이었다.

여기의 나아만은 결국 돌이켰지만 그 사람들은 끝까지 돌이키지 않았다. 그러면 우리도 더 이상 아무 것도 할 수 없다. 순종하지 않는 자들에게는 도리가 없다. 그래서 우리는 그냥 돌아왔다. 어느 강인가가 문제가 아니라 순종하는 것이 문제이다. 예수님이 이 땅에 오셨을 때에도 어느 곳에 가서는 기적을 행하실 수가 없었다. 왜냐하면 그들이 믿지 않았기 때문이었다. 기적은 어디서 일어나는가? 순종하는 사람들에게서 일어난다.

"내가 거기서 몸을 씻으면 깨끗하게 되지 아니하랴 하고 몸을 돌이켜 분한 모양으로 떠나니". 이렇게 하고서 떠났다면 그는 길이 없었을 것이다. 그의 문둥병은 결코 고칠 수 없었을 것이다.

**13절, 그 종들이 나아와서 말하여 가로되 내 아버지여 선지자가 당신을 명하여 큰 일을 행하라 하였더면 행치 아니하였으리이까 하물며 당신에게 이르기를 씻어 깨끗하게 하라 함이리이까**

종들은 나아만을 지극한 존칭으로 '아버지'라고 부른다. 불치병을 치료하기 위해서라면 그보다 큰 일도 해야 할 터인데, 요단강에 가서 씻는 것은 쉬운 일이 아니냐는 것이다. '이것은 그렇게 어려운 일이 아닙니다. 그 정도의 일은 하셔야 하지 않겠습니까?'라고 한 것이다.

**14절, 나아만이 이에 내려가서 하나님의 사람의 말씀대로 요단강에 일곱 번 몸을 잠그니 그 살이 여전하여 어린아이의 살 같아서 깨끗하게 되었더라**

나아만은 아랫사람들, 종들의 권면을 들었다. 비록 종들의 말이지만 그 말이 합당하기 때문이다. 나아만은 결국 엘리사의 말을 듣고 순종하게 된 것이다. 요단강에 가서 일곱 번 몸을 담갔더니 완전히 치료가 되었다. 그의 살이 어린아이의 살처럼 완전히 치료를 받은 것은 믿음 때문이다. 치료를 받는 것은 믿음과 순종이 있을 때 이루어진다. 능력은 믿는 사람에게 역사한다.

**15절, 나아만이 모든 종자와 함께 하나님의 사람에게로 도로 와서 그 앞에 서서 가로되 내가 이제 이스라엘 외에는 온 천하에 신이 없는 줄을 아나이다 청컨대 당신의 종에게서 예물을 받으소서**

나아만이 완전히 치료를 받고 모든 종자와 함께 하나님 사람에게로 다시 돌아와서 그 앞에 서서 "내가 이제 이스라엘 외에는 온 천하에 신이 없는 줄을 아나이다"라고 고백했다. 나아만 장군은 치료를 받고 이스라엘의 하나님을 믿게 된 것이다. 그리고 치료의 답례로 예물을 드리려고 했다.

**16절, 가로되 나의 섬기는 여호와의 사심을 가리켜 맹세하노니 내가 받지 아니하리라 나아만이 받으라 강권하되 저가 고사한지라**

나아만은 치료를 받은 후 엘리사에게 가져온 예물을 주었으나 엘리사는 받지 않았다. 여기서 엘리사가 그를 치료한 것은 신약에서 우리 주 예수님과 사역자들이 복음을 전한 것과 같다. 왜 그런가? 나아만이 복음을 받았기 때문이다. 누가복음 4장 18-19절에는 주 예수님이 이사야 61장의 글을 읽으신 것이 나온다. "주의 성령이 내게 임하셨으니 이는 가난한 자에게 복음을 전하게 하시려고 내게 기름을 부으시고 나를 보내사 포로 된 자에게 자유를, 눈먼 자에게 다시 보게 함을 전파하며 눌린 자를 자유케 하고 주의 은혜의 해를 전파하게 하려 하심이라 하였더라". 이것이 복음이다. 25-27절, "내가 참으로 너희에게 이르노니 엘리야 시대에 하늘이 세 해 여섯 달을 닫히어 온 땅에 큰 흉년이 들었을 때에 이스라엘에 많은 과부가 있었으되 엘리야가 그 중 한 사람에게도 보내심을 받지 않고 오직 시돈 땅에 있는 사렙다의 한 과부에게 뿐이었으며 또 선지자 엘리사 때에 이스라엘에 많은 문둥이가 있었으되 그 중에 한 사람도 깨끗함을 얻지 못하고 오직 수리아 사람 나아만뿐이니라". 엘리사가 사역하던 당시에 이스라엘에 많은 문둥이가 있었지만 한 사람도 엘리사의 도움을 받지 못했다. 왜 그런가? 그들이 믿지 않았기 때문이다. 오직 수리아 사람 나아만 한 사람만 치료를 받은 것이다. 주님이 당시에 이렇게 말씀하신 것은 복음 전파를 염두에 두신 것이다. 따라서 나아만 장군이 믿음과 순종에 의해서 문둥병을 치료받은 것은 신약의 복음을 받아들이는 것에 관한 말씀인 것이다.

복음을 전하는 사람들이 그 대가로 예물을 받게 되면 주님의 가르침과 다르게 된다. 우리는 복음을 값없이 받았기 때문에 값없이 주어야 한다. 복음을 전하는 사람들은 복음으로 말미맘아 살리라고 했다. "이와 같이 주께서도 복음 전하는 자들이 복음으로 말미암아 살리라 명하셨느니라"(고전 9:14). 복음의 특성은 값없이 받는 것이고 값없이 주는 것임을 알아야 한다. 고린도 후서 11장 7절 말씀에는 "내가 너희를 높이려고 나를 낮추어 하나님의 복음을 값없이 너희에게 전함으로 죄를 지었느냐"고 했다. 복음을 전하는 사람은 값없이 전해야 된다는 이 한 가지를 영원히 기억해야 한다. 만일 여러분들이 복음을 전하고 대가를 받으려고 한다면 하나님의 복음의 성질을 변질시키게 된다. 복음은 값없이 받고 값없이 주는 것이다. 그러므로 엘리사는 그 선물을 사양했다.

**17절, 나아만이 가로되 그러면 청컨대 노새 두 바리에 실을 흙을 당신의 종에게 주소서 이제부터는 종이 번제든지 다른 제든지 다른 신에게는 드리지 아니하고 다만 여호와께 드리겠나이다**

나아만은 엘리사가 예물을 받지 아니하므로 줄 수가 없었다. 엘리사는 결코 복음 전파의 대가를 받지 않았다. 그러므로 우리 또한 강권하여 주더라도 절대 받지 말아야 한다. 이것이 바로 복음 전파자의 태도이다. "너희는 거저 받았으니 거저 주어라". 이것이 주님의 말씀이다. 이렇게 할 때 누구에게 유익이 있는가? 복음을 받은 나아만에게 유익이 있다. 값없이 받은 것이 되기 때문이다. 만일 예물을 준다면 대가를 주고 복음을 산 것이 된다. 그러면 이것은 거저 주시는 은혜의 복음의 성질을 바꾸는 것이다. 그래서 복음을 전하는 사람들은 이것을 '극히' 조심해야 한다.

그러자 나아만은 노새 두 바리에 실을 흙을 달라고 했다. 나아만은 하나님이 이스라엘 땅에만 계시는 줄로 안 것이다. 이방 땅인 자기 나라 아람에 가서 하나님께 예배를 드려야 하는데 그곳에는 하나님이 계시지 않으니까 엘리사가 살고 있는 이스라엘 땅의 흙을 가져가려고 한 것이다. 그 흙으로 제단을 만들어서 이스라엘 하나님께 예배를 드리면 될 것이라고 생각한 것이다. 나아만은 상당히 종교적 관념이 있는 사람이다. 그러나 엘리사는 '하나님은 어디든지 계시는데 뭐하러 흙을 퍼가는가?' 라고 하지 않고 그냥 두었다.

**18절, 오직 한 가지 일이 있사오니 여호와께서 당신의 종을 사유하시기를 원하나이다 곧 내 주인께서 림몬의 당에 들어가 거기서 숭배하며 내 손을 의지하시매 내가 림몬의 당에서 몸을 굽히오니 내가 림몬의 당에서 몸을 굽힐 때에 여호와께서 이 일에 대하여 당신의 종을 사유하시기를 원하나이다**

나아만 장군은 치료를 받고나니 엘리사에게 고마워서 떠나기 전에 이런 저런 이야기를 하고 있다. 그의 주인, 아람 왕이 림몬의 당에 들어가 우상에게 경배할 때 나아만의 손을 의지하므로 자기도 림몬의 당에서 몸을 굽히게 되는데, 하나님께서 자기 형편을 아시고 용서해주셨으면 좋겠다는 것이다. 이런 말을 듣고 엘리사는 가급적 그렇게 하지 말라고 하거나 그에 대하여 좀 더 기도하고 교제해보자고 하지 않고 그냥 평안히 가라고 했다.

**19절, 엘리사가 가로되 너는 평안히 가라 저가 엘리사를 떠나 조금 진행하니라**

이 나아만의 태도에 대해 어떤 학자는 잘못되었다고 하면서 믿으려면 장군 지위를 내려놓고서라도 확실하게 믿어야 했다고 말한다. 물론 그렇게 할 뜻이 있는 사람이라면 그렇게 하는 것이 좋겠지만 이방인으로서 이 정도면 좋은 것이다. 신약에서 주 예수님도 그의 이야기를 하실 때 결코 그에게 부족한 것이 있는 것처럼 말씀하지 않으셨다. 하나님은 어떤 사람의 상황을 참작하시고 그분의 긍휼과 자비로 용납하시는 분이 아닐까 생각해본다. 이것은 엘리사의 대답으로 미루어 보아 알 수 있다. 더 요구를 하지 않는 것이다. 나아만이 자기 마음에서부터 림몬 우상에게 경배하겠다는 것이 아니기 때문이다. 확실히 이 사람 나아만은 복음을 받고 치료를 받은 사람이다. 적어도 그런 일을 지속하는 것이 속에서 뭔가 거리낌이 된다는 것은 그가 믿은 자라는 표시이다.

20절, **하나님의 사람 엘리사의 사환 게하시가 스스로 이르되 내 주인이 이 아람 사람 나아만에게 면하여 주고 그 가지고 온 것을 그 손에서 받지 아니하였도다 여호와의 사심을 가리켜 맹세하노니 내가 저를 쫓아가서 무엇이든지 그에게서 취하리라 하고**

엘리사의 사환 게하시는 금과 은과 옷 열 벌을 받지 않고 돌려보내는 것을 보고 속으로 '저 아까운 것을 그냥 돌려보내다니' 하면서 반드시 쫓아가서 받아와야겠다고 생각했다. "여호와의 사심을 가리켜 맹세하노니"라고 하는 것으로 보아 게하시도 나름 확신이 있다. 받지 않을 필요가 없는데 자기 주인이 너무 고지식하여 쓸데없는 고집을 부린다고 생각하는 것이다.

21-22절, **나아만의 뒤를 쫓아가니 나아만이 자기 뒤에 달려옴을 보고 수레에 내려서 맞아 가로되 평안이냐 22 저가 가로되 평안이니이다 우리 주인께서 나를 보내시며 말씀하시기를 지금 선지자의 생도 중에 두 소년이 에브라임 산지에서부터 내게 왔으니 청컨대 당신은 저희에게 은 한 달란트와 옷 두 벌을 주라 하시더이다**

엘리사의 사환 게하시는 나아만의 일행에게 달려가서 장군을 만나 거짓말로 상황을 꾸며서 얘기했다. 나아만이 갖고 왔던 은 십 달란트 중에서 한 달란트와 옷 열 벌 중에 두 벌을 달라고 한 것이다. 그는 엘리사의 수종을 들면서 참으로 배운 것이 없다. 선지자의 영과 삶의 본을 따라 배운 것이 너무 없는 것이다. 겉으로만 함께한 것이다. 엘리사와 게하시는 속이 전혀 다르다. 게하시는 물질에 대한 욕망이 크다. 게하시는 많지도 않은 물질에 대해 욕심을 떨치지 못하였다. 이 작은 욕심이 주의 일을 얼마나 부끄럽게 하는지!

**23절, 나아만이 가로되 바라건대 두 달란트를 받으라 하고 저를 억제하여 은 두 달란트를 두 전대에 넣어 매고 옷 두 벌을 아울러 두 사환에게 지우매 저희가 게하시 앞에서 지고 가니라**

게하시는 은 한 달란트를 달라고 했지만 나아만은 억지로 두 달란트를 주었고 더불어 옷 두 벌을 두 사환에게 지워주며 갖다 주라고 했다. 나아만은 얼마나 마음이 좋았겠는가? 이왕에 선지자에게 주려고 가지고 온 것이니 말이다.

**24-26절, 언덕에 이르러는 게하시가 그 물건을 두 사환의 손에서 취하여 집에 감추고 저희를 보내어 가게 한 후 25 들어가서 그 주인 앞에 서니 엘리사가 이르되 게하시야 네가 어디서 오느냐 대답하되 종이 아무데도 가지 아니하였나이다 26 엘리사가 이르되 그 사람이 수레에서 내려 너를 맞을 때에 내 심령이 감각되지 아니하였느냐 지금이 어찌 은을 받으며 옷을 받으며 감람원이나 포도원이나 양이나 소나 남종이나 여종을 받을 때냐**

게하시는 두 사환에게서 받은 것을 취하여 집에 감추고 두 사환은 돌려보냈다. 그리고 아무 일 없다는 듯이 엘리사에게 간 것이다. 그러나 엘리사는 이미 다 알고 있었다. 엘리사의 영은 매우 맑고 예민하다. 그렇기 때문에 게하시가 그 예물을 받으려고 나아만 장군을 만났을 때 엘리사는 이미 영 안에서 감각하고 있었다. 자기 사환 게하시가 하나님의 역사를 망치고 있다는 것을 영에서 감지했던 것이다. "지금이 어찌 은을 받으며 옷을 받으며 감람원이나 포도원이나 양이나 소나 남종이나 여종을 받을 때냐". 게하시는 이 '때'에 대해서 알지 못하고 있다. 이때는 무슨 때인가? 엘리사의 구령 사역에서 매우 중요한 시점이다. 엘리사는 한 영혼을 하나님께로 돌이키는 것이 얼마나 중요한 일인지를 알고 있는데 게하시는 그것을 모르고 이 일을 밥벌이 정도로 생각하고 있는 것이다. 엘리사와는 생각이 전혀 다르다. 게하시는 주의 일을 삯군의 일 정도로 낮춘 것이다.

**27절, 그러므로 나아만의 문둥병이 네게 들어 네 자손에게 미쳐 영원토록 이르리라 게하시가 그 앞에서 물러나오매 문둥병이 발하여 눈같이 되었더라**

그 결과 나아만의 문둥병이 게하시에게 옮겨갔다. 게하시는 자신만이 아니라 자기 자식에게까지 문둥병이 유전되는 엄청만 심판을 받았다. 여기서 우리는 주님의 복음이 이방인에게까지 널리 퍼지게 되어 이방인이 복을 받은 것과, 반면에 가까이 있던 유대인 게하시는 형편없는 자로 드러났음을 알 수 있다. 오늘날도 참된 선지자가 있다 할 때에 그에게 가까이 있는 성도들이 반드시 축복을 받는가? 그렇지 않을 수 있다. 멀리 있는 사람은 축복을 받는데 가까이에 있는 이스라엘 왕은 축복을 받지 못했다. 이스라엘에는 문둥병 걸린 사람들이 없었는가? 누가복음의 말씀에 근거할 때 많이 있었다. 그런데 이방인인 나아만 한 사람만 치료를 받은 것이다. 그리고 참 선지자 곁에서 수종 들던 사람은 축복을 받은 것이 아니라 도리어 저주를 받았다. 그러므로 선지자 가까이에 있는 사람들은 조심하고 더욱 깨어 있어야 한다.

# 열왕기하 6장

**1-3절, 선지자의 생도가 엘리사에게 이르되 보소서 우리가 당신과 함께 거한 곳이 우리에게는 좁으니 2 우리가 요단으로 가서 거기서 각각 한 재목을 취하여 그곳에 우리의 거할 처소를 세우사이다 엘리사가 가로되 가라 3 그 하나가 가로되 청컨대 당신도 종들과 함께 하소서 엘리사가 가로되 내가 가리라 하고**

엘리사는 선지자이고 엘리사가 있는 곳에는 어디든지 선지자 학교가 있어서 엘리사와 같은 선지자들이 되도록 훈련받는 사람들이 있었다. 그런데 그들이 점점 많아지자 그들이 거하는 장소가 비좁게 되었다. 오늘날로 말하면 선교훈련센터가 너무 좁은 것이다. 그러자 그 중 한 사람이 이곳은 너무 좁으니까 다른 곳에다 넓게 짓자고 했다. "요단으로 가서 거기서 각각 한 재목을 취하여 그곳에 우리의 거할 처소를 세우사이다".

어떤 돈 많은 사람이 다 지어주는 것이 아니라 생도들이 각자 재목을 하나씩 가져와 짓자는 것이다. 지금으로 말하면 온 성도가 함께 헌금을 해서 짓는 것이다. 그런데 이것을 엘리사가 먼저 하자고 한 것이 아니라 생도들이 먼저 제안을 했다. 엘리사가 '그러면 그렇게 하라'고 하니까 생도들이 "청컨대 당신도 우리와 함께하소서"라고 부탁했다. 그렇게 해서 함께 선지자 학교를 짓게 된 것이다. 예배당을 구하고 건축하는 문제에 있어서 사역자 자신이 나서는 것은 아름답지 않다. 성도들이 먼저 필요를 느끼고 기도하면서 시작하는 것이 가장 아름답다. 그래야 결과도 좋다.

**4-5절, 드디어 저희와 함께 가니라 무리가 요단에 이르러 나무를 베더니 5 한 사람이 나무를 벨 때에 도끼가 자루에서 빠져 물에 떨어진지라 이에 외쳐 가로되 아아 내 주여 이는 빌어온 것이니이다**

선지자 학교를 새로 짓기 위해 나무를 베러 요단에 갔는데, 한 생도가 나무를 베다가 빌려온 도끼가 자루에서 빠져 물속에 떨어졌다. 그 도끼는 빌려 온 것이기에 쓰고 나서 주인에게 돌려주어야 하는데 큰일 난 것이다.

**6-7절, 하나님의 사람이 가로되 어디 빠졌느냐 하매 그곳을 보이는지라 엘리사가 나무 가지를 베어 물에 던져서 도끼로 떠오르게 하고 7 가로되 너는 취하라 그 사람이 손을 내밀어 취하니라**

물에 빠진 도끼를 엘리사가 기적을 베풀어 떠오르게 하여 다시 건질 수가 있었다. 이렇게 열왕기 하 6장은 하나님과 함께하는 사람의 능력을 보여주는 내용으로 구성되어 있다. 여기서 우리는 엘리사의 자상함과 동정하는 마음을 볼 수 있다. 그는 생도들이 함께 가자고 할 때 따라갔고 도끼가 물에 빠졌을 때 어떻게 하든지 건져서 걱정을 면하게 해주었다.

**8-13절, 때에 아람 왕이 이스라엘로 더불어 싸우며 그 신복들과 의논하여 이르기를 우리가 아무 데 아무 데 진을 치리라 하였더니 9 하나님의 사람이 이스라엘 왕에게 기별하여 가로되 왕은 삼가 아무 곳으로 지나가지 마소서 아람 사람이 그곳으로 나오나이다 10 이스라엘 왕이 하나님의 사람의 자기에게 고하여 경계한 곳으로 사람을 보내어 방비하기가 한두 번이 아닌지라 11 이러므로 아람 왕의 마음이 번뇌하여 그 신복들을 불러 이르되 우리 중에 누가 이스라엘 왕의 내응이 된 것을 내게 고하지 아니하느냐 12 그 신복 중에 하나가**

**가로되 우리 주 왕이여 아니로소이다 오직 이스라엘 선지자 엘리사가 왕이 침실에서 하신 말씀이라도 이스라엘 왕에게 고하나이다 13 왕이 가로되 너희는 가서 엘리사가 어디 있나 보라 내가 보내어 잡으리라 혹이 왕에게 고하여 가로되 엘리사가 도단에 있나이다**

여기에 나오는 아람 왕이 5장의 그 왕인지는 정확히 알 수 없다. 만일 동일 인물이라면 나아만을 고쳐 달라고 모든 예우를 갖추어서 부탁해놓고 부하 장군 나아만을 고쳐 준 이스라엘에 다시 이렇게 쳐들어오는 것이라면 이방 나라는 정말 믿을 수가 없는 것이다. 학자들 중에는 나아만 장군이 엘리사를 통해 치료받았는데 은혜를 입은 나라를 쉽게 침공할 수 없었을 것이라고 말한다.

따라서 그 왕이 나아만 장군 때 다음 왕인 벤하닷 2세라고 보는 것이 일반적이다. 그런데 아람 왕이 이스라엘을 치려고만 하면 엘리사가 그 전술을 다 알아서 아람 나라가 어떻게 하려는 것을 이스라엘 왕에게 알려주는 것이다. 그래서 아람 왕은 엘리사가 있는 한 전쟁에서 이길 수 없다고 생각하여 엘리사를 잡으려고 했다. 영적인 사람이란 뭔가 아는 것이 있는 사람이다. 게하시는 자신의 주인인 엘리사가 자신이 한 일을 모를 것이라고 생각했다. 그래서 엘리사 모르게 나아만에게 가서 예물을 받아낸 것이다. 그러나 엘리사는 이미 다 알고 있었다.

여기서 우리에게 알려주고자 하는 영적 의미는, 첫째, 하나님과 함께 하는 엘리사의 능력이다. 도끼가 물에 빠졌을 때 나뭇가지를 물에 던져 그것을 떠오르게 했다. 그것은 주님의 십자가의 능력을 사용할 줄 안다는 의미이다. 쇳덩이를 물속에서 떠오르게 함으로 불가능한 일을 가능하게 한 것이다. 둘째, 영적인 사람의 특징은 뭔가를 안다는 것이다. 엘리사는 이방 왕이 진을 치고 쳐들어오려고 하는 것을 다 알고 있었다.

"왕이 가로되 너희는 가서 엘리사가 어디 있나 보라 내가 보내어 잡으리라 혹이 왕에게 고하여 가로되 엘리사가 도단에 있나이다". 아람 왕은 엘리사를 잡으러 보냈다. 아람 왕의 신복들이 엘리사가 도단에 있다는 정보를 알고 도단으로 군사들을 보냈다. 이곳은 요셉이 형들한테 팔렸던 곳이기도 하다.

**14절, 왕이 이에 말과 병거와 많은 군사를 보내매 저희가 밤에 가서 그 성을 에워쌌더라**

왕이 보낸 많은 아람 군사들이 도단을 에워쌌다. 그들은 엘리사를 잡기 위해 도단 성 전체를 포위한 것이다.

**15-16절, 하나님의 사람의 수종 드는 자가 일찍이 일어나서 나가 보니 군사와 말과 병거가 성을 에워쌌는지라 그 사환이 엘리사에게 고하되 아아 내 주여 우리가 어찌하리이까 16 대답하되 두려워하지 말라 우리와 함께한 자가 저와 함께한 자보다 많으니라 하고**

이 사환이 누구인지는 모른다. 게하시는 문둥병이 걸렸으니 더 이상 수종들 수 없을 것이기 때문에 필경 다른 사환일 것이다. 그는 많은 아람 군사들을 보고 두려워하여 엘리사에게 "아아 내 주여 우리가 어찌하리이까"라고 하였다. 이 사환에게는 성을 포위한 아람 군대만 보였을 것이다. 그러나 엘리사는 "두려워하지 말라 우리와 함께한 자가 저와 함께한 자보다 많으니라"고 했다. 이렇게 영적인 사람의 특징은 영의 눈이 열린 것이다. 엘리사가 두려워하지 않을 수 있었던 것은 '우리와 함께한 자가 저와 함께한 자보다 많다'는 것을 보았기 때문이다.

**17절, 기도하여 가로되 여호와여 원컨대 저의 눈을 열어서 보게 하옵소서 하니 여호와께서 그 사환의 눈을 여시매 저가 보니 불말과 불병거가 산에 가득하여 엘리사를 둘렀더라**

엘리사는 영안이 열려 하나님께서 불말과 불병거와 천군천사로 그를 지키고 있는 것을 보았기 때문에 두려워하지 않은 것이다. 그래서 자기 사환도 볼 수 있게 해달라고 하나님께 기도하자 엘리사가 본 것을 사환도 볼 수 있게 되었다. "저가 보니 불말과 불병거가 산에 가득하여 엘리사를 둘렀더라".

**18절, 아람 사람이 엘리사에게 내려오매 엘리사가 여호와께 기도하여 가로되 원컨대 저 무리의 눈을 어둡게 하옵소서 하매 엘리사의 말대로 그 눈을 어둡게 하신지라**

하나님과 엘리사는 완전히 하나였다. 그래서 하나님의 사람이라고 하는 것이다. 아람 군대들이 엘리사에게 가까이 왔지만 엘리사는 두려워하지 않고 그 군대 앞으로 나아갔다. 엘리사는 그들을 만나서 하나님께 기도하기를, "저 무리의 눈을 어둡게 하옵소서."라고 했다. 그의 기도대로 그를 잡으러 온 대적들의 눈이 어두워졌다.

**19절, 엘리사가 저희에게 이르되 이는 그 길이 아니요 이는 그 성도 아니니 나를 따라오라 내가 너희를 인도하여 너희의 찾는 사람에게로 나아가리라 하고 저희를 인도하여 사마리아에 이르니라**

엘리사는 지금 도단에 있는데 엘리사를 잡으러 온 사람들의 눈을 어둡게 해서 사마리아로 데리고 간 것이다. 도단에서 사마리아까지는 약 12Km 정도 될 것이다.

**20절, 사마리아에 들어갈 때에 엘리사가 가로되 여호와여 이 무리의 눈을 열어서 보게 하옵소서 하니 여호와께서 저희의 눈을 여시매 저희가 보니 자기가 사마리아 가운데 있더라**

엘리사가 그 무리를 사마리아까지 데리고 간 다음 하나님께 그 눈을 열어 보게 해달라고 기도했더니 그들의 눈이 열렸다. 그들이 보니 자기들이 사마리아 가운데 있는 것이다.

**21절, 이스라엘 왕이 저희를 보고 엘리사에게 이르되 내 아버지여 내가 치리이까 내가 치리이까**

이들은 결국 사마리아 성내에 갇힌 포로가 된 것이다. 그러자 이스라엘 왕이 나타나서 "내 아버지여, 내가 치리이까? 내가 치리이까?"라고 물었다.

**22-23절, 대답하되 치지 마소서 칼과 활로 사로잡은 자인들 어찌 치리이까 떡과 물을 그 앞에 두어 먹고 마시게 하고 그 주인에게로 돌려보내소서 23 왕이 위하여 식물을 많이 베풀고 저희가 먹고 마시매 놓아보내니 저희가 그 주인에게로 돌아가니라 이로부터 아람 군사의 부대가 다시는 이스라엘 땅에 들어오지 못하니라**

이것이 엘리사의 치적이고 사역이다. 아람 왕은 혈기와 육체로 엘리사를 죽이려고 했다. 아람은 이스라엘을 치는 것이 주된 목적인데, 번번이 엘리사 때문에 실패로 돌아가니까 엘리사를 잡기 위해 군사를 보낸 것이다. 그러나 엘리사는 성령의 능력으로 그들의 눈을 어둡게 해서 사마리아로 데려 갔다. 그래서 자기를 잡으러 온 아람 군사들을 포로가 되게 했다. 이스라엘 왕이 '이들을 다 죽일까요?'라고 묻자 죽이지 말고 오히려 음식을 먹이라고 했다. 그래서 음식을 풍성히 주어 잘 먹이고서 돌려보낸 것이다. 이렇게 했을 때 다시는 그 아람 군대가 이스라엘 땅에 쳐들어오지 못하더라는 것이다.

여기서 배울 것은, 대적을 이기는 방법은 여러 가지가 있다는 것이다. 다 쳐서 이기는 방법도 있고 그렇지 않은 방법도 있다. 여기서 엘리사는 영적이고 품격이 있게 이겼다. 혈기라고는 전혀 들어가지 않은 승리이다. 이 승리는 적의 마음을 감동시켜 얻은 것이다. 이와 같이 우리가 대적을 잘 이기게 되면 오히려 적을 나의 친구로도 만들 수 있다. 우리가 영적 전쟁을 하거나 사역할 때, 대적의 공격과 훼방에 맞서 혈기를 사용하지 않고 기도하는 것이 중요하다. 엘리사는 '하나님, 저들의 눈을 어둡게 해주십시오.'라고 기도한 다음 저들을 데리고 도단에서 사마리아까지 왔다. 그리고서는 눈을 열어 보게 해달라고 기도하여 그들이 다 죽을 수도 있다는 상황을 알게 했다. 그때 이스라엘 왕이 '저들을 쳐 죽일까요?'라고 하자 엘리사는 죽이지 말고 그들을 먹이라고 했다. 이 모든 과정을 보게 한 다음에 '치지 말라. 사로잡았는데 어떻게 치겠느냐? 떡과 물을 먹여 보내라.'고 한 것이다. 저들은 엘리사를 잡아 죽이려고 왔는데 오히려 자기들이 포로가 되어 자기들이 죽어 마땅한 상황이 된 것이다. 그러나 엘리사는 선으로 악을 이겼다. 그들은 돌아간 후에 다시는 쳐들어오지 않았다.

우리는 다른 사람들이 우리를 공격하고 훼방할 때 같이 혈기로 대적하는 경우가 많다. 어떻게 하든지 하나님께 손해가 되지 않게 하려 한다고 하지만 많은 때 혈기를 사용하게 된다. 그러나 가장 좋은 것은 이렇게 엘리사처럼 영적으로 충만해서 기도로, 사랑으로 적을 굴복시켜서 친구로 만드는 역량을 갖는 것이다.

**24절, 이후에 아람 왕 벤하닷이 그 온 군대를 모아 올라와서 사마리아를 에워싸니**

여기서 아람 왕의 이름이 나왔다. 아람 왕 벤하닷이 군대를 모아 올라와서 사마리아를 포위했다. 이 말씀은 그로부터 오랜 후의 일로 23절 때와는 다른 때로 보여진다.

**25절, 아람 사람이 사마리아를 에워싸므로 성중이 크게 주려서 나귀 머리 하나에 은 팔십 세겔이요 합분태 사분 일 갑에 은 다섯 세겔이라**

아람 사람이 사마리아 성을 포위하니 성안 백성들이 출입을 못하여 크게 주리게 되었다. 나귀 머리 하나에 은 팔실 세겔이라고 했다. 나귀란 이스라엘 사람들이 먹지 못하게 되어 있는 짐승이다. 그런데 그 나귀 머리의 값이 은 팔십 세겔이나 되었고, 합분태는 비둘기 똥이나 여물지 않은 콩을 가리키는데 그 사분 일 갑이 은 다섯 세겔에 매매가 되었다. 엄청 먹을 것이 궁하게 된 상황이다.

**26-27절, 이스라엘 왕이 성 위로 통과할 때에 한 여인이 외쳐 가로되 나의 주 왕이여 도우소서 27 왕이 가로되 여호와께서 너를 돕지 아니하시면 내가 무엇으로 너를 도우랴 타작마당으로 말미암아 하겠느냐 포도주 틀로 말미암아 하겠느냐**

여기서 이스라엘 왕은 여호람일 것이다. 그런데 그 왕이 성 위로 통과하다가 한 여인의 외침을 들었다. '왕이여, 나를 도우소서'. 왕이 대답했다. "여호와께서 너를 돕지 아니하시면 내가 무엇으로 너를 도우랴".

**28-29절, 또 가로되 무슨 일이냐 여인이 대답하되 이 여인이 내게 이르기를 네 아들을 내라 우리가 오늘날 먹고 내일은 내 아들을 먹자 하매 29 우리가 드디어 내 아들을 삶아 먹었더니 이튿날에 내가 이르되 네 아들을 내라 우리가 먹으리라 하나 저가 그 아들을 숨겼나이다**

참담한 이야기이다. 너무 굶주리다 보니까 서로 아들을 삶아 먹게 된 것이다. 신명기 28장 53-57절 말씀을 보면 이스라엘 백성들이 하나님께 불순종하면 흉년이 오고 굶주리게 되어 자식을 먹는 상황까지 올 것이라고 했다. "네가 대적에게 에워싸이고 맹렬히 쳐서 곤란케 함을 당하므로 네 하나님 여호와께서 네게 주신 자녀 곧 네 몸의 소생의 고기를 먹을 것이라 너희 중에 유순하고 연약한 남자라도 그 형제와 그 품의 아내와 그 남은 자녀를 질시하여 자기의 먹는 그 자녀의 고기를 그 중 누구에게든지 주지 아니하리니 이는 네 대적이 네 모든 성읍을 에워싸고 맹렬히 너를 쳐서 곤란케 하므로 아무것도 그에게 남음이 없는 연고일 것이며 또 너희 중에 유순하고 연약한 부녀 곧 유순하고 연약하여 그 발바닥으로 땅을 밟아 보지도 아니하던 자라도 그 품의 남편과 그 자녀를 질시하여 그 다리 사이에서 나온 태와 자기의 낳은 어린 자식을 가만히 먹으리니 이는 네 대적이 네 생명을 에워싸고 맹렬히 쳐서 곤란케 하므로 아무것도 얻지 못함이리라". 그런데 이 말씀대로 그런 상황이 온 것이다. 그러면 이런 상황의 원인은 어디에 있는가? 불순종에 있다.

이스라엘 왕 여호람에 대해서 생각해 보자. 백성들이 그렇게 부르짖을 때 이 왕은 어떻게 하였는가? "여호와께서 너를 돕지 않는데 내가 무엇으로 너를 도울 수 있단 말인가?" 이 말은 옳다. 그런데 그 여인들의 마음은 어떠했겠는가? 두 여인이 아들을 하나씩 삶아먹자고 피차 약속했는데 일단 남의 아들을 먼저 삶아먹고 이제 자기 아들은 삶아 먹을 차례가 되자 마음이 바뀌어 자기 아들을 숨겨 버린 것이다. 때마침 성 위를 순찰하던 왕에게 이 여인은 자기의 안타까운 상황을 돌봐달라고 부르짖은 것이다. 그런데 왕은 전혀 이 일을 해결할 길을 모색하지 않고 있다.

**30절, 왕이 그 여인의 말을 듣고 자기 옷을 찢으니라 저가 성 위로 지나갈 때에 백성이 본즉 그 속살에 굵은 베를 입었더라**

이스라엘 왕은 사리적으로는 바른 말을 했다. 또 영적으로도 그런 말을 듣고 슬퍼하는 표시로 옷을 찢을 줄도 알고 굵은 베를 입을 줄도 알았다. 어리고 분별력이 없는 사람들은 왕의 이러한 태도가 그렇게 나쁘지 않다고 생각할 것이다.

**31-32절, 왕이 가로되 사밧의 아들 엘리사의 머리가 오늘날 그 몸에 붙어 있으면 하나님이 내게 벌 위에 벌을 내리실지로다 하니라**
**32 그 때에 엘리사가 그 집에 앉았고 장로들이 저와 함께 앉았는데 왕이 자기 처소에서 사람을 보내었더니 그 사자가 이르기 전에 엘리사가 장로들에게 이르되 너희는 이 살인한 자의 자식이 내 머리를 취하려고 사람을 보내는 것을 보느냐 너희는 보다가 사자가 오거든 문을 닫고 문 안에 들이지 말라 그 주인의 발소리가 그 뒤에서 나지 아니하느냐 하고**

이스라엘 왕은 나라의 궁핍하게 된 상황에 대하여 그 핑계를 엘리사에게 돌리고 있다. 여러분은 어떻게 생각하는가? 나는 열왕기 하 6장을 읽으면서 우리에게 무엇을 알려 주려고 이 장이 있을까를 생각해 보았다. 이 장은 영적인 척하지만 전혀 영적이지 않은 사람이 어떤 사람인가를 보여주는 것 같다. 일반적인 눈을 가지고는 잘못된 것을 찾아내기 어려운 것이 있다. 이 여호람이라는 사람이 그런 사람이다. 외양적으로는 전혀 잘못된 것이 없는 것 같다. 그런데 사실은 전혀 주님을 경외하는 사람이 아니다. 잠언 19장 3절에는 "사람이 미련하므로 자기 길을 굽게 하고 마음으로 여호와를 원망하느니라"는 말씀이 있다.

사실상 이렇게 대적에게 둘러싸여 기아가 오고 자식을 먹을 정도가 된 것은 신명기 말씀에서 볼 때 하나님의 명령을 불순종했기 때문이다. 그렇다면 백성들의 이러한 상태를 볼 때 왕은 응당 무릎을 꿇어야 한다. 그리고서 '여러분, 내가 죄인입니다, 모두 나 때문에 일어난 일입니다. 내가 하나님께 불순종하는 죄를 범했습니다.'라고 회개해야 하는 것이다. 모든 죄를 자백하고 우상을 제하고 여호와께로 돌아와야 하는 것이다. 그런데 왕은 경건의 모양만 갖고 있다. 옷을 찢고 굵은 베옷을 입었다. 그러나 그 중심은 어떠한가? 전혀 아니다. 겉으로는 영적인 체 하지만 속은 하나님의 사람인 엘리사를 잡아 죽이려고 하는 것이다.

오늘날 이런 영성이 없겠는가? 이것은 매우 거짓된 것이다. 자기를 속이고 남을 속이는 것이다. "백성이 본즉 그 속살에 굵은 베옷을 입었더라"(30절). 이 왕은 성위를 다니며 백성들에게 '나는 이렇게 백성들의 굶주리는 상황을 보고 애통해한다'는 것을 보여주고 있다. 그리고 이렇게 어렵게 된 것이 엘리사 때문이라고 생각하면서 그를 잡아 죽이려고 한다. 여호람의 아버지 아합 왕은 엘리야에게 '너는 이스라엘을 괴롭게 하는 자'라고 했다. 하나님의 선지자 때문에 이스라엘 땅에 흉년이 들어 고생한다는 것이다.

여기 32절에서 엘리사가 장로들과 함께 집에 앉아 있는데 왕이 사람을 보냈다. 그 사자가 오기 전에 엘리사가 장로들에게 말한다. "너희는 이 살인한 자의 자식이 내 머리를 취하려고 사람을 보내는 것을 보느냐 너희는 보다가 사자가 오거든 문을 닫고 문 안에 들이지 말라 그 주인의 발소리가 그 뒤에서 나지 아니하느냐". '이 살인한 자의 자식'이란 아합 왕의 아들 여호람을 가리킨다. 엘리사는 집에 앉아 있어도 모든 상황을 다 알고 있다. 그 왕이 자기를 잡으려고 사자를 보낸 것을 알고 있다. 그리고 사자를 먼저 보내놓고 왕도 그 뒤에서 쫓아오고 있는 것도 다 알고 있다. "그 주인의 발소리가 그 뒤에서 나지 아니하냐".

**33절, 무리와 말씀할 때에 그 사자가 이르니라 왕이 가로되 이 재앙이 여호와께로부터 나왔으니 어찌 더 여호와를 기다리리요**

이 33절 후반부의 "이 재앙이 여호와께로부터 나왔으니 어찌 더 여호와를 기다리리요"라는 말은 아주 애매한 말이다. 열왕기 하 6장의 말씀이 왜 있는가? 여기서 성령께서는 이러한 사이비적인 영성을 드러내고자 하신다. 여호람 왕의 거짓되고 외식적인 상태를 드러내는 것이다. 이 왕은 엘리사를 왜 죽이려고 하는가? 이스라엘의 사로잡힘과 기근이 엘리사 때문이라고 생각하며 그 책임을 하나님의 종에게 돌리려는 것이다. 그 반면에 하나님은 엘리사를 통해 무엇을 나타내고자 하시는가? 엘리사는 모르는 것이 없다. 집에 앉아 있어도 왕이 자기를 죽이려고 사람을 보냈고 왕도 그 뒤를 좇아오고 있다는 것을 다 알고 있다.

영적인 사람은 모든 것을 분별하는 특징이 있다. 고린도 전서 2장에 있는 말씀이다. "신령한 자는 모든 것을 판단하나 자기는 아무에게도 판단을 받지 아니하느니라"(고전 2:15). 그럼 영적인 사람이 되려면 어떻게 해야 되는가? 반드시 십자가를 거쳐야 한다. 자기를 부인하는 것을 배우고 철저히 십자가를 지는 것을 배우고 자신을 의지해서 살지 않고 대가를 지불하여 순종하면서 주님을 따라갈 때 그 사람의 영적인 생명은 자라고 영적 눈이 밝아지는 것이다. 고린도 전서 2장에서 영적인 사람은 모든 것을 알며 모든 것을 분변한다고 하였는데, 그 앞장인 1장에서 바울은 먼저 십자가의 도를 말한다. 잔느 귀용의 전기를 읽어 보면 그녀가 많은 십자가의 환경을 거쳤다는 것을 알 수 있다. 그런 다음 맨 나중에 주님이 '자아'를 얼마나 혹독하게 심판하시고 처리하게 하셨는가를 말한다. 그런 후에야 자기에게서 완전히 벗어나 아무 두려움도 없게 되었다고 했다. 죽어도 좋고 무서운 것이 하나도 없게 되더라는 것이다. 후기의 잔느 귀용은 모든 사람과 모든 일을 다 알게 되었다고 했다. 당시 귀용 여사의 판단과 말은 영적인 노정에 있는 많은 사람들에게 큰 도움을 주었다고 한다.

33절 후반부의 "이 재앙이 여호와께로부터 나왔으니"라는 말은 옳은 것이다. 그러나 “어찌 더 여호와를 기다리리요”라는 말은 영적인 것이 아니다. 그 일이 여호와께로부터 나온 것이라고 믿는다면 회개를 해야 한다. 그리고 여호와 하나님을 기다려야 한다. 그런데 “어찌 더 여호와를 기다리리요”란 무슨 말인가? 그래서 이스라엘 왕의 영성이 애매모호한 거짓된 영성이라는 것이다. 오늘날 많은 그리스도인들이 이러한 영성을 구분하지 못하여 속임당하고 있다. 당시에 이스라엘 백성들도 이스라엘 왕의 이런 말과 태도가 그럴 듯해 보이니 따랐을 것이다.

그들 중 한 사람도 참된 영적 발자취(엘리사)를 따르지 않았다. 엘리사는 참된 주님의 말씀을 갖고 있고 참된 하나님을 모시고 있었지만 그를 따르는 사람이 한 사람도 없었다. 그런 때에 혜택을 받은 사람은 이방 나라 아람의 나아만 장군 한 사람뿐이었다. 우리는 이런 일을 통해서 영적인 한 사람이 얼마나 중요한가를 알 수 있다. 하나님을 아는 한 사람이 한 나라를 어떻게 도왔는지, 얼마나 하나님의 일을 잘 아는지를 우리에게 알려 주는 것이다. 하나님은 많은 사람이 아닌 한 사람을 이렇게 중요시한다는 것도 배울 수 있다. 이스라엘에 많은 문둥병 환자가 있었지만 이방인이었던 나아만 장군 한 사람만이 선지자의 혜택을 받았다고 기록하고 있다.

# 열왕기하 7 장

**1절, 엘리사가 가로되 여호와의 말씀을 들을지어다 여호와께서 가라사대 내일 이맘때에 사마리아 성문에서 고운 가루 한 스아에 한 세겔을 하고 보리 두 스아에 한 세겔을 하리라 하셨느니라**

6장 33절에 이어지는 말씀이다. 이때 왕이 엘리사의 말을 듣고 있다고 보아야 한다. 이 곡식 가격은 정상적인 가격이다. 이때까지 "나귀 머리 하나에 은 팔십 세겔이요 합분태 사분 일 갑에 은 다섯 세겔"인 비정상적인 물가가 계속되었는데, 지금 엘리사가 "내일 이맘때에 사마리아 성문에서 고운 가루 한 스아에 한 세겔을 하고 보리 두 스아에 한 세겔을 하리라"고 하는 것이다. 다시 경제가 좋아져서 물가가 잡히고 식물이 정상적인 가격으로 유통될 것이라는 말이다.

**2절, 그 때에 한 장관 곧 왕이 그 손에 의지하는 자가 하나님의 사람에게 대답하여 가로되 여호와께서 하늘에 창을 내신들 어찌 이런 일이 있으리요 엘리사가 가로되 네가 네 눈으로 보리라 그러나 그것을 먹지는 못하리라 하니라**

이스라엘 왕이 의지하는 유력한 장관인데 그가 말하기를 "여호와께서 하늘에 창을 내신들 어찌 이런 일이 있으리요"라고 하면서 '과연 되겠느냐?'는 의구심을 나타낸 것이다. 그러자 엘리사가 "네가 네 눈으로 보리라 그러나 그것을 먹지는 못하리라"고 했다. 이것은 그가 죽는다는 뜻이다. 왜 그런가? 그가 하나님의 능력을 불신했기 때문이다.

**3-4절, 성문 어귀에 문둥이 네 사람이 있더니 서로 말하되 우리가 어찌하여 여기 앉아서 죽기를 기다리랴 4 우리가 성에 들어가자고 할지라도 성중은 주리니 우리가 거기서 죽을 것이요 여기 앉아 있어도 죽을지라 그런즉 우리가 가서 아람 군대에게 항복하자 저희가 우리를 살려두면 살려니와 우리를 죽이면 죽을 따름이라 하고**

이스라엘의 문둥이 네 사람에 대한 이야기이다. 이들이 성문 어귀에 앉아서 서로 이야기를 하고 있다. 여기 앉아 있어도 죽고 성중에 들어가도 죽을 바에야 차라리 아람 군대에 가서 항복하자고 한 것이다. 그래서 아람 군대가 죽이면 죽고 살려주면 살겠다는 것이다.

**5절, 아람 진으로 가려 하여 황혼에 일어나서 아람 진 가에 이르러 본즉 그곳에 한 사람도 없으니**

아람 군대가 사마리아 성을 둘러싸고 있어서 먹을 것이 동나 굶주리다 못해 아들까지 삶아먹고 있는 그런 상황이었고, 왕은 이 모든 일이 엘리사 때문이라고 하면서 그를 죽이려고 갔다. 그때 엘리사의 말이 내일이면 다 해결된다는 것이다. 왕의 장관은 그 말을 불신하다가 죽을 것이라는 경고를 받았다. 그날 저녁 무렵 문둥이 네 명이 아람 군대에게 항복하여 살든지 죽든지 하자고 갔다. 그런데 아람 진에 가보니 아람 군사가 하나도 없는 것이다.

**6-7절, 이는 주께서 아람 군대로 병거 소리와 말 소리와 큰 군대의 소리를 듣게 하셨으므로 아람 사람이 서로 말하기를 이스라엘 왕이 우리를 치려 하여 헷 사람의 왕들과 애굽 왕들에게 값을 주고 저희로 우리에게 오게 하였다 하고 7 황혼에 일어나서 도망하되 그 장막과 말과 나귀를 버리고 진을 그대로 두고 목숨을 위하여 도망하였음이라**

하나님께서 기적적으로 이렇게 하신 것이다. 엘리사는 하나님께서 이렇게 하실 줄 이미 다 알고 있었다. 이것은 우연히 된 것이 아니다. 엘리사는 하나님께서 아람 병사들로 환청(수많은 병사들이 쳐들어오는 소리)을 듣게 하셔서 다 도망가게 되리라는 것을 알았다. 그들은 말이나 나귀나 다른 물품을 챙길 새도 없이 '걸음아 날 살려라' 하고 도망간 것이다. 이렇게 하신 분은 하나님이시다. 엘리사는 이러한 일이 있을 것을 미리 알고 있었던 것이다. 이렇게 해서 이 사람들이 버리고 간 것을 가지고 사마리아 성 사람들이 다 먹고도 남았으며, 물품 가격도 정상화되었다.

**8절, 그 문둥이들이 진 가에 이르자 한 장막에 들어가서 먹고 마시고 거기서 은과 금과 의복을 가지고 가서 감추고 다시 와서 다른 장막에 들어가서 거기서도 가지고 가서 감추니라**

문둥이들은 한 장막에 들어가서 주린 배부터 채우기 시작했다. 거기에는 먹을 것이 많아서 우선 실컷 먹고 마셨으며, 금도 있고 은도 있고 또 많은 물건들이 있어서 가져다 감춰 두고 다시 와서 다른 장막에 들어가서 거기서도 가지고 가서 감춰 두었다.

**9-12절, 문둥이가 서로 말하되 우리의 소위가 선치 못하도다 오늘날은 아름다운 소식이 있는 날이어늘 우리가 잠잠하고 있도다 만일 밝은 아침까지 기다리면 벌이 우리에게 미칠지니 이제 떠나 왕궁에 가서 고하자 하고 10 드디어 가서 성 문지기를 불러 고하여 가로되 우리가 아람 진에 이르러 보니 거기 한 사람도 없고 사람의 소리도 없고 오직 말과 나귀만 매여 있고 장막들이 그대로 있더이다 11 저가 문지기들을 부르매 저희가 왕궁에 있는 자에게 고하니 12 왕이 밤에 일어나 그 신복들에게 이르되 아람 사람이 우리에게 행한 것을 내가 너희에게 알게 하노니 저희가 우리의 주린 것을 아는 고로 그 진을 떠나서 들에 매복하고 스스로 이르기를 저희들이 성에서 나오**

**거든 우리가 사로잡고 성에 들어가겠다 한 것이니라**

네 문둥이는 실컷 먹고 물건들을 챙긴 후에 생각해 보니 이 아름다운 소식을 전하지 않고 잠잠히 있는 것은 선한 것이 아니었다. 그래서 아침까지 기다리면 벌이 그들에게 미칠 것이라 여겨 왕궁으로 가서 성 문지기에게 모든 사실들을 알렸다. 그래서 이 소식이 이스라엘 왕에게 알려졌는데, 이 왕은 자기 나름대로 사태 파악을 했다. 지금 아람 군대는 저들에 매복하여 있다가 굶주린 우리가 놓고 간 것을 먹으려고 나오면 다 사로잡고 성에 들어오려는 것이라고 생각한 것이다. 완전히 자기 식으로 생각하는 것이다.

우리는 여기의 이스라엘 왕의 신앙을 경계해야 한다. 이러한 사람은 이 세상의 안전주의자들이다. 왜 생각이 그렇게 돌아가느냐면 이 세상에서 안정을 추구하기 때문이다. 여러분은 이 이스라엘 왕이 하나님을 찾지 않는 사람이라고 보지 말라! 말끝마다 그 입에 '여호와'를 들먹인다.

반면에 우리가 본받아야 할 신앙의 사람들이 있다. 첫째는 나아만 장군에게 하녀로 잡혀온 이스라엘 소녀이고, 또 여기 문둥이 네 명이다. 왜 이스라엘 사람들은 이렇게 영적으로 흐릿했는가? 다 이 세상에서 안주하는 것을 추구하기 때문이다. 그런데 이 문둥이 네 명은 이 땅에 소망이 없다. 이 땅에서 나그네 인생을 사는 사람들이다. 문둥이들이 이 땅에서 무슨 소망이 있겠는가? 나아만도 마찬가지이다. 여기 열왕기 하 5-7장에서 긍휼을 입은 사람들은 하녀, 문둥병 환자, 집도 없는 사람들이다. 그런 사람들은 생각하는 것이 다르다. 이런 사람들이 엘리사와 친하고 하나님과 친하고 복음과 친한 사람들이다. 이런 사람들이 하나님의 긍휼을 입은 자들이다. 그 반면에 이스라엘 왕이나 그의 장관이나 게하시 같은 사람들이 또 한 부류이다. 이런 사람들은 다 이 땅에서의 안일한 삶을 추구하고 자기 생명을 보존하고자 하는 사람들이다. 이렇게 이 땅의 삶을 추구하는 사람의 눈과 생각은 다른 것이다. 그런데 문둥이들에게는 이판사판의 정신이 있었다. 이래도 죽고 저래도 죽을 것이니까 한 번 해보자는 것이다. 일사각오의 정신은 이런 자들에게서 나온다.

외국에 선교하러 가는 것도 마찬가지다. 가만히 앉아서 '나가 볼까? 나가면 피곤하겠지? 돈이 좀 많이 들겠지?' 하고 생각만 해서는 나갈 수 없다. 얼마 전 외국에 갔다 왔는데 오늘 일 주일이 지났어도 아직 피곤이 풀리지 않는다. 엄청 피곤하다. 편안하게 생활하다 보면 움직이는 것이 겁난다. 그리고 주님을 위해서 뭔가를 한다고 하면 자꾸 계산을 하게 된다. '몸도 힘들고 피곤한데 다음에 가지.' '이렇게 힘든데 내년에는 어떻게 살지?'라는 생각이 든다. '우리는 이렇게 해도 못살고 저렇게 해도 못사니까 여기서 힘드나 나가서 힘드나 마찬가지야.'라는 마음이 들어야 나가게 된다. 그리고 '이 물질을 내가 죽을 때 가지고 가는 것도 아닌데 주님을 위해서 쓰는 것이 가장 가치 있겠지.' 하는 마음이 아니면 여행비부터 계산하게 되어 나가기 어렵게 된다.

7장에서 네 명의 문둥이를 통해 성령께서 우리에게 보여 주시는 것은 이런 자들의 신앙이 이스라엘을 구원했다는 것이다. 자식을 삶아 먹고 있는 굶주린 백성들에다 왕은 하나님의 사람 엘리사를 죽이려고 하는 어지러운 상황에서 누가 백성들을 구출할 수 있는가? 물론 하나님이 하셨지만 결국은 이판사판(일사각오)의 신앙을 가진 사람들, '여기 앉아 있어도 죽고 들어가도 죽으니까 아람 진에 한번 가보자. 죽이면 죽는 것이고 살려주면 사는 것이니 50%는 되지 않는가?' 하고 어렴풋이 계산한 사람들이다. 그런데 그들이 그렇게 어렴풋이 계산한 것이 맞았다. 갔는데 보화가 쌓여 있는 것이다. (우리가 모든 것을 버리고 외국에 나가 보면 정말로 영적 보화가 쌓여 있는 것을 볼 수 있다.) "그 문둥이들이 진가에 이르자 한 장막에 들어가서 먹고 마시고 거기서 은과 금과 의복을 가지고 가서 감추고 다시 와서 다른 장막에 들어가서 거기서도 가지고 가서 감추니라"(8절).

9절, "문둥이가 서로 말하되 우리의 소위가 선치 못하도다 오늘날은 아름다운 소식이 있는 날이어늘 우리가 잠잠하고 있도다 만일 밝은 아침까지 기다리면 벌이 우리에게 미칠지니 이제 떠나 왕궁에 가서 고하자 하고". 이들은 그래도 착하다. 많이 먹고 마시고 또 귀한 물건들을 감추고 하다 보니까 정신이 난 것이다. "우리의 소위가 선치 못하도다". 이제 그들 속에서부터 복음의 영이 올라오니 전하지 않을 수가 없다.

그런데 그들의 복음을 들은 왕은 완전히 엉뚱하게 생각하고 있다. "왕이 밤에 일어나 그 신복들에게 이르되 아람 사람이 우리에게 행한 것을 내가 너희에게 알게 하노니 저희가 우리의 주린 것을 아는 고로 그 진을 떠나서 들에 매복하고 스스로 이르기를 저희들이 성에서 나오거든 우리가 사로잡고 성에 들어가겠다 한 것이니라"(12절). 네 명의 문둥이는 굶주린 배를 채우고 진귀한 물건들을 감춰두고 하다 보니 복음의 영이 올라와서 나름 헌신하는 마음으로 왕에게 전하였는데 이 왕은 엉뚱하게도 아람 군대가 함정을 만들어 놓은 것이라고 해석한 것이다.

**13절, 그 신복 중 하나가 대답하여 가로되 청컨대 아직 성중에 남아 있는 말 다섯 필을 취하고 사람을 보내어 정탐하게 하소서 이 말들이 성중에 남아있는 이스라엘 온 무리 곧 멸망한 이스라엘 온 무리와 같으니이다 하고**

그때 신복 중에 하나가 왕에게 그렇다면 일단 정탐을 해보자고 했다. 아직 말 다섯 필이 이 성중에 남아 있으니 사람을 보내서 정탐하자는 것이다. 그러면서 이 말도 어차피 죽어가는 이스라엘 백성들과 함께 죽어가고 있다고 했다.

**14-15절, 저희가 병거 둘과 그 말을 취한지라 왕이 아람 군대 뒤로 보내며 가서 정탐하라 하였더니 15 저희가 그 뒤를 따라 요단에 이른즉 아람 사람이 급히 도망하느라고 버린 의복과 군물이 길에 가득하였더라 사자가 돌아와서 왕에게 고하매**

하나님께 쓰임을 받는 사람들은 자기 목숨을 보류하는 사람들이 아니다. 사람도 보류해서 안 되고 짐승도 보류해서는 안 된다. 그러한 절대적인 각오가 없이는 많은 사람을 구할 수 없다. 어쨌든 아람 군대 뒤로 가서 정탐하라고 했는데, 가서 보니 아람 사람이 급히 도망하느라고 버린 의복과 군물이 길에 가득했다.

**16절, 백성들이 나가서 아람 사람의 진을 노략한지라 이에 고운 가루 한 스아에 한 세겔이 되고 보리 두 스아에 한 세겔이 되니 여호와의 말씀과 같이 되었고**

하나님께서 역사하셔서 아람 군대가 모든 물품을 버리고 도망하니 이스라엘 백성들이 나가서 아람 사람의 진을 노략했으므로 먹을 것이 풍성해졌다. 그리고 하나님의 말씀과 같이 물품가격이 정상으로 돌아오게 되었다. "이에 고운 가루 한 스아에 한 세겔이 되고 보리 두 스아에 한 세겔이 되니 여호와의 말씀과 같이 되었고".

**17절, 왕이 그 손에 의지하였던 그 장관을 세워 성문을 지키게 하였더니 백성이 성문에서 저를 밟으매 하나님의 사람의 말대로 죽었으니 곧 왕이 내려왔을 때에 그의 한 말대로라**

7장 1절에서 왕이 내려왔을 때 엘리사가 한 말에 의문을 제기하며 조롱했던 장관은 성문 앞에서 지키고 있다가 갑자기 몰려드는 백성에게 밟혀서 죽게 되었다. 선지자의 말대로 된 것이다.

**18-20절, 일찍이 하나님의 사람이 왕에게 고하여 이르기를 내일 이맘때에 사마리아 성문에서 보리 두 스아에 한 세겔을 하고 고운 가루 한 스아에 한 세겔을 하리라 한즉 19 그 때에 이 장관이 하나님의 사람에게 대답하여 가로되 여호와께서 하늘에 창을 내신들 어찌 이 일이 있으랴 하매 대답하기를 네가 네 눈으로 보리라 그러나 그것을 먹지는 못하리라 하였더니 20 그 장관에게 그대로 이루었으되 곧 백성이 성문에서 저를 밟으매 죽었더라**

하나님의 예언의 말씀을 믿지 않는 것이 얼마나 치명적인 결과를 가져오는지 볼 수 있다. 불신했던 장관은 예언의 말씀대로 죽었다. 여기서는 선지자를 통해 하신 하나님의 말씀이 진실하다는 것을 증명해주고 있다. 일단 하나님이 말씀하시면 그대로 이루어진다는 것을 강조하고 있는 것이다. 그와 동시에 우리가 주님의 일을 할 때 일사각오의 태도로 임하지 않으면 결코 많은 사람을 구원하고 많은 사람을 유익하게 하는 하나님의 크신 역사에 동참할 수는 없다는 것을 알려 준다. 자기의 일신상의 안일과 가족의 안위를 추구하는 사람들은 그 영성이 결코 진보할 수 없고 하나님을 위해서 큰 역사를 이루어 드릴 수 없음을 배우게 된다.

# 열왕기하 8장

**1절, 엘리사가 이전에 아들을 다시 살려준 여인에게 이르되 너는 일어나서 네 권속과 함께 거할 만한 곳으로 가서 거하라 여호와께서 기근을 명하셨으니 그대로 이 땅에 칠 년 동안 임하리라**

여기서 엘리사가 돌보는 여인은 4장에 나오는 수넴 여인이다. 이 수넴 여인은 엘리사를 위해서 작은 방을 마련해주고 또 항상 먹을 것을 준비해준 사람이다. 엘리사는 그 여인에게 아들이 없음을 알고 아들을 낳을 수 있게 해주었고 또 그 아들이 죽었을 때 간절하게 기도함으로 그가 다시 살아나게 되었다. 그리고 얼마만큼의 시간이 흘렀을 것이다. 그런데 엘리사는 이스라엘 땅에 기근이 임할 것을 알고 수넴 여인에게 이곳에 있지 말고 거할 만한 곳을 찾아가서 거기 거하라고 했다. 그것은 여호와께서 이 땅에 기근을 명하셨기 때문이다. 이렇게 사역자는 어떤 사람을 도와주기 시작했으면 끝까지 돌봐주어야 한다. 엘리사는 이 땅에 가뭄이 들고 흉년이 들게 될 것을 알고 자신이 돌보았던 수넴 여인을 생각했다. 엘리사는 그 여인에게 이 땅에 7년 기근이 임할 것을 알려주면서 그 여인에게 권속과 함께 거할 만한 곳으로 가서 거하라고 했다.

**2절, 여인이 일어나서 하나님의 사람의 말대로 행하여 그 권속과 함께 가서 블레셋 사람의 땅에 칠 년을 우거하다가**

이 여인은 엘리사의 말에 순종했다. 그녀는 권속들과 함께 고향인 수넴에서 멀지 않은 블레셋 땅으로 가서 7년을 거기 머물렀다. 주님의 종의 말씀에 순종하는 것은 매우 복된 일이다.

**3절, 칠 년이 다하매 여인이 블레셋 사람의 땅에서 돌아와서 자기 집과 전토를 위하여 호소하려 하여 왕에게 나아갔더라**

7장에서 이스라엘의 문둥이 네 명이 아람 군대가 도망갔다는 소식을 왕에게 전하여 그 극한 기근에서 구원을 받게 했다. 하나님께서는 그들을 긍휼히 여겨서 너무나 굶주려 자식까지 잡아먹는 심각한 상황에서 기적을 베푸심으로 사마리아 성을 포위하고 있는 아람 군대들이 급히 도망갔고 그들이 도망가면서 남겨놓은 물품들을 취하게 하여 극한 상황을 면하게 해주셨다. 이런 흉년과 기아가 있는 것은 다 그들로 하여금 회개케 하기 위한 것이다. 그런데 7장에서 이러한 구원을 받고도 이스라엘 백성들이 여전히 회개하지 않고 하나님께로 돌아가지 않았기 때문에 다시 7년 기근이 있게 된 것이고, 그때에 엘리사는 수넴 여인 한 사람을 돌보았다. 그녀는 기근을 피해 블레셋 땅에서 7년을 거하다가 7년이 다 되니 고향으로 돌아온 것이다. 그런데 돌아와 보니 자기의 집과 전토를 다른 사람이 차지하고 있었다. 그래서 이 여인이 왕에게 호소하러 간 것이다. 우리는 열왕기 하를 통하여 하나님께서 한 사람 한 사람을 주의하시고 돌보시는 것을 알게 된다. 우리는 크신 하나님께서 많은 사람이 아닌 한 사람을 주의하신다는 것이 놀랍고 감사할 뿐이다.

주 예수님도 이 땅에서 작은 소자 한 사람을 주의하셨다. "또 누구든지 내 이름으로 이런 어린 아이 하나를 영접하면 곧 나를 영접함이니 누구든지 나를 믿는 이 소자 중 하나를 실족케 하면 차라리 연자 맷돌을 그 목에 달리우고 깊은 바다에 빠뜨리우는 것이 나으니라"(마 18:5-6). 바울 사도가 주의한 것도 한 형제 한 자매였음을 볼 수 있다. "그러면 네 지식으로 그 약한 자가 멸망하나니 그는 그리스도께서 위하여 죽으신 형제라 이같이 너희가 형제에게 죄를 지어 그 약한 양심을 상하게 하는 것이 곧 그리스도에게 죄를 짓는 것이니라 그러므로 만일 식물이 내 형제로 실족케 하면 나는 영원히 고기를 먹지 아니하여 내 형제를 실족치 않게 하리라"(고전 8:11-13). 언제나 큰 단체만 바라보고, 큰 것만 주의하고 한 형제 한 자매를 관심하지 못하면 영원히 주님을 잘 섬길 수 없음을 기억하기 바란다. 또한 하나님은 당신 한 사람을 천하보다 귀하게 여기신다는 것을 기억하기 바란다. 나는 하나님께서 노아 한 사람, 아브라함 한 사람, 모세 한 사람, 다윗 한 사람을 보고 부르시고 기뻐하시는 것으로 인하여 경배드린다. 또 신약에 와서도 하나님께서는 바울 한 사람을 부르시어 그에게 큰 계시와 은혜를 주셨다. 결코 많은 사람이 아니다. 한 사람을 주의하시는 하나님을 찬양하자!

**4절, 때에 왕이 하나님의 사람의 사환 게하시와 서로 말씀하며 가로되 너는 엘리사의 행한 모든 큰 일을 내게 고하라 하니**

이것은 아직 게하시가 나아만 장군에게 가서 거짓말로 주인이 허락지 않은 물품을 취해 문둥병에 걸리기 전의 일이다. 왕은 게하시에게 엘리사의 행한 모든 큰 일들을 자기에게 말해달라고 했다

**5절, 게하시가 곧 엘리사가 죽은 자를 다시 살린 일을 왕에게 이야기할 때에 그 다시 살린 아이의 어미가 자기 집과 전토를 위하여 왕에게 호소하는지라 게하시가 가로되 내 주 왕이여 이는 그 여인이요 저는 그 아들이니 곧 엘리사가 다시 살린 자니이다**

그 시점이 딱 맞았다. 수넴 여인이 7년 만에 고향에 돌아와서 자기 집과 토지를 되찾아달라고 왕에게 호소하는데, 왕은 마침 그때 게하시에게 엘리사가 그녀를 위해 한 큰 일을 듣고 있었다. 게하시는 그녀를 보자 "내 주 왕이여 이는 그 여인이요 저는 그 아들이니 엘리사가 다시 살린 자이니이다."라고 했다. 이 수넴 여인이 그때 아들을 데리고 들어왔고, 죽었다가 살아난 아들이 왕 앞에 있으니 게하시가 말한 것이 사실임이 증명된 것이다. 여기서 성경은 무엇을 말하려고 하는가? 이 수넴 여

인이 엘리사의 도움을 받았으며 또 집과 토지를 찾는 데 있어서 시의적절한 때에 왕에게 왔다는 것이다.

**6절, 왕이 그 여인에게 물으매 여인이 고한지라 왕이 저를 위하여 한 관리를 임명하여 가로되 무릇 이 여인에게 속한 것과 이 땅에서 떠날 때부터 이제까지 그 밭의 소출을 다 돌려주라 하였더라**

밭과 토지를 돌려받을 뿐 아니라 이 땅에서 떠날 때부터 이제까지의 그 밭의 소출을 다 돌려받은 것이다. 이 수넴 여인은 온전한 은혜를 입었다. 모든 상황이 다 좋게 된 것이다. 다른 사람들은 다 고생했는데 왜 이 여인만 이런 은혜를 받았는가? 그것은 이스라엘 모든 사람들이 하나님을 떠나고 우상을 숭배하고 불순종하는 가운데서 이 여인만큼은 선지자를 통해 하신 살아있는 하나님의 말씀을 믿고 그대로 따랐기 때문이다. 2절에서도 이 여인이 하나님의 말씀대로 행했다고 말한다. "하나님의 사람의 말대로 행하여". 이스라엘의 다른 많은 사람들은 하나님의 말씀대로 행하지 않았다. 그런데 이 여인은 하나님의 말씀을 그대로 믿고 순종한 것이다. 아무리 많은 사람들이 하나님을 불신하고 거역하고 떠날지라도, 전적으로 하나님께 순종하는 한 사람이 있다면 하나님은 그 사람을 기억하신다.

또한 이 수넴 여인은 선지자 엘리사를 너무나 귀하게 여겼다. 이 여인은 항상 자기 집 앞으로 지나다녔던 엘리사가 거룩한 하나님의 사람이 아니라는 것을 알고 남편에게 부탁해서 그가 유숙할 작은 방을 하나 만들어 책상과 촛대와 침대를 마련해두었고, 엘리사는 그 여인의 주도면밀한 대접을 기꺼이 받아들였다. 물론 그 집은 남편이 있는 집이었고 엘리사는 자기의 사환 게하시와 언제나 같이했다. 그녀가 선지자를 잘 접대했다는 것은 하나님의 말씀을 전달하는 종을 귀히 여겼다는 것이다. 그것은 하나님을 귀히 여기고 하나님의 말씀을 귀히 여긴 것이다. 그러다 보니 하나님께서는 그 가정을 잘 돌보실 수밖에 없었다.

마태복음 10장 41절, "선지자의 이름으로 선지자를 영접하는 자는 선지자의 상을 받을 것이요 의인의 이름으로 의인을 영접하는 자는 의인의 상을 받을 것이요 또 누구든지 제자의 이름으로 이 소자 중 하나에게 냉수 한 그릇이라도 주는 자는 내가 진실로 너희에게 이르노니 그 사람이 결단코 상을 잃지 아니하리라 하시니라". 수넴 여인이 끝까지 돌봄을 받고 축복을 받은 것은 주의 종에 대한 태도와 하나님의 말씀에 대한 태도가 올발랐기 때문이다. 하나님은 그의 헌신과 그의 드린 것을 넘치도록 보상해 주셨다. 하나님의 말씀을 중히 여긴 것이 얼마나 큰 보상으로 돌아오는지 생각해보라!

**7절, 엘리사가 다메섹에 갔을 때에 아람 왕 벤하닷이 병들었더니 혹이 왕에게 고하여 가로되 하나님의 사람이 여기 이르렀나이다**

다메섹은 이스라엘과 적대 관계에 있는 아람 나라의 수도이다. 그런데 엘리사가 적대 국가인 아람 나라에 간 것이다. 엘리사가 어떻게 그 나라에 갈 수 있었는지 모르지만 이때 쯤에는 그의 이름이 많이 유명해졌을 수 있다. 왜냐하면 그가 벤하닷 왕의 신복인 나아만 장군의 문둥병을 고쳐주었기 때문이다. 그리고 그가 여러 기적을 행한 것이 다메섹까지 퍼졌을 수도 있다. 그런데 마침 아람 왕 벤하닷이 병이 든 것이다. 이 사람은 이전에 엘리사를 잡으려고 군대를 보냈던 사람이다. 그러나 이제는 엘리사의 명성도 있고 자신이 병들었기 때문에 겸손해져 있었던 것 같다. 이때는 이방 나라에서도 엘리사를 하나님의 사람이라고 불렀다. 모든 상황은 시간이 지나면 변하게 된다. 시간도 하나님의 종이라고 할 수 있다. 사람이 할 수 없는 것을 시간이 해결하는 것을 본다.

**8절, 왕이 하사엘에게 이르되 너는 손에 예물을 가지고 가서 하나님의 사람을 맞고 저로 말미암아 여호와께 나의 이 병이 낫겠나 물으라**

여기 하사엘이라는 이름을 주목하기 바란다. 이때만 해도 하사엘은 아람의 장군이었다. 문둥병이 걸렸다 나은 나아만 장군은 어떻게 되었는지 모르지만 벤하닷 왕은 예물을 들려 그를 엘리사에게 보내면서 "나의 이 병이 낫겠나 물으라"고 했다. 우리가 알듯이 열왕기 하 1장 2절에서는 "아하시야가 사마리아에 있는 그 다락 난간에서 떨어져 병들매 사자를 보내며 저희더러 이르되 가서 에그론의 신 바알세붑에게 이 병이 낫겠나 물어 보라 하니라"고 말한다. 이스라엘 왕은 이처럼 우상에게 가서 묻는데 오히려 이방의 아람 왕 벤하닷이 하나님께 물어봐달라고 하는 것이다. 말로는 하나님을 믿는다고 하는 사람들이 오히려 말씀도 없고 하나님을 알지 못하는 사람들보다 하나님 앞에서 마음이 진실되지 않은 경우가 있다.

**9절, 하사엘이 드디어 맞으러 갈새 다메섹 모든 아름다운 물품으로 예물을 삼아 가지고 약대 사십에 싣고 나아가서 저의 앞에 서서 가로되 당신의 아들 아람 왕 벤하닷이 나를 당신에게 보내어 가로되 나의 이 병이 낫겠나이까 하더이다**

예물을 약대 네 마리에 실어도 많은데 사십 마리에 실었으니 얼마나 많겠는가? 하사엘은 그 예물을 가지고 가서 엘리사에게 "당신의 아들 아람 왕 벤하닷이 나를 당신에게 보내어 가로되 나의 이 병이 낫겠나이까 하더이다"라고 말했다.

**10절, 엘리사가 가로되 너는 가서 저에게 고하기를 왕이 정녕 나으리라 하라 그러나 여호와께서 저가 정녕 죽으리라고 내게 알게 하셨느니라 하고**

병이 나을 것이지만 결국 죽는다는 것이다. 엘리사는 이중적인 답변을 주었다. 현재 그 병으로 죽지는 않겠지만 결국 죽게 된다는 것이다.

**11절, 하나님의 사람이 저가 부끄러워하기까지 쏘아보다가 우니**

엘리사가 하사엘 장군이 예물을 가지고 왔을 때 그 예물을 받았는지 안 받았는지는 기록되어 있지 않지만 받았을 것이라고 생각된다. 나아만 장군에게서는 분명하게 받지 않았다고 했지만 여기는 안 받았다는 말이 없는 것으로 보아 받았을 수도 있다. 그런데 엘리사는 하사엘이 부끄러워하기까지 쏘아보다가 울었다.

**12절, 하사엘이 가로되 내 주여 어찌하여 우시나이까 대답하되 네가 이스라엘 자손에게 행할 모든 악을 내가 앎이라 네가 저희 성에 불을 놓으며 장정을 칼로 죽이며 어린 아이를 메어치며 아이 밴 부녀를 가르리라**

이 하사엘이 장래 그러한 엄청나게 악한 일을 할 인물인 것을 하나님의 종이 미리 알고 있는 것이다. 엘리사는 이 사람이 어떤 인물인가 하고 뚫어져라 쳐다보다가 영감으로 본 것이다. 이 하사엘이 아람 왕이 될 것이고, 그 후에 이스라엘을 침공할 것이며, 쳐들어와서 사람들을 죽이고 어린아이까지 메어치며 아이를 밴 부녀를 가르고 모든 악행을 저지를 인물이라는 것을 알고 마음이 너무 아픈 것이다. 어떻게 하나님은 그가 이러한 일을 행하도록 허락하시는가? 이스라엘이 회개치 않기 때문이다. 이스라엘에 흉년도 보내고 '하사엘'이라는 악한 사람을 일으켜 이스라엘을 치려고 하시는 것이 하나님의 뜻임을 알고 엘리사는 눈물이 나온 것이다.

그런데 이 하사엘이 왕이 될 것에 대해서는 이미 엘리야가 말한 바 있다. 열왕기 상 19장 15-17절을 읽어보자. "여호와께서 저에게 이르시되 너는 네 길을 돌이켜 광야로 말미암아 다메섹에 가서 이르거든 하사엘에게 기름을 부어 아람 왕이 되게 하고 너는 또 님시의 아들 예후에게 기름을 부어 이스라엘 왕이 되게 하고 또 아벨므홀라 사밧의 아들 엘리사에게 기름을 부어 너를 대신하여 선지자가 되게 하라 하사엘의 칼을 피하는 자를 예후가 죽일 것이요 예후의 칼을 피하는 자를 엘리사가 죽이리라". 이미 하나님께서 엘리야에게 하신 말씀이다. 이렇게 선지자들은 자기만의 독자적인 예언을 하는 것이 아니라 하나님께서 이전 선지자들에게 주신 말씀을 이어간다. 한 하나님을 섬기기 때문이다. 이것은 매우 기묘한 일로서 성경은 그런 식으로 기록되었다. 서로 알지 못하는 자들이 기록한 것인데 어쩌면 그렇게 내용상의 일치가 있는지 모른다. 오늘날에도 영적인 사람들의 글은 세대가 달라도 그 내용과 영감이 하나로 흘러가는 것을 볼 때 놀라움을 금할 수 없다. 엘리사의 사역은 엘리야를 잇는다. 여기서 엘리사는 하사엘을 보고 울었다. 엘리야는 예언을 했지만 엘리사는 그 인물을 직접 보고 그 안타까운 일이 벌어질 것에 대하여 슬퍼한 것이다.

**13절, 하사엘이 가로되 당신의 개 같은 종이 무엇이관대 이런 큰 일을 행하오리이까 엘리사가 대답하되 여호와께서 네가 아람 왕이 될 것을 내게 알게 하셨느니라**

이때만 해도 하사엘은 겸손해 보이는 식으로 말했다. “당신의 개 같은 종이 무엇이관대”. 그러면서 ‘이런 악한 일’이라고 하지 않고 ‘이런 큰 일’이라고 표현했다. 그것은 이스라엘을 대적으로 보기 때문이다. 어쨌든 하사엘은 여기서 엘리사의 예언을 들었다.

**14절, 저가 엘리사를 떠나가서 그 주인에게 나아가니 왕이 묻되 엘리사가 네게 무슨 말을 하더냐 대답하되 저가 내게 이르기를 왕이 정녕 나으시리라 하더이다**

‘그 주인’은 벤하닷이다. 주인이 하사엘에게 엘리사가 무엇이라고 하더냐고 하니까 왕이 반드시 나으실 것이라 하더라고 했다. 하사엘은 왕에게 좋은 말만 전했다. 그가 반드시 죽을 거라는 말이나 더욱이 자신이 왕이 될 거라는 말은 하지 않았다. 그저 그의 병이 낫는다는 말만 했다.

**15절, 그 이튿날에 하사엘이 이불을 물에 적시어 왕의 얼굴에 덮으매 왕이 죽은지라 저가 대신하여 왕이 되니라**

하사엘은 자기가 왕이 될 것을 알고 이불을 물에 적셔서 벤하닷 왕의 얼굴에 덮어 그를 죽였다. 선지자의 말이 그대로 응한 것이다. 그는 병으로 죽은 것이 아니라 하사엘에게 암살당했다.

**16절, 이스라엘 왕 아합의 아들 요람 제 오년에 유다 왕 여호사밧이 오히려 위에 있을 때에 그 아들 여호람이 왕이 되니라**

아합에게는 아하시야와 여호람이라는 아들이 있는데, 여기 요람이 곧 여호람이다. 유다 왕 여호사밧은 상당히 선한 왕으로서 여러 가지 좋은 일을 했다. 그런데 문제는 자기 아들을 너무 일찍 왕위에 올린 것이다. 그는 자기가 아직 살아있을 때 아들에게 왕위를 물려주었다.

**17-18절, 여호람이 위에 나아갈 때에 나이 삼십이 세라 예루살렘에서 팔 년을 치리하니라 18 저가 이스라엘 왕들의 길로 행하여 아합의 집과 같이 하였으니 이는 아합의 딸이 그 아내가 되었음이라 저가 여호와 보시기에 악을 행하였으나**

여호람은 사십 세까지 재위했다. 여호사밧은 선한 왕이었지만 후계자 문제에서 주의 깊지 못했다. 아합의 딸을 여호람의 아내가 되게 한 것이다. 그럼으로써 여호람은 이스라엘의 부패를 유다로 불러들여 여호와 보시기에 악을 행한 것이다. 여호람의 아내인 아합의 딸의 이름은 아달랴이다. 이 아달랴가 유다 왕의 아내가 된 것이다. 구약 시대에는 아무리 선한 사람이라 해도 완전하지 않다. 여호사밧도 좋은 왕이었지만 결정적인 악의 씨를 뿌렸다. 신약에서 바울은 각 사람을 그리스도 안에서 완전한 자로 세우려 한다고 하였다(골 1:28).

**19절, 여호와께서 그 종 다윗을 위하여 유다 멸하기를 즐겨하지 아니하셨으니 이는 저와 그 자손에게 항상 등불을 주겠다고 허하셨음이더라**

이때는 나라가 이스라엘과 유다로 나뉘어져 있었다. 이스라엘은 열 지파로 되어 있었고 유다는 두 지파만으로 이루어져 있었다. 그런데 열왕기를 읽으면서 느끼는 것은 유다에서는 그래도 선한 왕이 많이 나온다는 것이다. 이스라엘 왕들은 전부가 악하다. 그 중 예후는 하나님께 순종한 것이 약간 있고 나름 선한 일을 했기 때문에 반은 악하고 반은 선하다고 말할 수도 있다. 그 외에는 전부 악하여 이스라엘 나라는 형편없게 되었고 결국 유다보다 먼저 멸망했다. 그러한 이스라엘에 대해서만 이야기하고 유다에 대해서는 별로 말씀하지 않는다. "여호와께서 그 종 다윗을 위하여 유다 멸하기를 즐겨하지 아니하셨으니 이는 저와 그 자손에게 항상 등불을 주겠다고 허하셨음이더라". 그런데 여기서 유다 멸하기를 즐겨하지 않으셨지만 결국 멸하게 되신다는 뜻이 내포되어 있다. 그것은 유다 왕도 이스라엘 왕의 길로 행하였기 때문이다. 그러면 왜 유다 왕들이 이스라엘 왕들의 악한 길로 가게 되었는가? 그것은 결혼(연합) 때문이다. 여호사밧 왕이 그 아들 여호람을 아합의 딸과 결혼시킨 것이 문제이다. 이 여자의 이름은 아달랴로서 아합과 이세벨의 딸이다. 그리고 이세벨은 바알을 숭배하는 시돈 왕의 딸이었다. 그래서 이스라엘에 무엇을 들여왔는가? 바알 신 곧 우상숭배를 들여왔다. 그리고 이세벨은 여호와의 선지자들을 아주 많이 죽였다. 그런 악한 여자가 이세벨이다. 그 이세벨의 딸인 아달랴가 뭘 배웠겠는가? 아버지 아합도 나쁜 왕이 아니었던가? 그러한 온갖 악한 행위를 보고 배운 여자가 유다 왕의 아내가 되었으니 유다를 이스라엘의 길로 인도하지 않았겠는가? 그럼에도 불구하고 하나님께서는 유다 멸하기를 즐겨하지 않으셨다. 그 이유는 다윗에게 하신 약속 때문이었다.

**20절, 여호람 때에 에돔이 배반하여 유다의 수하에서 벗어나 자기 위에 왕을 세운 고로**

여호람 왕에 대해서 이야기하고 있다. 여호람 때에 에돔이 유다를 배반했다는 것이다. 유다가 우상을 섬기고 이스라엘의 악한 길로 가다 보니 나라가 약해지고 사방에서 대적자들이 마구 생겨나는 것이다.

**21절, 여호람이 모든 병거를 거느리고 사일로 갔더니 밤에 일어나 자기를 에워싼 에돔 사람과 그 병거의 장관들을 치니 이에 백성이 도망하여 각각 그 장막으로 돌아갔더라**

여호람 왕은 에돔이 배반했을 때 다시 에돔을 정복하려고 갔다가 포위당해서 간신히 도망하여 왔다.

**22절, 이와 같이 에돔이 배반하여 유다의 수하에서 벗어났더니 오늘날까지 그러하였으며 그때에 립나도 배반하였더라**

"립나도 배반하였더라". 여호람 때에 배반하는 사건이 여기저기서 일어났다. 이렇게 배반하는 사건이 빈발하는 것은 유다가 하나님께 순종하는 합당한 위치에서 떠나 있었다는 표시이다. 유다가 이스라엘의 악한 우상숭배의 상태에 빠져 들어가고 하나님을 떠나다 보니 이런 일들이 발생하더라는 것이다. 다윗 시대처럼 하나님을 경외하던 때에는 이스라엘이 매우 강성하여 주변 열국이 다 이스라엘에게 복종하였었다. 하나님을 떠난 자들에 대하여 하나님도 그들을 버리신다(롬 1:21-27).

**23-24절, 여호람의 남은 사적과 그 행한 모든 일은 유다 왕 역대지략에 기록되지 아니하였느냐 24 여호람이 그 열조와 함께 자매 그 열조들과 함께 다윗 성에 장사되고 그 아들 아하시야가 대신하여 왕이 되니라**

여호람의 아들이 아하시야이다. 이 여호람이라는 이름과 아하시야라는 이름은 이스라엘의 왕들 중에도 있다. 이스라엘의 아합 왕의 아들이 아하시야이고 그 동생이 여호람이다. 둘 다 왕위에 있었다. 이 구절의 아하시야는 유다 왕 여호람의 아들로서 여호사밧의 손자이다. 왜 이렇게 같은 이름을 지었을까? 서로 결혼 관계가 되다 보니 아마도 자기들이 흠모하는 왕의 이름을 따서 지었을 것이라고 보인다. 이때가 유다의 가장 형편없는 때이다. 이스라엘을 하나님께로 잘 인도해야 할 위치에 있는 사람들이 도리어 이스라엘의 길을 따랐고 왕의 이름들까지도 이스라엘을 따라서 지은 것이다. 그렇게 해서 유다 왕 중에도 아하시야와 여호람이 있고 이스라엘 왕 중에도 아하시야와 여호람이 있는데, 이 네 명이 다 악한 왕이다.

**25절, 이스라엘 왕 아합의 아들 요람 제 십이년에 유다 왕 여호람의 아들 아하시야가 왕이 되니**

같은 이름인데 구분하기 위해서 여호람을 요람이라고 했다. 유다의 여호람 왕의 아들 아하시야가 왕이 되었는데, 그는 일 년 왕 노릇하다가 죽었다.

**26절, 아하시야가 위에 나아갈 때에 나이 이십이 세라 예루살렘에서 일 년을 치리하니라 그 모친의 이름은 아달랴라 이스라엘 왕 오므리의 손녀더라**

아하시야는 23세에 죽었다. 그의 어머니는 여호람의 아내 아달랴 곧 아합의 딸이었다. 그리고 이스라엘 왕 오므리의 손녀이다. 아합의 아버지는 오므리이다. 오므리, 아합, 아하시야, 여호람으로 이어진 것이다. 아하시야와 여호람은 다 아합의 아들들이다.

**27절, 아하시야가 아합의 집 길로 행하여 아합의 집과 같이 여호와 보시기에 악을 행하였으니 저는 아합의 집의 사위가 되었음이러라**

유다 왕 아하시야도 아합의 집의 길로 행했다. 말하자면 이 결혼이 우상과 모든 악을 가져오는 통로가 된 것이다.

**28절, 저가 아합의 아들 요람과 함께 길르앗 라못으로 가서 아람 왕 하사엘로 더불어 싸우더니 아람 사람들이 요람을 상하게 한지라**

유다 왕 여호사밧 때 아합과 여호사밧이 함께 길르앗 라못에 가서 아람과 싸웠다. 그런데 그들의 자녀들인 요람과 아하시야도 함께 싸운 것이다. 이것은 무엇을 말하는가? 결혼할 뿐 아니라 유다 왕과 이스라엘 왕이 전쟁도 같이 했다는 말이다. 이렇게 두 왕이 결혼으로 연합되면 좋을 것 같은데(이스라엘과 유다는 같은 나라요 같은 동족이요 같은 유대인이다) 전혀 좋지 않고 결과도 좋지 않았다. 결혼을 통해 우상이 들어

왔기 때문이다.

**29절, 요람 왕이 아람 왕 하사엘과 싸울 때에 라마에서 아람 사람에게 맞아 상한 것을 치료하려 하여 이스르엘로 돌아왔더라 아합의 아들 요람이 병이 있으므로 유다 왕 여호람의 아들 아하시야가 이스르엘에 내려가서 방문하였더라**

이스르엘은 갈멜산 동편에 있는 곳으로 아합이 별궁을 갖고 있었던 곳이며 나봇의 포도원이 있었던 곳이다. 열왕기 상 18장에 나온다. 이 요람 왕이 하사엘과 싸우다가 아람 사람에게 맞아 상처가 생겨서 치료하려고 이스르엘로 돌아왔는데 유다 왕 여호람의 아들 아하시야가 이스르엘에 내려가서 방문한 것이다. 이 아하시야는 여호람과 같이 싸우기도 했기 때문에 그가 병났을 때 문병하지 않을 수 없었을 것이다.

# 열왕기하 9장

**1-3절, 선지자 엘리사가 선지자의 생도 중 하나를 불러 이르되 너는 허리를 동이고 이 기름병을 손에 가지고 길르앗 라못으로 가라**
**2 거기 이르거든 님시의 손자 여호사밧의 아들 예후를 찾아 들어가서 그 형제 중에서 일어나게 하고 데리고 골방으로 들어가서 3 기름**
**병을 가지고 그 머리에 부으며 이르기를 여호와의 말씀이 내가 네게 기름을 부어 이스라엘 왕을 삼노라 하셨느니라 하고 곧 문을 열고 도망하되 지체치 말지니라**

여기 '예후'를 주목하기 바란다. 엘리사가 예후에게 기름을 부어야 하는데 엘리사는 이제 나이가 많아 직접 그 일을 행하기에는 위험 부담이 있다. 지금 예후에게 왕으로 기름붓는 것은 하나의 혁명이기 때문이다. 그래서 그 일을 본인이 직접 하지 않고 선지자의 생도 중 하나를 불러 허리를 동이게 하고 기름병을 손에 가지고 전쟁터인 길르앗 라못에 가서 예후를 찾아 그에게 기름을 부으라고 했다. 그 당시 예후는 장군이었다. 그 예후를 불러서 골방(아주 비밀스런 방)으로 데리고 들어가서 기름을 붓고 "여호와께서 당신에게 기름을 부어 왕을 삼노라" 하고는 즉시 도망가라고 했다.

**4절, 그 소년 곧 소년 선지자가 드디어 길르앗 라못으로 가니라 5**

**저가 이르러 보니 군대 장관들이 앉았는지라 소년이 가로되 장관이여 내가 당신에게 할 말씀이 있나이다 예후가 가로되 우리 모든 사람 중에 뉘게 하려느냐 가로되 장관이여 당신에게니이다**

그 선지자의 생도(소년 선지자라는 표현이 아주 흥미롭다)는 길르앗 라못에 가서 많은 장관들 중에 예후를 찾아 그에게 할 말이 있다고 했다.

**6-7절, 예후가 일어나 집으로 들어가니 소년이 그 머리에 기름을 부으며 이르되 이스라엘 하나님 여호와의 말씀이 내가 네게 기름을 부어 여호와의 백성 곧 이스라엘의 왕을 삼노니 7 너는 네 주 아합의 집을 치라 내가 나의 종 곧 선지자들의 피와 여호와의 종들의 피를 이세벨에게 갚아주리라**

소년이 예후를 골방에 데리고 들어가 그에게 기름을 부으면서 "너는 아합의 집을 쳐서 선지자들의 피와 여호와의 종들의 피를 이세벨에게 갚아주라"고 했다. 아합과 이세벨의 자손들을 다 멸절시키는 것이 하나님의 뜻인데, 그 일을 할 사람이 예후였다. 하나님은 예후를 왕으로 세워 그 일을 하게 하시는 것이다.

**8-10절, 아합의 온 집이 멸망하리니 이스라엘 중에 매인 자나 놓인 자나 아합에게 속한 모든 남자는 내가 다 멸절하되 9 아합의 집을 느밧의 아들 여로보암의 집과 같게 하며 또 아히야의 아들 바아사의 집과 같게 할지라 10 이스르엘 지방에서 개들이 이세벨을 먹으리니 저를 장사할 사람이 없으리라 하셨느니라 하고 곧 문을 열고 도망하니라**

열왕기 상 14장 10절에도 같은 말씀이 있다. "그러므로 내가 여로보암의 집에 재앙을 내려 여로보암에게 속한 사내는 이스라엘 가운데 매인 자나 놓인 자나 다 끊어 버리되 거름을 쓸어버림같이 여로보암의 집을 말갛게 쓸어 버릴지라". 여기서도 '매인 자나 놓인 자나 다 끊어 버리되'

라고 했는데 위의 8절 말씀과 같다. 열왕기 상의 말씀은 아히야가 예언한 것이다. 열왕기 상 15장 29절을 보면 "왕이 될 때에 여로보암의 온 집을 쳐서 생명 있는 자를 하나도 남기지 아니하고 다 멸하였는데 여호와께서 그 종 실로 사람 아히야로 하신 말씀과 같이 되었으니"라고 했다. 이 말씀을 보면 바아사가 여로보암의 온 집을 칠 것이라 예언하고 있다. 28절은 "유다 왕 아사 제 삼년에 바아사가 나답을 죽이고 대신하여 왕이 되고"라고 한다. 그리고 16장 1절은 "여호와의 말씀이 하나니의 아들 예후에게 임하여 바아사를 꾸짖어 가라사대"라고 말한다. 그리고 3-4절에서 "내가 너 바아사와 네 집을 쓸어버려 네 집으로 느밧의 아들 여로보암의 집같이 되게 하리니 바아사에게 속한 자가 성읍에서 죽은즉 개가 먹고 들에서 죽은즉 공중의 새가 먹으리라 하셨더라"고 했는데, 이 예언이 다 이루어지게 되는 것이다.

다시 열왕기 하 9장으로 돌아와서 9절을 보면, "아합의 집을 느밧의 아들 여로보암의 집과 같게 하며 또 아히야의 아들 바아사의 집과 같게 할지라"고 했다. 이것은 엘리사가 생도 중에 한 사람을 보내서 예후에게 기름을 붓고 그의 할 일을 알려 주는 것인데, 이것은 이미 엘리야가 예언한 바 있다. 그리고 엘리사가 그 제자에게 이 일을 알려준 것이다. 여러분은 선지자의 사역이 반드시 전 선지자를 잇는 것임을 알아야 한다. 엘리야가 대표적인 선지자이고, 하나니가 있고, 예후가 있고, 아히야도 있는데, 이들이 다 하나님의 선지자들이다. 엘리사의 사역은 단독적이지 않고 이들의 말을 이어나가고 있다.

그리스도인들이 선지자를 잘 만나는 것은 복이다. 여러분들은 참 선지자를 식별하는 눈을 가져야 한다. 어떤 선지자가 참 선지자인가? 앞선 선지자의 사역을 잘 알고 그것을 이어가는 선지자가 합당한 선지자이다. 앞선 선지자들이 어떻게 했는지는 개의치 않고 자기 마음대로 계시를 받았다면서 그것을 쏟아내는 사람은 정당한 선지자라고 할 수 없다. 하나님의 사역의 원칙은 구약으로부터 신약에 이르기까지 파도가 밀려오듯 계속 이어지는 것이다. 엘리사의 사역은 엘리야의 사역과 중복되면서 무언가 더해 나가는 것이 있다. 8장과 9장을 통해서 이런 특징을 읽어낼 수 있다면 성경을 깊이 읽은 것이라 할 수 있다. 한 분 하나님께서 시대마다 역사하시므로 한 사람을 불러 역사하시다가 그가 사역을 마치고 주님께 가게 되면 그 다음 사람을 불러서 계속 역사를 하시는 것이다.

성경의 기록도 같은 원칙이다. 맨 먼저 기록된 것이 모세오경이다. 그 다음에 기록된 것들은 모세오경에 준해서 기록한 것이다. 왜 모세오경이 권위가 있는가 하면 성경 중의 성경이기 때문이다. 다른 성경들은 다 이 내용을 근거로 해서 씌어졌다. 그 다음이 여호수아, 사사기, 룻기이고, 또 그것을 근거로 해서 다음 성경들이 씌어졌다. 그러므로 앞의 기록을 모르면 뒤에 나오는 것을 알기가 어렵다. 어떤 사람이 역대기까지는 공부하지 않고 시편, 이사야, 예레미야를 먼저 공부한다면 이해하기 어려울 것이다. 왜냐하면 그것이 이스라엘의 어느 왕 때의 일인지, 그때 어떤 일이 있었는지 그 배경을 잘 모르기 때문이다. 따라서 선지자의 사역은 전시대를 이어가는 것이다. 참 사역자들이라면 하나님께서 이전에 하신 것을 이어서 할 것이다. 그래서 엘리사가 엘리야의 겉옷을 주워 가지고 이어서 한 것이다.

엘리사는 엘리야의 사역을 보았다. 그러므로 하나님이 뭔가를 시키실 때 더 나아갈 수 있는 것이다. 이때에 약속했던 것을 알고 이어서 나가는 것이다. 왜냐면 하나님은 한 분이시기 때문이다. 한 분의 일이 계속되어야 하기 때문이다. 사람은 한시적으로 살고 한시적으로 사역하기 때문에 어쩔 도리가 없다. 그렇게 이어서 가야만이 영원하신 한 분 하나님의 일을 계속해 나갈 수 있으며 알파와 오메가가 이루어지는 것이다.

부흥의 역사를 예로 들면, 하나님은 한 무리를 통해 부흥의 역사를 일으키시며, 그 다음 부흥은 하나님께서 이전 부흥에서 몇 사람을 새롭게 일으키심으로 그들로 이어가게 하신다. 하나님께서 왜 그렇게 하실 수밖에 없는가 하면 이때까지 그분이 역사하신 것을 근거로 해서 더 나아가야 하시기 때문이다. 마틴 루터가 대단히 훌륭한 개혁자이지만 현재의 진리는 그때의 진리에 비해 훨씬 발전했다. 지금은 작은 사역자라도 루터가 알고 있는 것보다 훨씬 더 많이 알고 있을 것이다. 그 당시가 너무 어두워서 그가 밝은 빛으로 쓰임을 받았지만 시대가 지날수록 진리와 빛은 점점 더 온전해져가기 때문이다.

그리고 부흥은 반드시 일어났다가 쇠퇴하는 특징이 있다. 부흥과 쇠퇴를 반복하는 것이다. 그런데 이러한 과정을 통해 교회는 계속 전진해 나간다. 이렇게 되기 위해서는 앞 세대의 사역에 근거해서, 그 어깨 위에서 나아가야지 앞 세대를 무시한 채 '나는 혼자 성경을 통해 빛을 보고 뭔가 해보아야겠다.'고 하는 사람은 하나님께서 사용하시기가 어렵다. 왜냐면 하나님은 한 분이시기 때문이다. 그러므로 시간 안에서 이어가며 해야 하는 것이다. 여호수아는 누구의 제자였는가? 모세의 수종자였다. 여호수아는 모세가 하는 것을 다 보았다. 여호수아는 모세를 이어서 사역을 이끌고 나아가 가나안을 정복했던 것이다. 사울이 이스라엘의 초대 왕이고 다윗은 그 다음이다. 그런데 이 다윗이 사울과 관계가 없었는가? 다윗은 사울 가까이서 사울 왕이 이스라엘을 다스리는 것을 보았다. 그래서 사울의 사역이 끝났을 때 다윗이 이어서 이끌고 나갔던 것이다. 이러한 원칙은 성경 전체에 걸쳐 발견된다.

**11절, 예후가 나와서 그 주의 신복들에게 이르니 한 사람이 묻되 평안이뇨 그 미친 자가 무슨 까닭으로 그대에게 왔더뇨 대답하되 그대들이 그 사람과 그 말한 것을 알리라**

그 주의 신복은 장군 예후가 섬겼던 이스라엘 왕의 신복들이다. 그들에게 이르렀을 때에 한 사람이 물었다. "그 미친 자가 무슨 까닭으로 그대에게 왔더뇨". 엘리사가 보낸 선지자의 생도를 아주 무시하는 말투로 말한 것이다. 당시에 이스라엘 백성들이 선지자를 극히 멸시하는 상태에 있었음을 여기서도 엿볼 수 있다. 예후는 그 말에 대답하기를, "그대들이 그 사람과 그 말한 것을 알리라"고 했다.

**12절, 무리가 가로되 당치 않은 말이라 그대는 우리에게 이르라**

**대답하되 저가 이리 이리 내게 말하여 이르기를 여호와의 말씀이 내가 네게 기름을 부어 이스라엘 왕을 삼는다 하셨다 하더라**

그랬더니 무리가 어찌 그것을 알겠느냐면서 예후에게 어서 말하라고 재촉했다. 그러자 예후는 하는 수 없이 "여호와의 말씀이 내가 네게 기름을 부어 이스라엘 왕을 삼는다 하셨다 하더라"고 대답했다.

**13절, 무리가 각각 자기의 옷을 급히 취하여 섬돌 위 곧 예후의 밑에 깔고 나팔을 불며 가로되 예후는 왕이라 하니라**

이들은 선지자들을 비평하고 인정하지 않으려 했지만, 선지자가 일단 기름을 부어서 왕을 삼았다고 하자 즉시 승복하고 두 말 하지 않고 예후를 왕으로 세웠다. 이것은 당시에 이스라엘 왕이 어떠한 상태에 있었는지를 보여준다. 왕이 너무 정치를 못하니 그만 민심을 잃은 것이다. 선지자를 통해 예후를 새로운 왕을 세웠다고 하니 즉시 그에게 민심이 돌아간 것으로 보인다.

**14-15절, 이에 님시의 손자 여호사밧의 아들 예후가 요람을 배반하였으니 곧 요람이 온 이스라엘로 더불어 아람 왕 하사엘을 인하여 길르앗 라못을 지키다가 15 아람 왕 하사엘로 더불어 싸울 때에 아람 사람에게 상한 것을 치료하려 하여 이스르엘로 돌아왔던 때라 예후가 이르되 너희 뜻에 합당하거든 한 사람이라도 이 성에서 도망하여 이스르엘에 전하러 가지 못하게 하라 하니라**

예후가 이스라엘 왕 요람을 배반했는데, 요람은 이때 어떤 상태에 있었는가? 8장 마지막 부분을 보면 길르앗 라못에서 아람 왕 하사엘과 싸우다가 몸을 다쳤다. 그래서 다친 부위를 치료하려고 이스르엘로 왔는데 그때 예후가 선지자에게 기름부음을 받은 것이다. 요람 왕은 현재 다쳐서 꼼짝 못하기에 쳐 죽이기가 쉽게 된 것이다. 그래서 예후는 거기 사람들에게 "너희 뜻에 합당하거든 한 사람이라도 이 성에서 도망하여 이스르엘에 전하러 가지 못하게 하라"고 했다.

**16절, 예후가 병거를 타고 이스르엘로 가니 요람이 거기 누웠음이라 유다 왕 아하시야는 요람을 보러 내려왔더라**

마침 요람 왕은 병들어 누워 있었고 유다 왕 아하시야는 그를 문병하러 와 있었다. 그래서 유다 왕 아하시야도 거기서 애매하게 죽게 된다. 좋지 않은 연합은 불행을 초래한다.

**17절, 이스르엘 망대에 파수꾼 하나가 섰더니 예후의 무리의 오는 것을 보고 가로되 내가 한 무리를 보나이다 요람이 가로되 한 사람을 말을 태워 보내어 맞아 평안이냐 묻게 하라**

병든 왕이 예후의 무리가 온다는 보고를 받고 한 사람을 말을 태워 보내어 평안인지 물어보라고 했다.

**18-19절, 한 사람이 말을 타고 가서 만나 가로되 왕의 말씀이 평안이냐 하시더이다 하매 예후가 가로되 평안이 네게 상관이 있느냐 내 뒤로 돌이키라 하니라 파수꾼이 고하여 가로되 사자가 저희에게 갔으나 돌아오지 아니하나이다 하는지라 19 다시 한 사람을 말을 태워 보내었더니 저희에게 가서 가로되 왕의 말씀이 평안이냐 하시더이다 하매 예후가 가로되 평안이 네게 상관이 있느냐 내 뒤로 돌이키라 하니라**

요람 왕은 불길한 느낌으로 한 사람을 보냈는데 돌아오지 않아서 또 한 사람을 보냈는데 그도 역시 돌아오지 않았다. 예후는 사자에게 "평안이 네게 상관이 있느냐 내 뒤로 돌이키라"고 했다. 이것은 예후의 군사 무리에 합류하라는 뜻도 되고 돌려보내려 하지 않은 것도 된다.

**20절, 파수꾼이 또 고하여 가로되 저도 저희에게까지 갔으나 돌아오지 아니하고 그 병거 모는 것이 님시의 손자 예후의 모는 것같이 미치게 모나이다**

예후는 어떤 사람인가? 아주 과격한 사람이다. 예후의 말을 모는 모습을 '미치게 모나이다'라고 했다. 말을 모는 모습만 봐도 그 사람의 성격을 알 수 있다. 어떤 사람이 급할 때 뛰는 것을 보면 그 사람의 성격을 알 수 있다. 하나님께서는 이런 과격한 성격의 예후를 아합의 집을 모조리 쓸어버리는 데 사용하신 것이다.

**21절, 요람이 가로되 메우라 하매 그 병거를 메운지라 이스라엘 왕 요람과 유다 왕 아하시야가 각각 그 병거를 타고 가서 예후를 맞을새 이스르엘 사람 나봇의 토지에서 만나매**

'메우라'는 즉 병거를 준비하라는 말이다. 이스라엘 왕 요람과 유다 왕 아하시야는 각각 병거를 타고 예후를 맞이하러 나가서 이스르엘 사람 나봇의 토지에서 만났다. '이스르엘 나봇의 토지'는 요람의 아버지 아합이 나봇에게서 뺏은 토지이다. 하필이면 거기서 피차 만난 것이다. 그리고 요람은 거기서 죽게 된다.

**22절, 요람이 예후를 보고 가로되 예후야 평안이냐 대답하되 네 어미 이세벨의 음행과 술수가 이렇게 많으니 어찌 평안이 있으랴**

요람 왕이 자기 군대장관 예후에게 묻는다. "예후야 평안이냐". 예후가 왕에게 대답하기를 "네 어미 이세벨의 음행과 술수가 이렇게 많으니 어찌 평안이 있으랴"고 했다. 요람 왕의 어머니가 이세벨이고 그 아버지는 아합 왕이다.

**23절, 요람이 곧 손을 돌이켜 도망하며 아하시야에게 이르되 아하시야여 반역이로다**

요람은 이스라엘 왕인데 당시에 유다 왕 아하시야와 함께 예후를 만나러 왔던 것이다. 이 예후가 매우 반역적이고 불손한 대답을 하니 요람이 놀라서 아하시야를 보고 "아하시야여 반역이로다" 하면서 도망을 갔다.

**24절, 예후가 힘을 다하여 활을 당기어 요람의 두 팔 사이를 쏘니**

**살이 그 염통을 꿰뚫고 나오매 저가 병거 가운데 엎드러진지라**

예후가 활을 당기어 요람의 심장을 뚫으니 요람은 그 자리에서 죽게 되었다.

**25절, 예후가 그 장관 빗갈에게 이르되 그 시체를 취하여 이스르엘 사람 나봇의 밭에 던지라 네가 기억하려니와 이전에 너와 내가 함께 타고 그 아비 아합을 좇았을 때에 여호와께서 이 아래같이 저의 일을 예언하셨느니라**

이것은 기묘한 이야기이다. 빗갈이 지금 예후의 장관이 된 것이다. 예후가 빗갈이라는 장관한테 요람의 시체를 나봇의 토지에 던지라고 했다. 그러면서 이세벨이 아주 간악한 꾀로 나봇을 죽여서 그 밭을 취했는데, 그 밭을 취할 때에 우리가 함께 따라가서 여호와의 말씀을 듣지 않았느냐고 하는 것이다.

**26절, 여호와께서 말씀하시기를 내가 어젯날에 나봇의 피와 그 아들들의 피를 분명히 보았노라 또 말씀하시기를 이 토지에서 네게 갚으리라 하셨으니 그런즉 여호와의 말씀대로 그 시체를 취하여 이 밭에 던질지니라**

열왕기 상 21장 18절, "너는 일어나 내려가서 사마리아에 거하는 이스라엘 왕 아합을 만나라 저가 나봇의 포도원을 취하러 그리로 내려갔더니". 하나님이 엘리야에게 하신 말씀이다. 아합 왕이 나봇의 포도원을 취하러 갈 때에 예후와 빗갈이 같이 간 것이다. 그때에 엘리야가 하나님의 말씀을 이들에게 전했는데 아합이 들었고 예후와 빗갈도 함께 들었다. 19절, "너는 저에게 말하여 이르기를 여호와의 말씀이 네가 죽이고 또 빼앗았느냐 하셨다 하고 또 저에게 이르기를 여호와의 말씀이 개들이 나봇의 피를 핥은 곳에서 개들이 네 피 곧 네 몸의 피도 핥으리라 하셨다 하라". 예후는 당시 엘리야의 예언을 들었고 기억하고 있었다. 그래서 아합의 아들 요람을 죽여서 나봇의 밭에 던져버린 것이다. 그는 당시 자신을 통해서 그 예언이 성취될 줄 모르고 그냥 들었는데, 이제 예언된 그 일을 자신이 빗갈과 함께 하게 된 것을 보고 기묘하게 느꼈을 것이다.

**27절, 유다 왕 아하시야가 이를 보고 동산 정자 길로 도망하니 예후가 쫓아가며 이르되 저도 병거 가운데서 죽이라 하매 이블르암 가까운 구르 비탈에서 치니 저가 므깃도까지 도망하여 거기서 죽은지라**

유다 왕 아하시야는 요람 왕과 함께 예후를 맞이하러 갔다가 예후에게 요람 왕이 죽은 것을 보고 동산 정자 길로 도망했다. 그때 예후가 쫓아가면서 병거 가운데서 죽이라 하니 아하시야는 구르 비탈에서 크게 상해를 입고 므깃도까지 도망하여 거기서 죽게 되었다. 이렇게 해서 두 왕이 모두 예후에게 죽임을 당한 것이다.

**28절, 그 신복들이 저를 병거에 싣고 예루살렘에 이르러 다윗 성에서 그 열조와 함께 그 묘실에 장사하니라**

유다 왕은 여호람의 아들 아하시야로서 왕위에 있은 지 일 년 만에 죽었다. 이스라엘 왕 요람에게 문병을 갔다가 벼락을 맞은 것이다. 우리는 그리스도인으로서 분별력을 가질 필요가 있다. 어떠한 사람과는 관계를 맺지 말아야 한다. 같이 싸워주거나 문병을 하지 말라는 것이다. 왜 그런가? 이스라엘은 우상과 관계가 있었기 때문이다. 그들이 하나님을 떠나 바알을 섬기고 여로보암의 길을 가고 있는데 동족이라고 연연해하면서 협력하여 싸우다가 이런 변을 당하게 된 것이다. 고린도 후서 6장의 말씀은 빛과 어두움, 그리스도와 벨리알, 하나님의 성전과 우상은 연합할 수 없다고 한다.

**29절, 아합의 아들 요람의 십일년에 아하시야가 유다 왕이 되었었더라**

요람 왕 십일년에 아하시야가 유다 왕이 되었었다.

**30절, 예후가 이스르엘에 이르니 이세벨이 듣고 눈을 그리고 머리를 꾸미고 창에서 바라보다가**

이세벨은 아합의 아내이다. 그런데 아직까지 살아 있어서 계속 권력을 행사하고 있었다. 예후가 요람 왕을 죽인 것을 이세벨은 알고 있었다. 즉 그가 자기 아들을 죽였다는 것을 알고 있는 것이다. 그러면서도 그녀는 요염하게 눈을 그리고 머리를 꾸미고 창에서 바라보고 있었다.

**31절, 예후가 문에 들어오매 가로되 주인을 죽인 너 시므리여 평안하냐**

시므리는 열왕기 상 16장에 나오는 인물로서 바사 왕 가족을 다 죽인 사람이다. 그리고서 그는 단 7일 간 왕위에 있었다. 반역을 일으켜서 왕과 그 집안을 다 죽인 다음 7일 간 왕 노릇 하다가 자기도 결국 죽었는데, 지금 예후가 이스라엘 왕을 죽이고 자기가 왕이 되려고 하니 이세벨이 예후한테 '너는 시므리 같은 놈이다.' 하면서 비야냥거리는 것이다. 이세벨은 예후를 시므리에게 비교하고 있다. 시므리가 바사의 집을 완전히 쓸어버리고 왕이 된 것은 맞다. 그리고 예후가 아합의 집을 쓸어버리는 것도 겉으로 볼 때는 비슷하다. 그러나 다른 점이 있는데, 시므리는 자기 스스로 일어나서 반역을 일으켰지만 예후는 어쨌든 선지자로부터 기름부음을 받았다. 뒤에 나오지만 시므리는 7일 간 왕 노릇을 하다가 죽었지만 예후 집안은 사대까지 왕 노릇을 했다. 120년 간 왕통을 이어간 것이다. 이세벨이 예후를 시므리에 빗대서 말하는 것은 예후에게 모멸감을 주려는 것이다. 우리는 이것을 생각해 보아야 한다. 겉으로 볼 때는 이 두 가지가 비슷해 보이지만 어떤 것은 하나님의 성령의 인도가 있어서 하는 것이고, 어떤 것은 성령의 인도가 없이 자기 혈기로 하는 것이다. 그런데 사람들은 그것을 정확하게 평가하지 않는 경우가 많다.

**32절, 예후가 얼굴을 들어 창을 향하고 가로되 내 편이 될 자가 누구냐 누구냐 하니 두어 내시가 예후를 내다보는지라**

이세벨은 화장을 하고서 창문으로 바라다보다가 예후에게 "주인을 죽인 너 시므리여 평안하냐"고 말했다. 이것은 이전에 예후가 이세벨의 부하 장군이었기 때문에 '네가 감히 나를 어쩌겠느냐'라는 식으로 말한 것이다. 그런데 예후는 자기가 직접 칼을 들어 죽이려 하지 않고 창을 향해 "내 편이 될 자가 누구냐 누구냐(Who is on my side? Who?)"라고 말했다. 예후는 아주 교활하고 지혜가 있는 사람이다. 이미 정권이 넘어와서 이세벨은 힘이 없게 되었다는 것을 아는 것이다. 예후는 오늘날로 말하면 신 군부 쿠데타 세력이다. 첫 번째 왕조가 여로보암이고, 두 번째가 바아사, 세 번째가 시므리, 네 번째가 오므리, 다섯 번째가 예후이다. 대세가 이미 기울었으므로 자기편에 서는 사람들이 나올 것이라 생각한 것이다. 예후가 기름부음을 받았고 많은 사람들이 이미 예후 편에 섰고 요람 왕도 죽었으니 예후가 왕이 되는 것이 기정사실이었다. 예후가 '누가 내편이 되겠느냐' 하고 크게 소리 지르자 두어 내시가 '나 당신 편에 설 마음이 있다'는 뜻으로 내다보았다. 예후의 말은 '너희가 지금 이세벨을 체포하라'는 말과 같다.

**33절, 가로되 저를 내려던지라 하니 내려던지매 그 피가 담과 말에게 튀더라 예후가 그 시체를 밟으니라**

이세벨이 있던 곳이 매우 높은 곳이었기 때문에 위에서 그녀를 들어 내던지니 이세벨이 땅바닥에 떨어져 죽은 것이다. 이세벨을 모시던 내시들이 이세벨을 던지고 예후의 편이 되어버렸다.

**34절, 예후가 들어가서 먹고 마시고 가로되 가서 이 저주받은 계집을 찾아 장사하라 저는 왕의 딸이니라 하매**

이제 이세벨의 부하들이 모두 예후편이 되었기 때문에 거기 들어가서 함께 먹고 마셨다. 그리고서 이세벨을 장사지내 주라고 했다. 이세벨은 시돈 왕의 딸로서 이스라엘의 왕 아합의 아내가 되었던 것이다.

**35-36절, 가서 장사하려 한즉 그 두 골과 발과 손바닥 외에는 찾지 못한지라 36 돌아와서 고한대 예후가 가로되 이는 여호와께서 그 종 디셉 사람 엘리야로 말씀하신 바라 이르시기를 이스르엘 토지에서 개들이 이세벨의 고기를 먹을지라**

디셉 사람 엘리야가 했던 '개들이 이세벨의 고기를 먹을지라'는 예언이 이루어진 것이다. 열왕기를 읽을 때 한 가지 알게 되는 것은 '모든 것은 하나님의 말씀대로 이루어진다'는 것이다. 그때는 세력이 막강하여 이루어지지 않을 것 같지만 결국에 가서는 하나님의 말씀대로 이루어진다.

**37절, 그 시체가 이스르엘 토지에서 거름같이 밭 면에 있으리니 이것이 이세벨이라고 가리켜 말하지 못하게 되리라 하셨느니라**

다시 한 번 예후에 대해 생각해 보면, 그는 아합 집을 심판하는 데 쓰임받았다. 나중에 예후도 좋은 평가를 받지 못한다. 너무 심하게 쓸어버렸기 때문이다. 잠언 16장 4절, "여호와께서 온갖 것을 그 쓰임에 적당하게 지으셨나니 악인도 악한 날에 적당하게 하셨느니라". 예후는 하나님의 손에 쓰임을 받았지만 귀하게 쓰임받은 사례로 볼 수는 없다.

# 열왕기하 10장

**1절, 아합의 아들 칠십 인이 사마리아에 있는지라 예후가 편지들을 써서 사마리아에 보내어 이스르엘 방백 곧 장로들과 아합의 여러 아들을 교육하는 자들에게 전하니 일렀으되**

아합과 이세벨은 이미 죽었기 때문에 이제 아합의 아들들에 대한 이야기가 나온다. 아합은 칠십 명이나 아들을 두었다.

**2-3절, 너희 주의 아들들이 너희와 함께 있고 또 병거와 말과 견고한 성과 병기가 너희에게 있으니 이 편지가 너희에게 이르거든 3 너희 주의 아들들 중에서 가장 어질고 정직한 자를 택하여 그 아비의 위에 두고 너희 주의 집을 위하여 싸우라 하였더라**

현재 예후는 새로운 왕국을 세우고 있다. 이세벨은 쳐서 죽였고 이제 아합의 칠십 명의 아들들을 쳐야 하는 숙제가 놓여 있었던 것이다. 아합의 아들들은 사마리아에서 방백들 곧 장로들과 여러 아들들을 교육하는 사람들과 함께 있었는데, 그 방백들에게 예후가 편지를 쓴 것이다. 너희들은 병거도 있고 말과 견고한 성과 병기도 있을 텐데 너희 아들들 중에 가장 어질고 정직한 자를 택하여 그 아비의 위에 두고 자기와 한 판 붙자는 것이다.

**4절, 저희가 심히 두려워하여 가로되 두 왕이 저를 당치 못하였거든 우리가 어찌 당하리요 하고**

예후는 매우 정략적인 말을 할 줄 아는 자이다. 그가 '너희 아들들 중에 왕을 하나 세워서 나와 싸우자'고 제안한 것이다. 그 아들들은 '두 왕도 저를 이기지 못했는데 우리가 어떻게 싸우겠는가' 하면서 매우 두려워했다.

**5절, 궁내 대신과 부윤과 장로들과 왕자를 교육하는 자들이 예후에게 말을 전하여 가로되 우리는 당신의 종이라 무릇 명하는 것을 우리가 행하고 아무 사람이든지 왕으로 세우지 아니하리니 당신의 소견에 좋은 대로 행하라 한지라**

'부윤'은 시장이다. 궁내 대신과 부윤과 장로들과 왕자를 교육하는 자들은 예후에게 무조건 굴복하고 살려만 달라고 했다.

**6-9절, 예후가 다시 저희에게 편지를 부치니 일렀으되 만일 너희가 내 편이 되어 내 말을 들으려거든 너희 주의 아들 된 사람들의 머리를 취하고 내일 이맘 때에 이스르엘에 이르러 내게 나아오라 하였더라 왕자 칠십 인이 성중에서 그 교육하는 존귀한 자들과 함께 있는 중에 7 편지가 이르매 저희가 왕자 칠십 인을 잡아 몰수히 죽이고 그 머리를 광주리에 담아 이스르엘 예후에게로 보내니라 8 사자가 와서 예후에게 고하여 가로되 무리가 왕자들의 머리를 가지고 왔나이다 가로되 두 무더기로 쌓아 내일 아침까지 문어귀에 두라 하고 9 이튿날 아침에 저가 나가 서서 뭇 백성에게 이르되 너희는 의롭도다 나는 내 주를 배반하여 죽였거니와 이 여러 사람을 죽인 자는 누구냐**

예후가 다시 편지를 해서 살려줄 테니 그 대신 왕자 칠십 인의 머리를 취해서 내일 이맘 때까지 가지고 오라고 했다. 하루 동안에 칠십 인이 죽게 된 것이다. 그들은 예후의 말대로 행하여 칠십 인을 전부 죽이고 그 머리를 예후에게로 보냈다. 그러자 예후는 그 머리들을 두 무더기로 쌓아 다음날 아침까지 문어귀에 두라고 했다. 그리고 이튿날 아침 예후가 나가서 뭇 백성들에게 "너희는 의롭도다"라고 한 것이다. 뭐가 의로운가? 이 여러 사람을 죽인 것이 의로운가? "나는 내 주를 배반하여 죽였거니와", 자기가 요람 왕을 죽인 것은 분명한데, "이 여러 사람을 죽인 자는 누구냐" 하고 묻는다.

**10절, 그런즉 너희는 알라 곧 여호와께서 아합의 집에 대하여 하신 말씀은 하나도 땅에 떨어지지 아니하리라 여호와께서 그 종 엘리야로 하신 말씀을 이제 이루셨도다 하니라**

"여호와께서 그 종 엘리야로 하신 말씀을 이제 이루셨도다 하니라". 예후는 이렇게 해서 하나님의 말씀을 이룬 것이다. 그래서 학자들은 예후를 '반현 반악의 왕'이라고 한다. 어쨌든 그는 아합의 집을 말갛게 쓸어버렸다. 이것은 아합의 집에 대한 하나님의 심판이다.

**11절, 예후가 무릇 아합의 집에 속한 이스르엘에 남아 있는 자를 다 죽이고 또 그 존귀한 자와 가까운 친구와 제사장들을 죽이되 저에게 속한 자를 하나도 남기지 아니하였더라**

예후는 아합의 아들 칠십 명만 죽인 것이 아니라 아합의 집에 속한 사람들은 하나도 남기지 않고 다 죽였다. 이 '속한'이라는 말은 아주 중요하다. 아합 집에 속한 사람들은 이스르엘에 남아 있는 자나 그 존귀한 자나 가까운 친구나 제사장들을 죽이고 하나도 남기지 않았다고 말한다. 열왕기 하 8~10장을 보면 심판이라는 말이 많이 나온다. 사람들이 엄청나게 많이 죽었다. 이스라엘의 부패의 원조는 여로보암이다. 그리고 이스라엘 가운데 우상숭배와 죄악과 부패를 가장 많이 가져온 사람은 아합과 이세벨이다. 이 사람들이 이스라엘을 망하게 한 원조이다.

그런데 유다 왕 여호사밧 때부터 유다와 이스라엘이 조금씩 가까워졌다. 그렇게 되면서 서로 통혼하고 아람을 대항해서 전쟁도 함께 하면서 이스라엘이 심판당할 때 유다도 함께 심판당하게 된 것이다. 이제 유다 왕도 죽었고 이스라엘 왕도 죽었다. 아합 집의 사람들은 예후에 의해 철저히 심판당했다.

오늘날도 그리스도인들이 어디에 속하느냐는 상당히 중요한 문제이다. 이단적인 단체나 악한 단체에 속한 사람들은 많은 위험성을 갖고 있다. 그러므로 거기에서 속히 나와야 한다. 주님은 "내 백성아, 거기서 나와 그의 죄에 참예하지 말고 그의 받을 재앙들을 받지 말라"(계 18:4)고 하신다. 열왕기 하 8~10장을 통해 우리는 성도들이 아무 데나 가입하면 함께 망하게 된다는 것을 본다. 유다 왕 아하시야는 별 생각 없이 이스라엘 왕에게 문병 갔다가 싸움에 연루되어 죽은 것이 아닌가? 이스라엘에 협력하다가 그 모든 죄와 진노를 함께 받은 것이다. 우리는 이 일을 심각하게 숙고해 보아야 한다.

죄란 개인의 죄도 있지만 단체의 죄도 있다. 단체의 죄란 어떤 단체에 속해 있음으로 해서 자동적으로 짓게 되는 죄를 말한다. 과거에 어떤 종파에 있다가 나온 사람이 있었는데, 그는 어느 날 한 백화점이 부도가 나니까 그 백화점에 속한 소액의 주주들도 다 망하는 것을 보고 '마지막 날 심판 때에 이러한 상황이 되겠구나. 내가 어떤 종파적이고 육체적이고 이단적인 단체에 속해 있다가 그곳에 임하는 심판에 나도 참여하게 되겠구나.' 생각하고 자기를 스스로 그 단체에서 분별시켰다고 했다. 이러한 모든 것이 그리스도인의 지혜이다. 초대교회에는 구약 성경밖에 없었다. 우리는 이러한 역사서를 통해 지혜를 구하고 갈 길을 찾아야 한다.

**12-13절, 예후가 일어나서 사마리아로 가더니 노중에 목자가 양털 깎는 집에 이르러 13 유다 왕 아하시야의 형제들을 만나 묻되 너희는 누구냐 대답하되 우리는 아하시야의 형제라 이제 왕자들과 태후의 아들들에게 문안하러 내려가노라**

예후가 이제 사마리아로 가고 있다. 사마리아는 북 이스라엘의 수도이다. 그런데 그곳에서 아하시야의 형제들을 만난 것이다. 아하시야의 형제들은 불행하게도 만나지 말아야 할 사람을 만났다. 여기서 '유다 왕 아하시야의 형제들'이라고 했는데 사실은 '아하시야의 형제의 아들들'이 맞을 것이다. 역대 하 22장 8절에서는 '아하시야 형제의 아들들'이라고 했다. "예후가 아합의 집을 징벌할 때에 유다 방백들과 아하시야의 형제의 아들들 곧 아하시야를 섬기는 자들을 만나서 죽였고". 이들은 왕자들과 태후 이세벨이 이미 다 죽었다는 것을 모르고 문안을 가다가 변을 당한 것이다.

**14절, 가로되 사로잡으라 하매 곧 사로잡아 목자가 양털 깎는 집 웅덩이 곁에서 죽이니 사십이 인이 하나도 남지 아니하였더라**

아하시야의 형제의 아들들이 문안하러 가다가 하나도 남김없이 다 죽게 되었다. 사십이 명이 다 죽은 것이다. 이 모든 말씀이 우리에게 시사해주는 것은 무엇인가? 매사를 주의 깊게 행하지 않으면 안 된다는 것이다. 만나지 말아야 할 사람은 만나지 말고 접해서는 안 될 사람은 접하지 말아야 한다. 사람들은 이렇게 말하기를 좋아한다. '우리는 다 같은 하나님의 자녀들이고 형제들이다. 우리가 서로 교류하고 협력하는 것이 뭐가 나쁜가? 다 함께하자.'고 한다. 그런 와중에 우상이 들어오고 죄가 들어오고 육체가 들어와서 하나님의 백성들이 부패하게 되는 것이다. 하나님은 이렇게 되는 것을 싫어하신다. 유다는 가까이 해서는 안 되는 것을 가까이 하다가 이렇게 된 것이다. 시편 1편을 읽고 넘어 가겠다. "복 있는 사람은 악인의 꾀를 좇지 아니하며 죄인의 길에 서지 아니하며 오만한 자의 자리에 앉지 아니하고 오직 여호와의 율법을 즐거워하여 그 율법을 주야로 묵상하는 자로다". 레위기 11장에서도 '부정한 것을 만지지 말라, 부정한 짐승을 먹지 말라, 부정한 사람을 만나지 말라'고 한다. 그리스도인은 자신이 죄를 범하지 말아야 할 뿐 아니라, 악한 단체에 가입함으로 자동적으로 동참하게 되는 죄를 주의해야 한다.

**15절, 예후가 거기서 떠나가다가 레갑의 아들 여호나답이 맞으러 오는 것을 만난지라 그 안부를 묻고 가로되 내 마음이 네 마음을 향하여 진실함과 같이 네 마음도 진실하냐 여호나답이 대답하되 그러하니이다 가로되 그러면 나와 손을 잡자 손을 잡으니 예후가 끌어 병거에 올리며**

이제 레갑이라는 사람이 예후와 함께하게 되었다. 정권이 바뀌면 이렇게 신군부에 가담하는 사람이 생겨나게 된다. 레갑은 원래 모세의 장인처럼 겐 족속의 사람인데, 예레미야 선지자는 예레미야 35장에서 이 레갑 족속이 아주 경건하고 유명한 사람들이라고 말한다. 따라서 예후에게는 이러한 영향력 있는 사람이 필요했다. 왕이 총칼로 권력을 잡으면 국무총리 자리에는 학자 같은 사람을 앉혀야 무력정치가 가려지는 법이다. 예후가 레갑의 아들 여호나답과 함께하려는 것은 이러한 연유일 것이라고 본다.

**16절, 가로되 나와 함께 가서 여호와를 위한 나의 열심을 보라 하고 이에 자기 병거에 태우고**

이 예후는 레갑의 아들 여호나답에게 이렇게 말하는 것이다. '내가 지금 하는 일은 진정 여호와를 위한 열심에서 나온 것이니 한번 보아라.'

**17절, 사마리아에 이르러 거기 남아있는바 아합에게 속한 자를 죽여 진멸하였으니 여호와께서 엘리야에게 이르신 말씀과 같이 되었더라**

수도인 사마리아에 이르러 레갑의 아들 여호나답과 함께 아합에게 속한 남아있는 자들을 모조리 죽여 버렸다.

**18-19절, 예후가 뭇 백성을 모으고 이르되 아합은 바알을 조금 섬겼으나 예후는 많이 섬기리라 19 그러므로 내가 이제 큰 제사를 바알에게 드리고자 하노니 바알의 모든 선지자와 모든 섬기는 자와 모**

**든 제사장들을 한 사람도 빠치지 말고 불러 내게로 나오게 하라 무릇 오지 아니하는 자는 살리지 아니하리라 하니 이는 예후가 바알 섬기는 자를 멸하려 하여 궤계를 씀이라**

예후는 계략에 능한 사람이다. 바알에 속한 사람들을 다 죽이려고 내가 아합보다 바알을 더 많이 섬기겠으니 전국에 바알을 섬기는 자들은 다 모이라는 것이다. 아마 새로운 권력자가 바알을 더 많이 섬긴다고 하니까 별 관심 없던 사람들까지 모여들었을 것이다.

**20-24절, 예후가 바알을 위하는 대회를 거룩히 열라 하매 드디어 공포하였더라 21 예후가 온 이스라엘에 두루 보내었더니 무릇 바알을 섬기는 사람이 하나도 빠진 자가 없이 다 이르렀고 무리가 바알의 당에 들어가매 이편부터 저편까지 가득하였더라 22 예후가 예복 맡은 자에게 이르되 예복을 내어다가 무릇 바알 섬기는 자에게 주라 하매 저희에게로 예복을 가져온지라 23 예후가 레갑의 아들 여호나답으로 더불어 바알의 당에 들어가서 바알을 섬기는 자에게 이르되 너희는 살펴보아 바알을 섬기는 자만 여기 있게 하고 여호와의 종은 하나도 너희 중에 있지 못하게 하라 하고 24 무리가 번제와 다른 제사를 드리려고 들어간 때에 예후가 팔십 인을 밖에 두며 이르되 내가 너희 손에 붙이는 사람을 한 사람이라도 도망하게 하는 자는 자기의 생명으로 그 사람의 생명을 대신하리라 하니라**

예후는 자신과 여호나답이 바알을 섬기는 자인 척하고 바알 숭배자들만 따로 분별시켰다. 여호와 신앙자들은 하나도 거기 있지 못하게 한 것이다. 그리고서 팔십 명을 밖에 두고 바알의 신당에서 제사 드리는 자들은 한 사람도 도망가지 못하게 지키라고 했다.

**25-26절, 번제 드리기를 다하매 예후가 호위병과 장관들에게 이르되 들어가서 한 사람도 나가지 못하게 하고 죽이라 하매 호위병과 장관들이 칼로 저희를 죽여 밖에 던지고 26 바알의 당 있는 성으로**

**가서 바알의 당에서 목상들을 가져다가 불사르고**

예후는 일단 바알에게 속하지 않은 사람들은 다 분별시켰다. 그러자 바알숭배자들만 거기에 모인 것이다. 그런 다음 장관들에게 한 사람도 밖으로 나가지 못하게 하고 다 죽이라고 했다. 그렇게 해서 다 죽여 밖에 던지고 바알의 목상들도 불살라 버린 것이다.

27-29절, **바알의 목상을 헐며 바알의 당을 훼파하여 변소를 만들었더니 오늘날까지 이르니라 28 예후가 이와 같이 이스라엘 중에서 바알을 멸하였으나 29 이스라엘로 범죄케 한 느밧의 아들 여로보암의 죄 곧 벧엘과 단에 있는 금송아지를 섬기는 죄에서는 떠나지 아니하였더라**

예후가 바알은 다 없앴지만 여로보암의 죄에서는 떠나지 않은 것이다. 그래서 그를 학자들이 '반현 반악', 즉 반은 좋고 반은 악한 왕이라고 한다. 그는 바알은 철저히 부쉈지만 참으로 좋은 일은 하지 않았다. 벧엘과 단에 있는 금송아지를 없애지 않은 것이다. 그래서 결국 여로보암의 죄에서는 떠나지 못했다. 개혁을 단행한다고 했지만 적극적으로 하나님을 위한 일은 하지 못한 것이다.

30절, **여호와께서 예후에게 이르시되 네가 나 보기에 정직한 일을 행하되 잘 행하여 내 마음에 있는 대로 아합 집에 다 행하였은즉 네 자손이 이스라엘 왕위를 이어 사 대를 지나리라 하시니라**

하나님도 예후가 한 일에 대해서는 정직하게 행했다고 칭찬하셨다. "내 마음에 있는 대로 아합의 집에 다 행하였은즉". 아합의 집을 완전히 멸한 것은 하나님이 원하셨던 바였다. 그러므로 어디에 속하는가는 매우 엄중한 일이다. 예후가 철저하게 아합의 집을 도륙한 것이 하나님의 뜻이었다는 것이다. 그러므로 예후 집안이 4대를 이어 왕위에 있을 것이라고 하신다. 예후의 아들 여호아하스, 여로보암 2세, 그리고 스가랴로 이어진다.

**31절, 그러나 예후가 전심으로 이스라엘 하나님 여호와의 율법을 지켜 행하지 아니하며 여로보암이 이스라엘로 범하게 한 그 죄에서 떠나지 아니하였더라**

예후가 바알을 때려 부수고 아합 집을 진멸하는 것은 잘했는데 율법을 지키거나 하나님의 뜻을 준행하는 일은 하지 않은 것이다.

**32-33절, 이때에 여호와께서 비로소 이스라엘을 찢으시매 하사엘이 그 사방을 치되 33 요단 동편 길르앗 온 땅 곧 갓 사람과 르우벤 사람과 므낫세 사람의 땅 아르논 골짜기에 있는 아로엘에서부터 길르앗과 바산까지 하였더라**

벌써 이때 이스라엘이 이방에게 멸망당하게 될 것의 전조가 진행되고 있었다. 어디서부터 멸망하는가? 갓 사람과 르우벤 사람과 므낫세 사람들이다. 민수기와 신명기에서 갓과 르우벤과 므낫세 반 지파 사람들이 모세에게 '우리는 요단 동편에 머물겠습니다.'라고 했다. 이들은 요단을 건너 완전히 가나안 땅에 들어가지 않고 요단 동편에 머문 사람들이다. 이것은 완전한 순종이 아니다. 중도에 매달린 신앙이다. 물론 하나님께서 이들에게 요단 동편 땅을 할당하시기는 했지만, 맨 먼저 열국의 침략을 당하기 시작했다. 누구에게인가? 하사엘이라는 아람 왕에게이다.

**34-36절, 예후의 남은 사적과 무릇 행한 일과 모든 권세는 이스라엘 왕 역대지략에 기록되지 아니하였느냐 35 예후가 그 열조와 함께 자매 사마리아에 장사되고 그 아들 여호아하스가 대신하여 왕이 되니라 36 예후가 사마리아에서 이스라엘을 다스린 햇수는 이십팔 년이더라**

예후는 28년 동안 이스라엘을 다스렸다. 그 이스라엘의 10대 왕이며 제 5왕조의 첫 번째 왕이다.

# 열왕기하 11장

**1절, 아하시야의 모친 아달랴가 그 아들의 죽은 것을 보고 일어나 왕의 씨를 진멸하였으나**

이것은 유다의 이야기이다. 열왕기 하 9장 27절에서 "유다 왕 아하시야가 이를 보고 동산 정자 길로 도망하니 예후가 좇아가며 이르되 저도 병거 가운데서 죽이라 하매 이블르암 가까운 구르 비탈에서 치니 저가 므깃도까지 도망하여 거기서 죽은지라"고 했다. 이스라엘에 대해서 다시 한 번 설명하자면, 남 유다와 북 이스라엘로 나뉘어졌는데, 남 유다는 르호보암부터이고 북 이스라엘은 여로보암부터이다. 유다는 르호보암에서 아비야, 아사, 여호사밧, 여호람, 아하시야, 아달랴로 이어지며, 그 다음이 요아스이다. 이 장에서 요아스가 나온다. 북 이스라엘은 여로보암으로 시작해서 나답, 바아사, 엘라, 시므리, 오므리, 아합, 아하시야, 요람(여호람), 예후로 이어진다. 9장과 10장에서 예후에 관하여 살펴보았다. 예후가 이스라엘의 요람 왕을 죽였고 유다의 아하시야 왕도 죽였다. 예후는 요람을 죽이고 이스라엘의 왕이 된 것이다. 아하시야는 유다 왕인데 앞에서 읽은 것처럼 요람에게 문병을 갔다가 예후에게 죽임을 당했다(9:27).

이제 유다는 아하시야 왕이 죽었기 때문에 새로운 왕이 필요했다. 여기 11장에 나오는 아하시야의 모친 아달랴는 이스라엘 왕 아합과 이세벨이 낳은 딸이다. 아합과 이세벨(이방 시돈 왕의 딸)은 악한 짓을 많이 했고 하나님의 선지자들을 많이 죽였다. 그런데 유다의 여호사밧 왕이 이스라엘의 아합의 딸 아달랴를 자기의 며느리로 삼은 것이다. 여호사밧의 아들이 여호람이고 여호람의 아들이 아하시야이다. 그런데 예후는 이스라엘 왕 요람과 유다 왕 아하시야를 죽였고 이 아달랴는 아하시야의 아들들(아달랴의 손자들)을 다 죽였다. 왜 자기 손자들을 죽였겠는가? 자기가 왕 노릇을 하고 싶었기 때문이다. 자기 남편은 이미 죽었고 자기 아들도 예후에 손에 죽었다. 그러니 이제 자기 손자들이 왕이 될 터인데, 그 여자는 자기 손자들을 다 죽이고 자기가 정권을 차지하고 싶었던 것이다.

유다는 여인이 통치하던 시대가 있었는데, 그 중 하나가 아달랴 시대였다. 자기 남편 여호람도 없고 자기 아들 아하시야도 죽자 이 아달랴는 권력의 맛을 아는 고로 왕이 되고 싶었던 것이다. 아달랴가 생각할 때 자기가 왕이 되는 데에 자기 손자들(아하시야의 아들들)이 방해가 되었다. 아하시야의 아들들만 없으면 자기는 부왕의 아내(태후)이므로 자연히 권력을 잡을 거라고 생각한 것이다. 그래서 아하시야의 아들들인 자기 손자들을 다 죽인 것이다.

'왕의 씨를 진멸했다'는 말은 의미심장하다. 이 여자는 마귀에게 사로잡힌 여자이다. 왕의 씨라면 결국 다윗 왕의 씨인데, 다윗 왕가의 씨가 진멸되면 무슨 문제가 생기는가? 그리스도의 족보의 노선이 끊기는 것이다. 아달랴의 배후에는 마귀 사단이 있었다. 이 씨를 멸해서 그리스도께서 오시는 길을 차단하려는 것이다. 마귀는 언제부터 이것을 염두에 두었겠는가? 창세기 3장 15절에서 하나님의 말씀을 들었을 때부터이다. 하나님은 '여자의 씨가 뱀의 머리를 상하게 할 것'이라고 하셨다. 그러므로 여자의 씨이신 그리스도는 마귀 사단과는 불구대천(不俱戴天)의 원수인 것이다. 이 여자의 씨는 결국 다윗의 씨에서 나오게 된다. 왕가의 계보에서 그리스도가 출생하시는 것이다. 개역 한글 성경에는 '여자의 후손'이라고 되어 있지만 영어 성경에는 '여자의 씨'라고 되어 있다. 창세기 4장

25절을 보면 "아담이 다시 아내와 동침하매 그가 아들을 낳아 그 이름을 셋이라 하였으니 이는 하나님이 내게 가인이 죽인 아들 대신에 다른 씨를 주셨다 함이며"라고 했다. 여기에 '다른 씨'가 있다. 이 씨는 아벨로 이어져야 하는데 가인이 아벨을 죽인 것이다. 그러므로 다른 씨가 필요했다. 이 씨로부터 그리스도가 나와야 하는데 마귀는 할 수 있는 대로 이 씨를 끊어버리려고 한다. 아벨부터 끊어버리는 일을 당하게 된 것이다. 그러나 하나님은 아벨 대신에 아담에게 다른 씨를 주셨는데 그가 셋이다. 결국 셋을 통해서 이 계보가 이어지게 된 것이다.

하나님께서는 아브라함의 씨를 통해서 천하 만민이 복을 얻을 것이라 하셨고, 다윗에게도 씨를 주겠다고 약속하셨다. 하나님께서는 계속 씨를 관심하며 말씀하고 계시는데 이 아달랴라는 여자는 기회를 잡아 아예 씨를 말려버리려 하고 있다. 악한 이세벨의 딸인 아달랴가 이방 땅 시돈에서 이스라엘을 거쳐 하나님의 왕국의 적통인 유다에까지 들어온 것이다. 이 마귀의 씨가 아합 왕의 아내가 되더니 아달랴라는 딸을 낳아 유다의 여호람 왕의 아내가 되게 했다. 그런데 마침 예후가 이스라엘의 요람 왕을 죽이고 유다의 여호람과 아달랴의 아들 아하시야를 죽인 것이다. 아달랴는 유다 왕 여호람 곧 자기 남편이 죽고 이제 자기 아들 아하시야마저도 죽으니 혼자 남게 되자 자기 손자들을 다 죽이고서 왕위에 올랐다. 이것이 11장 1절의 내용이다.

**2절, 요람 왕의 딸 아하시야의 누이 여호세바가 아하시야의 아들 요아스를 왕자들의 죽임을 당하는 중에서 도적하여 내고 저와 그 유모를 침실에 숨겨 아달랴를 피하여 죽임을 당치 않게 한지라**

이 여호세바는 유다의 여호람 왕의 딸이며 아하시야의 누이이다. 여호람 왕에게는 딸도 있고 아들도 있었는데, 그 딸 중에 하나가 여호세바이며 그녀의 남편은 제사장 여호야다이다. 아달랴가 실수를 했는데, 그것은 자녀들이 다 자기 편인 줄 알았던 것이다. 그러나 거기에 유다 다윗 왕가의 편에 선 한 사람이 있었다. 그 사람이 여호람의 딸이며 아하시야의 누이인 여호세바였다. 이 여인이 보니 아달랴가 다윗의 씨를 말리고 있는 것이다. 그때 이 여호세바가 아기(씨) 하나를 지켜냈다. 이 여호세바는 역대 하 22장 11절을 보면 "왕의 딸 여호사브앗이 아하시야의 아들 요아스를 왕자들의 죽임을 당하는 중에서 도적하여 내고 저와 그 유모를 침실에 숨겨 아달랴를 피하게 한 고로 아달랴가 저를 죽이지 못하였더라 여호사브앗은 여호람 왕의 딸이요 아하시야의 누이요 제사장 여호야다의 아내더라"고 한다. 왕 여호람의 딸(공주)이고 제사장 여호야다의 아내이다. 역대 하에서는 여호사브앗이라고 했는데 여호세바와 같은 말이다. 이 여호세바가 아하시야의 아들 요아스를 죽이지 못하게 지켜낸 것이다.

**3절, 요아스가 저와 함께 여호와의 전에 육 년을 숨어 있는 동안에 아달랴가 나라를 다스렸더라**

유다의 아하시야는 이스라엘의 요람 왕과 함께하다가 예후에게 애매하게 죽임을 당했다. 그리고서 아달랴라는 그의 어미가 아하시야의 아들들을 다 죽였다. 그때 여호세바가 요아스라는 갓난아기를 데려다가 성전에 육 년간 숨겨 둔 것이다. 아달랴는 성전까지는 오지 않았다. 왜냐하면 그녀는 바알을 섬겼기 때문이다. 마치 우리나라의 명동성당처럼 아무도 들어가지 못하는 곳에 아기를 숨겨둔 것이다. 그리고 6년 동안 유다는 부끄럽게도 이 아달랴라는 이방 여자의 통치를 받아야 했다. 이것이 무엇을 예표하는가? 그리스도께서 하늘에 숨어 계시는 동안 마귀가 세상 임금이 되어서 다스리는 것이다.

**4절, 제 칠년에 여호야다가 보내어 가리 사람의 백부장들과 호위병의 백부장들을 불러 데리고 여호와의 전으로 들어가서 저희와 언약을 세우고 저희로 여호와의 전에서 맹세케 한 후에 왕자를 보이고**

칠 년 동안 왕자를 숨겨 놓은 것을 유다 국 내에서 아무도 몰랐다. 유다는 여인의 통치에 취해 있었던 것이다. 여호세바의 남편인 제사장 여호야다가 백부장들을 데리고 성전으로 들어가서 그 왕자를 보여주었다.

**5-6절, 명하여 가로되 너희의 행할 것이 이러하니 안식일에 입번한 너희 중 삼분 일은 왕궁을 주의하여 지키고 6 삼분 일은 수르 문에 있고 삼분 일은 호위대 뒤에 있는 문에 있어서 이와 같이 왕궁을 주의하여 지켜 방어하고**

지금 여호야다는 군대를 편성하고 있다. 일대 혁명을 일으켜야 하기 때문이다. '수르'는 떠남'을 뜻하며 그 문의 위치를 알 수 없으나 그 뜻으로 보아 중요한 출입문이다. '호위대 뒤의 문'은 정반대 쪽의 문일 것이다. 이처럼 왕궁의 두 문을 장악하라는 것이다.

**7절, 안식일에 출번하는 너희 중 두 대는 여호와의 전을 주의하여 지켜 왕을 호위하되**

왕이 아직 어리기 때문에 전을 주의하여 지켜 왕을 호위하라고 하는 것이다. 출번이란 5절의 입번과 반대의 뜻인데, 임무를 마치고 나가는 부대를 가리킨다. 안식일에 입번하는 군대는 왕궁을 지키고 출번하는 두 대는 성전을 지키라는 뜻이다.

**8절, 너희는 각각 손에 병기를 잡고 왕을 호위하며 무릇 너희 반열을 침범하는 자는 죽이고 왕의 출입할 때에 시위할지니라**

호위병들에게 각각 손에 창과 방패와 칼 등의 무기를 들고 왕을 호위하라고 명령을 내리고 있다. 군사들을 성과 왕궁의 곳곳에 배치하며 할 일을 명하고 있는 것이다.

**9절, 백부장들이 이에 제사장 여호야다의 모든 명대로 행하여 각기 관할하는바 안식일에 입번할 자와 출번할 자를 거느리고 제사장 여호야다에게 나아오매**

모든 백부장들이 여호야다의 지시를 듣고 있다. 그리고 안식일날 정해진 대로 제사장에게 나아왔다.

**10-11절, 제사장이 여호와의 전에 있는 다윗 왕의 창과 방패를 백부장들에게 주니 11 호위병이 각각 손에 병기를 잡고 왕을 호위하되 전 우편에서부터 전 좌편까지 단과 전 곁에 서고**

제사장 여호야다는 백부장들에게 창과 방패를 나누어 주었다. 호위병들이 이제 왕을 호위하며 전 좌우편에 병기를 들고 서 있다.

**12절, 여호야다가 왕자를 인도하여 내어 면류관을 씌우며 율법책을 주고 기름을 부어 왕을 삼으매 무리가 박수하며 왕의 만세를 부르니라**

유다에서 다윗 계보의 적통 왕이 7년 만에 다시 세워지게 되었다. 그동안 다윗의 계보가 끊긴 줄 알고 7년 동안 아달랴(아합과 이세벨에게서 태어난 이방 계통의 여자)의 통치 아래 있었던 것이다. 그러나 여호야다라는 제사장이 그 아내와 함께 동역하여 적통 왕을 세웠다. 다시 말하지만, 여호야다의 아내인 여호세바는 여호람 왕의 딸로서 그 어미 아달랴에게서 자기 조카 요아스를 지켜내어 6년 간 보호하고 양육하다가 칠 년째 되었을 때 그 존재를 드러내고 즉위식을 거행한 것이다. 여호야다는 아달랴나 그 수하들의 공격을 대비하여 왕을 호위하는 군대를 편성했으며, 왕자를 인도하여 내어 유다국 군부에게 보여주고 그런 다음 요아스에게 기름을 붓고 왕 만세를 부른 것이다. 지금 주 예수 그리스도께서는 어린 요아스처럼 하늘에 감춰어 계신다. 어느 날 그분은 모든 사람들에게 그분 자신을 나타내실 것이다. 시편 47편에 이런 찬양이 있다. "찬양하라 하나님을 찬양하라 찬양하라 우리 왕을 찬양하라 하나님은 온 땅에 왕이심이라 지혜의 시로 찬양할지어다 하나님이 열방을 치리하시며 하나님이 그 거룩한 보좌에 앉으셨도다"(6-8절). 어느 날 그리스도께서 나타나실 때 이렇게 찬양하게 될 것이다. 주님이 다시 이 땅에 오실 때에는 모든 성도들에게서 영광을 얻으시게 된다. 데살로니가 후서 1

장 10절을 읽어보자. "그 날에 강림하사 그의 성도들에게서 영광을 얻으시고 모든 믿는 자에게서 기이히 여김을 얻으시리라 (우리의 증거가 너희에게 믿어졌음이라)".

**13절, 아달랴가 호위병과 백성의 소리를 듣고 여호와의 전에 들어가서 백성에게 이르러**

아달랴가 호위병과 백성들이 '왕 만세' 하는 소리를 듣고 성전으로 달려갔다.

**14절, 보매 왕이 규례대로 대 위에 섰고 장관들과 나팔수가 왕의 곁에 모셨으며 온 국민이 즐거워하여 나팔을 부는지라 아달랴가 옷을 찢으며 외치되 반역이로다 반역이로다 하매**

요아스를 왕의 자리에 앉히고 온 국민이 즐거워하는 모습을 본 아달랴는 '반역이로다'라고 외쳤다. 누가 누구를 보고 반역이라고 하는가? 이 아달랴는 '왕 만세' 소리를 듣고 7년 동안 한 번도 들어가지 않았던 성전에 들어간 것이다. 그러나 때는 이미 늦었다. 요아스라는 어린 왕이 등극했다. 이스라엘 백성들은 6년 동안 얼마나 어렵게 지냈겠는가? 그런데 다윗의 씨가 끊어지지 않은 것을 알았으니 모든 군인들과 장관들과 백성들이 즐거이 나팔을 불면서 '왕 만세!' 하고 외친 것이다. 그때 아달랴가 달려와서 옷을 찢으며 반역이라고 외쳤다.

**15절, 제사장 여호야다가 군대를 거느린 백부장들에게 명하여 가로되 반열 밖으로 몰아내라 무릇 저를 따르는 자는 칼로 죽이라 하니 제사장의 이 말은 여호와의 전에서는 저를 죽이지 말라 함이라**

여호야다는 아달랴와 그 수하에 있는 사람들을 반열 밖으로 몰아내라고 했다. 그것은 성전 안에서는 저를 죽이지 말라는 뜻이다.

**16-18절, 이에 저의 길을 열어주매 저가 왕궁 말 다니는 길로 통**

**과하다가 거기서 죽임을 당하였더라 17 여호야다가 왕과 백성으로 여호와와 언약을 세워 여호와의 백성이 되게 하고 왕과 백성 사이에도 언약을 세우게 하매 18 온 국민이 바알의 당으로 가서 그 당을 훼파하고 그 단들과 우상들을 깨뜨리고 그 단 앞에서 바알의 제사장 맛단을 죽이니라 제사장이 관리들을 세워 여호와의 전을 수직하게 하고**

결국 성전 밖에서 아달랴는 죽임을 당했다. 그리고 여호야다는 요아스 왕과 백성들로 하여금 여호와와 언약을 세우게 했다. 다시는 유다의 모든 백성이 바알을 섬기지 않고 여호와의 백성이 되겠다는 것이다. 그들이 하나님의 백성이 될 것이며, 왕과 백성 사이에도 왕은 사랑으로 통치하고 백성들은 순종하겠다는 언약을 세운 것이다. 그리고 바알의 산당을 다 파했다. 새로운 혁명을 일으킨 것이다. 지금까지는 맛단이라는 사람을 바알의 제사장으로 세워 바알 신당을 유다의 정식 종교의 전으로 만들었지만, 이제는 온 국민이 바알의 당으로 가서 그 당을 훼파하고 그 단들과 우상들을 깨뜨리고 바알의 제사장 맛단을 죽인 것이다. 그리고서 관리들을 세워 정상적으로 여호와의 전을 지키게 하는 등 하나님을 섬기는 유다로 돌아가고 있는 상황이다.

**19-20절, 또 백부장들과 가리 사람과 호위병과 온 국민을 거느리고 왕을 인도하여 여호와의 전에서 내려와서 호위병의 문 길로 말미암아 왕궁에 이르매 저가 왕의 보좌에 앉으니 20 온 국민이 즐거워하고 성중이 평온하더라 아달랴를 무리가 왕궁에서 칼로 죽였었더라**

아달랴는 국민들에게도 민심을 잃어서 요아스가 정상적으로 임금의 자리에 앉게 되니 무리들이 그 여자를 칼로 죽여 버렸다.

**21절, 요아스가 위에 나아갈 때에 나이 칠 세였더라**

요아스는 칠 세 때 유다국의 왕이 되었다.

# 열왕기하 12장

**1절, 예후의 칠년에 요아스가 위에 올라 예루살렘에서 사십 년을 치리하니라 그 모친의 이름은 시비아라 브엘세바 사람이더라**

예후 7년에 요아스가 왕 위에 올라 47세 까지 왕 노릇을 했다.

**2-3절, 요아스가 제사장 여호야다의 교훈을 받을 동안에 여호와 보시기에 정직히 행하였으되 3 오직 산당을 제하지 아니하였으므로 백성이 오히려 산당에서 제사하며 분향하였더라**

요아스는 하나밖에 남지 않은 아하시야의 아들로서 칠 세 때 왕위에 올랐는데, 늘 여호야다에게 가르침을 받았다. 제사장 여호야다는 훌륭한 사람이다. 요아스가 여호야다에게 교훈을 받을 때에는 여호와 보시기에 정직히 행하였다고 했다. 그러나 아직 산당은 제하지 않았다.

산당은 영어로 'high place', 즉 높은 곳이다. 원래 하나님의 백성들의 예배는 하나님이 정하신 곳에서 이루어져야 한다. 신명기 12장에 그 말씀이 있다. 하나님께서는 모세를 통해 아무 곳에서나 예물을 드리거나 십일조를 드리거나 낙헌제나 소제와 산물의 첫 것을 드리지 말고 오직 여호와 하나님의 이름을 두시려고 택하신 곳에서 예배하라고 하셨다.

여로보암이 벧엘과 단에 금송아지를 만들어놓고 예루살렘 성전 외에서도 예배를 드릴 수 있게 한 곳이 산당이다. 당시 이스라엘에 그러한 일이 많았다. 그런데 좋지 않은 것은 빠르게 유행되듯이 유다에도 이러한 산당들이 많이 세워졌다. 원래 유다에는 예루살렘 성전이 있지 않은가? 그런데 유다 사람들도 산당들을 좋게 여기게 된 것이다. 두 나라가 서로 왕래하다보니 이런 산당들이 유행처럼 번진 것이다.

분국된 이스라엘의 초대 왕인 여로보암 때에 벧엘과 단에 산당이 만들어졌는데, 그것은 백성이 일 년에 세 번씩 예루살렘에 올라가다 보면 그 마음이 성전이 있는 예루살렘과 유다로 향해서 자기의 왕권이 약화될까 하여 그리로 가지 말고 벧엘과 단에 있는 금송아지에게 경배하도록 한 것이었다. 그런데 예루살렘 성전을 갖고 있는 유다 사람들까지도 산당을 만들어 거기서 예배한 것이다. 이스라엘 백성은 마땅히 하나님의 정하신 예루살렘 성전에서 예물을 드리고 예배해야 하는데, 산당이란 원래 성전과 경쟁적 관계에서 생겨난 것들이다.

오늘날 다른 것은 마음대로 할 수 있어도 교회는 마음대로 세울 수 없다. 그것은 성령님이 하셔야 되는 일이다. 주님이 '내가 내 교회를 반석 위에 세우리라'고 하셨다. 이것은 사람이 할 수 있는 일이 아니다. 우리는 다만 그 교회에 있게 되는 것이고 그 교회에서 교회의 위치를 지키는 것이다.

다른 것은 다 사람이 할 수 있어도 교회는 우리가 어떻게 하는 것이 아니다. 교회에 관한 한 주님이 하시는 대로 우리는 따를 뿐이다. 그런데 그렇게 하다 보면 뭔가가 이루어지는데, 그렇기 때문에 내가 세웠다고 할 수 없는 것이 교회이다. 우리 하나님의 종들은 다만 말씀을 가르칠 뿐이고 자라나게 하는 분은 하나님이시다. 그리스도의 몸 안에서 지체가 연결되고 상합하는 것은 머리이신 그리스도께서 하시는 일이다. 우리는 다만 성령의 하나 되게 하신 것을 지키는 것이다. 각자의 위치에서 분량대로 역사하는 것이다. 우리가 할 일은 이것이다. 이것이 교회이므로 교회야말로 '내가 어떻게 해보겠다'고 하는 것은 실수하는 것이고, 그렇게 해서 만들어지는 것이 산당이다. 교회의 위치에 있다는 것이 얼마나 중요한 일인지! 우리는 다만 진리를 지킴으로 끊임없이 겸손하고 끊임없이 넓히며 주님이 받으시는 사람을 받는 그러한 귀한 위치에 서 있어야 한다. 그것이 하나님의 집의 위치를 지키는 것이다.

다시 말하지만, 교회는 결코 인간적인 의도를 가지고 하는 것이 아니다. 자칫 잘못하면 높은 산당이 된다. 산당은 높은 곳(high place)이므로 참된 교회의 위치에 있는 사람들은 그 특징이 겸손이어야 한다. 낮은 위치에 있는 것이 교회이다. 늘 교회의 위치를 지킨다는 것은 쉬운 일이 아니다. 그러므로 우리는 주님의 긍휼을 구하면서 주님의 상을 가져야 한다.

"요아스가 제사장 여호야다의 교훈을 받을 동안에 여호와 보시기에 정직히 행하였으되 오직 산당을 제하지 아니하였으므로". "오직 산당을 제하지 아니하였으므로"라는 표현은 이것을 하나님이 별로 기뻐하지 않으신다는 뜻이다. 다른 것은 여호와 보시기에 좋았지만 이 부분은 좋지 않았다는 말이다. 그 다음 구절은 "백성이 오히려 산당에서 제사하며 분향하였더라"고 했는데, 이것은 산당에서 제사하는 것이 좋지 않다는 뜻이다.

**4-5절, 요아스가 제사장들에게 이르되 무릇 여호와의 전에 거룩하게 하여 드리는 은 곧 사람의 통용하는 은이나 각 사람의 몸값으로 드리는 은이나 자원하여 여호와의 전에 드리는 모든 은을 5 제사장들이 각각 아는 자에게서 받아들여서 전의 어느 곳이든지 퇴락한 것을 보거든 그것으로 수리하라 하였더니**

요아스 왕이 첫 번째로 힘쓴 것은 성전을 수리하는 것이다. 수리하려면 돈이 들기 때문에 제사장들은 아는 자들에게서 돈을 받아들이라는 것이다. 아는 자가 무엇을 의미하는지 분명하지는 않다. 다만 제사장 각 사람이 아는 사람(acquaintance)에게 말해서 헌금을 받아 수리하라고 한 것 같다. 칠십 인 역은 '아는 사람'을 상인으로 번역했다. 어쨌든 모든 이스라엘 백성이 아닌 특수한 사람들만 수리비를 내어 퇴락한 것을 수리하도록 했다.

**6절, 요아스 왕 이십삼년에 이르도록 제사장들이 오히려 전의 퇴락한 데를 수리하지 아니하였는지라**

요아스 왕은 어렸을 때 어디에 있었는가? 성전에 있었다. 성전이 자기 집이었다. 그래서 그 성전을 위해 뭔가 해야 한다는 마음이 있었을 것이다. 그래서 첫 번째로 성전 보수를 지시했다. 그런데 그가 즉위한 지 이십삼 년이 지나도록 제사장들이 전의 퇴락한 데를 수리하지 않은 것이다.

**7-8절, 요아스 왕이 대제사장 여호야다와 제사장들을 불러서 이르되 너희가 어찌하여 전의 퇴락한 데를 수리하지 아니하였느냐 이제부터는 너희 아는 사람에게서 은을 받지 말고 저희로 전 퇴락한 데를 위하여 드리게 하라 8 제사장들이 다시는 백성에게 은을 받지도 아니하고 전 퇴락한 것을 수리하지도 아니하기로 응락하니라**

이때 요아스 왕의 나이는 거의 30세가 되었을 것이다. 요아스 왕이 어느 정도 나이가 들다보니 자기 스승인 여호야다에게 왜 성전을 보수하지 않았느냐고 책망을 했다. "너희가 어찌하여 전의 퇴락한 데를 수리하지 아니하였느냐 이제부터는 너희 아는 사람에게서 은을 받지 말고 저희로 전 퇴락한 데를 위하여 드리게 하라". 당시에 제사장들이 돈을 받기만 하고 성전은 고치지 않았다. 아마도 생활이 어려운 제사장들이 그 돈을 성전 수리비로 쓰기 전에 생활비로 들어갔을지도 모른다.

**9-16절, 제사장 여호야다가 한 궤를 취하여 그 뚜껑에 구멍을 뚫어 여호와의 전문 어귀 우편 곧 단 옆에 두매 무릇 여호와의 전에 가져오는 은을 다 문을 지키는 제사장들이 그 궤에 넣더라 10 이에 그 궤 가운데 은이 많은 것을 보면 왕의 서기와 대제사장이 올라와서 여호와의 전에 있는 대로 그 은을 계수하여 봉하고 11 그 달아본 은을 일하는 자 곧 여호와의 전을 맡은 자의 손에 붙이면 저희는 또 여호와의 전을 수리하는 목수와 건축하는 자들에게 주고 12 또 미**

**장이와 석수에게 주고 또 여호와의 전 퇴락한 데를 수리할 재목과**
**다듬은 돌을 사게 하며 그 전을 수리할 모든 물건을 위하여 쓰게 하**
**였으되 13 여호와의 전에 드린 그 은으로 그 전의 은대접이나 불집**
**게나 주발이나 나팔이나 아무 금그릇이나 은그릇을 만들지 아니하**
**고 14 오직 그 은을 일하는 자에게 주어 그것으로 여호와의 전을 수**
**리하게 하였으며 15 또 그 은을 받아 일꾼에게 주는 사람들과 회계**
**하지 아니하였으니 이는 성실히 일을 하였음이라 16 속건제의 은과**
**속죄제의 은은 여호와의 전에 드리지 아니하고 제사장에게 돌렸더**
**라**

헌금 제도를 바꾸었다는 뜻이다. 처음에는 제사장들과 아는 자들에게서만 돈을 받았다. 개인적으로 사사로이 돈을 받았다는 뜻도 된다. 그런데 이제는 공적으로 모든 사람이 헌금할 수 있도록 조치했다. 제사장들에게 임의로 돈을 받아서 고치라고 했더니 그 일이 잘 되지 않았다. 그래서 궤에 구멍을 뚫어서 성전 문 어귀 단 옆에 놓고 사람들에게 거기다 은을 넣도록 하고 그 돈을 일을 하는 사람들에게 직접 주었다는 것이다. 일단 하나님께 드려진 것은 되찾을 수 없다. 이것은 요아스 왕이 일을 잘 했다는 뜻이다. 추호도 사사로운 것이 없다. 모든 것이 다 공적이고 어디에 사용했는지 다 알 수 있다. 요아스가 이렇게 했다는 것이다. 처음에는 제사장들에게 알아서 하도록 맡기다 보니까 성전이 고쳐지지 않더라는 것이다. 그래서 제사장들은 성전 수리 비용에 관한 한 일체 손을 떼게 하였다. 말하자면 여호와의 전에 가야 할 것은 전을 수리하는 데만 쓰이게 하고 오직 속건제와 속죄제 은만 제사장에게 돌렸다는 것이다. 11절은 돈을 감독자들에게 주었다는 뜻이다. 13-14절 말씀은 성전 수리를 위한 헌금은 오직 성전 수리에만 썼다는 말이다. 헌금한 은은 감독자들에게 주었고, 감독들은 회계자들에게 주었으며, 그들은 일하는 공인들에게 주었다. 성실하게 하였으므로 자세하게 회계할 필요가 없었다고 말한다. 자세하게 회계할 필요가 있다는 것 자체가 거기에 물질적인 불신이 있다는 것이다. 자세하게 회계하지 않아도 틀리는 법이 없고 의심하는 자도 없었다.

**17절, 때에 아람 왕 하사엘이 올라와서 가드를 쳐서 취하고 예루살렘을 향하여 올라오고자 한 고로**

하사엘은 원래 아람 장군이었는데 벤하닷 왕을 죽이고 자기가 왕이 되었다. 이 일은 선지자가 예언한 대로 된 것이다. 그는 가드를 쳐서 취하고 이제 예루살렘을 공격할 준비를 하고 있었다.

**18-21절, 유다 왕 요아스가 그 열조 유다 왕 여호사밧과 여호람과 아하시야가 구별하여 드린 모든 성물과 자기가 구별하여 드린 성물과 여호와의 전 곳간과 왕궁에 있는 금을 다 취하여 아람 왕 하사엘에게 보내었더니 하사엘이 예루살렘에서 떠나갔더라 19 요아스의 남은 사적과 그 모든 행한 것은 유다 왕 역대지략에 기록되지 아니하였느냐 20 요아스의 신복들이 일어나서 모반하여 실라로 내려가는 길 가의 밀로 궁에서 저를 죽였고 21 저를 쳐서 죽인 신복은 시므앗의 아들 요사갈과 소멜의 아들 여호사바드이었더라 저는 다윗 성에 그 열조와 함께 장사되고 그 아들 아마샤가 대신하여 왕이 되니라**

이때 요아스의 나이가 47세쯤 되었을 때이다. 그는 7세 때 왕이 되어 40년 간 왕의 자리에 있었는데 결국 모반을 당하여 죽었다. 여기 열왕기하의 기록만 보면 요아스 왕이 나라를 잘 다스린 것 같은데 왜 그렇게 시해되었는가? 사실 그는 그렇게 잘하지 못했다. 이 왕도 가다가 변질되었다.

역대 하 24장 15-18절, "여호야다가 나이 많고 늙어서 죽으니 죽을 때에 일백삼십 세라 16 무리가 다윗 성 열왕의 묘실 중에 장사하였으니 이는 저가 이스라엘과 하나님과 그 전에 대하여 선을 행하였음이더라 17 여호야다가 죽은 후에 유다 방백들이 와서 왕에게 절하매 왕이 그의 말을 듣고 18 그 열조의 하나님 여호와의 전을 버리고 아세라 목상과 우상을 섬긴 고로 이 죄로 인하여 진노가 유다와 예루살렘에 임하니라".

요아스는 여호야다가 죽은 후에 변질되었다. 여호야다가 죽기 전에는 여호야다의 말을 들었는데 죽은 후에는 유다의 방백들의 말을 듣게 되었다. 방백들은 여호야다가 살아 있는 동안에는 자기들의 권력을 행사할 수 없었다. 그래서 여호야다가 죽을 때까지 기다린 것이다. "여호야다가 죽은 후에 유다 방백들이 와서 왕에게 절하매". 다른 성경을 보면 왕에게 존경을 표했다고 했다. 충성을 보인 것이고 아첨의 맹세를 한 것이다. 그러자 왕이 방백들의 말을 솔깃하게 들었고, 그들의 말을 듣다보니 변질된 것이다. "그 열조의 하나님 여호와의 전을 버리고 아세라 목상과 우상을 섬긴 고로 이 죄로 인하여 진노가 유다와 예루살렘에 임하니라". 요아스가 망하게 된 이유를 밝힌다.

역대 하 24장을 좀더 보겠다. 19절, "그러나 여호와께서 선지자를 저에게 보내사 다시 자기에게로 돌아오게 하려 하시매 선지자들이 저에게 경계하나 듣지 아니하니라". 결국 하나님의 말씀을 듣지 않게 되었고 강퍅하게 되었다. 하나님이 요아스 왕을 권면하여 돌이키려고 선지자들을 보내고 또 보내셨어도 듣지 않은 것이다. 20절, "이에 하나님의 신이 여호야다의 아들 스가랴를 감동시키시매 저가 백성 앞에 높이 서서 저희에게 이르되 여호와께서 말씀하시기를 너희가 어찌하여 여호와의 명령을 거역하여 스스로 형통치 못하게 하느냐 하셨나니 너희가 여호와를 버린 고로 여호와께서도 너희를 버리셨느니라". 주님은 선지자를 보내서 이렇게 강하게 선포하셨지만 요아스 왕은 듣지 않았다. 과연 여호야다의 아들답다. 21절, "무리가 함께 꾀하고 왕의 명을 좇아 여호와의 전 뜰 안에서 돌로 쳐죽였더라". 여호야다의 아들 스가랴를 죽여 버린 것이다. 여호야다는 요아스의 은인이다. 아달랴가 손자들을 다 죽이려 할 때 자기를 7년이나 보호 양육했다가 왕위에 오르게 한 사람이다. 그런데 자기도 나이를 먹고 여호야다가 죽으니 그 은인의 아들이 바른 말을 하는데도 듣지 않고 도리어 무리를 충동시켜 돌로 쳐죽인 것이다. 22절, "요아스 왕이 이와 같이 스가랴의 아비 여호야다의 베푼 은혜를 생각지 아니하고 그 아들을 죽이니 저가 죽을 때에 이르되 여호와는 감찰하시고 신원하여 주옵소서 하니라".

이러한 피를 하나님은 다 기억하신다. 마태복음에 23장 35절을 읽어보자. "그러므로 의인 아벨의 피로부터 성전과 제단 사이에서 너희가 죽인 바라갸의 아들 사가랴의 피까지 땅 위에서 흘린 의로운 피가 다 너희에게 돌아가리라". 여기서 바라갸의 아들 사가랴라고 했는데, 이 사가랴가 여기 역대 하의 스가랴인지에 대해서는 좀 논란이 있지만, 어쨌든 의인이 하나님의 바른 말씀을 전하다가 성전에서 죽임을 당한 일이 있었다는 것이다. 하나님은 그들의 죽음을 헛되게 하지 않으신다. 그들의 피의 호소를 다 기억하신다. 23절, "일 주년 후에 아람 군대가 요아스를 치려 하여 올라와서 유다와 예루살렘에 이르러 백성 중에서 그 모든 방백을 멸절하고 노략한 물건을 다메섹 왕에게로 보내니라". 이때부터 예루살렘은 아람 군대의 침략을 당하게 된다. 아람 군대는 예루살렘에 와서 모든 방백들을 다 죽였다. 24-25절, "아람 군대가 적은 무리로 왔으나 여호와께서 심히 큰 군대를 그 손에 붙이셨으니 이는 유다 사람이 그 열조의 하나님 여호와를 버렸음이라 이와 같이 아람 사람이 요아스를 징벌하였더라 25 요아스가 크게 상하매 적군이 버리고 간 후에 그 신복들이 제사장 여호야다의 아들들의 피로 인하여 모반하여 그 침상에서 쳐 죽인지라 다윗 성에 장사하였으나 열왕의 묘실에는 장사하지 아니하였더라".

어떻게 해서 요아스가 죽었는지 그 이유가 여기 나온다. 그것은 여호야다의 아들을 죽인 죄로 인한 것이다. 요아스가 아람 군대하고 싸우다가 다쳤을 때 그 신복들이 침상에서 그를 죽였다. 제사장 여호야다는 왕이 아니었어도 열왕의 묘실에 들어갔는데 요아스는 왕인데도 열왕의 묘실에 들어가지 못했다.

마태복음 1장을 읽어보면 요아스는 그리스도의 족보에도 들어가지 못했다. 매우 불행하게 된 것이다. 마태복음 1장 8절, "아사는 여호사밧을 낳고 여호사밧은 요람을 낳고 요람은 웃시야를 낳고". 요람 다음이 요아스인데 바로 웃시야가 나온다. 이렇게 우상숭배를 하고 하나님을 배반한 사람은 족보에서도 누락된다.

요아스라는 인물에 대해서 생각해 보면, 첫째는 너무 어려서 큰 지위를 얻었다는 것이다. 어떤 사람이 너무 일찍 다스리는 위치에 있게 되면 말년에 좋지 않은 일들이 생기게 마련이다. 청나라의 마지막 황제 부이도 너무 어려서 황제가 되다보니 나중에는 자기밖에 모르는 사람이 되었다. 대기만성(大器晩成)이라고 좀 더디다 싶은 것이 안전하고, 천천히 올라가는 것이 안전하고, 좀 성숙했을 때 다스리는 위치에 있게 되는 것이 안전하다. 교회에서도 젊은 사람들이 너무 일찍 어떤 위치에 있게 되면 나이가 들 때 염려스러운 일이 생긴다. 또 사울 왕처럼 별 어려움이 없이 왕이 되어도 그것이 변질의 요인이 될 수 있다. 그에 비해 다윗은 일찍 기름부음을 받았지만 아주 오랜 후에야 왕이 되었다.

둘째는 사람을 잘 만나야 한다. 이것은 르호보암도 마찬가지이다. 르호보암은 젊은이들을 자문으로 삼고 노인들의 교도를 버렸다. 그럴 때 실정을 해서 나라가 나뉘어지게 된 것이다. 르호보암이 노인들의 교도를 받아들였다면 분국되는 일은 발생하지 않았을 것이다. 젊은 사람들은 혈기가 많다. 노인들은 아무래도 지혜가 있다. 다스리는 사람들 주위에는 좋은 사람들이 있어야 한다. 주위에서 바른 말을 해줄 사람들을 놓치지 말아야 한다. 바른 말을 해주고 직언하는 사람이 없어지면 길을 잘못  갈 수 있다. 르호보암이 왜 노인을 버렸겠는가? 젊은 사람들이 자신의 정서에 맞고 편했기 때문이다. 노인들은 자꾸 '그렇게 해서는 안 된다'는 충고를 한다. 젊은이들은 여러 가지 규제와 제한을 불편해한다. 요아스는 불만 있는 방백들의 아첨의 말을 그대로 받은 것이다. 우리는 참으로 이 땅에 살면서 주위에 있는 정직하고 성실한 인재를 잃어버리면 안 된다. 이것은 누구나에게 공통적으로 적용되는 말이다.

# 열왕기하 13장

**1절, 유다 왕 아하시야의 아들 요아스의 이십삼년에 예후의 아들 여호아하스가 사마리아에서 이스라엘 왕이 되어 십칠 년을 치리하며**

열왕기 상하의 내용은 북 이스라엘과 남 유다의 왕조가 번갈아 기술되고 있어 복잡한데다가 이름도 비슷한 것이 많아서 다소 이해하기가 어려운 면이 있다. 그에 비해 역대기는 유다 왕조만 설명하고 있기 때문에 이해하기가 쉽다. 역대기는 주로 유다 왕들에 대한 하나님의 심판과 징계를 다루면서 왜 그러한 심판을 받았는가에 대한 신앙적 설명을 자세히 기술하고 있다.

유다 왕 아하시야의 아들 요아스 23년에 이스라엘 왕 예후의 아들 여호아하스가 이스라엘 왕이 되어 17년을 치리했다. 예후는 왕조로 따지면 제 5왕조이다. 예후는 이스라엘 왕 여호람과 유다 왕 아하시야를 죽이고 나서 이스라엘 왕이 되었는데, 다음으로 예후의 아들 여호아하스가 이스라엘 왕이 되어 치리한 이야기를 하고 있다.

**2-3절, 여호와 보시기에 악을 행하여 이스라엘로 범죄케 한 느밧의 아들 여로보암의 죄를 좇고 떠나지 아니하였으므로 3 여호와께서 이스라엘을 향하여 노를 발하사 늘 아람 왕 하사엘의 손과 그 아들 벤하닷의 손에 붙이셨더니**

"늘 아람 왕 하사엘의 손과 그 아들 벤하닷의 손에 붙이셨더니". 여기서 '늘' 이란 말이 중요하다. 여호아하스는 예후의 아들이다. 이 예후의 아들이 이스라엘 왕이 되었는데, 이 사람이 여로보암의 죄를 좇고 그 죄에서 떠나지 않았다는 것이다. 하나님은 이스라엘 왕들의 여러 가지 도덕적인 잘못보다 주로 신앙적인 문제를 관심하신다. 그 신앙적인 문제란 무엇인가? 바로 여로보암의 죄이다. 여로보암의 죄란 자기의 왕권을 지키려는 야심 때문에 경배 중심지를 임의로 정하고 거기에다 금송아지를 만들어 놓고 숭배하게 한 죄이다. 이 죄를 떠나지 않은 이스라엘 왕들에 대해서 하나님은 항상 마음이 상하셨다. 그래서 이스라엘을 늘 아람 왕 하사엘의 손과 그 아들 벤하닷의 손에 붙여 괴롭게 하신 것이다.

신약의 계시에 의하면 그리스도는 우리의 만유(모든 것)이시다. 그분은 우리의 구주만이 아니라 생명과 만유가 되셔야 한다. 그런데 여로보암의 죄란 무엇인가? 겉으로는 모든 것이 문제 없는 것 같다. 제사도 지내고 절기도 지내고 모든 예배 절차를 이행한다. 그러나 그들의 마음은 다른 것을 위하는 것이다. 그리스도는 교회의 기초도 되시고 머리돌도 되시고 모퉁이 돌도 되시며 모든 것이 되신다. 어떤 사람은 교회를 사교를 위해서, 혹 자기의 사업이나 출세에 도움이 될까 하여 다닌다. 여로보암의 죄란 과연 무엇인가? 사람들에게 그리스도의 만유 되심을 증거하는 것이 아니라 우상숭배의 장을 열어준 것이다.

**4절, 아람 왕이 이스라엘을 학대하므로 여호아하스가 여호와께 간구하매 여호와께서 들으셨으니 이는 저희의 학대 받음을 보셨음이라**

하나님은 구약에서도 이렇게 그분의 성품을 때때로 조금씩 드러내곤 하셨다. 공의의 하나님이시고 엄격한 하나님이시면서도 그분의 택한 백성들에 대해서는 말할 수 없는 긍휼과 사랑의 마음을 가지고 계신 것이다. 우리 생각에 하나님은 이스라엘 왕의 기도는 들어주지 않고 유다만 들어주셔야 할 것 같다. 그들만이 예루살렘 성전, 곧 정상적인 위치에서 예배하기 때문이다. 이스라엘은 뭔가 빗나간 노선에 있고 정통에서 떨어져 나간 무리로 보이기 때문이다. 게다가 2절에서 여호아하스 왕은 여로보암의 죄에서 떠나지 않았고 또 하나님을 진노케 했다고 말했다. 그런데 여기 4절에서 하나님은 여전히 긍휼을 베푸시는 것이다. 여호아하스가 아람 왕에게 계속 학대를 받다가 보니 너무 힘들어서 하나님께 간구한 것이지 정말 하나님을 사랑한다거나 다시는 여로보암의 죄를 좇아 행하지 말아야겠다고 하는 결심한 것은 아니다. 마치 평소에는 신앙생활에 관심이 없고 그저 돈이나 세상을 사랑하던 그리스도인이 어느 날 큰 병이 들었을 때 '하나님, 저 병 좀 고쳐주십시오.' 하고 하나님께 죽기 살기로 매달리는 것과 비슷하다. 그럴지라도 병 고침을 받는 사람들이 있다. 하나님은 그러한 사람들도 고쳐 주신다. 도리어 어떤 그리스도인은 하나님을 전심으로 사랑하고 섬기는데도 병들어 기도할 때 안 들어주시는 경우가 있다. 하나님께서 하시는 일을 우리는 다 이해하기가 어렵다. 그러나 우리는 하나님의 선하심과 자비하심을 믿어야 한다. 그분의 자비하심과 선하심은 영원하다(시편 100편).

여호아하스 왕이 너무 힘들어서 간구를 하자 여호와께서 그 기도를 듣고 응답해주셨는데, 그것은 다만 하나님이 저의 학대 받는 것을 불쌍히 보셨기 때문이다. 노를 발하시고 학대 받도록 하신 분이 하나님이신데 또 그렇게 기도하니 금방 들어주셨다. 여기서 우리는 하나님의 택하신 백성들에 대한 태도를 볼 수 있다. 우리는 이런 말씀을 통해서 하나님이 어떤 분이신가를 알게 된다. 그러므로 성도들은 어떠한 실수를 했더라도 담대한 마음으로 하나님께 나아가야 한다. 우리 아버지 하나님은 우리가 조금만 돌이켜도 좋아하시는 분이다. 하나님이 그러한 분이신 것을 알고 그분께 나아가는 것을 기뻐하신다.

**5절, 여호와께서 이에 구원자를 이스라엘에게 주시매 이스라엘 자손이 아람 사람의 손에서 벗어나 전과 같이 자기 장막에 거하였으나**

여호와께서 구원자를 이스라엘에게 주셨다고 했다. 누군지는 모르겠지만 그를 통해 이스라엘 자손이 아람 사람의 손에서 벗어났다. 이스라엘에게는 초기에 모세와 같은 구원자가 있었다. 그러한 사람을 통해서 이스라엘 백성들을 아람 사람 손에서 벗어나게 도와주었다는 것이다. 오늘날 교회로 말하면 좋은 사역자를 세워서 교회 안의 많은 어려운 문제들을 해결되게 해주는 것이다. 하나님은 사람을 통해 역사하신다. 오늘날도 교회가 부흥하고 전진하려면 좋은 사역자들이 일어나야 한다.

**6절, 저희가 이스라엘로 범죄케 한 여로보암 집의 죄에서 떠나지 아니하고 좇아 행하며 또 사마리아에 아세라 목상을 그저 두었더라**

여로보암의 죄로 인하여 하나님이 진노하셨고, 그 진노로 인하여 여호아하스가 간구하자 하나님이 들으시고 응답해 주셨는데도 여전히 여로보암의 죄를 떠나지 아니하고 아세라 목상을 없애지 않은 것이다. 이스라엘은 이렇게 뒤죽박죽이고 혼란스러웠다. 그들이 진정으로 회개했다면 그것을 부수고 없애 버려야 했는데 그대로 둔 것이다.

**7절, 아람 왕이 여호아하스의 백성을 진멸하여 타작마당의 티끌같이 되게 하고 마병 오십과 병거 십 승과 보병 일만 외에는 여호아하스에게 남겨두지 아니하였더라**

여기서 다시 아람 왕이 여호아하스의 백성을 진멸했다. 그가 다급하여 기도했을 때 하나님께서 잠깐 구원해주셨지만 여로보암의 죄에서 떠나지 않는 것을 보시고 하나님은 다시 징계하셨다. 하나님은 어쨌든 이스라엘 백성들을 아람 왕의 징계 아래 두신 것이다. "타작마당의 티끌같이 되게 하고 마병 오십과 병거 십 승과 보병 일만 외에는 여호아하스에게 남겨두지 아니하였더라". 이 정도의 규모는 너무 작은 것이다. 이것은 왕 한 사람의 신변을 지키는 정도이고 다른 나라와 전쟁할 수 있는 군사력은 되지 못한다. 아람 왕은 이스라엘을 그 정도의 전력으로 만들어 놓고 자기 압제 하에 두었다.

**8절, 여호아하스의 남은 사적과 모든 행한 것과 그 권력은 이스라엘 왕 역대지략에 기록되지 아니하였느냐**

이 말은 한 왕의 생애가 끝날 때면 기록되는 구약의 용어이다.

**9절, 여호아하스가 그 열조와 함께 자매 사마리아에 장사되고 그 아들 요아스가 대신하여 왕이 되니라**

여호아하스의 아들은 요아스이다. 유다 왕 요아스와 이름이 똑같다. 예후가 5왕조의 첫 번째 왕이라면 다음이 여호아하스이고 그 다음이 요아스이다. 선지자가 예후에게 그의 왕조가 4대까지 미치리라고 했었다. 그 말씀대로 15장에 가면 예후의 왕조가 끝난다.

**10절, 유다 왕 요아스의 삼십칠년에 여호아하스의 아들 요아스가 사마리아에서 이스라엘 왕이 되어 십육 년을 치리하며**

여호아하스의 아들 요아스가 이스라엘에서 16년을 치리했다고 했다. 이때는 유다 왕 요아스 37년 때이다. 이스라엘 왕 여호아하스의 아들이 같은 시대에 다스리던 유다 왕 요아스와 이름이 같다. 이것은 아마도 예후 왕가가 다윗 왕가에 대해 존경심을 갖고 있었기 때문일 것이다. 뒤에 나오지만 예후 왕가 사람들은 그 이전 아합 왕가의 사람과 달라서 선지자들과 좋은 관계를 갖고 있었다. 아합은 엘리야와 적대적 관계를 갖고 있었지만 예후와 그 아들 여호아하스, 그 다음 요아스는 다 선지자들과 좋은 관계를 유지하고 있었다. 그래서 사실상 이스라엘의 5왕조(예후)가 이스라엘에서 제일 번성된 왕조이다.

**11절, 여호와 보시기에 악을 행하여 이스라엘로 범죄케 한 느밧의 아들 여로보암의 모든 죄에서 떠나지 아니하고 좇아 행하였더라**

이것은 외울 필요가 없다. 왜냐하면 이스라엘 왕은 한 사람도 좋은 왕이 없었기 때문이다. 이스라엘 왕 중에는 하나도 여로보암의 죄에서 떠난 사람이 없었으니 그렇게 알면 된다. 그런데도 성경은 어떤 왕이든지

이 여로보암의 죄에서 떠나지 않은 것을 반드시 지적하고 넘어갔다. 이것은 하나님 앞에서는 어떤 죄보다도 신앙적인 죄가 가장 크다는 것을 의미한다. 하나님과의 관계를 잘못하는 지도자, 우상으로 이끄는 지도자는 하나님이 가장 싫어하신다.

**12-13절, 요아스의 남은 사적과 무릇 행한 일과 유다 왕 아마샤와 싸운 권력은 이스라엘 왕 역대지략에 기록되지 아니하였느냐 13 요아스가 그 열조와 함께 자매 이스라엘 왕들과 함께 사마리아에 장사되고 여로보암이 그 위에 앉으니라**

여로보암은 이스라엘 나라가 남유다와 북이스라엘로 분국되었을 때 북이스라엘의 초대 왕의 이름이다. 그런데 여기 예후가의 네 번째 왕의 이름도 여로보암이다. 그래서 구분을 위해 여로보암 2세라고 표현한다. 예후 왕조는 여호아하스, 요아스, 여로보암 2세, 그리고 스가랴이다. 스가랴가 모반으로 죽임을 당함으로 예후가는 막을 내리게 된다. "여호와께서 예후에게 말씀하여 이르시기를 네 자손이 이스라엘 위를 이어 사 대까지 이르리라 하신 그 말씀대로 과연 그렇게 되니라"(왕하 15:12).

요아스 왕은 여로보암의 아버지인데 유다 왕 아마샤와 싸웠다. 유다 왕 아마샤와 이스라엘 요아스가 싸운 기록은 뒤에 나온다.

**14절, 엘리사가 죽을 병이 들매 이스라엘 왕 요아스가 저에게로 내려가서 그 얼굴에 눈물을 흘리며 가로되 내 아버지여 내 아버지여 이스라엘의 병거와 마병이여 하매**

엘리야의 후계자인 엘리사는 마지막에 죽을 병에 걸려서 죽게 된다. 그의 최후는 엘리야처럼 회리바람으로 병거를 타고 승천하지 않고 죽을 병이 들어서 죽은 것이다. 그때의 이스라엘 왕은 요아스인데, 요아스 왕은 엘리사가 이스라엘에게 얼마나 유익한 존재였는가를 잘 알고 있었기 때문에 많이 슬퍼했다. 이스라엘은 여러 번 엘리사를 통해 구원받았다. 엘리사가 적군들의 동향을 왕에게 가르쳐 주었고 그의 예언을 통해서 전쟁에서 여러 번 승리했었기 때문이다. 그러므로 엘리사가 죽는다고 할 때 이 요아스 왕은 천군만마를 잃는 것처럼 마음이 아쉬웠던 것이다. 그는 얼굴에 눈물을 흘리며 "내 아버지여 내 아버지여 이스라엘의 병거와 마병이여" 하며 울었다.

**15절, 엘리사가 저에게 이르되 활과 살들을 취하소서 활과 살들을 취하매**

엘리사가 이스라엘을 위하여 마지막 봉사(사역)를 하고 있다. 왕에게 활과 살들을 취하라고 했다. 그러자 요아스가 활과 살들을 취하였다.

**16절, 또 이스라엘 왕에게 이르되 왕의 손으로 활을 잡으소서 곧 손으로 잡으매 엘리사가 자기 손으로 왕의 손을 안찰하고**

'안찰하고(laid his hands on)'는 '손을 얹었다'는 뜻이다.

**17절, 가로되 동편 창을 여소서 곧 열매 엘리사가 가로되 쏘소서 곧 쏘매 엘리사가 가로되 이는 여호와의 구원의 살 곧 아람에 대한 구원의 살이니 왕이 아람 사람을 진멸하도록 아벡에서 치리이다**

요아스 왕은 죽을 병에 걸린 엘리사를 찾아가서 문병을 했는데 엘리사는 마지막으로 왕을 격려하며 활과 살을 잡고서 동편을 향해(아람 군대를 뜻함) 쏘라고 했다. 요아스가 그렇게 하니 엘리사는 요아스 왕이 아람을 치게 될 것이라고 예언했다.

**18-19절, 또 가로되 살들을 취하소서 곧 취하매 엘리사가 또 이스라엘 왕에게 이르되 땅을 치소서 이에 세 번 치고 그친지라 19 하나님의 사람이 노하여 가로되 왕이 오륙 번을 칠 것이니이다 그리하였더면 왕이 아람을 진멸하도록 쳤으리이다 그런즉 이제는 왕이 아람을 세 번만 치리이다 하니라**

그리고 다시 엘리사는 요아스에게 살들을 취하여 이제는 땅을 치라고 했다. 그러자 요아스가 땅을 세 번 치고 그쳤는데, 엘리사는 노하여 대여섯 번을 쳤더라면 아람을 진멸하도록 쳤을 것인데 이제는 세 번만 아람을 칠 것이라고 했다. 요아스는 첫 번째 것은 잘 순종했다. 그런데 두 번째로 화살을 취해서 땅을 치라고 하자 땅을 세 번만 쳤다. 그러자 엘리사 선지자가 노를 발하면서 '왕이 대 여섯 번은 쳐야지 세 번만 치고 마십니까? 당신이 만일 대여섯 번을 쳤더라면 아람 군대를 완전히 진멸할 텐데 세 번 쳤기 때문에 세 번만 아람을 치게 될 겁니다."라고 한 것이다.

여기서 우리는 그리스도인들이 하나님을 섬기고 주님의 일을 하는 데 있어서 원칙을 발견한다. 그것은 어떤 일이든지 마음을 다해서 해야 한다는 것이다. 요아스 왕은 엘리사에 대해 한 면으로는 매우 아쉬워했다. 엘리사가 없으면 안 된다는, 선지자를 신뢰하는 마음이 있었다. 하나님의 선지자를 신뢰하는 마음은 곧 하나님을 신뢰하는 마음이기도 하다. 그런데 그 마음이 간절했는가? 아니다. 아쉬움은 있었지만 그렇게 간절하지는 않았다. 살로 땅을 치라고 할 때 그 마음이 나타났다. 정말로 대적을 무찌르고 싶다면 세 번만 칠 것이 아니라 대여섯 번이나 열 번이라도 쳐야 하는데 치는 시늉만 하고 만 것이다.

오늘날 그리스도인이 이러한 경우가 많다. 끝까지 싸우지 않으면, 죽기까지 순종하지 않으면 그 동안 해온 것이 다 무효로 돌아가는 경우가 많다. 우리의 봉사나 일이 하나님께 온전히 열납되려면 우리의 온 마음과 온 힘을 다해야 한다. 하나님을 섬기려는 사람들은 목숨을 다하고 힘을 다하고 지혜를 다해야 한다. 어느 정도 하고서 충분히 했다고 생각하는 사람들은 하나님을 제대로 섬기는 사람들이 아니다. 여기 요아스 왕은 뭔가 하긴 했지만 마음과 힘을 다한 것은 아니다. 선지자가 하라는 대로 하기는 했지만 마음의 간절함이 빠져 있다. 원수를 철저히 미워해야 하는데 그는 어느 정도만 미워했다. 이런 사람은 결코 하나님이 크게 쓰실 수 없다.

**20절, 엘리사가 죽으매 장사하였더니 해가 바뀌매 모압 적당이 지경을 범한지라**

엘리사는 자신이 죽어가면서도 나라를 위하고, 다른 사람의 구원을 관심하고, 요아스 왕의 불충성에 대해 역정을 냈다. 이것이 하나님의 신실한 사역자들의 특징이다. 자기가 병들었다고 해서 다른 사람의 질병과 다른 사람의 약함을 위해 기도할 수 없는 것이 아니다. 엘리사는 지금 죽을 병에 걸려서 죽게 되었어도 다른 사람의 유익과 축복을 위해 끝까지 일할 수 있었다. 그리고서 그는 죽었다. 이스라엘의 충성된 인재가 죽으니 바로 대적이 쳐들어왔다.

**21절, 마침 사람을 장사하는 자들이 그 적당을 보고 그 시체를 엘리사의 묘실에 들이 던지매 시체가 엘리사의 뼈에 닿자 곧 회생하여 일어섰더라**

마침 사람을 장사 지내던 자들이 모압 적당을 보고 정신이 없고 두렵기도 해서 제대로 장사를 못 지내고 그냥 시체를 엘리사의 묘실에 들이 던졌는데 그 시체가 살아난 것이다. "시체가 엘리사의 뼈에 닿자 곧 회생하여 일어섰더라".

엘리사는 이렇게 죽은 후에도 이스라엘을 위했던 선지자였다. 죽은 후에 그 뼈도 역사를 했던 것이다. 나는 여기서 바울의 영이 고린도 교회를 위해 얼마나 강하고 열심이었기에 범죄한 형제를 사탄에게 내어주기 위해 그들과 함께 모일 수 있었는가를 생각해본다(고전 5:4~5). 물론 이것은 하나의 예표이다. 즉 주 예수님의 죽음과 부활의 예표인 것이다. 마태복음 27장에서는 그분의 부활시에 많은 사람이 살아났다고 말하고 있다. "예수께서 다시 크게 소리 지르시고 영혼이 떠나시다 이에 성소 휘장이 위로부터 아래까지 찢어져 둘이 되고 땅이 진동하며 바위가 터지고 무덤들이 열리며 자던 성도의 몸이 많이 일어나되 예수의 부활 후에 저희가 무덤에서 나와서 거룩한 성에 들어가 많은 사람에게 보이니라" (마 27:50-53). 우리 주 예수님은 그 죽음조차도 이렇게 큰 영향력이 있었다.

주님을 사랑하고 충성스럽게 섬긴 사람들은 그가 살아 있을 때 사람들에게 유익을 줄 뿐 아니라 심지어 죽어서도 유익을 준다. 엘리사의 무덤에 그의 뼈만 남아 있었지만 그 뼈에 시체가 닿으니 시체가 회생한 것이다. 또 한편 하나님을 충심으로 사랑하고 절대적으로 섬긴 종에 대해 하나님은 그 뼈라도 귀히 여기신다는 것을 알 수 있다.

**22절, 여호아하스 왕의 시대에 아람 왕 하사엘이 항상 이스라엘을 학대하였으나**

열왕기 상 19장을 보면 하나님께서 엘리야 선지자더러 하사엘에게 기름을 부어 왕이 되게 하라고 하셨다. "여호와께서 저에게 이르시되 너는 네 길을 돌이켜 광야로 말미암아 다메섹에 가서 이르거든 하사엘에게 기름을 부어 아람 왕이 되게 하고"(15절). 아람의 하사엘이 왕이 되는 것조차도 선지자의 사역 아래 있었던 것이다. 그런데 아람 왕 하사엘은 이스라엘을 학대했다.

**23절, 여호와께서 아브라함과 이삭과 야곱으로 더불어 세우신 언약을 인하여 이스라엘에게 은혜를 베풀어 긍휼히 여기시며 권고하사 멸하기를 즐겨 아니하시고 이때까지 자기 앞에서 쫓아내지 아니하셨더라**

"이스라엘에게 은혜를 베풀어 긍휼히 여기시며 권고하사 멸하기를 즐겨 아니하시고". 이스라엘 백성들의 행동을 보면 응당 하나님 앞에서 쫓겨나고 멸망당해야 했다. 그러나 하나님은 그들을 멸하기를 즐겨하지 않으셨고 아직은 자기 앞에서 쫓아내지 않으셨다. 그것은 그들의 행위 때문이 아니라 하나님이 아브라함과 이삭과 야곱으로 더불어 세우신 언약 때문이다. 그 언약을 인해서 이스라엘에게 은혜를 베풀고 그들을 긍휼히 여기셨다고 했다. 우리도 우리의 행위로 본다면 멸망당해야 마땅하지만, 하나님은 우리의 행위대로 우리를 대하시지 않고 하나님의 뜻과 영원 전부터 그리스도 예수 안에서 우리에게 주신 은혜대로 대하신다. 이스라엘은 그들의 행위나 상태로 따지면 멸망당해야 마땅했지만(이 구절은 그들이 바로 이런 상태였다는 것을 말해주는 것이다), 하나님께서 그들의 조상들과 맺은 언약으로 인해 그들에게 긍휼을 베푸신 것이다. 그러나 끝까지 그렇게 하시는 것은 아니다. 다만 '이때까지'이다. 때가 있는 것이다. 하나님께서 은혜와 긍휼을 베풀어도 계속 회개치 않으면 어느 시점에 이르러서는 긍휼의 손을 거두실 것이다.

**24-25절, 아람 왕 하사엘이 죽고 그 아들 벤하닷이 대신하여 왕이 되매 25 여호아하스의 아들 요아스가 하사엘의 아들 벤하닷의 손에서 두어 성읍을 회복하였으니 이 성읍들은 자기 부친 여호아하스가 전쟁 중에 빼앗겼던 것이라 요아스가 벤하닷을 세 번 쳐서 파하고 이스라엘 성읍들을 회복하였더라**

이것은 엘리사의 예언이 성취되었음을 말해준다. 요아스 왕이 화살로 땅을 세 번 쳤기 때문에 아람 군을 세 번만 무찌를 것이라고 예언한 것이 이루어진 것이다. 어쨌든 하사엘이 죽고 그의 아들 벤하닷이 왕이 되어 아직 정권이 안정되지 않았을 때에 이스라엘 왕 요아스가 아람을 쳐서 아버지 때에 빼앗겼던 두어 성읍을 회복했다. 그때 요아스가 벤하닷을 세 번 쳐서 파한 것이다. 만일 전에 요아스가 화살을 가지고 땅을 대여섯 번 쳤었더라면 지금 두어 성읍뿐 아니라 아람 군을 완전히 파하고 섬멸할 수 있었을 텐데 그렇게 하지 못한 것이 유감스럽다. 하나님의 말씀을 온전하게 지키지 않고 순종하지 않은 결과로 이러한 엄청난 차이가 발생한다는 것을 알 수 있다. 결국 이스라엘은 약해져서 전쟁에서 승리하지 못하고 결국에는 멸망당하게 된다.

# 열왕기하 14장

**1-2절, 이스라엘 왕 여호아하스의 아들 요아스 이년에 유다 왕 요아스의 아들 아마샤가 왕이 되니 2 위에 나아갈 때에 나이 이십오 세라 예루살렘에서 이십구 년을 치리하니라 그 모친의 이름은 여호앗단이라 예루살렘 사람이더라**

유다의 요아스 왕은 아하시야의 아들인데, 아하시야 왕이 죽자 그의 모친 아달랴가 아하시야의 아들들 곧 그녀의 손자들을 다 죽이고 한 동안 통치를 했었다. 그때 아기였던 요아스가 그의 고모인 여호세바에 의해 그의 해하는 손에서 건져져 성전에 숨겨진 채 자라다가 7세 때 왕이 되었다. 이 요아스가 아들을 낳았는데 그 아들이 아마샤이다. 아마샤는 25세 때 왕이 되어 29년을 치리했다. 그 모친 여호앗단은 부왕 요아스의 아내이며 예루살렘 사람이었다.

**3-4절, 아마샤가 여호와 보시기에 정직히 행하였으나 그 조상 다윗과는 같지 아니하였으며 그 부친 요아스의 행한 대로 다 행하였어도 4 산당을 제하지 아니하였으므로 백성이 오히려 산당에서 제사를 드리며 분향하였더라**

아마샤 왕은 여호와 보시기에 정직히 행하였지만 그 조상 다윗과는 같지 않았다고 했다. 항상 유다의 왕들을 말할 때 그 표준은 다윗이다.

"그 조상 다윗과는 같지 아니하였으며". 이것은 하나님께서 유다 왕들이 표준에 이르지 못한 것을 아쉬워하시는 표현이다.

교회 역사에서도 부흥이 있을 때마다 그 창시자(시작한 사람들)의 영은 대부분 좋다. 이스라엘로 말하면 다윗과 같다. 그런데 그 다음 사람들은 좋기는 하지만 창시자만 못하게 되는 것이 통상적이다. 아마샤는 주님 보시기에 정직히는 행했지만 그 조상 다윗과 같지는 않았다. 초기에 성실하게 자신을 드리며 고난의 길을 간 사람과 같지는 않은 것이다. 그 부친 요아스가 행한 대로 다 행하였어도 다윗 같지는 않은 것이다.

요아스가 초기에는 성전을 보수하는 등 여러 가지 좋은 일을 했다. 그런데 제사장 여호야다가 죽고 나서 점차 잘못되어 갔다. 자기의 생명의 은인인 제사장 여호야다의 아들을 성전에서 죽이기까지 하는 패륜을 저질렀다. 그가 요아스이다. 아마샤는 그 부친 요아스의 좋은 부분을 따라 행했어도 산당을 제하지 않았다고 했다(4절). 거듭 말하지만, 하나님께서 주의하시는 것은 유다 왕이든 이스라엘 왕이든 그들의 신앙상의 죄이다. 신앙의 대상에 관한 문제, 주님과의 관계성에 관한 문제에서 잘못 인도하는 지도자는 용서하지 않으시는 것이다. 산당(high places)이란 자기 나름대로 만들어 놓은 경배지이다. 이단적인 단체, 종파적인 것, 시기와 분쟁적인 모임, 이런 것이 다 산당이다. 그러한 산당을 제하지 않았으니 백성들이 오히려 산당에서 제사를 드리고 분향한 것이다.

대부분의 기독교 부흥이 초기에는 순수하게 시작한다. 존 웨슬리와 찰스 웨슬리 때의 부흥을 보면 그들이 얼마나 온 세계 모든 그리스도인들을 위해서 수고했는지를 알 수 있다. 존 웨슬리는 "나의 교구는 온 세계다."라고 말했다. 그리고 그들이 지은 찬송에서 온 땅 모든 민족들 가운데 그리스도의 피로 구속받은 모든 사람들이 그리스도의 몸의 지체가 되었다고 노래했다. 그들은 그리스도의 피로 구속받은 이 땅의 모든 그리스도인들을 다 지체로 생각했다. 그런데 후에는 어떻게 되었는가? 어떤 교회든지 초기에 시작할 때에는 좋은 것이 있었지만 후대의 사람들은 그 초기의 신앙자들과 같지 않았다. 3절에서 말하는 것처럼 '다윗과 같지 않다'는 것이다. 어떤 단체에든지 이런 공통점이 있는 것을 보게 된다.

**5절, 나라가 그 손에 굳게 서매 그 부왕을 죽인 신복들을 죽였으나**

아마샤 왕은 유다가 굳게 서자 자기의 아버지 요아스를 죽인 신복들을 죽였다. 그의 부왕은 모반을 당해 죽었었다. 열왕기 하 12장 20-21절에서 "요아스의 신복들이 일어나서 모반하여 실라로 내려가는 길 가의 밀로 궁에서 저를 죽였고 저를 쳐서 죽인 신복은 시므앗의 아들 요사갈과 소멜의 아들 여호사바드이었더라 저는 다윗 성에 그 열조와 함께 장사되고 그 아들 아마샤가 대신하여 왕이 되니라"고 했다. 아마샤의 아버지가 요아스이다. 자기 부왕인 요아스를 죽인 신복들을 죽였는데, 그래야 나라가 견고해지기 때문이다. 원수들이 있는 한 나라는 견고해질 수가 없다.

**6절, 왕을 죽인 자의 자녀들은 죽이지 아니하였으니 이는 모세의 율법책에 기록된 대로 함이라 곧 여호와께서 명하여 이르시기를 자녀로 인하여 아비를 죽이지 말 것이요 아비로 인하여 자녀를 죽이지 말 것이라 오직 사람마다 자기의 죄로 인하여 죽을 것이니라 하셨더라**

신명기 24장 16절은 "아비는 그 자식들을 인하여 죽임을 당치 않을 것이요 자식들은 그 아비를 인하여 죽임을 당치 않을 것이라 각 사람은 자기 죄에 죽임을 당할 것이니라"고 했다. 이 말씀에 근거해서 아마샤는 당사자들만 죽였다는 것이다. 요아스를 죽인 그 사람들만 죽이고 그 자녀들은 살려준 것이다. 과거 우리나라에서 대역 죄인은 삼족을 멸했지만 여기서는 그렇게 하지 않고 당사자들만 멸했다.

**7절, 아마샤가 염곡에서 에돔 사람 일만을 죽이고 또 셀라를 쳐서 취하고 이름을 욕드엘이라 하였더니 오늘까지 그러하니라**

아마샤가 전쟁을 한 이야기이다. 이 부분에 대해서는 역대 하 25장을 읽어보겠다. "아마샤가 유다 사람을 모으고 그 여러 족속을 따라 천부장과 백부장을 세우되 유다와 베냐민을 함께 그리하고 이십 세 이상으로 계수하여 창과 방패를 잡고 능히 전장에 나갈 만한 자 삼십만을 얻고 6 또 은 일백 달란트로 이스라엘 나라에서 큰 용사 십만을 삯내었더니 7 어떤 하나님의 사람이 아마샤에게 나아와서 이르되 왕이여 이스라엘 군대로 왕과 함께 가게 마옵소서 여호와께서는 이스라엘 곧 온 에브라임 자손과 함께하지 아니하시나니 8 왕이 만일 가시거든 힘써 싸우소서 하나님이 왕을 대적 앞에 엎드러지게 하시리이다 하나님은 능히 돕기도 하시고 능히 폐하기도 하시나이다 9 아마샤가 하나님의 사람에게 이르되 내가 일백 달란트를 이스라엘 군대에게 주었으니 어찌할꼬 하나님의 사람이 대답하되 여호와께서 능히 이보다 많은 것으로 왕에게 주실 수 있나이다 10 아마샤가 이에 에브라임에서 자기에게 나아오는 군대를 구별하여 본 곳으로 돌아가게 하였더니 저희 무리가 유다 사람을 심히 노하여 분연히 본 곳으로 돌아갔더라"(5-10절).

유다의 아마샤 왕이 에돔 사람과 싸우기 위해 은 일백 달란트를 주고 이스라엘 군대 십만을 삯을 냈는데 하나님의 사람이 와서 왕에게 그들과 함께 가지 말라고 했다. 하나님이 그들과 함께하지 않으시니까 유다 병사만 데리고 싸우라는 것이다. 그러자 아마샤 왕이 '이미 돈을 주었고 그들이 여기에 와 있는데 어떻게 하느냐?'고 물었다. 그러니까 하나님의 사람이 말하기를 그냥 가서 싸우되 그들과는 함께하지 말라고 했다. 아마샤가 그 말대로 이스라엘 군에게 '너희는 그냥 돌아가라. 우리는 너희와 함께 전쟁하지 않겠다.'라고 했더니 이스라엘 군이 심히 화를 내면서 본 곳으로 돌아갔다는 이야기다.

더 읽어보겠다. "아마샤가 담력을 내어 그 백성을 거느리고 염곡에 이르러 세일 자손 일만을 죽이고 유다 자손이 또 일만을 사로잡아 가지고 바위 꼭대기에 올라가서 거기서 밀쳐 내려뜨려서 그 몸이 부숴지게 하였더라"(11-12절). 아마샤가 전쟁에서 이만 명을 죽인 것이다. 일만 명은 쳐 죽이고 일만 명은 바위 꼭대기에서 밀쳐 내려뜨려서 그 몸이 부숴지게 한 것이다.

"아마샤가 자기와 함께 전쟁에 나가지 못하게 하고 돌려 보낸 군사들이 사마리아에서부터 벧호론까지 유다 성읍을 엄습하고 사람 삼천을 죽이고 물건을 많이 노략하였더라"(13절). 돌아간 이스라엘 군사들 화가 나서 앙갚음을 한 것이다. 하나님의 사람의 말이 맞았다. 이런 정황을 볼 때 만일 그 사람들(이스라엘 군사들)과 함께 싸워서 이겼다면 그들이 보상 문제를 놓고 가만히 있었겠는가? 아마샤는 큰 문제에 부딪힐 뻔했다.

오늘날 그리스도인들도 마찬가지이다. 육체에 속한 사람들에게 도와달라고 해서 그들과 함께하고 또 도움을 받게 되면 큰 어려움이 생기게 된다. 어렵더라도 혼자 하는 것이 낫다. 여러분들은 마음에 맞는 성도들과 함께 하면 참 좋겠다고 생각하겠지만 그렇게 했다가는 후환이 있게 된다. 그들이 원하는 것은 다른 것이기 때문이다. 그들은 그들 자신을 위해서 하는 것이지 순수하게 돕는 것이 아니다. 지금은 약간 돕겠지만 그 돕는 일에 자신들의 목적이 따로 있다. 이런 것을 모르고 함부로 함께 하려 했던 것이 유다 왕 아마샤의 실수였던 것이다. 돈을 주고 그들을 데려왔는데 이제 돌아가라고 하니 앙갚음으로 유다 성읍에 갑자기 들이닥쳐서 삼천 명이나 죽였다. 만일 이런 자들과 함께 전쟁을 해서 이겼다면 그 전공을 가지고 얼마나 이권을 챙기려 했겠는가? 오늘날에도 많은 때 이런 일들이 일어날 수 있다는 것을 기억해야 한다.

"아마샤가 에돔 사람을 도륙하고 돌아올 때에 세일 자손의 우상들을 가져다가 자기의 신으로 세우고 그 앞에 경배하며 분향한지라"(14절). 유다 왕 아마샤는 완전히 혼돈이다. 아마샤는 에돔 사람을 도륙하고 돌아올 때 세일 자손의 우상들을 가져왔다. '세일 자손'은 에돔 족속이다. 대체 그는 무슨 일을 한 것인가? 아마샤로 하여금 나가 싸워서 이기게 하신 분은 하나님이시다. 그 전쟁에서 에돔이 패하여 이만 명이나 죽었다. 그런데 그 에돔 사람이 섬기는 우상을 가져다가 자기의 신으로 세우고 경배했다는 것은 도저히 상식적으로 이해가 되지 않는다. 에돔이 패했으면 그 우상이 아무런 힘도 없는 것으로 판명되었으니 별 게 아닌 것으로 여겨야 하는데, 그런 우상을 가져다가 섬기는 심리는 또 무엇이란 말인가! 이것은 완전히 혼돈이다. 그런데 오늘날에도 이러한 일이 있다.

이단에 빠진 어떤 성도를 좀 도와주라고 했더니 도와주러 간 그 사람이 도리어 잘못되는 경우가 있다. 이단에 빠져있던 사람은 회개했는데 도와주러 간 사람은 이단에 빠져 어렵게 된 것이다. 구약의 말씀은 그 당시의 이야기만이 아니다. 오늘날에도 얼마든지 일어날 수 있는 일들이다. 이것이 혼돈이다. 하나님께 순종하기는 하지만 완전히 순종하는가? 그렇지 않다. 좋은 것이 있는가? 좋은 것이 있다. 그러면 완전히 좋은가? 그렇지는 않다. 이렇게 뒤죽박죽 섞여 있다.

"그러므로 여호와께서 아마샤에게 진노하사 한 선지자를 보내시니 나아가 가로되 저 백성의 신들이 자기 백성을 왕의 손에서 능히 구원하지 못하였거늘 왕은 어찌하여 그 신들에게 구하나이까 하며 선지자가 오히려 말할 때에 왕이 이르되 우리가 너로 왕의 모사를 삼았느냐 그치라 어찌하여 맞으려 하느냐 선지자가 그치며 가로되 왕이 이 일을 행하고 나의 경고를 듣지 아니하니 하나님이 왕을 멸하시기로 결정하신 줄 아노라 하였더라"(15-16절).

이렇게 역대 하 25장 5-16절까지의 말씀을 읽어보아야 아마샤가 왜 죽게 되었는가를 이해할 수 있다.

**8-9절, 아마샤가 예후의 손자 여호아하스의 아들 이스라엘 왕 요아스에게 사자를 보내어 이르되 오라 우리가 서로 대면하자 한지라 9 이스라엘 왕 요아스가 유다 왕 아마샤에게 보내어 이르되 레바논 가시나무가 레바논 백향목에게 보내어 이르기를 네 딸을 내 아들들에게 주어 아내를 삼게 하라 하였더니 레바논 들짐승이 지나가다가 그 가시나무를 짓밟았느니라**

유다 왕 아마샤가 이스라엘 왕에게 우리 한 번 싸워보자고 시비를 건 것이다. 그러니까 이스라엘 왕 요아스가 아마샤에게 왜 나한테 덤비려 하느냐고 하면서 비유로 "레바논 가시나무가 레바논 백향목에게 보내어 이르기를 네 딸들을 주어 아내를 삼게 하라 하였더니 레바논 들짐승이 지나가다가 그 가시나무를 짓밟았느니라"고 말한 것이다. 가시나무는 하잘것없는 나무이고 백향목은 준수한 나무이다. 즉 이스라엘 왕은 백향목이고 유다 왕은 가시나무라는 것이다. 그런데 가시나무가 백향목에게 네 딸을 내 아들에게 주어 아내를 삼게 하라고 했더니 레바논 들짐승들이 지나가다가 가시나무를 짓밟았다고 했다. 그 말인즉 이스라엘이 유다를 짓밟게 될 것이니 그런 식으로 나오지 말라면서 이스라엘 왕 요아스가 유다 왕 아마샤를 점잖게 타이르는 것이다.

**10절, 네가 에돔을 쳐서 파하였으므로 마음이 교만하였으니 스스로 영광을 삼아 궁에나 거하라 어찌하여 화를 자취하여 너와 유다가 함께 망하고자 하느냐 하나**

여기 이스라엘 요아스 왕의 말은 사실 옳은 것이다. 지금 아마샤가 이스라엘 왕 요아스에게 대면하자고 전쟁을 선포한 것은 교만해졌기 때문이다. 죄에는 두 가지가 있는데, 로마서 1장을 보면 경건치 않은 것이 죄이고 또 불의가 죄이다. 불의는 인간에 대한 것이고 경건치 않은 것은 하나님께 대한 것이다. 성경에서는 하나님께 대한 경건치 않음을 더 심각하게 다룬다. 특히 교만이나 거역은 영성상의 죄로서 사람에게 잘못한 것보다 더 심각한 죄이다.

**11-12절, 아마샤가 듣지 아니하므로 이스라엘 왕 요아스가 올라와서 유다 왕 아마샤로 더불어 유다의 벧세메스에서 대면하였더니 12 유다가 이스라엘 앞에서 패하여 각기 장막으로 도망한지라**

아먀사는 요아스의 말을 듣지 않고 싸우러 나갔다. 그리고서 이스라엘에게 패했다. 먼저 싸우자고 한 사람이 진 것이다. 역대 하에서는 이것이 하나님으로부터 말미암았다고 했다. 역대 하 25장 20절, "아마샤가 듣지 아니하였으니 이는 하나님께로 말미암은 것이라 저희가 에돔 신들에게 구하였으므로 그 대적의 손에 붙이려 하심이더라".

**13-14절, 이스라엘 왕 요아스가 벧세메스에서 아하시야의 손자 요아스의 아들 유다 왕 아마샤를 사로잡고 예루살렘에 이르러 예루살렘 성벽을 에브라임 문에서부터 성 모퉁이 문까지 사백 규빗을 헐고 14 또 여호와의 전과 왕궁 곳간에 있는 금은과 모든 기명을 취하고 또 사람을 볼모로 잡아가지고 사마리아로 돌아갔더라**

유다 왕 아마샤는 전투에서 패하였고 이스라엘 왕 요아스에게 사로잡혔다.

**15-16절, 요아스의 남은 사적과 그 권력과 또 유다 왕 아마샤와 서로 싸운 일은 이스라엘 왕 역대지략에 기록되지 아니하였느냐 16 요아스가 그 열조와 함께 자매 이스라엘 왕들과 사마리아에 함께 장사되고 그 아들 여로보암이 대신하여 왕이 되니라**

여기서 한 가지 기억할 것은 유다 왕 아마샤가 이스라엘 왕 요아스에게 사로잡혔는데 이스라엘 왕 요아스가 유다 왕 아마샤보다 먼저 죽었다는 것이다. 이로 보건대 요아스는 사로잡았던 아마샤를 풀어준 것 같다. 요아스가 죽고 대신에 여로보암이 이스라엘의 왕이 되었다. 이 여로보암은 요아스의 아들로서 여로보암 2세이다.

**17절, 이스라엘 왕 여호아하스의 아들 요아스가 죽은 후에도 유다 왕 요아스의 아들 아마샤가 십오 년을 생존하였더라**

유다 왕 아마샤는 사로잡혔었지만 이스라엘 왕 요아스가 죽은 후에도 15년을 더 살았다.

**18-20절, 아마샤의 남은 행적은 유다 왕 역대지략에 기록되지 아**

**니하였느냐 19 예루살렘에서 무리가 저를 모반한 고로 저가 라기스로 도망하였더니 모반한 무리가 사람을 라기스로 따라 보내어 저를 거기서 죽이게 하고 20 그 시체를 말에 실어다가 예루살렘에서 그 열조와 함께 다윗 성에 장사하니라**

아마샤는 결국 자기 백성들에게 죽임당했다. 역대 하에 그 이유가 나온다. 25장 27-28절, "아마샤가 돌이켜 여호와를 버린 후로부터 예루살렘에서 무리가 저를 모반한 고로 저가 라기스로 도망하였더니 모반한 무리가 사람을 라기스로 따라 보내어 저를 거기서 죽이게 하고 그 시체를 말에 실어다가 그 열조와 함께 유다 성읍에 장사하였더라". "아마샤가 돌이켜 여호와를 버린 후로부터". 그가 죽임당한 이유를 간단하게 설명했다. 그가 여호와를 버렸기 때문에 죽임당했다는 것이다.

**21-22절, 유다 온 백성이 아사랴로 그 부친 아마샤를 대신하여 왕을 삼으니 때에 나이 십육 세라 22 아마샤가 그 열조와 함께 잔 후에 아사랴가 엘랏을 건축하여 유다에 돌렸더라**

아사랴가 아마샤를 이어 유다 왕이 되었다. 아사랴는 웃시야라고도 한다. 이 사람은 나중에 문둥이가 되었는데 그 이유는 역대 하에 나온다.

**23절, 유다 왕 요아스의 아들 아마샤 십오년에 이스라엘 왕 요아스의 아들 여로보암이 사마리아에서 왕이 되어 사십일 년을 위에 있으며**

여로보암 2세는 41년 동안 왕위에 있었다. 오랜 기간 왕 노릇을 했다.

**24-25절, 여호와 보시기에 악을 행하여 이스라엘로 범죄케 한 느밧의 아들 여로보암의 모든 죄에서 떠나지 아니하였더라 25 이스라엘 하나님 여호와께서 그 종 가드헤벨 아밋대의 아들 선지자 요나로 하신 말씀과 같이 여로보암이 이스라엘 지경을 회복하되 하맛 어귀**

**에서부터 아라바 바다까지 하였으니**

'가드헤벨 아밋대의 아들 선지자 요나'는 요나서를 쓴 사람이다. 요나가 바로 이때 사람이다. 이 선지자는 니느웨를 회개케 했으나 원래가 이스라엘을 위한 사람이었다. 가드헤벨이란 갈릴리 지경을 말한다. 요나 선지자는 갈릴리 출신이었다. "선지자 요나로 하신 말씀과 같이". 그가 여로보암 때에 이스라엘 지경을 회복하게 되리라고 했다는 것이다. "하맛 어귀에서부터 아라바 바다까지". 여로보암 2세 때에 이스라엘 영토가 가장 넓었다.

26-27절, **이는 여호와께서 이스라엘의 고난이 심하여 매인 자도 없고 놓인 자도 없고 이스라엘을 도울 자도 없음을 보셨고** 27 **여호와께서 또 이스라엘의 이름을 도말하여 천하에 없이 하겠다고도 아니하셨으므로 요아스의 아들 여로보암의 손으로 구원하심이었더라**

이 말씀은 이해하기가 어렵다. 이스라엘이 잘한 것이 없다. 그런데 하나님은 이유를 걸어서 그냥 축복하고 도와주려 하시는 것이다. 축복을 하고자 하시는데 축복할 만한 근거가 별로 없어서 도와줄 만한 이유를 찾다 보니 고난이 심하고 불쌍하다는 것이다. "이스라엘의 고난이 심하여 매인 자도 없고 이스라엘을 도울 자도 없음을 보셨고 여호와께서 또 이스라엘의 이름을 도말하여 천하에 없이 하겠다고도 아니하셨음으로". 아직 그들을 천하에서 도말하겠다는 말씀은 하지 않으셨기 때문에 도와주어야겠다는 것이다. 이것이 이스라엘을 도와줄 만한 이유가 될 수 있는가? 우리로서는 납득하기가 힘들다. 어쨌든 그들의 상태가 하나님의 동정심을 유발한 것이다. 불쌍한 상태에 있는 자식을 보니 아버지 마음이 그냥 안쓰러운 것이다. 이것이 아버지의 마음이다.

28-29절, **여로보암의 남은 사적과 모든 행한 일과 그 권력으로 싸운 일과 다메섹을 회복한 일과 이전에 유다에 속하였던 하맛을 이스라엘에 돌린 일은 이스라엘 왕 역대지략에 기록되지 아니하였느**

**냐 29 여로보암이 그 열조 이스라엘 왕들과 함께 자고 그 아들 스가랴가 대신하여 왕이 되니라**

여로보암과 그 아들 스가랴는 다 예후 왕조에 속한 왕들이다. 엘리사 선지자가 예언한 예후 왕조는 이 스가랴까지이다. 이스라엘은 예후 왕조 때 가장 융성했었다.

# 열왕기하 15장

**1절, 이스라엘 왕 여로보암 이십칠년에 유다 왕 아마샤의 아들 아사랴가 왕이 되니**

아사랴는 웃시야이다. 아사랴(Azariah)는 '여호와의 도우심', 웃시야(Uzziah)는 '여호와의 힘'이라는 뜻이다.

**2절, 위에 나아갈 때에 나이 십육 세라 예루살렘에서 오십이 년을 치리하니라 그 모친의 이름은 여골리야라 예루살렘 사람이더라**

웃시야 왕은 굉장히 오래 동안 왕 위에 있었다. 52년을 치리한 것이다. 그러나 후에 문둥병에 걸려 별궁에 거하였다.

**3-4절, 아사랴가 그 부친 아마샤의 모든 행위대로 여호와 보시기에 정직히 행하였으나 4 오직 산당은 제하지 아니하였으므로 백성이 오히려 그 산당에서 제사를 드리며 분향하였고**

여기서도 마찬가지로 산당의 문제를 말하고 있다. 웃시야 왕은 여호와 보시기에 정직히는 행했지만 산당은 제하지 않았다고 했다.

**5절, 여호와께서 왕을 치셨으므로 그 죽는 날까지 문둥이가 되어 별궁에 거하고 왕자 요담이 궁중 일을 다스리며 국민을 치리하였더라**

웃시야가 왜 문둥이가 되었는지는 역대 하 26장에서 알려주고 있다. "웃시야가 그 부친 아마샤의 모든 행적대로 여호와 보시기에 정직히 행하며 여호와의 묵시를 밝히 아는 스가랴의 사는 날에 하나님을 구하였고 저가 여호와를 구할 동안에는 하나님이 형통케 하셨더라"(4-5절). 좋은 때가 있었다는 것이다. "저가 강성하여지매 그 마음이 교만하여 악을 행하여 그 하나님 여호와께 범죄하되 곧 여호와의 전에 들어가서 향단에 분향하려 한지라"(16절). 웃시야 왕이 문둥병에 걸린 것은 그의 교만 때문이었다.

"제사장 아사랴가 여호와의 제사장 용맹한 자 팔십 인을 데리고 그 뒤를 따라 들어가서 웃시야 왕을 막아 가로되 웃시야여 여호와께 분향하는 일이 왕의 할 바가 아니요 오직 분향하기 위하여 구별함을 받은 아론의 자손 제사장의 할 바니 성소에서 나가소서 왕이 범죄하였으니 하나님 여호와께 영광을 얻지 못하리이다 웃시야가 손으로 향로를 잡고 분향하려 하다가 노를 발하니 저가 제사장에게 노할 때에 여호와의 전 안 향단 곁 제사장 앞에서 그 이마에 문둥병이 발한지라 대제사장 아사랴와 모든 제사장이 왕의 이마에 문둥병이 발하였음을 보고 전에서 급히 쫓아내고 여호와께서 치시므로 왕도 속히 나가니라 웃시야 왕이 죽는 날까지 문둥이가 되었고 문둥이가 되매 여호와의 전에서 끊어졌고 별궁에 홀로 거하였으므로 그 아들 요담이 왕궁을 관리하며 국민을 치리하였더라 그 외에 웃시야의 시종 행적은 아모스의 아들 선지자 이사야가 기록하였더라 웃시야가 그 열조와 함께 자매 저는 문둥이라 하여 열왕의 묘실에 접한 땅 곧 그 열조의 곁에 장사하니라 그 아들 요담이 대신하여 왕이 되니라"(17-23절).

마태복음 1장을 읽어보자. "아사는 여호사밧을 낳고 여호사밧은 요람을 낳고 요람은 웃시야를 낳고"(8절). 여기서 요람 다음에 웃시야라고 했다. 원래는 요람 다음에 아하시야가 있고, 그 다음에 아달랴가 잠간 통치했으며, 그 다음에 요아스가 있고, 그 다음에 아마샤가 있고, 그 다음이 웃시야이다. 그런데 여기 마태복음에 기록된 그리스도의 족보에서는 아하시야, 요아스, 아마샤, 이 세 이름이 빠졌다. 세 왕이 빠진 것이다. 왜 이 세 왕은 족보에 들어가지 못했는가? 이 세 왕의 특징은 무엇인가? 그것은 그들이 우상숭배를 한 것이다. 열왕기에서는 우상숭배가 가장 심각한 죄로 드러난다. 하나님 아닌 다른 것에게 경배하는 것이다. 우상숭배는 하나님 외에 다른 것을 위하는 것, 다른 것을 탐하는 것을 말한다.

**6-8절, 아사랴의 남은 사적과 모든 행한 일은 유다 왕 역대지략에 기록되지 아니하였느냐 7 아사랴가 그 열조와 함께 자매 다윗 성에 그 열조와 함께 장사되고 그 아들 요담이 대신하여 왕이 되니라 8 유다 왕 아사랴의 삼십팔년에 여로보암의 아들 스가랴가 사마리아에서 이스라엘 왕이 되어 여섯 달을 치리하며**

이 스가랴는 이스라엘 예후 왕조의 다섯 번째 왕이다. 예후 왕조는 예후, 여호아하스, 요아스, 여로보함 2세, 스가랴이다.

**9-11절, 그 열조의 행위대로 여호와 보시기에 악을 행하여 이스라엘로 범죄케 한 느밧의 아들 여로보암의 죄에서 떠나지 아니한지라 10 야베스의 아들 살룸이 저를 모반하여 백성 앞에서 쳐 죽이고 대신하여 왕이 되니라 11 스가랴의 남은 사적은 이스라엘 왕 역대지략에 기록되니라**

살룸이 스가랴를 모반하여 백성 앞에서 죽였다. 스가랴는 예후 가문의 왕이다. 예후가 여호람을 죽이고 왕이 되었는데, 예후 다음이 여호아하스이고, 그 다음이 요아스, 그 다음이 여로보암 2세, 그 다음이 스가랴이다. 이렇게 예후 왕가는 아들로, 손자로 이어져 내려왔다. 스가랴를 죽인 사람은 살룸인데, 이 살룸이 제 6 왕조가 되는 것이다. 그런데 이 야베스의 아들 살룸 때부터 이스라엘은 모반이 계속 일어나 왕이 거듭 바뀌게 된다. 살룸이 스가랴를 죽이고 왕이 되었는데 살룸은 또 다른 사람에게 살해된다. 그렇게 해서 왕조가 계속 바뀌는 것이다. 그래도 유다가 이스라엘과 다른 점은 한 혈통(다윗 혈통)이 이어졌다는 것이다. 유다 왕 아마샤도 사람들에게 죽임당했고 요아스도 대적에게 죽임당했다. 그런데도 다윗의 혈통은 계속 이어갔다. 어떻게 하든지 다윗 왕가가 이어진 것이다. 왕을 죽인 사람이 있어도 그가 왕이 되지 않고 어떻게 해서든지 왕의 아들이나 손자로 대를 잇게 했다. 그러나 이스라엘은 왕을 죽인 그 사람이 왕이 되었다. 이것이 유다와 이스라엘의 크게 다른 점이다.

**12절, 여호와께서 예후에게 말씀하여 이르시기를 네 자손이 이스라엘 위를 이어 사 대까지 이르리라 하신 그 말씀대로 과연 그렇게 되니라**

선지자의 예언대로 예후 왕조는 여호아하스, 요아스, 여로보암 2세, 스가랴까지 4대 만에 끝났다.

**13절, 유다 왕 웃시야 삼십구년에 야베스의 아들 살룸이 사마리아에서 왕이 되어 한 달을 치리하니라**

예후 왕조의 마지막 왕 스가랴를 죽이고서 왕이 된 살룸은 한 달 간 왕위에 있었다.

**14절, 가디의 아들 므나헴이 디르사에서부터 사마리아로 올라가서 야베스의 아들 살룸을 거기서 죽이고 대신하여 왕이 되니라**

살룸은 므나헴에 의해 죽임을 당했고 이제 므나헴이 왕이 되었다.

**15-16절, 살룸의 남은 사적과 그 모반한 일은 이스라엘 왕 역대지략에 기록되니라 16 그 때에 므나헴이 디르사에서 와서 딥사와 그 가운데 있는 모든 사람과 그 사방을 쳤으니 이는 저희가 성문을 열지 아니하였음이라 그러므로 치고 그 가운데 아이 밴 부녀를 갈랐더라**

므나헴은 매우 잔인한 사람이다. 아이 밴 부녀를 갈랐다는 것이다.

**17절, 유다 왕 아사랴 삼십구년에 가디의 아들 므나헴이 이스라엘 왕이 되어 사마리아에서 십 년을 치리하며**

이 잔인하고 악한 므나헴이 십 년 동안 사마리아에서 이스라엘을 다스렸다는 것이다.

**18절, 여호와 보시기에 악을 행하여 이스라엘로 범죄케 한 느밧의 아들 여로보암의 죄에서 평생 떠나지 아니하였더라**

므나헴에 대해서는 '평생'이라는 단어가 하나 더 붙었다. "여로보암의 죄에서 평생 떠나지 아니하였더라". 이스라엘 왕 중에서 느밧의 아들 여로보암의 죄에서 떠난 왕은 단 한 명도 없었다. 그런데 그 중에서도 므나헴은 그 죄에서 '평생' 떠나지 않았다는 것이다.

**19-20절, 앗수르 왕 불이 와서 그 땅을 치려 하매 므나헴이 은 일천 달란트를 불에게 주어서 저로 자기를 도와주게 함으로 나라를 자기 손에 굳게 세우고자 하여 20 그 은을 이스라엘 모든 큰 부자에게서 토색하여 각 사람에게 은 오십 세겔씩 내게 하여 앗수르 왕에게 주었더니 이에 앗수르 왕이 돌이키고 그 땅에 머물지 아니하였더라**

이 이스라엘 왕 므나헴이 아주 못난 행동을 했다는 것이다. 아이 밴 부녀를 가르기까지 한 이 사람이 앗수르가 쳐들어오려고 하니까 자기 백성들 중 큰 부자에게서 은을 토색하여 앗수르에게 갖다 바친 것이다. 그나마 가난한 사람들에게서 토색하지 않은 것이 다행이다. "이스라엘 모든 큰 부자에게서 토색하여 각 사람에게 은 오십 세겔씩 내게 하여 앗수르 왕에게 주었더니 이에 앗수르 왕이 돌이키고 그 땅에 머물지 아니하였더라". 그러나 그 돈이 떨어질 때까지만 쳐들어오지 않은 것이지 나중에는 결국 이스라엘이 앗수르에 의해 멸망하게 된다.

**21-22절, 므나헴의 남은 사적과 그 모든 행한 일은 이스라엘 왕**

**역대지략에 기록되지 아니하였느냐 22 므나헴이 그 열조와 함께 자고 그 아들 브가히야가 대신하여 왕이 되니라**

므나헴 다음이 그의 아들 브가히야이다. 므나헴만 아들로 이어졌지 나머지는 다 다른 사람이 왕이 되었다. 그나마 다른 왕들은 왕위가 자기 아들에게로 이어지지도 못한 것이다.

**23절, 유다 왕 아사랴 오십년에 므나헴의 아들 브가히야가 사마리아에서 이스라엘 왕이 되어 이 년을 치리하며**

므나헴의 아들 브가히야는 2년 동안 왕 노릇을 했다.

**24-25절, 여호와 보시기에 악을 행하여 이스라엘로 범죄케 한 느밧의 아들 여로보암의 죄에서 떠나지 아니한지라 25 그 장관 르말랴의 아들 베가가 반역하여 사마리아 왕궁 호위소에서 왕과 아르곱과 아리에를 죽이되 길르앗 사람 오십 명으로 더불어 죽이고 대신하여 왕이 되었더라**

르말랴의 아들 베가는 이사야서에 많이 나오는 이름이다. 당시에 장관 르말랴의 아들 베가라는 사람이 사마리아 왕궁 호위소(지금으로 말하면 경호실)에서 왕과 그와 함께한 사람들을 다 죽이고 길르앗 사람 오십 명도 함께 죽였다. 그리고 베가가 이스라엘의 왕이 된 것이다.

**26-27절, 브가히야의 남은 사적과 그 모든 행한 일은 이스라엘 왕 역대지략에 기록되니라 27 유다 왕 아사랴 오십이년에 르말랴의 아들 베가가 이스라엘 왕이 되어 사마리아에서 이십 년을 치리하며**

르말랴의 아들 베가가 이십 년 동안 왕위에 있었는데 꽤 오래 왕 노릇 한 셈이다.

**28절, 여호와 보시기에 악을 행하여 이스라엘로 범죄케 한 느밧의 아들 여로보암의 죄에서 떠나지 아니하였더라**

이스라엘 왕들의 공통적인 특징은 여호와 보시기에 악을 행하고 여로보암의 죄에서 떠나지 않은 것이다. 거의 다 모반하여 왕이 되었고 대개가 비참하고 불행하게 죽었다.

**29절, 이스라엘 왕 베가 때에 앗수르 왕 디글랏 빌레셀이 와서 이욘과 아벨벧 마아가와 야노아와 게데스와 하솔과 길르앗과 갈릴리와 납달리 온 땅을 취하고 그 백성을 사로잡아 앗수르로 옮겼더라**

앗수르의 왕 디글랏 빌레셀이 베가 왕 때에 많은 이스라엘 땅을 취하고 그 백성을 사로잡아 앗수르로 데려갔다. 이것이 이스라엘의 멸망의 시작이다.

**30절, 웃시야의 아들 요담 이십년에 엘라의 아들 호세아가 반역하여 르말랴의 아들 베가를 쳐서 죽이고 대신하여 왕이 되니라**

이것이 마지막 모반이다. 호세아 왕으로 이스라엘 왕조는 끝난다.

**31절, 베가의 남은 사적과 그 모든 행한 일은 이스라엘 왕 역대지략에 기록되니라**

이때의 이스라엘 왕들에 대한 이야기가 호세아서에 기록되어 있다. 호세아 8장 3-4절을 읽어보자. "이스라엘이 이미 선을 싫어버렸으니 대적이 저를 따를 것이라 저희가 왕들을 세웠으나 내게서 말미암지 아니하였고 저희가 방백들을 세웠으나 나의 모르는 바며 저희가 또 은, 금으로 자기를 위하여 우상을 만들었나니 파멸을 이루리라". 당시에 이스라엘 사람들이 왕을 세웠는데 하나님은 그분에게서 말미암은 것이 아니라고 하신다. 방백들을 세웠지만 하나님은 모르는 일이라고 하신다. 그리고 그들이 금, 은으로 우상을 만들었는데 호세아 선지자는 그들이 그것 때문에 파멸할 것이라고 당시의 상황을 놓고 이야기했다. 왕이 죽고 또 세워지고 하는데 하나님께서는 그 모든 일이 그분과는 상관없는 일이라고 하신다는 것이다. 당시 이스라엘이 이 지경까지 이른 것이다. 이러다가 호세아 왕 때에 이스라엘 나라는 완전히 끝나게 된다.

**32-35절, 이스라엘 왕 르말랴의 아들 베가 이년에 유다 왕 웃시야의 아들 요담이 왕이 되니 33 위에 나아갈 때에 나이 이십오 세라 예루살렘에서 십륙 년을 치리하니라 그 모친의 이름은 여루사라 사독의 딸이더라 34 요담이 그 부친 웃시야의 모든 행위대로 여호와 보시기에 정직히 행하였으나 35 오직 산당을 제하지 아니하였으므로 백성이 오히려 그 산당에서 제사를 드리며 분향하였더라 요담이 여호와의 전의 윗문을 건축하니라**

요담은 여호와의 전의 윗문을 건축했다. 그가 좋은 일을 하기는 했으나 산당을 제하지 않으므로 백성이 오히려 그 산당에서 제사를 드리며 분향했다. 이것은 좋지 않은 것이다. 하나님께서 산당에서 제사 드리는 것을 그냥 두셨을 때가 있었다. 그것은 성전을 건축하기 전의 일로서 솔로몬이 기브온 산당에서 예배하는 것을 그렇게 나쁘다고 하지 않으셨다. 그때에는 아직 성전이 없었고 언약궤는 다윗 성에 있었으므로 백성들이 산당에서 제사 드리는 것을 하나님께서 용인해주신 것이다. 그런데 솔로몬이 건축한 성전에 언약궤가 들어가고 모든 것이 완료된 후에는 하나님께서 절대로 싫어하시는 것이 있는데, 그것은 곧 산당에서 제사를 지내는 것이었다. 하나님께서 이것을 말씀하시고 또 말씀하셨다.

하나님의 백성들의 죄악 중에 종교적인 죄가 가장 크고 엄중하다는 것을 알아야 한다. 산당 같은 것을 만들어 아무 데서나 예배하고 분향하면 안 된다. 아직 언약궤가 성전에 없을 때에는 산당에서 제사 지내는 것을 어느 정도 용인하셨지만, 일단 솔로몬 성전이 세워지고 언약궤가 성전 안에 안치된 후에는 이스라엘 백성들에게 예루살렘 성전이라는 경배의 중심지가 생겨났다. 이때부터는 하나님께서 산당에서 분향하는 것을 결코 용인하지 않으셨다.

요담은 좋은 왕이었지만 "오직 산당을 제하지 아니하였으므로"라고 말한다. 그러면 이 말씀이 오늘날 신약에는 전혀 적용이 안 되는가? 하나님의 백성들이 어떠한 위치에서 예배 드리며 어떻게 모여야 하는지가 중요하지 않겠는가? 당연히 매우 중요한 문제이다. 하나님의 말씀은 이 죄를 거듭거듭 언급하고 있다. "여로보암의 죄에서 떠나지 않았더라". 유다 왕이 산당을 제하지 않은 것도 결국 경배의 중심지에 관한 문제이다.

**36-37절, 요담의 남은 사적과 그 모든 행한 일은 유다 왕 역대지략에 기록되지 아니하였느냐 37 그 때에 여호와께서 비로소 아람 왕 르신과 르말랴의 아들 베가를 보내어 유다를 치게 하셨더라**

"그 때에 여호와께서 비로소 아람 왕 르신과 르말랴의 아들 베가를 보내어 유다를 치게 하셨더라". 다른 열국은 치게 하셨어도 여간해서 유다와 이스라엘은 치게 하지 않으셨는데, 왜 그때는 유다를 치게 하셨는가? 유다 왕들이 너무나 하나님을 실망시켰기 때문이다. 왕들이 산당을 제하지 않으므로 백성이 계속 산당에서 제사를 지냈기 때문이다.

이사야서 7장 1-2절을 보면 "웃시야의 손자요 요담의 아들인 유다 왕 아하스 때에 아람 왕 르신과 르말리야의 아들 이스라엘 왕 베가가 올라와서 예루살렘을 쳤으나 능히 이기지 못하니라 2 혹이 다윗 집에 고하여 가로되 이람이 에브라임과 동맹하였다 하였으므로 왕의 마음과 그 백성의 마음이 삼림이 바람에 흔들림같이 흔들렸더라"고 했다.

열왕기 하 16장을 1절을 읽어보자. "르말랴의 아들 베가 십칠년에 유다 왕 요담의 아들 아하스가 왕이 되니". 5절, "이 때에 아람 왕 르신과 이스라엘 왕 르말랴의 아들 베가가 예루살렘에 올라와서 싸우려 하여 아하스를 에워쌌으나 이기지 못하니라". 이사야 17장의 이야기가 바로 열왕기 하 16장의 이야기이다. 이렇게 역사서와 함께 읽지 않으면 예언서를 이해하기가 어렵다. 이사야는 언제 사람인지, 호세아는 무엇을 한 사람인지 이해하기가 어려운 것이다. 이사야나 호세아는 다 이 때의 사람들이다. 이 때에 호세아는 이스라엘을 위해서, 이사야는 유다를 위해서 사역했다.

**38절, 요담이 그 열조와 함께 자매 그 조상 다윗 성에 열조와 함께 장사되고 그 아들 아하스가 대신하여 왕이 되니라**

요담은 41세에 죽었다. 대개 왕들은 오래 살지 못했는데, 그래도 웃시야가 68세, 므낫세가 67세, 여호사밧이 60세에 죽었다. 60세 이상 산 사람이 별로 없다.

# 열왕기하 16장

**1-2절, 르말랴의 아들 베가 십칠년에 유다 왕 요담의 아들 아하스가 왕이 되니 2 아하스가 위에 나아갈 때에 나이 이십 세라 예루살렘에서 십육 년을 치리하였으나 그 조상 다윗과 같지 아니하여 그 하나님 여호와 보시기에 정직히 행치 아니하고**

르말랴의 아들 베가는 이스라엘 왕이다. 이스라엘 왕 베가 17년에 유다는 요담의 아들 아하스가 왕이 되었다. 15장 38절에서 "요담이 그 열조와 함께 자매 그 조상 다윗 성에 열조와 함께 장사되고 그 아들 아하스가 대신하여 왕이 되니라"고 했다. 요담 왕은 비교적 괜찮은 왕이다. 그러나 산당을 없애지 않은 것은 잘한 게 아니다. 그런데 요담의 아들 아하스는 아주 좋지 않은 왕이었다. 유다에서 가장 악한 왕이 므낫세이고 그 다음으로 좋지 않은 왕을 꼽으라면 아하스이다.

르말랴의 아들 베가 십칠년에 유다 국에서는 요담의 아들 아하스가 왕이 되었는데, 그때 아하스의 나이 20세였다. 베가는 이스라엘 왕인데, 여기 16장은 이스라엘 왕에 대해서는 말하지 않고 전체적으로 유다 왕에 대해서 이야기하고 있다. 모든 왕들의 표준은 다윗이었으므로 항상 그와 비교하여 언급되었다. 하나님께서는 이스라엘에서 다윗 같은 왕을 다시 보지 못하셨다. 하나님을 사랑하고 경외하고 또 하나님의 집인 성전을 짓기 위해 모든 재료를 준비한 다윗 같은 충성되고 하나님의 마음에 합한 왕이 없는 것이다. 그 뒤에 나오는 왕을 볼 때마다 하나님은 그를 다윗과 비교하셨다. 그 만큼 한 사람이 하나님께 절대적으로 순종할 때 하나님은 너무나 기뻐하신다. 유감스럽게도 아하스 왕은 다윗과 같이 정직하게 행하지 않았다.

**3절, 이스라엘 열왕의 길로 행하며 또 여호와께서 이스라엘 자손 앞에서 쫓아내신 이방 사람의 가증한 일을 본받아 자기 아들을 불 가운데로 지나가게 하며**

이스라엘의 왕들이 악할 뿐 아니라 이제 유다 왕까지 이스라엘 왕들의 길로 행한 것이다. 사람은 이상하게도 좋지 않은 것을 쉽게 받아들이고 쫓아간다. 사회가 혼탁하고 교회가 부패해지고 신실한 사람들도 깨어있지 않을 때 부패한 흐름을 따라가기란 매우 쉽다. 유다 왕도 결국 이스라엘 열왕의 길로 따라간 것이다. "이방 사람의 가증한 일을 본받아 자기 아들을 불 가운데로 지나가게 하며". 자기 아들을 불 가운데로 지나가게 하는 것은 이방 사람의 우상숭배(몰록 신에게 자식을 바치는)의 형태이다. 이방 사람이 자기 아들을 불 가운데로 지나가게 하여 우상에게 제물로 드리는 일을 했는데, 하나님의 백성 이스라엘 가운데 그러한 일이 있었다는 것은 상상하기가 어렵다. 그런데 왜 그런 일을 하는가? 우환이 있고 어려운 일이 생길 때 자식을 불로 살라 드려야 모든 문제가 다 해결된다는 우상의 가르침 때문이다. 당시에 이방 종교가 그런 짓을 했는데, 이스라엘 백성들이 가나안 땅에 들어와 오래 살다 보니 그 땅 거민들이 행하던 몹쓸 우상숭배 행습에 젖어든 것이다. 이런 것들은 다 속임수이고 망상이다.

**4-5절, 또 산당과 작은 산 위와 모든 푸른 나무 아래서 제사를 드리며 분향하였더라 5 이 때에 아람 왕 르신과 이스라엘 왕 르말랴의 아들 베가가 예루살렘에 올라와서 싸우려 하여 아하스를 에워쌌으나 이기지 못하니라**

이 때에 아람 왕과 이스라엘 왕 베가가 예루살렘에 올라와서 싸우려고 아하스를 에워쌌으나 이기지 못했다. 그런데 바로 그때에 이사야 선지자가 예언했다. 이사야 7장 1절을 읽어보자. "웃시야의 손자요 요담의 아들인 유다 왕 아하스 때에 아람 왕 르신과 르말리야의 아들 이스라엘 왕 베가가 올라와서 예루살렘을 쳤으나 능히 이기지 못하니라". 여기 16장 5절 말씀과 똑같다. 2절, "혹이 다윗 집에 고하여 가로되 아람이 에브라임과 동맹하였다 하였으므로 왕의 마음과 그 백성의 마음이 삼림이 바람에 흔들림같이 흔들렸더라". 아하스 왕이 크게 두려워했다는 것이다. 3-4절, "때에 여호와께서 이사야에게 이르시되 너와 네 아들 스알야숩은 윗못 수도 끝 세탁자의 밭 큰 길에 나가서 아하스를 만나 그에게 이르기를 너는 삼가며 종용하라 아람 왕 르신과 르말리야의 아들이 심히 노할지라도 연기 나는 두 부지깽이 그루터기에 불과하니 두려워 말며 낙심치 말라 아람과 에브라임 왕과 르말리야의 아들이 악한 꾀로 너를 대적하여 이르기를 우리가 올라가 유다를 쳐서 그것을 곤하게 하고 우리를 위하여 그것을 파하고 다브엘의 아들을 그 중에 세워 왕을 삼자 하였으나". 7절, "주 여호와의 말씀에 이 도모가 서지 못하며 이루지 못하리라". 9절 후반부, "만일 너희가 믿지 아니하면 정녕히 굳게 서지 못하리라 하셨다 할지니라". 믿으라는 말이다. 그러면서 10-11절에서는 "여호와께서 또 아하스에게 일러 가라사대 너는 네 하나님 여호와께 한 징조를 구하되 깊은 데서든지 높은 데서든지 구하라"고 하셨다.

이 아하스에게 하나님이 징조를 구하라고 하셨는데, 12절은 "아하스가 가로되 나는 구하지 아니하겠나이다 나는 여호와를 시험치 아니하겠나이다 한지라"고 말한다. 아하스는 여호와의 말씀을 들었어도 자기 나름대로 종교심이 있었다. 그래서 '나는 구하지 않겠다'고 한 것이다. 아하스 왕은 하나님께 징조를 구하는 것이 여호와를 시험하는 것이라 생각했다. 그러나 사실은 하나님께서 뭔가 그에게 징조를 주시고자 한 것이다. 13절, "이사야가 가로되 다윗의 집이여 청컨대 들을지어다 너희가 사람을 괴롭게 하고 그것을 작은 일로 여겨서 또 나의 하나님을 괴로우시게 하려느냐". 이사야가 지금 아하스에게 하는 말은 아하스가 징조를 구하지 않고 하나님의 말씀에 순종치 않는 것은 하나님을 괴롭게 하는 일이라는 것이다. 그것은 다만 그의 임의적인 영성일 뿐이었다. 오늘날도 이런 식의 임의적인 영성이 대단히 많다.

14절, "그러므로 주께서 친히 징조로 너희에게 주실 것이라 보라 처녀가 잉태하여 아들을 낳을 것이요 그 이름을 임마누엘이라 하리라". 아하시야가 징조를 구하라는 주님의 말씀을 받아들이지 않았지만 그분은 친히 징조를 주셨다. 참으로 위대한 예언, 그리스도의 출생에 대한 예언을 바로 이때 주신 것이다. 아하스는 악하고 무지하고 하나님의 선지자의 말을 듣지 않는 왕이었다. 그가 가장 위험한 곤경에 처해 있을 때, 대적들의 공격으로 인해 사시나무 떨듯이 두려워 떨고 있을 때 그분의 말씀을 믿으라고 하시면서 그 징조를 구하라고 하셨다. 그런데 아하스는 자기 나름의 영성으로 불순종한 것이다. 그럼에도 하나님께서는 친히 징조를 주겠다고 하시면서 이사야를 통해 위대한 예언을 하셨다. 하나님께서는 이 타락한 시대를 구원할 다른 길이 없고 오직 메시야를 보내야만 그분의 뜻을 이룰 수 있다는 마음을 갖고 계시는데, 아하스는 마치 자기가 좋은 신앙을 갖고 있는 것처럼 자기는 징조를 구함으로 하나님을 시험하지 않겠다고 대답한 것이다. 어쨌든 이사야는 여기서 위대한 예언을 했다.

**6절, 당시에 아람 왕 르신이 엘랏을 회복하여 아람에 돌리고 유다 사람을 엘랏에서 쫓아내었고 아람 사람이 엘랏에 이르러 거하여 오늘날까지 이르렀더라**

당시에 아람 왕은 유다를 공격하여 자기들의 땅을 회복하고 유다 사람을 엘랏에서 쫓아내기도 했다.

**7절, 아하스가 앗수르 왕 디글랏 빌레셀에게 사자를 보내어 이르되 나는 왕의 신복이요 왕의 아들이라 이제 아람 왕과 이스라엘 왕**

**이 나를 치니 청컨대 올라와서 나를 그 손에서 구원하소서 하고**

여기서 우리가 배워야 할 공과는, 하나님을 진정으로 사랑하지 않고 순종치 않은 사람에게는 구약 시대뿐 아니라 신약 시대에도 많은 대적과 어려운 상황이 일어난다는 것이다. 물론 바르게 하나님의 역사를 해나가도 대적이 많이 일어날 수 있다. 다윗이 그러했다. 그러나 바르게 걸어가지 않는 경우에도 하나님께서는 그를 일깨우기 위해 많은 환경을 주시기도 한다. 우리도 지난 세월을 돌아보면 참으로 하나님께 많이 얻어맞았다. 이사야서 1장의 말씀과 같이 성한 데가 없이 여기저기 얻어맞고 터졌다. "발바닥에서 머리까지 성한 곳이 없이 상한 것과 터진 것과 새로 맞은 흔적뿐이어늘 그것을 짜며 싸매며 기름으로 유하게 함을 받지 못하였도다"(6절). 그러면서도 우리는 자신이 매우 잘했다고 생각했다. 그렇게 많이 얻어 터져도 '내가 도대체 무엇을 그렇게 잘못해서 하나님은 나를 이런 곤경에 처하게 하시는가?' 하며 잘 이해하지 못했다. 그런데 지나고 보면 그때에 내가 어둡고 완고했다는 것을 깨닫게 된다. 주님께 불순종했고 하나님 앞에 바르지 않았다는 것을 모르고 있었던 것이다. 그런데 내 신앙이 바르게 되고 주님과의 관계가 올바로 될 때 그 대적이 없어지는 것을 보게 된다. 이 모든 말씀은 오늘날 신약에서도 우리에게 교훈이 된다. 구약과 신약은 결코 별개의 것이 아니다.

아하스 왕은 지금 길을 잘못 가고 있다. 하나님께 복종하지 않고 심지어 구속의 말씀을 주셔도 믿지 않겠다고 했다. 오늘날로 말하면 복음을 듣지 않는 완강한 사람이다. 그런 사람이기 때문에 하나님은 이스라엘과 아람을 통해서 치신 것이다. 그런데 또 공격하려 하자 그 대적의 말을 듣고 아하스 왕은 굉장히 불안해하고 흔들리고 두려워했다. 그때 하나님이 이사야를 통해서 '두려워하지 말라, 저들의 도모가 서지 못할 것이다'라고 일러 주셨지만 아하스는 여전히 불안해했다. 아하스 왕이 주님을 의지하고 돌이키면 좋았을 텐데 그렇게 하지 못했다.

오히려 그는 앗수르를 의지했다. "아하스가 앗수르 왕 디글랏 빌레셀에게 사자를 보내어 이르되 나는 왕의 신복이요 왕의 아들이라 이제 아람 왕과 이스라엘 왕이 나를 치니 청컨대 올라와서 나를 그 손에서 구원하소서". 이 아하스가 순종해야 할 대상은 하나님인데 그는 하나님께 순종하기가 어려웠다. 순종하면 모든 것이 해결될 텐데 그 위급한 시점에 그는 하나님을 믿고 그분께 구하는 것이 아니라 더 큰 힘을 빌어서 그 곤경에서 벗어나려고 했다.

이사야 8장 5-8절, "여호와께서 다시 내게 일러 가라사대 이 백성이 천천히 흐르는 실로아 물을 버리고 르신과 르말리야의 아들을 기뻐하나니 그러므로 주 내가 흉용하고 창일한 큰 하수 곧 앗수르 왕과 그의 모든 위력으로 그들 위에 덮을 것이라 그 모든 곬에 차고 모든 언덕에 넘쳐 흘러 유다에 들어와서 창일하고 목에까지 미치리라 임마누엘이여 그의 펴는 날개가 네 땅에 편만하리라 하셨느니라". 이 말씀은 매우 이해하기가 어렵지만 대체적으로 이런 뜻이다. 유다 백성이 '천천히 흐르는 실로아의 물을 버렸다'고 했다. 천천히 흐르는 실로아의 물은 원래 그들과 하나님과의 관계를 의미한다. 어쨌든 서두르지 않고 안돈하며 하나님께 돌이키고 주님을 의뢰하는 관계이다. 정상적이라면 성도는 잔잔한 가운데 천천히 흐르는 실로아 물 같은 공급으로 모든 필요를 채워나갈 수 있다. 그러나 비정상적이고 불안정한 신앙자들은 이렇게 급하게 흐르는 창일한 하수 같은 공급을 원하다가 주님의 책망을 받는다.

아하스는 '천천히 흐르는 실로아의 물'을 버리고 오히려 르신과 르말리야의 아들을 기뻐했다고 했다. 다시 말하면 '창일하고 큰 하수'인 앗수르 왕을 더 좋아하고 그것을 의지한 것이다. 천천히 흐르는 실로아의 물보다는 즉시 위력을 발하는 앗수르 왕이 더 의지할 만하다고 여겨졌을 것이다. 그러나 그렇게 할 때 결국은 앗수르 사람들이 유다를 더 혹독하게 탈취하게 된다.

탕자가 자기 집을 떠나면 자유롭고 마음대로 할 것 같지만 오히려 더 악한 사람의 종이 되는 것과 같다. 오늘날 어떤 사람들은 교회를 다니다가 '이 교회는 다니기가 어렵다. 더 좋은 데 있나 알아 봐야지.'라고 할 때 어떻게 되는가? 노루를 피하니 범이 온다는 속담처럼 오히려 더 힘들고 고통스런 상황을 맞닥뜨리게 된다. 지금 여기서 아하스 왕은 주님께 무릎 꿇고 용서를 구하고 돌이키면 될 것을 그렇게 하지 않고 앗수르 왕의 힘을 빌려서 아람 군대와 이스라엘 군대를 막아 보려고 한다. 그러나 결국은 자기가 의지했던 앗수르에게 당하게 된다.

**8-9절, 여호와의 전과 왕궁 곳간에 있는 은금을 취하여 앗수르 왕에게 예물로 보내었더니 9 앗수르 왕이 그 청을 듣고 곧 올라가서 다메섹을 쳐서 취하여 그 백성을 사로잡아 길로 옮기고 또 르신을 죽였더라**

아하스는 왕궁 곳간에 있는 은금을 취하여 앗수르 왕에게 예물로 주었다. 도움을 받고자 하여 그 왕의 신복이 되겠다고 한 것이다. 이 구절을 역대 하 28장 16-21절과 병행해서 읽어보자. "그 때에 아하스 왕이 앗수르 왕에게 보내어 도와주기를 구하였으니 이는 에돔 사람이 다시 와서 유다를 치고 그 백성을 사로잡았음이며 블레셋 사람도 유다의 평지와 남방 성읍들을 침노하여 벧세메스와 아얄론과 그데롯과 소고와 그 동네와 딤나와 그 동네와 김소와 그 동네를 취하고 거기 거하였으니 이는 이스라엘 왕 아하스가 유다에서 망령되이 행하여 여호와께 크게 범죄하였으므로 여호와께서 유다를 낮추심이라 앗수르 왕 디글랏 빌레셀이 이르렀으나 돕지 아니하고 도리어 군박하였더라 아하스가 여호와의 전과 왕궁과 방백들의 집에서 재물을 취하여 앗수르 왕에게 주었으나 유익이 없었더라".

**10절, 아하스 왕이 앗수르 왕 디글랏 빌레셀을 만나러 다메섹에 갔다가 거기 있는 단을 보고 드디어 그 구조와 제도의 식양을 그려 제사장 우리야에게 보내었더니**

앗수르 왕이 아람 왕 르신을 죽이고 다메섹을 정복한 그때, 유다 왕이 디글랏 빌레셀을 만나러 다메섹에 갔다. 앗수르 왕이 다메섹을 정복하고 그곳에 머무는 동안 이 유다 왕 아하스는 아부도 하고 인사도 할 겸 그곳에 간 것이다. 그런데 거기에 있는 우상의 제단을 보고 감탄하면서 그 구조와 식양을 그려 제사장 우리야에게 보냈다. 그것이 너무 훌륭하게 보였던 것이다. 다메섹에 있는 단이지만 앗수르의 단일 것일 것이다. 승리자들의 단이다. 자기들이 섬기는 이스라엘의 하나님보다 승리자가 섬기는 다메섹에 있는 우상의 단이 대단해 보이고 믿음직하고 매력적으로 보인 것이다.

**11절, 아하스 왕이 다메섹에서 돌아오기 전에 제사장 우리야가 아하스 왕이 다메섹에서 보낸 모든 것대로 단을 만든지라**

제사장 우리야도 지금 합당치 않은 일을 하고 있다. 우리야가 원래부터 좋지 않은 사람이었는가? 이사야 7-8장을 보면 바로 이 당시에 이사야 선지자가 예언을 했다. 8장 2절, "내가 진실한 증인 제사장 우리야와 여베레기야의 아들 스가랴를 불러 증거하게 하리라 하시더니". 이 말씀은 여호와께서 하신 말씀이다. '진실한 증인 제사장 우리야'라고 했다. 우리야가 처음부터 잘못하는 사람은 아니었다. 진실한 증인이라고 한 것으로 보아 그는 하나님 앞에서 참된 말을 하는 사람이었을 것이다.

어제 우리가 수지에서 성경 공부를 하는데 어떤 사람이 물었다. '솔로몬이 처음에는 지혜로웠고 하나님께 쓰임을 받았고 성전도 지었는데 나중에 부패했다. 심판 때에 하나님께서 어떻게 하실 것인가?' 하고 말이다. 그래서 내가 하나님은 공의대로 심판하실 것이라고 했다. 여기 이 사람도 같은 경우이다. 누구든지 끝까지 깨어서 충성되게 이 길을 가지 않으면 얼마든지 벗어날 수 있다. 어쨌든 우리야 제사장은 아하스가 다메섹에서 돌아오기 전에 서둘러서 우상의 제단을 만들어놓았다.

**12-14절, 왕이 다메섹에서 돌아와서 단을 보고 단 앞에 나아가 그 위에 제사를 드리되 13 자기의 번제와 소제를 불사르고 또 전제를 붓고 수은제 짐승의 피를 단에 뿌리고 14 또 여호와의 앞 곧 전 앞에 있던 놋단을 옮기되 새 단과 여호와의 전 사이에서 옮겨다가 그**

**단 북편에 두니라**

지금 무슨 일을 하고 있는 것인가? 이 아하스 왕이 우상 신전의 양식대로 만들어진 단에서 자기 멋대로 제사를 드리는 것이다. 그리고서 "여호와의 앞 곧 전 앞에 있던 놋단을 옮기되 새 단과 여호와의 전 사이에서 옮겨다가 그 단 북편에 두니라". 놋단을 한쪽 구석으로 치워 버린 것이다.

**15절, 아하스 왕이 제사장 우리야에게 명하여 가로되 아침 번제와 저녁 소제와 왕의 번제와 그 소제와 모든 국민의 번제와 그 소제와 전제를 다 이 큰 단 위에 불사르고 또 번제물의 피와 다른 제물의 피를 다 그 위에 뿌리고 오직 놋단은 나의 물을 일에 쓰게 하라 하매**

왕과 백성의 모든 제사는 새로 만든 큰 단 위에서 드리고 원래 놋단은 '나의 물을 일에 쓰게 하라'고 했다. 이 말은 자기가 그 제단 앞에서 무엇을 물어본다는 말이 아니라 나중에 알아서 처리할 것이니까 그냥 두라는 말이다. 이렇게 해서 솔로몬 때 지은 성전의 놋단을 치워버렸다. 이것은 하나님께서 정하신 성전을 멸시하는 것이다. 놋단을 한쪽으로 치워버리고 자기가 다메섹에서 가져온 식양대로 단을 크게 만들어 그 단에서 모든 제사를 드리게 하라고 우리야 제사장에게 명령했다.

**16절, 제사장 우리야가 아하스 왕의 모든 명대로 행하였더라**

이것은 출애굽기에서 모세가 여호와의 명대로 행했더라는 말과 비슷한 어조이다. 어조는 비슷한데 누구의 말대로 하는가가 중요하다. 사람들이 말하는 대로 따르는 것이 미덕이라고 생각하는 사람들이 있는데, 우리는 누구의 말에 순종하는가를 주의해야 한다. 여호와께서 명하시는 대로 하는 것은 좋은 것이지만, 제사장이 되어서 '아하스 왕의 모든 명대로 행하였다'는 것은 제 정신으로 사는 사람의 행동이 아니다. 그것은 완전히 하나님의 길에서 떠난 사람의 행동이다. 지금 앗수르 왕이 전쟁에서 이겨서 그들을 도와줄 것 같으니까 그 왕이 만들어 놓은 우상의 제단까지도 아주 좋아 보이는 것이다. 하나님의 종들은 결코 아첨하는 식으로 섬기면 안 된다. 아하스 왕은 성전에 있는 기구들을 함부로 옮겼고 제사장 우리야도 크게 잘못되었다. 무조건 사람의 말을 들어서는 안 되는 것이다. 우리는 천지의 하나님의 종이지 사람의 종이 아니다.

**17절, 아하스 왕이 물두멍 받침의 옆판을 떼어내고 물두멍을 그 자리에서 옮기고 또 놋바다를 놋소 위에서 내려다가 돌판 위에 두며**

하나님의 성전의 기구들을 함부로 옮기고 떼어내 버리고 치우고 한 것이다.

**18절, 또 안식일에 쓰기 위하여 성전에 건축한 낭실과 왕이 밖에서 들어가는 낭실을 앗수르 왕을 인하여 여호와의 전에 옮겨 세웠더라**

누구의 눈치를 보면서 이렇게 성전 기물을 옮기고 고치는 것인가? 앗수르 왕이다. 앗수르 왕의 환심을 사기 위해서 그렇게 하는 것이다. 하지만 아하스는 결코 앗수르 왕의 덕을 보지 못했다. 전혀 효과가 없었다. 아하스는 자기가 하나님의 성전을 대단하게 여기지 않고 오히려 앗수르 왕의 우상을 공경하는 것처럼 행동한 것이다. 그는 솔로몬 때 성전에 건축한 낭실과 왕이 밖에서 성전으로 들어가는 통로(낭실)를 막아버렸다. 거의 미쳐가는 수준이다.

**19-20절, 아하스의 그 남은 사적은 유다 왕 역대지략에 기록되지 아니하였느냐 20 아하스가 그 열조와 함께 자매 다윗 성에 그 열조와 함께 장사되고 그 아들 히스기야가 대신하여 왕이 되니라**

이 아하스 왕은 형편 없었지만 그 아들 히스기야는 선군이다. 아하스는 다윗 성에 장사되었지만 열왕의 묘실에는 들어가지 못하였다.

# 열왕기하 17 장

**1절, 유다 왕 아하스 십이년에 엘라의 아들 호세아가 사마리아에서 이스라엘 왕이 되어 구 년을 치리하며**

호세아는 이스라엘의 마지막 왕이다. 이스라엘 19대 왕으로서 9 년 간 치리했다. 호세아의 아버지는 엘라이며 그는 왕이 아니었다. 15장 30절, "웃시야의 아들 요담 이십년에 엘라의 아들 호세아가 반역하여 르말랴의 아들 베가를 쳐서 죽이고 대신하여 왕이 되니라". 엘라의 아들 호세아는 반역해서 왕이 된 마지막 왕이다. 그는 베가를 죽이고 왕이 되었다(15:30). 제8왕조를 열었으나 앗수르에게 멸망당했다. 열왕기 상 15장 30절에서는 요담 20년이라고 했는데 여기 17장에서는 아하스 12년이라고 했다.

**2절, 여호와 보시기에 악을 행하였으나 그 전 이스라엘 여러 왕들과 같이 하지는 아니하였더라**

호세아가 9년을 통치하고서 이스라엘은 완전히 패망한다. 주전 722년에 앗수르에 의해서 패망한 것이다. 그러면 마지막 왕이 가장 악했는가? 그렇지 않았다. 그렇다고 좋은가 하면 그것도 아니었다. 다만 가장 악한 왕은 아니었다는 것이다. 그런데 왜 호세아 왕 때 이스라엘이 망했는가? 그것은 하나님의 행정이다. 그 심판이 언제 닥치는가? 호세아도 좋지 않고 죄를 많이 지었는데 어느 시점에 이르러 그 모든 죄의 양이 찰 때 심판이 임하는 것이다. 그러므로 죄의 형벌을 당하는 사람이 반드시 최악의 사람은 아니라는 것이다. 하나님은 죄의 양이 채워질 때 심판하신다. 여러분은 잘못하고 죄를 지으면서 '지금 나는 아무 일이 없는데…' 하겠지만 그렇지 않다. 하나님이 인자하시고 용납하심이 크시기에 오래 참고 기다리시는 것이다. 그러나 시간이 흐르면서 그 죄의 양이 차게 되면 그때 심판을 받게 된다. 그러므로 아무 일이 없다고 해서 죄를 지어도 괜찮다고 생각하면 안 된다. 호세아 이전의 역대 왕들로부터 죄의 양을 채워온 것이다. 조금만 더 하면 그 양이 아귀까지 차게 되는데 그때가 바로 호세아 때였던 것이다. 그것이 가득 찼을 때 하나님은 이스라엘을 완전히 버리셨다.

**3절, 앗수르 왕 살만에셀이 올라와서 호세아를 친 고로 호세아가 신복하여 조공을 드리더니**

호세아 때 이스라엘은 앗수르에게 조공을 바치는 국가가 되었다.

**4절, 저가 애굽 왕 소에게 사자들을 보내고 해마다 하던 대로 앗수르 왕에게 조공을 드리지 아니하매 앗수르 왕이 호세아의 배반함을 보고 저를 옥에 금고하여 두고**

이스라엘 왕 호세아가 앗수르 왕에게 조공을 바치다가 어느 시점에 가서 배반하였다. 그리고 애굽과 손을 잡았다. 즉 애굽을 의지한 것이다. 호세아 왕과 호세아 선지자는 관계가 있는데, 호세아서는 바로 이때 쯤 씌어졌다. 호세아서를 읽어 보면 당시에 하나님이 이스라엘에 대해 어떤 마음을 갖고 계셨는지를 알 수 있다. 호세아 선지자가 고멜을 통해서 딸을 낳았을 때 그 이름을 '로루하마'라고 했다. 로루하마는 '내가 더 이상 긍휼히 여기지 않겠다'는 뜻이다. 호세아 1장 6절, "고멜이 또 잉태하여 딸을 낳으매 여호와께서 호세아에게 이르시되 그 이름을 로루하마라 하라 내가 다시는 이스라엘 족속을 긍휼히 여겨서 사하지 않을 것임이니라". 로루하마가 젖 뗀 후에 또 아들을 낳았는데 그 이름을 로암미라고 했다. 로암미는 '너희들은 내 백성이 아니다'라는 뜻이다. 호세아 1장 8-9절, "고멜이 로루하마를 젖 뗀 후에 또 잉태하여 아들을 낳으매 여호와께서 이르시되 그 이름을 로암미라 하라 너희는 내 백성이 아니요 나는 너희 하나님이 되지 아니할 것임이니라". 호세아서에는 이렇게 주님의 심정이 많이 나타나 있다.

이스라엘의 마지막 왕 호세아가 애굽을 의지하는 것에 대해서도 그것이 어리석은 짓이라는 것을 알수 있다. 어쨌든 호세아 왕은 애굽 왕 '소'에게 사자를 보내며, 애굽을 의지하여 해마다 앗수르에 드리던 조공을 끊었다. 앗수르 왕은 호세아가 배반하는 것을 보고 저를 옥에 금고하여 두었다고 했다.

**5절, 올라와서 그 온 땅에 두루 다니고 사마리아로 올라와서 삼 년을 에워쌌더라**

'그 온 땅에 두루 다니고'란 이스라엘의 온 땅을 황폐하게 했다는 뜻이다. 그리고서 앗수르 왕은 이스라엘의 수도 사마리아를 삼 년 간 에워싸고 있었다.

**6절, 호세아 구년에 앗수르 왕이 사마리아를 취하고 이스라엘 사람을 사로잡아 앗수르로 끌어다가 할라와 고산 하볼 하숫가와 메대 사람의 여러 고을에 두었더라**

이렇게 해서 이스라엘은 완전 멸망했다.

**7-8절, 이 일은 이스라엘 자손이 자기를 애굽에서 인도하여 내사 애굽 왕 바로의 손에서 벗어나게 하신 그 하나님 여호와께 죄를 범하고 또 다른 신들을 경외하며 8 여호와께서 이스라엘 자손 앞에서 쫓아내신 이방 사람의 규례와 이스라엘 여러 왕의 세운 율례를 행하였음이라**

이스라엘의 패망의 원인을 여기 7절부터 기록하고 있다. 그들이 이방 사람의 규례를 좇았고 이스라엘 왕들이 세운 규례를 행했다는 것이다.

**9절, 이스라엘 자손이 가만히 불의를 행하여 그 하나님 여호와를 배역하여 모든 성읍에 망대로부터 견고한 성에 이르도록 산당을 세우고**

"이스라엘 자손이 가만히 불의를 행하여". 그들이 비밀리에 불의를 행했다는 것이다. 이스라엘이 타락한 것은 처음부터 공개적으로 거역하고 배반해서가 아니라 모르는 가운데 감추인 방식으로 조금씩 조금씩 불의를 행하다 보니 이 지경까지 이른 것이다. 불의를 행했다는 것은 특히 무엇을 가리키는가? 우상숭배이다. 이스라엘이 망한 것은 특히 하나님과의 관계에서 문제가 생긴 것이다. 이와 같이 성도들에게 가장 위험한 것은 겉으로 보기에 큰 죄를 범한 것보다 보이지 않는 하나님과의 관계에서 문제가 생긴 것이다. 오늘날 이단을 살펴보라. 그들은 하나님을 어떤 대상으로 여기는가? 하나님과의 관계가 어떠한가? 그들이 말하는 것만 들어서는 분간하기가 어렵다. 다 하나님을 믿는다고 하는데 자세히 조사해 보면 주님 자신을 믿는 것이 아니라 거기에 뭔가 다른 것이 들어 있다. '가만히'란 영어로 'secretly', 즉 비밀리에, 감추인 방식으로, 은밀하게 하는 것이다.

불의를 행한다는 말은 히브리어로 '옷을 입힌다'는 뜻이 있다. 하나님께 걸맞지 않은 옷을 입히는 것이다. 그래서 하나님을 다른 하나님으로 만들어 버리는 것이다. 하나님을 믿는다고 하지만 다른 하나님을 믿는 것이다. 이렇게 가만히 다른 옷을 입혀 버리면 성도들은 자기도 모르게 속에 다른 신앙이 박히게 된다. 이스라엘 백성들 속에는 알게 모르게 다른 하나님이 박혀 있기 때문에 불의를 행하게 되는 것이다. 이스라엘이 망한 것은 가만히 불의를 행했기 때문이며, 결국은 여호와를 배역했기 때문이다(against the LORD their God). 그들은 이스라엘 땅 곳곳에 산당을 지어 거기서 예배했다. 그럼으로써 이스라엘은 더 이상 여호와 하나님이 아닌 우상들을 섬기는 장소가 된 것이다.

**10-11절, 모든 산 위에와 모든 푸른 나무 아래에 목상과 아세라상을 세우고 11 또 여호와께서 저희 앞에서 물리치신 이방 사람같이 그곳 모든 산당에서 분향하며 또 악을 행하여 여호와를 격노케 하였으며**

하나님께서는 이방 사람들을 그들 앞에서 물리치셨는데 이스라엘 백성은 도리어 그 이방 사람들같이 된 것이다.

**12절, 또 우상을 섬겼으니 이는 여호와께서 행치 말라 명하신 일이라**

십계명의 첫 번째와 두 번째를 다 어긴 것이다.

**13절, 여호와께서 각 선지자와 각 선견자로 이스라엘과 유다를 경계하여 이르시기를 너희는 돌이켜 너희 악한 길에서 떠나 나의 명령과 율례를 지키되 내가 너희 열조에게 명하고 또 나의 종 선지자들로 너희에게 전한 모든 율법대로 행하라 하셨으나**

모세를 통해서 율법을 주셨을 뿐 아니라 선지자와 선견자들을 보내서 이스라엘과 유다를 경계하여 이르시기를 그들의 악한 길에서 떠나 그분의 명령과 율례를 지키라고 하셨는데 듣지 않았다.

**14절, 저희가 듣지 아니하고 그 목을 굳게 하기를 그 하나님 여호와를 믿지 아니하던 저희 열조의 목같이 하여**

그들은 마음이 완고하여 하나님의 경계와 명령을 듣지 않았다. 광야에서 멸망당한 열조와 같이 듣지 않은 것이다. 그래서 결국 멸망당할 수밖에 없었다. 이스라엘에게는 호세아, 예후, 미가야, 아모스, 요나 등의 선지자들을 보내셨고, 유다에도 스마야, 하나니, 이사야, 잇도, 아사랴 등을 보내셨다. 하나님께서는 끝까지 그들을 돌이키게 하려고 하신 것이다.

**15절, 여호와의 율례와 여호와께서 그 열조로 더불어 세우신 언약과 경계하신 말씀을 버리고 허무한 것을 좇아 허망하며 또 여호와께서 명하사 본받지 말라 하신 사면 이방 사람을 본받아**

여호와의 율례를 버리고 열조로 더불어 세우신 언약을 버렸다고 했다. 율례는 하나님이 시내 산에서 주신 율법을 가리키고, 언약이란 하나님께서 시내 산에서 이스라엘과 세우신 언약을 가리킨다. 그런데 그들은 그 율례와 언약을 다 버린 것이다. 우상숭배는 그분의 언약 가운데 두 번째를 깨뜨린 것으로 가장 심각한 것이다. 그들은 살아계신 하나님을 버리고 허무한 것을 좇았다. 하나님은 실제의 하나님이신데 이스라엘 백성들은 그 하나님을 버리고 헛된 것을 좇은 것이다. 지금도 예수 믿는다고 하면서 헛된 것을 좇아 다니는 사람들이 많다. 지식도 헛되고 헛된 열심도 그렇다. 오늘날 이 땅에 헛된 것이 너무 많다. 하나님 앞에 계산되는 것이 별로 없이 동분서주한다.

'나는 결코 속임당하지 않는다'고 장담하는 사람은 이미 속임당하고 있는 것이다. 그만큼 영적 세계에는 속임수가 많다. 그러므로 정신을 차려야 한다. 마귀 사단이 헛된 것을 따르게 하기 때문이다. 때로 어떤 그리스도인들을 볼 때 너무 불쌍하다는 생각이 든다. 대단한 것을 하는 것 같지만 입에 들어오는 것은 하나도 없다. 뭔가 피가 되고 살이 되는 것이 있어야 하는데 전혀 그런 것을 개의치 않고 20년, 30년을 마냥 허송세월을 한다. 자신들은 대단히 의미 있는 일이라고 여기지만 입에 들어오는 것이 없다. 그리고 세월이 흘러 눈이 열렸을 때에야 비로소 속았다는 것을 알게 된다.

여러분이 이것이야말로 속임이 아니라고 굳게 믿는 순간 그것이 속임수일 가능성은 매우 크다는 것을 기억하라. 어떤 일을 하면서 사명감 때문이라고 하는데, 바로 그것이 속임수일 수 있다. 이것은 지나친 말이 아니다. 자세히 조사해 보라. 내가 이런 말을 하게 되기까지는 많은 세월이 걸렸다. 강하게 붙잡은 것일수록 거기에 속임수가 많다. 목숨을 바치겠다고 하는 것, 그것도 속임수일 수 있다. 그것을 분별하는 기준은 하나님 한 분이시다. 하나님은 그렇게 사람의 손으로 붙잡을 필요가 없다. 하나님이 나를 붙잡으시는 것이다. 당신이 붙잡을 정도의 하나님이라면 이미 하나님이 아니니다. 그 앞에 가서는 모두가 그냥 쓰러지는 수밖에 없다. 살아계시고 참되신 하나님 한 분만이 속임수가 없는 분이시다.

하나님께서는 이렇게 이스라엘 백성을 모든 헛된 것에서 돌이켜 참되신 하나님께로 오게 했는데, 그들은 다시 돌이켜 헛된 것을 좇은 것이다. "허무한 것을 좇아 허망하며(And they followed vanity and became vain)". 헛된 것을 따랐더니 결국 헛되게 되더라는 말이다. 허무한 것을 좇았더니 허무하게 되었다는 뜻이다. 또 그들은 여호와께서 명하사 본받지 말라 하신 사면 이방 사람을 본받았다.

**16절, 그 하나님 여호와의 모든 명령을 버리고 자기를 위하여 두 송아지 형상을 부어 만들고 또 아세라 목상을 만들고 하늘의 일월성신을 숭배하며 또 바알을 섬기고**

여호와의 모든 명령을 버리고 자신들을 위하여 모든 것을 했다. '여호와의 모든 명령을 지키는 것'과 '자기를 위하는 것'은 서로 대비를 이룬다. 우리가 할 일은 다만 여호와께 순종하는 것이다. 그런데 우상을 위하는 사람들은 다 자기를 위하는 사람들이다. 몰록의 신 앞에서 자기 자식을 불 가운데로 지나가게 한 것도 다 자기를 위한 것이다. 자기 아들을 바치는 것이므로 대단한 희생이라고 하겠지만, 자세히 들여다보면 다 자기를 위한 것이다. "두 송아지 형상을 부어 만들고 또 아세라 목상을 만들고 하늘의 일월성신을 숭배하며 또 바알을 섬기고". 이 모든 것은 다 하나님 아닌 것을 섬기는 것이다.

**17절, 또 자기 자녀를 불 가운데로 지나가게 하며 복술과 사술을 행하고 스스로 팔려 여호와 보시기에 악을 행하여 그 노를 격발케 하였으므로**

복술과 사술은 참된 하나님과의 교제에서 나온 것이 아니니다. 우상을 숭배하는 사람들은 그 속에서 참되게 말씀하시는 성령의 음성이 아닌 잡다한 생각들을 따른다. 성도들은 언뜻 떠오르는 생각이나 느낌을 조심해야 한다. 어떤 사람들은 뭔가 환상을 보았다거나 꿈속에서 음성을 들었다고 하면서 그것이 하나님의 음성이라고 믿는다. 요한 일서 4장은 영을 다 믿지 말고 오직 영들이 하나님께 속하였나 시험하라고 했다. 또 예언을 멸시하지 말아야 하지만 모든 것을 주의 깊게 시험해보고 좋은 것을 굳게 붙잡으라고 했다(살전 5:20-21).

요한 일서 2장 27절에서는 "너희는 주께 받은바 기름 부음이 너희 안에 거하나니 아무도 너희를 가르칠 필요가 없고 오직 그의 기름 부음이 모든 것을 너희에게 가르치며 또 참되고 거짓이 없으니 너희를 가르치신 그대로 주 안에 거하라"고 했다.

**18절, 여호와께서 이스라엘을 심히 노하사 그 앞에서 제하시니 유다 지파 외에는 남은 자가 없으니라**

이스라엘의 우상숭배가 심하였기에 노하신 것이다. 결국 이스라엘은 하나님 앞에서 제해졌다.

**19절, 유다도 그 하나님 여호와의 명령을 지키지 아니하고 이스라엘 사람의 세운 율례를 행하였으므로**

사람들의 죄는 다른 사람들을 감염시킨다. 이스라엘 사람들의 죄는 유다를 감염시켰다. '유다도'라는 표현은 이스라엘을 따랐기 때문에 유다가 그렇게 되었다는 것이다. 여러분 한 사람이 잘못하거나 느슨한 것으로 그치지 않고 다른 사람이 그것을 보고 따라하게 되는 것이 문제이다. 여러분 한 사람 한 사람의 행동, 교회 생활, 섬김, 봉사가 중요하다. 다른 사람에게 영향을 주기 때문이다.

**20절, 여호와께서 이스라엘의 온 족속을 버리사 괴롭게 하시며 노략군의 손에 붙이시고 심지어 그 앞에서 쫓아내시니라**

하나님은 이스라엘을 쫓아내셨다. 이스라엘은 B.C. 722년에 앗수르로 포로 되어 갔고, 유다는 136년 뒤인 B.C. 586년 바벨론에 의해 멸망했다.

**21-23절, 이스라엘을 다윗의 집에서 찢어 나누시매 저희가 느밧의 아들 여로보암으로 왕을 삼았더니 여로보암이 이스라엘을 몰아 여호와를 떠나고 큰 죄를 범하게 하매 22 이스라엘 자손이 여로보암의 행한 모든 죄를 따라 행하여 떠나지 아니하므로 23 여호와께서 그 종 모든 선지자로 하신 말씀대로 심지어 이스라엘을 그 앞에서 제하신지라 이스라엘이 고향에서 앗수르에 사로잡혀 가서 오늘까지 미쳤더라**

이스라엘이 완전히 가나안 땅을 잃어버리고 패망하게 된 것이다. 하나님께서 택하시고 애굽에서 구출하여 광야를 지나 가나안 땅에 이르게 하신 이스라엘 백성, 그들을 그 땅에 심어 하나님의 왕국을 이루도록 소원을 두고 인도하셨는데 이렇게 하나님을 범죄함으로 하나님을 떠나니 이제 하나님께서는 참고 인내하시다가 마침내 쫓아내버리신 것이다. 우리는 이러한 일에 깊은 느낌을 가져야 한다.

**24절, 앗수르 왕이 바벨론과 구다와 아와와 하맛과 스발와임에서 사람을 옮겨다가 이스라엘 자손을 대신하여 사마리아 여러 성읍에 두매 저희가 사마리아를 차지하여 그 여러 성읍에 거하니라**

이 때 사마리아가 혼합되었다. 유대인과 이방인이 섞여 살게 된 것이다. 요한복음 4장에 사마리아 여인이 나오는데, 당시 순수 혈통의 유대인은 사마리아 사람을 혼합된 인종이라 여겨 멸시했다.

**25절, 저희가 처음으로 거기 거할 때에 여호와를 경외치 아니한 고로 여호와께서 사자들을 그 가운데 보내시매 몇 사람을 죽인지라**

하나님의 성지인 가나안 땅에 이방인들이 들어와 살면서 여호와를 경외하지 않으므로 하나님께서 사자들을 보내시매 몇 사람이 죽임을 당했다.

**26절, 그러므로 혹이 앗수르 왕에게 고하여 가로되 왕께서 사마리아 여러 성읍에 옮겨 거하게 하신 열방 사람이 그 땅 신의 법을 알지 못하므로 그 신이 사자들을 저희 가운데 보내매 저희를 죽였사오니 이는 저희가 그 땅 신의 법을 알지 못함이니이다 27 앗수르 왕이 명하여 가로되 너희는 그곳에서 사로잡아 온 제사장 하나를 그곳으로 데려가되 저로 그곳에 가서 거하며 그 땅 신의 법으로 무리에게 가르치게 하라**

앗수르 왕은 비교적 신앙면에서 관대했다. 제사장을 그 땅에 데려가서 그곳에 거하면서 그 땅에 거하는 사람들에게 하나님을 섬기는 법을 가르치라고 했다. 사실은 하나님을 경외해서가 아니라 또 죽임을 당할까봐 두려워서 그렇게 한 것이다.

**28절, 이에 사마리아에서 사로잡혀 간 제사장 중 하나가 와서 벧엘에 거하며 백성에게 어떻게 여호와 경외할 것을 가르쳤더라**

한 제사장이 벧엘에 거하며 백성에게 여호와를 경외하는 법을 가르쳤다.

**29절, 그러나 각 민족이 각기 자기의 신상들을 만들어 사마리아 사람의 지은 여러 산당에 두되 각 민족이 자기의 거한 성읍에서 그렇게 하여**

원래 이스라엘 사람들이 사마리아에 여러 산당들을 지었었는데, 각 민족이 들어와 살면서 각기 자기의 믿던 우상들을 가져다가 그 산당들에 두었다.

**30-33절, 바벨론 사람들은 숙곳브놋을 만들었고 굿 사람들은 네르갈을 만들었고 하맛 사람들은 아시마를 만들었고 31 아와 사람들은 닙하스와 다르닥을 만들었고 스발와임 사람들은 그 자녀를 불살**

**라 그 신 아드람멜렉과 아남멜렉에게 드렸으며 32 저희가 또 여호와를 경외하여 자기 중에서 사람을 산당의 제사장으로 택하여 그 산당에서 자기를 위하여 제사를 드리게 하니라 33 이와 같이 저희가 여호와도 경외하고 또한 어디서부터 옮겨왔든지 그 민족의 풍속대로 자기의 신들도 섬겼더라**

우상을 섬기는 사람들은 다 '자기를 위하여' 그렇게 하는 것이다. '숙곳브놋'이란 바벨론 사람들의 우상이다. 그것은 '암탉 형상'이라는 뜻도 있고 '젊은 여인의 장막'이라는 뜻도 있다. '네르갈'은 '수탉'이라는 뜻이고, '아시마'는 '수염소', '닙하스'는 '개', '다르닥'은 '당나귀' 또는 '어둠의 영웅'이라는 뜻이다. 한 마디로 엄청나게 혼잡된 상황이다. "여호와도 경외하고…자기의 신들도 섬겼더라".

이스라엘 패망 직전의 현상을 오늘 이 시대와 비교할 때 어떠한가? 암탉 형상, 젊은 여인의 장막은 아주 매혹적인 것이다. 이런 것으로 사람들을 모으는 것이다. '네르갈'은 수탉, 혹은 전쟁이라는 뜻도 있다. 수탉은 싸움닭이다. 오늘날 이 땅에 종교 전쟁이 가득하다. 서로 사람 뺏기 전쟁이다. 이것을 무엇으로 정당화하겠는가? 오늘날 이 땅의 교회들이 나누어져 있어서 다 자기를 위해 다투고 있다. '닙하스'는 개, 혹은 '열매'라는 뜻도 있다. 어떻게 하든 열매만 모으면 된다는 것이다. 그런 일에 종사하는 사람들이 개이다. 성도들의 영적 번영은 상관하지 않고 그저 쟁탈전만 벌린다. 오늘날 이런 일이 많다. 아주 개탄스런 광경이다. 수많은 산당들, 우상들이 있고 종교적으로 혼합된 상황이 패망 직전의 이스라엘의 종교 상황이었던 것이다. 우리는 이 땅의 교회 상황을 통해 마지막 때가 가까웠다는 것을  안다. 여기 이스라엘이 멸망한 것에 대하여 하나님은 그 이유를 다른 것에서 찾지 않고 종교 곧 신앙에서 찾으신다. 그것 때문에 망했다는 것이다. 요즘 종교 다원주의를 말하는 사람들이 있는데, 그것이 곧 혼합주의이다. 이것이 말세의 징조이다. 많은 혼합된 기독교가 생겨나고 있는데 라오디게아 교회의 징조이다. 주님이 오실 날이 너무나 가깝다는 것을 느낀다.

**34절, 저희가 오늘까지 이전 풍속대로 행하여 여호와를 경외치 아니하며 또 여호와께서 이스라엘이라 이름을 주신 야곱의 자손에게 명하신 율례와 법도와 율법과 계명을 준행치 아니하는도다**

'이스라엘이라 이름을 주신 야곱의 자손'에게 명하신 율례와 법도와 율법과 계명을 준행치 않았다고 했다. 그 이름이 너무나 존귀한 것이었다는 말이다. 오늘날 교회라는 이름도 얼마나 존귀한 것인지 알아야 한다.

**35-40절, 옛적에 여호와께서 야곱의 자손에게 언약을 세우시고 저희에게 명하여 가라사대 너희는 다른 신을 경외하지 말며 그를 숭배하지 말며 그를 섬기지 말며 그에게 제사하지 말고 36 오직 큰 능력과 편 팔로 너희를 애굽에서 인도하여 낸 여호와만 너희가 경외하여 그를 숭배하며 그에게 제사를 드릴 것이며 37 또 여호와가 너희를 위하여 기록한 율례와 법도와 율법과 계명을 너희가 지켜 영원히 행하고 다른 신들을 경외치 말며 38 또 내가 너희와 세운 언약을 잊지 말며 다른 신들을 경외치 말고 39 오직 너희 하나님 여호와를 경외하라 그가 너희를 모든 원수의 손에서 건져내리라 하셨으나 40 그러나 저희가 듣지 아니하고 오히려 이전 풍속대로 행하였느니라**

그들은 이러한 주님의 간곡한 말씀을 듣지 않고 결국 이전 풍속대로 행했다. 오늘날로 말하자면 믿기 전의 모든 육체의 행실들로, 우상숭배로 돌아갔다는 것이다.

**41절, 그 여러 민족이 여호와를 경외하고 또 그 아로새긴 우상을 섬기더니 그 자자손손이 그 열조의 행한 것을 좇아 오늘까지 그대로 하니라**

여호와를 경외하면서 또 아로새긴 우상을 섬기는 행습이 300여 년이나 지속되었다는 말이다. 이스라엘의 문제가 무엇이었는가? 여러 민족이 여호와를 경외하고 또 아로새긴 우상을 섬기는 것, 즉 혼합된 신앙이었다. 열왕기 하 17장에서 가장 인상 깊은 단어는 '혼합'이다. 이것이 바벨론이다. 이것이 하나님이 가장 싫어하시는 것이다. 신약으로 말하면 라오디게아 교회와 같은 상황이다. 주님은 그런 교회에 대하여 토하여 내치겠다고 하셨다. 하나님은 뜨겁든지 차갑든지 하라고 하신다.

마지막 때에 가장 말세를 재촉하는 흐름이 '혼합주의'라는 것을 절대 잊지 말라. 이럴 때일수록 순수한 신앙을 지켜야 한다. 깨어 있고 절대적으로 하나님을 사랑하며 충성되어야 한다. 우리가 일어나야 한다는 절대적인 정신을 가져야 한다.

# 열왕기하 18장

**1-2절, 이스라엘 왕 엘라의 아들 호세아 삼년에 유다 왕 아하스의 아들 히스기야가 왕이 되니 2 위에 나아갈 때에 나이 이십오 세라 예루살렘에서 이십구 년을 치리하니라 그 모친의 이름은 아비라 스가리야의 딸이더라**

이제 유다와 이스라엘 전체를 통틀어서 다윗에 버금가는 성군 히스기야 왕의 이야기이다. 모든 왕들이 다윗 왕과 같지 않았다고 했는데, 3절에 보면 히스기야가 조상 다윗과 같이 여호와 보시기에 정직히 행하였다고 했다.

**3절, 히스기야가 그 조상 다윗의 모든 행위와 같이 여호와 보시기에 정직히 행하여**

히스기야만큼은 다윗의 표준에 비추어 어느 정도 합격한 왕이다. 그 아버지 아하스는 결코 좋은 왕이 아니었다. 그러나 그 아들 히스기야는 상당히 좋은 왕이었다. 히스기야 다음은 므낫세이다. 이 므낫세는 유다의 왕 중에 가장 악한 왕이었다. 아버지 아하스와 아들 므낫세는 악한 왕들 중에서도 아주 악한 왕들이었는데, 그 사이에 히스기야 같은 좋은 왕이 있었다는 것은 참 기이한 일이다. 어떻게 아하스에게서 히스기야 같은 아들이 나왔을까? 우리는 알 수 없다. 다만 그 모친 아비의 아버지가 스가랴라는 것이다. 이 스가랴는 이사야 8장 2절을 보면 좋은 제사장이었다. "내가 진실한 증인 우리야와 여베레기야의 아들 스가랴를 불러 증거하게 하리라 하시더니". 이 스가랴는 진실한 증인이었다. 그리고 역대 하 26장 5절을 보면 스가랴 제사장에 대해서 "하나님의 묵시를 밝히 아는 스가랴의 사는 날에 하나님을 구하였고"라고 했다. 웃시야 왕이 그렇게 했다는 것이다. "저가 여호와를 구할 동안에는 하나님이 형통케 하셨더라". 이와 같이 스가랴는 웃시야 왕에게 상당히 좋은 영향을 끼쳤던 제사장이다. 이 스가랴의 딸이 히스기야의 어머니이다. 우리가 생각건대 히스기야는 그 어머니의 좋은 교육을 받아서 좋은 왕이 되었을 것이라고 본다. 자녀에게는 어머니의 교육이 매우 영향력이 있다.

**4절, 여러 산당을 제하며 주상을 깨뜨리며 아세라 목상을 찍으며 모세가 만들었던 놋뱀을 이스라엘 자손이 이때까지 향하여 분향하므로 그것을 부수고 느후스단이라 일컬었더라**

여러 유다 왕들 중에 좋은 왕들이 있었지만 산당은 제하지 않았다고 했다. 그러나 히스기야는 산당을 제했다. 산당이란 당시 예루살렘에 있는 하나님의 성전(하나님이 정하신 경배 장소)에 대해 경쟁적으로 만들어진 또 다른 예배 장소이다. 이것을 히스기야 왕이 제했다는 것이다. 히스기야는 하나님의 성전을 지극히 사랑했던 것이다. 다윗은 하나님의 성전을 건축하기 위해서 재료를 모았다(성전을 다윗이 지었다고 해도 과언이 아니다). 솔로몬이 건축했지만 하나님의 성전을 간절히 사모했던 사람은 다윗이다. 하나님께서 다윗에게 '너는 군인이고 피를 많이 흘렸기 때문에 성전 건축은 안 된다.'고 하셨지만 그의 마음은 성전을 매우 사랑했다. 히스기야가 산당을 제하였다는 것은 신약으로 말하면 그가 교회 문제를 굉장히 중요하게 생각했다는 것이다. 하나님의 백성은 아무데서나 예배해서는 안 된다. 오늘날 어떤 성도가 행실이 좋고 봉사도 열심히 하지만 교회 문제를 소홀히한다면 주님은 그렇게 기뻐하지 않으실 것이다. 왜 그런가? 그가 있는 위치가 하나의 산당일 수도 있기 때문이다. 하나님은 어쨌든 그분이 정하신 위치에서 그분의 지도 아래 예배하는 것을 중히 여기신다.

이 시대에 교회의 위치는 구약처럼 물질적인 장소가 아니다. 그러므로 우리는 교회의 위치를 영으로 분별할 수 있어야 한다. 지금은 성령 시대이기 때문에 영으로 분별해야 하는 것이다. '여기가 하나님께서 정하신 처소다'라고 한다면 그것을 지켜야 한다. 그러므로 그것은 사람이 얼마나 많이 모이는가에 달려 있지 않다. 육에 속한 사람은 아무것도 분별할 수 없지만 영에 속한 사람은 자신이 어디에서 예배를 드려야 하는지를 안다. 이것은 영의 문제이다. 우리가 어디에 갔을 때 '여기가 주의 집인가? 내가 경배할 처소인가? 아니면 있어서는 안 되는 곳인가?'를 영으로 아는 것이다. 그러나 어디든지 자신의 사욕을 위해서 움직인다면 그런 사람은 성전 문제를 소홀히 여기는 사람이다.

히스기야는 다른 왕들이 하지 않은 산당을 없애는 일을 했다. 이것은 신약시대의 교회 문제이다. 하나님을 예배하는 문제, 하나님의 백성들이 하나 되는 문제, 하나님이 정하신 곳에서 경배하는 문제이다. 이 문제를 소홀히할 때 좋은 그리스도인이 될 수 없다. 여러 가지에서 좋다 해도 이 문제가 결여되면 하나님의 원하시는 표준에 이르지 못한다. 열왕기 상하를 보면서 그것을 느낄 수 있다. 구약과 신약을 별개의 것으로 생각지 말라. 결코 다르지 않다. 이 부분의 말씀은 우리에게 분명히 시사하는 바가 있다.

히스기야 왕은 살아 계신 하나님을 위해서 개혁을 했다. 지금까지 다른 왕들이 하지 않은 산당을 제하는 일을 했고 놋뱀을 없애는 일을 했다. 민수기를 보면 이스라엘 백성들이 불뱀에 물려 죽어갈 때 하나님은 모세에게 놋뱀을 만들어 장대에 달아 높이 들라고 하시면서 뱀에 물린 자마다 그 놋뱀을 바라보면 살 것이라고 하셨다. 그런데 바로 그 놋뱀이 히스기야 왕 때까지 보존되어 백성들이 그 놋뱀을 향하여 경배하고 있었던 것이다. 하나님께서 과거에 사용하셨던 것일지라도 그것 자체를 신성시하여 경배할 때 우상이 될 수 있다. 놀랍게도 교회 역사를 보면 이런 유의 일이 흔히 있어 왔다.

놋뱀이란 무엇인가? 예수님이 십자가에서 돌아가실 것을 예표하는 것이다. 그 때(민 21장) 광야에서는 불뱀에 물린 자들이 그것을 바라보았을 때 살았다. 마찬가지로 오늘날도 사람들은 십자가의 구속 역사를 믿고 구원받는다. 그렇지만 물질적인 십자가 모양에 무슨 능력이 있을 것으로 여겨 그것을 신성시하거나 그것에 경배하는 것은 하나님께서 기뻐하시는 바가 아니다.

히스기야는 개혁적인 사람이다. 당시에 백성들은 그 놋뱀 앞에 분향하고 그것에 경배했었다. 그런데 히스기야가 놋뱀을 부숴서 가루로 만들어 버린 것이다. 느후스단이란 놋 조각이라는 뜻이다. 즉 놋뱀은 놋조각에 불과하다는 것이다. 그것 자체는 대단한 것이 아니라는 말이다. 히스기야는 과감하게 살아계신 하나님을 대치하는 것을 다 없애버렸다. 그것은 매우 잘한 일이며, 성경에는 그 일이 적극적인 의미로 기록되었다.

**5절, 히스기야가 이스라엘 하나님 여호와를 의지하였는데 그의 전후 유다 여러 왕 중에 그러한 자가 없었으니**

히스기야는 여호와 하나님을 의지하였다. 이것은 매우 중요한 일이다. 히스기야 왕에 대해서는 이렇게 칭찬하는 말이 많다.

**6절, 곧 저가 여호와께 연합하여 떠나지 아니하고 여호와께서 모세에게 명하신 계명을 지켰더라**

"저가 여호와께 연합하여 떠나지 아니하고(For he clung to the Lord)"는 그가 여호와께 붙어 있었다는 뜻이다. 그는 주님을 떠나지 않고 그 명하신 말씀을 늘 준수하는 왕이었다.

**7절, 여호와께서 저와 함께하시매 저가 어디로 가든지 형통하였더라 저가 앗수르 왕을 배척하고 섬기지 아니하였고**

이렇게 하나님께서 함께하셔서 강성해지다 보니 앗수르 왕을 배척할 수 있게 되었다.

**8절, 블레셋 사람을 쳐서 가사와 그 사방에 이르고 망대에서부터 견고한 성까지 이르렀더라 9 히스기야 왕 사년 곧 이스라엘 왕 엘라의 아들 호세아 칠년에 앗수르 왕 살만에셀이 사마리아로 올라와서 에워쌌더라**

이것은 이스라엘이 멸망당한 사건을 말한다. 이스라엘 왕 엘라의 아들 호세아 7년에 있었던 일이다. 앗수르 왕 살만에셀이 사마리아로 올라와서 에워쌌다.

**10절, 삼 년 후에 그 성이 함락되니 곧 히스기야의 육년이요 이스라엘 왕 호세아의 구년이라 사마리아가 함락되매**

이스라엘이 멸망한 사건에 대해서는 17장에서 이미 이야기했는데 이 일을 다시 기록하고 있다. 히스기야 왕 6년 때의 일이요 이스라엘의 호세아 왕 9년 때의 일이다.

**11-12절, 앗수르 왕이 이스라엘을 사로잡아 앗수르에 이르러 할라와 고산 하볼 하숫가와 메대 사람의 여러 성읍에 두었으니 12 이는 저희가 그 하나님 여호와의 말씀을 준행치 아니하고 그 언약을 배반하고 여호와의 종 모세의 모든 명한 것을 거스려 듣지도 아니하며 행치도 아니하였음이더라**

이스라엘이 멸망한 것은 하나님의 언약의 말씀을 배반하고 주님의 율법을 떠났기 때문이라고 말한다. 성경은 이스라엘의 멸망의 원인을 거듭거듭 기록하고 있다. “이는 저희가 그 하나님 여호와의 말씀을 준행치 아니하고 그 언약을 배반하고 여호와의 종 모세의 모든 명한 것을 거스려 듣지도 아니하며 행치도 아니하였음이더라”.

**13절, 히스기야 왕 십사년에 앗수르 왕 산헤립이 올라와서 유다 모**

**든 견고한 성읍들을 쳐서 취하매**

7절에서 히스기야 왕이 앗수르 왕을 배척했다고 했다. 그리고 히스기야 왕은 주님과 연합해서 계명을 지켰기 때문에 어디로 가든지 형통했고 앗수르 왕의 사슬에서도 벗어났다고 했다. 그런데 여기서는 다시 히스기야 왕 14년에 앗수르 왕 산헤립이 올라와서 유다의 견고한 성읍들을 쳤다고 말한다.

**14-16절, 유다 왕 히스기야가 라기스로 보내어 앗수르 왕에게 이르되 내가 범죄하였나이다 나를 떠나 돌아가소서 왕이 내게 지우시는 것을 내가 당하리이다 하였더니 앗수르 왕이 곧 은 삼백 달란트와 금 삼십 달란트를 정하여 유다 왕 히스기야로 내게 한지라 15 히스기야가 이에 여호와의 전과 왕궁 곳간에 있는 은을 다 주었고 16 또 그 때에 유다 왕 히스기야가 여호와의 전 문의 금과 자기가 모든 기둥에 입힌 금을 벗겨 모두 앗수르 왕에게 주었더라**

이 사건은 이스라엘이 패망하고서 8년 후에 있었다. 히스기야 왕 14년 때의 일이기 때문이다. 이 일을 통해서 알 수 있는 것은 히스기야같이 좋은 왕도 뭔가 부족한 점이 있었다는 것이다. 아무리 좋은 사람이라도 이렇게 혼돈되고 약해지는 수가 있다. 왜 그런가? 하나님과의 관계에서 문제가 생긴 것이다. 다음 19장에서 보겠지만, 이전에는 어려운 일이 생겼을 때 이사야에게 사람을 보내거나 하나님께 기도를 했다. 그런데 여기서는 대적이 쳐들어왔는데도 기도하지 않았다. 뭔가 하나님과의 사이에 간격이 생긴 것이다. 다급해지자 그는 '내가 하나님께 범죄했습니다.' 하면서 회개하지 않고 도리어 앗수르 왕에게 '내가 범죄하였나이다'라고 말했다. 그리고서 성전 문의 금과 자기 기둥에 입힌 금까지 벗겨서 앗수르 왕에게 주었다. 여기서 우리는 히스기야 왕이 약해진 것을 볼 수 있다.

**17절, 앗수르 왕이 다르단과 랍사리스와 랍사게로 대군을 거느리고 라기스에서부터 예루살렘으로 가서 히스기야 왕을 치게 하매 저**

**희가 예루살렘으로 올라가니라 저희가 올라가서 윗못 수도 곁 곧 세탁자의 밭에 있는 큰 길에 이르러 서니라**

앞에서(13-16절) 앗수르 왕이 쳐들어왔을 때 은과 금을 주어서 보내지 않았는가? 그때는 앗수르가 듣는 것 같았지만 결국 다시 쳐들어왔다. 보물을 다 가져가놓고 또 쳐들어온 것이다. 히스기야는 기둥에 있는 금까지 벗겨서 주었지만 아무 소용이 없었다.

**18절, 저희가 왕을 부르매 힐기야의 아들 궁내 대신 엘리야김과 서기관 셉나와 아삽의 아들 사관 요아가 저에게 나가니**

이사야서에 있는 말씀과 같다. "힐기야의 아들 궁내 대신 엘리아김과 서기관 셉나와 아삽의 아들 사관 요아가 그에게 나아가니라"(사 36:3).

**19절, 랍사게가 저희에게 이르되 너희는 히스기야에게 고하라 대왕 앗수르 왕의 말씀이 너의 의뢰하는 이 의뢰가 무엇이냐**

세 사람을 보냈더니 랍사게가 너의 의뢰하는 것이 무엇이냐고 묻는 것이다.

**20절, 네가 싸울 만한 계교와 용력이 있다고 한다마는 이는 입에 붙은 말뿐이라 네가 이제 누구를 의뢰하고 나를 반역하였느냐**

"네가 이제 누구를 의뢰하고 나를 반역하였느냐". 18장 7절에서는 히스기야가 앗수르 왕을 배척했다고 했다. 그런데 앗수르 왕은 이것을 반역이라고 하는 것이다. 히스기야 왕은 그렇게 앗수르에게서 벗어났으면 여호와를 의지하여 강경하게 나가야 하는데 형통해지자 해이해져서 말씀을 떠났던 모양이다. 따라서 대적이 쳐들어온 것이다. 이를 통해 히스기야는 주님의 엄중한 다루심 아래서 배우고 있다.

**21-22절, 이제 네가 저 상한 갈대 지팡이 애굽을 의뢰하도다 사람이 그것을 의지하면 그 손에 찔려 들어갈지라 애굽 왕 바로는 무릇**

**의뢰하는 자에게 이와 같으니라 22 너희가 혹시 내게 이르기를 우리는 우리 하나님 여호와를 의뢰하노라 하리라마는 히스기야가 여호와의 산당과 제단을 제하고 유다와 예루살렘 사람에게 명하기를 예루살렘 이 단 앞에서만 숭배하라 하지 아니하였느냐 하셨나니**

앗수르 왕의 장군이 히스기야 왕이 보낸 세 사람에게 '히스기야에게 가서 고하라'고 하는 내용을 보면 히스기야가 무엇을 했는지 다 알고 있다. 산당을 제한 것이나 제단을 제한 것을 다 알고 있다. 예루살렘 이 단 앞에서만 숭배하라고 한 것까지 다 알고 있다. 산당을 제거한 히스기야의 중심이 성전에 있다는 것을 알고 있는 것이다. "예루살렘 이 단 앞에서만 숭배하라 하지 않았느냐"고 말한다.

23절, **이제 너는 내 주 앗수르 왕과 내기하라 네가 만일 그 말 탈 사람을 낼 수 있다면 나는 네게 말 이천 필을 주리라**

앗수르의 장군 랍사게의 말이다. 유다국은 전쟁을 할 능력이 없다는 말이다.

24-25절, **네가 어찌 내 주의 신복 중 지극히 작은 장관 하나인들 물리치며 애굽을 의뢰하고 그 병거와 기병을 얻을 듯하냐 25 내가 어찌 여호와의 뜻이 아니고야 이제 이곳을 멸하러 올라왔겠느냐 여호와께서 전에 내게 이르시기를 이 땅으로 올라와서 쳐서 멸하라 하셨느니라**

랍사게의 말은 사단 마귀의 말투와 비슷하다. 하나님이 히스기야를 통해서 하신 모든 역사를 무시하며 비웃고 있다. 히스기야가 행한 선한 일들, 곧 산당과 제단을 없애고 예루살렘 성전에서만 예배하라고 한 것 때문에 지금 네가 잘못되어가고 있다고 말하는 것이다. 그러면서 자기가 여호와의 뜻으로 말미암아 그 땅을 멸망시키러 왔다고 주장한다.

26-27절, **힐기야의 아들 엘리야김과 셉나와 요아가 랍사게에게 이**

**르되 우리가 알아듣겠사오니 청컨대 아람 방언으로 당신의 종들에게 말씀하시고 성 위에 있는 백성의 듣는 데 유다 방언으로 우리에게 말씀하지 마옵소서 27 랍사게가 저에게 이르되 내 주께서 네 주와 네게만 이 말을 하라고 나를 보내신 것이냐 성 위에 앉은 사람들로도 너희와 함께 자기의 대변을 먹게 하고 자기의 소변을 마시게 하신 것이 아니냐 하고**

유다 대신들이 자기들은 아람 방언으로 말해도 알아들으니까 제발 유다 방언으로는 말하지 말아달라고 부탁했다. 성 위에 있는 백성들이 듣고 기가 꺾일까봐 그런 것이다. 그러자 랍사게라는 앗수르 장군이 더욱 심한 말로 그들을 모욕했다.

**28절, 랍사게가 드디어 일어서서 유다 방언으로 크게 소리 질러 불러 가로되 너희는 대왕 앗수르 왕의 말씀을 들으라**

랍사게는 유다 방언으로 말하지 말라고 하니 오히려 다 들을 수 있게 유다 방언으로 크게 소리 지르며 말했다.

**29절, 왕의 말씀이 너희는 히스기야에게 속지 말라 저가 너희를 내 손에서 건져내지 못하리라**

랍사게가 유다 백성에게 히스기야의 말에 속지 말라고 하는데, 이것은 마귀가 하는 일이다. 교회를 무너뜨리려는 사람들은 하나같이 사역자의 말을 듣지 말라고 말한다. 직접적으로는 그렇게 말하지 않더라도 그들의 말을 종합해 보면 결국 그 사역자의 말을 듣지 말라는 것이다. 사역자의 말에 순종하면 교회가 세워지고 왕국이 이루어지기 때문에 마귀가 싫어하는 것이다.

**30-31절, 또한 히스기야가 너희로 여호와를 의뢰하라 함을 듣지 말라 저가 이르기를 여호와께서 정녕 우리를 건지실지라 이 성이 앗수르 왕의 손에 함락되지 않게 하시리라 할지라도 31 너희는 히스기**

**야의 말을 듣지 말라 앗수르 왕의 말씀이 너희는 내게 항복하고 내게로 나아오라 그리하고 너희는 각각 그 포도와 무화과를 먹고 또한 각각 자기의 우물의 물을 마시라**

항복하기만 하면 아무 일 없다는 듯이 편하게 해주겠다는 말이다. 항복하지 않으면 자기의 대소변을 먹게 될 것이고 항복하면 좋은 실과들을 많이 먹게 해줄 것이라고 말한다.

**32절, 내가 장차 와서 너희를 한 지방으로 옮기리니 그곳은 너희 본토와 같은 지방 곧 곡식과 포도주가 있는 지방이요 떡과 포도원이 있는 지방이요 기름 나는 감람과 꿀이 있는 지방이라 너희가 살고 죽지 아니하리라 히스기야가 너희를 면려하여 이르기를 여호와께서 우리를 건지시리라 하여도 듣지 말라**

오늘날도 랍사게같이 말하는 사람들이 많다. 마치 모세 시대의 여호수아와 갈렙처럼 말하는 것 같다. 항복하면 곡식과 포도주와 떡과 감람과 꿀이 있는 곳으로 인도해 준다는 것이다. 오늘날도 항복하기만 하면 모든 것이 잘될 것이라는 마귀의 유혹이 있다. 말씀을 따라 절대적으로 길을 간다는 것이 힘든 일이기 때문이다. 그러니까 사단이 랍사게처럼 그에게 굴복하기만 하면 젖과 꿀이 흐르는 땅에서 풍성을 누리게 될 것이라고 유혹하는 것이다.

**33절, 열국의 신들 중에 그 땅을 앗수르 왕의 손에서 건진 자가 있느냐**

현재 앗수르가 대세라는 말이다. '거기 몇 명이나 남았느냐? 다 끝났지 않았느냐?'고 말하는 것이다.

**34절, 하맛과 아르밧의 신들이 어디 있으며 스발와임과 헤나와 아와의 신들이 어디 있느냐 그들이 사마리아를 내 손에서 건졌느냐**

앗수르가 정복한 나라들이다. 다 자기들이 장악해서 영토가 확장되었고, 지금은 자기들이 대세라는 주장을 펴고 있다.

**35절, 열국의 모든 신 중에 누가 그 땅을 내 손에서 건졌기에 여호와가 예루살렘을 내 손에서 능히 건지겠느냐 하셨느니라**

모든 신이 앗수르에 굴복했다는 것이다. "여호와가 예루살렘을 내 손에서 능히 건지겠느냐". 아주 방약무도한 말을 하고 있다.

**36절, 그러나 백성이 잠잠하고 한 말도 대답지 아니하니 이는 왕이 명하여 대답하지 말라 하였음이라**

"그러나 백성이 잠잠하고 한 말도 대답지 아니하니". 여기 하나의 암시가 있다. 히스기야 왕은 그러한 사단의 충동시키는 말에 대답하지 말라고 미리 백성에게 경고했다. 이러한 사단적인 말은 주고받을수록 더 심한 말을 듣게 되고 그 말의 독소가 깊이 들어오게 되기 때문이다.

**37절, 이에 힐기야의 아들 궁내 대신 엘리야김과 서기관 셉나와 아삽의 아들 사관 요아가 그 옷을 찢고 히스기야에게 나아가서 랍사게의 말을 고하니라**

이 말씀도 이사야서에 있다. "때에 힐기야의 아들 궁내 대신 엘리아김과 서기관 셉나와 아삽의 아들 사관 요아가 그 옷을 찢고 히스기야에게 나아가서 랍사게의 말을 고하니라"(사 36:22).

# 열왕기하 19장

**1절, 히스기야 왕이 듣고 그 옷을 찢고 굵은 베를 입고 여호와의 전에 들어가서**

이제 히스기야 왕이 정신을 차리고 제대로 하고 있다. 18장에서 히스기야 왕 14년에 앗수르 왕 산헤립이 쳐들어왔을 때에는 여호와의 전에 들어가지 않았고 이렇게 간절히 기도하지도 않았다. 그러나 이때 비로소 여호와의 전에 들어가서 기도했다.

**2절, 궁내 대신 엘리야김과 서기관 셉나와 제사장 중 장로들에게 굵은 베를 입혀서 아모스의 아들 선지자 이사야에게로 보내매**

이 때에 선지자 이사야가 있었다. 히스기야 왕은 엘리아김과 셉나와 제사장 중 장로들에게 굵은 베를 입혀서 이사야 선지자에게 보냈다. 히스기야 왕은 절실히 주님의 도우심을 필요로 했다. 그 이전 히스기야 왕 14년에 앗수르가 쳐들어왔을 때만 해도 자기의 재간으로 대처했다. 은과 금을 주어서 보내면 되겠지 한 것이다. 그러나 당시에 보물만 축났지 효과를 얻지 못했다. 어쩌면 그 때 히스기야는 엄청난 공과를 배운 것이다. 히스기야같이 그렇게 좋은 사람도 자칫 잘못하면 자기를 의지하고 자기의 재간을 의지하다가 주님께 징계당할 수 있다. 그리고서 쓰라린 체험을 한 다음에야 정신을 차리고 주님께 무릎을 꿇는 것이다. 그는 사람들을 이사야 선지자에게 보냈다.

**3절, 저희가 이사야에게 이르되 히스기야의 말씀이 오늘은 곤란과 책벌과 능욕의 날이라 아이가 임산하였으나 해산할 힘이 없도다**

"아이가 임산하였으나 해산할 힘이 없도다". 오늘날 이런 사람들이 많다. 자기가 잘못된 것은 알겠는데, 어떻게 가야 하는지도 알겠는데 나아갈 힘이 없는 것이다. 그런 사람은 어떻게 해야 하는가? 주님께 나아가 기도해야 한다. 진정으로 엎드릴 때 참된 기도가 나오게 된다.

**4절, 랍사게가 그 주 앗수르 왕의 보냄을 받고 와서 사신 하나님을 훼방하였으니 당신의 하나님 여호와께서 혹시 저의 말을 들으셨을지라 당신의 하나님 여호와께서 그 들으신 말을 인하여 꾸짖으실듯하니 당신은 이 남아 있는 자를 위하여 기도하소서 하더이다**

히스기야 왕이 이사야 선지자에게 보낸 사람들의 말이다. 랍사게가 여호와 하나님과 유다국을 능멸했다는 말을 전하면서 "여호와께서 그의 말을 들으셨을지라"고 한다. 여기 남아있는 자란 누구인가? 유다의 남아있는 자들이다. 이스라엘은 다 멸망했다.

**5-7절, 이와 같이 히스기야 왕의 신복이 이사야에게 나아가니 6 이사야가 저희에게 이르되 너희는 너희 주에게 이렇게 고하라 여호와의 말씀이 너는 앗수르 왕의 신복에게 들은바 나를 능욕하는 말을 인하여 두려워하지 말라 7 내가 한 영을 저의 속에 두어 저로 풍문을 듣고 그 본국으로 돌아가게 하고 또 그 본국에서 저로 칼에 죽게 하리라 하셨느니라**

이 내용은 이사야가 히스기야 왕이 보낸 신복들에게 한 말이다. 랍사게의 능욕하는 말을 두려워하지 말라고 하면서 하나님께서 한 영을 저희 속에 두어 풍문을 듣고 본국으로 돌아가게 하리라 하셨다고 말한다. 그리고 본국으로 돌아가서 칼에 맞아 죽게 하실 것이라고 했다.

8-19절, 랍사게가 돌아가다가 앗수르 왕이 이미 라기스에서 떠났다 함을 듣고 립나로 가서 왕을 만났으니 왕이 거기서 싸우는 중이더라 9 앗수르 왕이 구스 왕 디르하가가 나와서 더불어 싸우고자 한다 함을 듣고 다시 히스기야에게 사자를 보내며 가로되 10 너희는 유다 왕 히스기야에게 이같이 말하여 이르기를 너의 의뢰하는 네 하나님이 예루살렘을 앗수르 왕의 손에 붙이지 않겠다 하는 말에 속지 말라 11 앗수르의 열왕이 열방에 행한바 진멸한 일을 네가 들었나니 네가 어찌 구원을 얻겠느냐 12 내 열조가 멸하신 열방 곧 고산과 하란과 레셉과 들라살에 있는 에덴 족속을 그 나라의 신들이 건졌느냐 13 하맛 왕과 아르밧 왕과 스발와임 성의 왕과 헤나와 아와의 왕들이 다 어디 있느냐 하라 하니라 14 히스기야가 사자의 손에서 편지를 받아보고 여호와의 전에 올라가서 그 편지를 여호와 앞에 펴놓고 15 그 앞에서 기도하여 가로되 그룹들의 위에 계신 이스라엘 하나님 여호와여 주는 천하 만국에 홀로 하나님이시라 주께서 천지를 조성하셨나이다 16 여호와여 귀를 기울여 들으소서 여호와여 눈을 떠서 보시옵소서 산헤립이 사신 하나님을 훼방하러 보낸 말을 들으시옵소서 17 여호와여 앗수르 열왕이 과연 열방과 그 땅을 황폐케 하고 18 또 그 신들을 불에 던졌사오니 이는 저희가 신이 아니요 사람의 손으로 지은 것 곧 나무와 돌뿐이므로 멸하였나이다 19 우리 하나님 여호와여 원컨대 이제 우리를 그 손에서 구원하옵소서 그리하시면 천하 만국이 주 여호와는 홀로 하나님이신 줄 알리이다 하니라

랍사게는 앗수르 왕을 립나에 가서 만났는데, 마침 그때 구스(에디오피아)군이 앗수르를 치려던 참이었다. 그래서 산헤립은 구스와 싸워야 하기 때문에 예루살렘을 속히 정복하려고 했다. 그는 다시 히스기야에게 사자를 보내서 겁주는 말을 쏟아내고 있다. 10-13절의 내용이 바로 그것이다. 그는 앗수르에게 멸망당한 많은 나라들을 열거하면서 히스기야의 기세를 완전히 꺾어놓으려고 한 것이다.

히스기야는 그 편지를 받고서 여호와의 전에 올라가 그 앞에 산헤립

의 편지를 펴놓고 기도했다. 그는 산헤립이 하나님을 능욕하는 말을 들어달라고 하면서 앗수르 왕들이 많은 열방을 무너뜨리고 그 신들을 불에 던졌지만 그것은 그것들이 신이 아니고 사람의 손으로 만든 나무와 돌뿐이므로 멸망당한 것이니 우리를 이제 그들의 손에서 구원해달라는 것이다. 그렇게 하시면 천하만국이 주 여호와는 홀로 하나님이신 줄 알 것이라고 했다.

**20절, 아모스의 아들 이사야가 히스기야에게 기별하여 가로되 이스라엘 하나님 여호와의 말씀이 네가 앗수르 왕 산헤립 까닭에 내게 기도하는 것을 내가 들었노라 하셨나이다**

이사야는 사자를 히스기야에게 보내고 또 자기도 여호와의 전에서 기도했다. 그럴 때 이사야는 여호와께서 히스기야의 기도를 들으셨다는 것을 알고 통보해 주었다. 오늘날 신약 시대에는 이러한 대리자가 필요없다. 모든 성도들이 이사야처럼 직접 하나님께 기도하고 응답을 얻을 수 있다.

**21-28절, 여호와께서 앗수르 왕에게 대하여 이같이 말씀하시기를 처녀 딸 시온이 너를 멸시하며 너를 비웃었으며 딸 예루살렘이 너를 향하여 머리를 흔들었느니라 22 네가 누구를 꾸짖었으며 훼방하였느냐 누구를 향하여 소리를 높였으며 눈을 높이 떴느냐 이스라엘의 거룩한 자에게 그리하였도다 23 네가 사자로 주를 훼방하여 이르기를 내가 많은 병거를 거느리고 여러 산꼭대기에 올라가며 레바논 깊은 곳에 이르러 높은 백향목과 아름다운 잣나무를 베고 내가 그 지경 끝에 들어가며 그 동산의 무성한 수풀에 이르리라 24 내가 땅을 파서 이방의 물을 마셨고 나의 발바닥으로 애굽의 모든 하수를 말렸노라 하였도다 25 네가 듣지 못하였느냐 이 일은 내가 태초부터 행하였고 상고부터 정한 바라 이제 내가 이루어 너로 견고한 성들을 멸하여 돌무더기가 되게 함이니라 26 그러므로 그 거한 백성의 힘**

**이 약하여 두려워하며 놀랐나니 저희는 마치 들의 풀 같고 나물 같고 지붕의 풀 같고 자라기 전에 마른 곡초 같으니라 27 네 거처와 네 출입과 네가 내게 향한 분노를 내가 다 아노니 28 네가 내게 향한 분노와 네 교만한 말이 내 귀에 들렸도다 그러므로 내가 갈고리로 네 코에 꿰고 자갈을 네 입에 먹여 너를 오던 길로 끌어 돌이키리라 하셨나이다**

산헤립이 예루살렘에서 패퇴할 것을 예언하시는 말씀이다. "처녀 딸 시온이 너를 멸시하며 너를 비웃었으며 너를 향하여 머리를 흔들었느니라". 산헤립이 히스기야를 능욕한 것은 여호와를 능욕한 것이다. "네가 누구를 꾸짖었으며 훼방하였느냐 누구를 향하여 소리를 높였으며 눈을 높이 떴느냐 이스라엘의 거룩한 자에게 그리하였도다". 23, 24절은 산헤립이 자신만만한 태도로 예루살렘을 공격하는 모습을 그린다. "네가 사자로 주를 훼방하여 이르기를 내가 많은 병거를 거느리고 여러 산꼭대기에 올라가며 레바논 깊은 곳에 이르러 높은 백향목과 아름다운 잣나무를 베고…나의 발바닥으로 애굽의 모든 하수를 말렸노라". 25-28절은 오만한 산헤립의 말에 하나님이 대답하신 것이다. "네가 듣지 못하였느냐 이 일은 내가 태초부터 행하였고 상고부터 정한 바라 이제 내가 이루어 너로 견고한 성들을 멸하여 돌무더기가 되게 함이니라 그러므로 그 거한 백성의 힘이 약하여 두려워하며 놀랐나니 저희는 마치 들의 풀 같고 나물 같고 지붕의 풀 같고 자라기 전에 마른 곡초 같으니라 네 거처와 네 출입과 네가 내게 향한 분노를 내가 다 아노니 네가 내게 향한 분노와 네 교만한 말이 내 귀에 들렸도다 그러므로 내가 갈고리로 네 코에 꿰고 자갈을 네 입에 먹여 너를 오던 길로 끌어 돌이키리라". 앗수르 왕의 코를 갈고리로 꿰고 그 입에 자갈을 먹여 오던 길로 끌어 돌이키겠다는 말씀이다.

**29절, 또 네게 보일 징조가 이러하니 너희가 금년에는 스스로 자라난 것을 먹고 명년에는 그것에서 난 것을 먹되 제 삼년에는 심고**

**거두며 포도원을 심고 그 열매를 먹으리라**

앗수르 왕을 아예 멸망시켜서 유다 백성들이 금년에는 스스로 자라난 것을 먹고 명년에는 그것에서 난 것을 먹으며 제 삼년에는 심고 거두게 해주겠다는 것이다.

**30-31절, 유다 족속의 피하고 남은 자는 다시 아래로 뿌리가 서리고 위로 열매를 맺을지라 31 남은 자는 예루살렘에서부터 나올 것이요 피하는 자는 시온 산에서부터 나오리니 여호와의 열심이 이 일을 이루리라 하셨나이다**

'유다 족속의 피하고 남은 자'가 있다. 그들은 다시 아래로 뿌리가 내리고 위로 열매를 맺을 것이라고 한다. 18장과 19장에는 '남은 자'라는 말이 많이 나온다. 우리는 하나님의 역사에 한 가지 기묘한 것이 있다는 것을 알아야 한다. 그것은 하나님께서 언제나 남은 자를 두신다는 것이다. 이스라엘이 멸망했을 때 하나님은 유다를 그분의 남은 자로 두셨다. 유다가 멸망할 때 하나님께서는 유다에도 남은 자를 두셨다. 이스라엘과 유다가 다 멸망했을 때의 남은 자는 바벨론 포로에서 예루살렘으로 돌아온 자들이다. 그러면 신약에서도 남은 자의 원칙이 적용되는가? 그렇다. 교회가 아무리 타락했어도 거기에 남은 자들이 있다. 마지막 시대에 이기는 자들, 주님이 기뻐하시는 자들은 누구겠는가? 바로 남은 자들이다. 그러면 이 남은 자들은 어떤 특징이 있는가? 타락하지 않고 부패하지 않고 원래의 교회 모습을 지니고 있는 것이다.

사람들이 다 포로로 잡혀가서 섞이고 혼잡스럽게 되었지만 여전히 남은 자들이 있는데, 그들이 바로 계시록 2장과 3장의 이기는 자들이다. 예수님이 초림하실 때도 남은 자들을 통해서 오셨다. 당시 거기에 엘리사벳, 사가랴, 마리아, 요셉이 있었고, 또 안나가 있었다. 이 소수의 남은 무리가 있었던 것이다. 모든 사람들이 다 혼잡되어 있을 때이지만 소수의 남은 자들은 주님을 맞이할 수 있었다. 앞으로도 마찬가지이다. 주님은 재림하실 것인데, 과연 어떤 사람들이 주님을 기쁘시게 할 것인가? 누가 주님의 다시 오심을 위한 교두보가 될 것인가? 그들이 남은 자들이다. 여러분은 성경에 남은 자(remnant)의 원칙이 있다는 것을 기억하기 바란다.

**32-34절, 그러므로 여호와께서 앗수르 왕을 가리켜 이르시기를 저가 이 성에 이르지 못하며 이리로 살을 쏘지 못하며 방패를 성을 향하여 세우지 못하며 치려고 토성을 쌓지도 못하고 33 오던 길로 돌아가고 이 성에 이르지 못하리라 하셨으니 이는 여호와의 말씀이시라 34 내가 나와 나의 종 다윗을 위하여 이 성을 보호하여 구원하리라 하셨나이다 하였더라**

주님은 왜 이 성을 보호하시는가? 나의 종 다윗을 위하여 보호한다고 하셨다. 우리가 왜 남은 자를 이야기하는가 하면 이 유다도 100년 정도가 지나면 멸망할 것이기 때문이다. 여기서 주님은 "내가 나와 나의 종 다윗을 위하여 이 성을 보호하여 구원하리라"고 하셨다. 히스기야 때는 하나님이 유다국을 보호하셨다. 그러나 시드기야 때에 결국 유다도 멸망하게 된다. 그러면 이 말씀이 헛되게 되는가? 아니다. 유다가 멸망해도 하나님은 여전히 남은 자를 보호하여 구원하신다. 이들이 신약으로 말하면 이기는 자들이다. 계시록 2-3장의 일곱 교회에 관한 말씀에서도 이기는 자를 언급하셨다. 에베소 교회도 문제가 있고, 버가모, 사데, 두아디라, 라오디게아 교회도 다 큰 문제가 있었다. 그런데 각 교회에 대한 말씀을 마치실 때마다 주님은 이기는 자에게는 보상해 주실 것이라고 말씀하셨다. 그것이 신약의 용어로는 '이기는 자'이지만 구약의 용어로는 '남은 자'이다. 원래 교회의 모습을 지닌 사람들, 부패하지 않고 타락하지 않은 사람들, 혼잡된 위치에 있지 않은 사람들이 있다는 것이다.

**35절, 이 밤에 여호와의 사자가 나와서 앗수르 진에서 군사 십팔만 오천을 친지라 아침에 일찍이 일어나 보니 다 송장이 되었더라**

'이 밤에 여호와의 사자가'. 여기 여호와의 사자는 단수이다. 즉 한 사자가 앗수르 군사 십팔만 오천을 친 것이다. 아마도 이 천사(사자)는 군장 천사였을 것이다. 예수님은 십자가에 돌아가시기 전 겟세마네 동산에서 군병들이 예수님을 잡으려고 왔을 때 제자들이 싸우려고 하자 그분이 열두 영도 더 되는 천군을 불러서 물리칠 수 있다는 것을 알지 못하느냐고 하셨다. 한 천사가 십팔만 오천 명을 친 것으로 보아 주님이 하고자만 하신다면 모든 열국은 그대로 진토에 주저앉을 것이다.

**36-37절, 앗수르 왕 산헤립이 떠나 돌아가서 니느웨에 거하더니 37 그 신 니스록의 묘에 경배할 때에 아드람멜렉과 사레셀이 저를 칼로 쳐죽이고 아라랏 땅으로 도망하매 그 아들 에살핫돈이 대신하여 왕이 되니라**

앗수르 왕은 하룻밤 새에 대군을 잃고 돌아가서 니느웨에 거하였다. 20년 정도 거기 거하였다고 본다. 그리고 이사야의 예언대로 앗수르 왕 산헤립은 니느웨에서 니스록이란 신의 묘에 경배하다가 아드람멜렉(아드람 왕)과 사레셀(회계 감독자)에 의해 칼로 죽임을 당했다. 이들은 에살핫돈과 같이 산헤립의 아들들이었다(사 37:38). 결국 산헤립은 아들들에게 피살당한 것이다. 그리고 그 아들 에살핫돈이 왕이 되었다.

# 열왕기하 20장

**1절, 그 때에 히스기야가 병들어 죽게 되매 아모스의 아들 선지자 이사야가 저에게 나아와서 이르되 여호와의 말씀이 너는 집을 처치하라 네가 죽고 살지 못하리라 하셨나이다**

히스기야는 두 가지 환경을 만나게 되었는데, 하나는 앗수르의 침략이고 또 하나는 질병이었다.

**2절, 히스기야가 낯을 벽으로 향하고 여호와께 기도하여 가로되 3 여호와여 구하오니 내가 진실과 전심으로 주 앞에 행하며 주의 보시기에 선하게 행한 것을 기억하옵소서 하고 심히 통곡하더라**

히스기야는 죽을 병에 걸렸을 때 낯을 벽으로 향하여 아주 절박한 심정으로 기도했다. 여러분은 이렇게 기도할 수 있겠는가? 여기서 히스기야는 "여호와여, 구하오니 내가 진실과 전심으로 주 앞에 행하며 주의 보시기에 선하게 행한 것을 기억하옵소서." 하고 간절히 기도했다. 우리는 예수님의 보혈을 의지해서 기도할 수 있을 뿐 어떻게 우리의 행위를 의지해서 기도할 수 있겠느냐고 할 것이다. 그럼에도 불구하고 우리가 진실과 전심으로 주 앞에서 행하고 주님 보시기에 선하게 행하는 것이 있어야 한다.

**4-6절, 이사야가 성읍 가운데까지도 이르기 전에 여호와의 말씀이 저에게 임하여 가라사대 5 너는 돌아가서 내 백성의 주권자 히스기야에게 이르기를 왕의 조상 다윗의 하나님 여호와의 말씀이 내가 네 기도를 들었고 네 눈물을 보았노라 내가 너를 낫게 하리니 네가 삼 일 만에 여호와의 전에 올라가겠고 6 내가 네 날을 십오 년을 더할 것이며 내가 너와 이 성을 앗수르 왕의 손에서 구원하고 내가 나를 위하고 또 내 종 다윗을 위하므로 이 성을 보호하리라 하셨다 하라 하셨더라**

이 말씀을 두 번째 하고 계신다. 하나님은 히스기야의 간절한 기도로 인해 그의 생명을 15년 더 연장해 주셨다.

**7절, 이사야가 가로되 무화과 반죽을 가져오라 하매 무리가 가져다가 그 종처에 놓으니 나으니라**

히스기야의 질병이 피부암이었는지는 모르지만 그 종처 때문에 죽게 되었던 것이다. 그런데 무화과 반죽을 그 종처에 놓으니 나았다. 그러면 무화과 반죽 자체에 무슨 효력이 있었겠는가? 아니다. 무화과 반죽은 하나의 표징일 뿐이고 하나님의 능력으로 나은 것이다. 복음서에서 주 예수님이 진흙을 이겨 소경의 눈에 바르신 적이 있는데, 그것 또한 하나의 표징이었다.

**8-11절, 히스기야가 이사야에게 이르되 여호와께서 나를 낫게 하시고 삼 일 만에 여호와의 전에 올라가게 하실 무슨 징조가 있나이까 9 이사야가 가로되 여호와의 하신 말씀을 응하게 하실 일에 대하여 여호와께로서 왕에게 한 징조가 임하리이다 해 그림자가 십 도를 나아갈 것이니이까 혹 십 도를 물러갈 것이니이까 10 히스기야가 대답하되 그림자가 십 도를 나아가기는 쉬우니 그리할 것이 아니라 십 도가 물러갈 것이니이다 11 선지자 이사야가 여호와께 간구하매 아하스의 일영표 위에 나아갔던 해 그림자로 십 도를 물러가게 하셨더라**

히스기야는 병이 나은 뒤 그를 여호와의 전에 올라가게 하실 징조를 구하였다. 그는 믿음이 약하기 때문에 어떤 징조를 구했던 것 같다. 하나님께서는 매우 초자연적인 기적으로 히스기야의 병의 치유를 위한 징조를 보여 주셨다. 하나님께서는 필요하다면 징조를 주신다. 이사야의 질문에 대하여 히스기야는 해가 더 빨리 가는 것보다 해 그림자가 10도 뒤로 물러가는 것이 더 어려우니 그렇게 해달라고 요청했고 주님은 또 그렇게 해주셨다.

**12절, 그 때에 발라단의 아들 바벨론 왕 브로닥발라단이 히스기야가 병들었다 함을 듣고 편지와 예물을 저에게 보낸지라**

이때에 바벨론은 신흥국가로 일어나고 있었다. 브로닥발라단이란 바벨론 왕이 이사야 39장 1절에는 '므로닥발라단'으로 되어 있다.

**13절, 히스기야가 사자의 말을 듣고 자기 보물고의 금은과 향품과 보배로운 기름과 그 군기고와 내탕고의 모든 것을 다 사자에게 보였는데 무릇 왕궁과 그 나라 안에 있는 것을 저에게 보이지 아니한 것이 없으니라**

히스기야는 이때 징조도 보고 병도 낫자 너무 흥분하여 자신의 보물고, 신약으로 말하면 고귀한 영적 생명을 지키지 못했다. 바벨론 왕의 사자에게 너무 지나치게 열어 보여준 것이다. 어쩌면 히스기야는 앗수르 왕과의 전투와 여러 가지를 힘든 일을 겪었는데 새로 일어난 강한 제국의 왕이 자기에게 편지도 보내고 예물도 보내니 흥분되었을 것이다. 그러나 바벨론이 무엇인가? 하나님의 원수가 아닌가? 계시록에서 큰 성 바벨론이라 하지 않았는가? 바벨론 제국이야말로 그 후에 이어지는 많은 바벨론적인 것들의 원조가 아닌가? 그런데 그 바벨론 왕에게 유다 왕국의 어떠함을 다 열어 보여주었으니 바벨론에게 멸망당하는 것은 자명한 일이었다. 이 사건이야말로 그들에게 침략의 근거를 제공했던 것이다. 왕궁과 나라 안의 모든 것을 저에게 보이지 아니한 것이 없다고 했다.

**14-19절, 선지자 이사야가 히스기야 왕에게 나아와서 이르되 이 사람들이 무슨 말을 하였으며 어디서부터 왕에게 왔나이까 히스기야가 가로되 먼 지방 바벨론에서 왔나이다 15 이사야가 가로되 저희가 왕궁에서 무엇을 보았나이까 히스기야가 대답하되 내 궁에 있는 것을 저희가 다 보았나니 나의 내탕고에서 하나도 보이지 아니한 것이 없나이다 16 이사야가 히스기야에게 이르되 여호와의 말씀을 들으소서 17 여호와의 말씀이 날이 이르리니 무릇 왕궁의 모든 것과 왕의 열조가 오늘까지 쌓아 두었던 것을 바벨론으로 옮긴 바 되고 하나도 남지 아니할 것이요 18 또 왕의 몸에서 날 아들 중에서 사로잡혀 바벨론 왕궁의 환관이 되리라 하셨나이다 19 히스기야가 이사야에게 이르되 당신의 전한바 여호와의 말씀이 선하니이다 하고 또 가로되 만일 나의 사는 날에 태평과 진실이 있을진대 어찌 선하지 아니하리요 하니라**

이것이 무슨 말인가? 히스기야의 영성이 이 정도밖에 안 되었다는 말인가? 내가 지금까지 신앙 생활을 해오면서 알게 된 것은 믿을 수 없는 영성이 많다는 것이다. 히스기야가 이 정도밖에 안 된다면 과연 누구를 믿겠는가? 그는 여러 가지 좋은 일을 했고 또 많은 방면에서 매우 좋았지만, 좀 더 주의 깊었어야 했다. 바벨론이 그의 우방이 될 줄 알고 그를 의뢰하려고 했던 것이다. 18~20장에는 '의뢰'라는 말이 많이 나온다. 그가 살아계신 하나님을 의뢰함으로 한 천사가 하룻밤 새에 앗수르 군사 사십팔만 오천을 죽이고 앗수르에서 벗어나게 해주었으며, 자기의 죽을 병도 하나님이 치료하셨기에 하나님만을 의뢰해야 했는데, 신흥국가 바벨론 왕이 편지도 하고 예물도 보내고 하니 거기에 완전히 의지한 것이다. 그는 어쩌면 앗수르를 견제하기 위해 바벨론을 의뢰하려 했을 것이다. 그래서 친근함의 표시로 왕궁과 나라 안에 있는 모든 보물을 바벨론 사자에게 다 보여준 것이다. 이로써 히스기야는 대적에게 침략의 근거를 제공한 셈이다. 물론 유다의 멸망은 히스기야의 이 일 때문만은 아니다. 멸망을 향해 계속 죄를 쌓아오고 있었으며 이 사건도 멸망을 촉발하는 하나의 계기가 된 것이다. 그래서 우리는 자신이 한때 좋았다고 해서 자기가 모든 면에서 다 좋은 사람이라고 생각해서는 안 된다. 항상 깨어서 주의 깊게 행해야 한다.

그래도 신약의 교회가 좋은 것은 그리스도의 몸 안에서 지체들과의 교통이 있기 때문이다. 여기서 히스기야가 먼저 이 일에 대해 선지자나 대신들과 논의를 했더라면 참 좋았을 것이다. 그런데 혼자 결정한 것이 문제이다. 열왕기 하 18장 17절에서 앗수르 왕이 쳐들어왔을 때에는 의논을 했었다. 그것은 역대 하 32장 2-3절에 나온다. "히스기야가 산헤립이 예루살렘에 쳐들어온 것을 보고 그 방백들과 용사들과 더불어 의논하고 성 밖에 모든 근원을 막고자 하매 저희가 돕더라". '의논하고…저희가 돕더라'고 했다. 의논함으로 함께 짐을 지는 것은 참 좋은 것이다.

신약이 구약보다 좋은 것은 하나님이 우리를 교회 안에 두셔서 지체들과 함께할 수 있다는 것이다. 중요한 일이 있을 때 함께 기도하고 교제하면서 나아갈 길을 모색하는 것이다. 바벨론 사자가 왔을 때 대신들과 의논하고 함께 기도하면서 대응해나갔으면 좋았을 텐데 히스기야는 그만 혼자 일을 결정하고 처리해버린 것이다. 이렇게 흥분하면 개인주의가 나오게 된다.

히스기야는 좋은 주의 종이었는데 바벨론 사자가 왔을 때는 주위에 있는 대신도 용사도 보이지 않았다. 앗수르가 쳐들어왔을 때에는 대신들을 급히 불러서 의논했는데, 바벨론 왕의 건은 너무 좋은 것이라 흥분해서 모든 것을 혼자 마음대로 해버린 것이다. 사람의 감정이란 이렇게 어려운 것이다. 감정이 흥분되면 기분이 좋아도 마음대로 하고 기분이 나빠도 마음대로 하게 된다. 여러분이 아무리 속상하고 시험에 빠져도 주위의 성도들과 연결되어 있고 그들에게 붙잡혀 있다면 안전하다. 그러나 언제든지 혼자 떨어져나가도 괜찮은 사람은 단독적인 사람이고 몸의 생활의 실제가 없는 사람이다. 그리스도의 몸(The Body of Christ)이란 그 자체가 단체적임을 의미한다.

**20-21절, 히스기야의 남은 사적과 그 모든 권력과 못과 수도를 만들어 물을 성중으로 인도하여 들인 일은 유다 왕 역대지략에 기록되지 아니하였느냐 21 히스기야가 그 열조와 함께 자고 그 아들 므낫세가 대신하여 왕이 되니라**

히스기야는 그래도 29년이라는 재위 기간을 무사히 마치고 죽었다. 그리고서 그 아들 므낫세가 왕위를 계승했다. 히스기야의 업적 중 하나는 못과 수도를 만들어서 물을 성중으로 인도하여 들인 일이다. 이것은 히스기야가 앗수르의 침입을 대비하여 지하 수도를 만들고 기혼 샘물을 예루살렘 성 안으로 끌어들인 일을 말한다(대하 32:2-8).

# 열왕기하 21장

**1절, 므낫세가 위에 나아갈 때에 나이 십이 세라 예루살렘에서 오십오 년을 치리하니라 그 모친의 이름은 헵시바더라**

우리는 이제 유다 왕국의 마지막을 보고 있다. 므낫세는 이스라엘 왕 중에서 가장 극악무도한 왕이다. 이 사람은 12세 때 왕이 되어 55년 간을 치리했다. 그 모친의 이름은 헵시바인데 그 뜻은 '나의 기쁨이 그녀에게 있다'이다. 유다에서 뛰어난 성군인 히스기야와 이름도 사랑스러운 헵시바에게서  그토록 악한 아들이 태어났다는 것은 기적과 같다. 나는 이 므낫세가 악한 왕이 된 이유 중에 하나가 너무 어려서 왕이 된 것이라고 본다. 어릴 때 높은 지위에 오른다고 해서 다 악하게 되는 것은 아니지만 위험 요소가 많은 것이 사실이다.

신약 교회에서도 새로 입교한 사람은 장로를 시키지 말라고 했다. 왜냐하면 교만해져서 마귀의 궤계에 빠질 수 있기 때문이다. 어느 정도 연륜이 있고 믿음이 자란 사람을 장로가 되게 하는 것이 안전하다. 어린 사람이 너무 일찍 왕이 되면 그 지위를 감당할 역량이 없으므로 선한 정치를 하기가 어렵다. 또 그는 부모의 적절한 돌봄을 받지 못한 상태에서 왕이 되었을 수도 있다. 므낫세라는 이름은 '잊는다(forget)'라는 뜻이다. 아버지 히스기야가 지은 이름일 텐데, 과거 요셉의 아들 므낫세를 기억해서 지은 것인지, 아니면 고통스러운 병을 앓은 후에 그가 태어나서 그 고통을 잊어버리려는 뜻으로 지었는지는 알 수 없다. 어쨌든 우리는 이제 유다에서 가장 악한 왕 므낫세를 살펴보겠다.

**2-3절, 므낫세가 여호와 보시기에 악을 행하여 여호와께서 이스라엘 자손 앞에서 쫓아내신 이방 사람의 가증한 일을 본받아서 3 그 부친 히스기야의 헐어버린 산당을 다시 세우며 이스라엘 왕 아합의 소위를 본받아 바알을 위하여 단을 쌓으며 아세라 목상을 만들며 하늘의 일월성신을 숭배하여 섬기며**

죄는 두 종류가 있다. 먼저는 하나님께 대한 죄이고, 둘째는 사람과의 관계에서 지은 죄이다. 하나님께 죄를 짓는 것을 불경건이라 하고 사람에게 득죄하는 것을 불의라고 한다. 일단 사람이 죄를 지으면 하나님과의 관계에서 문제가 생기게 되고 그에 따라서 불의가 있게 된다. 므낫세는 먼저 하나님께 죄를 지었다. 부친이 헐어버린 산당을 다시 세우고 바알과 아세라를 섬기는 등 우상을 들여온 것이다.

**4절, 여호와께서 전에 이르시기를 내가 내 이름을 예루살렘에 두리라 하신 여호와의 전의 단들을 쌓고**

이 므낫세의 악은 성전까지 침범했다. 하나님은 예루살렘 성전에 그분의 이름을 두리라고 하셨는데 그 하나님의 성전에까지 우상에게 제물을 드리는 제단을 쌓은 것이다.

**5절, 또 여호와의 전 두 마당에 하늘의 일월성신을 위하여 단들을 쌓고**

므낫세는 성전 마당에도 일월성신을 위하는 단들을 쌓았다. 사방에 우상의 단들을 쌓을 뿐 아니라 성전에까지 이곳저곳에 쌓은 것이다.

**6절, 또 그 아들을 불 가운데로 지나게 하며 점치며 사술을 행하며 신접한 자와 박수를 신임하여 여호와 보시기에 악을 많이 행하여**

**그 진노를 격발하였으며**

당시에 이방 사람들이 몰록의 신을 섬겼는데, 그 우상숭배의 행습 중 하나가 자기 아들을 불 가운데로 지나가게 하는 것이었다. 그런데 므낫세는 거기에 빠져 자기 아들을 불태워 죽인 것이다. 그뿐 아니라 그는 점도 치고 사술도 행하고 많은 종교적인 악에 빠졌다.

**7절, 또 자기가 만든 아로새긴 아세라 목상을 전에 세웠더라 옛적에 여호와께서 이 전에 대하여 다윗과 그 아들 솔로몬에게 이르시기를 내가 이스라엘 모든 지파 중에서 택한 이 전과 예루살렘에 내 이름을 영원히 둘지라**

이 전은 성전을 가리킨다. 하나님께서 다윗과 솔로몬에게 말씀하신바 모든 지파 중에서 택한 이 거룩한 성전 안에다 므낫세는 자기가 만든 아세라 목상을 세운 것이다. 그야말로 그는 악의 극치를 달렸다. 결국 에스겔서에서 성전이 훼파되고 버려진 가장 큰 이유는 성전에 우상이 가득했기 때문이다. 오늘날 교회는 이 사회나 나라에 대해서도 책임이 크다.

**8절, 만일 이스라엘이 나의 모든 명령과 나의 종 모세의 명한 모든 율법을 지켜 행하면 내가 그들의 발로 다시는 그 열조에게 준 땅에서 떠나 유리하지 않게 하리라 하셨으나**

율법을 지켜 행하면 열조에게 준 땅에서 떠나 유리하지 않으리라는 것이 하나님의 언약이다.

**9절, 이 백성이 듣지 아니하였고 므낫세의 꾀임을 받고 악을 행한 것이 여호와께서 이스라엘 자손 앞에서 멸하신 열방보다 더욱 심하였더라**

유다 사람들이 종교적으로 얼마나 타락했는지 가나안 땅에서 쫓아낸 아모리 족속보다 더 악을 행했다는 것이다. 아모리 족속의 죄가 관영했을 때 하나님은 여호수아를 통해 이스라엘 백성들로 가나안 땅을 점령하게 하고 그 땅에 남아 있던 자들을 쫓아내게 하셨다. 그런데 유다가 그 족속들보다 더 악하게 되었다는 것이다. 그것은 주로 므낫세의 꾀임을 받았기 때문이라고 하신다. 왕이 백성들을 죄를 짓도록 이끈 것이다. 지도자의 책임이란 엄청나게 크다. 사람들을 죄로 이끄는 악은 엄중한 것임을 알아야 한다. 하나님은 어떤 사람이 인도자가 되어서 성도들을 죄악으로 이끄는 것을 다 계산하고 계신다. 오늘날도 어떤 사람들은 자기만 죄를 짓는 것이 아니라 다른 사람들을 꾀어서 함께 죄에 빠지게 하는데 하나님은 그것들을 다 기록해 두신다.

10-12절, **여호와께서 그 종 모든 선지자들로 말씀하여 가라사대 11 유다 왕 므낫세가 이 가증한 일과 악을 행함이 그 전에 있던 아모리 사람의 행위보다 더욱 심하였고 또 그 우상으로 유다를 범죄케 하였도다 12 그러므로 이스라엘 하나님 여호와가 말하노니 내가 이제 예루살렘과 유다에 재앙을 내리리니 듣는 자마다 두 귀가 울리리라**

므낫세의 죄악, 유다의 죄악이 이제 아귀까지 차올랐다. 죄의 양이 찼을 때 하나님은 심판하신다. 므낫세에 이르렀을 때 유다의 죄악의 양이 차오른 것이다. 그러자 하나님은 예루살렘과 유다에 재앙을 내리겠다고 하신 예언을 들려주시면서 듣는 자는 두 귀가 울릴 것이라고 하셨다.

13절, **내가 사마리아를 잰 줄과 아합의 집을 다림 보던 추로 예루살렘에 베풀고 또 사람이 그릇을 씻어 엎음같이 예루살렘을 씻어버릴지라**

하나님이 심판하실 때에는 줄로 재시며 다림줄에 추를 달아 측정하신다. 줄로 재시는 것은 평면으로 재는 것이고 추로 다는 것은 수직으로 재는 것이다. 집을 지을 때에는 이렇게 양면으로 측량한다. 신약으로 말하면, 하나님은 어떤 사람이든 어떤 단체든 다 재신다. 만일 쟀을 때 바로잡을 수 없을 정도로 비뚤어져 있다면 이미 심판대 앞에 있는 것이다.

어떤 사람의 믿음이 치우치거나 잘못된 것을 하나님은 다 아신다. 수평과 수직이 맞을 때 비로소 그 사람이 좋은 것이다. 하나님의 줄자와 다림줄로 재 보았을 때 온전하게 서 있는가? 유다는 하나님의 줄과 다림추로 측량해볼 때 이미 틀렸다. 심판받을 상태에 처한 것이다. 그럴 때 하나님은 사람이 그릇을 씻어 엎은 것같이 예루살렘을 씻어 버리겠다고 하셨다.

**14-15절, 내가 나의 기업에서 남은 자를 버려 그 대적의 손에 붙인즉 저희가 모든 대적에게 노략과 겁탈이 되리니 15 이는 애굽에서 나온 그 열조 때부터 오늘까지 나의 보기에 악을 행하여 나의 노를 격발하였음이니라 하셨더라**

하나님께서 이제 유다 땅을 심판해서 씻어 버리려고 결의하셨다. 여기의 '남은 자'란 남왕국 유다를 가리킨다. 12지파 중 10지파로 된 북왕국은 이미 앗수르에게 멸망당하였고, 이제 남은 두 지파인 남왕국도 멸망할 것이라는 말씀이다. 그것은 애굽에서 나온 열조 때부터 오늘까지 하나님 보시기에 악을 행하여 하나님의 노를 격발하였기 때문이라는 것이다.

**16절, 므낫세가 여호와 보시기에 악을 행하여 유다로 범하게 한 그 죄 외에 또 무죄한 자의 피를 심히 많이 흘려 예루살렘 이 가에서 저 가까지 가득하게 하였더라**

11절까지는 주로 므낫세의 하나님을 향한 죄를 말하고, 16절은 그 외에도 그가 무죄한 자들을 엄청 많이 죽였다고 말한다. 므낫세 왕은 무죄한 백성들을 많이 죽였다. 그는 무죄한 자의 피를 심히 많이 흘려 예루살렘 이 가에서 저 가까지 가득하게 하였다고 했다.

**17-18절, 므낫세의 남은 사적과 무릇 그 행한 바와 범한 죄는 유다 왕 역대지략에 기록되지 아니하였느냐 18 므낫세가 그 열조와 함께 자매 그 궁궐 동산 곧 웃사의 동산에 장사되고 그 아들 아몬이**

**대신하여 왕이 되니라**

므낫세는 55년이라는 긴 기간 동안 치리하면서 죄만 지었다. 다른 악한 왕들의 경우는 일찍 죽었는데 이 사람은 일찍 죽지도 않고 아주 오래 왕위에 있으면서 엄청 죄를 많이 지은 것이다. 그런데 역대 하 33장을 보면 어떤 사람이든지 악한 면만 있는 것은 아니다. 거기에 약간의 선도 있다. 악한 사람이라고 할 때 전체적으로 봐서 악한 것이지 그렇다고 언제든지 악한 일만 한다는 것은 아니다. 사람들이 혼란스러워하는 것이 이 때문이다. 므낫세가 완전히 악종이었다면 많은 사람들이 그렇게 꾀임에 넘어가지 않았을지도 모른다. 이제 읽어보겠지만 그에게도 선하고 괜찮은 것이 있기 때문에 사람들이 더 속임을 당한 것이다.

역대 하 33장 10-11절, "여호와께서 므낫세와 그 백성에게 이르셨으나 저희가 듣지 아니한 고로 여호와께서 앗수르의 군대장관들로 와서 치게 하시매 저희가 므낫세를 사로잡고 쇠사슬로 결박하여 바벨론으로 끌어간지라". 므낫세는 이미 바벨론으로 끌려간 적이 있는 사람이다. 55년을 왕위에 있다 보니 별일이 다 있었던 것이다. 12-13절, "저가 환난을 당하여 그 하나님 여호와께 간구하고 그 열조의 하나님 앞에 크게 겸비하여 기도한 고로 하나님이 그 기도를 받으시며 그 간구를 들으시사 저로 예루살렘에 돌아와서 다시 왕위에 앉게 하시매 므낫세가 그제야 여호와께서 하나님이신 줄 알았더라". 이 므낫세도 죄를 지었을 때에는 겸비하기도 했고 하나님이 그를 회복하시기도 했다. 이것은 부왕 히스기야로부터 받은 영향일 수도 있다.

처음부터 끝까지 악하기만 하면 사람들이 따르지 않을 것이다. 그리고 그렇게 영향력 있게 죄로 이끌지도 못할 것이다. 그런데 문제는 좋은 면이 섞여 있다는 것이다. 므낫세도 선한 면이 있고 하나님께 돌이킬 줄도 알았다. 그렇기 때문에 사람들은 그래도 그가 돌이킬 줄 아는 사람이라고 속는 것이다. 열왕기 하에는 아예 그런 사람의 좋은 점을 기록하지 않았다. 처음부터 악한 짓만 하다가 죽은 것으로 기록했다. 그런데 역대 하에는 좀더 자세하게 기록되어 있다. 그가 바벨론에 끌려가서 죽게 된

적이 있는데 그때 절박한 심정으로 하나님께 빌며 '저 좀 살려 주십시오.' 하자 하나님께서 들어주셨다는 것이다. 아무리 악한 죄인이라도 회개하면 하나님이 들어주신다. 그리고 그의 왕위를 회복시켜 주시고 무사히 재위 기간을 마감하게 하셨다. 하나님은 이스라엘의 아합같이 악한 왕일지라도 천천히 걸으며 겸비한 모습을 보였을 때 불쌍히 여겨 돌봐주신 적이 있으시다.

역대 하 33장 14-15절, "그 후에 다윗 성 밖 기혼 서편 골짜기 안에 외성을 쌓되 생선문 어귀까지 이르러 오벨을 둘러 심히 높이 쌓고 또 유다 모든 견고한 성읍에 군대장관을 두며 이방 신들과 여호와의 전의 우상을 제하며 여호와의 전을 건축한 산에와 예루살렘에 쌓은 모든 단을 다 성 밖에 던지고". 누가 이렇게 했다는 말인가? 므낫세이다. 이런 일을 므낫세가 했으리라고는 상상이 안 된다. 그런데 여기 기록을 보면 그가 이방신들과 여호와의 전의 우상을 제했다고 했다. 자기가 세우고 자기가 제한 것이다. "그리고 여호와의 전을 건축한 산에와 예루살렘에 쌓은 모든 단을 다 성 밖에 던지고". 성 밖에 던졌다는 것은 그냥 치워두었다(removed)는 뜻이다. 깨뜨리고 불태운 것이 아니라 그냥 한쪽에다 치워놓은 것이다. 이 사람의 개혁은 그렇게 완전한 것이 아니다. 회개는 열매로 나타나야 한다. 이 사람이 바벨론에 끌려가서 죽을 뻔하다가 기도해서 하나님이 살려주시자 하나님께 감사한 마음을 갖고 돌아와서 여호와가 하나님이시라는 것을 깨닫고 여러 가지 우상들을 처리했는데, 그 회개가 완전하지는 않은 것이다.

역대 하 33장 16절, "여호와의 단을 중수하고 화목제와 감사제를 그 단 위에 드리고 유다를 명하여 이스라엘 하나님 여호와를 섬기라 하매". 여러 가지 좋은 일을 했다. 요시야의 개혁을 보면 알겠지만, 요시야는 유월절을 지켰다. 그런데 여기서 므낫세는 화목제와 감사제를 드렸다고 했지 속죄제를 드렸다고 하지는 않았다. 그는 가장 심하게 죄를 지은 사람인데 자기의 지은 죄를 회개하지는 않은 것이다. 이 사람이 중심에서 자기의 죄악을 통절하게 느끼고 회개했다면 왜 여기에 화목제와 감사제만 있겠는가? 자기가 바벨론에서 죽을 뻔했는데 하나님께서 기도를 듣고 구출해주셨으니 얼마나 감사하겠는가? 또 화목제는 그 자체가 먹을 것이 많고 고기가 많은 제사이다. 그렇게 해서 다만 함께 즐긴 것이다. 속죄제는 우리가 함께 즐길 수 없고 고기를 다 태워버려야 한다. 가슴을 치고 회개하고 통곡하는 것이 속죄제이다. 그런데 므낫세는 그냥 가볍게 제사를 드린 것이다. 하나님이 자신의 지위를 회복해 주신 것에 대한 감사일 뿐이다.

다음 17절은 "백성이 그 하나님 여호와께만 제사를 드렸으나 오히려 산당에서 제사를 드렸더라"고 한다. 백성이 하나님께 제사를 드리긴 했지만 산당에서 제사를 드린 것이다. 열왕기 하로 다시 돌아가서 21장 9절을 보면, "이 백성이 듣지 아니하였고 므낫세의 꾀임을 받고 악을 행한 것이 여호와께서 이스라엘 자손 앞에서 멸하신 열방보다 더욱 심하였더라"고 한다. 이 사람은 자기만 죄를 지은 것이 아니라 백성들을 꾀어서(seduced) 죄를 짓게 했다. 백성들로 진실하게 하나님을 섬기지 못하게 하고 우상을 섬기게 한 사람이 므낫세이다. 전체적으로 볼 때 므낫세는 유다의 왕들 중에서 가장 악한 왕이다.

"웃사의 동산에 장사되고". 이 사람은 열왕의 묘실에 들어가지 못하고 다만 웃사의 동산이라는 곳에 장사되었다. 그리고 그 아들 아몬이 왕이 되었다.

**19-21절, 아몬이 위에 나아갈 때에 나이 이십이 세라 예루살렘에서 이 년을 치리하니라 그 모친의 이름은 므술레멧이라 욧바 하루스의 딸이더라 20 아몬이 그 부친 므낫세의 행함같이 여호와 보시기에 악을 행하되 21 그 부친의 행한 모든 길로 행하여 그 부친의 섬기던 우상을 섬겨 경배하고**

아몬도 결국 부친 므낫세의 길로 행하였다. 아몬은 22세에 왕위에 올라 2년이라는 짧은 통치 기간에 아버지 므낫세의 악과 우상숭배의 일을 답습한 것이다.

**22절, 그 열조의 하나님 여호와를 버리고 그 길로 행치 아니하더니**

므낫세의 아들 아몬이 여호와를 버리고 그 길, 곧 주님의 길(the way of the Lord)로 행치 않았다.

**23절, 그 신복들이 반역하여 왕을 궁중에서 죽이매**

아몬은 시해되었다. 신복들한테 죽임을 당한 것이다.

**24절, 그 국민이 아몬 왕을 반역한 사람들을 다 죽이고 그 아들 요시야로 대신하여 왕을 삼았더라**

국민이 나서서 아몬 왕을 반역한 사람들을 다 죽인 것이다. 므낫세의 아들이 아몬이고, 아몬의 아들이 요시야이다. 이 요시야 왕이 다시 한 번 일어난 좋은 왕이다. 남왕국 유다의 최후의 선한 왕으로 히스기야와 견줄 수 있다.

**25-26절, 아몬의 행한바 남은 사적은 유다 왕 역대지략에 기록되지 아니하였느냐 26 아몬이 웃시야의 동산 자기 묘실에 장사되고 그 아들 요시야가 대신하여 왕이 되니라**

므낫세와 아몬이 죽었을 때에는 백성이 슬퍼했다는 말이 없다. 악한 일만 하다가 죽었기 때문이다. 역대 하 32장 33절을 보면 히스기야같이 선하고 위대한 왕이 죽었을 때는 백성들이 존경을 표했다. "히스기야가 그 열조와 함께 자매 온 유다와 예루살렘 거민이 저를 다윗 자손의 묘실 중 높은 곳에 장사하여 저의 죽음에 존경함을 표하였더라 그 아들 므낫세가 대신하여 왕이 되니라".

# 열왕기하 22장

**1절, 요시야가 위에 나아갈 때에 나이 팔 세라 예루살렘에서 삼십 일 년을 치리하니라 그 모친의 이름은 여디다라 보스갓 아다야의 딸이더라**

요시야는 어렸을 때에 왕이 되었다. 므낫세와 달리 어릴 때 왕이 되었어도 그렇게 악하게 되지 않았다. '여디다'란 '경건하다'라는 뜻이다. 그는 31년을 치리하였고, 39세 젊은 나이로 므깃도에서 전사하였다.

**2절, 요시야가 여호와 보시기에 정직히 행하여 그 조상 다윗의 모든 길로 행하고 좌우로 치우치지 아니하였더라**

유다의 왕이 20명 정도 되는데, 그 중에서 좋은 왕은 8명이다. 그 중에서도 다윗의 모든 길로 행했다고 기록된 왕은 3명밖에 안 된다. 여호사밧과 히스기야와 요시야이다. 여기 요시야는 선한 왕이었다.

**3절, 요시야 왕 십팔년에 왕이 므술람의 손자 아살리야의 아들 서기관 사반을 여호와의 전에 보내며 가로되**

요시야 왕은 여덟 살 때 왕이 되었다. 역대 하 34장 1절에서는 "요시야가 위에 나아갈 때에 나이 팔세라"고 한다. 예루살렘에서 31년을 치리했다고 했는데, 3절에서는 "오히려 어렸을 때 곧 위에 있은 지 팔년에"라고 한다. 재위 8년이면 16살이다. 3절 중반부에서는 "그 조상 다윗의 하나님을 비로소 구하고"라고 했다. 그 이전까지는 어려서 하나님을 어떻게 섬기는지 잘 몰랐을 것이다. 요시야가 진정으로 주님을 믿고 섬겨야 겠다고 할 때가 16세였다. 그때 비로소 하나님을 구한 것이다. 그리고 재위 12년(20세)에 유다와 예루살렘을 비로소 정결케 했다고 말한다. 3절 후반부, "그 십이년에 유다와 예루살렘을 비로소 정결케 하여 그 산당과 아세라 목상들과 아로새긴 우상들과 부어 만든 우상들을 제하여 버리매". 20세 때 이런 일을 한 것이다.

**4-5절, 너는 대제사장 힐기야에게 올라가서 백성이 여호와의 전에 드린 은 곧 문 지킨 자가 수납한 은을 계수하여 5 여호와의 전 역사 감독자의 손에 붙여 저희로 여호와의 전에 있는 공장에게 주어 전의 퇴락한 것을 수리하게 하되**

이때 18세 쯤 되었을 것이다. 그때부터 요시야 왕은 성전을 보수할 마음이 생긴 것이다. 하나님을 사랑하는 사람들은 언제나 그분의 집을 관심한다. 성전을 보수하려면 돈이 필요했다. 그래서 사반이라는 서기관을 대제사장 힐기야에게 보내서 여호와의 전에 드려진 은을 계수하여 전의 퇴락한 것을 수리하도록 한 것이다.

**6절, 곧 목수와 건축자와 미장이에게 주게 하고 또 재목과 다듬은 돌을 사서 그 전을 수리하게 하라 하니라**

신약의 용어로 말하면, 교회를(성도들을) 새롭게 하고 회개하게 하고 주님께 돌아서게 하고 서로 사랑하게 하여 건축의 역사를 하는 것이다.

**7절, 그러나 저희 손에 붙인 은을 회계하지 아니하였으니 이는 그 행하는 것이 진실함이었더라**

이때 그들은 이미 그 의가 신뢰할 수 있는 수준으로 회복되었다. 은을 굳이 계산하지 않아도 그들은 진실하게 일했다. 오늘날 어떤 교회들이 재정을 투명하게 한다고 하는데, 그것이 가장 좋은 것은 아니다. 가장 좋은 것은 계산하지 않아도, 회계 감사를 하지 않아도 그들이 모든 물질을 적재적소에 사용할 수 있을 정도로 의롭고 성숙하게 되는 것이다. 그것은 사람의 문제이다. 어떤 사람은 넉넉히 돈을 주어도 함부로 쓰지 않는 반면, 어떤 사람은 밑 빠진 독처럼 아무리 돈을 주어도 항상 돈이 없어서 꾸러 다닌다. 돈을 잘못 쓰는 사람은 옆에서 감사와 감독이 지키고 있어도 소용이 없다. 원래 물질에 대한 영적 배움이 있는 사람들은 회계 감사를 하든 안 하든 진실하게 행하게 되어 있다.

**8절, 대제사장 힐기야가 서기관 사반에게 이르되 내가 여호와의 전에서 율법책을 발견하였노라 하고 그 책을 사반에게 주니 사반이 읽으니라**

이 율법책은 모세오경일 것이다. 그 사본이 몇 개 있었을지 모르지만 만일 그것이 유일한 것이었다면 성전 어딘가에 내버려두어서 오래 동안 아무도 보지 못한 것이다. 그런데 요시야가 왕위에 올라 경건한 마음으로 하나님의 전을 보수하고 참되게 하나님을 경배하고자 했을 때 이 책이 발견된 것이다. 대제사장 힐기야는 그 율법책을 사반이라는 서기관에게 주어 읽게 했다. 이 구절을 대할 때에 마틴 루터, 칼빈 등에 의해 일어난 개혁이 연상된다. 언제나 개혁이 일어나려면 말씀이 드러나야 한다. 오늘날 어떤 사람들은 계속 말씀만 읽으면 뭐하느냐고 한다. 그러나 그렇지 않다. 성경 말씀인 진리가 드러날 때 개혁이 일어나는 것이다. 사탄은 오랫동안 그 책을 감추어두었지만 이때 힐기야라는 대제사장에 의해서 말씀이 되찾아졌다.

**9-10절, 서기관 사반이 왕에게 돌아가서 복명하여 가로되 왕의 신복들이 전에 있던 돈을 쏟아 여호와의 전 역사 감독자의 손에 붙였나이다 하고 10 또 왕에게 고하여 가로되 제사장 힐기야가 내게 책을 주더이다 하고 왕의 앞에서 읽으매**

사반이라는 서기관이 왕 앞에 나아가서 전 역사에 대한 것을 보고했고 또 찾은 그 율법책을 왕 앞에서 읽었다.

**11절, 왕이 율법책의 말을 듣자 곧 그 옷을 찢으니라**

사반이 어떤 부분을 읽었는지는 모르지만 하나님의 말씀의 엄중함으로 인해 요시야 왕은 즉시 옷을 찢었다. 어쩌면 레위기나 신명기 같은 하나님의 엄중한 언약의 말씀, 축복과 저주를 담은 말씀을 읽었을 것이다. 그때 경건한 요시야 왕은 그 말씀을 들으면서 옷을 찢었는데, 그것은 곧 마음을 찢은 것이고 통분히 여긴 것이다. 그만큼 그가 하나님을 위해 마음의 준비가 되었다는 것을 증명한다.

**12-13절, 왕이 제사장 힐기야와 사반의 아들 아히감과 미가야의 아들 악볼과 서기관 사반과 왕의 시신 아사야에게 명하여 가로되 13 너희는 가서 나와 백성과 온 유다를 위하여 이 발견한 책의 말씀에 대하여 여호와께 물으라 우리 열조가 이 책의 말씀을 듣지 아니하며 이 책에 우리를 위하여 기록된 모든 것을 준행치 아니하였으므로 여호와께서 우리에게 발하신 진노가 크도다**

왕은 서기관과 제사장과 신복들을 불러서 이 책의 말씀에 대해 여호와께 물어보라고 요청하였다. 여기서 '나와 백성과 온 유다를 위하여'라고 했는데, 요시야는 율법의 말씀을 들었을 때 자신과 하나님의 백성들이 하나님의 말씀을 준행치 아니하였고 하나님의 말씀에서 많이 벗어났다는 것을 안 것이다.

**14절, 이에 제사장 힐기야와 또 아히감과 악볼과 사반과 아사야가 여선지 훌다에게로 나아가니 저는 할하스의 손자 디과의 아들 예복을 주관하는 살룸의 아내라 예루살렘 둘째 구역에 거하였더라 저희가 더불어 말하매**

여기에 여선지자가 있다. 훌다라는 여선지자는 당시에 요시야 왕 주변에서 가장 영향력 있는 선지자였던 것 같다. 물론 이때 예레미야나 스바냐 선지자가 살아 있었다. 그녀가 예루살렘 둘째 구역에 살고 있었다고 했는데, 이는 매우 사실적인 기록임을 증명한다.

**15절, 훌다가 저희에게 이르되 이스라엘 하나님 여호와의 말씀이 너희는 너희를 내게 보낸 사람에게 고하기를**

왕은 먼저 몇몇 사람에게 이 책의 말씀에 대해 여호와께 물어보라고 했다. 그럴 때 이 사람들은 비록 여자이지만 자기들보다 나은, 자기들보다 은사 있다고 생각되는 여선지 훌다에게 갔다. 그러자 선지자 훌다는 그들을 보낸 사람 곧 요시야 왕에게 다음과 같은 말을 전해주라고 했다.

**16절, 여호와의 말씀이 내가 이곳과 그 거민에게 재앙을 내리되 곧 유다 왕의 읽은 책의 모든 말대로 하리니**

책이 어딘가에 있다가 지금 발견되었다. 말씀이 비로소 열린 것이다. 그럼에도 유다 백성들은 하나님의 재앙과 심판을 면할 수 없다는 것을 훌다 선지자는 말해 주고 있다.

**17-20절, 이는 이 백성이 나를 버리고 다른 신에게 분향하며 그 손의 모든 소위로 나의 노를 격발하였음이라 그러므로 나의 이곳을 향하여 발한 진노가 꺼지지 아니하리라 하라 하셨느니라 18 너희를 보내어 여호와께 묻게 한 유다 왕에게는 너희가 이렇게 고하라 이스라엘 하나님 여호와의 말씀이 네가 들은 말을 의논컨대 19 내가 이곳과 그 거민에게 대하여 빈 터가 되고 저주가 되리라 한 말을 네가 듣고 마음이 연하여 여호와 앞 곧 내 앞에서 겸비하여 옷을 찢고 통곡하였으므로 나도 네 말을 들었노라 여호와가 말하였느니라 20 그러므로 내가 너로 너의 열조에게 돌아가서 평안히 묘실로 들어가게 하리니 내가 이곳에 내리는 모든 재앙을 네가 눈으로 보지 못하리라 하셨느니라 사자들이 왕에게 복명하니라**

요시야는 율법책에서 하나님의 진노가 크며 예루살렘과 유다 거민들이 빈터가 되고 저주가 되리라는 말씀을 듣고 겸비하여 옷을 찢고 통곡하였다. 그러므로 하나님께서 요시야를 불쌍히 여기신 것이다. 훌다 선지자가 한 말을 간략하게 말하면, 요시야는 긍휼을 입게 되지만 유다에 대한 하나님의 심판과 재앙은 취소하지 않으신다는 것이다. 왜 그런가? 이미 유다의 죄의 양이 찼기 때문이다. 비록 요시야가 선정을 베풀고 백성을 하나님께 인도하고 개혁을 했어도 그것으로는 심판이 철회되지 않는다. 다만 요시야에게 은총을 내리사 재앙을 연기하셨을 뿐이다. "모든 재앙을 네 눈으로 보지 못하리라".

일단 심판이 정해지면 조금 좋아져도 소용이 없다. 내려가는 차는 어떻게든 내려가지 올라가지 않는다. 점차적으로 유다 왕국은 내려왔는데, 결국은 완전히 내려가게 된다. 1800년대에 영국의 다비(J. N. Darby)라는 사람이 하나님께서 일단 하락한 단체는 절대 복구시키지 않으신다고 했다. 그러면 하나님의 역사는 어떻게 되는가? 새로 시작하시는 것이다. 우리는 늘 새롭게 올라가는 역사 안에 있어야 한다. 복음은 고치는 것이 아니라 새롭게 시작하는 것이다. 새 포도주는 새 가죽부대에 넣는 것이다.

19절의 "네가 듣고 마음이 연하여"란 마음이 부드러워졌다는 뜻이다. 요시야 왕은 마음이 부드러운 사람이다. 그리고 여호와 앞에서 마음이 겸비했다. 요시야는 마음을 낮출 수 있는 사람이다. 주님의 축복을 받는 마음은 언제나 부드럽고 겸비하다. 우리가 어떤 사람들과 대화를 하다 보면 말은 다 옳은데 망치로 내려치는 것 같고 송곳으로 쑤시는 것 같아서 마음에 상처를 받게 된다. 이런 것은 부드러운 말이 아니다. 은혜로운 말이 아니다. 요시야 왕은 마음이 부드럽고 여호와 앞에 겸비했다. 그는 율법책의 말씀을 들을 때 옷을 찢고 통곡했다. 참으로 주님이 기뻐하시는 일만 한 사람이다. 훌다라는 여선지자는 요시야 왕에 대하여 주님이 "내가 너로 너의 열조에게 돌아가서 평안히 묘실로 들어가게 하리니 내가 이곳에 내리는 모든 재앙을 네가 눈으로 보지 못하리라" 하셨다고 했다. 그렇지만 유다에 임할 재앙은 하나님이 철회하지 않으시며 이 진노는 꺼지지 않을 것이라고 말했다.

# 열왕기하 23장

**1절, 왕이 보내어 유다와 예루살렘의 모든 장로를 자기에게로 모으고**

훌다라는 여선지자의 말을 들은 요시야 왕은 예루살렘의 모든 장로들을 자기에게로 불러 모았다.

**2절, 이에 여호와의 전에 올라가매 유다 모든 사람과 예루살렘 거민과 제사장들과 선지자들과 모든 백성이 무론 노소하고 다 왕과 함께한지라 왕이 여호와의 전 안에서 발견한 언약책의 모든 말씀을 읽어 무리의 귀에 들리고**

요시야 왕의 좋은 점이 그것이다. 이 책을 읽고 자기만 회개하는 것이 아니라 예루살렘의 모든 장로들과 모든 백성들을 모아서 읽어 무리의 귀에 들려주었다.

**3절, 왕이 대 위에 서서 여호와 앞에서 언약을 세우되 마음을 다하고 성품을 다하여 여호와를 순종하고 그 계명과 법도와 율례를 지켜 이 책에 기록된 이 언약의 말씀을 이루게 하리라 하매 백성이 다 그 언약을 좇기로 하니라**

여기의 '대'는 솔로몬이 놋으로 만든 것으로서(대하 6:13) 솔로몬은 이

대에서 성전 낙성식 기도를 드렸다. 그리고 요아스는 이 대 위에서 즉위식을 거행했다. 이전 므낫세가 한 개혁은 마음을 다하고 성품을 다해서 한 것이 아니었다. 그저 외면적으로 뭔가를 한 것이다. 앞에서 말했듯이 열왕기 하의 기록에는 므낫세의 악한 면만 있다. 그가 잘한 것은 전혀 계산에 넣지 않았다. 그러므로 주님을 섬기는 사람들의 자세는 마음과 성품과 뜻과 힘을 다하는 것이어야 한다. 여기서 한 마디 한다면, 열왕기 하에서 유다 왕국은 요시야 이후 줄곧 내리막길로 가다가 끝난다. 요시야가 죽은 후에 이십여 년 있다가 바벨론에 의해서 멸망하는 것이다. 요시야가 이렇게 좋은 왕이었는데 왜 그렇게 되어야 했는가? 구약은 소망이 없기 때문이다. 율법책을 발견했지만 율법은 대책이 없다. 그저 죄를 발견하게 하는 것뿐이다. 율법에는 저주가 따를 뿐 해결 방안이 없다. 복음이 와야 태양이 떠오르게 된다.

**4절, 왕이 대제사장 힐기야와 모든 버금 제사장들과 문을 지킨 자들에게 명하여 바알과 아세라와 하늘의 일월성신을 위하여 만든 모든 기명을 여호와의 전에서 내어다가 예루살렘 바깥 기드론 밭에서 불사르고 그 재를 벧엘로 가져가게 하고**

므낫세는 우상과 관련된 것들을 한 쪽에 치워두는 식으로 개혁했지만, 요시야 왕은 그것들을 예루살렘 바깥 기드론 밭에서 아예 불살라 버리고 그 재를 벧엘로 가져가게 했다. 역대 하 33장에 의하면 므낫세는 여호와의 전에 우상의 단들을 쌓고 목상들을 세우기도 했었다. 그러나 앗수르 왕에게 사로잡혀가서 크게 깨닫고 이방 신들과 여호와의 전 안에 세워둔 우상들을 성 밖으로 던졌던 것이다. 그렇지만 그때 그가 만든 우상의 기물들이 성전에서 다 사라진 것은 아니었다.

**5절, 옛적에 유다 왕들이 세워서 유다 모든 고을과 예루살렘 사면 산당에서 분향하며 우상을 섬기게 한 제사장들을 폐하며 또 바알과 해와 달과 열두 궁성과 하늘의 모든 별에게 분향하는 자들을 폐하고**

산당들에서 분향하던 제사장들을 폐하고, 또 바알과 해와 달과 열두 궁성, 그리고 하늘의 모든 별에게 분향하는 자들을 폐하라고 했다.

**6절, 또 여호와의 전에서 아세라 상을 내어 예루살렘 바깥 기드론 시내로 가져다가 거기서 불사르고 빻아서 가루를 만들어 그 가루를 평민의 묘지에 뿌리고**

이 요시야는 마음과 힘을 다해서 우상을 청산했다. 그러나 므낫세는 뭔가 한 것 같지만 사실 하지 않은 것이나 다름없었다. 무엇이든지 제대로 하지 않으면 하지 않은 것과 같다.

**7절, 또 여호와의 전 가운데 미동의 집을 헐었으니 그곳은 여인이 아세라를 위하여 휘장을 짜는 처소이었더라**

미동이란 남창을 말한다. 여인들이 아세라를 위해 휘장을 짜는 곳에 소년들을 두고 음란한 행위를 하고 있었던 것이다. 이러한 상황이기 때문에 여호와의 영광이 전을 떠난 것이다(겔 10~12장).

**8절, 유다 각 성읍에서 모든 제사장을 불러오고 또 제사장이 분향하던 산당을 게바에서부터 브엘세바까지 더럽게 하고 또 성문의 산당들을 헐어버렸으니 이 산당들은 부윤 여호수아의 대문 어귀 곧 성문 왼편에 있었더라**

유다 각 성읍에서 제사장들을 불러왔다. 오늘날로 말하면 하나님을 섬기는 사역자들을 불러온 것이다. 산당은 히스기야가 없앤 적이 있는데 그 아들 므낫세와 아몬이 다시 세웠고, 이제 다시 요시야가 없앴다.

**9절, 산당의 제사장들은 예루살렘 여호와의 단에 올라가지 못하고 다만 그 형제 중에서 무교병을 먹을 뿐이었더라**

산당의 제사장들은 여호와의 단에 올라가지 못하게 했다. 자격이 없다는 것이다. 요시야 왕은 산당에서 제사장 노릇을 하던 사람들을 직무

정지 시켜버렸다. 다 율법에 따른 것이다. 부정한 사람들, 우상을 섬기던 사람들을 여호와의 단에 올라가지 못하게 되어 있다. 또한 그들은 제사장들이 먹는 무교병을 먹지 못하고 다만 그 형제 중에서 무교병을 먹을 뿐이었다.

**10절, 왕이 또 힌놈의 아들 골짜기의 도벳을 더럽게 하여 사람으로 몰록에게 드리기 위하여 그 자녀를 불로 지나가게 하지 못하게 하고**

'힌놈의 골짜기'는 예루살렘 서남편에 있는 골짜기이다. 이 지명의 헬라어 '게헨나'는 신약에서 지옥을 가리킨다. 도벳은 힌놈의 골짜기의 한 지명이다. 요시야는 백성들로 하여금 그러한 곳에서 우상숭배 하는 일을 못하게 한 것이다.

**11절, 또 유다 열왕이 태양을 위하여 드린 말들을 제하여 버렸으니 이 말들은 여호와의 전으로 들어가는 곳의 근처 시종 나단멜렉의 집 곁에 있던 것이며 또 태양 수레를 불사르고**

당시 우상숭배의 일종으로 태양신에게 말을 제물로 드리는 일이 있었다. 그런 말들을 제하여 버린 것이다. 또 태양수레를 불살랐는데, 태양을 숭배하는 데 사용되던 수레였다.

**12절, 유다 열왕이 아하스의 다락 지붕에 세운 단들과 므낫세가 여호와의 전 두 마당에 세운 단들을 왕이 다 헐고 거기서 빻아내려서 그 가루를 기드론 시내에 쏟아버리고**

조상들이 세운 우상의 단들을 다 헐고 빻아서 기드론 시내에 쏟아버렸다.

**13절, 또 예루살렘 앞 멸망 산 우편에 세운 산당을 더럽게 하였으니 이는 옛적에 이스라엘 왕 솔로몬이 시돈 사람의 가증한 아스다롯**

**과 모압 사람의 가증한 그모스와 암몬 자손의 가증한 밀곰을 위하여 세웠던 것이며**

멸망 산은 예루살렘 동편의 감람산 남쪽 부분이며, 이곳에 솔로몬이 왕비들을 위하여 산당을 지었다(왕상 11:5, 7:13). 얼마나 우상이 많고 더러운 곳이면 산 이름이 멸망 산이겠는가? 그곳에 있던 이방인의 우상들을 다 더럽게 했다는 것이다. 아스다롯은 시돈의 여신이고, 그모스는 모압 사람들의 전쟁의 신이며, 밀곰은 암몬 사람들의 몰록 신의 별명이다. 요시야는 그 산당들을 다 훼파했다. 과거에 훌륭한 치적을 남겼던 왕(솔로몬)의 잔재라도 잘못된 것은 바로잡아야 한다.

**14절, 왕이 또 석상들을 깨뜨리며 아세라 목상들을 찍고 사람의 해골로 그곳에 채웠더라**

왕이 우상이란 우상은 다 없애 버리고 사람들의 해골로 그 산당을 채웠다.

**15절, 이스라엘로 범죄케 한 느밧의 아들 여로보암이 벧엘에 세운 단과 산당을 왕이 헐고 또 그 산당을 불사르고 빻아서 가루를 만들며 또 아세라 목상을 불살랐더라**

요시야 왕의 좋은 점이 이것이다. 이 구절을 읽으면 감동이 된다. 요시야 왕은 유다 왕인데 자기 나라만 개혁하는 것이 아니라 이스라엘까지 관심했다. 여로보암은 이스라엘의 초대 왕으로서 이스라엘을 분국시킨 장본인이다. 이 여로보암 때 벧엘에 단을 세웠는데, 그 단을 요시야가 헐어버린 것이다. 요시야는 솔로몬의 잔재와 분국시의 왕 여로보암이 잘못한 것까지 다 개혁했다.

**16절, 요시야가 몸을 돌이켜 산에 있는 묘실들을 보고 보내어 그 묘실에서 해골을 취하여다가 단 위에 불살라 그 단을 더럽게 하니라 이 일을 하나님의 사람이 전하였더니 그 전한 여호와의 말씀대로 되**

**었더라**

이러한 일들이 있을 것을 하나님의 사람이 선포했는데, 요시야가 이렇게 한 것은 하나님의 말씀대로 된 것이라는 말이다. 이 일은 350년 전에 이미 예언된 것이다. 열왕기 상 13장 1-2절, "때에 하나님의 사람이 여호와의 말씀으로 인하여 유다에서부터 벧엘에 이르니 마침 여로보암이 단 곁에 서서 분향하는지라 하나님의 사람이 단을 향하여 여호와의 말씀으로 외쳐 가로되 단아 단아 여호와께서 말씀하시기를 다윗의 집에 요시야라 이름하는 아들을 낳으리니 저가 네 위에 분향하는 산당 제사장을 네 위에 제사할 것이요 또 사람의 뼈를 네 위에 사르리라 하셨느니라". 여기에 여로보암이 나온다. 이 예언이 반드시 이루어질 것이라고 했는데, 그로부터 300여 년 만에 그대로 이루어졌다.

**17절, 요시야가 이르되 내게 보이는 저것은 무슨 비석이냐 성읍 사람들이 고하되 왕께서 벧엘의 단에 향하여 행하신 이 일을 전하러 유다에서 왔던 하나님의 사람의 묘실이니이다**

요시야가 하나의 비석을 보았는데, 그 비석이 무슨 비석이냐고 물으니까 성읍 사람들이 고하기를, "왕께서 벧엘의 단에 향하여 행하신 이 일을 전하러 유다에서 왔던 하나님의 묘실이니이다"라고 했다. 300여 년 전에 요시야 왕이 이렇게 할 것을 예언한 하나님의 사람의 묘실이라는 것이다.

**18절, 가로되 그대로 두고 그 뼈를 옮기지 말라 하매 무리가 그 뼈와 사마리아에서 온 선지자의 뼈는 그대로 두었더라**

당시에 모든 뼈들을 불살라 버렸는데, 이 '하나님의 사람'의 뼈는 옮기지 않고 그대로 두었다. 하나님의 말씀이 그대로 이루어졌다는 것을 듣고 요시야는 하나님의 사람에 대한 경외감으로 그 뼈를 옮기지 말고 그대로 두라고 했다.

**19절, 전에 이스라엘 열왕이 사마리아 각 성읍에 지어서 여호와의 노를 격발한 산당을 요시야가 다 제하되 벧엘에서 행한 모든 일대로 행하고**

요시야 왕은 유다 왕임에도 불구하고(사마리아는 이스라엘의 수도였다) 벧엘과 사마리아에 이르기까지 다 관심했다. 우리가 오늘날 교회의 개혁을 원한다면 종교 개혁자들만 아니라 교부시대까지 거슬러 올라가서 성경에 비추어 잘못된 것은 과감하게 바로잡는 일을 해야 할 것이다.

**20절, 또 거기 있는 산당의 제사장들을 다 단 위에서 죽이고 사람의 해골을 단 위에 불사르고 예루살렘으로 돌아왔더라**

요시야 왕의 사역은 자기 나라에 국한된 것이 아니었다. 이것은 오늘날로 말하면 교회의 보편성을 관심한 것이다. 사도신경의 '거룩한 공회와 성도가 서로 교통하는 것과'에서 '거룩한 공회'는 영어로 'the holy catholic church', 혹은 'universal church'이다. 여기의 '카톨릭(catholic)'이 바로 보편적이라는 뜻이다. 온 땅의 교회가 다 그리스도의 교회이며 모든 성도가 다 그리스도의 몸 안에 있다. 사도신경은 초기에(2-6세기까지) 만들어진 것으로 그리스도인의 신앙을 정립해놓은 것이다. 그 외에도 여러 신조들이 있는데, 사도신경과 비슷한 니케아 신조, 콘스탄티노플 신조, 로마 신조, 예루살렘 신조 등이 있다. 거의 다 공통적인 내용을 담고 있다. "전능하사 천지를 만드신 하나님 아버지를 내가 믿사오며"라고 시작하여 교회로 마친다. 이 교회는 보편적인 교회인 것이다.

요시야는 여호와 하나님을 위한 열심으로 산당들을 없애고 우상들을 없애다 보니까 유다뿐 아니라 이스라엘까지 관심한 것이다. 사실 이스라엘도 원래는 한 나라였다. 오늘날 하나님의 진리의 깃발을 들었다면 모든 사람들로 듣게 하고 알게 하고 길을 갈 수 있도록 횃불을 들어올려야 하지 않겠는가?

**21절, 왕이 뭇 백성에게 명하여 가로되 이 언약 책에 기록된 대로**

**너희의 하나님 여호와를 위하여 유월절을 지키라 하매**

요시야 왕이 언약 책을 읽을 때 무엇을 가장 깊이 느꼈겠는가? 죄를 지었다는 것이다. 그래서 언약 책에 기록된 대로 하나님을 위해 유월절을 지키라 명한 것이다. 이전의 므낫세와는 많이 다르다.

22-23**절, 사사가 이스라엘을 다스리던 시대부터 이스라엘 열왕의 시대에든지 유다 열왕의 시대에든지 이렇게 유월절을 지킨 일이 없었더니** 23 **요시야 왕 십팔년에 예루살렘에서 여호와 앞에 이 유월절을 지켰더라**

하나님께서는 이 유월절을 지킨 것을 너무 귀하게 여기셨다. 요시야 왕 18년에 예루살렘에서 여호와 앞에 이 유월절을 지켰더라고 했다. 이전 므낫세도 여호와 앞에 뭔가 지키기는 했지만 그것은 참된 절기가 아니었다. 누가복음에서 우리 주 예수님이 '내가 유월절 먹기를 원하고 원했다'고 하신 것처럼, 하나님께서 '내가 사사 시대부터 한번도 시원하게 절기를 지키는 것을 보지 못했다'고 하신 것처럼 그분은 유월절 지키는 것을 간절히 보고 싶어하셨는데, 바로 요시야 시대에 그러한 유월절을 지킨 것이다.

역대 하 35장 7-8절을 읽어보겠다. "요시야가 그 모인 백성들에게 자기의 소유 양떼 중에서 어린 양과 어린 염소 삼만과 수소 삼천을 내어 유월절 제물로 주매 방백들도 즐거이 희생을 드려 백성과 제사장들과 레위 사람들에게 주었고 하나님의 전을 주장하는 자 힐기야와 스가랴와 여히엘은 제사장들에게 양 이천 육백과 수소 삼백을 유월절 제물로 주었고". 왕이 이렇게 많은 제물을 내어놓는데 방백들이 안 내놓고 배기겠는가? 그러다보니 당시에 수많은 양과 염소와 수소가 죽었다. 9-13절, "또 레위 사람의 두목들 곧 고나냐와 그 형제 스마야와 느다넬과 또 하사뱌와 여이엘과 요사밧은 양 오천과 수소 오백을 레위 사람들에게 유월절 제물로 주었더라 이와 같이 섬길 일이 구비하매 왕의 명을 좇아 제사장들은 자기 처소에 서고 레위 사람들은 그 반열대로 서고 유월절 양을 잡으니 제사장들은 저희 손에서 피를 받아 뿌리고 또 레위 사람들은 잡은 짐승의 가죽을 벗기고 그 번제물을 옮겨 족속의 차서대로 모든 백성에게 나누어 모세의 책에 기록된 대로 여호와께 드리게 하고 소도 그와 같이 하고 이에 규례대로 유월절 양을 불에 굽고 그 나머지 성물은 솥과 가마와 남비에 삶아 모든 백성에게 속히 분배하고".

이렇게 유월절에 수많은 양과 수소와 염소가 죽을 때 그들은 짐승들이 죽고 피 흘리는 광경을 보면서 무엇을 생각했겠는가? 분명 메시아의 희생적인 죽음을 생각했을 것이다. 하나님은 이것을 너무 기뻐하신다. 이것이 장차 있을 메시아의 구속 사역을 바라보면서 행한 구속의 예표이다. 이것밖에는 소망이 없다. 지금 이스라엘은 율법 아래 있는데, 율법 아래서는 소망이 없다. 죄만 드러날 뿐이다. 사실 요시야가 개혁하는 과정에서 드러나는 것도 다 죄뿐이다. 그 개혁이란 이전 왕들이 지었던 죄, 이스라엘 백성들이 지었던 죄를 드러내는 것 외에 달리 의미가 없다. 그 개혁이 근본적인 치료를 가져온다고 보는가? 결코 아니다. 그래서 율법을 통해서는 죄를 발견할 뿐이며, 오직 새 언약을 통해서만 은혜를 발견하는 것이다. 율법을 통해서 죄를 발견할 때는 우리가 가슴을 찢고 눈물을 흘리며 통곡하게 되지만, 새 언약 안에서 은혜를 발견할 때는 용서와 기쁨을 얻게 된다. 그것이 복음이다. 이것을 보여주는 것이 바로 유월절 행사이다.

**24절, 요시야가 또 유다 땅과 예루살렘에 보이는 신접한 자와 박수와 드라빔과 우상과 모든 가증한 것을 다 제하였으니 이는 대제사장 힐기야가 여호와의 전에서 발견한 책에 기록된 율법 말씀을 이루려 함이라**

요시야의 좋은 점이 이것이다. 그는 항상 율법책인 성경을 읽었다. 율법책을 읽고 거기 기록된 대로 유월절을 지켰으며 또 기록된 말씀에 비추어 예루살렘 상태를 보고 고칠 것은 고치고 치료할 것은 치료했다. 책을 읽으면서 빛을 얻다 보니 예루살렘 안에 있던 신접한 자와 박수와 드라빔과 우상과 모든 가증한 것들이 보였던 것이다.

'드라빔'이란 'household Gods'(NIV 참조), 즉 '가족 수호신'이다. 성경에 어떤 것을 없애라고 기록했는가를 보니 그저 자기 가족밖에 모르는 가족주의를 깨뜨리라고 한 것이다. 그리스도의 몸의 건축에는 개인주의나 가족주의가 들어올 수 없다. 어떤 사람을 보면 모든 것이 자기를 위해 존재하는 것 같다. 교회도 '나'를 위해서, 성도들도 '나'를 위해서 있는 것 같다. 또 어떤 사람은 자기 가족, 자기 자식밖에는 없는 것 같다. 교회도 자기 가족을 위해서 존재해야 하고 사역자도 자기 가족을 위해서 존재해야 한다. 제사장도 이스라엘 백성을 위한 제사장이 아닌 자기 가정을 위한 제사장으로 여기는 것이다. 사사기 마지막 부분에 나오는 미가의 산당의 제사장이 바로 이것이다. 원칙상 드라빔과 같은 것이다. "이는 대제사장 힐기야가 여호와의 전에서 발견한 책에 기록된 율법 말씀을 이루려 함이라". '이루려 함'이란 아주 좋은 것이다. 요시야 왕은 성경 말씀대로 모든 것을 하려다 보니 이런 일들을 하게 된 것이다.

**25절, 요시야와 같이 마음을 다하며 성품을 다하며 힘을 다하여 여호와를 향하여 모세의 모든 율법을 온전히 준행한 임금은 요시야 전에도 없었고 후에도 그와 같은 자가 없었더라**

요시야와 같이 여호와를 섬긴 사람은 전무후무했다는 것이다. 하나님을 섬기려면 요시아처럼 마음을 다하고 성품을 다하고 힘을 다하여 섬겨야 한다.

**26절, 그러나 여호와께서 유다를 향하여 진노하신 그 크게 타오르는 진노를 돌이키지 아니하셨으니 이는 므낫세가 여호와를 격노케 한 그 모든 격노를 인함이라**

므낫세는 엄청나게 악한 짓을 많이 하고 죽었다. 요시야가 아무리 잘해도 그 죄악을 돌이킬 수는 없었던 것이다. 특히 므낫세의 죄악이 여호와를 심히 격노케 했다고 말한다.

**27절, 여호와께서 가라사대 내가 이스라엘을 물리친 것같이 유다도 내 앞에서 물리치며 내가 뺀 이 성 예루살렘과 내 이름을 거기 두리라 한 이 전을 버리리라 하셨더라**

하나님이 택하시고 사랑하신 예루살렘이고 유다이지만 이스라엘이 앗수르에게 멸망한 것처럼 유다와 예루살렘도 멸망하게 될 것이다. 그것은 이 때로부터 36년 후인 B. C. 586년에 이루어졌다.

**28-29절, 요시야의 남은 사적과 모든 행한 일은 유다 왕 역대지략에 기록되지 아니하였느냐 29 요시야 당시에 애굽 왕 바로느고가 앗수르 왕을 치고자 하여 유브라데 하수로 올라가므로 요시야 왕이 나가서 방비하더니 애굽 왕이 요시야를 므깃도에서 만나본 후에 죽인지라**

요시야 왕은 그렇게 해서 죽게 되었다. 역대 하 35장 20절, "이 모든 일 후 곧 요시야가 전을 정돈하기를 마친 후에 애굽 왕 느고가 유브라데 강가의 갈그미스를 치러 올라온 고로 요시야가 나가서 방비하였더니". '이 모든 일'이란 유월절을 지키는 등 많은 좋은 일을 한 것을 말한다. 21절, "느고가 요시야에게 사자를 보내어 가로되 유다 왕이여 내가 그대와 무슨 관계가 있느뇨 내가 오늘날 그대를 치려는 것이 아니요 나로 더불어 싸우는 족속을 치려는 것이라". 지금 애굽 왕 느고는 앗수르와 싸우려고 온 것이다.

21절 후반절, "하나님이 나를 명하사 속히 하라 하셨은즉 하나님이 나와 함께 계시니 그대는 하나님을 거스리지 말라 그대를 멸하실까 하노라 하나". 느고는 앗수르를 치려고 유브라데 하수로 올라왔는데 유다 왕 요시야가 애굽 왕을 방비하러 나간 것이다. 그러자 애굽 왕 느고가 요시야에게 '왜 당신이 나왔어? 나는 당신을 치려고 한 것이 아닌데.'라고 했다. 그러면서 느고는 하나님이 나를 명하사 앗수르를 치라 하셨다고 했다. 즉 '나는 하나님의 말씀을 듣고 이렇게 하고 있으며 하나님과 함께하고 있으니 하나님을 거스리지 말라'고 한 것이다. 그러나 요시야는 하나님께서 애굽 왕에게 말씀할 리 없다고 생각했을 것이다. 이 때 힐기야나 훌다와 같은 선지자도 있었고 예레미야와 스바냐도 살아 있었는데, 요시야 왕이 왜 그 선지자들에게 물어보지 않았는지 모르겠다. 지금까지 여러 가지를 잘해 왔는데, 마지막에 자발없이 실수를 하고 말았다. 그래서 공연히 싸우러 나가서 죽은 것이다.

22-25절, "요시야가 몸을 돌이켜 떠나기를 싫어하고 변장하고 싸우고자 하여 하나님의 입에서 나온 느고의 말을 듣지 아니하고 므깃도 골짜기에 이르러 싸울 때에 활 쏘는 자가 요시야 왕을 쏜지라 왕이 그 신복에게 이르되 내가 중상하였으니 나를 도와 나가게 하라 그 신복이 저를 병거에서 내리게 하고 저의 버금 병거에 태워 예루살렘에 이른 후에 저가 죽으니 그 열조의 묘실에 장사하니라 온 유다와 예루살렘 사람들이 요시야를 슬퍼하고 예레미야는 저를 위하여 애가를 지었으며 노래하는 남자와 여자는 요시야를 슬피 노래하니 이스라엘에 규례가 되어 오늘날까지 이르렀으며 그 가사는 애가 중에 기록되었더라".

사도 바울은 로마서에서 의인은 없나니 하나도 없다고 했으며, 율법의 의로는 하나님 앞에 의롭다 하심을 얻을 육체가 하나도 없다고 했다. 그리고 율법으로는 죄를 깨달을 뿐이라고 했다. 요시야같이 좋은 왕도 결국은 하나님께 완전하게 순종하지 못했다. 마지막에 이방 왕의 입을 통해 하신 하나님의 말씀을 무시해 버린 것이다. 원래는 평안하게 묘실로 들어가게 되어 있었는데 스스로 화를 자초하고 말았다. 어쨌든 그는 성군이었고 그의 죽음을 모든 백성이 슬퍼했으며 예레미야는 그를 위해 애가를 지었다. 오늘날까지 이스라엘 가운데에는 그를 애도하는 노래가 남아 있다고 했다.

**30절, 신복들이 그 시체를 병거에 싣고 므깃도에서 예루살렘으로 돌아와서 그 묘실에 장사하니 국민이 요시야의 아들 여호아하스를 데려다가 저에게 기름을 붓고 그 부친을 대신하여 왕을 삼았더라**

여호아하스는 요시야의 아들이다. 역대 하에는 요시야 왕이 므깃도에서 중상을 입고 병거에 실려 예루살렘에 돌아와서 죽었다고 기록되어 있다. 그 때 온 국민이 슬퍼하였다(대하 35:25).

**31절, 여호아하스가 위에 나아갈 때에 나이 이십삼 세라 예루살렘에서 석 달을 치리하니라 그 모친의 이름은 하무달이라 립나 예레미야의 딸이더라**

여호아하스는 악한 왕이었고 즉위 3개월 만에 애굽에 끌려가서 죽었다. 여기 예레미야는 예레미야서를 쓴 예레미야와 동명이인이다.

**32절, 여호아하스가 그 열조의 모든 행위대로 여호와 보시기에 악을 행하였더니**

요시야라는 좋은 왕 다음에 다시 악한 왕이 나온다. 여호아하스는 17대 왕으로 즉위하였고 삼 개월 간 왕위에 있었는데 악한 왕으로 분류된다. 여호와를 떠나 우상을 숭배했기 때문이다.

**33절, 바로느고가 저를 하맛 땅 립나에 가두어 예루살렘에서 왕이 되지 못하게 하고 또 그 나라로 은 일백 달란트와 금 한 달란트를 벌금으로 내게 하고**

애굽 왕 바로느고는 요시야를 죽이고 일단 여호아하스로 왕이 되게 했다. 그런데 바로느고가 여호아하스를 보니 못된 짓을 많이 하는 것이다. 그래서 그를 하맛 땅 립나에 가두고 여호아하스를 예루살렘에서 왕이 되지 못하게 했으며 그 나라로 은 일백 달란트와 금 한 달란트를 벌금으로 내게 했다.

**34절, 바로느고가 요시야의 아들 엘리아김으로 그 아비 요시야를 대신하여 왕을 삼고 그 이름을 고쳐 여호야김이라 하고 여호아하스는 애굽으로 잡아갔더니 저가 거기서 죽으니라**

엘리야김과 여호아하스는 배다른 형제이다(31절). 바로느고는 여호아하스를 폐위시키고 요시야를 대신해서 엘리야김을 왕으로 삼았다. '요시야를 대신하여'란 여호아하스를 왕으로 치지 않았다는 말이다. 이 때 바로느고는 유다에 대해 자기가 하고 싶은 대로 했다. 애굽 왕이 완전히 유다국을 지배한 것이다. 여호아하스는 애굽으로 잡혀가 거기서 죽었다. 마태복음 1장의 족보를 보면 "히스기야는 므낫세를 낳고 므낫세는 아몬을 낳고 아몬은 요시야를 낳고 바벨론으로 이거할 때에 요시야는 여고냐와 그 형제를 낳으니라"(10-11절)고 했다. 요시야 다음에 여호아하스는 이름도 나오지 않는다. 애굽 왕은 엘리야김의 이름을 고쳐 여호야김(여호와와 관계된 이름)이라 하였다.

**35절, 여호야김이 은과 금을 바로에게 주니라 저가 바로느고의 명령대로 그에게 그 돈을 주기 위하여 나라에 부과하되 국민 각 사람의 힘대로 액수를 정하고 은금을 늑봉하였더라**

여호야김은 바로한테 돈을 주기 위해 백성을 쥐어짜가면서 왕 노릇을 했는데, 이런 왕은 족보에 들어가지도 않는다. 그는 수치스럽게 애굽 왕에게 빌붙어 왕 노릇을 한 것이다.

**36-37절, 여호야김이 왕이 될 때에 나이 이십오 세라 예루살렘에서 십일 년을 치리하니라 그 모친의 이름은 스비다라 루마 브다야의 딸이더라 37 여호야김이 그 열조의 모든 행한 일을 본받아 여호와 보시기에 악을 행하였더라**

여호야김이 여호와를 떠나고 우상을 섬기는 악을 행하였는데, 특히 그가 예언자 우리야를 죽이고(렘 26:20-23) 예레미야의 예언서를 칼로 찢고 태운 사건(렘 36:23-24)이 예레미야서에 기록되어 있다. 그 또한 열조의 모든 행한 일을 본받아 여호와 보시기에 악을 행한 것이다.

# 열왕기하 24장

**1절, 여호야김 시대에 바벨론 왕 느부갓네살이 올라오매 여호야김이 삼 년을 섬기다가 돌이켜 저를 배반하였더니**

이 구절의 말씀은 짧지만 이 안에는 많은 역사가 담겨 있다. 여호야김이 왕이 된 나이가 25세이다. 유다의 왕들은 사울로부터 시작해서 여호야김과 그 앞에 있었던 여호아하스 그리고 유다의 마지막 멸망의 왕 시드기야까지 도합 20명이다. 마지막 20대 왕이 시드기야이다. 그런데 17대 왕이 여호아하스이며, 유다는 요시야라는 성군이 죽은 지 22년 만에 망했다. 그 22년 동안 네 명의 왕이 있었는데, 그 중에 세 명이 요시야의 아들들이다. 여호아하스, 여호야김, 시드기야이고, 여호야김의 아들 여호야긴(혹은 고니야, 렘 22:24)이 거기 포함된다. 이 네 명의 왕이 이어지다가 시드기야 왕 때 유다가 망한 것이다. 그 멸망의 전조는 여호야김 왕 삼년에 있었다. 이것은 다니엘서 1장에 1절에 나온다. "유다 왕 여호야김이 위에 있은 지 삼년에 바벨론 왕 느부갓네살이 예루살렘에 이르러 그것을 에워쌌더니". 다니엘은 이때 세 친구와 함께 바벨론으로 사로잡혀 갔다.

바벨론의 느부갓네살 왕은 당시 갈그미스라는 곳에서 애굽 왕 바로느고를 쳐부수고 나자 강성하게 되었다. 그런 후에 이 느부갓네살이 유다를 치려고 올라온 것이다. 여호야김은 전혀 힘이 없는 상태여서 느부갓네살을 삼 년 동안 섬겼다. 그에게 조공도 바치고 모든 통제를 받아가면서 지낸 것이다. 그런데 삼 년 만에 어떤 일이 생긴 것 같다. 아마도 바벨론의 느부갓네살 왕에게 어려움이 닥쳤을 것이다. 그러자 여호야김이 기회를 엿보아 바벨론 왕을 배반한 것이다.

**2절, 여호와께서 그 종 선지자들로 하신 말씀과 같이 갈대아의 부대와 아람의 부대와 모압의 부대와 암몬 자손의 부대를 여호야김에게로 보내어 유다를 쳐 멸하려 하시니**

당시에 많은 선지자들이 예언을 했다. 이스라엘 역사를 통틀어서 이때 선지자들이 가장 많이 나왔다. 다시 말하면 유다의 망국 직전, 나라가 극도로 혼란되고 왕들은 극심하게 악을 행하여 나라가 일촉즉발의 운명에 처해 있을 때, 이삼십 년 사이에 많은 선지자들이 일어난 것이다. 예레미야, 다니엘, 에스겔, 스바냐, 하박국, 나훔, 미가가 다 이때 사람들이다. 하나님은 회개하지 않고 악으로 치닫는 백성을 어떻게 하든지 돌이켜 보려고 선지자들을 보내서 계속 말하게 하셨다. 결국 회개하지 않음으로 멸망하게 되는데, 이때에도 여러 선지자들의 예언이 있다. 그것은 곧 바벨론에 복종하라는 것이다. 일단 바벨론이 쳐들어와서 정복하게 되면 그냥 바벨론을 섬기라는 것이다. 이것이 참 선지자들이 했던 말이다.

예레미야 27장 8-12절, "나 여호와가 이르노라 바벨론 왕 느부갓네살을 섬기지 아니하는 국민이나 그 목으로 바벨론 왕의 멍에를 메지 아니하는 백성은 내가 그의 손으로 진멸시키기까지 칼과 기근과 염병으로 벌하리라 9 너희는 너희 선지자나 너희 복술이나 너의 꿈꾸는 자나 너희 술사나 너희 요술객이 너희에게 이르기를 너희가 바벨론 왕을 섬기지 아니하리라 하여도 듣지 말라 10 그들은 너희에게 거짓을 예언하여서 너희로 너희 땅에서 멀리 떠나게 하며 또 나로 너희를 몰아내게 하며 너희를 멸하게 하느니라 11 오직 그 목으로 바벨론 왕의 멍에를 메고 그를 섬기는 나라는 내가 그들을 그 땅에 머물러서 밭을 갈며 거기 거하게 하리라 하셨다 하라 여호와의 말이니라 12 내가 이 모든 말씀으로 유다 왕 시드기야에게 고하여 가로되 왕과 백성은 목으로 바벨론 왕의 멍에를 메고 그와 그 백성을 섬기소서 그리하면 살리이다".

12절의 '내가'는 예레미야이다. 당시에 선지자들이 바벨론이 유다를 쳐서 어렵게 하는 것은 하나님의 뜻이므로 대항하지 말라고 했는데, 여기서 누가 대항했는가? 여호야김이다. 그래서 결국 유다는 멸망당하게 된다.

**3절, 이 일이 유다에 임함은 곧 여호와의 명하신 바로 저희를 자기 앞에서 물리치고자 하심이니 이는 므낫세의 지은 모든 죄로 인함이며**

이 유다를  멸망시키는 이유는 므낫세가 지은 죄 때문이라는 것이다. 므낫세 때에 하나님을 극도로 진노케 하신 것이다. 그 동안에 모든 죄들이 쌓여간 것인데 요시야 왕 때 그래도 조금 나아졌는데 그래도 하나님은 돌이키지 않으신 것이다. 히스기야 때 좀 좋았지만 므낫세가 너무 악하여 사람을 너무 많이 죽이고, 그 뒤에 요시야가 조금 좋았지만, 다음 왕들이 다 악했다. 유다가 멸망한 이유는 결정적으로 므낫세 때문이다. 므낫세가 멸망의 심판을 불러온 것이다.

**4절, 또 저가 무죄한 자의 피를 흘려 그 피로 예루살렘에 가득하게 하였음이라 여호와께서 사하시기를 즐겨하지 아니하시니라**

므낫세는 무죄한 사람을 많이 죽였다. 하나님께서 가장 싫어하시는 죄는 생명을 살해하는 죄이다. 장래 지옥에서 가장 고통을 겪게 될 사람들은 살인자들일 것이다. 성경을 연구해보면 지옥에도 차별이 있다. 그 지옥에서 가장 극심한 형벌을 받을 자는 많은 사람을 죽인 자일 것이다. 하나님은 사람을 이 땅에 살도록 창조하셨고 또 어떻게든 살리는 분인데, 그런 생명을 말살시키는 것은 가장 큰 죄이다. 두 번째는 하나님께서 구속하신 사람들, 곧 하나님의 자녀들을 실족케 하는 자이다. 그리스도인의 생명을 말살시키고 성도들 간의 교제를 끊어놓으며 분열시키는 것,

당을 짓는 것은 하나님이 아주 싫어하시는 죄이다. 이 모든 것들이 하나님을 극도로 거스르는 죄들이다.

**5-6절, 여호야김의 남은 사적과 모든 행한 일은 유다 왕 역대지략에 기록되지 아니하였느냐 6 여호야김이 그 열조와 함께 자매 그 아들 여호야긴이 대신하여 왕이 되니라**

이 기록을 보면 여호야김이 조용히 죽은 것 같지만, 예레미야 22장 18절을 보면 그렇지 않은 것을 알 수 있다. "그러므로 나 여호와가 유다 왕 요시야의 아들 여호야김에 대하여 이같이 말하노라 무리가 그를 위하여 슬프다 내 형제여 슬프다 내 자매여 하며 통곡하지 아니할 것이며 그를 위하여 슬프다 주여 슬프다 그 영광이여 하며 통곡하지도 아니할 것이라". 이것이 여호야김의 죽음에 대해 말한 것이다. 여호야김이 죽을 때 무리가 '슬프다 내 주여' 하면서 통곡하지 않는다는 것이다. 19절은"그가 끌려 예루살렘 문 밖에 던지우고 나귀같이 매장함을 당하리라"고 한다. 이 말씀을 보면 여호야김은 결코 순탄한 임종을 하지 않았고 사람들이 그의 죽음을 애통해하지도 않았다. 여호야김은 25세에 왕이 되어 11년을 왕위에 있었고, 그를 이어 여호야김의 아들 여호야긴이 왕이 되었는데, 그를 여고냐 혹은 고니야라고도 한다.

**7절, 애굽 왕이 다시는 그 나라에서 나오지 못하였으니 이는 바벨론 왕이 애굽 하수에서부터 유브라데 하수까지 애굽 왕에게 속한 땅을 다 취하였음이더라**

이 시점부터 애굽은 약화되고 바벨론이 강성하게 된다. 그래서 애굽 왕이 다시는 그 나라에서 나오지 못하게 되었다고 한다. 바벨론 왕이 애굽 하수에서부터 유브라데 하수까지 애굽 왕의 땅을 다 취하였기 때문이다.

**8절, 여호야긴이 위에 나아갈 때에 나이 십팔 세라 예루살렘에서**

**석 달을 치리하니라 그 모친의 이름은 느후스다라 예루살렘 엘라단의 딸이더라**

여호야긴은 석 달밖에 왕 노릇을 하지 못했다. 여호야긴(여고냐 혹은 고니야)은 18세에 즉위하여 3개월을 통치하고 바벨론에 사로잡혀가서 37년 간 포로 생활을 한 후에 석방되었다(25:27).

**9-11절, 여호야긴이 그 부친의 모든 행위를 본받아 여호와 보시기에 악을 행하였더라 10 그 때에 바벨론 왕 느부갓네살의 신복들이 예루살렘에 올라와서 그 성을 에워싸니라 11 그 신복들이 에워쌀 때에 바벨론 왕 느부갓네살도 그 성에 이르니**

24장 1절은 여호야김 시대에 있었던 바벨론의 일차 침공을 말하는데, 이때 다니엘과 세 친구가 잡혀갔다. 여기서는 바벨론 왕이 직접 신복들을 데리고 와서 예루살렘을 에워싼 것이다. 이것이 바벨론의 제 이차 침공이다(B. C. 597년). 여기에는 여호야긴에 대해서 짧은 기록이 있을 뿐이다. "그 부친의 모든 행위를 본받아 여호와 보시기에 악을 행하였더라". 그런데 예레미야는 그에 대해 '천한 파기(깨어진 그릇)' 또는 '좋아하지 아니하는 그릇'(렘 22:28)이라고 표현했다. 이는 그가 하나님께 무용한 사람이었음을 가리키는 말일 것이다.

**12절, 유다 왕 여호야긴이 그 모친과 신복과 방백들과 내시들과 함께 바벨론 왕에게 나아가매 왕이 잡으니 때는 바벨론 왕 팔년이라**

여호야긴이 느부갓네살 왕에게 항복한 것이다. 이렇게 해서 다윗과 함께 찬란하게 시작된 이스라엘은 비참하게도 바벨론에게 사로잡혀간다.

**13절, 저가 여호와의 전의 모든 보물과 왕궁 보물을 집어내고 또 이스라엘 왕 솔로몬이 만든 것 곧 여호와의 전의 금 기명을 다 훼파하였으니 여호와의 말씀과 같이 되었더라**

느부갓네살이 와서 솔로몬이 세운 하나님의 성전의 보물과 왕궁의 모든 보물을 가져갔다. 그리고 솔로몬이 만든 여호와의 전의 금 기명들을 다 훼파했다.

**14절, 저가 또 예루살렘의 모든 백성과 모든 방백과 모든 용사 합 일만 명과 모든 공장과 대장장이를 사로잡아 가매 빈천한 자 외에는 그 땅에 남은 자가 없었더라**

이때 에스겔 선지자가 잡혀갔고 에스더서에 나오는 모르드개도 잡혀갔다. 그 땅에는 가난하고 낮은 자만 남아 있게 되었다.

**15절, 저가 여호야긴을 바벨론으로 사로잡아 가고 왕의 모친과 왕의 아내들과 내시와 나라에 권세 있는 자도 예루살렘에서 바벨론으로 사로잡아 가고**

여호야긴은 삼 개월 동안 예루살렘에서 왕 노릇을 하고 37년 동안 바벨론에서 포로 생활을 했다. 그래도 오래 산 편이다. 끝에는 복직되어 바벨론에서나마 왕 노릇을 했다.

**16-17절, 또 용사 칠천과 공장과 대장장이 일천 곧 다 강장하여 싸움에 능한 자들을 바벨론으로 사로잡아 가고 17 바벨론 왕이 또 여호야긴의 아자비 맛다니야로 대신하여 왕을 삼고 그 이름을 고쳐 시드기야라 하였더라**

여호야긴의 아자비는 곧 요시야의 아들이다. 여호야긴, 여호아하스, 시드기야는 다 형제들이다. 이 시드기야가 유다의 마지막 왕이다.

**18-20절, 시드기야가 위에 나아갈 때에 나이 이십일 세라 예루살렘에서 십일 년을 치리하니라 그 모친의 이름은 하무달이라 립나 예레미야의 딸이더라 19 시드기야가 여호야김의 모든 행위를 본받아 여호와 보시기에 악을 행한지라 20 여호와께서 예루살렘과 유다를 진노하심이 저희를 그 앞에서 쫓아내실 때까지 이르렀더라 시드기야**

**가 바벨론 왕을 배반하니라**

"시드기야가 바벨론 왕을 배반하니라". 사람의 죄가 다 나쁘지만 배반하는 죄는 가장 좋지 않은 것이다. 앞에서 말했듯이 부패한 이스라엘에 대한 하나님의 뜻은 바벨론 왕을 섬겨야 되는 것이었다. 예레미야서를 읽어보면 바벨론으로 잡혀가는 것이 하나님의 뜻이었다. 예레미야 24장 1-10절, "바벨론 왕 느부갓네살이 유다 왕 여호야김의 아들 여고냐와 유다 방백들과 목공들과 철공들을 예루살렘에서 바벨론으로 옮긴 후에 여호와께서 여호와의 전 앞에 놓인 무화과 두 광주리로 내게 보이셨는데 2 한 광주리에는 처음 익은 듯한 극히 좋은 무화과가 있고 한 광주리에는 악하여 먹을 수 없는 극히 악한 무화과가 있더라 3 여호와께서 내게 이르시되 예레미야야 네가 무엇을 보느냐 내가 대답하되 무화과이온데 그 좋은 무화과는 극히 좋고 그 악한 것은 극히 악하여 먹을 수 없게 악하니이다 4 여호와의 말씀이 또 내게 임하니라 가라사대 5 이스라엘 하나님 여호와가 이같이 말하노라 내가 이곳에서 옮겨 갈대아인의 땅에 이르게 한 유다 포로를 이 좋은 무화과같이 보아 좋게 할 것이라 6 내가 그들을 돌아보아 좋게 하여 다시 이 땅으로 인도하고 세우고 헐지 아니하며 심고 뽑지 아니하겠고 7 내가 여호와인줄 아는 마음을 그들에게 주어서 그들로 전심으로 내게 돌아오게 하리니 그들은 내 백성이 되겠고 나는 그들의 하나님이 되리라 8 나 여호와가 이같이 말하노라 내가 유다 왕 시드기야와 그 방백들과 예루살렘의 남은 자로서 이 땅에 남아 있는 자와 애굽 땅에 거하는 자들을 이 악하여 먹을 수 없는 악한 무화과같이 버리되 9 세상 모든 나라 중에 흩어서 그들로 환난을 당하게 할 것이며 또 그들로 내가 쫓아 보낼 모든 곳에서 치욕을 당케 하며 말거리가 되게 하며 조롱과 저주를 받게 할 것이며 10 내가 칼과 기근과 염병을 그들 중에 보내어 그들로 내가 그들과 그 열조에게 준 땅에서 멸절하기까지 이르게 하리라 하시니라".

지금 예레미야 선지자는 바벨론에 사로잡혀간 사람들에게 '너희가 그렇게 사로잡혀 가는 것이 지금은 하나님의 징계를 달게 받는 것이요 하나님의 뜻에 순종하는 것이다.'고 말하는 것이다. 그렇게 순종하여 잡혀 갈 때 나중에 고토로 다시 돌아오게 할 것이라고 하신다. 미가서 6장 9절, "여호와께서 성읍을 향하여 외쳐 부르시나니 완전한 지혜는 주의 이름을 경외함이니라 너희는 매를 순히 받고 그것을 정한 자를 순종할지니라". 하나님께서는 매를 주실 때 순히 받는 자를 기뻐하신다. 에스겔 11장 14-17절, "여호와의 말씀이 내게 임하여 가라사대 15 인자야 예루살렘 거민이 너희 형제 곧 너의 형제와 친속과 이스라엘 온 족속을 향하여 이르기를 너희는 여호와에게서 멀리 떠나라 이 땅은 우리에게 주어 기업이 되게 하신 것이라 하였나니 16 그런즉 너는 말하기를 주 여호와의 말씀에 내가 비록 그들을 멀리 이방인 가운데로 쫓고 열방에 흩었으나 그들이 이른 열방에서 내가 잠간 그들에게 성소가 되리라 하셨다 하고 17 또 너는 말하기를 주 여호와의 말씀에 내가 너희를 만민 가운데서 모아 내고 이스라엘 땅으로 너희에게 주셨다 하라".

여기서 하나님은 이스라엘 백성들을 바벨론의 포로가 되게 하시면서 '거기 가서 한 동안 머물러 있어라. 흩어진 그곳에서 내가 잠시 너희에게 성소가 될 것이다.'라고 하신다. 선지자들을 통해서 포로로 잡혀 가는 백성들에게 매를 순히 받으라고 말씀하고 있다. 이것이 당시 선지자들의 사역이었다. 그런데 열왕기 하 24장 마지막 절을 보면 시드기야가 바벨론 왕을 배반했다고 말한다. 앞으로 보겠지만 이것이 더 큰 화를 불러오게 된다. 불순종과 거역보다 심각한 죄는 없다.

# 열왕기하25장

**1절, 시드기야 구년 시월 십일에 바벨론 왕 느부갓네살이 그 모든 군대를 거느리고 예루살렘을 치러 올라와서 진을 치고 사면으로 토성을 쌓으매**

시드기야 9년은 B. C. 588년인데, 이 날을 날짜까지 정확히 기록한 것은 아주 결정적인 날이기 때문이다. 그날 이스라엘은 명실상부하게 멸망하고 말았다. "사면으로 토성을 쌓으매". 시드기야가 배반하지 않았더라면 이렇게까지 되지는 않았을 것이다. 여호야김과 시드기야는 형제인데, 시드기야도 여호야김처럼 배반을 한 것이다. 그때 바벨론 왕은 토성을 쌓고 예루살렘을 포위했다. 이것이 느부갓네살의 3차 공격이다.

**2절, 성이 시드기야 왕 십일년까지 에워싸였더니**

바벨론은 예루살렘 성을 일 년 반 동안 에워싸고 있었다. 이 때가 B. C. 586년으로 이스라엘 역사에서 결코 잊을 수 없는 해이다.

**3절, 그 사월 구일에 성중에 기근이 심하여 그 땅 백성의 양식이 진하였고**

2년 가까이 포위된 채 지내다 보니 예루살렘의 양식이 다 떨어진 것이다. 먹을 것이 없으니 예루살렘 성 안의 백성이 다 굶주렸다.

**4절, 갈대아 사람이 그 성읍을 에워쌌으므로 성벽에 구멍을 뚫은 지라 모든 군사가 밤중에 두 성벽 사이 왕의 동산 곁문 길로 도망하여 아라바 길로 가더니**

더 이상 견딜 수 없는 예루살렘 사람들이 성벽에 구멍을 뚫고 도망하기 시작했다.

**5절, 갈대아 군사가 왕을 쫓아가서 여리고 평지에 미치매 왕의 모든 군사가 저를 떠나 흩어진지라**

시드기야 왕도 그의 군사들과 함께 도망을 갔는데 갈대아 군사가 쫓아와서 여리고 평지에 이르자 유다의 군사들이 왕을 떠나 다 흩어져버렸다.

**6절, 갈대아 군사가 왕을 잡아 립나 바벨론 왕에게로 끌고 가매 저에게 신문하고**

당시에 바벨론 왕이 립나에 있었다. 시드기야 왕은 립나에서 갈대아군에게 사로잡혀 바벨론 왕 앞에서 전쟁 책임에 대해 신문을 받게 된다.

**7절, 시드기야의 아들들을 저의 목전에서 죽이고 시드기야의 두 눈을 빼고 사슬로 결박하여 바벨론으로 끌어갔더라**

참으로 잔인한 형벌을 받게 되었다. 바벨론 왕은 시드기야 앞에서 그의 아들들을 죽였다. 아직 나이가 많지 않은 아이들이었을 텐데 아비가 보는 앞에서 죽인 것이다. 배반에 대한 응징이고 후환을 없애기 위한 것이었을 것이다. 그리고 그는 시드기야 왕의 두 눈을 뽑고 사슬로 결박하여 바벨론으로 끌어갔다.

**8절, 바벨론 왕 느부갓네살의 십구년 오월 칠일에 바벨론 왕의 신하 시위대 장관 느부사라단이 예루살렘에 이르러**

아주 처참한 나날들이다. 25장 1절은 유다 왕 시드기야 구년 시월 십

일일이라고 했는데 여기서는 바벨론 왕 느부갓네살 십구년 오월 칠일이라고 한다. 이제 유다 왕국은 다 끝난 것이다. 시드기야가 잡혀가고 나서 시간이 얼마간 흐른 뒤에 바벨론 왕 느부갓네살 왕이 신하인 느부사라단 장군을 예루살렘에 보냈다. 이 구절부터 갈대아 군이 예루살렘을 파괴하는 장면이 나온다.

**9절, 여호와의 전과 왕궁을 사르고 예루살렘의 모든 집을 귀인의 집까지 불살랐으며**

2차 침공 때에 거의 다 가져갔는데 지금은 3차 침공이다. 세 차례의 침공으로 예루살렘을 완전히 멸망시킨 것이다. 여호야김 때에 일차 침공했고, 여호야긴 때에 이차로 침공했으며, 이제 마지막으로 시드기야 때에 완전 멸망시켰다. 다 불태우고 철저히 파괴한 것이다. B. C. 950년에 솔로몬에 의해 지어진 성전이 350-360년 동안 견디다가 시드기야 왕 때에 완전히 파괴되고 불살라진 것이다. 이 장면을 슬프게 노래한 선지자가 예레미야이다. 예레미야는 이 장면을 애가로 묘사했다. 또 시편 74편 5-10절에서도 시편 기자는, "5 저희는 마치 도끼를 들어 삼림을 베는 사람 같으니이다 6 이제 저희가 도끼와 철퇴로 성소에 모든 조각품을 쳐서 부수고 7 주의 성소를 불사르며 주의 이름이 계신 곳을 더럽혀 땅에 엎었나이다 8 저희 마음에 이르기를 우리가 그것을 진멸하자 하고 이 땅에 있는 하나님의 모든 회당을 불살랐나이다 9 우리의 표적이 보이지 아니하며 선지자도 다시 없으며 이런 일이 얼마나 오랠른지 우리 중에 아는 자도 없나이다 10 하나님의 대적이 언제까지 훼방하겠으며 원수가 주의 이름을 영원히 능욕하리이까" 하면서 애통한 마음으로 시를 썼다.

**10절, 시위대 장관을 좇는 갈대아 온 군대가 예루살렘 사면 성벽을 헐었으며**

갈대아 온 군대가 예루살렘 성벽을 허물어뜨렸다. 나중에 느헤미야의 인도 아래 이 성벽을 다시 재건하게 된다. 성전을 다시 건축하는 일은 에스라가 인도했다.

**11-12절, 성중에 남아 있는 백성과 바벨론 왕에게 항복한 자와 무리의 남은 자는 시위대 장관 느부사라단이 다 사로잡아 가고 12 빈천한 국민을 그 땅에 남겨두어 포도원을 다스리는 자와 농부가 되게 하였더라**

느부사라단 장군은 예루살렘에 빈천한 국민만 남겨두어 포도원을 다스리는 자와 농부가 되게 하고 다른 사람들은 다 사로잡아갔다. 이 모든 것이 예레미야서에 자세히 기록되어 있다. 예레미야 39장 1-9절, "유다 왕 시드기야의 구년 시월에 바벨론 왕 느부갓네살과 그 모든 군대가 와서 예루살렘을 에워싸고 치더니 2 시드기야의 제 십일년 사월 구일에 성이 함락되니라 예루살렘이 함락되매 3 바벨론 왕의 모든 방백이 이르러 중문에 앉으니 곧 네르갈사레살과 삼갈르보와 환관장 살스김과 박사장 네르갈사레셀과 바벨론 왕의 기타 모든 방백들이었더라 4 유다 왕 시드기야와 모든 군사가 그들을 보고 도망하되 밤에 왕의 동산길로 좇아 두담 샛문을 통하여 성읍을 벗어나서 아라바로 갔더니 5 갈대아인의 군대가 그들을 따라 여리고 평원에서 시드기야에게 미쳐 그를 잡아서 하맛 땅 립나에 있는 바벨론 왕 느부갓네살에게로 올라가매 왕이 그를 심문하였더라 6 바벨론 왕이 립나에서 시드기야의 목전에서 그 아들들을 죽였고 왕이 또 유다의 모든 귀인을 죽였으며 7 왕이 또 시드기야의 눈을 빼게 하고 바벨론으로 옮기려 하여 사슬로 결박하였더라 8 갈대아인들이 왕궁과 백성의 집을 불사르며 예루살렘 성벽을 헐었고 9 시위대장 느부사라단이 아무 소유가 없는 빈민을 유다 땅에 남겨두고 그 날에 포도원과 밭을 그들에게 주었더라".

**13-14절, 갈대아 사람이 또 여호와의 전의 두 놋기둥과 받침들과 여호와의 전의 놋바다를 깨뜨려 그 놋을 바벨론으로 가져가고 14 또 가마들과 부삽들과 불집게들과 숟가락들과 섬길 때에 쓰는 모든**

**놋그릇을 다 가져갔으며**

그들은 성전의 부속기물까지 다 가지고 갔다. 또 놋기둥과 받침들과 놋바다를 깨뜨려서 가져갔다. 가마란 제물을 끓이는 데 쓰는 것으로 솔로몬이 이런 그릇을 160개나 만들었는데(대하 4:8), 이것들도 다 이방인의 손에 빼앗겼다. 이 일을 기록한 기자들의 마음은 심히 비통했을 것이다.

**15-17절, 시위대 장관이 또 불 옮기는 그릇들과 주발들 곧 금물의 금과 은물의 은을 가져갔으며 16 또 솔로몬이 여호와의 전을 위하여 만든 두 기둥과 한 바다와 받침들을 취하였는데 이 모든 기구의 놋 중수를 헤아릴 수 없었으니 17 그 한 기둥은 고가 십팔 규빗이요 그 꼭대기에 놋머리가 있어 고가 삼 규빗이요 그 머리에 둘린 그물과 석류가 다 놋이라 다른 기둥의 장식과 그물도 이와 같았더라**

그릇들과 주발들과 금과 은과 놋 등 성전에서 가져간 것들을 자세히 쓴 것이다. 에스겔도 이때의 선지자인데, 에스겔 10장 15-19절을 읽어보면, "그룹들이 올라가니 그들은 내가 그발 강가에서 보던 생물이라…18 여호와의 영광이 성전 문지방을 떠나서 그룹들 위에 머무르니 19 그룹들이 날개를 들고 내 목전에 땅에서 올라가는데 그들이 나갈 때에 바퀴도 그 곁에서 함께하더라 그들이 여호와의 전으로 들어가는 동문에 머물고 이스라엘 하나님의 영광이 그 위에 덮였더라"고 한다. 이것은 성전이 있었을 때 하나님의 영광이 거기에 거하셨다는 것이다. 그런데 여기서 그 영광을 거두어들이고 있는 중이다. 에스겔 11장 5-8절, "여호와의 신이 내게 임하여 가라사대 너는 말하기를 여호와의 말씀에 이스라엘 족속아 너희가 이렇게 말하였도다 너희 마음에서 일어나는 것을 내가 다 아노라 6 너희가 이 성읍에서 많이 살륙하여 그 시체로 거리에 채웠도다 8 그러므로 나 주 여호와가 말하노라 이 성읍 중에서 너희가 살륙한 시체는 그 고기요 이 성읍은 그 가마려니와 너희는 그 가운데서 끌려 나오리라". 그리고 15절부터는 그들을 바벨론에 흩어버릴 것이라고 하시며 그러나 바벨론에 가면 그분이 거기서 잠간 그들에게 성소가 되어 주겠다고 하신다. 22-24절, "때에 그룹들이 날개를 드는데 바퀴도 그 곁에 있고 이스라엘 하나님의 영광도 그 위에 덮였더니 23 여호와의 영광이 성읍 중에서부터 올라가서 성읍 동편 산에 머물고 24 주의 신이 나를 들어 하나님의 신의 이상 중에 데리고 갈대아에 있는 사로잡힌 자 중에 이르시더니 내가 보는 이상이 나를 떠난지라". 여호와의 영광이 하나님의 성전을 떠나는 장면이다.

에스겔 10장 4절을 보면, "여호와의 영광이 그룹에서 올라 성전 문지방에 임하니 구름이 성전에 가득하여 여호와의 영화로운 광채가 뜰에 가득하였고"라고 말한다.

에스겔 10~11장의 내용은 바벨론이 하나님의 성전을 완전히 불태워 버리고 끝냈을 때 하나님께서 이 땅에서 그분의 영광을 거두셨다는 것이다. 솔로몬이 성전을 건축했을 때 여호와께서는 그곳에 거하시기 위해 임재하셨다. 그리고 그들과 함께 350-360년을 지내셨다. 그들이 하나님을 떠나 계속 우상숭배하고 악한 상태를 회개하지 않을 때 하나님은 그들을 바벨론에게 내어주고 성전에서부터 문지방으로, 동편 산으로, 하늘로 떠나셨다.

에스겔 10장을 보면 하나님은 단번에 성전을 떠나시는 것이 아니라 머뭇거리다 조금씩 떠나시는 듯하다. 마치 미련이 많은 사람처럼 뒤를 돌아보면서 혹 누가 붙잡지는 않는지 조금 기다려보시는 것이다. 바벨론에게 멸망당하게 하시는 것도 단번에 끝내신 것이 아니라 일차, 이차, 삼차에 걸쳐 몇 년을 두고 그렇게 하셨다. 일 년 반 동안이나 포위당해서 먹을 것이 없어 죽을 운명에 처해 있어도 시드기야 왕과 예루살렘 거민이 회개했는가? 회개하지 않았다. 그 때도 하나님은 그냥 바벨론 왕을 섬기라고 하셨다. 예레미야나 다른 선지자들을 통해 계속 왕들에게 말씀하신 것이다. 그런데 시드기야는 예레미야가 옳은 말을 한다고 죽이려고 했다. 그때 그달랴의 아버지 아히감이 살려준 것이다. 그런 비참한 상황 속에서도 유다는 불순종과 거역으로 가득했다. 그런 돌이키지 않고 굴복하지 않는 백성들에 대해서 하나님은 기간을 두고 기다리셨다. 그러다 결국 그분의 영광의 임재를 거두고 떠나신 것이다.

**18-22절, 시위대 장관이 대제사장 스라야와 부제사장 스바냐와 전 문지기 세 사람을 잡고 19 또 성중에서 사람을 잡았으니 곧 군사를 거느린 내시 하나와 또 성중에서 만난바 왕의 시종 다섯 사람과 국민을 초모하는 장관의 서기관 하나와 성중에서 만난바 국민 육십 명이라 20 시위대 장관 느부사라단이 저희를 잡아가지고 립나 바벨론 왕에게 나아가매 21 바벨론 왕이 하맛 땅 립나에서 다 쳐 죽였더라 이와 같이 유다가 사로잡혀 본토에서 떠났더라 22 유다 땅에 머물러 있는 백성은 곧 바벨론 왕 느부갓네살이 남긴 자라 왕이 사반의 손자 아히감의 아들 그달리야로 관할하게 하였더라**

바벨론 장군 느부사라단이 잡아온 자들은 유다의 주요 인물들이었다. 당시로 말한다면 유다 땅에 남아 있는 사람들은 좋지 않은 사람들이었다. 그때는 그냥 붙잡혀 가서 바벨론에 있어야 하는 것이다. 그러면 하나님께서 그들에게 성소가 되어주겠다고 약속하셨다. 다니엘을 보라! 사자굴에서도 보호해주시고 불속에서도 지켜주셨다. 그분이 보호해 주겠다고 약속하셨기 때문이다. 에스더도 그때의 사람이다. 하나님께서는 그때의 유다인들을 지켜주시겠다고 약속하셨다. 좋은 무화과가 되게 해주시겠다는 것이다.

그때는 바벨론에 있는 사람들이 영성이 좋은 사람들이다. 하나님의 택하신 땅 가나안에 남아서 그 땅을 지키겠다고 고집하는 사람들은 오히려 무화과 광주리에서 아주 악한 냄새가 나서 먹을 수 없는 무화과같이 된다(렘 24장). 그러므로 그때그때 하나님의 선지자들이 전하는 말씀대로 따라야 한다. 그들은 불순종하고 남아 있다가 사로잡혀서 다 죽임을 당하였다(20절). 이제 결론이다. "이와 같이 유다가 사로잡혀 본토에서 떠났더라".

22절부터는 남아 있는 사람들의 이야기이다. "유다 땅에 머물러 있는 백성은 곧 바벨론 왕 느부갓네살이 남긴 자라 왕이 사반의 손자 아히감의 아들 그달리야로 관할하게 하였더라". 아히감은 예레미야 선지자를 살려준 사람이다. 예레미야 26장 24절에서 "사반의 아들 아히감이 예레미야를 보호하여 예레미야를 백성의 손에 내어주지 아니하여 죽이지 못하게 하니라"고 말한다. 27장 8절은, "나 여호와가 이르노라 바벨론 왕 느부갓네살을 섬기지 아니하는 국민이나 백성은 내가 그의 손으로 진멸시키기까지 칼과 기근과 염병으로 벌하리라"고 한다. 이제 예루살렘은 바벨론의 통제 하에 있게 되었다. 예루살렘에는 더 이상 유다의 왕이 없고 총독이 세워졌는데, 그 총독이 그달리야였다.

**23-25절, 모든 군대 장관과 그 좇는 자가 바벨론 왕이 그달리야로 방백을 삼았다 함을 듣고 이에 느다니야의 아들 이스마엘과 가레아의 아들 요하난과 느도바 사람 단후멧의 아들 스라야와 마아가 사람의 아들 야아사니야와 그 좇는 사람이 모두 미스바로 가서 그달리야에게 나아가매 24 그달리야가 저희와 그 좇는 자들에게 맹세하여 이르되 너희는 갈대아 신복을 인하여 두려워 말고 이 땅에 거하여 바벨론 왕을 섬기라 그리하면 너희가 평안하리라 하니라 25 칠월에 왕족 엘리사마의 손자 느다니야의 아들 이스마엘이 십 인을 거느리고 와서 그달리야를 쳐서 죽이고 또 저와 함께 미스바에 있는 유다 사람과 갈대아 사람을 죽인지라**

모든 군대 장관들이란 바벨론 군에게 항전하다가 성이 함락되자 숨어 있던 유대 장군들이다. 그 중 이스마엘은 왕족이며 나라를 더 어렵게 만든 장본인이다. 간단히 말해서 시드기야 전 왕족이 바벨론 왕이 세운 총독 그달리야를 죽인 것이다. 그달리야는 총독으로 2개월 간 일한 뒤에 죽임을 당했다. 그 때 요하난이라는 사람이 그에게 미리 죽이려는 음모를 알려주었으나 그달리야가 방심하였다. 이스마엘은 총독부에 그달리야와 함께 있던 유다인들과 갈대아 군을 다 죽여버렸다.

**26절, 대소 백성과 군대 장관들이 다 일어나서 애굽으로 갔으니 이는 갈대아 사람을 두려워함이었더라**

그들은 바벨론 왕이 세운 총독을 죽이고 보복이 두려워 애굽으로 도망갔다. 당시 예레미야가 그들에게 애굽으로 가면 안 된다고 충고했는데, 이 사람들이 다 애굽으로 간 것이다. 자세한 이야기는 예레미야서에 나와 있다. 예레미야 40장 5-6절을 보면 "예레미야가 아직 돌이키기 전에 그가 다시 이르되 너는 바벨론 왕이 유다 성읍들의 총독으로 세우신 사반의 손자 아히감의 아들 그다랴에게로 돌아가서 그와 함께 백성 중에 거하거나 너의 가하게 여기는 곳으로 가거나 할지니라 하고 그 시위대장이 그에게 양식과 선물을 주어 보내매 예레미야가 미스바로 가서 아히감의 아들 그다랴에게로 나아가서 그 땅에 남아 있는 백성 중에서 그와 함께 거하니라"고 말한다. 예레미야는 한동안 그달랴와 함께 있었던 것이다.

열왕기 하에서는 간략하게 이스마엘이 그달랴와 그와 함께 있던 사람들을 쳐죽였다고 하지만, 예레미야 40장 후반부에는 그 전말이 상세하게 기록되어 있다. 그리고 41장 1-4절을 보면, "칠월에 왕의 종친 엘리사마의 손자 느다냐의 아들 왕의 장관 이스마엘이 열 사람과 함께 미스바로 가서 아히감의 아들 그다랴에게 이르러 미스바에서 함께 떡을 먹다가 2 느다냐의 아들 이스마엘과 그와 함께한 열 사람이 일어나서 바벨론 왕의 그 땅 총독으로 세운바 사반의 손자 아히감의 아들 그다랴를 칼로 쳐죽였고 3 이스마엘이 또 미스바에서 그다랴와 함께한 모든 유다인과 거기 있는 갈대아 군사를 죽였더라 4 그가 그다랴를 죽인 지 이틀이 되었어도 이를 아는 사람이 없었더라"고 한다. 예레미야가 그들에게 애굽으로 가지 말라고 충고했으나 그들은 듣지 않았다(렘 43:7). 결국 그들은 예레미야까지 데리고 애굽으로 갔고 거기 가서 다바네스에 정착하였다(렘 43:1-7, 44:1, 46:1).

**27절, 유다 왕 여호야긴이 사로잡혀 간 지 삼십칠년 곧 바벨론 왕**

**에윌므로닥의 즉위한 원년 십이월 이십칠일에 유다 왕 여호야긴을 옥에서 내어놓아 그 머리를 들게 하고**

세월이 많이 흘렀다. 18세에 잡혀간 여호야긴이 55세가 되었다. 그 때 느부갓네살은 죽고 그 아들 에윌므로닥이 왕이 되었다. 그 사람은 왕이 되자마자 유다 왕 여호야긴을 옥에서 내어놓아 그 머리를 들게 하였다. 민심을 얻기 위해서였을 것이다.

**28절, 선히 말하고 그 위를 바벨론에 저와 함께 있는 모든 왕의 위보다 높이고**

바벨론이 당시 많은 나라들을 쳐서 멸망시켰기에 여러 왕들이 함께 옥에 있었던 것이다. 그런 중에서 여호야긴(여고냐)를 회복시켜 주고 위상을 높여주었다.

**29-30절, 그 죄수의 의복을 바꾸게 하고 그 일평생에 항상 왕의 앞에서 먹게 하였고 30 저의 쓸 것은 날마다 왕에게서 받는 정수가 있어서 종신토록 끊이지 아니하였더라**

이 여호야긴은 명이 긴 사람이다. 그는 오랜 동안 죄수복을 입고 있다가 왕복으로 바꿔 입었다. 이 때가 사로잡혀간 지 37년이니 이 때로부터 33년 후에 예루살렘에 돌아온 것이다(70년 포로 생활 후 귀환). 이때 가장 많이 활약한 선지자가 예레미야이다. 예레미야 29장 10절, "나 여호와가 이같이 말하노라 바벨론에서 칠십 년이 차면 내가 너희를 권고하고 나의 선한 말을 너희에게 실행하여 너희를 이곳으로 돌아오게 하리라". 70년이 차면 고토로 돌아오게 하시겠다는 것이다. 역대 하 36장 21-23절, "이에 토지가 황무하여 안식년을 누림같이 안식하여 70년을 지내었으니 여호와께서 예레미야의 입으로 하신 말씀이 응하였더라 22 바사 왕 고레스 원년에 여호와께서 예레미야의 입으로 하신 말씀을 응하게 하시려고 바사 왕 고레스의 마음을 감동시키시매 저가 온 나라에 공포도 하고 조서도 내려 가로되 23 바사 왕 고레스는 말하노니 하늘의 신 여호와께서 세상 만국으로 내게 주셨고 나를 명하여 유다 예루살렘에 전을 건축하라 하셨나니 너희 중에 그 백성 된 자는 다 올라갈지어다 너희 하나님 여호와께서 함께하시기를 원하노라 하였더라".

이 부분은 에스라 1장에 있는 말씀과 똑같다. 70년 만에 돌아오게 하실 것이라는 회복의 말씀을 주신 것이다. 하나님은 유다를 완전히 멸망시키면서도 다시 돌아오게 하시겠다는 약속을 주고 계신다.

## 열왕기 하를 마치면서

열왕기 하 강해를 마치면서 가장 인상 깊은 몇 단어가 있는데, 첫째는 '하나님의 사람'이다. 이 용어는 이 책에서 36차례나 사용되었다. 그리고 '여호와께서 이르시기를' 또는 '여호와의 말씀'이라는 구절도 49번이나 사용되었다. 즉 이 책에서 가장 중시하는 것은 여호와의 말씀이다. 그분이 말씀하신 대로 모든 것이 이루어진다는 것이다. 무엇이 이스라엘을 망하게 했는가? 무엇이 유다를 망하게 했는가? 그들이 여호와의 말씀을 떠난 것이다. 또 '그들이 여호와 보시기에 악을 행하였다'는 구절이 21번 나오는데, 이 책에서 하나님이 가장 혐오하시고 분노하시는 것이 우상숭배요 그 마음이 하나님에게서 떠나 다른 것을 의지하는 것이다.

엘리사의 기적은 엘리야의 기적과 구분되는 점이 있다. 엘리사의 기적은 주로 도움과 구원과 치료를 위한 것이었다. 물론 젊은 아이를 저주한 일은 예외이다. 이것이 어쩌면 구주 예수님과 다른 점이고 구약의 한계일 것이다. 그러나 그곳은 벧엘이었고 당시 우상숭배의 중심지였다. 당연히 그 성의 사람들은 우상을 숭배하는 사람들이었을 것이다. 그들이 엘리야의 계승자인 엘리사를 비방하고 조롱한 것이다. 하나님께서는 이 일을 용납하실 수 없어서 암곰으로 사십이 명을 찢어 죽이게 한 것이다.

수넴 여인의 아들이 죽었다고 하자 하나님의 사람 엘리사는 게하시에게 지팡이를 들고 어린 아이에게 가서 지팡이를 그 몸에 놓으라고 하였다. 그는 다만 지팡이를 몸에 놓으면 살릴 수 있을 것 같았지만 그렇지 않았다. 엘리사가 친히 가서 두 번 몸을 그 아이 위에 엎드리니 그가 비로소 살아났다. 우리는 많은 경우 엘리사의 지팡이를 사용한다. 전도지나 책이나 어떤 도구를 이용하여 복음을 전하려고 한다. 그러나 그것이 별 효력이 없음을 발견할 것이다. 우리는 먼저 간절한 기도와 철저한 자아 처리가 있어야 하며, 그런 다음 친히 간증하고 복음을 전해줌으로 죽은 사람을 살릴 수 있는 것이다. 그럴 때 재채기하고 눈을 뜨고 깨어나게 된다.

5장에서 나아만의 이야기는 한 소녀가 나아만같이 큰 장군을 도울 수 있다는 것을 보여준다. 그는 재물도 있고 권세도 있었지만 안타깝게도 문둥병자였다. 그 병은 처음에는 작게 시작하지만 점점 퍼져서 결국은 죽게 된다. 그런데 그가 한 작은 소녀의 말을 듣고 하나님의 선지자를 찾아갔다. 나아만은 처음에 엘리사의 단순한 처방을 못마땅해 하면서 돌아가려고 했다. 나아만의 선입관, 교만, 불신이 그가 치료받는 것을 방해한 것이다. 그러나 다시 곁에 있던 신하의 권면으로 그가 순종하였을 때 치료가 이루어졌다. 이것에서 우리는 하나님이 한 사람을 주의하신다는 것을 볼 수 있다. 당시 이스라엘에 수많은 문둥병자가 있었을 텐데 하나님은 다른 사람들을 주의하지 않고 오직 이방의 나아만 장군만을 구원하셨다. 나는 여러분이 하나님께서 당신 한 사람을 주의하신다는 것을 깨닫기 바란다.

앗수르 왕이 이스라엘의 수도인 사마리아를 공격하여 파괴한 후에, 이스라엘 사람들을 할라와 하볼 강변으로 데려와서 그곳에 두었다. 동시에 바벨론, 구다, 아와, 하맛, 스발와임 등지의 사람들은 사마리아 성읍으로 옮겨 거하게 하였다(17:6, 2:41). 이들이 바로 '사마리아인'이 된 것이다. 그들은 당시 이스라엘의 수도 사마리아에서 하나님을 섬겼고 또 자기들의 우상도 섬겼다. 따라서 혈통이나 종교나 매우 혼잡한 상태가 되었다(요 4:9). 시간이 흐르면서 순수 혈통의 유대인들은 사마리아인들과 상종하지 않게 되었다. 요한복음 4장의 이야기는 여기서 기원된다.

히스기야는 개혁의 왕이었고 유다에서 다윗의 표준에 미치는 세 명의 왕 가운데 하나이다. 그러나 그가 죽을 병에 걸렸다가 하나님의 치료를 받은 후, 바벨론 방백들이 이런저런 선물을 가지고 왔을 때 그들에게 한 행동은 매우 실망스러운 것이었다. 그는 바벨론 사람들에게 자기의 간구로 주님이 해 그림자를 십도 물러가게 하신 것에 대하여 간증하지 않았다. 과연 여호와가 천지의 주재이시며 만물을 창조하시고 해와 달과 만물을 주관하시는 참 하나님이심을 간증할 좋은 기회를 잃은 것이다. 그 대신 그는 성전과 왕궁에 있는 모든 진귀한 보화들을 보여주면서 자랑했다. 그는 자기로 말미암아 하나님을 경외하게 한 것이 아니라 자기를 대단하게 여기도록 만들었다. 그럼으로써 사람들에게 하나님을 자랑할 수 있는 유일한 기회를 잃었던 것이다.

분열 후 유다국은 모두 19명의 왕이 집권했는데, 아달랴를 포함하면 20명이라고 할 수 있다. 그녀가 왕위를 찬탈하여 통치하고 있던 7년 동안 요아스는 여호야다와 여호세바 부부에 의해 성전에서 양육받다가 왕위를 계승했다. 이스라엘 왕국 또한 19명의 왕이 있었는데, 반은 좋고 반은 나쁜 예후 외에는 다 악했다. 그러나 유다국은 19명 중 8명이 좋은 왕이었다.

이스라엘 왕국에는 두 명의 여로보암 왕이 있었다. 하나는 이스라엘 초대 왕, 느밧의 아들 여로보암이고, 또 하나는 요아스의 아들 여로보암 2세이다. 유다국 왕들 중에 여호람, 아하시야, 요아스가 있고, 이스라엘 왕들 중에도 여호람, 아하시야, 요아스가 있다. 유다국은 다윗의 왕조가 계속 이어졌다. 그러나 이스라엘은 여로보암 이후에 여덟 번이나 왕조가 교체되었다. 이것은 신실하신 하나님이 다윗에게 하신 그분의 언약을 지키기 위해 꺼져가는 등불도 끄지 않으시는 긍휼에 근거한다.

열왕기 하를 읽으면서 우리는 하나님의 백성이 하나님을 배반하고 떠나서 이방의 가증한 우상을 섬길 때 하나님은 그분의 선지자를 보내시어 그들을 경고하고 책망하심으로 그들이 회개하고 돌이키기를 원하신 것을 본다. 그러므로 하나님의 선지자들은 언제나 '여호와께서 말씀하시기를' 하면서 예언했다. 그래도 듣지 않으면 하나님께서 그분의 공의에 따라 그들을 원수의 손에 넘겨주시어 심지어 나라가 멸망하고 백성이 포로가 됨으로 비참한 최후를 맞게 되는 것을 본다. 이스라엘에는 많은 모반이 있었다. 8번이나 된다. 자기가 왕이 되기 위해 현재 왕을 죽이는 비참한 역사가 되풀이되었다. 유다는 어땠는가? 여호야긴은 잡혀가고 시드기야는 도망가다가 립나에서 잡혀 그 아들들은 목전에서 죽임당하고 두 눈이 뽑혀 쇠사슬에 묶인 채 바벨론으로 끌려갔다. 이것은 어떠한 비참한 광경인가?

왕국 말기에 선하게 통치했던 요시야 왕의 수고도 아무 소용없게 되었다. 그것이 전체적으로 흘러가는 악의 흐름을 뒤집지 못한 것이다. 열왕기 하의 주제는 열왕기 상과 같이 율법 준수에 따른 축복과 율법 거역에 따른 저주이다. 열왕기 상하 전체에 걸쳐 선지자의 사역은 매우 중요하다. 엘리야와 엘리사의 사역이 이 책의 주체를 이룬다고 해도 과언이 아니다. 이 책은 단순히 왕들의 역사를 기록한 것이 아니다. 남과 북의 멸망이 선지자들의 경고를 무시한 데서 비롯되었다는 사실을 생생히 일깨워주고 있다. 따라서 열왕의 업적과 선악을 판단하는 기준은 하나님의 말씀과 그 언약을 준수했는가에 달려 있었다. 그 선과 악의 기준으로 '다윗'과 '여로보암'이 계속 언급되었다. 물론 다윗은 선의 기준이고, 여로보암은 악의 기준이다.

## 열왕기서와 그리스도

예루살렘이 바벨론에게 접수되자 괜찮은 사람들은 다 끌려가고 예루살렘에는 빈천한 자들만 남게 되었다. 또 많은 사람이 목숨을 건지기 위해 애굽으로 갔다. 하나님께서는 사악한 아달랴가 왕자들을 몰살하는 가운데서도 한 왕자를 보호하심으로 다윗의 혈통으로 왕위를 잇게 하셨다. 이것은 하나님께서 다윗에게 세우신 언약을 지키시려는바 그분의 신실하심이라는 것을 알아야겠다(삼하 7:12-16).

엘리사의 사역은 여러 면에서 그리스도의 사역을 상징한다.

남 유다의 세 왕(여호사밧, 히스기야, 요시야)을 제외한 다른 왕들은 모두 다윗의 표준에 이르지 못했다. 그러나 그러한 현왕 중에도 흠이 없는 자가 없었다. 이스라엘은 19명 모두가 악한 왕으로 분류된다. 여기서 우리는 율법시대의 지상 왕국의 한계가 드러남을 볼 수 있다. 오로지 메시야가 오심으로만 영원토록 진리와 평강의 왕국이 이루어진다는 것이 성경이 주는 최대의 계시이다.

## 열왕기 하의 유다국과 이스라엘 왕 도표

| 유다 왕 | | | |
|---|---|---|---|
| 유다 국왕 | 기간 | 현/악 | 관련성구 |
| 아하시야 | 1 | 악 | 왕하 8:24 - 9:29 ; 대하 22:1 - 9 |
| 아달랴 | 7 | 악 | 왕하 11:1 - 20 ; 대하 22:10 - 23:21 |
| 요아스 | 40 | 현 | 왕하 11:1 - 12:21 ; 대하 22:10 - 24:27 |
| 아마샤 | 29 | 현 | 왕하 14:1 - 14 ; 대하 25:1 - 28 |
| 아사랴 | 52 | 현 | 왕하 15:1 - 7 ; 대하 26:1 - 23 |
| 요담 | 16 | 현 | 왕하 15:32 - 38 ; 대하 27:1 - 9 |
| 아하스 | 16 | 악 | 왕하 16:1 - 20 ; 대하 28:1 - 27 |
| 히스기야 | 29 | 현 | 왕하 18:1 - 20:21 ; 대하 29:1 - 32:33 |
| 므낫세 | 55 | 악 | 왕하 21:1 - 18 ; 대하 33:1 - 20 |
| 아몬 | 2 | 악 | 왕하 21:19 - 23 ; 대하 33:21 - 25 |
| 요시야 | 31 | 현 | 왕하 22:1 - 23:30 ; 대하 34:1 - 35:27 |
| 여호아하스 | 3 | 악 | 왕하 23:31 - 33 ; 대하 36:1 - 4 |
| 여호야김 | 11 | 악 | 왕하 23:34 - 24:5 ; 대하 36:5 - 7 |
| 여호야긴 | 3개월 | 악 | 왕하 24:6 - 16 ; 대하 36:8 - 10 |
| 시드기야 | 11 | 악 | 왕하 24:17 - 25:7 ; 대하 36:11 - 21 |

| 이스라엘 왕 | | | |
|---|---|---|---|
| 이스라엘 | 기간 | 현/악 | 관련성구 |
| 여호람 | 12 | 악 | 왕하 3:1 - 3 ; 대하 22:5 - 7 |
| 예후 | 28 | 반현,악 | 왕하 9:1 - 10:36 ; 대하 22:7 - 12 |
| 여호아하스 | 17 | 악 | 왕하 13:1 - 9 |
| 요아스 | 16 | 악 | 왕하 13:10 - 14:16 ; 대하 25:17 - 24 |
| 여로보암II | 41 | 악 | 왕하 14:16 - 29 |
| 스가랴 | 6개월 | 악 | 왕하 14:29 - 25:12 |
| 살룸 | 1개월 | 악 | 왕하 15:10 - 15 |
| 므나헴 | 10 | 악 | 왕하 15:14 - 22 |
| 브가히야 | 2 | 악 | 왕하 15:22 - 26 |
| 베가 | 20 | 악 | 왕하 15:25 - 31 ; 대하 28:5 - 8 |
| 호세아 | 9 | 악 | 왕하 15:30 ; 17:1 - 6 |

IMC

국제 선교 신학·신학연구원(IMC-International Mission College)은 성경 진리에 따라 범사를 행하며 진리를 참되게 가르치는 사람들을 양성하고 복음 전파와 선교를 위하여 주님의 사명을 감당 할 수 있는 예수 그리스도의 제자들을 훈련하며 양성하는 기관이다.

## 열왕기상하 강해

**초판 발행** | 2012년 5월 10일

**저자** | 유동근

**발행처** | IMC(국제 선교 신학·신학연구원 출판부)
**등록번호** | 제15-335호

420-867 | 경기도 부천시 원미구 부일로 123 그린프라자 III 2F
벧엘서원 영업부 : TEL 032)322-3095 FAX 032) 324-3097
IMC, 벧엘서원 편집부 : TEL 032) 326-3096
홈페이지 : www.bethelbook.co.kr
E-mail : bethelbook@bethelbook.co.kr

값 32,000원

ISBN 987-89-92014-56-4 94230
ISBN 987-89-92014-01-4 94230 (세트)